기초를 탄탄히 세워주는

멀티미디어

이론과 실습 | MULTIMEDIA
Theory and Practice

기초를 탄탄히 세워주는
멀티미디어

이론과 실습 | MULTIMEDIA
Theory and Practice

김성영 지음

저자

김성영_ 금오공과대학교 컴퓨터공학과 교수

기초를 탄탄히 세워주는

멀티미디어 이론과 실습

발행일 2014년 8월 15일

저 자 김성영

발행인 오성준

발행처 카오스북

주 소 경기도 파주시 문발동 507-9번지

전 화 031-949-2765

팩 스 031-949-2766

등록번호 제406-2012-000111호

디자인 디자인콤마

웹사이트 www.chaosbook.co.kr

ISBN 978-89-98338-45-9

정가 35,000원

머리말

"스마트 시대를 앞서 나가는 멀티미디어의 이론과 실제를 한 권으로"

멀티미디어는 다양한 분야의 기술들을 결합하는 융합적인 분야이며 현대 사회에서 대표적인 기술 분야로 자리 잡고 있습니다. 멀티미디어와 관련된 분야는 컴퓨터, 디자인, 방송, 음향 등과 같이 매우 다양합니다. 이 중에서 멀티미디어의 저작authoring이나 처리processing를 위해서는 컴퓨터 관련 분야가 핵심적인 위치를 차지하고 있습니다. 멀티미디어에 대한 이해와 효과적인 사용을 위해서는 데이터 압축, 사운드 처리, 영상 처리, 비디오 처리, 데이터베이스, 네트워크 등의 관련 기술들에 대한 종합적인 이해가 필요합니다.

지금까지 멀티미디어에 대한 다양한 책들이 출간되었습니다. 그런데 지금까지 출간된 대부분 책들은 주로 이론서입니다. 앞에서 언급한 멀티미디어 관련 분야와 기술들에 대한 이론적인 측면에 초점을 맞추어 이들 책에서는 관련 기술들에 대해 개론적으로 소개하고 있습니다. 이론과 함께 실습을 포함하는 경우도 간혹 있지만 실습 내용은 모두 프로그래밍을 기반으로 데이터 관점에서 미디어를 처리하는 방식입니다. 멀티미디어의 효과적인 활용을 위해서는 프로그래밍을 통한 데이터 처리도 중요합니다. 본문에서 살펴보겠지만 멀티미디어는 여러 종류의 미디어를 이음새 없이 연결하여 사용자와의 상호 작용이 가능한 형태로 제작해야 하기 때문에 프로그래밍은 반드시 필요한 요소입니다. 그러나 멀티미디어는 컴퓨터 분야뿐만 아니라 다양한 분야가 결합된 형태이므로 각 매체를 제작하고 편집하기 위해서는 각종 멀티미디어 소프트웨어를 경험하고 이런 사용 경험을 통해 관련 미디어 데이터를 생성하고 통합할 수 있는 것도 매우 필요합니다.

이 책에서는 기본적으로 멀티미디어의 개념에서 시작하여 멀티미디어를 구성하는 각종 미디어에 기본적인 이해가 가능하도록 기초적인 이론을 소개합니다. 그러나 이론에서 끝나는 것이 아니라 각 미디어를 직접 제작하고 활용할 수 있는 다양한 실습들을 함께 포함하여 이론에 대한 이해도를 높이고 멀티미디어의 활용 능력을 향상시킬 수 있도록 하였습니다. 이 책의 구성은 다음과 같습니다.

- 1장은 멀티미디어에 대한 기본 개념을 학습합니다. 멀티미디어의 정의와 멀티미디어의 기본요소에 대해 확인할 수 있습니다.

- 2장에서는 텍스트와 관련된 주요 용어와 관련 이론을 학습합니다. 특히 컴퓨터에서 텍스트를 표현하는 코드 체계에 대해 학습할 수 있습니다. 실습에서는 MS 윈도우 운영체제에서의 PC에서 코드 체계를 변경하여 문자 집합을 출력하는 방법에 대해 살펴봅니다. 또한 코드 체계를 변경하여 텍스트를 저장하는 방법에 대해서도 실습합니다.

- 3장에서는 사운드에 대한 기본 개념을 학습합니다. 아날로그 사운드를 디지털 사운드로 변환하는 과정을 살펴보고 이 과정의 마지막 단계에서 사용 가능한 여러 가지 부호화 방법들을 구분하여 살펴봅니다. 실습에서는 MS 윈도우 운영체제의 기본 사운드 파일 포맷인 WAV 파일의 구조에 대해 살펴보고 C언어 기반으로 WAV 파일을 읽고 저장하는 방법에 대해 살펴봅니다. 오픈 소스 소프트웨어인 Audacity를 사용하여 사운드를 편집하고 믹싱하는 과정에 대해 살펴봅니다.

- 4장은 영상에 대한 기본 개념 및 영상처리에 대한 기본적인 방법을 소개합니다. 영상처리를 위한 주요 알고리즘을 자세하게 학습할 수 있습니다. 실습에서는 오픈 소스 소프트웨어인 GIMP를 사용하여 영상을 편집 및 합성하고 주요 영상처리 결과를 확인할 수 있는 방법에 대해 소개합니다. 또한 대표적인 영상 파일 포맷인 BMP 파일의 구조에 대해 살펴보고 C언어 기반의 BMP 파일 처리 프로그램을 제작해봅니다.

- 5장에서는 컴퓨터 그래픽스와 애니메이션의 개념에 대해 살펴보고 애니메이션의 종류 및 제작 과정에 대해 살펴봅니다. 실습에서는 플래시를 사용하여 2D 애니메이션을 제작하는 방법에 대해 살펴봅니다. 또한 무료 3D 애니메이션 소프트웨어

인 Blender를 사용하여 3D 그래픽과 애니메이션을 제작하는 과정에 대해 실습합니다.

- 6장은 비디오에 대한 기본 개념을 소개합니다. 디지털 TV의 특징과 종류에 대해 확인할 수 있으며 영상 부호화 표준들에 대해서도 확인이 가능합니다. 실습에서는 강력하지만 무료인 무비 메이커를 사용하여 비디오와 사진을 편집하여 세련된 결과물을 만드는 방법에 대해 학습합니다. 그리고 대표적인 비디오 파일 포맷인 AVI 파일의 구조에 대해 살펴보고 C언어 기반의 관련 프로그램을 제작하여 AVI 파일의 구조에 대한 이해도를 높일 수 있도록 합니다.

이 책을 출판하기 위해 적극적으로 후원해 주신 카오스북의 오성준 대표님과 집필에 도움을 준 연구실 학생들에게 감사를 전합니다. 특히 옆에서 항상 깊은 사랑으로 내조하는 아내와 예쁜 딸 보경이에게 사랑을 전합니다.

2014년 7월
저자

이 책을 교재로 사용하시는 분들께

한 학기 강의를 위한 계획

이 교재는 한 학기 수업용으로 제작되었습니다. 여기에서 제시하는 강의 계획표는 모든 장을 학습하도록 구성하였습니다. 기본 이론을 먼저 학습한 후에 관련 실습을 진행하면 이론에 대한 이해도를 향상시킬 수 있을 것입니다.

주	장	주제
1주	1장	미디어, 멀티미디어, 멀티미디어 발전배경 I
2주	1장	멀티미디어 발전배경 II
3주	2장	텍스트, 텍스트 실습
4주	3장	사운드 이해, 신호와 시스템(선택), 디지털변환, 부호화
5주	3장	음향 심리학적 특징, 입체사운드, 사운드 실습
6주	3장	사운드 실습
7주	4장	영상디지털변환, 디지털영상개요, 색의 측정 및 표현, 영상처리 및 컴퓨터비전개요
8주		중간고사
9주	4장	영상처리 기법
10주	4장	영상 실습
11주	5장	컴퓨터그래픽스, 애니메이션
12주	5장	애니메이션 실습
13주	5장	그래픽스 실습
14주	6장	비디오
15주	6장	비디오 실습
16주		기말고사

동영상 강의

일부 실습에 대한 동영상 강의는 www.kocw.net의 '멀티미디어 처리 실습' 강좌에서 확인할 수 있습니다. 이 강좌는 웹 사이트의 초기 화면에서 저자의 이름이나 강좌 명을 사용하여 검색할 수 있습니다. 이 책에서는 영상편집 및 합성을 위해 GIMP를 기반으로 설명하였지만 Photoshop의 활용도가 상당히 높기 때문에 동영상 강의에서는 Photoshop에 대한 사용법을 설명하였습니다. 교재에서 사용하는 재료 파일을 동영상 강의에서 동일하게 사용하고 있으므로 두 가지 툴의 사용법을 비교하여 확인할 수 있을 것입니다.

차수	강의 시간(분)	강의주제	강의내용 요약
1	47:30	WAVE 파일 사용하기	WAVE 파일 개요 및 구조 Samples 저장 순서 및 데이터 포맷 WAVE 파일 예제
2	38:29	WAVE 파일 읽기 및 저장 실습	PCM 방식의 WAVE 파일을 읽어 저장하는 프로그램 개발
3	47:16	순음 및 복합음 생성 저장 실습	음계 주파수 사용하여 순음 및 복합음을 생성 프로그램 개발
4	38:57	Audacity 소개 및 사운드 재생	Audacity 소개 오디오 사운드 재생 및 정지 사운드 파형의 스케일 변경
5	38:20	Audacity 트랙 기능 살펴보기	사운드 트랙의 구성 트랙 제어 패널 트랙 메뉴
6	38:11	Audacity 녹음 기능 살펴보기	목소리 녹음하기 컴퓨터 재생 사운드 녹음하기 순음 및 복합음 생성하기
7	47:37	Audacity 편집 및 믹싱하기	오디오 편집하기 효과지정 믹싱하기
8	40:07	Photoshop 소개	개요 및 사용자 인터페이스 소개 기초 사용법 영역 선택 하기

차수	강의 시간(분)	강의주제	강의내용 요약
9	38:59	Photoshop 도구상자 사용하기 1단계	선택기능을 사용하여 영상 합성하기 이동, 브러시, 돋보기, 자유변형 레이어 팔레트, 전경 및 배경색 지정 빠른 마스크 모드 / 표준 모드
10	36:36	Photoshop 도구상자 사용하기 2단계	자르기, 분할영역 도구 복구 브러시 도구 사용하기 브러시 및 연필 도구 사용하기
11	38:37	Photoshop 도구상자 사용하기 3단계	작업내역 브러시, 복제 도장 도구 펜 도구 및 패스 이해 모양 도구
12	40:29	Photoshop 도구상자 사용하기 4단계	그라디언트 및 문자 도구 그라디언트 도구를 사용한 구 만들기 문자 도구를 사용한 후광 문자 제작
13	46:55	Photoshop 활용	레이어 마스크를 사용한 영상 합성 알파 채널을 사용한 입체 글자 조각한 도형 효과 만들기
14	43:43	Flash 개요 및 드로잉 기초	플래시 개요 플래시 사용자 인터페이스 살펴보기 플래시 드로잉의 주요 특징 이해하기
15	36:21	Flash 드로잉	주요 플래시 드로잉 기능 살펴보기 레이어 기능 이해
16	47:51	Flash 활용	고추동자 그리기 애니메이션 제작 기법 이해 프레임 바이 프레임 기법 실습
17	50:37	Flash 애니메이션 제작	클래식 트위닝 기법 모션 편집기 쉐이프 트위닝 기법
합계	707(분)		

교·강사를 위하여...

이 책을 교재로 멀티미디어 이론 및 실습을 강의하시는 교·강사를 위해 파워포인트 슬라이드를 제공해드립니다. 슬라이드에는 기본적인 이론에 대한 요약 노트와 그림 파일 및 소스코드 등이 포함되어 있습니다. 지속적인 업데이트를 통해 효율적인 강의 훌륭한 강의가 이루어질 수 있도록 지원을 약속합니다.

교재로 채택하시는 교·강사 분들은 출판사 카오스북으로 요청하시면 됩니다.

강의 수강생 및 일반 독자들을 위하여...

앞서 소개한 동영상 강의와 마찬가지로 이 책에 포함되어 있는 실습과제를 위한 자료들은 웹사이트에서 로그인 없이 자유로이 다운로드 받아 사용할 수 있습니다. 학습 과정에서의 문의사항은 출판사 이메일로 문의바랍니다.

★ 실습과제 부록파일 다운로드를 위한 사이트 안내
http://www.chaosbook.co.kr/book/multimedia_app.zip

★ 문의사항을 위한 출판사 이메일
info@chaosbook.co.kr

차례

CHAPTER 2 텍스트

CHAPTER 3 사운드

CHAPTER 4   영상

CHAPTER 5 **그래픽스 & 애니메이션**

CHAPTER 6   비디오

1

멀티미디어란 무엇인가?

학습목표

- 미디어의 의미와 종류를 설명할 수 있다.

- 멀티미디어의 의미와 기본조건을 설명할 수 있다.

- 멀티미디어의 발전 배경을 설명할 수 있다.

- 멀티미디어의 응용분야에 대해 설명할 수 있다.

01 미디어의 이해

단어에서 확인할 수 있듯이 멀티미디어는 미디어가 모여서 이루어진 것이다. 따라서 멀티미디어의 개념에 대해 이해하기 전에 미디어에 대한 이해가 선행되어야 한다. 이번 절에서 미디어에 대한 개념에 대해 살펴보고 다음 절에서 멀티미디어의 개념에 대해 살펴본다.

1) 미디어란 무엇인가?

미디어는 일상생활에서 흔하게 사용하는 용어이다. 미디어^{media}는 매체^{medium}의 복수형으로 크게 두 가지 의미를 갖는다. 이번 절에서는 우선 사전적인 의미를 통해 미디어의 개념에 대해 살펴보고 사용목적에 따라 미디어를 분류한다.

❶ 어떤 것을 전달하는 수단 "a substance through which something is carried"

어원을 살펴보면 미디어는 '둘 사이의 가운데' 또는 '중간'이라는 의미를 갖는다. 이것은 미디어가 정보의 제공자와 사용자 사이에서 매개 역할을 담당하는 것으로 이해할 수 있다. 미디어라고 하면 우리는 흔히 방송이나 신문을 생각하게 된다. 방송이나 신문은 보도, 교육, 오락 등에 대한 내용을 사용자(시청자 또는 독자)에게 전달하는 역할을 담당한다. 이들을 매스 미디어$^{mass\ media}$라고 부르며 그 역할에 의해 미디어의 일종인 것을 알 수 있다.

이와 같이 미디어는 '전달 수단으로서의 물질'을 의미하며 그림, 소리, 글자 등으로 표현된 다양한 정보가 전달 대상이다. 미디어를 사용하는 주요 목적은 커뮤니케이션^{communication}이다. 커뮤니케이션은 정보 공유 과정이다. 우리는 미디어를 통해 지식과 정보를 공유하고 의사소통할 수 있다. 이런 관점에서 미디어는 앞에서 살펴본 방송이나 신문뿐만 아니라 목소리, 종이, 책, 비디오테이프, CD-ROM 등의 다양한 물질을 포함한다.

의사소통을 위한 원시적인 수단은 인류의 등장 초기부터 사용되었던 몸짓, 소리, 그림 등이다. 몸짓이나 소리는 일시적인 표현 수단이었으며 시간적인 영속성을 갖지 못한다. 반면 그림은 바위나 동굴 벽면에 기록되어 장시간 보존될 수 있었으므로 저장이 가능한 최초의 형태이었다. 그러나 암각화나 동굴 벽화는 이동성이 매우 부족하다. 이런 이유들로 인해 정보의 공유나 확산에는 큰 어려움이 있었다.

종이의 발명은 상황을 크게 변화시켰다. 종이는 AD 105년에 중국의 채윤이 발명한 것으로 알려져 있다. 문자와 종이의 발명으로 지식에 대한 기록이 가능하게 되어 넓은 지역의 많은 사람들에게 지식과 정보가 쉽고 빠르게 전달될 수 있게 되었다. 또한 시대에 걸친 지식의 축적이 가능할 수 있었다. 인쇄 기술의 발명은 지식을 다량으로 복사하는 것이 가능하도록 하여 정보가 광범위하게 유통되고 보급될 수 있는 기회를 제공하고 있다. 20세기에 들어와서는 네트워크나 전파 등의 새로운 미디어가 등장하여 대량의 정보를 거리의 제한 없이 빠르고 편리하게 전달하는 것이 가능하게 되었다.

❷ 어떤 것을 표현하는 수단 "that by which something is expressed"

미디어는 정보의 내용을 표현하는 수단이나 방법을 의미하기도 한다. 초기의 정보 표현 수단은 주로 문자, 소리, 그림이었지만 기술의 발전과 더불어 애니메이션, 그래픽, 비디오 등의 새로운 수단이 등장하였다. 특히 정보통신 기술의 발전으로 인해 표현 수단은 아날로그에서 디지털 방식으로 변하고 있다. 이런 의미에서 미디어는 텍스트^{text}, 영상^{image}, 소리^{sound}, 애니메이션^{animation}, 비디오^{video} 등을 포함하며 이들을 미디어 정보^{media information}라고도 부른다.

컴퓨터를 포함한 디지털 장비 발달 이전에는 아날로그 데이터를 입력으로 사용하는 아날로그 장비가 주류를 이루었다. 그러나 아날로그 데이터는 가공과 편집이 어렵고 처리 장비는 가격이 고가이지만 제한된 기능만을 제공하였다. 정보의 제작이나 가공 및 재생을 위해서는 데이터의 종류나 사용 목적에 부합하는 전용 장비를 사용하는 것이 필요하였는데 이로 인해 전문적인 업체에서 제작 및 가공을 전담하였다. 예를 들어, 아날로그 비디오를 편집하는 과정을 살펴보자. 아날로그 카메라를 사용하여 테이프에 녹화한 비디오는 가정용 VCR을 사용하여 재생할 수 있지만 비디오 편집을 위해서는 재생에 대한 정교한 제어가 가능한 테이프 데크^{deck}를 사용한다. 데크를 사용하여 일부 장면을 추가하거나 삭제하는 작업이 가능하다. 또한 장면에 특별한 효과를 나타내기 위해서는 이펙터^{effector}라는 특수 장비를 추가적으로 사용한다. 사운드 편집을 위해서도 별도의 전용 장비가 추가적으로 필요하다. 이와 같이 여러 종류의 전문 장비를 함께 사용해야만 비디오 데이터에 대한 편집이나 가공이 가능하였다.

컴퓨터의 등장은 데이터의 사용 및 편집 과정을 크게 변화시켰다. 컴퓨터의 보급은 아날로그 데이터를 디지털 방식으로 변화시키는 계기가 되었다. 디지털 데이터는 다수의 전용 장비 없이 컴퓨터만을 사용하여 제작, 가공, 재생 및 통합이 가능하다. 멀티미디어의 태동이 시작된 것으로 볼 수 있다. 이와 같이 멀티미디어의 중심에는 컴퓨터가 위치한다. 최근에는 컴퓨터를 대체할 수 있는 스마트폰이나 스마트패드 등의 다양한 디지털 장비가 등장하여 멀티미디어 확산에 큰 역할을 담당하고 있다. 이와 관련된 내용은 1.3절에서 조금 더 자세하게 살펴본다.

2) 미디어의 분류

미디어는 기준에 따라 여러 가지 범주로 분류하는 것이 가능하다. 예를 들어, 정보의 종류에 따라 텍스트, 영상, 비디오 등으로 분류할 수 있다. 이번 절에서는 미디어를 제작해서 최종적으로 사용할 때까지의 사용 목적에 따라 미디어를 분류하는 방법에 대해 살펴본다. 미디어를 생성하여 사용하는 과정은 그림 1-1과 같이 다섯 단계로 구분할 수 있는데 각 단계에서 사용하는 미디어를 표현 미디어, 저장 미디어, 전송 미디어, 제시 미디어, 지각 미디어로 분류한다.

표현 미디어	저장 미디어	전송 미디어	제시 미디어	지각 미디어
Representation media	Storage media	Transmission media	Presentation media	Perception media

그림 1-1 사용자 전달 단계에 따른 미디어의 분류

❶ 표현 미디어

표현 미디어representation media는 정보를 표현하기 위해 사용하는 표현 수단을 의미한다. 예를 들어, 우리나라 전래 동화인 흥부놀부전의 내용을 표현하는 방법을 생각해 보자. 우선 글자(문자)들로 표현된 책으로 구성하는 것이 가능하다. 뿐만 아니라 동화의 내용을 음성으로 녹음하거나 애니메이션 또는 영화로 제작하는 것이 가능하다. 이와 같이 동일한 정보를 다양한 방식(수단)으로 표현하는 것이 가능하다. 정보를 표현하기 위해 사용하는 텍스트, 사운드, 영상, 애니메이션, 비디오 등을 표현 미디어라고 한다.

표현 미디어는 시간적 특성temporal characteristics에 의해 비연속 미디어discrete media와 연속 미디어continuous media로 세분할 수 있다. 비연속 미디어는 텍스트나 영상처럼 시간의 개념이 없고 독립적으로 존재 가능한 형태이다. 연속 미디어는 사운드나 비디오와 같이 미디어의 유효성이 처리 시간과 밀접한 관계를 갖는 개체이다.

❷ 저장 미디어

정보를 표현한 표현 미디어를 저장하기 위해 사용할 수 있는 물리적인 저장 수단을 저장 미디어storage media라고 한다. 흥부놀부전의 내용을 글자로 표현한 경우 종이에 저장할 수 있으며 디지털화한 경우 하드 디스크에 저장할 수 있다. 비디오로 제작하면 테이프나 CD-ROM에 저장하는 것이 가능하다. 이와 같이 표현 미디어를 저장하기 위해 사용하는 종이, 필름, 테이프, 하드 디스크, CD, DVD 등이 모두 저장 미디어에 해당한다.

❸ 전송 미디어

전송 미디어$^{\text{transmission media}}$는 저장된 미디어 정보를 다른 장소나 저장 장치(미디어)로 이동하기 위해 사용하는 다양한 수단을 의미한다. 예를 들어, 테이프에 저장된 영화는 자동차로 영화관까지 운반할 수 있다. 또한 지상파 방송을 통해 방송국에서 가정으로 전송되거나 동축 케이블을 통해 케이블 방송국에서 가정으로 전송될 수 있다. 동축 케이블, 광 케이블, 전파 등이 전송 미디어에 해당한다.

❹ 제시 미디어

제시 미디어$^{\text{presentation media}}$는 사용자 위치까지 전달된 표현 미디어를 재생하거나 출력하여 사용자에게 그 내용을 제공하기 위해 필요한 물리적인 수단을 말한다. 예를 들어, 하드디스크에 저장된 디지털 텍스트는 프린터를 통해 종이에 출력하여 사용자가 읽을 수 있는 형태로 제공할 수 있다. 애니메이션은 재생하여 모니터를 통해 출력할 수 있다. 모니터, 프린터, 스피커, 빔 프로젝트 등이 여기에 해당한다.

❺ 지각 미디어

지각 미디어는 제시 미디어를 통해 제공되는 미디어의 내용을 사용자가 수용하기 위해 사용하는 감각 기관을 의미한다. 음악이나 음성 등의 사운드는 청각을 통해 흡수되고 텍스트, 영상, 비디오 등은 시각을 통해 지각된다. 인간이 가지는 기본 감각인 시각, 청각, 촉각, 후각, 미각이 모두 지각 미디어에 해당한다고 볼 수 있다.

디지털 미디어인 경우에는 상황이 조금 다르다. 기존에는 시각과 청각 기반의 디지털 미디어가 주를 이루었다. 사운드, 영상, 비디오 등이 대표적인 형태이다. 그러나 디지털 세상에서도 더욱 현실감 있는 표현을 원하는 인간의 욕구와 관련 기술의 발전에 힘입어 촉각을 활용할 수 있는 기술인 햅틱 기술^{haptics}이 등장하였다. 햅틱 기술의 도움으로 사용자는 디지털 미디어로부터 힘, 운동감, 촉감 등을 지각할 수 있다.

후각 정보를 디지털 미디어로 표현하는 방법에 대한 연구도 활발하게 진행되고 있다. 후각을 디지털 미디어로 표현하기 어려운 이유는 두 가지 정도로 구분할 수 있다. 우선 시각이나 청각과의 동기화 문제이다. 미디어의 내용을 정확하게 전달하기 위해서는 각 감각 기관 사이의 정보 전달 시점이 시간적으로 정확하게 일치해야 한다. 그러나 후각 정보는 다른 감각 기관에 비해 정보 전달 시점을 정확하게 제어하는 것이 어렵다. 두 번째는 후각 정보에 대한 지속과 반복이 어렵다는 점이다. 후각 세포는 매우 민감하여 냄새가 일정 시간 지속되면 쉽게 피로하게 되어 더이상 후각 정보를 뇌에 전달하지 않는다. 이로 인해 동일한 냄새가 지속되더라도 우리는 금방 그 냄새를 인지할 수 없게 된다. 냄새가 반복되는 경우도 이와 유사한 문제가 발생한다. 따라서 후각 정보를 디지털 미디어로 표현하여 사용하기 위해서는 새로운 장비가 필요하며 환기를 위한 적절한 방법이 마련되어야 한다. 이런 어려움으로 인해 아직 상용 제품이 출시되지는 않았지만 기술 개발은 상당히 진척되어 앞으로 몇 년 이내에 관련 제품이 출시될 것으로 예상한다.

02 멀티미디어의 이해

1990년 초반에 멀티미디어라는 용어가 등장하였다. 당시의 컴퓨터 환경은 DOS, UNIX 등의 텍스트 기반 사용자 인터페이스가 주류를 이루고 있었고 사운드와 영상의 사용은 극히 드문 상황이었다. 그러나 급격한 정보기술의 발전에 힘입어 1990년 중반에는 멀티미디어 사용에 적합한 '멀티미디어 컴퓨터'에 대한 규격이 정해질 만큼 멀티미디어에 대한 관심과 수요가 증가하였다. 현재는 데스크톱 컴퓨터뿐만 아니라 휴대폰이나 PDA 등의 휴대형 디지털 장비들에서 모두 멀티미디어의 사용에 전혀 제약이 존재하지 않는다. 멀티미디어는 이제 우리 생활에서 의미있는 위치를 차지하고 있으며 부지불식간에 사용되어 우리에게 큰 영향을 미치고 있다. 이번 절에서는 멀티미디어의 개념과 멀티미디어의 발전 배경에 대해 자세히 살펴본다.

1) 멀티미디어란 무엇인가?

멀티미디어^{multimedia}는 '다수'의 의미인 multiple과 '매체'의 의미인 media가 합쳐져서 만들어진 합성 단어이다. 따라서 단어적인 의미는 여러 가지 미디어를 동시에 사용하여 정보를 표현하는 기술 또는 그 과정에서 만들어진 정보로 이해할 수 있다. 일반적인 멀티미디어의 의미는 '텍스트, 사운드, 영상, 그래픽, 애니메이션, 비디오 등의 미디어 정보를 조합하여 표현한 컴퓨터 정보'이다.

멀티미디어의 일반적인 의미를 확장하여 정의를 내려 보자. 멀티미디어는 '디지털 방식으로 표현한 텍스트, 이미지, 사운드, 영상, 비디오 등의 미디어를 두 가지 이상 결합하여 사용자에게 상호 작용할 수 있는 형태로 제공하는 것'으로 정의할 수 있다.

이때 문자, 영상(정지영상), 사운드, 애니메이션, 비디오(동영상) 등의 미디어 정보를 멀티미디어 구성요소$^{multimedia\ component}$라고 부른다.

멀티미디어의 정의에서 확인할 수 있듯이 여러 가지 미디어를 단순하게 결합한 것에서 끝나는 것이 아니라 사용자와 상호 작용이 가능해야 한다. 또한 정보는 디지털 방식으로 표현되어야 한다. 이와 같은 멀티미디어의 기본 조건에 대해서는 조금 후에 살펴본다. 멀티미디어에 대한 정의는 관련 분야의 전문가들에 의해 다양하게 정립되었는데 맥락은 크게 다르지 않다. 모든 정의는 멀티미디어의 기본 조건을 내포하고 있다. 다음은 여러 전문가들이 정의한 멀티미디어의 개념이다.

💬 여러 전문가들이 정의한 멀티미디어의 개념

Vaughan T, Multimedia - Making it Work, 1993

"Multimedia is any combination of text, graphic art, sound, animation, and video that is delivered by computer"

("멀티미디어는 컴퓨터에 의해 제공되는 텍스트, 그래픽 예술, 사운드, 애니메이션 및 비디오의 가능한 조합이다.")

Feldman T, Multimedia, 1994

"Multimedia is the seamless integration of data, text, images of all kinds and sound within a single, digital information environment"

("멀티미디어는 단일 디지털 정보 환경에서 데이터, 텍스트, 모든 종류의 영상 및 사운드의 자연스러운 결합이다.")

Chapman & Chapman, Digital Multimedia 2nd ed., 2004

"Multimedia is any combination of two or more media, represented in a digital form, sufficiently well integrated to be presented via a single interface, or manipulated by a single computer program"

("멀티미디어는 디지털 방식으로 표현되고 단일 인터페이스를 통해 표현이 가능하도

록 잘 통합되거나 하나의 컴퓨터 프로그램에 의해 조작이 가능한 두 가지 이상의 미디어에 대한 가능한 조합이다.")

박기철 외, 유비쿼터스 시대의 멀티미디어, 2007
"문자, 소리, 영상, 그래픽 등의 미디어를 2가지 이상 사용하여 저작 및 프로그래밍함으로써 목적을 갖는 내용을 제작하고 전달 매체를 이용하여 제3자에게 표현하기위한 방법론 및 기술"

멀티미디어는 CD를 기반으로 하는 디지털 오디오에서 시작하여 영상이나 비디오를 결합한 디지털 콘텐츠의 형태로 발전하였다. 이후 교육 콘텐츠나 백과사전 또는 게임 등의 멀티미디어 콘텐츠의 형태로 다시 발전하였다. 초창기 멀티미디어 콘텐츠는 대부분 CD-ROM에 저장된 상태로 배포되었지만 정보통신 기술의 발전과 더불어 CD-ROM은 점차 사라지고 네트워크 형태로 전환되었다. 네트워크 형태는 인터넷을 사용하여 멀티미디어 콘텐츠를 배급하는 방식이다. CD-ROM 방식에 비해 네트워크 방식은 콘텐츠에 대한 배포가 편리하고 갱신이 빠르고 쉬우며 비용도 저렴하다.

멀티미디어는 정의에서 확인할 수 있듯이 멀티미디어는 데이터적인 관점과 기술적인 관점을 동시에 포함한다. 그러나 대부분의 정의는 데이터 측면을 강조하고 있다. 이 책에서도 데이터 관점에서 멀티미디어 구성요소인 텍스트, 사운드, 영상, 그래픽, 애니메이션, 비디오 등에 대한 특징, 구조 및 활용 방법에 대해 이론과 실습을 통해 자세하게 살펴보자.

2) 멀티미디어의 기본 조건

앞에서 살펴본 멀티미디어의 정의에서 알 수 있듯이 여러 가지 멀티미디어 구성요소를 함께 사용한다고 해서 멀티미디어가 되는 것은 아니다. 멀티미디어는 반드시 다음의 조건을 모두 만족해야 하며 이 중에서 하나라도 만족하지 못한다면 멀티미디어라고 할 수 없다.

❶ 통합된 정보의 제공

당연히 멀티미디어는 다수의 멀티미디어 구성요소를 동시에 포함해야 하고 또한 이들을 통합된 단일 형태의 데이터로 제공해야 한다. 특히 서로 다른 유형의 멀티미디어 구성요소를 동시에 사용하는 것이 필요하다. 동일 유형의 멀티미디어 구성요소만을 여러 개 사용하여 결합한 경우는 멀티미디어라고 할 수 없다. 예를 들어, 사진으로 구성한 슬라이드 쇼를 생각해보자. 각 장면의 내용은 다르지만 사진(영상)이라는 동일 유형만으로 구성되므로 멀티미디어라고 할 수 없다. 만약 배경 음악을 추가한다면 멀티미디어로 분류할 수 있다.

다수의 멀티미디어 구성요소를 사용하는 경우라도 이들 구성요소를 통합하여 단일 형태로 표현하는 것이 반드시 필요하다. 단일 형태로 결합한 경우에만 정보에 대한 통합적인 제어가 가능할 수 있다. 1900년대 초반에는 무성영화가 인기를 끌었다. 초기의 영화 필름은 소리를 함께 저장할 수 없었기 때문에 대사는 자막으로 표시하였다. 그리고 배경 음악은 녹음한 음악을 별도 장치를 사용하여 재생하거나 직접 연주하였다. 우리나라의 경우에는 배우들의 대사를 대신하여 대화를 담당하는 변사가 존재하기도 했다. 이런 초기 영화는 다수의 구성요소를 사용하지만 데이터가 통합되지 않은 경우이다. 디지털 미디어를 사용하는 경우도 동일하다. 슬라이드 쇼와 배경 음악을 독립적으로 재생한다면 시작 지점을 동기화하는 것이 어려울 뿐만 아니라 일시 정지나 이동 등의 제어 작업이 불가능하다.

❷ 디지털 방식으로의 표현

멀티미디어 구성요소는 디지털 방식으로 표현되고 저장되어야 한다. 1.1절에서도 잠시 살펴본 것과 같이 아날로그 방식의 데이터는 가공과 저장이 어려울 뿐만 아니라 사용하기에도 많은 불편함이 따른다. 반면 디지털 데이터는 복사, 이동, 삭제, 검색, 편집, 데이터 간의 결합 등이 용이하다. 예를 들어, 아날로그 비디오의 경우 '빨리 감기' 기능은 존재하지만 결국은 시간적인 순서대로 조금 빠르게 이동하는 것이기 때문에 현재 위치에서 먼 지점으로 이동을 하기 위해서는 많은 시간이 소요된다. 그러나 디지털 비디오에서는 중간 지점을 생략하고 원하는 지점으로 직접 이동하는 임의 접근random access이 가능하다.

멀티미디어는 궁극적으로 데스크톱 컴퓨터나 스마트폰과 같은 디지털 장비에서 활용된다. 컴퓨터는 멀티미디어의 재생뿐만 아니라 제작을 위한 기본 도구이다. 컴퓨터와 같은 디지털 장비는 입력 데이터가 디지털 방식으로 표현된 경우에만 처리 가능하므로 멀티미디어 제작을 위한 각 멀티미디어 구성요소와 이들의 통합 결과는 결국 디지털 방식으로 표현된 정보이어야 한다.

❸ 상호 작용 지원

멀티미디어는 다수의 멀티미디어 구성요소를 통합적으로 제공해야 할 뿐만 아니라 사용자와의 상호 작용interaction을 지원해야 한다. 바꾸어 말하면 사용자가 멀티미디어의 내용을 제어하고 조작할 수 있어야 한다. 이런 관점에서 게임이나 웹web은 가장 대표적인 멀티미디어 형태라고 할 수 있다.

상호 작용이 가능하기 위해서는 멀티미디어의 내용이 그림 1-2와 같이 비선형non-linear 구조로 구성되어야 한다. 선형 구조는 책이나 음악과 같이 데이터가 순차적인 흐름에 따라 나열되는 형태이다. 따라서 이 구조에서의 데이터는 나열된 순서에 따라 순차적으로 사용된다. 반면 비선형 구조는 데이터 간에 순서가 존재하지 않거나 상호 간에 이동이 가능한 형태이다.

비선형 구조는 다시 페이지 기반 방식과 시간 기반 방식으로 구분할 수 있다. 페이지 기반 방식은 멀티미디어 구성요소를 2차원 평면에 배치하여 페이지를 구성하고 이 페이지의 내용들을 링크link로 연결하는 방식이다. 하이퍼링크hyper-link를 사용하여 멀티미디어 구성요소를 상호 연결한 월드 와이드 웹world wide web은 페이지 기반의 비선형 구조를 갖는 대표적인 예다. 하이퍼링크를 통해 서로 연결된 미디어를 하이퍼미디어hyper-media라고 한다. 시간 기반 방식은 각 멀티미디어 구성요소를 시간적인 흐름에 따라 조직화하여 구성하고 사용자의 조작에 의해 시간적인 위치를 이동하여 화면에 출력하는 내용을 제어하는 방식이다. 시간의 흐름에 따라 내용을 구성하였기 때문에 연속으로 재생하는 것이 가능하지만 시간 기반 방식에서는 연속성이 없는 내용들을 시간적인 흐름에 따라 배치하므로 이들을 연속으로 재생하는 것은 의미가 없다. 플래시^{flash} 소프트웨어를 사용하여 제작한 게임이 대표적인 형태이다. 플래시에서는 시간적 흐름에 따라 프레임^{frame} 단위로 멀티미디어 구성요소를 배치한 후 액션 스크립트^{ActionScript}라는 스크립트 언어를 사용하여 이들 간의 이동 및 재생에 대한 제어를 수행한다. 5장 실습에서 플래시의 다양한 기능에 대해 살펴볼 것이다.

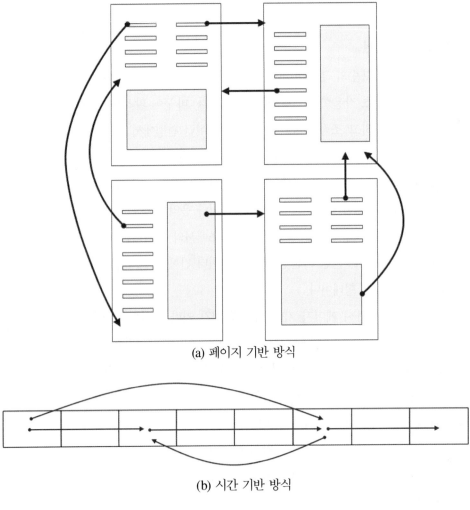

(a) 페이지 기반 방식

(b) 시간 기반 방식

그림 1-2   비선형 구조

03 | 멀티미디어의 발전 및 활성화 배경

멀티미디어의 등장은 비교적 최근의 일이지만 짧은 시간에도 불구하고 멀티미디어는 급속하게 발전하고 있으며 사용 분야와 형태는 매우 광범해지고 있다. 이번 절에서는 이와 같이 멀티미디어가 발전할 수 있었던 배경을 여러 측면에서 살펴본다.

1) 하드웨어 기술의 발전

❶ 반도체 집적도의 발전

멀티미디어 발전의 가장 기본적인 원동력은 멀티미디어를 제작하고 재생하는 주체인 디지털 장비의 발전이다. 디지털 장비의 발전은 결국 반도체의 발전으로부터 가능하다.

반도체^{semiconductor}는 표 1-1과 같이 크게 비메모리 반도체와 메모리 반도체로 분류할 수 있다. 비메모리 반도체는 전자 장비의 연산이나 제어를 위해 사용하는 반도체를 통칭하는 용어이다. 여기에는 마이크로프로세서$^{micro-processor}$, 주문형 반도체$^{Application-Specific\ Integrated\ Circuit,\ ASIC}$, 표준 반도체$^{Application\ Specific\ Standard\ Product,\ ASSP}$ 등을 포함한다. 메모리 반도체는 데이터를 저장하기 위해 사용하는 반도체를 통칭하며 다시 휘발성 메모리와 비휘발성 메모리가 있다. 휘발성 메모리는 DRAM, 비휘발성 메모리는 플래시^{flash} 메모리로 대표된다.

표 1-1. 반도체의 분류

메모리	휘발성	DRAM		PC, 노트북, 서버, 워크스테이션
		SRAM		디지털카메라, 캐시 메모리
	비휘발성	Flash	NAND	메모리카드, 디지털카메라, SSD
			NOR	휴대폰, 통신장비, PDA
		FeRAM		Flash 메모리와 경쟁 관계
		MRAM		
		PRAM		
비메모리	Microprocessor, ASIC, ASSP, Analog IC, Optical, Sensor, Logic IC			

※ 출처: 하나금융경영연구소

디지털 장비의 처리 능력은 마이크로프로세서의 집적도$^{components\ per\ chip}$와 직접적인 상관관계가 있다. 1971년 인텔은 세계 최초의 마이크로프로세서인 4004를 개발하였다. 최초의 컴퓨터인 애니악^{ENIAC}에 버금가는 처리 능력을 손톱 크기의 마이크로 칩에 집적한 것이다. 이후 마이크로프로세서의 성능은 지난 40여 년간 비약적으로 발전하고 있다. 인텔의 공동 창업자인 무어$^{Gordon\ E.\ Moore}$는 1965년 자신의 논문에서 마이크로프로세서의 집적도와 연관된 법칙을 제시하였다. 무어의 법칙$^{Moore's\ law}$으로 알려진 이 법칙에 따르면 마이크로칩에 탑재하는 트랜지스터의 개수는 24개월마다 2배씩 증가하고 있다. 그림 1-3을 살펴보면 인텔 4004에는 2000개가 조금 넘는 트랜지스터를 탑재하고 있었는데 2007년 1월에 개발된 45나노 프로세서(예를 들어, Pentium E5200)에는 8억 2000만여 개의 트랜지스터를 내장하고 있다. 조금 다른 이야기이지만 반도체와 관련한 법칙에는 '30%의 법칙'도 있다. 이 법칙은 매년 반도체의 집적도는 높아지면서 가격은 30%씩 낮아지는 것을 뜻한다.

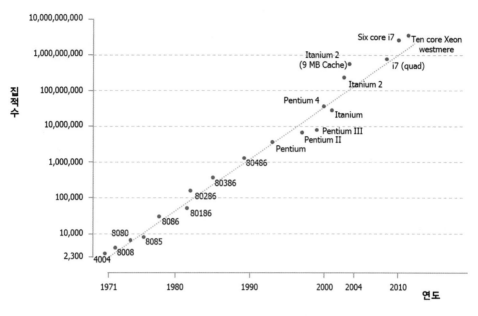

그림 1-3   마이크로프로세서 집적도의 발전현황

❷ 메모리 용량의 증가 및 고성능화

앞에서 살펴본 것과 같이 메모리 반도체는 데이터를 저장하기 위한 용도로 사용하는 것이며 메모리 용량, 소비 전력, 데이터 전송 속도 등으로 평가할 수 있다. 최근 기술의 발전과 함께 용량 및 전송 속도는 빠른 속도로 증가하고 있으며 사용 소비 전력은 낮아지고 있다.

휘발성^{volatile} 메모리는 전원이 공급되는 동안 데이터가 유효한 메모리이다. 개인용 컴퓨터$^{Personal Computer, PC}$의 메인 메모리에 사용하는 DRAM$^{Dynamic RAM}$, SRAM$^{Static RAM}$, SDRAM$^{Synchronous Dynamic RAM}$이 대표적이다. SDRAM은 SSR$^{Single Data Rate}$과 DDR$^{Double Data Rate}$로 구분할 수 있으며 SSR에 비해 DDR은 2배 이상의 빠른 전송속도를 제공한다. DDR의 유형^{type}은 1~3까지 존재(DDR1~DDR3)하며 최근 20나노급의 DDR4가 개발되었다. DDR의 각 유형은 서로 호환되지 않는다. 표 1-2는 DDR SDRM의 특성을 비교한 것이다.

표 1-2   SDRAM의 유형에 따른 비교

	DDR	DDR2	DDR3	DDR4
전송률	200~400 Mb/s	400~800 Mb/s	800~1,866 Mb/s	1,600~3,200 Mb/s
소비 전력	2.5 V	1.55~1.8 V	1.25~1.5 V	1.2 V
출시	2000년 6월	2003년 중반	2005년 초반	2013년
용량	1/2/4/8 GB	1/2/4/8 GB	1/2/4/8/16/32 GB	4/8/16/32/64/128 GB

※ 출처: 삼성전자 홈페이지

반도체 메모리중 비휘발성 메모리의 용량과 관련하여 황의 법칙[Hwang's law]이 있다. 메모리의 용량은 매년 2배씩 증가하는 이론이다. 황의 법칙은 2002년 2월 당시 삼성 전자 반도체 총괄 겸 메모리사업부의 황창규 사장이 샌프란시스코에서 개최된 국제 반도체회로 학술회의[ISSCC]의 기조연설에서 메모리 성장론을 발표하면서 제시한 내용이다. 표 1-3과 같이 삼성전자는 2003년에 90나노[nanometer]급 1 Gbit 낸드플래시 메모리를 생산한 이래, 매년 2배씩 용량이 증가하는 메모리를 양산하였지만 2008년에 128 Gbit 메모리를 개발하지 못하면서 이 법칙은 어긋났다. 이는 나노 공정의 기술 한계에서 비롯한 것이지만 새로운 생산 공정 기술을 개발하여 메모리의 용량은 지속적으로 증가하고 있다. 삼성의 경우 나노 공정에서는 20나노급을 지나 10나노급의 기술을 개발하였으며 최근 960 GB의 V-NAND SSD를 개발 완료하였다.

표 1-3   NAND 플래시 메모리 개발 및 양산 현황(삼성전자 기준)

구분	90나노급	70나노급	60나노급	50나노급	40나노급	30나노급
개발	02년 9월 2 Gbit	03년 9월 4 Gbit	04년 9월 8 Gbit	05년 9월 16 Gbit	06년 9월 32 Gbit	07년 10월 64 Gbit
양산	03년 6월 1 Gbit	05년 5월 2 Gbit	06년 7월 4 Gbit	07년 1월 8 Gbit	08년 4월 16 Gbit	09년 3월 32 Gbit

❸ 저장 장치의 대용량화

컴퓨터의 가장 기본적인 데이터 저장 장치인 하드디스크는 1950년대에 개발되어 PC가 등장하면서부터 컴퓨터의 가장 핵심적인 부품으로 자리 잡고 있다. 하드디스크의 성능은 매년 빠르게 향상되고 있다. 최초의 하드디스크는 1952년 존슨$^{\text{Reynold Johnson}}$에 의해 개발되었다. 이 최초의 하드디스크는 지름이 24인치인 디스크 50장으로 구성되었지만 용량은 5 MB에 불과하였다. 현재는 일반 PC에 2.5인치 혹은 3.5인치 디스크를 주로 사용하고 있으며 4 TB 이상의 용량을 제공하고 있다. 최근에는 디스크를 회전하여 데이터를 검색하는 방식을 탈피하여 칩셋에 직접 데이터를 전송하는 SSD가 등장하여 데이터 접근 속도를 획기적으로 개선하였다.

휴대가 가능한 대용량 저장 매체인 CD$^{\text{Compact Disk}}$는 1982년도에 네덜란드 필립스와 일본 소니에 의해 공동으로 개발된 오디오를 기록하는 매체에서 출발하였다. CD는 CDDA$^{\text{Compact Disk Digital Audio}}$ 레코딩 포맷을 사용하여 오디오를 기록하였다.

오디오 대신에 컴퓨터 데이터를 저장할 수 있는 방식이 CD-ROM$^{\text{Compact Disk Read-Only Memory}}$이다. 표준 CD-ROM은 650 MB의 데이터나 70분 정도의 오디오를 저장하며, 최신 CD-ROM은 700 MB의 데이터나 80분 정도의 오디오를 저장할 수 있다. 초창기 CD-ROM 드라이브의 데이터 전송률은 150 KBps$^{\text{KiloBytes per a second}}$이었다. 이를 기준으로 CD-ROM 드라이브의 속도는 초기 드라이브의 속도에 대한 배수(2× ~ 75×)로 표현한다.

CD-ROM은 초창기 멀티미디어의 저장과 배포에 많이 사용되었다. 이와 같이 CD-ROM의 출현은 멀티미디어 발전에 매우 큰 공헌을 하였다. CD-ROM을 이어서 더 큰 용량을 제공하는 DVD$^{\text{Digital Versatile Disk}}$가 1996년에 등장하였으며 그 후 차세대 DVD(블루레이, HD-DVD)가 개발되어 휴대형 저장장치의 용량은 지속적으로 증가하고 있다. 또한 USB 메모리나 SD 메모리와 같이 휴대가 간편하고 저장 및 삭제가 자유로운 메모리 카드가 개발되어 높은 활용도를 제공하고 있다. USB 메모리의 경우 최대 512 GB 정도의 저장 용량을 제공하고 있고 기타 메모리 카드의 경우 32 GB ~ 128 GB 정도의 용량을 제공한다.

CD와 DVD는 유사한 기술을 사용한다. 지름 120 mm와 두께 1.2 mm로 외관은 동일하지만 DVD는 650 nm, CD는 780 nm 파장의 레이저를 사용한다. 이로 인해 DVD는 CD에 비해 동일한 공간에 더 많은 데이터를 저장할 수 있다. 홈의 최소 크기는 DVD가 0.4 μm, CD는 0.833 μm이고 홈의 간격은 DVD가 0.74 μm, CD는 1.6 μm이다(그림 1-4 참조). CD와 DVD의 데이터 기록 방식도 유사한데 디스크의 반사 층인 금속 막의 표면에 열이나 화학 성분을 사용하여 버블[bubble]을 형성하여 비트를 구분한다. 버블이 생기면서 디스크 표면에서 안쪽으로 오목하게 패인 영역이 만들어지는데 이 영역을 피트[pit], 평탄한 영역을 랜드[land]라고 한다. 그림 1-4는 CD의 랜드와 피트에 대한 구조를 나타낸다.

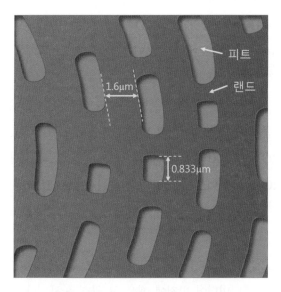

그림 1-4 CD의 랜드와 피트의 구조

CD 드라이브는 초당 705,600번 디스크에서 반사되는 빛을 조사한다. 디스크 표면에 레이저를 투과하면 피트와 랜드에서는 빛이 정반사되어 되돌아오지만 피트와 랜드가 서로 교차하는 지점에서는 빛이 산란하여 되돌아오지 않는다. 이런 특성을 사용하여 빛의 변화가 없으면 0으로, 빛이 변하면 1로 기록하여 이진 데이터를 표현할 수 있다. 재기록이 가능한 디스크는 표면에 특별한 종류의 금속 합금을 사용하여 데이터를 기록한 후에도 후처리를 통해 다시 원래의 상태로 복원할 수 있다. 그림 1-5

는 CD에서 데이터를 읽는 과정을 나타낸다.

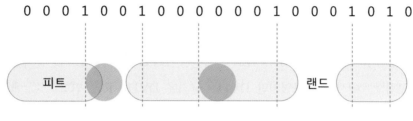

그림 1-5 CD에서 데이터 읽기

DVD는 4가지 방식으로 데이터를 저장한다. 단일 레이어^{single layer}를 갖는 경우 4.7 GB까지 저장이 가능하며 이중 레이어^{dual layer}를 사용하면 8.5 GB를 저장할 수 있다. 양면을 사용하는 경우 단일 레이어는 9.4 GB, 이중 레이어는 최대 17 GB까지의 데이터 저장이 가능하다. 이중 레이어를 사용하는 경우 그림 1-6과 같이 반투명^{translucent}하고 부분 반사^{semi-reflective}하는 외부 레이어와 불투명^{opaque}하고 완전 반사^{reflective layer}하는 내부 레이어로 구성된다. 이 두 개 레이어는 접착 레이어^{bonding layer}로 구분된다. DVD 드라이브에서 외부 레이어의 데이터를 읽기 위해서는 낮은 강도의 빔을 사용한다. 반면 내부 레이어의 데이터를 읽기 위해서는 높은 강도의 빔을 사용한다. 높은 강도의 빔은 외부 레이어를 통과하여 내부 레이어에서 반사된다. DVD 드라이브의 초기 데이터 전송 속도(1×)는 1,385 KBps^{KiloBytes per a second}이고 최근 24배속의 속도를 많이 사용한다.

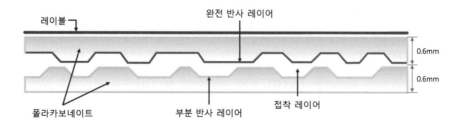

그림 1-6 이중 구조 DVD 구조

DVD는 다양한 포맷이 존재한다. DVD-R은 데이터를 1회만 저장하여 사용할 수 있는 디스크이고 DVD-RW는 약 1,000회 정도 데이터를 재기록하여 사용할 수 있는 디스크이다. 재기록은 가능하지만 기존 데이터에 부분적으로 새로운 데이터를 추가하거나 일부 데이터만을 삭제하지는 못한다. DVD-R과 DVD-RW와 유사한 DVD+R과 DVD+RW 방식도 존재한다. DVD- 규격은 DVD 규격을 만든 DVD 포럼^{Forum}에서 제정하였지만 DVD+ 규격은 DVD+RW 연합 ^{Alliance}에서 정한 것이다. DVD 포럼은 DVD의 규격을 정하기 위해 관련 산업체들이 구성한 조직이다. 1995년 소니, 필립스, 도시바, 파나소닉 등의 회사들이 참여한 DVD 컨소시엄 ^{consortium}으로 시작하여 1997년에 DVD 포럼으로 개편되었다. 이 기관에서 지금까지의 DVD 관련 규격을 제정하고 있다. 그런데 내부적인 갈등으로 인해 소니와 필립스를 필두로 하여 일부 업체들은 DVD 포럼에서 탈퇴한 후 새로운 조직인 DVD+RW 연합을 구성하여 독자적인 개발을 진행하고 있다. DVD+ 규격은 DVD- 규격보다 최근에 개발되었으므로 안정성과 속도에서 조금 앞서지만 큰 차이는 아니다. 현재의 광학 드라이브$^{ODD, Optical Disk Drive}$는 DVD- 및 DVD+ 규격과 모두 호환가능하다. DVD-RAM은 DVD+/-RW와 경쟁하는 기술이며 약 10만회 정도의 재기록이 가능하며 부분적인 데이터의 추가 및 삭제도 가능하다. DVD+/-RW에 비해 더 오랜 기간 데이터를 유지할 수 있고 손상 방지 기능을 제공하여 더 나은 기술로 인식되고 있다. 음악을 저장하기 위한 DVD 오디오도 개발되었다.

차세대 DVD는 HD DVD와 블루레이 디스크$^{Blu-ray Disc}$로 구분할 수 있다. HD DVD는 도시바에서 주도하여 개발한 기술이며 2006년 3월에 최초의 HD DVD 플레이어, 같은 해 4월에 타이틀^{title} 제품이 출시되었다. 블루레이와의 경쟁 관계에 있었지만 2008년 2월 도시바에서 이 포맷에 대한 개발을 포기하면서 현재는 거의 사장된 상태이다. HD DVD의 경우 단일 면$^{single side}$이나 양면$^{double side}$을 사용할 수 있으며 단일 면의 경우 단일 레이어는 15 GB, 이중 레이어는 30 GB까지 지원하고 양면은 이 용량의 2배까지 가능하다. 블루레이 디스크는 기존 DVD 포맷을 대체하기 위해 개발되어 2003년 4월에 일본에서 최초의 프로토타입^{prototype} 플레이어를 출시하였고 2006년 6월에 정식으로 발매를 시작하였다. 블루레이 디스크는 CD 및 DVD와 동일한 디스크 크기와 두께를 사용한다. 용량은 단일 레이어의 경우 25 GB, 이중 레이어는 50 GB를 제공한다.

❹ 데이터 획득 및 출력 장비의 발전

아날로그 캠코더나 필름 카메라는 이제 거의 자취를 감추었다. 대신 그 자리를 디지털 장비들이 채우고 있다. 고가의 디지털 캠코더나 디지털 카메라가 아니더라도 휴대폰의 카메라를 사용하여 충분히 고화질의 영상과 비디오를 획득하는 것이 가능하다. 또한 Wi-Fi, Wi-Di, 블루투스 등의 통신 기능을 사용하여 장비에 녹화된 데이터를 다른 디지털 장비로 손쉽게 이동하는 것도 가능하다. 뿐만 아니라 웹 카메라, 사운드 카드, 스캐너 등의 다양한 디지털 데이터 획득 장치의 등장과 발전으로 인해 디지털 데이터의 획득이 점점 쉽게 이루어지고 있다. 다양하고 방대한 디지털 소스의 사용은 멀티미디어의 풍부함으로 직접 이어지고 또한 소프트웨어 처리 기술의 발전을 위한 원동력을 제공한다.

데이터 획득 장비의 발전과 더불어 데이터 출력 장비의 발전도 가속화되고 있으며 이는 멀티미디어의 확산에 큰 역할을 담당하고 있다. 데이터 출력 장비는 LCD, LED 방식 등의 디스플레이 장비와 서라운드 시스템과 같은 오디오 출력 장비로 구분할 수 있다. 또한 화면 출력에 대한 처리를 위한 그래픽 카드와 오디오 입·출력 처리를 위한 사운드 카드를 함께 고려할 수 있다.

디스플레이 장비는 LED를 거쳐 AMOLED 및 슈퍼 AMOLED 등의 기술을 사용하여 자연색에 가까운 색을 재현하고 높은 선명도와 시야각을 제공하고 있다. 또한 높은 화면 해상도를 제공한다. 화면 해상도란 화면 출력 장비에서 지원하는 화면의 가로 및 세로 길이를 의미한다. 해상도는 초기의 CGA$^{\text{Color Graphics Adapter}}$에서 시작하여 현재의 8K-UHD$^{\text{Ultra High Definition}}$까지 발전하였다. CGA는 1981년에 도입되어 IBM PC를 위한 표준으로 사용하였으며 320×240 해상도에서 16색상 및 640×240 해상도에서 2색상을 지원하였다. EGA$^{\text{Enhanced Graphics Adapter}}$는 1984년에 발표되었고 640×350의 해상도에서 16개의 색상(최대 64개 색상)을 동시에 출력할 수 있었다. VGA$^{\text{Video Graphics Array}}$는 1987년에 발표되었으며 640×480의 해상도를 제공하는데 그 후 오랫동안 사용되었다. IBM에서는 VGA의 확장 방식으로 1987년 SVGA$^{Super\ VGA}$를 발표하였다. SVGA는 800×600에서 16색상을 지원하는 것으로 시작했는데 이듬해 1024×768에서 256색상을 지원할 수 있도록 확장되었다. XGA$^{Extended\ Graphics\ Array}$는 1990년에 발표된 IBM의 디스플레이 표준으로 1024×768의 해상도를 지원한다. 이를 확장한 XGA+는 1152×864의 해상도를 지원한다. CGA에서 XGA+는 모두 4:3의 종횡비를 나타낸다.

최근 출력 장치는 4:3보다는 수평 방향으로 넓은 형식(5:3, 8:5, 16:9 등)의 종횡비를 사용하고 있는데 WXGA$^{Widescreen\ XGA}$는 XGA를 가로 방향으로 확장한 비표준 형식으로 1280×800(8:5), 1360×768, 1366×768(16:9)의 해상도를 제공한다. 16:9의 종횡비를 갖는 경우는 FHD$^{Full\ High\ Definition}$가 1920×1080, 4K-UHD$^{Ultra\ HD}$는 3840×2160 그리고 8 K-UHD는 7680×4320의 해상도를 제공한다. 고선명 TV$^{High\ Definition\ TV,\ HDTV}$를 능가하는 초고선명 TV$^{Ultra\ High\ Definition\ TV,\ UHDTV}$가 출시되어 판매되고 있다. 2012년 5월에 일본 도시바사에서 세계 최초로 UHDTV를 출시하였고 LG전자는 이보다 2개월 늦은 7월에 제품을 출시하였다. LG전자는 LED보다 선명하고 자연스러운 색표현이 가능한 OLED$^{유기발광\ 다이오드}$기반의 uHDTU 제품을 출시하기도 하였다.

그래픽 카드는 고해상도의 그래픽 데이터에 대한 원활한 처리가 가능하도록 GPU$^{Graphic\ Processing\ Unit}$를 탑재하고 있으며 사운드 카드는 다채널의 서라운드 시스템에 대한 지원이 가능하도록 발전하고 있다. 서라운드 시스템은 5.1채널, 6.1채널, 7.1채널 등의 기술을 사용하여 현장감과 공간감의 사실적인 입체음을 제공할 수 있다. 그림 1-7의 왼쪽은 지포스 칩셋을 사용하는 그래픽 카드이다. 최신 그래픽 카드는 2000개 이상의 GPU$^{Graphic\ Processing\ Unit}$와 3 GB 이상의 메모리를 지원한다. 사운드 카드는 아날로그와 디지털 방식의 입출력이 가능하며 최근 7.1채널을 지원한다.

그림 1-7 그래픽 카드(지포스 GTX780)와 사운드 카드(사운드 블라스터 SB X-Fi)

❺ 휴대형 디지털 장비의 등장 및 발전

디지털 장비를 대표하던 PC를 대신하여 스마트폰, 태블릿 컴퓨터 등의 휴대용 장비들의 사용이 급증하고 있다. 이로 인해 멀티미디어의 사용이 PC에만 머물지 않고 이들 휴대용 장비에서도 활발하게 이루어지고 있다.

2009년만 하더라도 3 MP$^{300만\ 픽셀}$ 카메라를 장착한 500 MHz의 휴대폰은 고성능 사양에 해당하였다. 그러나 지금은 노트북 컴퓨터 정도의 사양을 갖는 휴대폰을 쉽게 접할 수 있다. 최신 스마트폰의 경우 빠른 통신 속도와 더불어 2.3 GHz의 처리속도와 2 GB의 기본 메모리를 장착하고 있다. 내장 카메라는 1,300만 이상의 픽셀을 제공한다. 또한 안드로이드^{Android}, iOS 등의 운영체제를 사용하며 필요한 앱^{APPlication}을 설치하여 실행하는 것이 가능해졌다. 음악이나 영화의 재생, 영상 편집, 카메라 촬영 등의 다양한 멀티미디어 사용과 데이터 획득을 위해 휴대용 장비들을 사용할 수 있는 환경에 우리는 살고 있다.

최근에는 스마트 시계$^{smart\ watch}$나 스마트 안경$^{smart\ glasses}$ 등의 웨어러블 컴퓨터$^{wearable\ computer}$의 보급도 활발해지고 있다. 스마트워치의 경우 삼성의 갤럭시 기어, 소니의 스마트워치2, 애플의 아이워치 등의 제품이 출시되었고 스마트 안경은 구글 글래스가 대표적인 제품이다. 휴대용 장비와 웨어러블 컴퓨터를 활용하여 언제, 어디에서든지 멀티미디어에 대한 접근과 사용이 가능해지고 있다. 그림 1-8은 구글 글래스 제품의 사진이다. 그림 1-9는 삼성의 갤럭시 기어와 소니의 스마트워치2 제품이다.

출처: www.google.com/glass/start/what-it-does

그림 1-8   구글 글래스

출처: www.samsung.com/sec/consumer/mobile-phone/galaxygear 및
www.sonymobile.com/global-en/products/accessories/smartwatch-2-sw2

그림 1-9   삼성 갤럭시 기어 및 소니 스마트워치2

2) 소프트웨어 기술의 발전

하드웨어 기술의 발전과 더불어 소프트웨어 관련 기술들도 빠르게 향상되고 있다. 소프트웨어 관련 기술은 압축 기술과 멀티미디어 처리 기술로 구분하여 살펴본다. 이 중에서 압축 기술에 대해 먼저 살펴본다.

❶ 압축 기술의 발전

멀티미디어 데이터는 많은 데이터양으로 인해 저장과 전송에 어려움이 발생한다. 1024×768 크기의 컬러 영상은 용량이 2.5 Mbytes 정도이며 HDTV 화면 해상도 수준인 1920×1080 크기의 컬러 영상은 6.2 Mbytes를 초과한다. 사운드의 경우에는 CD 음질을 갖는 4분 길이의 음악은 42.4 Mbytes이다. 비디오의 경우에는 훨씬 큰 용량이 필요하다. 최근 UHDTV가 빠르게 보급되고 있는데 1초당 30개의 장면으로 구성된 UHDTV용 비디오는 1초당 746.5 Mbytes의 데이터양을 요구한다.

하드웨어 기술의 발전으로 인해 멀티미디어 데이터를 조작하거나 저장하기 위한 장비의 성능은 좋아졌지만 데이터 획득 장비의 가격 하락과 성능 개선으로 데이터의 개수는 기하급수적으로 증가하고 있으며 데이터의 고품질화로 인해 각 데이터를 표현하기 위한 데이터양도 증가하고 있다. 따라서 하드웨어적인 지원만으로는 역부족인 상태이다. 특히 네트워크의 전송속도는 아직 기대만큼 증가하지 못하고 있다.

이런 멀티미디어 데이터의 저장과 전송에 대한 어려움 해결을 데이터 압축 기술의 발전이 어느 정도 해결하고 있다. 텍스트, 사운드, 그래픽, 영상, 비디오 등의 모든 멀티미디어 구성요소에 대한 압축이 가능하다. 특히 사운드, 그래픽, 영상, 비디오 등의 데이터에 대해서는 일부 원본 데이터를 제거하는 지각 부호화 방법을 통해 높은 압축 효율을 제공한다. 지각 부호화^{perceptual coding}는 인간이 지각할 수 없는 정보를 제거하여 데이터의 품질에는 전혀 영향을 주지 않으면서 높은 압축 효율로 데이터를 압축하는 방법이다.

영상에서 사용하는 대표적인 압축 방법은 JPEG이다. JPEG 방식으로 저장하면 원본 데이터의 4%(25:1)만을 사용하더라도 원본 영상과 압축 후 다시 복원한 영상을 시각적으로 거의 구분할 수 없다. 동영상의 경우에는 MPEG이나 P*64(H.26×) 계열의 압축 표준을 사용하여 원본 데이터의 수백분의 일 정도로 데이터의 양을 줄일 수 있다. 사운드는 MPEG 계열의 압축 표준(MP3, AAC 등)을 주로 사용하며 10:1 정도의 압축률을 제공한다. 압축 기술의 발전과 더불어 압축 효율은 지속적으로 개선되고 있다. 멀티미디어 구성요소별 압축 방법은 각 장에서 자세하게 살펴본다.

❷ 멀티미디어 처리 기술 발전

압축 기술뿐만 아니라 멀티미디어 데이터에 대한 처리 기술도 눈부시게 발전하고 있다. 멀티미디어 처리 기술은 사용자 인터페이스 기술, 가상현실, 멀티미디어 정보검색, 인터넷 기술, 소프트웨어 도구 등의 측면에서 살펴볼 수 있다.

사용자 인터페이스 기술

오랫동안 인간-컴퓨터 인터페이스Human-Computer Interaction, HCI라는 용어를 사용해왔지만 비교적 최근에는 인간-장비 인터페이스Human-Device Interaction, HDI라는 용어를 자주 사용한다. 컴퓨터도 장비의 일종이므로 HDI는 컴퓨터를 포함하여 보다 다양한 장비와의 인터페이스를 개발하는 기술로 인식할 수 있다.

데스크톱 컴퓨터 분야에서의 사용자 인터페이스 환경은 텍스트 사용 환경Character User Interface, CUI에서 그래픽 사용 환경Graphic User Interface, GUI으로 변했다. 그만큼 컴퓨터의 사용이 편리해졌다. 이 뿐만 아니라 더욱 편리하게 컴퓨터를 사용하기 위한 기술들이 지속적으로 연구되어 개발되고 있다. 눈동자의 움직임을 파악하거나 목소리 또는 뇌파를 사용하여 컴퓨터나 장비를 제어할 수 있는 것이 대표적인 예이다.

TV를 제어하기 위해 리모컨을 사용하거나 게임을 위해 조이스틱이나 전용 컨트롤러를 사용하던 환경도 변하고 있다. 동작 인식이 이들 장치를 대체하고 있다. 손이나 몸의 움직임을 사용하여 기존 리모컨이나 컨트롤러가 하던 일을 동일하게 수행할수 있다. 리모컨이 담당하던 다양한 기능들을 모두 대체할 수는 없지만 동작 인식은 채널 변경이나 소리 크기 조절 등의 주요 기능들을 대체하고 있다. 동작 인식은 영상이나 비디오에 대한 분석 및 처리 과정을 통해 이루어진다. 영상분석 과정은 4장에서 자세하게 살펴본다. 그림 1-10은 키넥트Kinect 기반 동작 인식의 예이다.

일반적인 인터페이스와는 조금 차이가 있지만 바이오 인식biometrics 분야도 고려할

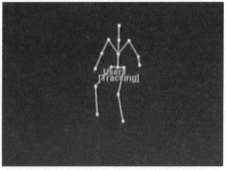

그림 1-10   동작 인식 결과

만하다. 바이오 인식 기술은 사람의 신체적·행동적 특징을 자동화된 장치로 측정하여 개인 식별의 수단으로 활용하는 기술이다. 신체적 특징을 이용하는 경우에는 인간의 지문, 얼굴, 손 모양, 정맥 패턴, 홍채, DNA, 귀, 체온, 냄새 등의 정보를 사용한다. 또한 행동적 특징을 이용하는 경우는 목소리, 서명, 키 두드리기^{keystroke}, 걸음걸이^{gait} 등의 정보를 사용한다. 바이오 인식 기술을 사용하면 열쇠나 번호 키를 사용했던 인터페이스 방식을 탈피하여 조금 더 편리하게 정보를 보호하며 출입을 제어할 수 있다. 바이오 인식 기술에서도 영상이나 비디오를 입력으로 사용하여 영상처리 및 패턴 인식 단계를 거쳐 개인에 대한 식별 가능한 정보를 생성한다.

가상현실

가상현실 기술을 통해 현실 세계를 컴퓨터상의 3차원 가상공간으로 옮겨 표현할 수 있다. 가상현실^{virtual reality}이란 현실과 같은 가상의 그래픽 세계를 구성하고 인간의 감각기관이 현실과 동일하게 감지하고 반응할 수 있도록 하여 자신이 그 곳에 직접 존재하고 있는 것처럼 몰입감을 느끼도록 만든 인위적인 공간이다. 가상현실이라는 용어는 미국 VPL 리서치 사의 CEO인 재론 래니어^{Jaron Lanier}가 1989년에 처음으로 사용하였다. 그는 작가이자 동시에 컴퓨터 과학자며 클래식 음악의 작곡자이기도 하다. 가상현실의 초기 형태는 시뮬레이터^{simulator}이며 1920년대 링크^{Edwin Link}는 세계 최초의 비행 시뮬레이터를 제작하였으며 초보 비행사들을 훈련하기 위한 용도로 사용되었다.

규모에 따라 차이는 있지만 가상현실을 구축하기 위해서는 고가의 장비와 많은 비용이 요구된다. 고성능 컴퓨터, 카메라 시스템, 동작인식 시스템, 스피커 시스템 등의 장비가 필요하고 양질의 콘텐츠에 대한 개발도 필요하기 때문이다. 가상현실은 크게 몰입형^{immersive} 방식과 비몰입형^{non-immersive} 방식으로 구분할 수 있다. 몰입형 가상현실은 가상공간에서 실제 세계처럼 보고 듣고 느끼게 만드는 방식이다. 몰입형 가상현실을 사용하기 위해서는 사용자가 입력 장비와 출력 장비를 신체에 장착해야 한다. 출력 장비는 시각, 청각, 촉각 등의 감각 기관을 통해 정보를 지각할 수 있도록 제공하는 장비이다. 여기에는 HMD, 헤드폰, 햅틱 장비 등이 존재한다. HMD^{Head Mounted}

Display는 머리에 착용하는 3차원 디스플레이 장비이며 1968년에 제자인 스프롤[Bob Sproull]의 도움을 받아 서덜랜드[Ivan Sutherland]가 처음으로 개발하였다. 그런데 무게와 착용감으로 인해 장시간 사용하기에는 큰 불편함이 따른다. 햅틱 장비[haptic device]는 가상 공간에서 만지는 물체에 대한 촉감, 압력, 힘 등을 감지할 수 있는 장비를 통칭한다. 입력 장비로는 데이터 글로브를 사용한다. 데이터 글로브[data glove]는 손가락 관절의 움직임을 감지하는 장비이다. 그림 1-11과 그림 1-12는 각각 HMD와 데이터 글로브에 대한 제품 사진이다.

출처: www.vrealities.com

그림 1-11 HMD

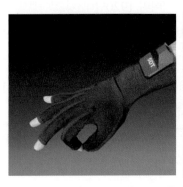

출처: www.vrealities.com, www.cyberglovesystems.com

그림 1-12 데이터 글로브

특수 장비를 사용해야 하는 몰입형 가상현실은 사용의 불편으로 인해 활용도가 높지 않다. 반면 소프트웨어 기술을 사용하여 컴퓨터 모니터에서 객체를 360도 회전하여 다각도에서 외관을 살펴보거나 모델 하우스의 내부 모습을 살펴볼 수 있는 형태의 비몰입형 가상현실을 구축하는 빈도가 높아지고 있다. 비몰입형 가상현실을 구축하기 위한 표준 소프트웨어에는 VRML이나 X3D 등이 존재한다. 이들 소프트웨어들은 3차원 그래픽스를 표현하기 위한 XML 기반의 파일 포맷이지만 기술적인 한계로 인해 사용 정도가 낮고 대신 Quest 3D와 같은 상용 소프트웨어를 주로 사용한다. 골프 분야에서 최근 인기를 끌고 있는 골프존 사의 스크린 골프 시스템은 비몰입형 가상현실의 대표적인 예이다. 그림 1-13과 그림 1-14는 몰입형 및 비몰입형 가상현실 시스템의 제품 사진이다.

출처: www.virtualsimtech.com

그림 1-13 몰입형 가상현실 시스템

출처: company.golfzone.com

그림 1-14 비몰입형 가상현실 시스템

최근에는 가상현실 대신 증강현실의 활용도가 급격하게 증가하고 있다. 증강현실augmented reality은 현실 세계와 가상 세계를 결합하여 표현하는 기술이다. 즉 현실 세계를 기반으로 가상의 정보를 부분적으로 제공하는 환경이다. 제작 과정이 가상현실에 비해 간단하고 활용도 역시 높은 편이다. 그림 1-15는 증강현실을 사용한 예제이다. 증강현실은 마커marker를 기반으로 제작되는 것이 일반적이지만 최근에는 마커를 사용하지 않는 방식도 증가하고 있다. 가상현실이나 증강현실의 개발 과정에서 멀티미디어는 적극적으로 활용되고 있다.

그림 1-15 증강현실 예제

멀티미디어 정보검색

정보 검색 기술의 발달도 멀티미디어의 활성화에 부분적인 역할을 하고 있다. 현재 정보 검색이 가장 활발한 곳은 인터넷이다. 방대한 자료를 포함한 인터넷에서 필요한 자료를 검색하기 위해서는 네이버Naver나 구글Google 등의 검색 엔진을 사용한다. 검색 엔진에서의 정보 검색은 대부분 텍스트 기반으로 이루어진다. 단어word나 구phase를 키워드keyword로 사용하여 검색을 수행하는 방식을 키워드 기반 검색keyword-based retrieval이라고 한다. HTML 기반의 웹 문서는 대부분 텍스트 기반으로 구성되므로 키워드 기반 검색이 가능하다. 웹 문서에 대한 자연어 처리 과정을 통해 텍스트를 분석하여 자동화된 방법으로 문서의 주요 단어나 키워드를 추출한 후 데이터베이스를 구축함으로써 키워드 검색 서비스를 제공할 수 있다.

그러나 텍스트와 다른 특성을 갖는 음악이나 영상을 동일한 방식으로 검색하는 것은 불가능하다. 웹 문서를 분석하는 방식으로는 자동화된 방법으로 영상에서 키워드를 추출할 수 없다. 영상 자체의 내용을 분석하여 단어나 구가 아닌 새로운 방식의 키워드를 생성하는 것이 필요하다. 새로운 회사를 설립하고 회사명과 회사 로고를 등록하려는 경우를 생각해보자. 이미 등록되어 있는 회사명이나 로고는 등록할 수 없기 때문에 검색을 통해 희망하는 회사명이나 로고의 등록 여부를 확인해야만 한다. 회사명은 단어 검색을 통해 쉽게 확인할 수 있을 것이다. 하지만 로고는 어떨까? 로고는 모양이나 색상 등으로 구분하므로 단어나 문장으로는 표현하기가 어렵다. 따라서 로고 검색을 위해 키워드를 사용하는 것은 효과적이지 못하다. 그림 1-16은 특허정보넷 키프리스^{www.kipris.or.kr}에서 'indi'라는 상표를 검색한 결과이다. 'indi'와 일치하거나 'indi'를 부분적으로 포함하는 1,394개의 상표가 검색되었다. 많은 검색 결과로 인해 개별 항목의 확인에 어려움이 따른다.

그림 1-16 상표 검색 결과

멀티미디어 정보 검색의 한 가지 가능한 방법은 대상 멀티미디어 데이터에 대해 수동으로 직접 관련 키워드를 추출하여 데이터베이스를 구축하는 것이다. 그러나 인터넷에 존재하는 수많은 데이터에 대해 직접 키워드를 추출하는 것은 비용이나 시간적인 측면에서 거의 불가능하다. 또한 키워드의 선택이 애매모호하거나 불가능한 경우도 발생할 수 있다. 동일한 사진에서 추출한 키워드가 서로 상이할 수 있고 노래에서 추출한 분위기를 표현하는 단어가 다를 수 있어 객관성을 확보할 수 없다. 영상을 대상으로 자동화된 방법으로 키워드를 추출할 수 있는 한 가지 방법은 영상에 포함된 객체를 자동으로 인식하여 처리하는 것이다. 인간은 영상 속에 존재하는 객체를 매우 쉽게 인식하여 그 종류를 구분할 수 있지만 컴퓨터 분야에서 객체 인식은 아직 초보적인 기술 단계에 지나지 않는다. 객체 인식$^{object\ recognition}$은 영상 관련 분야에서 가장 어려운 작업 중의 한 가지이고 아직 인식 결과에 대한 정확도가 높지 않다. 이와 같이 텍스트를 제외한 멀티미디어 구성요소에 대한 검색은 기술적으로 어려움이 있으며 이는 멀티미디어 확산에 제한적인 요소로 작용한다.

앞에서 설명한 문제점을 어느 정도 해결할 수 있는 정보 검색 방법으로 내용기반 정보검색$^{content\text{-}based\ information\ retrieval}$이라는 방법이 연구되고 있다. 내용기반 정보검색에서는 멀티미디어 데이터의 내용^{contents}을 기반으로 정보를 검색한다. 내용이란 멀티미디어 데이터에 대한 직접적인 분석 및 처리를 통해 얻을 수 있는 정보이다. 예를 들어, 영상의 경우에는 영상에 포함된 색^{color}, 질감^{texture}, 모양^{shape} 등이 내용에 해당한다. 호랑이의 털 무늬(질감)는 다른 동물이나 객체와 호랑이를 구분할 수 있는 중요한 요소이다. 이런 털 무늬를 사용하면 영상 데이터베이스에서 호랑이 영상만을 검색할 수 있다. 오디오에서는 주파수 특성이 내용에 해당한다. 목소리를 녹음한 오디오 파일에서 소리 크기를 사용하여 음절을 구분한 후에 각 음절에 대한 주파수 분석을 수행하여 검색에 필요한 내용 정보를 생성할 수 있다. 이와 같이 내용기반 정보검색에서는 자동화된 방법으로 데이터에 적합한 내용 정보를 추출하여 데이터베이스를 구축함으로써 자동화된 방법으로 검색이 가능하다.

그림 1-17은 러시아의 에르미따주 박물관$^{The\ State\ Hermitage\ Museum}$에서 제공하는 내용기반 영상검색$^{Content\text{-}Based\ Image\ Retrieval,\ CBIR}$ 서비스이다. 에르미따주 박물관에서는 이 서비스를 통해 단어가 아닌 색의 구성과 배치^{layout}를 기반으로 박물관에서 소장하고 있는 회화들에 대한 검색이 가능하도록 지원하고 있다. 박물관 홈페이지의 초기화면에서 "Digital Collection" 메뉴를 선택하여 검색 기능을 확인할 수 있다. 이 박물관에

서 사용하는 기술은 IBM에서 개발한 QBIC^{Query by Image Content} 기술이다. 이 기능은 내용기반 영상검색에 대한 초창기의 기술에 해당하지만 기존의 검색 방식을 탈피하여 새로운 방식의 검색이 가능하도록 하고 있다.

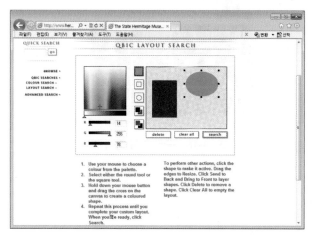

출처: www.hermitagemuseum.org/fcgi-bin/db2www/qbicSearch.mac/qbic?selLang=English

그림 1-17   내용기반 영상검색 시스템

대표적인 검색 엔진인 구글^{www.google.co.kr}에서도 내용기반 영상검색 기능을 제공한다. 초기 메뉴에서 '이미지' 검색을 선택한 뒤에 검색어 입력 필드에서 카메라 모양의 아이콘을 선택한 후 영상 파일을 지정하면 유사한 내용을 포함하는 영상들을 검색한다. 그림 1-18은 구글에서의 영상 검색 결과를 나타낸다. 여러 그루의 가로수와 푸른 하늘이 있는 영상을 입력으로 사용했을 때 유사한 영상들이 결과에 나타나는 것을 확인할 수 있다.

그림 1-18   구글 영상 검색 결과

인터넷 기술

앞에서 살펴본 것과 같이 월드 와이드 웹^{World Wide Web, WWW}은 대표적인 멀티미디어 형태이다. 월드 와이드 웹은 줄여서 간단히 웹이라고 부른다. 웹은 1992년 유럽입자물리연구소^{CERN}의 팀 버너스 리^{Timothy John Berners Lee}에 의해 개발되었다. 웹은 텍스트뿐만 아니라 영상, 음악, 비디오 등의 다양한 데이터의 조합으로 구성되어 있으며 이들을 보다 쉽게 사용하고 전송할 수 있는 기반을 제공하여 멀티미디어의 폭발적인 성장을 유도하였다. 웹에서는 HTML^{Hyper-Text Markup Language}을 사용하여 각종 멀티미디어 구성요소들을 통합하여 단일 웹 문서를 구성한다. 또한 HTML의 하이퍼링크^{hyper link}를 통해 문서나 이들 구성요소를 상호 연결한다. 1999년 HTML 4.01 버전이 발표되었는데 10여 년이 지난 비교적 최근에 HTML5에 대한 발표가 이루어졌다. HTML5의 기술영역에 대한 정의는 아직 완전하지 않으며 표준화 작업이 계속 진행되고 있다.

웹에서의 사용자 상호작용은 매우 제한된 형태로만 나타나고 있다. 데스크톱 컴퓨터에서 사용 가능한 기술 중의 극히 일부분만 웹에서 사용 가능하다. 이로 인해 웹 기반의 멀티미디어 콘텐츠는 상당히 단순화된 형태만을 가지고 있다.

이런 문제점을 극복하기 위한 방법 중의 하나가 차세대 인터넷 기술인 Rich Internet Application^{RIA}이다. RIA 기술은 기존의 웹 어플리케이션이 가지는 접근성과 PC의 어플리케이션이 제공하는 사용 편의성을 결합한 기술이다. 최근에는 다양한 웹 어플리케이션들이 RIA 방식으로 개발되고 있다. RIA 기술을 사용하는 어플리케이션 개발 방식은 에어$^{Adobe\ Air}$, 실버라이트$^{Microsoft\ Silverlight}$ 그리고 HTML5가 대표적이다. RIA 기술에 힘입어 웹상에서도 데스크톱 컴퓨터 환경과 유사하게 다양한 멀티미디어 서비스가 가능하게 되었다. 특히 HTML5는 모바일 응용 프로그램과 더불어 가트너$^{Gartner\ Inc.}$가 선정한 2013년 "10대 전략 기술 동향" 중의 2위를 차지하였다. 에어나 실버라이트는 특정 기업에서 개발한 기술이지만 HTML5는 국제 표준으로 공개된 기술이므로 향후 사용이 지속적으로 증가할 것이다. HTML5 발표 이전에는 HTML이 단지 웹 페이지 제작을 위한 표준이었지만 HTML5는 단순한 페이지 제작을 벗어나서 웹 어플리케이션을 위한 플랫폼으로 발전하였다. HTML5에서는 이전 버전에서 웹 어플리케이션 제작을 위해 필요하였던 플러그 인$^{plug-in}$을 대체할 수 있는 다양한 기능들을 제공하고 있다. 그림 1-19의 왼쪽 그림은 실버라이트를 사용하여 제작한 교육용 전자 칠판 시스템이고 그림 1-19의 오른쪽 그림은 3D 상의 캔버스에 플리커의 사진을 무작위로 표시하는 HTML5 기반의 어플리케이션이다.

출처: www.tutor.com 및 peterned.home.xs4all.nl/3d

그림 1-19   RIA 사이트

조금 다른 이야기이지만 또 다른 주요 인터넷 기술로 웹 서비스를 빠뜨릴 수 없다. 웹 서비스Web Service는 표준 인터넷 프로토콜인 HTTP와 SNMP 상에서 서로 다른 환경에 구축된 소프트웨어 컴포넌트에 접근하여 인터넷 어플리케이션을 개발할 수 있는 기술이다. 물론 다른 사용자가 접근할 수 있도록 개방된 소프트웨어 컴포넌트에 대해서만 사용 가능하다. 내부적으로 XML, SOAPSimple Object Access Protocol, UDDIUniversal Description, Discovery, and Integration, WSDLWeb Service Description Language 등의 구성 요소를 사용한다. 웹 서비스의 쉬운 예는 네이버나 구글의 지도 서비스이다. 네이버와 구글은 개발자가 자신의 웹 어플리케이션에서 지도를 기반으로 하는 서비스가 가능하도록 지도 관련 API를 개방하고 있다. 웹 서비스를 통해 더욱 다양하고 진화된 기능을 갖는 웹 어플리케이션의 개발이 가능하다.

매쉬업 기술도 중요한 요소이다. 매쉬업은 웹 서비스 업체가 자신들의 서비스에 접근할 수 있도록 접근방법을 공개하는 것으로부터 출발하였다. 매쉬업Mashup이란 원래 서로 다른 곡을 조합하여 새로운 곡을 만들어 내는 것을 의미하는 음악용어인데 웹 서비스 업체들이 제공하는 각종 콘텐츠와 서비스를 융합하여 새로운 서비스를 만들어내는 것을 의미한다. 매쉬업의 대표적인 예는 구글 지도와 부동산 정보 사이트인 크레이그리스트www.craigslist.org를 결합시킨 '하우징 맵www.housingmaps.com'이다. 이 사이트는 구글 지도에서 지역을 선택하면 해당 지역의 부동산 매물정보를 보여주는 서비스를 제공하고 있다. 하우징 맵은 폴 레이드매처Paul Rademacher가 구글의 지도 API 코드를 해킹하여 제작하였다. 당시 구글 지도를 활용한 확장성과 가능성을 본 구글은 레이드매처를 고소하는 대신 구글 직원으로 채용하였고, 그때부터 구글은 지도 API를 공개하기 시작하였다. 하우징 맵은 최초의 매쉬업으로 평가받고 있다. 그림 1-20의 왼쪽 그림은 네이버 지도를 사용하기 위한 API 사용법에 대한 설명 페이지이고 그림 1-20의 오른쪽 그림은 구글맵과 고객들이 제시하는 위치 정보를 공유해 교통경찰의 위치를 알려주는 서비스에 대한 화면이다.

출처: developer.naver.com, Trapster.com

그림 1-20   웹 서비스 및 매쉬업

소프트웨어 도구

멀티미디어 저작 도구와 미디어 처리 소프트웨어의 발전도 멀티미디어의 발전의 중요한 요소이다. 특히 최근에는 무료로 사용 가능한 오픈 소스 기반의 소프트웨어들이 등장하여 고가의 상용 소프트웨어들과 어깨를 나란히 하고 있다. 오픈 소스 소프트웨어들은 기존의 상용 소프트웨어에 비해 기능이 결코 뒤처지지 않아 사용자층을 늘려가고 있다. 미디어별 대표적인 소프트웨어 툴은 다음과 같다. 괄호 안은 제품의 제작 회사이며 괄호가 없는 소프트웨어는 무료 혹은 오픈소스 소프트웨어이다.

- **저작 도구**: Flash(Adobe)
- **사운드 편집 도구**: Sound Forge(Sony), Audition(Adobe), Audacity
- **영상 편집 도구**: Photoshop(Adobe), GIMP
- **벡터 영상 편집 도구**: Fireworks(Adobe), Illustrator(Adobe), CorelDraw (Corel), Inkscape
- **2D 그래픽 및 애니메이션 도구**: Flash(Adobe), Tupi, Pencil 2D, Synfig
- **3D 그래픽 및 애니메이션 도구**: 3DS Max(Autodesk), Maya(Autodesk), Blender
- **비디오 편집 도구**: Premier(Adobe), Vegas(Sony), Hollywood Fx(Pinnacle), VirtualDub, Kino

그림 1-21은 몇 가지 대표적인 상용 소프트웨어의 화면이다. 순서대로 포토샵^{Adobe} ^{Photoshop}, 플래시^{Adobe Flash}, 일러스트레이터^{Adobe Illustrator}, 사운드포지^{Sony Sound Forge}이다. 미디어별로 대표적인 소프트웨어의 사용법은 각 장의 실습 부분에서 자세하게 살펴본다. 저작 도구^{authoring tool}는 여러 가지 미디어를 조합하고 사용자와의 상호작용 기능을 추가하여 통합된 형태의 멀티미디어 콘텐츠를 제작하는 도구이다. 과거에는 Director, Toolbook 등의 제품을 사용하였지만 최근에는 Flash의 사용이 주를 이룬다.

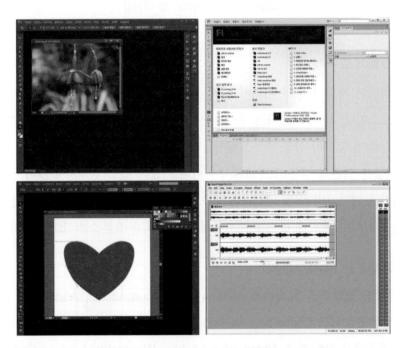

그림 1-21   미디어 처리용 주요 상용 소프트웨어

3) 정보통신 기술의 발전

전 세계적으로 광범위한 컴퓨터 네트워크가 각 국가와 지역을 상호 연결하고 있다. 바로 인터넷이다. 인터넷은 다양한 종류의 컴퓨터들을 연결하는 개별 네트워크들을 다시 상호 연결하여 구성된다. 인터넷의 시작은 ARPANet으로 거슬러 올라

간다. ARPANet은 1969년 2월에 스탠포드연구소^{SRI}, UC 산타바바라, UCLA, 유타 대학의 연구용 컴퓨터들을 전화선을 사용하여 연결하면서 시작하였다. 1983년 ARPANet이 연구 목적의 ARPANet과 군사 목적의 MILNet으로 분리되면서 인터넷이 본격적으로 시작되었다.

우리나라는 1982년 인터넷을 구축하였는데 세계 최초의 인터넷 구축 국가 중의 하나이다. 구축 초기의 국내 기간망의 속도는 1200 bps이었다. 당시 인터넷은 기존 전화선을 사용하는 방식이므로 다른 나라와의 통신은 국제 전화 요금의 비싼 사용료를 지불해야 했기 때문에 현실적으로 사용에 큰 어려움이 있었다. 1990년에 들어와서야 미국과 인터넷 연결을 위한 전용선이 구축되었다.

1990년 중반 이후에는 1995년에 수립된 초고속정보통신망 구축계획에 따라 전국적으로 광 네트워크 구축 사업이 진행되었다. 1995년부터 시작하여 2000년까지 비동기 전송방식인 ATM 네트워크를 전국적으로 확대하여 국내 144개 지역에서 인터넷 기간망의 대역폭이 622 Mbps로 향상되었으며 국제 회선도 290 Mbps로 증가하였다.

현재 국내 인터넷 상용망 서비스는 KT 코넷, LG U⁺ 보라넷, SK 텔레콤 비넷 등의 121개 업체가 제공하고 있다. 이 서비스는 전국에 걸쳐 2.5 G에서 10 Gbps의 전송 속도를 제공하고 있다. 그림 1-22는 국내 인터넷 상용망 구성도이며 KT 코넷에 연결된 서비스 제공자의 현황이다. 한국인터넷진흥원에서는 인터넷 통계 정보검색 시스템^{isis.kisa.or.kr}을 통해 관련 정보를 주기적으로 제공하고 있다. 국내 연구망인 KOREN^{KOrea advanced REsearch Network}은 전국 주요 16개 지역을 최대 100 Gbps의 광 네트워크로 연결하고 있다. KOREN은 대학, 연구소 및 산업체를 대상으로 첨단 IT 관련 기술 및 응용 연구를 위한 환경을 제공하고 있다.

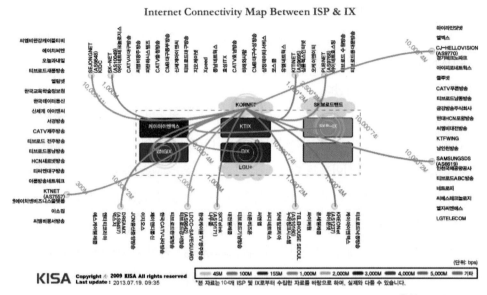

출처: isis.kisa.or.kr

그림 1-22 서비스 제공자 사이의 인터넷 연결 현황

2013년 후반기에는 지능형 미래 네트워크 구축 사업을 계획하여 2017년까지 현재의 네트워크 속도를 10배 향상시키는 기가 네트워크를 구축하려고 준비하고 있다. 네트워크의 전송 속도와 관련된 길더의 법칙이 존재한다. 길더^{Gilder}의 법칙에 따르면 광섬유의 대역폭, 즉 전송속도는 12개월마다 3배씩 증가하고 있다.

유선 네트워크와 더불어 와이파이$^{Wi-Fi}$, 와이브로^{WiBro}, LTE 등의 무선 네트워크 환경도 급속히 발전하고 있다. 우리나라는 세계 최초로 CDMA 기술을 상용화하여 이동통신의 새로운 역사를 창조하였다. CDMA$^{Code\ Division\ Multiple\ Access}$ 기술은 미국에서 개발되었는데 현재의 SK텔레콤 전신인 한국이동통신에서 1996년 1월에 세계 최초로 CDMA 방식의 디지털 이동전화 서비스를 개시하였다. 또한 우리나라는 2000년 10월 세계 최초로 CDMA2000 1×RTT 기술을 개발하여 무선 인터넷 시장을 확대하였다. CDMA2000 1×RTT는 2.5세대 이동통신 기술로 평가받고 있다. 2003년 12월에는 3세대 이동통신 기술인 WCDMA$^{Wideband\ CDMA}$ 서비스를 시작하였다. 이 서비스는 2 Mbps의 속도에서 음성과 함께 데이터를 전송할 수 있다. 그러나 데이터 사용료가 비싸 많이 사용되지는 않았다. 2006년 6월에는 모바일 와이맥스^{Mobile WiMax} 기술인 와이브로^{WiBro} 서비스를 시작하였다. 단말기당 10 Mbps의 속도를 지원하고 기지국 반경 약 5 km 범위 내에서 무선 인터넷 사용이 가능하다. WCDMA는 시속 200 km 이상의 이동 중에도 데이터 전송이 가능하지만 와이브로는 최대 시속 120 km 정도의 이동 속도에서 사용 가능하다.

2008년에는 와이파이를 탑재한 휴대폰들이 출시되었다. 또한 스마트 폰의 증가와 데이터 요금의 하락으로 인해 무선 인터넷 사용이 급증하여 가역 대역폭이 급격하게 감소하였다. 이런 문제를 해결하기 위해 LTE 서비스가 2011년 7월에 시작되었다. 최근 휴대폰에서의 이동통신은 4세대 LTE^{Long Term Evolution} 시대로 접어들었으며 우리나라에서는 세계 최초로 기존 LTE보다 2배 빠른 광대역 LTE를 일부 지역에서 서비스하고 조만간 전국적으로 확대하여 서비스할 예정이다. LTE는 3세대 이동통신보다 약 5배 정도의 인터넷 속도를 제공하는데 LTE – A는 서로 다른 두 개의 주파수 대역을 사용하여 속도를 개선시킨 기술이고 광대역 LTE는 주파수 대역을 2배로 확장한 기술이다. 이에 따른 모바일 장치에서도 빠른 속도의 파일 전송이 가능하여 멀티미디어 사용이 더욱 증가할 것으로 예상하고 있다.

근거리에서 고속으로 무선 통신을 하기 위한 기술들도 발전하고 있다. 블루투스^{Bluetooth}, 와이다이^{Wireless Display, Wi-Di} 등의 기술이 사용 가능하다. 블루투스는 근거리 무선 통신을 위한 산업 표준이며 1994년에 통신 회사인 에릭슨^{Ericsson}에서 최초 개발하였다. 버전에 따라 통신 속도는 차이가 나는데 1.1과 1.2 버전은 최대 723.1 Kbps, 2.0 버전은 2.1 Mbps, 2009년에 발표된 3.0 버전은 24 Mbps이다. 2010년 6월에 블루투스 스마트라고 부르는 4.0 버전이 발표되었는데 속도는 3.0 버전과 동일하지만 평균 소비 전력과 대기 전력을 크게 줄였다. 최대 유효 거리는 클래스^{class}에 따라 다른데 클래스 1은 100 m, 클래스 2는 10 m, 클래스 3은 1 m이다. 일반적으로 사용하는 것은 클래스 2이다. 와이다이는 2011년에 발표한 인텔의 2세대 코어 프로세서인 샌디브릿지에 포함한 무선 디스플레이 기술을 의미한다. 데스크톱 컴퓨터나 노트북에서 TV나 빔 프로젝트와 같은 디스플레이 장치에 무선으로 연결하여 1080p의 고해상도 영상과 5.1ch의 사운드를 전송할 수 있는 기술이다. 복잡한 케이블 연결 없이 디스플레이 장치 쪽에 와이다이 어탭터만 설치하면 고품질, 고음질의 비디오 출력이 가능하다. 최근 LG에서는 LCD 패널 자체에 와이다이 모듈을 내장하는 기술을 개발하였다. 또한 삼성의 스마트 TV에서도 와이다이 기술을 탑재하고 있다.

조금 다른 형태이지만 근거리무선통신^{Near Field Communication, NFC} 기술이 존재한다. 이 기술은 10 cm 이내의 가까운 거리에서 장비들 간에 상호 통신이 가능한 기술이다. 현재 초당 424 Kbps의 전송 속도를 제공하고 있다. RFID와 유사한 서비스를 제공할 수 있는 기능으로 교통카드나 신용카드 등의 기능을 내장하는 스마트 금융 서비스에 대한 제공이 가능하다.

04 멀티미디어 활용 분야

우리 주위를 둘러보면 매우 다양한 장소와 형태로 멀티미디어가 존재하고 있다. 멀티미디어는 이제 우리 생활의 거의 모든 곳에 활용되고 있다. 따라서 멀티미디어 응용 분야를 열거하는 하는 것은 큰 의미가 없다. 멀티미디어가 응용되는 대표적인 몇 가지 분야를 살펴보면서 멀티미디어의 활용성 및 중요성에 대해 확인해보자.

1) 교육education 분야

교육 분야에서 멀티미디어는 주로 컴퓨터 기반의 자기 주도 학습이 가능한 콘텐츠 개발을 위해 사용된다. 교육 콘텐츠는 유아에서부터 대학생이나 직장인에 이르기까지 광범위한 연령을 대상으로 개발되고 있다. 특히 유아용 교육 콘텐츠의 경우 교육 내용과 더불어 놀이를 함께 제공하여 놀면서 학습이 가능하도록 한다.

최근에는 디지털 학습digital learning에 대한 관심이 확대되고 있으며 전 세계적으로 많은 대학들이 인터넷으로 접근 가능한 온라인 강의 개발하기 위해 많은 노력을 투자하고 있다. MIT의 총장인 레이프Rafael Reif는 2013년에 Times지와의 인터뷰에서 '디지털 학습은 인쇄술의 발명 이후에 교육에서 있어서 가장 중요한 혁신'이라고 이야기하였다. 앞으로 디지털 학습으로 인해 대학은 완전히 새로운 모습으로 변화될 것이며 교육비용은 획기적으로 줄어들지만 교육 장벽은 낮아지고 교육 품질은 반대로 크게 향상될 것이다. 전 세계적으로 다양한 공개 강의 시스템들이 운영되고 있는데 EdX(MIT, 하버드대, 버클리대, 서울대 등), Coursera(스탠포드대, 프린스턴대, 예일대, KAIST 등), Udacity(스탠포드대) 등이 존재한다. 우리나라의 경우 KOCWKorea Open

CourseWare에서 대학에서 제공하는 다양한 온라인 강의를 서비스하고 있다. 디지털 학습의 성공적인 달성을 위해서는 우수한 강의 콘텐츠와 효과적인 전달 방식인 필요하다. 이 과정에서 멀티미디어의 활용이 적극적으로 필요하다.

교육을 위한 멀티미디어는 초기에는 CD나 DVD에 저장되어 배포되는 멀티미디어 타이틀 형태였지만 이제는 웹을 통해 배포되는 것이 일반화되었다. 멀티미디어 타이틀이란 멀티미디어 기술을 사용하여 목적에 부합하는 내용을 개발하여 대용량의 저장 매체인 CD, DVD에 저장하거나 웹을 통하여 배포하는 어플리케이션 패키지를 의미한다. 멀티미디어가 활용되는 가장 보편적인 형태이다.

시뮬레이션simulation은 교육 분야에서 멀티미디어의 중요한 사용 형태이다. 주로 가상현실 기술을 사용하여 사고나 부상의 위험 없이 비행기 조종사를 훈련하고 자동차 운전 연습을 수행할 수 있다. 의료 분야에서도 시뮬레이션은 중요한 역할을 담당하고 있다.

2) 산업Industry 분야

산업 분야에서는 제품 광고advertising, 프레젠테이션presentation, 영상 회의 시스템video conferencing system, 주문형 비디오video on demand 등의 다양한 분야에서 멀티미디어를 활용하고 있다.

신문사나 출판업계에서는 종이에 인쇄한 형태를 탈피하여 사용자와의 상호 작용을 강화한 멀티미디어 기반의 콘텐츠인 전자 매거진을 개발하여 제공하고 있다. 전자 제품의 사용 설명서는 종이 설명서에서 멀티미디어 기반의 전자 설명서로 바뀌어 가고 있다. 박물관, 관공서 등의 공공장소에서는 키오스크kiosk를 통해 홍보 및 정보 안내를 위해 멀티미디어 기반의 콘텐츠를 사용한다.

3) 엔터테인먼트Entertainment 분야

게임이나 오락 분야는 멀티미디어를 가장 활발하게 활용하는 분야이다. 특히 영화나 게임 등에서 다양한 볼거리와 화려한 화면을 제공하기 위하여 멀티미디어를 사용한다.

4) 모바일 서비스^{Mobile service} 분야

스마트폰의 급속한 보급으로 멀티미디어는 새로운 국면을 맞이하고 있다. 멀티미디어 메시징 서비스^{MMS}, 위치기반 서비스^{LBS}, 디지털 멀티미디어 방송^{DMB} 등의 서비스는 이미 오래전에 보편화되었다. 뿐만 아니라 스마트폰에 장착된 다양한 센서 장치들의 기능을 통합적으로 활용하는 콘텐츠들이 등장하였으며 컴퓨터 기반의 콘텐츠를 모바일 환경에서도 동일하게 서비스 가능하도록 진화하고 있다.

학습정리

- **미디어**media 는 정보를 전달하는 수단 및 정보의 종류를 구분하여 표현하는 수단이라는 두 가지의 의미를 갖는다. 사용 목적에 따라 표현 미디어, 저장 미디어, 전송 미디어, 제시 미디어, 지각 미디어로 분류할 수 있다.

- **표현 미디어**representation media 는 정보를 표현하기 위해 사용하는 표현 수단을 의미한다.

- **저장 미디어**storage media 는 표현 미디어를 저장하기 위해 사용할 수 있는 물리적인 저장 수단을 의미한다.

- **전송 미디어**transmission media 는 저장 미디어에 저장된 표현 미디어를 다른 장소나 또 다른 저장 미디어로 이동하기 위해 사용하는 다양한 수단을 의미한다.

- **제시 미디어**presentation media 는 사용자 위치까지 전달된 표현 미디어를 재생하거나 출력하여 사용자에게 그 내용을 제공하기 위해 사용하는 물리적인 수단에 해당한다.

- **지각 미디어**perception media 는 재생되는 미디어 정보를 인간이 지각하기 위해 사용하는 수단을 의미한다.

- **멀티미디어**multimedia 는 '디지털 방식으로 표현한 텍스트, 이미지, 사운드, 영상, 비디오 등의 미디어를 두 가지 이상 결합하여 사용자에게 상호작용 할 수 있는 형태로 제공하는 것'이다. 통합된 정보의 제공, 디지털 방식으로의 표현, 상호작용 지원의 세 가지 기본 조건을 모두 만족해야만 한다.

- **반도체**Semiconductor 는 크게 비메모리 반도체와 메모리 반도체로 분류할 수 있다.

- **무어의 법칙**Moore's law 은 마이크로칩에 탑재하는 트랜지스터의 개수는 24개월마다 2배씩 증가하고 있음을 설명한다.

- **황의 법칙**Hwang's law 은 메모리의 용량이 매년 2배씩 증가하는 것을 설명하는 이론이다.

- **CD**Compact Disk 는 1982년도에 네덜란드 필립스와 일본 소니에 의해 공동으로 개발된 오디오를 기록하는 매체이다.

- **CD-ROM 드라이브의 데이터 전송률**은 배속으로 표현하며 1배속은 150 KBps이다.

- **CD와 DVD**의 지름은 120mm, 두께는 1.2 mm로 동일하고 홈의 크기는 DVD가 0.4 μm, CD는 0.83 μm이고 홈의 간격은 DVD가 0.74 μm, CD는 1.6 μm이다.

- **피트**pit 는 CD나 DVD 디스크 표면의 오목한 영역이다.

- **랜드**land 는 CD나 DVD 디스크 표면의 평탄한 영역이다.

- **DVD**는 4가지 구조 방식으로 데이터를 저장하며 4.7 GB, 8.5 GB, 9.4 GB, 17 GB의 데이터 저장이 가능하다.

- **DVD**의 1배속 데이터 전송 속도는 1,385 KBps이다.

- **DVD-R**는 데이터를 1회만 저장하여 사용할 수 있는 디스크이다.

- **DVD-RW**는 약 1,000회 정도 전체 데이터를 재기록하여 사용할 수 있는 디스크이다.

- **DVD-RAM**은 약 10만회 정도의 부분적인 데이터의 재기록이 가능한 디스크이다.

- **DVD+R/RW 규격**은 DVD + RW 연합에서 제정하였으며 산업 표준은 아니다.

- **HD DVD**는 단일 레이어는 15 GB, 이중 레이어는 30 GB까지 저장할 수 있다.

- **블루레이**blu-ray 는 단일 레이어 25 GB, 이중 레이어는 50 GB를 저장할 수 있다.

- **CGA**Color Graphics Adapter 는 1981년에 도입되었으며 320×240 해상도에서 16색상 및 640×240 해상도에서 2색상을 지원한다.

- **EGA**Enhanced Graphics Adapter 는 1984년에 발표되었고 640×350의 해상도에서 16개의 색상(최대 64개 색상)을 동시에 출력할 수 있다.

- **VGA**Video Graphics Array 는 1987년에 발표되었으며 640×480의 해상도를 제공하였다. 그래픽 모드와 텍스트 모드를 지원하며 표준 그래픽 모드에서는 16색을 제공한다.

- **SVGA**Super VGA 는 1987년에 발표되었으며 800×600에서 16색상을 지원하였고 이듬해 1024×768에서 256색상을 지원하도록 확장되었다.

- **XGA**Extended Graphics Array 는 1990년에 발표되었으며 1024×768의 해상도를 지원한다.

- **XGA+**는 XGA를 확장하여 1152×864의 해상도를 지원한다.

- **지각 부호화**perceptual coding 는 인간이 지각할 수 없는 정보를 삭제함으로써 데이터의 품질에는 전혀 영향을 주지 않고 높은 압축 효율로 데이터를 압축하는 방법이다.

- **멀티미디어 처리 기술의 발전**에는 사용자 인터페이스 기술, 가상현실, 멀티미디어 정보검색, 인터넷 기술, 소프트웨어 도구의 발전이 포함된다.

- **바이오 인식**biometrics 이란 사람의 신체적·행동적 특징을 자동화된 장치를 거쳐 측정하여 개인 식별의 수단으로 활용하는 기술이다.

- **가상현실**virtual reality 이란 현실과 같은 가상의 그래픽 세계를 구성하고 인간의 감각기관이 감지하고 반응할 수 있도록 하여 자신이 그곳에 직접 존재하고 있는 것처럼 몰입감을 느끼도록 만든 인위적인 공간이다.

- **증강현실**augmented reality 은 현실 세계와 가상 세계를 결합하여 표현한 것이다.

- **내용기반 정보검색**content-based information retrieval 은 미디어의 내용(contents)을 기반으로 정보를 검색하는 기술을 통칭하는 용어이다.

- **내용기반 영상검색**Content-Based Image Retrieval, CBIR 에서는 영상 내부의 색(color), 질감(texture), 모양(shape) 등의 내용 정보를 사용하여 영상 검색을 수행한다.

- **Rich Internet Application**RIA 은 기존의 웹 어플리케이션이 가지는 접근성과 기존의 데스크톱 컴퓨터에서 동작하는 어플리케이션이 제공하는 사용 편의성을 결합한 기술이다.

- **웹 서비스**Web Service 는 표준 인터넷 프로토콜인 HTTP와 SNMP 상에서 서로 다른 환경에 구축된 소프트웨어 컴포넌트에 접근하여 인터넷 어플리케이션을 개발할 수 있는 기술이다.

- **매쉬업**Mashup 이란 웹서비스 업체들이 제공하는 각종 콘텐츠와 서비스를 융합하여 새로운 서비스를 만들어내는 것을 의미한다.

- **저작 도구**authoring tool는 여러 가지 미디어를 조합하고 사용자와의 상호 작용 기능을 추가하여 통합된 형태의 멀티미디어 콘텐츠를 제작하는 도구이다.

- **ARPANet**은 1969년 2월에 스탠포드연구소(SRI), UC 산타바바라, UCLA, 유타 대학의 연구용 컴퓨터들을 전화선을 사용하여 연결한 컴퓨터 네트워크이다.

- **길더의 법칙**Gilder's law은 광섬유의 대역폭, 즉 전송속도는 12개월마다 3배씩 증가하는 것을 제시하는 이론이다.

- **CDMA**는 1996년 1월에 우리나라에서 세계 최초로 상용화 서비스가 시작되었다.

- **와이브로**WiBro는 단말기당 10 Mbps의 속도를 지원하고 반경 약 5 Km 범위 내에서 무선 인터넷 사용이 가능한 기술이다.

- **블루투스**Bluetooth는 근거리 무선 통신을 위한 산업 표준이며 1994년에 통신 회사인 에릭슨(Ericsson)에서 최초 개발하였다.

- **와이다이**Wi-Di는 2011년에 발표한 인텔의 2세대 코어 프로세서인 샌디브릿지에 포함한 무선 디스플레이 기술이다.

연습문제

01. 다음 중 미디어에 대한 분류가 잘못된 것을 고르시오.

1) 표현미디어 – 사운드, 영상

2) 저장미디어 – CD, USB 메모리

3) 전송미디어 – LAN, 전파

4) 제시미디어 – 빔프로젝터, 모니터

5) 지각미디어 – 햅틱, 홀로그래피

02. 멀티미디어 데이터의 생성에서 최종 사용자까지 전달되는 과정을 구분하는 방법이 아닌 것은 무엇인가?

1) 표현 미디어(representation media)　　2) 저장 미디어(storage media)

3) 전송 미디어(transmission media)　　4) 지각 미디어(perception media)

5) 개발 미디어(evolution media)

03. 다음 중에서 멀티미디어의 기본요소와 가장 거리가 먼 것은?

1) 정보의 통합성　　2) 양방향성　　3) 사용자와의 상호 작용성

4) 비선형성　　5) 디지털데이터

04. 다음 중에서 멀티미디어의 발전 배경과 가장 거리가 먼 것은?

1) Itanium 2　　2) HD DVD　　3) RIA

4) Kiosks　　5) H.26×

05. 다음 중 비디오 압축 기술과 가장 거리가 먼 것은?

1) H.261   2) MPEG1   3) H.263

4) MPEG3   5) H.264

06. CD-ROM 드라이브의 성능은 주기억 공간으로의 데이터 전송속도로 표현하며 보통 배속으로 표시하는데, 이때 1배속의 속도는 얼마인가?

1) 100 KBps   2) 150 KBps   3) 200 KBps

4) 250 KBps   5) 300 KBps

07. 다음은 그래픽 카드의 종류를 나타낸다. 다음 중 가장 높은 해상도를 나타내는 것은?

1) EGA   2) VGA   3) XGA

4) QXGA   5) SVGA

08. 다음 중에서 잘못된 설명을 모두 고르시오.

1) 멀티미디어는 네트워크형에서 패키지형으로 발전하고 있다.

2) 멀티미디어는 다양한 분야의 기술들에 대한 활용과 융화를 요구한다.

3) 멀티미디어를 사용함으로서 정보 전달량에 대한 향상이 가능하다.

4) 멀티미디어를 사용함으로서 사용자에게 친숙한 인터페이스를 제공할 수 있다.

5) 멀티미디어 정보는 두뇌의 표층(피질)을 통하여 전달된다.

09. 다음 중에서 디지털 정보에 대한 설명으로 잘못된 것을 모두 고르시오.

1) 가공과 편집이 용이하다.

2) 전송이나 출력에 의한 정보의 질적 저하가 없다.

3) 신호를 미세한 단위로 조정이 가능하다.

4) 상호 작용성을 부여할 수 있어 상호 대화 형태의 조작이 가능하다.

5) 신호의 다중화로 전송회선을 절약할 수 있다.

10. 다음 DVD에 대한 설명으로 잘못된 것을 모두 고르시오.

1) CD와 DVD의 지름 및 두께는 동일하다.

2) DVD–RW는 10만회 정도 데이터를 재기록할 수 있는 디스크이다.

3) DVD+ 규격은 DVD 포럼에서 제정한 것이다.

4) 저장용량은 일반적으로 4.7 GB이며 17 GB도 가능하다.

5) 음악을 저장하기 위한 DVD audio도 개발되었다.

6) 단면만 사용 가능하다.

11. 다음 중에서 개인을 식별할 수 있는 정보를 사용할 수 없는 것은 무엇인가?

1) 목소리	2) 서명	3) 키 두드리기	4) 걸음걸이
5) 얼굴 모양	6) DNA	7) 손 모양	8) 귀 모양

12. 멀티미디어의 활용 분야 중에서 모바일 서비스에 해당하지 않은 것은?

1) VOD	2) MMS	3) LBS	4) DMB

13. 다음 중에서 멀티미디어의 의미와 가장 거리가 먼 것은?

1) 단일 매체의 조합으로 표현된 컴퓨터 정보

2) 인간 상호간에 정보, 지식, 감정, 의사 등을 전달하는 수단

3) 두 가지 이상의 미디어를 저작 및 프로그래밍을 통해 목적을 갖도록 제작한 데이터

4) 각 미디어의 속성을 이해하고 생성, 변형, 조합하거나 활용하는 분야

14. 러시아의 에르미따주 박물관The State Hermitage Museum에서는 영상검색을 통해 원하는 회화를 검색할 수 있는 기능을 제공한다. 이 박물관에서 사용하는 IBM에서 개발한 기술은?

1) QBIC	2) Cortina	3) PIBE
4) SHIATSU	5) TinEye	

15. 다음은 CD를 설명한 내용이다. 잘못된 설명을 두 가지 고르시오.

1) 필립스와 산요가 공동 개발한 오디오를 기록하는 매체에서 출발하였다.

2) 지름은 120 mm와 두께는 1.2 mm이다.

3) 최소 홈의 크기는 0.83 μm이고 홈의 간격은 1.6 μm이다.

4) 볼록한 랜드와 평평한 피트를 사용하여 데이터를 저장한다.

5) 오디오 데이터 대신에 컴퓨터 데이터를 저장할 수 있는 방식이 CD – ROM이다.

16. 다음의 뉴미디어에 대한 설명으로 가장 알맞은 용어를 고르시오.

2.3 GHz 주파수 대역의 고속 휴대용 인터넷 서비스

1) VOD   2) Teletext   3) DMB

4) WiBro   5) Wi-Fi   6) Bluetooth

17. 스트리밍streaming에 대한 설명으로 거리가 가장 먼 것은 무엇인가?

1) 멀티미디어 데이터를 실시간으로 재생할 수 있다.

2) 데이터의 송수신을 위한 전체적인 시간은 증가한다.

3) 전혀 끊김 없이 재생할 수 있다.

4) 모든 데이터를 전송하기 전에 재생을 시작할 수 있다.

18. 스마트폰의 최신 사양에 대해 조사하시오.

19. 그래픽 카드의 최신 사양에 대해 조사하시오.

20. 멀티미디어의 미래에 대해 자신의 의견을 제시하시오.

21. CBT^Computer–Based Training에 대해 조사하시오.

22. 내용기반 정보검색을 사용하는 구체적인 예나 시스템을 조사하시오.

23. 멀티미디어의 유용성에 대해 설명하시오.

참고문헌

1. 유비쿼터스 시대의 멀티미디어/박길철외 공저/사이텍미디어/2007

2. 멀티미디어 배움터 2.0/최윤철, 임순범 공저/생능출판사/2010

3. Modern Multimedia Systems/P. Havaldar, G. Medioni 공저/CENGAGE Learning/2011

4. Multimedia Fundamentals − Media Coding and Content Processing/R. Steinmetz, Klara Nahrstedt 공저/IMSC Press/2002

5. 삼성 DDR4 메모리 / www.samsung.com/global/business/semiconductor/news-events/press-releases/detail?newsId=13009

6. 삼성 3D V-NAND SSD 제품 소개 / www.samsung.com/global/business/semiconductor/news-events/press-releases/detail?newsId=12993

7. SDRAM의 유형 및 특성 비교/www.samsung.com/global/business/semiconductor/product/computing-dram/overview

8. 비휘발성 메모리 개발 동향 및 SSD 시장 전망/하나금융경영연구소/2009

9. 낸드 플래시메모리(NAND Flash Memory)의 특성 및 동향/김형훈/G-Mobile Tech/2007

10. 무어의 법칙 / en.wikipedia.org/wiki/Moore%27s_law

11. 황의 법칙 / ko.wikipedia.org/wiki/%ED%99%A9%EC%9D%98_%EB%B2%95%EC%B9%99

12. DDR SDRAM/n.wikipedia.org/wiki/DDR_SDRAM

13. 한국 인터넷 역사와 표준/박현제/TTA Journal Vol.143/2012

14. 2012년 한국 인터넷 백서: 제1부 인프라/한국인터넷진흥원

◀» CHAPTER

2

텍스트
TEXT

학습목표

- 텍스트의 의미를 설명할 수 있다.

- 폰트와 서체를 구분하여 설명할 수 있다.

- 관련 용어를 설명할 수 있다.

- 코드 체계를 구분하여 설명할 수 있다.

- 텍스트 압축을 위한 엔트로피 부호화 방법을 설명할 수 있다.

01 텍스트의 이해

1) 텍스트의 기원

메소포타미아, 이집트, 사마리아, 바빌로니아 등의 지역에서 약 6,000년 전에 기호를 사용하기 시작하였다. 이들 기호는 상형문자 혹은 쐐기문자이며 약 2,000개 정도의 문자 기호를 사용하였다. 따라서 기호는 일종의 텍스트로 간주할 수 있다. 이들 기호는 누구나 사용할 수 있는 것은 아니었는데 지배계급과 성직자들에게만 제한적으로 허용되었다. 따라서 이들 시대에는 텍스트를 읽는 능력이 힘과 지식에 대한 통로였다. 상형문자는 현재 거의 사용되지 않는다. 다만 중국 윈난성의 리장 지역에 거주하는 나시족이 사용했던 동파문자는 현재도 사용되고 있으며 문장을 만들 수도 있다. 상형문자를 포함한 표의表意 문자로 정보를 표현하고 교환하기 위해서는 많은 수의 문자가 필요하였다. 반면 표음 문자는 음을 표현하므로 적은 수의 문자를 사용하여 모든 의미를 표현할 수 있다. 대표적인 표음表音 문자인 한글은 1446년에 창제되었고 로마문자는 1500년경에 발명되었다.

인쇄기술의 발명은 텍스트의 사용을 활성화하고 발전시킨 중요한 사건이다. 무구정광 대다라니경은 세계에서 가장 오래된 목판 인쇄물이며 직지심체요절은 현존하는 세계최고의 금속 활자본으로 우리 민족이 1234년에 이미 금속활자를 사용하였음을 알려주는 귀중한 유산이다. 직지심체요절은 1377년 청주 흥덕사지에서 발간되었는데 현재는 프랑스 국립 도서관에 소장되어 있다. 서양에서는 구텐베르크가 1448년에 금속 활자를 발명하여 주로 라틴어 성경, 종교적인 문헌, 면죄부 등을 출판하는 데 사용하였다.

2) 텍스트의 중요성 및 정의

텍스트는 초창기 컴퓨터의 등장과 함께 기본적인 처리 단위로 사용되었다. 멀티미디어 구성요소 중에서 가장 컴퓨터와 오랜 시간을 함께한 미디어이다. 때문에 멀티미디어에 텍스트를 포함하는 것이 오히려 이상한 것처럼 인식되기도 한다. 그러나 텍스트는 다른 데이터에 비해 용량이 적고 편집이 쉬우면서도 정보 제공 능력이 뛰어나므로 그 중요성이 매우 높다. 예를 들어, 신문 기사의 내용을 텍스트를 대신하여 음성으로 녹음하여 제공하는 상황을 생각해보자. 텍스트로 표현된 신문 기사의 내용은 전체 내용을 빠르게 파악할 수 있으며 문맥을 파악하여 중간 중간 건너뛰며 주요 내용에 집중하여 내용을 파악할 수 있다. 그러나 녹음된 데이터를 사용하는 경우에는 신문 기사 내용의 이해 정도는 향상될 수 있지만 글자를 사용할 때보다 지속적인 집중이 필요하다. 최근 TV 방송의 다양한 프로그램들이 자막을 함께 제공하는 것을 보면 텍스트의 중요성을 확인할 수 있다.

텍스트^{text}는 문자, 기호, 단어, 구, 다이어그램 등의 자연 언어나 수학 기호 등의 인공 언어를 배열 형태로 나열한 데이터를 의미한다. 텍스트의 사전적인 의미는 문장보다는 더 큰 문법적인 단위로 문장들이 모여서 이루어진 한 덩어리의 글이다. 텍스트는 종이에 인쇄하거나 모니터, 스크린 등의 제시 미디어를 통해 표시한다. 컴퓨터에서는 텍스트를 저장하거나 표현하기 위해 코드 체계^{code system}를 사용한다. 코드 체계에서는 각 문자를 이진 패턴^{binary pattern}으로 표현할 수 있는 문자 코드^{character code}를 정의하여 사용한다. 문자 코드를 사용하면 각 문자에는 하나의 심볼(숫자)을 할당할 수 있다. 영어를 포함한 서양권의 라틴문자(로마문자)는 8비트를 사용하여 표현할 수 있지만 동양권의 문자들은 종류가 많아 주로 16비트를 사용한다. 전 세계적으로 여러 가지 종류의 코드 체계를 사용하고 있는데 이들 종류에 대해서는 이번 장의 후반부에서 자세하게 살펴본다.

3) 멀티미디어에서의 텍스트 사용 형태

텍스트의 정보 전달력은 매우 높다. 텍스트를 대신하여 아이콘으로 표시한 메뉴(웹 페이지나 응용 프로그램)를 생각해보자. 아이콘만으로 이루어진 메뉴는 그 기능을 짐작하기 쉽지 않다. 그 기능을 한 번 정도는 사용해봐야 알 수 있을 것이다. 이에 비해 텍스트 메뉴는 작은 노력으로도 그 의미나 기능을 명확하게 알 수 있다. 상황에 따라서는 아이콘과 텍스트를 함께 사용할 수도 있다. 멀티미디어 사용에 있어 표현의 아름다움도 중요하지만 무엇보다 정보의 전달이 우선되어야 한다. 텍스트도 심미성을 고려한 서체를 개발하여 정보 전달과 함께 미적인 요소를 함께 제공할 수 있다.

텍스트는 멀티미디어에서 중요한 위치를 차지하고 있으며 멀티미디어 콘텐츠의 제목(what it's all about), 메뉴(where to go), 내비게이션(how to get there), 정보에 대한 내용(what you see when you get there)을 표현하기 위해 사용한다. 그림 2-1을 살펴보면 멀티미디어에서의 텍스트의 네 가지 사용 형태를 모두 확인할 수 있다. 그림 2-1은 웹 페이지의 일부분인데 페이지의 제목과 메뉴를 텍스트를 사용해서 표현하고 있다. 또한 화면의 중간 상단 지점에 위치하고 있는 내비게이션에서도 텍스트를 사용하고

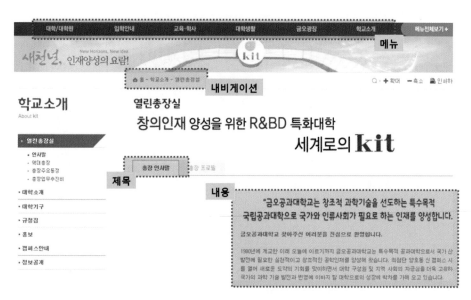

그림 2-1 웹 페이지에서의 텍스트 사용 형태

있다. 내비게이션[navigation]이란 멀티미디어 콘텐츠의 시작 화면에서 현재 화면까지의 이동 경로를 의미한다. 웹 사이트의 초기 화면에서 출발하여 여러 메뉴를 거쳐 현재의 페이지에 도달하게 되는데, 내비게이션을 사용하여 현재 페이지에 대한 이동 경로를 제공하여 사용자는 현재의 페이지의 콘텐츠의 어디에 위치하고 있는지를 알 수 있다. 마지막으로 웹 페이지에서 궁극적으로 전달하고자 하는 정보(내용)도 텍스트를 사용해서 표현하고 있다.

02 서체(Typeface)

1) 서체의 의미 및 단위요소

서체[typeface]는 '글꼴' 혹은 '활자체'라고도 부른다. 서체는 모양을 구별할 수 있는 글자의 독특한 형태를 의미하는데 다양한 글자 크기와 스타일 등을 포함한다. 예들 들어, Helvetica, Times, Courier 등은 영문 서체이고 굴림체, 명조체 등은 대표적인 한글 서체이다. 영문 서체는 그림 2-2와 같이 주요한 단위 요소[metrics]를 사용한다.

그림 2-2 서체의 단위 요소

밑선[baseline]은 알파벳 문자들의 바닥 지점이 위치하는 가상의 선이고 상위선[cap line]은 대문자의 최상단을 가로지르는 선이다. 대문자의 크기[cap size]는 밑선에서 상위선까지의 길이를 사용하여 나타낸다. 중심선[mean line 혹은 midline]은 a나 x와 같이 어센더가 없는 소문자의 위쪽 면이 위치하는 가상의 선이다. x 높이[x height]는 밑선에서 중심선까지의 길이이며 어센더나 디센더와 같은 확장 영역이 없는 소문자(a, c, e, m, n 등)의 대략적인 높이에 해당한다. 어센더[ascender]는 x 높이의 위를 벗어나는 소문자의 영역을 의미하고 디센더^{descender}는 x 높이를 아래로 벗어나는 소문자의 영역이다. 어센트^{ascent}는 밑선에서 어센더의 최상위 지점까지의 거리이고 디센트^{descent}는 밑선에서 디센더의 최하위 지점까지의 거리이다. 문자의 높이$^{body\ height}$는 어센트와 디센트를 합친 길이를 사용하여 정의한다. 문자 높이의 단위는 주로 포인트^{point}를 사용한다.

2) 서체의 구분

서체는 세부적인 모양에 따라 세리프^{serif}체와 산세리프$^{sans\ serif}$체로 구분할 수 있다. 그리고 가로 간격의 비례 여부에 따라 비례간격 서체와 고정간격 서체로 구분할 수 있다. 우선 세리프체와 산세리프체의 차이에 대해 살펴보고 다음으로 비례간격 서체와 고정간격 서체의 차이에 대해 살펴본다.

❶ 세리프체와 산세리프체

세리프체$^{serif\ type}$는 문자의 획 끝에 작은 모양의 장식^{돌기}를 포함하는 서체를 의미한다. 한글에서는 우리가 흔히 명조체라고 부르는 서체이다. 세리프체는 컴퓨터 모니터 보다는 종이에 출력한 경우 높은 가독성^{readability}을 갖는다. 따라서 종이에 인쇄할 문서를 작성하는 용도로 많이 사용한다. 세리프체의 예를 들면 영문 서체에 Times, Bookman, Palatino 등이 있으며 한글 서체에는 명조체, 바탕체, 궁서체 등이 있다.

산세리프체$^{sans\ serif\ type}$는 세리프체가 아닌 서체를 의미하며 문자의 획 끝에 추가적인 장식 돌기를 포함하지 않는다. 우리가 흔히 고딕체라고 부르는 서체이며 종이에 출력하는 경우보다는 모니터 화면에서 읽기 편한 서체이다. 인쇄할 문서에서는 제목이나 강조가 필요한 위치에서 산세리프체를 사용할 수 있다. 산세리프체의 예에는 영문 서체에 Helvetica, Verdana, Arial, Optima 등이 있으며 한글 서체에는 굴림체, 고딕체 등이 있다. 그림 2-3은 세리프체와 산세리프체를 비교하여 이들 간의 차이를 나타낸 그림이다.

바탕체   Times New Roman   새굴림   Tahoma

(a) 세리프체   (b) 산세리프체

그림 2-3   세리프체와 산세리프체의 비교

❷ 비례간격 서체와 고정간격 서체

비례간격 서체^{proportional type}는 알파벳의 폭이 글자의 종류에 따라 변하는 서체이다. 이 서체는 가변 서체라고도 부른다. 비례간격 서체는 시각적으로 높은 가독성을 제공하여 글자를 읽기 쉽고 글자의 모양이 보기 좋다. 하지만 글자의 간격이 글자의 종류에 따라 변하므로 가로줄의 간격을 맞추는 데 어려움이 발생할 수 있다. 글자 간격의 변화는 한글에는 적용되지 않고 라틴 문자에만 나타난다.

반면 고정간격 서체^{mono-spaced type}에서는 서체가 정해지면 글자의 종류에 관계없이 모두 동일한 간격으로 글자들이 나타난다. 한 줄에 동일한 글자 수를 포함할 수 있으므로 프로그램의 소스 코드와 같이 정렬된 형태로 글자들을 나열하는 경우에 유용하다.

데스크톱 컴퓨터에서 사용하는 대부분의 서체는 비례간격 서체이다. 고정간격 서체에는 영문 폰트 중에는 'Courier'와 'Terminal', 'Courier New' 등이 존재하며 한글의 경우에는 이름에 '체'가 붙은 서체(예를 들어, 굴림체, 명조체 등)가 고정간격 서체이다. 고정간격 서체는 프로그램의 소스 코드와 같이 열의 간격이 일정하게 표시되어야 하는 분야에서 제한적으로 사용한다. 표 2-1은 글자에 따른 비례간격 폰트와 고정간격 폰트의 가로 간격에 대한 차이를 나타낸다.

표 2-1 비례간격 서체와 고정간격 서체의 비교

비례간격 서체	AAA AAA AAA AAA AAA AAA LLL LLL LLL LLL LLL LLL JJJ JJJ JJJ JJJ JJJ JJJ	verdana
	AAA AAA AAA AAA AAA AAA LLL LLL LLL LLL LLL LLL JJJ JJJ JJJ JJJ JJJ JJJ	굴림
고정간격 서체	AAA AAA AAA AAA AAA AAA LLL LLL LLL LLL LLL LLL JJJ JJJ JJJ JJJ JJJ JJJ	Courier New
	AAA AAA AAA AAA AAA AAA LLL LLL LLL LLL LLL LLL JJJ JJJ JJJ JJJ JJJ JJJ	굴림체

3) 서체 관련 용어

서체와 관련된 몇 가지 용어들을 살펴보자. 문서 작업에서 흔히 사용하는 용어들이다.

❶ 스타일

스타일^{style}은 글자의 모양인 서체에서 외관상의 작은 변화를 지정할 수 있는 요소이다. 주로 부분적인 강조를 위한 목적으로 사용하는데 스타일을 변경함으로서 텍스트의 균일한 형식에서 변화를 도모할 수 있다. 타입 스타일에는 **굵음(boldface)**, *이탤릭(italic)*, 밑줄(underlining), 외곽선(outlining) , 취소선 등이 존재한다.

❷ 크기

크기^{size}는 글자의 크기 정보를 구분하여 나타내는 것으로 일반적으로 포인트^{point} 또는 ^{pt}를 단위로 사용한다. 1포인트는 1/72인치(0.0138인치, 0.35밀리미터)이다. 포인트 이외에 파이카 ^{pica}를 단위로 사용하기도 하는데 1파이카는 12포인트에 해당한다.

❸ 행 간격

행 간격$^{interline\ spacing}$은 텍스트의 인접한 행들을 시각적으로 구분하기 위해 사용하는 행과 행 사이의 수직 간격을 의미한다. 정확하게는 인접한 행에서 밑선 사이의 간격이다. 그림 2-4는 행 간격을 나타낸다. 그림에서 각 행의 수평선은 밑선에 해당한다. 이 밑선과 밑선 사이의 높이에 해당하는 길이가 행 간격이다.

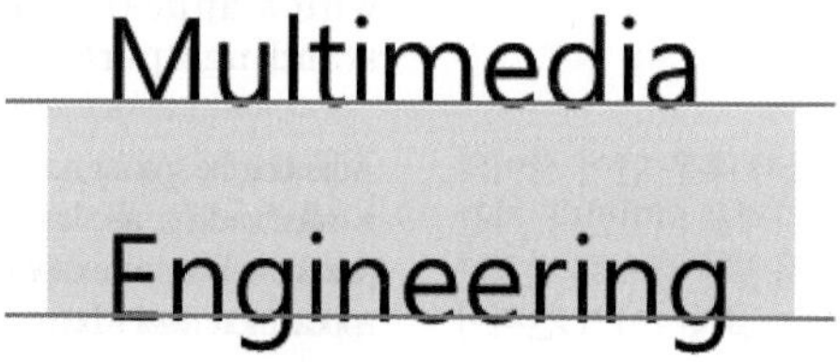

그림 2-4   행의 간격

일반 워드프로세서에서는 행 또는 줄 간격$^{line\ spacing\ 혹은\ interline\ spacing}$이라고 하는데 QuarkXpress, Adobe InDesign 등의 전문 페이지 레이아웃 소프트웨어에서는 레딩^{leading}이란 용어를 사용한다. 또한 인쇄 분야에서는 인테르^{inter}라고 부른다. 인테르란 활자조판을 할 때 행의 간격을 만들기 위해 사용하는 가늘고 긴 재료를 의미하는데 납, 나무, 아연 등의 재질을 사용한다. 레딩이란 용어는 인테르의 재료로 주로 납을 사용한 것에서 유래하였다. 행 간격의 단위는 포인트를 사용한다.

❹ 자간

자간^{tracking}은 문자의 범위에서 낱글자 또는 단어 사이의 수평 공간을 조정하기 위한 간격을 의미한다. 자간은 모든 문자 사이의 간격을 동일한 양만큼 변경한다. 일반 워드 프로세서에서는 글자 간격$^{letter\ spacing}$이라고 한다. 짧은 내용의 문장에서는 좁은 자간을 사용하고 긴 내용의 문장에서는 넓은 자간을 사용하면 가독성을 높일 수 있다. 그림 2-5는 자간을 변경한 예를 나타낸다. 첫 번째 줄의 텍스트 블록은 기본 자간, 두 번째 줄은 넓은 자간, 마지막 줄은 좁은 자간을 지정한 경우이다.

자간은 문자의 범위에서 낱글자 혹은 단어 사이의 수평 공간을 조정할 수 있는 간격을 의미한다. 자간은 모든 문자사이의 간격을 동일한 양으로 변경한다. 일반 워드 프로세서에서는 글자사이의 간격이라고 한다.

Adjusting the spacing across a word, line, or column of text is called tracking, also known as letter spacing. It is common practice to letterspace capitals and small capitals, which appear more regal when standing apart.

자간은 문자의 범위에서 낱글자 혹은 단어 사이의 수평 공간을 조정할 수 있는 간격을 의미한다. 자간은 모든 문자사이의 간격을 동일한 양으로 변경한다. 일반 워드 프로세서에서는 글자사이의 간격이라고 한다.

Adjusting the spacing across a word, line, or column of text is called tracking, also known as letter spacing. It is common practice to letterspace capitals and small capitals, which appear more regal when standing apart.

자간은 문자의 범위에서 낱글자 혹은 단어 사이의 수평 공간을 조정할 수 있는 간격을 의미한다. 자간은 모든 문자사이의 간격을 동일한 양으로 변경한다. 일반 워드 프로세서에서는 글자사이의 간격이라고 한다.

Adjusting the spacing across a word, line, or column of text is called tracking, also known as letter spacing. It is common practice to letterspace capitals and small capitals, which appear more regal when standing apart.

그림 2-5 자간에 따른 차이 비교

❺ 커닝

커닝kerning은 정해진 특정한 문자 사이의 간격을 조정하는 것을 의미한다. 문자 사이의 간격을 변경한다고 생각하여 자간과 유사하게 생각할 수 있지만 다른 개념이다. 자간은 텍스트 블록의 모든 문자 사이의 간격을 동일하게 변경하는 값이지만 커닝은 특정한 문자(예를 들어, A와 V) 사이의 간격을 조정하는 기능이다. W, Y, V, T, L 등의 문자 간의 간격을 재조정하기 위해 사용한다.

라틴 문자의 모양은 다양하다. 따라서 문자의 모양에 따라 일부 문자 사이의 간격이 다른 문자 사이의 간격하고는 다르게 좁거나 넓게 나타날 수 있다. 이런 경우 균일하지 않은 자간으로 인해 시각적인 만족도가 낮아진다. 특히 제목과 같이 글자 크기가 큰 경우에는 이런 비균일성이 더욱 두드러지게 부각될 수 있다.

자간은 포인트 단위의 값으로 지정하지만 커닝은 적용 여부만을 설정한다. 대부분의 워드프로세서나 그래픽 툴의 텍스트 입력 도구는 자동 커닝auto kerning 기능을 제공하고 있다. 그림 2-6은 자동 커닝 기능의 사용 여부에 따른 결과를 비교하여 나타낸다. 첫 번째 줄은 자동 커닝 기능을 사용하기 전이고 두 번째 줄은 자동 커닝을 적용한 결과이다. 자동 커닝 기능을 사용하기 전에는 a와 v, v와 e 사이의 간격이 다른 문자들 사이의 간격에 비해 넓게 나타나는 것을 확인할 수 있다. T와 a 사이의 간격 도 동일한 방식으로 이해할 수 있다. 커닝을 적용함으로써 시각적으로 간격이 다르게 느껴졌던 문자 사이의 간격이 거의 동일한 간격으로 나타나는 것을 확인할 수 있다.

avenue Take this
avenue Take this

그림 2-6　커닝의 사용 여부에 따른 결과 비교

03

폰트(Font)

1) 폰트의 의미 및 구성요소

타이포그라피^{typography}에서 폰트^{font}는 글자의 모양^{서체}, 크기, 스타일을 갖는 한 벌^{set}의 문자 집합을 의미한다. 예를 들어, 'Times'는 서체^{typeface}이지만 'Times 12-point Italic'은 하나의 폰트이며 'Times 15-point Italic'은 또 다른 종류의 폰트이다. 이와 같이 폰트는 서체에서 크기와 스타일을 고정한 형태이다. 그러나 컴퓨터 환경에서는 서체와 폰트를 정확하게 구분하지 않고 혼용하여 사용하고 있다.

2) 폰트의 구분

폰트는 현재 PC용 응용프로그램에서 가장 유용하게 사용되고 있다. PC에서 사용하는 폰트는 디지털 폰트이다. 디지털 폰트는 제작 방식에 따라 비트맵 폰트^{bitmapped font}와 벡터 폰트^{vector font}로 구분한다. 디지털 폰트를 제작할 때는 타입 스타일이나 크기 등의 구분 없이 제작하는 경우가 일반적이지만 비트맵 폰트의 경우에는 타입 크기별로 여러 벌의 폰트를 제작하는 경우도 있으므로 서체가 아닌 폰트의 구분에 포함시켰다.

비트맵 폰트^{bitmapped font}는 작은 점으로 글자의 패턴을 기록하여 폰트를 제작하는 방법이다. 그림을 그리는 것과 동일한 방식으로 폰트를 제작하므로 비교적 폰트의 제작이 쉽지만 글자를 구성하는 모든 점^{픽셀}을 저장해야 하므로 데이터 용량이 크고 기준 크기에 따라 여러 벌을 제작해야 하므로 저장 용량이 증가할 수도 있다. 제작은 쉽지만 글자를 확대하거나 축소하는 경우에는 글자 모양이 일그러지거나 거칠어지는 앨리어싱^{aliasing} 현상이 발생할 수 있다. 복잡한 연산을 거치지 않아 빠르게 표시되어 단순한 화면 표시용으로 주로 사용한다.

벡터 폰트^{vector font}는 글자의 외곽선을 함수나 수식과 같은 수학적인 방법으로 표현한다. 따라서 비트맵 폰트에 비해 적은 저장 용량을 사용하여 데이터를 저장할 수 있다. 타입 크기를 변화시켜 문자를 확대하거나 축소할 경우 수식을 다시 적용하여 모양을 재계산하므로 타입 크기에 관계없이 항상 일정한 모양으로 표시할 수 있다. 이런 특성으로 인해 현재 사용하는 대부분의 폰트는 벡터 폰트에 해당한다. 벡터 폰트는 외곽선 폰트^{outline font}라고도 부른다.

그림 2-7은 10, 12, 15 포인트의 기준 크기를 저장하는 비트맵 폰트인 Courier의 크기에 따른 글자 모양의 변화를 나타낸다. 기준 크기 이외의 타입 크기에서는 글자의 외곽이 울퉁불퉁하게 나타나는 앨리어싱 현상이 발생하는 것을 확인할 수 있다. 이에 반해, 그림 2-8은 오픈타입 폰트인 Arial의 크기에 따른 글자 모양의 변화를 나타낸다. 글자의 크기가 변해도 앨리어싱 현상이 발생하지 않는 것을 확인할 수 있다.

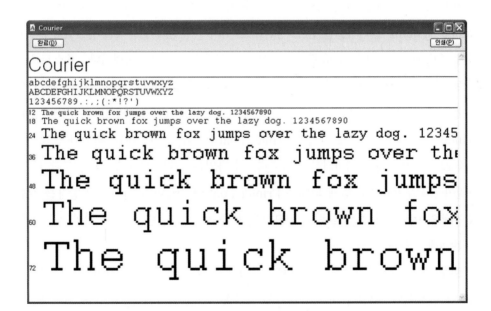

그림 2-7 비트맵 폰트의 예(Courier)

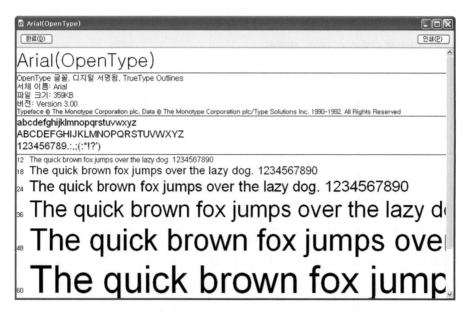

그림 2-8   오픈타입 폰트의 예(Arial)

벡터 폰트는 세 가지 종류로 구분할 수 있다. 포스트스크립트 폰트^{postscript font}는 Adobe Systems사가 개발한 폰트 형식으로 여러가지 형식이 존재한다. Type 1의 유형이 주로 사용되는데 이 유형은 1바이트를 사용하는 폰트 포맷이다. 포스트스크립트 폰트는 3차의 베지어 곡선^{bezier curves}을 사용하여 외곽선을 표현하는데 출판 업계에서 많이 사용하고 있다. 포스트스크립트 폰트는 두 가지 파일을 포함한다. MS Windows의 경우 첫 번째 파일은 Printer Font Binary이며 ".pfb" 확장자를 갖는데 글자 모양^{glyph}에 대한 데이터를 포함한다. 이 파일은 이진^{binary} 파일 또는 프린터^{printer} 파일이라고 부른다. 두 번째 파일은 Printer Font Metric이며 ".pfm" 확장자를 갖는데 서체의 이름이나 화면 출력에 필요한 정보를 포함한다. 반드시 두 개의 파일이 모두 존재해야 한다.

트루타입 폰트^{true-type font}는 포스트스크립트 서체의 뒤를 이어 1991년 애플사에서 출시한 폰트이다. 이전의 비트맵 폰트와 포스트스크립트 Type 1의 문제점을 해결하기 위해 완전히 새로운 포맷으로 제작되었다. 출시 당시의 트루타입 폰트는 총 4가지 종류였는데 Times Roman, Helvetica, Courier 및 Pi 폰트이다. 이 폰트는 마이크로소프트사에 무료로 사용할 수 있도록 허가되었으며 MS Windows 3.1 운영체제에 최초로 도입되었다. 트루타입 폰트는 가격이 저렴하고 다양한 종류가 존재하며 대부분의 운영체제에 설치하여 사용할 수 있어 활용도가 높다. 2차의 스프라인 곡선을 사용하여 글꼴의 외곽선을 표현하는데 파일의 확장자는 ".ttf"이다. 트루타입 폰트는 스타일별로 파일이 필요하다. 예를 들어, 보통체, 굵은체, 기울임체, 굵고 기울임체 등을 위해 별도의 폰트 파일이 필요하다.

오픈타입 폰트^{OpenType Font}는 마이크로소프트사와 Adobe Systems사가 공동으로 애플사의 트루타입 및 포스트스크립트 Type 1의 장점을 통합하고 이들을 대체하기 위해서 개발한 폰트 포맷이다. 오픈타입 폰트는 운영체제에 무관하게 사용할 수 있도록 개발되었다. 또한 모든 폰트 데이터를 단일 파일을 사용하여 저장한다. 오픈타입 폰트는 폰트의 윤곽선 데이터에 대한 형식을 정의하지 않는다. 대신 기존의 포스트스크립트, 트루타입의 형식을 모두 수용한다. 트루타입 형식의 윤곽선 데이터는 확장자 ".ttf", 포스트스크립트 형식의 윤곽선 데이터는 확장자 ".otf"를 사용하여 오픈타입 폰트 파일에 저장한다. 이 포맷은 2007년 3월에 Open Font Format이란 이름으로 국제 표준(ISO/IEC 14496-22)으로 채택되었다. 수백여 가지의 오픈타입 폰트가 개발되었으며 Adobe Systems사에서는 자사의 모든 폰트를 오픈타입으로 변환하는 작업을 완료하였다. 오픈타입 폰트는 유니코드를 지원하고 레이아웃 특징^{layout features}을 제공하여 다양한 언어에 대한 지원과 개선된 타이포그래피 제어가 가능하다. 포스트스크립트 폰트의 경우 최대 256개 글꼴을 포함할 수 있었지만 오픈타입 폰트는 65,536개의 글꼴을 포함할 수 있다. 이로 인해 글자 크기를 변화시킨 몇 벌의 폰트를 함께 저장하거나 작은 대문자^{small capitals}나 표제용 문자^{titling letters} 등을 추가적으로 저장할 수 있다. 그림 2-9는 오픈타입 글꼴인 "Adobe Hebrew"를 나타낸다. 이 글꼴은 보통체, 굵은체, 기울임체, 굵고 기울임체를 모두 포함하고 있다. "Adobe Hebrew"는 글자 모양을 저장하기 위해 포스트스크립트 방식을 사용하고 있으며 따라서 otf 확장자를 갖는 4개의 파일로 구성된다(그림 2-10 참조).

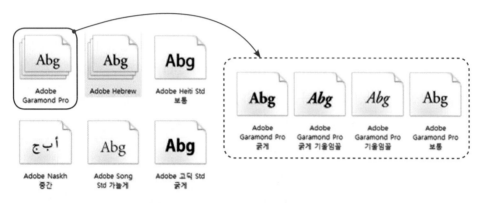

그림 2-9 Adobe Hebrew 글꼴의 구성

그림 2-10 Adobe Hebrew 글꼴의 파일 구성

Adobe Systems사의 글꼴 중에서 파일 이름에 Pro를 포함하는 글꼴은 추가적으로 레이아웃 특징을 제공한다. 레이아웃 특징은 글꼴의 레이아웃을 다양하게 변경할 수 있는 기능을 제공한다. 레이아웃 특징은 이 기능을 지원하는 응용프로그램에서만 사용할 수 있다. Adobe Systems의 대부분 응용프로그램은 이 확장 기능을 제공한다. 그림 2-11은 Adobe InDesign에서 오픈타입 폰트에 대해 레이아웃 특징을 적용하는 과정을 나타낸다.

그림 2-11 오픈타입 폰트에 대해 레이아웃 변경(InDesign)

또한 그림 2-12는 Adobe Photoshop에서 오픈타입 폰트에 대해 레이아웃 특징을 적용하는 과정을 나타낸다.

그림 2-12 오픈타입 폰트에 대해 레이아웃 변경(Photoshop)

그림 2-13은 Adobe Photoshop에서 레이아웃 특징을 적용하기 전후의 차이를 나타낸다. 그림 2-13에서는 '표준 합자', '임의 합자', '서수', '분할' 레이아웃을 적용하였다. '표준 합자standard ligatures'는 fi, fl, ff 등의 특정한 문자 쌍에 대해 인쇄를 위한 대체 문자를 사용한다. 그림에서 '표준 합자' 적용 전후의 fi 문자 쌍에 대한 차이를 확

인할 수 있다. Adobe InDesign에서는 기본적으로 '표준 합자'를 적용한다. '임의 합자[discretionary ligatures]'는 ct, st, ft와 같은 문자 쌍에 대해 인쇄를 위한 대체 문자를 사용한다. 그림에서 ct 문자 쌍에 대한 '임의 합자' 적용 전후의 차이를 확인할 수 있다. '서수[ordinal]'는 서수의 형식을 지정하며 '분할[fractions]'은 슬래시로 구분한 숫자를 분수로 변환한다. InDesign에서는 '분할' 대신 '분수'라는 용어를 사용한다. 그 외에도 스와시, 고전 스타일, 스타일 대체, 제목 대체, 장식 등의 기능을 적용할 수 있다. 스와시[swash]는 확장된 획이 있는 화려한 글자 모양으로 변경하며 고전 스타일[old style]은 일반 숫자와는 다르게 밑선[base line]의 아래로 내려가는 고전 스타일의 숫자를 포함한다. 스타일 대체[stylistic alternates]는 미적 효과를 나타내는 문자 스타일을 사용하며 제목 대체[titling alternates]는 모두 대문자를 사용하는 제목과 같이 크기가 큰 문자들에 대한 서식을 지정한다. 장식[ornaments]은 각 문자에 대해 다양한 장식 모양으로 변경할 수 있다.

fish, flower, effort, contact, offhand	**fish, flower, effort, contact, offhand**
1/2, 1/5, 1st, 2nd	**½, ⅕, 1st, 2nd**

그림 2-13 레이아웃 특징 적용 전(왼쪽)·후(오른쪽)의 결과 비교

Adobe InDesign은 각 문자에 대한 대체 가능한 문자를 선택하여 변경할 수 있는 기능을 제공한다. 그림 2-14는 이 기능의 적용 과정을 나타낸다.

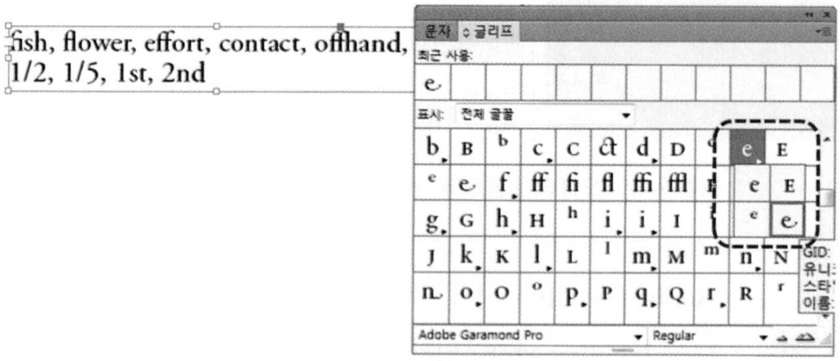

그림 2-14 문자 대체 적용

04 코드 체계

1) 코드 체계의 개념

컴퓨터에서 사용하는 모든 데이터는 이진수의 비트 패턴으로 표현되어야 한다. 텍스트를 구성하는 문자(글자)들도 마찬가지다. 컴퓨터에서 텍스트를 사용하기 위해서는 각 문자들을 구분할 수 있도록 문자별로 유일한 값을 할당한다. 이와 같이 문자별로 서로 다른 값을 할당한 것을 부호화된 문자 집합^{coded character sets}이라고 하고, 간단히 코드^{code}라고 한다. 언어나 국가별로 사용하는 문자 종류가 다르므로 국제적으로 다양한 코드가 존재한다. 문자 코드와 함께 코드 처리 알고리즘 같은 코드 관련 정보를 체계적으로 정리하고 관리하기 위한 방법을 코드 체계^{code system}라고 한다.

우리나라를 포함한 동양권에서 주로 2바이트(16비트) 코드를 사용하지만 라틴 문자 사용권에서는 1바이트(8비트) 코드를 사용한다. 한글 코드는 한글의 자소를 위한 코드뿐만 아니라 영문자를 표현하기 위한 라틴 문자에 대한 코드를 함께 포함한다. 세계화 및 글로벌화 추세에 따라 서로 다른 언어권 사이에서도 정보 교환이 빈번하게 발생하고 있다. 이런 문제점을 해결하기 위해서는 전 세계 언어에서 사용하는 문자들을 모두 통합하여 표현하는 것이 필요하다. 이런 요구를 충족하기 위한 것이 유니코드^{Unicode}이다. 유니코드에 대해서는 뒤에서 자세하게 살펴본다. 언어가 다르면 당연히 사용하는 코드 체계도 서로 달라져야 하지만 한 언어에 대해서도 다른 방식의 코드 체계를 사용하는 경우도 있다. 예를 들어, 한글은 완성형 코드 체계와 조합형 코드 체계를 사용하고 있다. 자세한 사항은 뒤에서 살펴본다.

2) 코드 체계의 종류

❶ 아스키 코드

아스키[ASCII]는 American Standard Code for Information Interchange의 약어이다. 아스키 코드[ASCII code]는 ANSI[American National Standards Institute]에서 데이터처리 및 통신시스템 상호간의 정보 교환을 목적으로 제정하였다. 이 코드는 7 bit를 사용하여 96개의 로마자[Roman alphabet] 대문자와 소문자, 숫자, 특수문자를 구분하여 표현할 수 있다. 또한 줄 바꿈[carriage return], 백스페이스[backspace] 등의 32개의 제어문자를 포함한다. 로마자는 라틴 문자[Latin alphabet]라고도 한다.

아스키 코드는 가장 기본적인 문자 코드이며 모든 컴퓨터 운영체제 및 텍스트 관련 소프트웨어에서 사용하고 있다. 또한 데이터통신에서 널리 사용하고 있다. 컴퓨터 데이터는 주로 8비트를 한 단위로 하는 바이트를 기본 처리 단위로 한다. 아스키 코드는 1바이트에서 1비트의 여유가 있으므로 기존 코드의 오른쪽에 1비트를 추가하여 이 MSB[Most Significant Bit]를 오류 발생 여부의 확인을 하기 위한 패리티 비트[parity bit]의 목적으로 사용하기도 한다.

표 2-2는 아스키 코드표이다. 각 코드는 16진수로 표현하였다. 예를 들어, 대문자 A는 16진수로 0×41인데 10진수로 변환하면 65이다. 16진수를 10진수로 변환하기 위해서는 16진수의 숫자에 자리 양을 고려하여 풀면 된다. 0×41의 자리 양을 고려하면 $4 \times 16^1 + 1 \times 16^0$이고 이것을 계산하면 65이다. 아스키 코드의 0×00에서 $0 \times 1F$(31)까지의 코드는 제어 문자이다. 제어 문자는 0×00은 널 문자[NUL], 0×07은 경고음[BEL], 0×08은 백스페이스[BS] 등을 포함한다. 아스키 코드의 제어 문자를 C0 제어 코드[control code]라고 한다.

참고로 아스키 코드 이외에 7비트를 사용하는 문자코드에는 ISO/IEC 646이 있다. 이 코드는 주로 통신용으로 사용하는데 라틴 문자에 대한 코드는 공통으로 포함하지만 나머지 문자는 나라별로 정의해서 사용할 수 있도록 한다. 그러나 유럽에서는 확장 아스키 코드를 주로 사용하고 있다.

표 2-2 아스키 코드표

	-0	-1	-2	-3	-4	-5	-6	-7	-8	-9	-A	-B	-C	-D	-E	-F
0-	NUL	SOH	STX	ETX	EOT	ENQ	ACK	BEL	BS	HT	LF	VT	FF	CR	SO	SI
1-	DLE	DC1	DC2	DC3	DC4	NAK	SYN	ETB	CAN	EM	SUB	ESC	FS	GS	RS	US
2-	SP	!	"	#	$	%	&	`	(	)	*	+	,	-	.	/
3-	0	1	2	3	4	5	6	7	8	9	:	;	〈	=	〉	?
4-	@	A	B	C	D	E	F	G	H	I	J	K	L	M	N	O
5-	P	Q	R	S	T	U	V	W	X	Y	Z	[	₩	]	^	_
6-	`	a	b	c	d	e	f	g	h	i	j	k	l	m	n	o
7-	p	q	r	s	t	u	v	w	x	y	z	{	|	}	~	DEL

❷ 확장 아스키 코드

확장 아스키 코드$^{\text{extended ASCII code}}$는 아스키 코드에 1비트를 추가한 8비트 형식의 코드이다. 아스키 코드에 포함된 문자들은 모두 그대로 사용하되 1비트를 추가적으로 사용하여 128개의 새로운 문자를 포함할 수 있다. 즉 0~127 사이의 코드는 기존 아스키 코드를 동일하게 사용하고 128~255 사이의 코드는 새롭게 정의하는 방식이다. 새로 추가되는 문자에는 국제 발음구분기호(예를 들어, ∞, ä, ñ등) 등을 포함할 수 있다.

확장 영역에 할당할 수 있는 문자 집합에는 여러 종류가 존재한다. 현재 Latin-1에서 Latin-10까지 라틴 문자와 키릴 문자 등을 합쳐 총 16가지의 집합이 정의되어 있다. ISO-Latin-1 문자 집합으로 알려진 ISO/IEC 8859-1은 미주, 서유럽, 오세아니아, 아프리카 여러 나라의 언어에 사용되는 대부분의 문자를 포함하며 HTML로 제작한 웹 페이지의 텍스트를 표현하기 위해 사용한다. ISO-Latin-2 문자 집합으로 알려진 ISO/IEC 8859-2는 체코어, 슬로바키아어 및 크로아티아어의 등의 동유럽 언어를 포함하고 있다. ISO/IEC 8859-3은 서유럽의 터키어, 몰타어, 에스페란토어^{Esperanto}를 포함하는데 ISO/IEC 8859-9가 터키어를 대체하였다. ISO/IEC 8859-4

는 북유럽의 일부 언어(라트비아, 리투아니아 등)를 포함한다. ISO/IEC 8859-5는 키릴 문자(러시아, 불가리아 등)의 일부를 포함한다. ISO/IEC 8859-6는 아랍 문자(페르시안어나 파키스탄의 공용어인 우르두어 등)의 일부를 포함한다. ISO/IEC 8859-7은 현대 그리스 언어를 포함한다. ISO/IEC 8859-8은 이스라엘의 히브리어를 모두 포함한다. ISO/IEC 8859-10은 북유럽의 언어를 포함하며 ISO/IEC 8859-4보다 더 일반적으로 사용한다. ISO/IEC 8859-11은 태국 언어를 포함한다. ISO/IEC 8859-12는 산스크리트어나 힌디어에서 사용되는 문자인 데바나가리를 표현하기 위한 용도이었지만 지금은 사용하지 않는다. ISO/IEC 8859-13은 발트해 연안에 분포하는 리투아니아어나 라트비아어 등을 포함한다. ISO/IEC 8859-14는 켈트어(스코틀랜드어, 웨일즈어, 아일랜드어 등)를 포함한다. ISO/IEC 8859-15는 ISO/IEC 8859-1과 거의 동일한데 ISO/IEC 8859-1에서 자주 사용하지 않는 유로 기호를 포함한 8개의 기호들을 새로운 문자로 대체하였다. ISO/IEC 8859-16은 남동부 유럽의 언어(헝가리어, 폴란드어, 크로아티아어, 세르비아어, 알바니아어 등)를 포함한다.

표 2-3과 2-4는 ISO-Latin-1 및 ISO-Latin-2의 문자 코드표이다. 이들 표에서 확인할 수 있듯이 동일한 문자 코드라도 사용하는 부호화 방식에 따라 다른 문자로 해석할 수 있다. 예를 들어, 0xA9의 코드인 경우 ISO-Latin-1에서는 ©이지만 ISO-Latin-2를 사용하면 Š이다. 0x80(128)에서 0x9F(159)까지의 영역은 C1 제어 코드[control code]를 포함한다. C0 및 C1 제어 코드는 en.wikipedia.org/wiki/C0_and_C1_control_codes에서 자세하게 확인할 수 있다. 참고로 코드가 A0인 NBSP는 non-breakable space를 의미한다. 이 코드는 여러 개의 공백 문자[space character]를 사용하더라도 상황에 따라 하나의 공백으로 처리되는 것을 방지한다. 이런 상황은 HTML이나 LaTex에서 발생한다.

표 2-3   ISO-Latin-1(ISO/IEC 8859-1) 코드표

	-0	-1	-2	-3	-4	-5	-6	-7	-8	-9	-A	-B	-C	-D	-E	-F
8-	PAD	HOP	BPH	NBH	IND	NEL	SSA	ESA	HTS	HTJ	VTS	PLD	PLU	RI	SS2	SS3
9-	DCS	PU1	PU2	STS	CCH	MW	SPA	EPA	SOS	SGCI	SCI	CSI	ST	OSC	PM	APC
A-	NBSP	¡	¢	£	¤	¥	¦	§	¨	©	ª	«	¬	SHY	®	¯
B-	°	±	²	³	´	µ	¶	·	¸	¹	º	»	¼	½	¾	¿
C-	À	Á	Â	Ã	Ä	Å	Æ	Ç	È	É	Ê	Ë	Ì	Í	Î	Ï
D-	Ð	Ñ	Ò	Ó	Ô	Õ	Ö	×	Ø	Ù	Ú	Û	Ü	Ý	Þ	ß
E-	à	á	â	ã	ä	å	æ	ç	è	é	ê	ë	ì	í	î	ï
F-	ð	ñ	ò	ó	ô	õ	ö	÷	ø	ù	ú	û	ü	ý	þ	ÿ

표 2-4   ISO-Latin-2(ISO/IEC 8859-2) 코드표

	-0	-1	-2	-3	-4	-5	-6	-7	-8	-9	-A	-B	-C	-D	-E	-F
8-	PAD	HOP	BPH	NBH	IND	NEL	SSA	ESA	HTS	HTJ	VTS	PLD	PLU	RI	SS2	SS3
9-	DCS	PU1	PU2	STS	CCH	MW	SPA	EPA	SOS	SGCI	SCI	CSI	ST	OSC	PM	APC
A-	NBSP	Ą	˘	Ł	¤	Ľ	Ś	§	¨	Š	Ş	Ť	Ź	SHY	Ž	Ż
B-	°	ą	˛	ł	´	ľ	ś	ˇ	¸	š	ş	ť	ź	˝	ž	ż
C-	Ŕ	Á	Â	Ă	Ä	Ĺ	Ć	Ç	Č	É	Ę	Ë	Ě	Í	Î	Ď
D-	Đ	Ń	Ň	Ó	Ô	Ő	Ö	×	Ř	Ů	Ú	Ű	Ü	Ý	Ţ	ß
E-	ŕ	á	â	ă	ä	ĺ	ć	ç	č	é	ę	ë	ě	í	î	ď
F-	đ	ń	ň	ó	ô	ő	ö	÷	ř	ů	ú	ű	ü	ý	ţ	˙

앞에서 살펴본 것과 같이 확장 아스키 코드는 결정된 코드 체계가 아니다. 즉 문자 집합을 변경하면 코드의 의미도 달라진다. 이와 같이 서로 다른 방식으로 문자를 부호화하는 방법을 코드 페이지[code page]라고 한다. 이 용어는 **IBM**에서 처음 사용하였는데 지금은 보편적으로 사용되고 있다.

❸ EBCDIC 코드

EBCDIC는 Extended Binary Coded Decimal for Interchange Code의 약어이다. EBCDIC 코드는 IBM사의 중형 컴퓨터인 IBM360/370/390 시스템에 사용하기 위해 개발한 코드 체계이다. 이 코드는 8비트 형식인데 전체 비트를 2개 영역으로 구분하여 사용한다. 상위 4비트는 영역 비트$^{zone\ bit}$, 하위 4비트를 숫자 비트$^{numeric\ bit}$라고 한다. 영역 비트는 문자의 클래스를 나타내며 숫자 비트는 클래스 내부의 문자의 종류를 구분한다. 예를 들어, 영역 비트가 $1111_2(0 \times F)$이면 숫자 클래스를 의미하는데 숫자 비트를 사용하여 각 숫자를 구분할 수 있다.

표 2-5는 제어문자를 제외하고 출력이 가능한 문자들에 대한 EBCDIC 코드표이다. PC를 IBM의 중/대형컴퓨터에 연결하는 네트워크에서는 서로 다른 두 코드체계를 중개하기 위한 번역 장치가 필요하다.

표 2-5 EBCDIC 코드표

	-0	-1	-2	-3	-4	-5	-6	-7	-8	-9	-A	-B	-C	-D	-E	-F
4-											.	⟨	(	+	|	
5-	&										!	$	*	)	;	¬
6-	-	/									|	,	%	_	⟩	?
7-											:	#	@	'	=	"
8-		a	b	c	d	e	f	g	h	i						
9-		j	k	l	m	n	o	p	q	r						
A-		s	t	u	v	w	x	y	z							
B-																
C-		A	B	C	D	E	F	G	H	I						
D-		J	K	L	M	N	O	P	Q	R						
E-			S	T	U	V	W	X	Y	Z						
F-	0	1	2	3	4	5	6	7	8	9						

❹ 한글코드

현대 한글은 자음과 모음의 조합으로 이루어지는 음절^{syllable}을 기본단위로 사용한다. 자음은 "ㄱ, ㄴ, ㄷ, ㄹ, ㅁ, ㅂ, ㅅ, ㅇ, ㅈ, ㅊ, ㅋ, ㅌ, ㅍ, ㅎ"의 14자이고 모음은 "ㅏ, ㅑ, ㅓ, ㅕ, ㅗ, ㅛ, ㅜ, ㅠ, ㅡ, ㅣ"의 10자이다. 음절이란 한 번에 낼 수 있는 소리의 단위인데 하나의 종합된 음의 느낌을 주는 말소리이다. 예를 들어 '아침'은 두 개의 음절 '아'와 '침'으로 구성된다. 각각의 자음과 모음은 음소에 해당한다. 음절이 모여 형태소^{morpheme}를 이루고 형태소를 결합하여 단어를 형성한다. 형태소란 의미를 가진 최소 언어 단위이다.

그런데 컴퓨터에서는 자음과 모음의 조합으로 음절을 구성할 때 표현된 순서에 대한 두 가지 이상의 해석이 가능하게 되는 문제가 발생한다. 예를 들어, "ㅂ + ㅗ + ㅏ + ㅅ + ㅅ + ㅇ + ㅓ"의 조합에 대해 '봤어', '봣서', '봐써' 등의 해석이 가능하다. 이런 어려움으로 컴퓨터에서 한글을 사용할 때는 음절을 초성, 중성, 종성의 세 부분으로 나누어서 처리한다. 초성에는 "ㄱ, ㄲ, ㄴ, ㄷ, ㄸ, ..., ㅍ, ㅎ"의 19자, 중성에는 "ㅏ, ㅐ, ㅑ, ㅒ, ㅓ, ..., ㅢ, ㅣ"의 21자, 종성에는 "〈없음〉, ㄱ, ㄲ, ㄱㅅ, ㄴ, ㄴㅈ, ㄴㅎ, ㄷ, ..., ㅍ, ㅎ"의 28자를 사용한다. 이들을 조합하여 표현할 수 있는 음절의 수는 $19 \times 21 \times 28$의 11,172자이다.

한글 코드는 완성형과 조합형으로 구분할 수 있다. 완성형은 완성된 글자에 초점을 두고 음절에 의미를 부여하는 방식이다. 초성, 중성, 종성을 조합하여 11,172개의 음절을 미리 만들고 각 음절에 순서적으로 코드를 부여한다. 정보 교환 때 코드 간의 충돌이 없는 장점이 있기 때문에 많이 사용한다. 완성형은 1987년 'KS 표준 완성형 한글코드(KSC 5601-1987)'의 이름으로 국가표준코드로 지정되었다. 현재 표준 번호는 KS $\times$ 1001이다.

완성형 한글코드는 각 음절을 표현하기 위해 2바이트를 사용한다. 그러나 KS 표준 완성형 한글코드에서는 당시의 국제표준인 ISO-2022를 준수하기 위해 각 바이트의 0x A1(161) ~ 0x FE(254) 범위만을 사용하고 있다. 따라서 표현 가능한 코드는 8,836(94×94)개에 지나지 않는다. 한글에서 표현해야 하는 음절은 11,172개인데 사용 가능한 코드는 8,836개이므로 모든 음절을 표시하는 것을 불가능하다. 한글 음절뿐만 아니라 기호나 한자 등을 함께 표현해야 하므로 공간은 매우 부족한 상황이었다. 이로 인해 모든 한글 음절을 표현하는 대신 많이 사용하는 한글 음절 2,350자, 한자 4,888자, 특수문자 1,128자, 그 외의 문자 470자를 선정하여 순서대로 코드를 배정하였다. 샳, 똠, 쌰 등은 KS 표준 완성형 한글코드에서는 사용할 수 없는 음절이다. KS 표준 완성형 한글코드에서는 모든 한글 음절을 표현하지 못하는 문제점과 더불어 음절을 초성, 중성 종성으로 분리하는 경우에는 코드 변환 테이블이 필요하기 때문에 메모리 낭비가 발생하는 단점이 있다. 그림 2-15는 KS 표준 완성형 전용 서체를 사용하여 일부 음절을 표시한 결과이다. 완성형 표준에 포함되지 않은 음절들은 제대로 표현되지 않은 것을 확인할 수 있다.

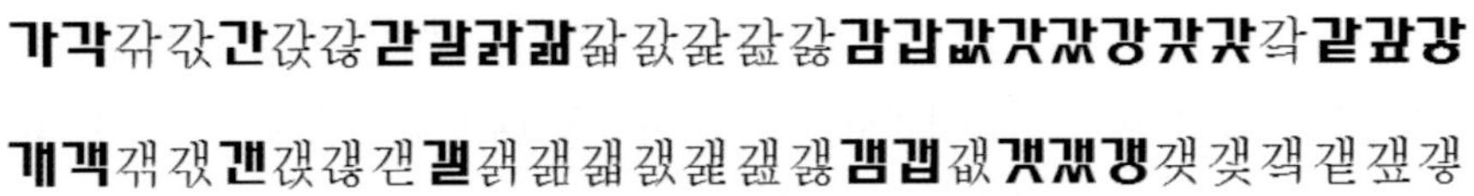

가각갂갃간갅갆갇갈갉갊갋갌갍갎갏감갑값갓갔강갖갗갘같갚갛

개객갞갟갠갡갢갣갤갥갦갧갨갩갪갫갬갭갮갯갰갱갲갳갴갵갶갷

그림 2-15   KS표준완성형 전용 서체인 HY수평선에서의 음절 표현

마이크로소프트[MS]의 한글 윈도우즈 운영체제에서는 통합(확장) 완성형 한글코드라는 것을 채택하였다. 이 코드는 MS 윈도우즈 95 운영체제에서 처음으로 사용되기 시작하였다. KS 표준 완성형 한글코드를 확장하여 2,350자의 기본 음절은 그대로 사용하고 그 외의 음절들은 나머지 빈 코드 영역에 추가로 삽입하여 사용하는 방식이다. 즉, 161~254의 범위 이외에 128~159의 영역에 문자 코드를 할당하여 사용한다. 따라서 이것은 ASCII 표준을 위반한 것으로 표준 코드는 아니다. 이 방식은 코드 페이지 949[CP949]에 해당하는데 이것은 MS의 한글 윈도우즈 운영체제에서 사용하는 기본 문자 표현 방식이다.

특정 코드 체계를 사용하여 텍스트를 저장하는 것을 텍스트 부호화[encoding]라고 한다. CP949는 일종의 부호화 방법이라고 할 수 있다. KS 표준 완성형 한글코드를 사용하여 텍스트를 저장하는 경우의 부호화 방법은 EUC-KR이다. 텍스트를 불러올 때는 저장할 때 사용한 코드 체계를 동일하게 사용해야만 복호[decoding]를 할 수 있다.

예를 들어, CP949를 사용해서 저장한 경우에는 이 방식을 사용해야만 텍스트를 볼 수 있다. 그러나 CP949는 MS의 한글 윈도우즈에서 사용하는 비표준 방식이므로 리눅스나 맥 OS등의 다른 운영체제에서는 정확한 복호가 불가능하다. 다양한 운영체제나 응용프로그램에서 텍스트를 사용하기 위해서는 표준 방식을 사용해야 한다. EUC-KR 부호화 방식을 사용하면 가능하다. 그림 2-16은 한글 부호화 방식에 따라 맥 OS에서 한글이 제대로 표시되는지의 여부를 확인한 결과이다.

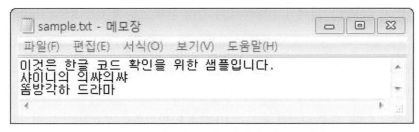

(a) MS 윈도우즈 메모장에서 텍스트 저장

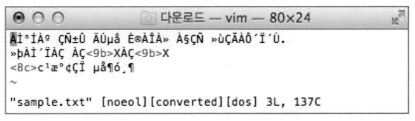

(b) 맥OS에서 텍스트 확인 (CP949 부호화)

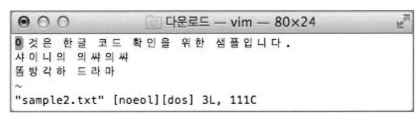

(c) 맥OS에서 텍스트 확인 (UTF-16 부호화)

그림 2-16 한글 부호화 결과

조합형 코드는 초성, 중성, 종성에 각각 코드를 할당하여 음절을 구성하는 방식이다. 2바이트를 사용하되 상위 바이트의 MSB를 사용하여 0이면 영문, 1이면 한글로 구분하여 처리한다. 나머지 15비트는 초성, 중성, 종성을 위한 5비트씩을 할당한다. 조금 더 자세한 내용은 2장의 실습에서 확인할 수 있다. 조합형 코드는 하위 바이트의 MSB가 0일 수 있으므로 한글과 영문이 구분되지 않아 통신에서는 문제가 발생하기도 한다.

조합형 코드는 1987년에 완성형 코드가 표준으로 정해지면서 거의 사라지고 삼보컴퓨터의 조합형 코드만 유지되었다. 이후 조합형의 필요성을 정부에서도 인식하여 1992년에 KSC 5601-1992란 이름으로 완성형 코드에 조합형 코드를 추가하여 공동 표준으로 제정하였다. 앞에서 설명한 것과 같이 현재 표준 번호는 KS×1001이며 정식 명칭은 '정보 교환용 부호계(한글 및 한자)'이다. 표준화 이후 KS 표준 조합형 코드라고 부르기도 하지만 상용 조합형 코드라는 예전 용어를 그대로 사용하기도 한다. MS 한글 윈도우즈 운영체제는 코드 페이지 CP1361을 사용하여 표준 조합형 코드를 지원하고 있다. 표준 완성형 코드는 EUC-KR 방식으로 부호화할 수 있지만 표준 조합형을 부호화할 수 있는 방법은 없다. 조합형을 사용하고자 하면 유니코드를 사용해야 한다.

❺ 유니코드

앞에서 살펴본 것과 같이 아스키 코드는 로마자만을 표기할 수 있으므로 불어, 독일어 등의 언어에서 사용하는 추가적인 문자들을 표기하기 위해 확장 아스키 코드가 제정되었다. 하지만 이를 사용하더라도 한글이나 아시아권 언어는 표기가 불가능하기 때문에 나라별로 별도의 코드를 제정해 사용하고 있다. 우리나라도 KS×1001 표준 코드로 제정하여 사용하고 있다. 그러나 컴퓨터와 인터넷의 대중화로 전 세계에서 공통으로 사용할 수 있는 코드 체계의 필요성이 대두되었다.

이를 위해 1987년 제록스Xerox사의 조 베커Joe Becker와 애플Apple사의 리 콜린스Lee Collins 및 마크 데이비스Mark Davis는 국제 문자 세트UCS: Universal Character Set에 대한 검토를 시작하여 1988년 8월에 초안을 발간하였다. 이 워킹그룹은 계속 확장되어 1990년 말에 기존 문자 코딩 표준에 대한 매핑 작업을 완료한 후 1991년 10월에 유니코드Unicode의 최종안을 발간하였다. 이것이 유니코드 1.0 버전이다. 이것은 산업체 표준으로 국제표준기구의 표준안에는 해당하지 않는다. ISO/IEC에서는 1993년 6월 유니코드 버전 1.1을 국제 표준(ISO/IEC 10646-1:1993)으로 제정하였다. 가장 최신 버전은 2013년 12월 기준으로 Unicode 버전 6.3이며 2013년도 9월에 제정되었다.

유니코드에서는 평면^{plane}을 사용하여 전체 유니코드를 논리적인 영역으로 구분한다. 0번 평면은 기본 다국어 평면^{Basic Multilingual Plane, BMP}으로 현재 사용하는 거의 대부분의 문자와 기호를 포함한다. 16번 평면까지 존재하며 각 평면은 16비트를 사용하여 코드를 표현한다. 참고로 1번 평면은 보조 다국어 평면이며 이집트의 상형문자^{hieroglyphs}나 설형문자^{cuneiform}와 같은 고전 문자와 음악기호나 수학기호 등을 포함한다. 2번 평면은 보조 표의문자 평면이며 초기 유니코드의 표준에서 제외된 한국, 중국, 일본의 한자를 주로 포함한다. 3번 평면에서 13번 평면까지는 아직 할당된 문자가 존재하지 않는 미지정 평면이고 15번과 16번 평면은 사용자가 개인적인 용도로 사용할 수 있는 공간이다.

기본 다국어 평면에서 2바이트로 표현 가능한 65,536문자 중에서 38,885자는 주요 국가의 언어를 구현하는 용도로 이미 할당되어 있으며 6,400자는 사용자 정의 영역, 나머지 20,000여 자는 새로 추가될 언어 영역으로 각각 비워두고 있다. 38,885자 중에서 한자가 39.89%로 가장 많고, 한글 17.04%, 로마자와 기호문자 10.39% 등의 순으로 할당되었다. 한글의 경우 기존의 완성형 코드가 모두 수용되어 11,172자를 모두 표현할 수 있다. 그림 2-17은 유니코드에서의 한글이 사용하는 영역을 나타낸다. 0 x AC00 ~ 0 x D7AF 영역은 11,172개의 한글 음절을 위한 완성형 코드 영역이다. 현대 한글에서 조합 가능한 11,172개의 모든 음절이 사전 순서대로 저장되므로 가장 이상적인 표현 방법이다. 순서대로 나열되므로 완성형과 조합형 간의 변환은 별도의 변환테이블 없이 코드 값의 수식 계산만으로도 가능하다. 0 x 1100 ~ 0 x 11FF 영역은 조합형 초성, 중성, 종성의 한글 자모 256자를 위한 영역이고 0 x 3130 ~ 0 x 318F 영역은 기존 완성형과의 호환성을 위한 한글 자모 95자를 위한 영역이다. 우리나라는 유니코드의 한글 코드를 KSC 5700 표준으로 채택하고 있다. 유니코드는 www.unicode.org/charts에서 확인할 수 있다.

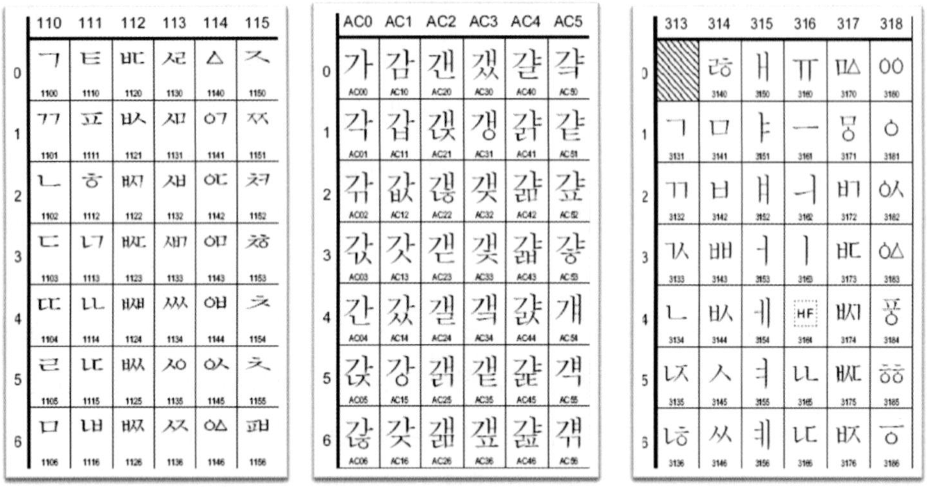

(a) 한글 자모 영역 (b) 한글 글자마디 영역 (c) 호환용 한글 자모 영역

그림 2-17 유니코드에서의 한글 영역

MS 윈도우즈의 기본 프로그램인 메모장에서 유니코드를 사용해서 텍스트를 저장해보자. 그림 2-18은 "가각ab"의 글자를 입력한 후 유니코드의 UTF-16 방식으로 저장했을 때의 16진 코드를 나타낸다. 유니코드는 UTF-8, UTF-16 등의 부호화 방법이 존재한다. 그림 2-18에서 확인할 수 있듯이 각 음절은 2바이트를 사용하여 저장되어 있는 것을 알 수 있다. 처음 2바이트는 유니코드에서 부호화 방식과 엔디언 방식을 구별하기 위해 사용하는 바이트 순서 표식$^{\text{Byte Order Mark, BOM}}$이다. 0xFEFF은 UTF-16에서 리틀 엔디언 방식을 사용하여 문자를 저장하였음을 의미한다. 엔디언^{endian}이란 컴퓨터에서 바이트의 배열을 저장하는 방식을 나타낸다. 리틀 엔디언$^{\text{little-endian}}$은 하위 바이트를 먼저 저장하고 상위 바이트를 나중에 저장하는 방식이고 빅 엔디언$^{\text{big-endian}}$은 반대로 상위 바이트를 먼저 저장하고 하위 바이트를 나중에 저장하는 방식이다. 리틀 엔디언을 사용하면 바이트의 배열을 역순으로 읽어 해석해야 정확한 결과를 얻을 수 있다. 그림 2-18에서도 알 수 있듯이 의미 있는 처음 글자는 "가"인데 한글 글자마디 영역의 시작 글자이며 코드는 0xAC00이다. 그런데 실제로 저장된 바이트의 순서는 0x00AC이다. 리틀 엔디언 방식을 사용하기 때문이다. 자세한 사항은 2장 실습에서 확인할 수 있다.

FFFE00AC01AC61006200

그림 2-18 유니코드로 저장한 텍스트 "가각ab" 부호화

유니코드에서 UTF-8 방식을 위한 바이트 순서 표식은 EF BB BF, UTF-16 빅 엔디언 방식은 FE FF, UTF-32 리틀 엔디언은 FF FE 00 00, UTF-32 빅 엔디언은 00 00 FE FF를 사용한다. UTF-8은 가변 길이(1바이트~4바이트)를 사용하여 문자를 저장하는 유니코드 부호화 방법이다. UTF-16과 UTF-32는 유니코드 문자를 각각 16비트와 32비트를 사용하여 부호화한다. 유니코드의 부호화를 위해 UTF-8과 UTF-16 방식을 주로 사용하고 있다.

05 엔트로피 부호화

이번 절에서는 텍스트를 압축하는 방법에 대해 살펴본다. 텍스트의 압축을 위해서는 엔트로피 부호화를 사용할 수 있다. 엔트로피 부호화^{entropy coding}는 데이터를 손실 없이 압축^{lossless data compression}하는 방법이다. 엔트로피 부호화는 텍스트뿐만 아니라 영상이나 비디오 등의 다양한 데이터에 적용 가능하다. 엔트로피 부호화의 주요 두 가지 기법은 허프만 부호화^{Huffman coding}와 산술 부호화^{arithmetic coding}이다. 이번 절에서는 허프만 부호화 및 산술 부호화를 통한 텍스트 압축 방법에 대해 살펴본다. 이들 부호화 방법을 살펴보기 전에 먼저 엔트로피 개념에 대해 살펴보자.

1) 엔트로피

엔트로피는 확률 모델에서 발생하는 각 데이터의 정보량^{amount of information}을 표현하는 수치이다. 불확실성^{uncertainty 또는 surprisal}이 커질수록 엔트로피는 커지고 포함하는 정보의 양은 증가한다. 예를 들어, "내일 달을 볼 수 있겠습니다"라는 일기 예보는 별다른 정보를 제공하지 않는다. 그러나 "내일 독도 부근에 운석우가 떨어지겠습니다"라는 예보는 발생 확률이 매우 낮은 사건이므로 중요한 정보를 제공한다. 이와 같이 낮은 확률을 갖는 불확실한 사건일수록 엔트로피가 높아진다. 즉 발생 확률과 정보의 양은 반비례의 관계를 갖는다.

정보 이론^{information theory}에서 엔트로피는 각 기호를 부호화하는 데 필요한 평균 비트의 수에 해당한다. 기호 k의 불확실성 U_k는 다음 식과 같이 정의된다.

$$U_k = \log_2 \frac{1}{P_k} = -\log_2 P_k$$

P_k는 기호 k의 발생확률이다. 이산 확률이므로 대문자 P를 사용한다. 확률 모델에서의 최소 평균 정보량인 엔트로피는 다음 식과 같다.

$$H = \sum_{k=1}^{n} P_i \cdot U_k$$
$$= \sum_{k=1}^{n} P_i \cdot \log_2 \frac{1}{P_k} = -\sum_{k=1}^{n} P_i \cdot \log_2 P_k$$

엔트로피의 계산을 위해 동전 던지기의 경우를 살펴보자. 공정한 동전 던지기의 경우 앞면의 발생 확률은 $\frac{1}{2}$이므로 앞면의 불확실성은 $-\log_2\left(\frac{1}{2}\right) = 1$ (비트)이다. 뒷면도 동일하게 1비트이며 공정한 동전 던지기를 위한 엔트로피는 $1 \times \frac{1}{2} + 1 \times \frac{1}{2} = 1$ (비트)이다. 이번에는 찌그러진 동전을 던지는 경우를 살펴보자. 앞면은 $\frac{3}{4}$, 뒷면은 $\frac{1}{4}$의 확률로 나타날 때 앞면의 불확실성은 $\frac{2}{3}$, 뒷면은 $\frac{1}{3}$이다. 동전 던지기를 위한 엔트로피는 $\frac{3}{4} \times \frac{2}{3} + \frac{1}{4} \times \frac{1}{3} = 0.583$ (비트)이다. 공정한 동전 던지기에 비해 찌그러진 동전 던지기의 경우 엔트로피가 감소하였다. 일반적인 동전을 사용하면 두 면이 나타날 확률이 모두 $\frac{1}{2}$이므로 어느 면이 나타날지 알 수 없어 불확실성이 높지만 찌그러진 동전의 경우 앞면의 확률이 $\frac{3}{4}$이므로 앞면이 나타날 확률이 높아 그만큼 불확실성이 낮아진다.

정보 이론에서의 엔트로피는 정보 이론을 제시한 샤논[Claude E. Shannon]의 이름을 붙여 샤논 엔트로피라고 부른다. 샤논 엔트로피는 데이터를 압축하는 데 필요한 최대 데이터양을 계산하는 근거를 제시한다. 무손실 압축 방법으로 데이터를 압축하는 경우 각 기호는 적어도 엔트로피만큼의 비트 수가 필요하게 된다.

5개 기호에 대한 불확실성을 살펴보자. 문서 내에서 기호가 총 80번 발생할 때 각 기호의 발생 확률과 이에 따른 불확실성은 표 2.6과 같다. 예를 들어, 기호 A의 경우 80번 중에서 11번 발생하여 확률은 11/80이고 불확실성은 $-\log_2(11/80) = 2.862496$이다. 기호를 문자로 간주하면 각 기호는 8비트로 표현할 수 있으며 80번의 문자가 등장하므로 모든 데이터를 저장하기 위해서는 640바이트(8비트 $\times$ 80)가 필요하다. 이 경우 엔트로피는 2.260178(비트)이다. 이것은 각 기호당 최대 약 2.3비트를 사용하면 표현이 가능한 것을 의미한다. 따라서 엔트로피에 따르면 전체 데이터를 저장하기 위해 필요한 용량은 180.81(2.260178비트×80)바이트이다. 엔트로피 기반의 부호화(압축)를 수행하면 원본 데이터에 비해 27.8%의 데이터만을 사용하여 표현하는 것이 가능하다. 물론 엔트로피는 이상적인 수치이며, 허프만 부호화나 산술 부호화 등의 엔트로피 부호화를 사용할 경우 이보다는 조금 낮은 압축률의 결과를 생성한다.

표 2-6 기호의 발생 확률 및 불확실성

기호	확률	불확실성
A	13/80	2.621488
B	19/80	2.074001
C	9/80	3.152003
D	17/80	2.234465
E	22/80	1.862496

2) 허프만 부호화

❶ 허프만 트리 생성

허프만 부호화는 앞에서 설명한 것과 같이 엔트로피 부호화의 한 가지 방법이다. 이 방법은 1952년 당시 MIT 학생이었던 허프만$^{\text{David A. Huffman}}$에 의해 개발되었다. 허프만 부호화는 각 기호에 길이가 서로 다른 코드를 부여하는 방식인 가변길이 부호화$^{\text{variable-length coding}}$ 방식이기도 하다. 표 2-6을 살펴보면 각 기호를 표현하기 위한 비트 수(불확실성)는 소수점으로 계산되는데 허프만 코드는 이 불확실성을 근사적으로 표현한다. 허프만 코드는 정수의 길이로 표현하게 되어 최적의 코드 길이보다는 길게 나타난다.

기호(문자)들이 자료 집합에서 얼마나 자주 발생하는지를 안다면 발생되는 기호들의 비율에 따라 자주 반복되는 기호들을 더 적은 비트로 부호화하는 것이 가능하다. 허프만 부호화가 결국 이런 개념을 사용하는 방법이다. 텍스트의 경우 하나의 문자를 표현하기 위해 한 개의 바이트(ASCII 코드)를 사용하나 허프만 코드는 문자 발생 비율에 따라 다른 길이의 비트로 표현한다.

표 2-6의 기호에 대한 허프만 코드를 생성해보자. 허프만 코드는 허프만 트리를 생성하여 구할 수 있다. 허프만 트리는 이진트리의 일종이다. 허프만 트리의 생성은 단말 노드에서 시작하여 부모 노드를 생성하는 과정으로 진행한다. 우선 확률에 따라 기호들을 오름차순으로 정렬한다(단계 1). 그리고 가장 확률이 낮은 두 개의 기호를 선택한다(단계 2). 표 2-6에서는 C(9/80)와 A(13/80)를 선택한다. C와 A를 자식으로 하는 부모 노드 AC는 두 자식 노드의 확률의 합을 갖는다. 따라서 노드 AC의 확률은 21/80이다. 현재 단계에서 확률에 대한 오름차순으로 노드들을 나열하면 D(17/80), B(19/80), AC(22/80), E(22/80)이다. 이들 중에서 다시 최소 확률을 갖는 두 개의 노드를 선택하면 D, B이고 이들을 자식으로 하는 부모 노드 BD(35/80)를 생성하게 된다(단계 3). 이제 노드는 AC(22/80), E(22/80), BD(36/80)와 같다. 동일한 방식으로 최소 확률 노드를 두 개 선택하면 AC, E이고 부모 노드 ACE를 생성하며 최종적으로 ACE와 BD를 선택하여 루트 노드인 ABCDE 노드를 생성한다. 이렇게 만들어진 허프만 트리를 표현하면 그림 2-19와 같다.

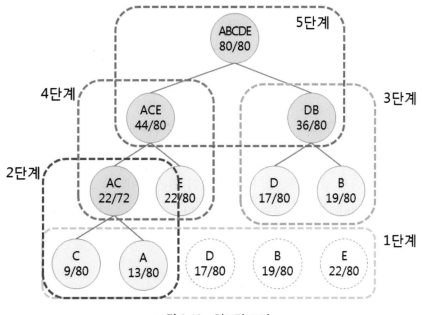

그림 2-19 허프만 트리

❷ 허프만 코드 부여

앞에서 생성한 허프만 트리를 사용하여 허프만 코드를 부여하는 방법에 대해 살펴보자. 각 기호에 대한 허프만 코드는 루트 노드에서 시작하여 해당 기호까지의 경로를 추적하여 부여한다. 각 기호는 허프만 트리의 단말 노드에 해당한다. 경로를 추적할 때 왼쪽 노드는 0, 오른쪽 노드는 1로 부여한다. 경로에 따른 0과 1의 위치를 변경하는 것은 무방하며 일관성 있게 부여하면 된다. 그림 2-19를 살펴보자. 기호 A는 루트 노드의 왼쪽 서브 트리에 위치하므로 0, ACE 노드의 다시 왼쪽에 위치하므로 0, AC 노드의 오른쪽에 위치하므로 1이다. 따라서 기호 A에 대한 허프만 코드는 001이다. 동일한 방식으로 각 기호에 대한 허프만 코드를 생성하면 다음과 같다. 허프만 트리를 생성하는 방법이나 경로를 추적하는 방법에 따라 각 기호에 대한 허프만 코드는 다르게 나타날 수 있지만 코드의 비트 수는 항상 동일하다.

$$A = 001, \ B = 11, \ C = 000, \ D = 10, \ E = 01$$

허프만 트리를 생성하고 허프만 코드를 부여하는 것은 데이터의 압축과 복원을 처리하기 위해서이다. 데이터를 압축하기 위해서는 입력 데이터의 기호를 차례대로 읽어 허프만 코드를 부여한 후 새로운 파일에 저장한다. 이때 복원이 가능하도록 허프만 트리에 대한 정보를 함께 저장한다.

압축한 데이터를 복원하기 위해서는 압축 파일에서 한 비트씩 읽어 허프만 트리의 루트 노드에서 시작하여 하위 노드로 이동한다. 이때 읽은 비트가 0이면 왼쪽, 1이면 오른쪽으로 내려간다. 단말 노드까지 이동한 경우 하나의 기호에 대한 복원이 끝난 경우이므로 그 다음 비트는 다시 루트 노드에서 시작하여 이 과정을 반복한다.

허프만 부호화를 사용한 경우 데이터 압축률을 계산해보자. 데이터의 압축률[com-pression ratio]은 다음과 같이 계산한다. 예를 들어 원본 데이터가 20,000바이트이고 압축 데이터가 1,000바이트인 경우 20000/1000 = 20이므로 압축률은 20 또는 20:1로 표현한다.

$$R = \frac{\text{원본데이터의 크기}}{\text{압축데이터의 크기}}$$

각 기호를 문자로 취급하면 앞에서 계산한 것과 같이 80개의 기호를 위해 총 640 바이트가 필요하다. 허프만 부호화를 사용한 경우 기호 A는 3비트로 표현하는데 80 번 중에서 13번 나타나므로 기호 A를 표현하기 위해 필요한 총 바이트 수는 39바이트이다. 기호 B는 38바이트, 기호 C는 27바이트, 기호 D는 34바이트, 기호 E는 44 바이트이므로 80개의 기호를 모두 저장하는데 182바이트가 필요하다. 이것으로부터 압축률은 3.52:1이 되는 것을 알 수 있다. 이것은 원본 데이터의 약 28%를 줄인 것이다. 이번에는 기호당 평균 비트 수를 계산해보자. 기호 A는 3비트를 사용하는데 발생 확률이 13/80이므로 평균적으로 0.4875비트가 필요하다. 기호 B는 0.475바이트, 기호 C는 0.3375바이트, 기호 D는 0.425바이트, 기호 E는 0.55바이트이므로 각 기호당 평균적으로 2.275비트가 필요하다. 앞에서 계산한 엔트로피는 2.260178비트이므로 허프만 부호화를 사용하는 경우 약 0.0148비트가 더 필요한 것을 알 수 있다.

3) 산술 부호화

산술 부호화$^{\text{arithmetic coding}}$는 입력 데이터를 0과 1 사이의 하나의 실수$^{\text{floating point number}}$로 변환하여 표현하는 방법이다. 허프만 부호화와 같이 입력 데이터들의 확률 분포를 사용하여 부호화를 수행한다. 순서적인 입력 데이터의 열을 실수로 표현된 하나의 부호화 코드로 표현한다. 압축률은 엔트로피와 거의 동일한 결과를 나타낸다.

표 2-6의 입력 데이터를 다시 사용하여 산술 부호화를 수행해보자. 각 기호의 확률에 의해 표 2-7과 같이 0에서 1 사이의 구간을 나눌 수 있다.

표 2-7 기호의 발생 확률에 따른 구간 설정

기호	확률	구간
A	13/80	[0, 13/80)
B	19/80	[13/80 ~ 32/80)
C	9/80	[32/80 ~ 41/80)
D	17/80	[41/80 ~ 58/80)
E	22/80	[58/80 ~ 1)

입력 데이터가 A, A, B의 순서로 발생한 경우 부호화 처리 과정은 그림 2-20과 같다. 첫 번째 입력 기호 A는 0에서 13/80(0.1625) 사이의 범위에 존재한다. 첫 번째 기호가 A로 주어진 상황에서 나머지 기호들이 존재하는 구간은 그림 2-20의 가운데 그림(2단계)의 구간과 같다. 이때 두 번째 입력 기호 A는 0에서 169/6400(0.02640625) 사이의 범위에 존재한다. 그리고 A, A가 주어진 상황에서 기호 B가 존재하는 구간은 2197/512000(0.004291015625)에서 5408/512000(0.0105625)이다. 따라서 A, A, B의 연속된 기호의 열은 이 범위 사이의 하나의 실수를 선택하여 표현할 수 있다. 예를 들어, 중간을 선택하면 0.00742675이다.

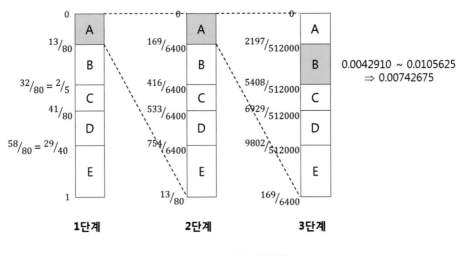

그림 2-20 산술 부호화

주어진 실수로부터 기호의 열을 복원하는 과정을 살펴보자. 조금 전에 선택한 중간 값인 0.00742675를 사용하면 이 값은 0~13/80(0.1625) 사이의 값이므로 1단계에서는 기호 A를 복원한다. 2단계에서 이 값은 0~169/6400(0.02640625) 사이에 존재하므로 역시 기호 A를 복원한다. 동일한 방법으로 3단계에서는 기호 B를 복원하여 원래 데이터인 A, A, B를 복원하게 된다.

학습정리

- **텍스트**text 는 문자, 기호, 단어, 구, 다이어그램 등의 자연 언어나 수학 기호 등의 인공 언어를 배열 형태로 나열한 데이터이다.

- **멀티미디어 콘텐츠에서의 텍스트 용도**는 제목, 메뉴, 내비게이션, 정보에 대한 내용을 표현하는 것이다.

- **내비게이션**navigation 이란 멀티미디어 콘텐츠의 시작 화면에서 현재 화면까지의 이동 경로를 의미한다.

- **서체**typeface 는 모양을 구별할 수 있는 글자의 독특한 형태를 의미하는데 다양한 글자 크기와 스타일 등을 포함한다.

- **밑선**baseline 은 알파벳 문자들의 바닥 지점이 위치하는 가상의 선이다.

- **상위선**cap line 은 대문자의 최상단을 가로지르는 선이다.

- **대문자 크기**cap size 는 밑선에서 상위선까지의 길이를 사용하여 나타낸다.

- **중심선**mean line 혹은 **midline** 은 a나 x와 같이 어센더가 없는 소문자의 위쪽 면이 위치하는 가상의 선이다.

- **X 높이**x height 는 밑선에서 중심선까지의 길이이다.

- **어센더**ascender 는 x 높이를 위로 벗어나는 소문자의 영역이다.

- **디센더**descender 는 x 높이를 아래로 벗어나는 소문자의 영역이다.

- **어센트**ascent 는 밑선에서 어센더의 최상위 지점까지의 거리이다.

- **디센트**descent 는 밑선에서 디센더의 최하위 지점까지의 거리이다.

- **문자 높이**body height 는 어센트와 디센트를 합친 거리이며 단위는 point를 사용한다.

- **세리프체**serif type 는 문자의 획 끝에 작은 장식 모양의 돌기를 포함하는 서체를 의미한다.

- **산세리프체**sans serif type 는 세리프체가 아닌 서체를 의미하며 문자의 획 끝에 추가적인 장식 돌기를 포함하지 않는다.

- **비례간격 서체**proportional type 는 알파벳의 폭이 글자의 종류에 따라 변하는 서체이다.

- **고정간격 서체**mono-spaced type 는 서체가 정해지면 글자의 종류에 관계없이 모두 동일한 간격으로 글자를 표현하는 서체이다.

- **타입 스타일**type style 은 글자의 모양에서 외관상의 변화를 지정할 수 있는 요소이다.

- **타입 크기**type size 는 서체의 크기 정보를 구분하여 나타내는 요소이다.

- **행 간격**interline spacing 은 텍스트의 행 사이의 시각적인 구분을 제공하기 위해 행과 행 사이의 수직 간격을 의미하는데 소프트웨어 종류나 사용 장소에 따라 레딩(leading)이라고도 한다.

- **인테르**inter 란 활자조판을 할 때 행간을 만들기 위해 사용하는 가늘고 긴 재료를 의미하는데 납, 나무, 아연 등의 재질을 사용한다.

- **자간**tracking 은 문자의 범위에서 낱글자 또는 단어 사이의 수평 공간을 조정하기 위한 간격을 의미한다.

- **커닝**kerning 은 특정한 문자 사이의 간격을 조정하는 것을 의미한다.

- **폰트**font 는 글자의 모양(서체), 크기, 스타일을 갖는 한 벌(set)의 문자 집합을 의미한다.

- **비트맵 폰트**bitmapped font 는 작은 점으로 글자의 패턴을 기록하여 폰트를 제작하는 방법이다.

- **벡터 폰트**vector font 는 글자의 외곽선을 함수와 같은 수학적인 방법으로 표현하는 방식이다.

- **포스트스크립트 폰트**postscript font 는 Adobe Systems사가 개발한 폰트이며 3차의 베지어 곡선(bezier curves)을 사용하여 외곽선을 표현한다.

- **트루타입 폰트**true-type font 는 2차의 스프라인 곡선을 사용하여 글꼴의 외곽선을 표현하는 방식이다.

- **오픈타입 폰트**open-type font 는 마이크로소프트사와 어도비사가 애플사의 트루타입 및 포스트스크립트 타입 1의 장점을 통합하여 개발한 폰트 포맷이다.

- **부호화된 문자 집합**coded character sets 또는 **코드**code 는 문자 집합 내의 문자들에 대해 서로 다른 값을 할당하여 구성한 것을 의미한다.

- **코드 체계**code system 는 코드와 함께 처리 알고리즘 등의 코드 관련 정보를 체계적으로 정리하고 관리하기 위한 체계를 의미한다.

- **아스키 코드**ASCII code 는 7bit를 사용하여 96개의 로마자 대문자와 소문자, 숫자, 특수문자를 구분하여 표현한다.

- **확장 아스키 코드**extended ASCII code 는 8비트를 사용하여 아스키 코드뿐만 아니라 128개의 새로운 문자를 확장 영역에 추가적으로 표현할 수 있다. 확장 영역의 문자 집합은 변경가능하며 구성 문자에 따라 Latin-1~Latin-10, Latin/Cyrillic, Latin/Arabic, Latin/Greek, Latin/Hebrew, Latin/Thai, Latin/Devanagari 등으로 구분한다.

- **코드 페이지**code page 는 문자를 서로 다른 방식으로 부호화하는 방법이다.

- **EBCDIC 코드**는 IBM사의 중형 컴퓨터인 IBM360/370/390 시스템에 사용하기 위해 개발한 코드 체계이며 상위 4비트를 영역 비트(zone bit), 하위 4비트를 숫자 비트(numeric bit)로 구분하여 사용한다.

- **완성형 한글 코드**는 완성된 글자(음절)에 초점을 두어 의미를 부여하는 방식이다.

- **통합(확장) 완성형 한글코드**는 KS 표준 완성형 한글코드를 확장하여 2,350자의 기본 음절은 그대로 사용하여 그 외의 음절들은 나머지 코드 영역에 추가로 삽입하여 사용하는 방식이다.

- **조합형 한글 코드**는 초성, 중성, 종성에 각각 코드를 할당하여 음절을 구성하는 방식이다.

- **상용 조합형 코드**는 KS 표준 조합형 한글 코드와 동일한 의미로 사용한다.

- **한글 코드의 국가 표준 번호**는 KS×1001이다.

- 유니코드Unicode는 전 세계 언어의 문자를 통합하여 표현하기 위한 코드 체계이다.

- 유니코드 1.0은 국제 표준이 아니며 유니코드 1.1부터 국제 표준으로 제정되었다.

- 유니코드에서는 평면(plane)을 사용하여 전체 유니코드를 논리적인 영역으로 구분한다.

- 바이트 순서 표식Byte Order Mark: BOM은 유니코드에서 부호화 방식과 엔디언 방식을 구별하기 위해 사용하는 식별자이다.

- 엔트로피entropy는 확률 모델에서 발생하는 각 데이터의 정보량(amount of information)을 표현하는 수치이다.

- 허프만 부호화Huffman coding는 데이터 집합에서 기호들이 발생하는 비율에 따라 자주 반복되는 문자들을 더 적은 비트로 부호화하는 방법으로 엔트로피 부호화 방법의 일종이다.

- 산술 부호화arithmetic coding는 입력 데이터의 열을 0과 1 사이의 하나의 실수로 변환하여 표현하는 방법이다.

연습문제

01. 멀티미디어에서의 텍스트 사용 용도가 아닌 것은?

    1) 메타포　　　　　2) 제목　　　　　3) 메뉴

    4) 네비게이션　　　5) 정보에 대한 내용

02. 글자의 모양에 따른 공백을 보정하기 위한 특정 문자 간의 간격을 의미하는 용어는?

    1) 커닝　　　　　　2) 인테르　　　　3) 트래킹

    4) 파이카　　　　　5) 리딩

03. "Helvetica 10-point bold" 에 대한 가장 적합한 용어는?

    1) 서체　　　　　　2) 폰트　　　　　3) 스타일

    4) 포인트　　　　　5) 디더링

04. 디지털 폰트의 종류 중 다음의 설명에 해당하는 폰트는?

"고품질 출력을 중시하는 인쇄출판 시장을 겨냥해서 만들어진 서체로서, 어도비사에서 개발해 애플의 매킨토시에 적용하여 디지털 폰트의 새 장을 열다."

---

    1) 비트맵 폰트　　　　　　2) 오픈 타입 폰트

    3) 트루타입 폰트　　　　　4) 포스트 스크립트 폰트

05. 다음 중에서 텍스트에서 서체와 폰트를 사용할 때의 유의사항이 아닌 것은?

1) 글자를 부드럽게 표시하기 위하여 안티앨리어싱을 사용하라.

2) 중앙 정렬된 문장을 최소화하라.

3) 시선을 유도하기 위해서는 텍스트의 왜곡된 모양을 사용하라.

4) 링크는 구분되지 않도록 유의하라.

5) 텍스트를 두드러지게 표현하기 위해서는 그림자 효과를 사용하라.

06. 다음 중에서 텍스트를 표현하기 위한 코드 체계에 대한 설명으로 맞는 것을 모두 고르시오.

1) ASCII code는 데이터 처리 및 통신시스템의 정보 교환을 위해 8 bit를 사용하여 제정되었다.

2) Extended ASCII code 중에서 ISO-Latin-2 문자 집합은 서유럽, 오세아니아 등의 언어를 포함한다.

3) EBCDIC code는 상위 4 bit인 numeric bit와 하위 4 bit인 zone bit로 구성된다.

4) Unicode 1.0 버전은 세계표준기구의 표준안이다.

5) 한글 코드는 완성형 코드만이 표준으로 제정되었다.

07. 다음 중에서 비트맵 폰트와 벡터 폰트에 대해서 잘못 설명한 것은?

1) 비트맵 폰트는 빠르게 표시되어 화면표시용으로 주로 사용한다.

2) 벡터 폰트는 글자의 외곽선을 수학적인 모델링을 하여 수학적인 함수로 표현한다.

3) 벡터 폰트는 앨리어싱(aliasing) 현상이 발생할 수 있다.

4) 현재 사용하는 대부분의 폰트는 벡터 폰트에 해당한다.

5) 포스트스크립트 폰트는 벡터 폰트의 한 종류이며 'Type 1, 2, 3, 0'의 형식이 존재한다.

08. 다음 중에서 폰트에 대한 설명으로 잘못된 것은?

1) 고정간격 폰트는 시각적으로 더 좋은 모습을 제공하며 읽기 쉬운 장점이 있다.

2) 윈도우에서 사용되는 거의 모든 글꼴은 비례간격 폰트이다.

3) 고정간격 폰트는 영문 폰트 중에는 'Courier'가 존재한다.

4) 비례간격 폰트는 가로줄의 간격을 맞추기가 어려운 단점이 있다.

5) 한글의 경우에는 이름에 '체'가 붙은 폰트는 고정간격 폰트이다.

09. 다음 중에서 한글 코드에 대한 설명으로 잘못된 것은?

1) 현대의 한글은 자음 14자, 모음 10자의 조합으로 한 개의 음절을 표현한다.

2) 자음과 모음의 조합으로 표현한 순서에 대한 두 가지 이상의 해석이 가능하다.

3) 완성형은 초성, 중성, 종성으로 조합할 수 있는 음절에 대해 순서적으로 코드를 부여한다.

4) 한글코드는 16비트 내에서 첫 비트 MSB를 이용하여 0일 때는 영문, 1일 때는 한글로 설정하여 서로 구별하도록 한다.

5) 조합형 한글코드는 1992년에 KSC 5601-1992란 이름으로 완성형 한글코드보다 먼저 표준화되었다.

10. 다음 중 유니코드에 대한 설명으로 가장 거리가 먼 것은 무엇인가?

1) 하나의 문자를 8비트 크기의 옥테트(octet)로 구분하여 저장한다.

2) 32비트의 구조를 기본으로 사용하는 코드 체계이다.

3) 전 세계의 모든 문자를 컴퓨터에서 일관되게 표현할 수 있도록 설계한 산업표준이다.

4) 유니코드의 2번 평면은 고전 문자와 기호 등을 포함한다.

5) 문자집합뿐만 아니라 문자부호화와 같은 문자에 대한 알고리즘을 포함한다.

11. 한글 코드의 완성형과 조합형에 대해서 비교하여 설명하시오.

12. 문자인식의 기술 동향 및 제품에 대해 조사하시오.

13. 픽토그램(Pictogram)에 대해 조사하시오.

14. 타이포그래피(Typography)의 개념에 대해 조사하시오.

15. 캘리그래피(Calligraphy)에 대해 조사하시오.

16. 유니코드의 로마자(basic latin) 영역에 대해 조사하시오.

17. UTF-8의 일반적인 구조에 대해 조사하시오.

18. 4개의 기호에 대한 발생 확률이 다음과 같을 때 물음에 답하시오.

$$A = 0.15, B = 0.35, C = 0.05, D = 0.45$$

1) 각 기호를 구분하여 표현하기 위해 필요한 비트 수는 얼마인가?
2) 기호당 불확실성은 얼마인가?
3) 엔트로피를 계산하시오.
4) 각 기호에 대한 허프만 코드를 제시하시오. 이때 허프만 트리를 함께 제시하시오.
5) 허프만 부호화를 한 경우 기호당 요구되는 평균 비트 수는 얼마인가?

19. 7개의 기호가 존재하며 이들의 확률은 각각 다음과 같을 때 물음에 답하시오.

$$A = 0.25, B = 0.26, C = 0.14, D = 0.14, E = 0.01, F = 0.11, G = 0.9$$

1) 각 기호를 구분하여 표현하기 위해 필요한 비트 수는 얼마인가?
2) 기호당 불확실성은 얼마인가?
3) 엔트로피를 계산하시오.
4) 각 기호에 대한 허프만 코드를 제시하시오. 이때 허프만 트리를 함께 제시하시오.
5) 허프만 부호화를 한 경우 기호당 요구되는 평균 비트 수는 얼마인가?

20. 4개의 기호가 존재하며 이들의 확률은 각각 다음과 같을 때 물음에 답하시오.

A = 0.25, B = 0.5, C = 0.125, D = 0.125

1) 기호의 발생 확률에 따른 구간 설정 표를 작성하시오.

2) 입력 기호 열 A, A, D, B에 대한 산술 부호화된 하나의 실수를 제시하시오.

3) 입력 기호 열 C, B, B, D에 대한 산술 부호화된 하나의 실수를 제시하시오.

4) 0.399로 주어진 산술 부호화된 코드 워드에 대한 복호화 결과를 제시하시오. 단, 복호화 결과는 4개의 기호로 구성된다.

참고문헌

1. 멀티미디어 개론 - Multimedia: Making It Work 6th ed. / 권호열 외 공역 / ITC / 2005

2. 한글 코드 / mirror.enha.kr / wiki / %EC%99%84%EC%84%B1%ED%98%95

3. 한글 코드 / blog.naver.com / metalliza / 140037221561

4. 한글 코드 / jinuine.blogspot.kr / 2013 / 09 / ms949.html

5. ISO / IEC 8859 / en.wikipedia.org / wiki / ISO / IEC_8859

6. 유니코드 / ko.wikipedia.org / wiki / Unicode

7. 유니코드 / en.wikipedia.org / wiki/Unicode

8. 명품 C언어 프로젝트 / 안기수 저 / 생능출판사

텍스트 실습

학습목표

- 코드 페이지(**code page**)에 따른 문자를 출력할 수 있다.
- 메모장 프로그램에서 코드 체계를 변경하여 텍스트를 저장할 수 있다.

01 코드 페이지를 사용한 문자 출력

1) 코드 페이지의 이해

각 문자에 번호(코드)를 부여하여 만든 것을 부호화된 문자 집합^{coded character set} 또는 간단히 코드^{code}라고 한다. 따라서 문자 집합의 종류를 변경하면 각 번호(코드)에 대응하는 문자의 의미가 달라진다. 이와 같이 문자 집합(코드 체계)을 변경하여 사용 가능한 문자의 종류를 변경하는 방법을 코드 페이지라고 한다.

MS Windows에서 사용 가능한 코드 페이지의 종류는 한글, 영어^{United States}, 슬라브어^{Slavic}, 키릴^{Cyrillic}, 터키어^{Turkish}, 포르투칼어^{Portuguese}, 아이슬란드어^{Icelandic}, 캐나

표 2-1-1　국가별 코드 페이지

국가(언어)	코드 페이지	국가(언어)	코드 페이지
미국(영어)	437	한국(완성형 한글)	949
캐나다(불어)	863	네덜란드	850
벨기에	850	프랑스	850
스페인	850	헝가리	852
이탈리아	850	스위스	850
체코슬로바키아	852	영국	437
덴마크	865	스웨덴	850
노르웨이	865	폴란드	852
독일	850	브라질	850
포르투갈	850	핀란드	850

다 불어^{Canadian-French}, 북유럽어^{Nordic}, 러시아어^{Russian}, 현대 그리스어^{Modern Greek} 등으로 구분할 수 있으며 표 2-1-1과 같다. 조금 더 자세한 사항은 msdn.microsoft.com/en-us/library/dd317756에서 확인할 수 있다.

2) 콘솔 창에서의 코드 페이지 변경

한글 MS Windows에서는 확장 완성형 한글인 949의 코드 페이지를 기본으로 사용한다. ISO-Latin-1이나 ISO-Latin-2 등의 다른 코드 체계를 사용하고자 하는 경우에는 코드 페이지의 변경이 필요하다. MS Windows의 콘솔^{console} 창에서 코드 페이지를 변경하기 위해서는 콘솔 명령어인 graftabl이나 chcp를 사용한다. graftabl은 64 bit용 Windows 7에 존재하지 않는다. 따라서 이 경우에는 chcp를 사용해야 한다. chcp는 MS Windows의 버전에 관계없이 사용 가능하다. graftabl 및 chcp의 자세한 사용법은 다음 사이트를 참조할 수 있다.

graftabl: technet.microsoft.com/ko-kr/library/cc731969(v=WS.10).aspx
chcp: technet.microsoft.com/library/bb490874.aspx

그림 2-1-1은 콘솔 창에서의 활성 코드 페이지에 대한 변경 예제를 나타낸다. 그림 2-1-1(a)와 같이 chcp 명령을 입력하면 현재의 활성 코드 페이지를 확인할 수 있다. 이때 그림 2-1-1(b)에서와 같이 변경할 코드 페이지를 사용하여 chcp 명령을 사용하면 그림 2-1-1(c)와 같이 활성 코드 페이지가 변경되는 것을 확인할 수 있다. graftabl 명령의 사용은 chcp 명령과 유사하다.

(a) 활성 코드 페이지 확인

(b) 활성 코드 페이지 변경

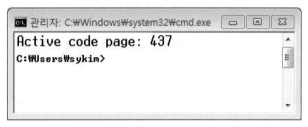

(c) 변경한 활성 코드 페이지 확인

그림 2-1-1　chcp 명령의 사용

3) 코드 페이지에 따른 문자 출력

이번에는 C언어를 사용하여 코드 페이지에 따른 문자를 출력하여 각 문자 집합에 존재하는 문자들의 종류를 확인하자. 확장 아스키코드에 해당하는 코드 페이지를 살펴보면 표 2-1-2와 같다.

표 2-1-2　확장 아스키코드에 대한 주요 코드 페이지

식별자	표준	설명
28591	ISO-8859-1	ISO 8859-1 Latin 1; Western European(ISO)
28592	ISO-8859-2	ISO 8859-2 Central European; Central European(ISO)
28593	ISO-8859-3	ISO 8859-3 Latin 3
28594	ISO-8859-4	ISO 8859-4 Baltic
28595	ISO-8859-5	ISO 8859-5 Cyrillic
28596	ISO-8859-6	ISO 8859-6 Arabic
28597	ISO-8859-7	ISO 8859-7 Greek
28598	ISO-8859-8	ISO 8859-8 Hebrew; Hebrew(ISO-Visual)

28599	ISO-8859-9	ISO 8859-9 Turkish
28603	ISO-8859-13	ISO 8859-13 Estonian
28605	ISO-8859-15	ISO 8859-15 Latin 9

표 2-1-2의 코드 페이지를 사용하여 각 문자 집합에 포함된 문자들을 출력하는 소스코드를 살펴보자. 소스코드는 리스트 2-1-1과 같다.

리스트 2-1-1   코드 페이지에 따른 문자 출력

```
1     #include <stdio.h>
2     #include <Windows.h>
3
4     int main( void )
5     {
6         unsigned int n, count=0;
7
8         //system( "graftabl 28591" );
9         system("chcp 28591");
10
11        printf( "        " );
12        for( n=0; n<=0xf; n++ )
13        {
14            printf ( "x%-3X", n );
15        }
16        printf( "\n-----------------------------------------\n" );
17
18        for( n=0x80; n<=0xff; n++)
19        {
20            if( (n % 0x10) == 0 )
21                printf( "x%-2X |", n );
22
23            printf( "%-4c", n );
24            count++;
25            if(count == 0x10)
26            {
27                count = 0;
28                printf( "\n" );
29            }
30        }
31
32        printf( "\n" );
33
34        return 0;
35    }
```

출력결과

그림 2-1-2와 그림 2-1-3은 ISO 8859-1 및 ISO 8859-2의 문자 집합에 포함된 문자들의 출력 결과이다. 리스트 2-1-1의 소스코드에서 9번 행의 코드 페이지를 변경하면 다른 문자 집합들을 확인할 수 있다.

```
C:₩Windows₩system32₩cmd.exe
Active code page: 28591
      x0  x1  x2  x3  x4  x5  x6  x7  x8  x9  xA  xB  xC  xD  xE  xF
----------------------------------------------------------------------
x80 | ⍰   ⍰   ⍰   ⍰   ⍰   ⍰   ⍰   ⍰   ⍰   ⍰   ⍰   ⍰   ⍰   ⍰   ⍰   ⍰
x90 | ⍰   ⍰   ⍰   ⍰   ⍰   ⍰   ⍰   ⍰   ⍰   ⍰   ⍰   ⍰   ⍰   ⍰   ⍰   ⍰
xA0 |     ¡   ¢   £   ¤   ¥   ¦   §   ¨   ©   ª   «   ¬   -   ®   ¯
xB0 | °   ±   ²   ³   ´   µ   ¶   ·   ¸   ¹   º   »   ¼   ½   ¾   ¿
xC0 | À   Á   Â   Ã   Ä   Å   Æ   Ç   È   É   Ê   Ë   Ì   Í   Î   Ï
xD0 | Ð   Ñ   Ò   Ó   Ô   Õ   Ö   ×   Ø   Ù   Ú   Û   Ü   Ý   Þ   ß
xE0 | à   á   â   ã   ä   å   æ   ç   è   é   ê   ë   ì   í   î   ï
xF0 | ð   ñ   ò   ó   ô   õ   ö   ÷   ø   ù   ú   û   ü   ý   þ   ÿ

Press any key to continue . . .
```

그림 2-1-2 ISO 8859-1 문자 집합 출력 결과

```
C:₩Windows₩system32₩cmd.exe
Active code page: 28592
      x0  x1  x2  x3  x4  x5  x6  x7  x8  x9  xA  xB  xC  xD  xE  xF
----------------------------------------------------------------------
x80 | ⍰   ⍰   ⍰   ⍰   ⍰   ⍰   ⍰   ⍰   ⍰   ⍰   ⍰   ⍰   ⍰   ⍰   ⍰   ⍰
x90 | ⍰   ⍰   ⍰   ⍰   ⍰   ⍰   ⍰   ⍰   ⍰   ⍰   ⍰   ⍰   ⍰   ⍰   ⍰   ⍰
xA0 |     Ą   ˘   Ł   ¤   Ľ   Ś   §   ¨   Š   Ş   Ť   Ź   -   Ž   Ż
xB0 | °   ą   ˛   ł   ´   ľ   ś   ˇ   ¸   š   ş   ť   ź   ˝   ž   ż
xC0 | Ŕ   Á   Â   Ă   Ä   Ĺ   Ć   Ç   Č   É   Ę   Ë   Ě   Í   Î   Ď
xD0 | Đ   Ń   Ň   Ó   Ô   Ő   Ö   ×   Ř   Ů   Ú   Ű   Ü   Ý   Ţ   ß
xE0 | ŕ   á   â   ă   ä   ĺ   ć   ç   č   é   ę   ë   ě   í   î   ď
xF0 | đ   ń   ň   ó   ô   ő   ö   ÷   ř   ů   ú   ű   ü   ý   ţ   ˙

Press any key to continue . . .
```

그림 2-1-3 ISO 8859-2 문자 집합 출력

라인	설명
08~09	코드 페이지를 변경한다. 64 bit 버전의 Windows 7은 chcp 명령어를 사용해야 한다.
11~16	화면에 표시할 문자표의 헤더 영역을 출력한다. 헤더의 각 열은 16진수를 사용하여 코드의 일의 자리를 나타낸다. 16진수인 것을 구분하기 위해 숫자의 가장 왼쪽에 x를 출력하고 3자리를 확보한 후 왼쪽 정렬하여 출력한다.
18~30	각 행에 16개의 문자를 출력한다. 각 행의 시작 위치에는 16진수를 사용하여 코드의 십의 자리를 출력한다. 예를 들어, 그림 2-1-2에서 통화(currency) 기호인 센트(cent) 4의 코드는 0xA2인 것을 알 수 있다. 각 행의 머리 숫자는 2자리, 문자는 3자리를 확보한 후 왼쪽 정렬하여 출력한다.

4) 한글 출력

한글은 완성형 코드와 조합형 코드로 구분할 수 있다. 완성형 코드는 완성된 글자에 초점을 두고 각 음절에 코드를 부여한다. 음절에 의미를 부여하는 방식이다. 음절이란 종합된 음의 느낌을 주는 말소리 단위이며 자음과 모음의 조합으로 구성된다. 조합형 코드는 음절을 초성, 중성, 종성으로 나누고 이들의 조합으로 가능한 모든 조합의 글자를 만드는 방식이다. 따라서 조합형 코드는 자소에 의미를 부여한다. 현재 조합형 코드에서 표현 가능한 글자의 수는 11,172개이다.

완성형이나 조합형에 관계없이 한글의 한 음절을 표현하기 위해서는 2바이트가 필요하다. 완성형 한글코드는 조합형에서 표현 가능한 11,172개의 음절을 모두 포함하지는 않는다. 이유는 한글 음절뿐만 아니라 ASCII 코드, 상용한자, 특수문자 등을 모두 포함하기 위해서이다. KSC 5601 한글 완성형 표준에서는 사용빈도가 높은 한글 2,350자, 한자 4,888자, 특수문자 1,128자 그리고 그 외의 문자 470자의 총 8,836자의 글자를 포함하고 순서대로 코드를 부여하고 있다. 완성형 코드에서 한글을 표현하기 위해서는 상위 바이트의 최상위 비트[MSB]를 1로 설정한다. 최상위 비트가 0인 경우에는 이 바이트의 값을 ASCII 코드로 해석한다. 따라서 한글 코드의 경우 상위 바이트의 값은 0x80부터 시작할 수 있다. 그러나 ISO-2022의 규약을 따르기 위해 각 바이트의 A1~FE(94*94=8836)까지만 사용하고 있다. 한글 완성형 표준에서 정의하는 코드의 범위는 표 2-1-3과 같다.

표 2-1-3 　한글 완성형 표준에서의 사용 코드의 범위

구분	첫 번째 바이트	두 번째 바이트	크기
기호	0xA1 ~ 0xAC	0xA1 ~ 0xFE	12×94
한글	0xB0 ~ 0xC8	0xA1 ~ 0xFE	25×94
한자	0xCA ~ 0xFD	0xA1 ~ 0xFE	52×94

완성형 한글 코드에 포함된 문자들을 순서적으로 출력하는 소스코드를 살펴보자. 소스코드는 리스트 2-1-2와 같다.

리스트 2-1-2 　완성형 한글 코드의 문자 출력

```
1    #include <stdio.h>
2    #include <Windows.h>
3
4    int main( void )
5    {
6        unsigned int n, m, count=0;
7
8        //system( "graftabl 949" );
9        system("chcp 949");
10
11       for( n = 0xB0; n <= 0xB1; n++ ) //first byte
12       {
13           for( m = 0xA1; m <= 0xFE; m++ ) //second byte
14           {
15               printf( "%02X%02X(%c%c) ", n, m, n, m);
16               count++;
17               if( (count % 8) == 0 )
18                   printf( "\n" );
19           }
20       }
21
22       printf( "\n" );
23
24       return 0;
25   }
```

출력결과

그림 2-1-4는 상위 바이트의 범위를 $0 \times B0 \sim 0 \times B1$, 하위 바이트의 범위를 $0 \times A1 \sim 0 \times FE$로 지정하여 사용빈도가 높은 한글 음절의 일부분을 출력한 결과 이다. 유사하게 그림 2-1-5는 상위 바이트의 범위를 $0 \times CA \sim 0 \times CB$, 하위 바이트 의 범위를 $0 \times A1 \sim 0 \times FE$로 지정하여 사용빈도가 높은 한자의 일부분을 출력한 결과이다. 그림 2-1-6은 상위 바이트의 범위를 $0 \times A1 \sim 0 \times A2$, 하위 바이트의 범위를 $0 \times A1 \sim 0 \times FE$로 지정하여 기호 문자의 일부분을 출력한 결과이다.

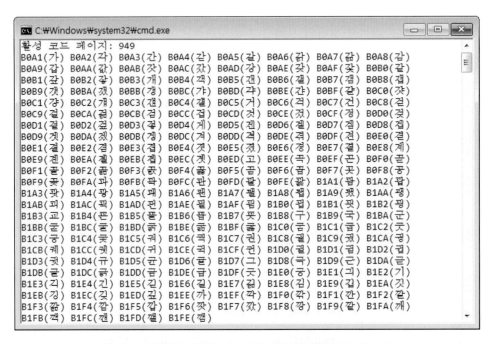

그림 2-1-4 한글 완성형 코드의 상용 한글에 대한 일부 출력 결과

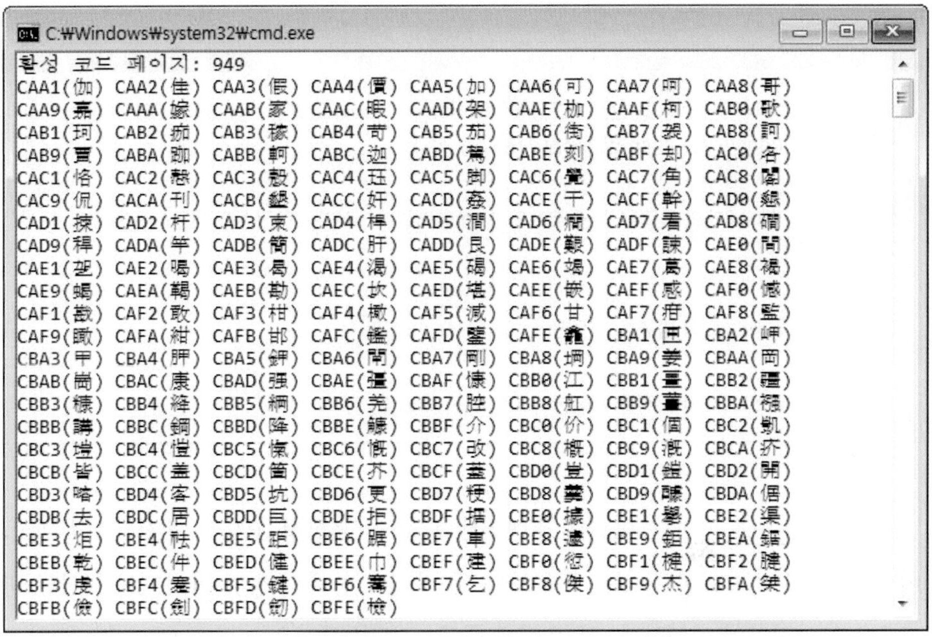

```
C:\Windows\system32\cmd.exe
활성 코드 페이지: 949
CAA1(伽) CAA2(佳) CAA3(假) CAA4(價) CAA5(加) CAA6(可) CAA7(呵) CAA8(哥)
CAA9(嘉) CAAA(嫁) CAAB(家) CAAC(暇) CAAD(架) CAAE(枷) CAAF(柯) CAB0(歌)
CAB1(珂) CAB2(痂) CAB3(稼) CAB4(苛) CAB5(茄) CAB6(街) CAB7(袈) CAB8(訶)
CAB9(賈) CABA(跏) CABB(軻) CABC(迦) CABD(駕) CABE(刻) CABF(却) CAC0(各)
CAC1(恪) CAC2(慤) CAC3(殼) CAC4(珏) CAC5(脚) CAC6(覺) CAC7(角) CAC8(閣)
CAC9(侃) CACA(刊) CACB(墾) CACC(奸) CACD(姦) CACE(干) CACF(幹) CAD0(懇)
CAD1(揀) CAD2(杆) CAD3(柬) CAD4(桿) CAD5(澗) CAD6(癇) CAD7(看) CAD8(磵)
CAD9(稈) CADA(竿) CADB(簡) CADC(肝) CADD(艮) CADE(艱) CADF(諫) CAE0(間)
CAE1(乫) CAE2(喝) CAE3(曷) CAE4(渴) CAE5(碣) CAE6(竭) CAE7(葛) CAE8(褐)
CAE9(蝎) CAEA(鞨) CAEB(勘) CAEC(坎) CAED(堪) CAEE(嵌) CAEF(感) CAF0(憾)
CAF1(撼) CAF2(敢) CAF3(柑) CAF4(橄) CAF5(減) CAF6(甘) CAF7(疳) CAF8(監)
CAF9(瞰) CAFA(紺) CAFB(邯) CAFC(鑑) CAFD(鑒) CAFE(龕) CBA1(匣) CBA2(岬)
CBA3(甲) CBA4(胛) CBA5(鉀) CBA6(閘) CBA7(剛) CBA8(坑) CBA9(姜) CBAA(岡)
CBAB(崗) CBAC(康) CBAD(强) CBAE(彊) CBAF(慷) CBB0(江) CBB1(畺) CBB2(疆)
CBB3(糠) CBB4(絳) CBB5(綱) CBB6(羌) CBB7(腔) CBB8(舡) CBB9(薑) CBBA(襁)
CBBB(講) CBBC(鋼) CBBD(降) CBBE(鱇) CBBF(介) CBC0(价) CBC1(個) CBC2(凱)
CBC3(塏) CBC4(愷) CBC5(愾) CBC6(慨) CBC7(改) CBC8(槪) CBC9(漑) CBCA(疥)
CBCB(皆) CBCC(盖) CBCD(箇) CBCE(芥) CBCF(蓋) CBD0(豈) CBD1(鎧) CBD2(開)
CBD3(喀) CBD4(客) CBD5(坑) CBD6(更) CBD7(梗) CBD8(羹) CBD9(醵) CBDA(倨)
CBDB(去) CBDC(居) CBDD(巨) CBDE(拒) CBDF(據) CBE0(擧) CBE1(渠) CBE2(遽)
CBE3(炬) CBE4(祛) CBE5(距) CBE6(踞) CBE7(車) CBE8(遽) CBE9(鉅) CBEA(鋸)
CBEB(乾) CBEC(件) CBED(健) CBEE(巾) CBEF(建) CBF0(愆) CBF1(楗) CBF2(腱)
CBF3(虔) CBF4(蹇) CBF5(鍵) CBF6(騫) CBF7(乞) CBF8(傑) CBF9(杰) CBFA(桀)
CBFB(儉) CBFC(劍) CBFD(劒) CBFE(檢)
```

그림 2-1-5 한글 완성형 코드의 상용 한자에 대한 일부 출력 결과

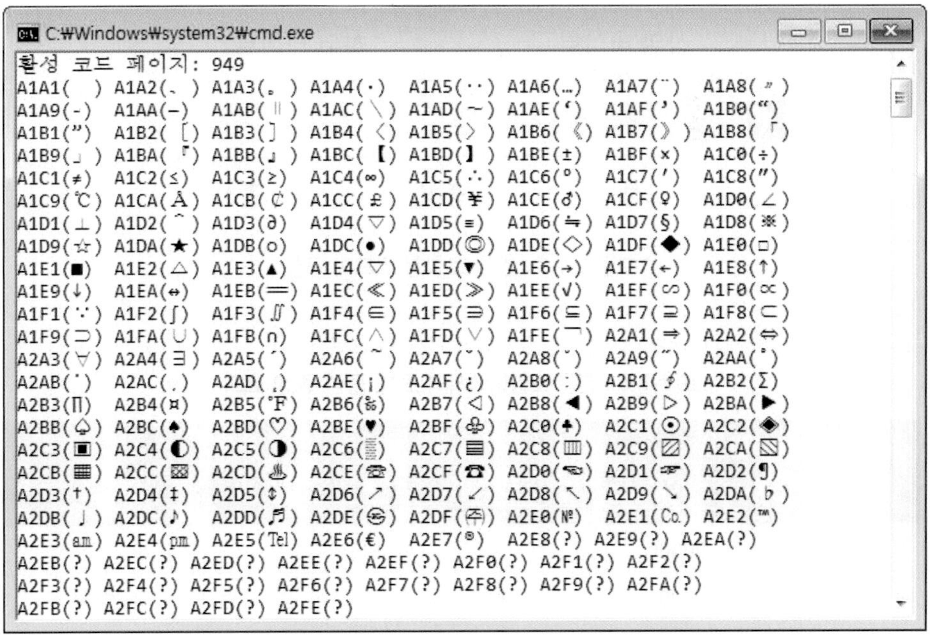

```
C:\Windows\system32\cmd.exe
활성 코드 페이지: 949
A1A1(  ) A1A2(、) A1A3(。) A1A4(·) A1A5(‥) A1A6(…) A1A7(¨) A1A8(〃)
A1A9() A1AA(―) A1AB(∥) A1AC(\) A1AD(∼) A1AE(‘) A1AF(’) A1B0(“)
A1B1(”) A1B2(〔) A1B3(〕) A1B4(〈) A1B5(〉) A1B6(《) A1B7(》) A1B8(「)
A1B9(」) A1BA(『) A1BB(』) A1BC(【) A1BD(】) A1BE(±) A1BF(×) A1C0(÷)
A1C1(≠) A1C2(≤) A1C3(≥) A1C4(∞) A1C5(∴) A1C6(°) A1C7(′) A1C8(″)
A1C9(℃) A1CA(Å) A1CB(¢) A1CC(£) A1CD(¥) A1CE(♂) A1CF(♀) A1D0(∠)
A1D1(⊥) A1D2(⌒) A1D3(∂) A1D4(∇) A1D5(≡) A1D6(≒) A1D7(§) A1D8(※)
A1D9(☆) A1DA(★) A1DB(○) A1DC(●) A1DD(◎) A1DE(◇) A1DF(◆) A1E0(□)
A1E1(■) A1E2(△) A1E3(▲) A1E4(▽) A1E5(▼) A1E6(→) A1E7(←) A1E8(↑)
A1E9(↓) A1EA(↔) A1EB(〓) A1EC(≪) A1ED(≫) A1EE(√) A1EF(∽) A1F0(∝)
A1F1(∵) A1F2(∫) A1F3(∬) A1F4(∈) A1F5(∋) A1F6(⊆) A1F7(⊇) A1F8(⊂)
A1F9(⊃) A1FA(∪) A1FB(∩) A1FC(∧) A1FD(∨) A1FE(￢) A2A1(⇒) A2A2(⇔)
A2A3(∀) A2A4(∃) A2A5(´) A2A6(~) A2A7(ˇ) A2A8(˘) A2A9(˝) A2AA(˚)
A2AB(˙) A2AC(¸) A2AD(˛) A2AE(¡) A2AF(¿) A2B0(ː) A2B1(♮) A2B2(Σ)
A2B3(∏) A2B4(¤) A2B5(℉) A2B6(‰) A2B7(◁) A2B8(◀) A2B9(▷) A2BA(▶)
A2BB(♤) A2BC(♠) A2BD(♡) A2BE(♥) A2BF(♧) A2C0(♣) A2C1(⊙) A2C2(◈)
A2C3(▣) A2C4(◐) A2C5(◑) A2C6(▒) A2C7(▤) A2C8(▥) A2C9(▨) A2CA(▧)
A2CB(▦) A2CC(▩) A2CD(♨) A2CE(☎) A2CF(☏) A2D0(☜) A2D1(☞) A2D2(¶)
A2D3(†) A2D4(‡) A2D5(↕) A2D6(↗) A2D7(↙) A2D8(↖) A2D9(↘) A2DA(♭)
A2DB(♩) A2DC(♪) A2DD(♬) A2DE(㉿) A2DF(㈜) A2E0(№) A2E1(㏇) A2E2(™)
A2E3(㏂) A2E4(㏘) A2E5(㏊) A2E6(€) A2E7(®) A2E8(?) A2E9(?) A2EA(?)
A2EB(?) A2EC(?) A2ED(?) A2EE(?) A2EF(?) A2F0(?) A2F1(?) A2F2(?)
A2F3(?) A2F4(?) A2F5(?) A2F6(?) A2F7(?) A2F8(?) A2F9(?) A2FA(?)
A2FB(?) A2FC(?) A2FD(?) A2FE(?)
```

그림 2-1-6 한글 완성형 코드의 특수 기호에 대한 일부 출력 결과

라인	설명
08~ 09	코드 페이지를 통합 한글 코드(unified Hangul code)로 변경한다. 64 bit 버전의 Windows 7은 chcp 명령어를 사용해야 한다.
11 ~ 20	한 행에 8개의 음절을 한글 코드와 함께 출력한다. 코드는 16진수를 대문자 형식으로 표시한다.
11	상위 바이트의 범위를 지정한다. (0xA1 ~ 0xA2)
13	하위 바이트의 범위를 지정한다. (0xA1 ~ 0xFE)

이번에는 한글 조합형 코드를 출력해보자. 한글 조합형 코드는 초성, 중성, 종성에 코드를 부여하고 한 음절을 구성하는 두 바이트 중에서 상위 바이트의 최상위 비트를 1로 설정하여 표현한다. 한 음절에 대한 코드의 구성은 그림 2-1-7과 같다. 한글 조합형 표준에 정의된 초성, 중성, 종성을 위한 코드표는 표 2-1-4와 같다.

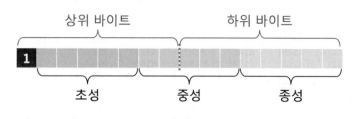

그림 2-1-7 한글 조합형 코드의 구성

표 2-1-4 한글 조합형에서의 초성, 중성, 종성 코드

비트값		초성	중성	종성
10진	2진			
0	00000			
1	00001	〈채움〉		〈채움〉
2	00010	ㄱ	〈채움〉	ㄱ

3	00011	ㄲ	ㅏ	ㄲ
4	00100	ㄴ	ㅐ	ㄳ
5	00101	ㄷ	ㅑ	ㄴ
6	00110	ㄸ	ㅒ	ㄵ
7	00111	ㄹ	ㅓ	ㄶ
8	01000	ㅁ		ㄷ
9	01001	ㅂ		ㄹ
10	01010	ㅃ	ㅔ	ㄺ
11	01011	ㅅ	ㅕ	ㄻ
12	01100	ㅆ	ㅖ	ㄼ
13	01101	ㅇ	ㅗ	ㄽ
14	01110	ㅈ	ㅘ	ㄾ
15	01111	ㅉ	ㅙ	ㄿ
16	10000	ㅊ		ㅀ
17	10001	ㅋ		ㅁ
18	10010	ㅌ	ㅚ	
19	10011	ㅍ	ㅛ	ㅂ
20	10100	ㅎ	ㅜ	ㅄ
21	10101		ㅝ	ㅅ
22	10110		ㅞ	ㅆ
23	10111		ㅟ	ㅇ
24	11000			ㅈ
25	11001			ㅊ
26	11010		ㅠ	ㅋ
27	11011		ㅡ	ㅌ
28	11100		ㅢ	ㅍ
29	11101		ㅣ	ㅎ
30	11110			
31	11111			

조합형 한글 코드를 사용하여 음절을 출력하는 방법에 대해 살펴보자. 이번 예제에서는 '아침'의 '아'와 '침'에 대한 코드를 생성하여 출력하는 방법에 대해 살펴본다. 소스코드는 리스트 2-1-3과 같다.

리스트 2-1-3   완성형 한글 코드를 사용한 '아침' 출력

```
1      #include <stdio.h>
2      #include <Windows.h>
3
4      int main( void )
5      {
6          union {
7              WORD word;
8              BYTE byte[2];
9          } syllable;
10         BYTE last;
11         WORD mid, first;
12
13         system("chcp 1361");
14
15         //--- '아' 출력
16         syllable.word = 0;
17
18         last  = 1;  // <채움>
19         syllable.word |= last;
20
21         mid   = 3;  // 'ㅏ'
22         syllable.word |= (mid << 5);
23
24         first = 13; // 'ㅇ'
25         syllable.word |= (first << 10);
27
28         syllable.word |= (1 << 15); // set MSB to 1
29
30         printf( "%02X%02X(%c%c) ", syllable.byte[1],
31                 syllable.byte[0], syllable.byte[1],
32                 syllable.byte[0] );
33         //---
34
35         //--- '침' 출력
36         syllable.word = 0;
37
38         last  = 17;  // 'ㅁ'
39         syllable.word |= last;
40
```

```
41          mid   = 29;  // '|'
42          syllable.word |= (mid << 5);
43
44          first = 16; // 'ㅊ'
45          syllable.word |= (first << 10);
46
47          syllable.word |= (1 << 15); // set MSB to 1
48
49          printf( "%02X%02X(%c%c) ", syllable.byte[1],
50                  syllable.byte[0], syllable.byte[1],
51                  syllable.byte[0] );
52          //---
53
54          printf( "\n" );
55
56          return 0;
57      }
```

그림 2-1-8은 두 개의 음절 '아'와 '침'에 대한 초성, 중성, 종성을 조합하여 2바이트의 코드를 생성하여 글자를 출력한 결과이다.

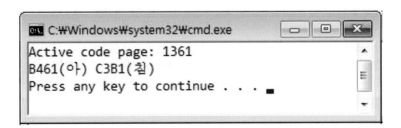

그림 2-1-8 한글 조합형을 사용한 '아침' 출력 결과

라인	설명
08 ~ 09	코드 페이지를 조합형 한글 코드로 변경한다. 64 bit 버전의 Windows 7은 chcp 명령어를 사용해야 한다.
6 ~ 9	하나의 한글 음절을 저장하기 위한 공용체를 선언한다. 음절은 두 바이트로 구성되므로 공용체 멤버 word는 음절의 문자 코드를 나타낸다. 문자 코드의 상위 바이트와 하위 바이트는 공용체 멤버 byte를 사용하여 접근한다.
10 ~ 11	초성, 중성, 종성을 위한 코드를 저장하기 위한 변수를 선언한다. 종성을 위한 코드는 5 bit이므로 last 변수는 1바이트 자료형인 BYTE를 사용한다. 그러나 초성과 중성을 위한 변수 first와 mid는 2바이트 자료형(WORD)이다. first와 mid를 위해 2바이트 자료형인 WORD를 사용하는 이유는 시프트(shift) 연산으로 인해 2바이트의 길이가 필요하기 때문이다.
15 ~ 34	음절 '아'에 대한 초성, 중성, 종성의 코드를 조합하여 2바이트 코드를 생성한 후 화면에 출력한다.
16	문자 코드를 0으로 초기화한다.
18 ~ 19	종성에 대한 코드를 설정하고 문자 코드의 하위 5 bit를 생성한다. 음절 '아'의 종성은 없으므로 〈채움〉으로 코드를 설정한다. 문자 코드의 최하위 5 bit를 설정하기 위해 비트 OR 연산을 수행한다.
21 ~ 22	중성에 대한 코드를 설정하고 그림 2-7의 문자 코드의 중성 영역에 대한 값을 설정한다. 중성 코드를 왼쪽으로 5 bit 시프트 연산을 수행한 후 비트 OR 연산을 수행한다.
24 ~ 25	초성에 대한 코드를 설정하고 그림 2-7의 문자 코드의 초성 영역에 대한 값을 설정한다. 초성 코드를 왼쪽으로 10 bit 시프트 연산을 수행한 후 비트 OR 연산을 수행한다.
28	문자 코드의 최상위 비트를 1로 설정한다.
30 ~ 32	생성한 문자 코드를 화면에 출력한다. 공용체 멤버인 word는 2바이트 자료형이므로 공용체 멤버 byte의 첫 번째 요소 byte[0]은 word의 상위 바이트, 두 번째 요소 byte[1]은 word의 하위 바이트에 해당할 것이다. 그러나 MS Windows 운영체제에서는 리틀 엔디언을 사용하기 때문에 byte[0]은 word의 하위 바이트, byte[1]은 상위 바이트를 저장하고 있다.
35 ~ 52	음절 '침'에 대한 초성, 중성, 종성의 코드를 조합하여 2바이트 코드를 생성한 후 화면에 출력한다.

5) 심화 학습

01. 메모장을 사용하여 한글을 저장하면 기본적으로 한글 확장 완성형 코드를 사용한다. 파일에 저장한 완성형 한글과 영문자의 텍스트를 문자 코드로 변환하여 새로운 파일에 저장하는 프로그램을 작성하시오.

02. C언어의 scanf() 함수를 사용하여 한글을 입력하면 MS 윈도우즈 운영체제에서는 완성형 코드를 사용하여 저장한다. 하나의 음절을 입력받아 조합형 표준의 초성, 중성, 종성에 해당하는 코드를 출력하는 프로그램을 작성하시오.

03. 한글 조합형 코드를 사용하여 자신의 이름과 해당 코드를 출력하는 프로그램을 작성하시오.

02

메모장의 텍스트에
대한 문자 코드 확인

MS Windows의 보조프로그램에 포함되어 있는 메모장 프로그램은 간단한 문서 작성 및 저장을 위해 가볍게 사용할 수 있는 프로그램이다. 그런데 메모장 프로그램에서도 문자 집합을 변경하여 텍스트를 저장할 수 있다. 메모장에서 저장한 텍스트를 헥스 에디터^{hex editor} 프로그램을 사용하여 내용을 확인해보자.

01. 메모장을 사용하여 그림 2-2-1과 같이 간단한 문서를 작성하자.

그림 2-2-1 메모장 프로그램을 사용하여 텍스트 입력

02. 메모장의 메인 메뉴에서 [**파일 > 저장**] 메뉴를 누르면 그림 2-2-2의 [**다른 이름으로 저장**] 대화상자가 나타난다. 파일 이름을 입력한 후 대화상자의 하단에 위치한 [**인코딩**] 항목을 확인하자. 'ANSI' 문자집합이 기본값으로 설정되어 있다. 이 문

자집합을 사용할 경우 한글은 확장 완성형 코드를 사용한다. 파일 이름은 "text. txt"로 지정하고 [저장] 버튼을 눌러 저장한다.

그림 2-2-2   텍스트 저장에 사용할 문자집합의 확인

03. 이진 문서의 내용을 확인할 수 있는 헥스 에디터^{hex editor} 프로그램을 준비한다. 본 실습에서는 무료로 사용할 수 있는 XVI32 프로그램을 사용한다. 이 프로그램은 www.chmaas.handshake.de/delphi/freeware/xvi32/xvi32.htm에서 다운로드할 수 있다. XVI32 프로그램을 실행한 후에 조금 전에 저장한 "text.txt" 파일을 불러온다. 그림 2-2-3과 같은 결과를 볼 수 있다. 입력 텍스트 중에서 'abAB01'은 아스키코드를 사용하여 각각 $0x61$, $0x62$, $0x41$, $0x42$, $0x30$, $0x31$의 코드 값으로 저장되었다. 반면 "가나"는 한글 완성형 코드를 사용하여 각각 $0xB0A1$, $0xB3AA$의 코드 값으로 저장되었다. 이때 "가나"는 표준에 포함된 글자이므로 그림 2-1-4에서 출력한 한글 완성형 코드와 동일한 것을 확인할 수 있다.

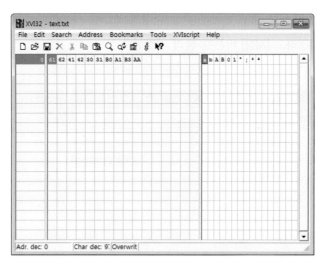

그림 2-2-3 헥스 에디터를 사용한 텍스트 파일의 내용 확인

04. 이번에는 유니코드를 사용하여 텍스트를 저장해보자. 메모장 프로그램에서 [파일 > 다른 이름으로 저장] 메뉴를 실행하면 앞에서 보았던 그림 2-2-2의 [다른 이름으로 저장] 대화상자가 나타난다. 이번에는 [인코딩] 항목에서 "유니코드"를 선택한 후 저장한다. XVI32 프로그램에서 다시 "text.txt" 파일을 불러오면 그림 2-2-4 와 같이 파일의 내용이 변경된 것을 확인할 수 있다.

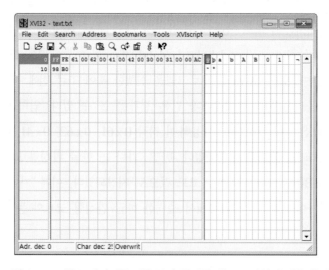

그림 2-2-4 헥스 에디터를 사용하여 변경된 텍스트 파일의 내용 확인

05. 파일의 처음 4바이트는 문자 코드가 아니며 바이트 순서 표식^{Byte Order Mark: BOM}이라고 한다. 이 표식은 유니코드에서 저장 방식과 엔디언^{endian} 방식을 구분하기 위해 사용한다. 유니코드의 저장 방식과 엔디언 방식에 따른 바이트 순서 표식은 표 2-2-1과 같다.

표 2-2-1   바이트 순서 표식

BOM	저장 방식	BOM	저장 방식
EF BB BF	UTF-8		
FF FE	UTF-16 리틀 엔디언	FE FF	UTF-16 빅 엔디언
FF FE 00 00	UTF-32 리틀 엔디언	00 00 FE FF	UTF-32 빅 엔디언

06. 그림 2-2-4에서 확인하면 바이트 순서 표식은 **FF FE**이므로 현재의 저장 방식은 'UTF-16 리틀 엔디언'이다. 즉, 메모장에서 저장 인코딩 방식을 "유니코드"를 선택하면 이 방식으로 저장할 수 있다. 만약 메모장에서 저장 인코딩 방식을 "유니코드(big endian)"를 선택하면 'UTF-16 빅 엔디언' 방식으로 저장할 수 있다. 'UTF-16 리틀 엔디언' 방식에서는 각 문자를 16비트(2바이트)를 사용하여 저장한다. 따라서 다음 2바이트인 0×0061은 'a', 0×0062는 'b'에 해당한다. 그리고 파일의 상위 바이트와 하위 바이트를 역순으로 해석한다. 음절 '가'는 $0 \times AC00$, '나'는 $0 \times B098$의 코드를 갖는 것을 확인할 수 있다. 유니코드의 코드표는 www.unicode.org/charts/에서 확인할 수 있다. 코드는 직접 확인해 보자.

3

사운드
SOUND

학습목표

- 사운드의 의미 및 기본 요소를 설명할 수 있다.

- 신호와 시스템의 기본 개념에 대해 설명할 수 있다.

- 아날로그 사운드의 디지털 변환 과정에 대해 설명할 수 있다.

- 디지털 사운드의 부호화 방법을 구분하여 설명할 수 있다.

- 심리 음향의 특징에 대해 설명할 수 있다.

- 입체 음향의 원리와 종류에 대해 설명할 수 있다.

01 사운드 이해

1) 사운드의 의미

사운드^{sound}는 우리말로 번역하면 소리인데 우리의 귀로 들을 수 있는 모든 종류의 정보를 의미한다. 사운드는 물체의 진동^{vibration}에 의해 발생하는 물리적 현상이며 공기 분자의 진동을 나타내는 일종의 파동^{wave}이다. 그림 3-1과 같이 물체가 외부의 힘에 의해 진동하면 물체 주변의 공기에서 압력의 변화가 생기게 되며 이로 인해 파동이 발생한다. 이 파동이 매질인 공기를 통해 빠른 속도로 이동하여 우리의 귀에 도달하면 고막을 진동하게 되고 이때 발생한 전기 신호가 달팽이관의 청세포와 청신경을 거쳐 뇌에 도달하면 우리는 소리를 인지하게 된다.

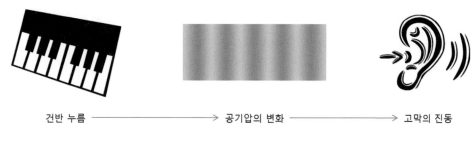

건반 누름 ————————→ 공기압의 변화 ————————→ 고막의 진동

그림 3-1   사운드의 발생

사운드와 비슷한 의미를 갖는 오디오^{audio}라는 용어가 있다. 오디오는 가청 주파수 대역의 사운드를 의미한다. 가청 주파수 대역은 조금 후에 살펴본다. 오디오는 디지털 변환 과정을 거쳐 사용된다. 그림 3-2는 사람의 목소리를 녹음하여 표현한 오디오

133

의 예이다. 아날로그 사운드를 디지털화하는 과정에 대해서는 뒤에서 자세하게 살펴본다. 이 책에서는 소리, 사운드, 오디오를 혼용하여 사용한다.

그림 3-2 음성 오디오

여러분들은 이미 중학교와 고등학교의 물리에서 파동에 대해 공부하였다. 파동wave이란 진동 에너지가 공간으로 퍼져 나가는 현상을 의미한다. 즉, 공간에서 진동이 발생하면 매질의 진동을 통해 에너지가 전달되는 현상이다. 진동이란 평행점을 기준으로 물체가 제자리에서 좌우 또는 상하 방향으로 짧은 거리를 왕복 운동하는 것을 의미한다. 매질medium은 파동을 전달하는 물질을 의미하는데 제자리에서 진동하지만 이동하지는 않는 성질을 갖는다. 매질을 통한 에너지의 전달은 경기장에서 흔히 볼 수 있는 파도타기 응원에 비유할 수 있다. 파도타기를 시작하면 관중은 제자리에서 잠시 일어났다가 다시 앉을 뿐이다. 그런데 이 과정에서 파도는 계속 옆으로 전달된다. 여기서 관중을 매질, 파도를 파동에 비유할 수 있다.

파동은 매질의 존재 여부에 따라 역학파와 전자기파로 구분할 수 있으며 이들은 다시 매질의 운동 방향에 따라 횡파와 종파로 구분할 수 있다. 파동을 구분하면 다음과 같다.

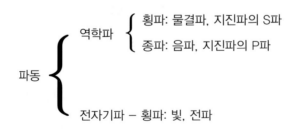

횡파transverse wave는 매질이 수직 방향으로 진동할 때 파동은 수평 방향으로 진행하는 파동이다. 매질의 진동 방향과 파동의 진행 방향이 서로 수직인 파동이 횡파이다. 횡파는 고저파라고도 부르며 지진파의 S파, 빛과 같은 전자기파가 대표적인 예이다. 반면 종파longitudinal wave는 매질의 진동 방향과 파동의 진행 방향이 평행한 파동을 의미한다. 종파는 소밀파라고도 부르며 지진파의 P파, 음파소리가 대표적인 예이다. 그림 3-3은 횡파와 종파를 구분하여 보여준다.

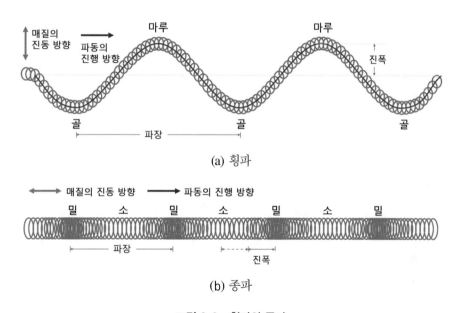

(a) 횡파

(b) 종파

그림 3-3   횡파와 종파

소리는 고체 매질에서 가장 빠르게 이동하고 다음으로 액체 그리고 기체의 순이다. 매질이 공기인 경우 소리의 전달속도는 다음 식과 같다. T는 섭씨온도인데 식에서 알 수 있듯이 소리의 전달속도는 온도에 비례한다. 15°C를 상온room temperature이라고 하는데 이때의 소리음파의 이동 속도는 340 m/s이다. 참고로 상온에서의 빛의 이동속도는 3×10^8 m/s이다.

$$v = 331 \times \sqrt{1 + \frac{t}{273}}$$

파동은 시간에 따라 계속 진행하고 있는데 시간적으로 한 시점에서 이 파동의 순간적인 모습을 표현하는 것이 가능하다. 그림 3-4의 왼쪽 그림은 횡파의 순간적인 모습이다. 그림 3-3에서 본 것과 같이 가로축의 단위는 거리이다. 따라서 파동의 길이를 나타낸다. 이 파동 위의 한 점 P가 시간의 흐름에 따라 움직이는 변위를 표시하면 그림 3-4의 오른쪽 그림과 같다. 매질은 제자리에서만 진동하므로 지점 P는 제자리에서 진동하며 그림 3-4의 오른쪽 그림과 같이 최고점(A)과 최저점(-A) 사이를 왕복한다. 그림 3-4의 오른쪽 그림에서의 가로축의 단위는 시간이다. 이때 마루와 마루 사이의 (시간)간격을 주기라고 한다. 주기에 대해서는 뒤에서 다시 살펴본다. 그림 3-4는 횡파를 기준으로 나타내고 있지만 종파의 경우도 동일하다. 사운드는 파동(음파)에 해당하지만 사운드의 특성을 설명할 때는 그림 3-4의 오른쪽 그림과 같이 표현한 신호를 사용하는 것이 편리하다. 이 책에서도 사운드의 특성을 설명할 때 신호를 사용한다.

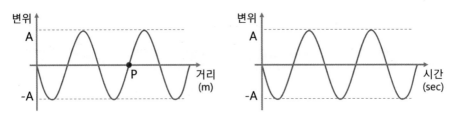

그림 3-4 횡파(왼쪽)와 매질 위의 한 점 P의 변위(오른쪽)

종파인 음파는 마이크에서 전기 신호로 변환된다. 가장 흔한 마이크의 종류는 다이내믹 마이크인데 이 마이크의 내부에는 영구자석과 그 주변을 둘러싸는 코일이 존재한다. 음파의 밀condensation과 소rarefaction에 의해 마이크의 진동판이 진동하면 이 진동판에 연결된 코일이 자석 주위에서 움직이며 전자기유도에 의해 전기 신호가 생성된다. 전기 신호는 그림 3-4의 오른쪽 그림과 유사하게 시간의 변화에 따른 신호의 형태로 나타난다. 다만 수직축의 단위는 전압(V)이다. 이 전기 신호는 정현파 모양을 가지며 아날로그 신호에 해당한다. 사운드의 특성을 이해하기 위해 전기 신호를 대상으로 하는 것도 가능하다.

2) 사운드의 기본요소

주파수^frequency, 진폭^amplitude 및 소리맵시^tone color는 사운드를 구성하는 세 가지 기본요소^primitive이다. 이들 요소는 사운드의 특성을 구분하는 정보를 제공한다. 기본요소 중에서 주파수는 소리의 높낮이^고저를 구분하고 진폭은 소리의 크기를 결정하며 소리맵시에 의해 소리의 종류를 구분할 수 있다. 예를 들어, 높은 주파수의 신호는 고음에 해당하고 낮은 진폭의 신호는 작은 소리의 음을 나타낸다. 그림 3-5는 신호에서 주파수와 진폭을 구분하여 나타낸다. 사운드의 기본요소에 대해 조금 더 자세하게 살펴보자.

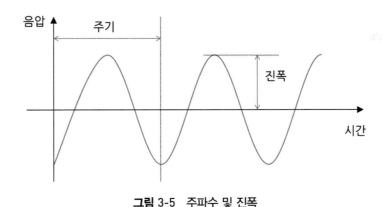

그림 3-5 주파수 및 진폭

❶ 주파수

단위 시간동안 사운드 신호가 반복되는 횟수를 주파수^frequency라고 부르며 단위는 헤르츠^Hertz, Hz를 사용한다. 주기는 사운드 신호가 한번 변하는 데 소요되는 시간이므로 주파수와 주기는 역수 관계이다. 즉, 주기를 T, 주파수를 f라고 하면 $T = \dfrac{1}{f}$의 관계가 성립한다. 주파수가 높으면 고음, 주파수가 낮으면 저음에 해당한다. 그림 3-6은 주파수가 각각 1 Hz, 3 Hz, 6 Hz인 신호들이다. 6 Hz 주파수 신호는 1 Hz 신호나 3 Hz에 비해 높은 주파수의 신호이며 상대적으로 높은 음에 해당한다.

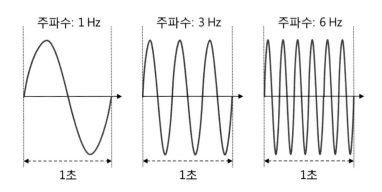

그림 3-6 주파수에 따른 파형의 변화

표 3-1은 피아노의 중앙 지점에 위치한 각 음계의 주파수를 나타낸다. 피아노의 정중앙에 위치하는 건반은 '라'음인데 알파벳으로는 'A'를 사용한다. '시'음은 B, '도'음은 C, '레'음은 D 등으로 표시한다. 피아노의 중앙 건반인 A4음은 절대 음정으로 주파수가 440 Hz로 정해져 있다. A의 뒤에 위치한 숫자 4는 옥타브octave를 의미한다.

현재는 옥타브를 대수적으로 12등분한 음계를 널리 사용하고 있다. 음계musical scale 는 음을 높이 순으로 차례로 늘어놓는 것을 의미하고 음정tone은 음계에 따라 배치한 음의 간격인데 주파수의 비로 나타낸다. 옥타브 간에는 주파수의 비가 2배가 된다. 예를 들어, C4음은 주파수가 261.63 Hz인데 한 옥타브 높은 C5음은 523.26 Hz이 며 그 다음은 1046.52 Hz가 된다. A3음에서 A4음 사이의 기본음에 대한 음계 주파수는 표 3-1과 같다.

표 3-1 음계 주파수

음계	라(A3)	시(B3)	도(C4)	레(D4)	미(E4)	파(F4)	솔(G4)	라(A4)
주파수	220	250	262	294	330	349	392	440

음계의 주파수는 다음 식과 같이 계산할 수 있다. 220 Hz를 갖는 A3음을 기준음으로 사용하여 음계 주파수를 계산하는 과정은 표 3-2에 표시하였다.

$$\text{음계 주파수} = \text{`A'의 주파수} \times 2^{(N/12)} \ (A: \text{`라'음, } N: 1\text{~}12)$$

표 3-2 음계 주파수의 계산 과정

음계		음계 주파수
A	라	220 Hz
A#, B♭	라#, 시♭	$220 * 2^{1/12} = 233$
B	시	$220 * 2^{2/12} = 250$
C	도	$220 * 2^{3/12} = 262$
C#, D♭	도#, 레♭	$220 * 2^{4/12} = 277$
D	레	$220 * 2^{5/12} = 294$
D#, E♭	레#, 미♭	$220 * 2^{6/12} = 311$
E	미	$220 * 2^{7/12} = 330$
F	파	$220 * 2^{8/12} = 349$
F#, G♭	파#, 솔♭	$220 * 2^{9/12} = 370$
G	솔	$220 * 2^{10/12} = 392$
G#, A♭	솔#, 라♭	$220 * 2^{11/12} = 415$
A	라	$220 * 2^{12/12} = 440$

주파수에 따라 사운드를 분류하면 0에서 20 Hz 사이의 초저주파음^{infrasonic sound}, 20 Hz에서 20 kHz 사이의 가청음^{audible sounds}, 20 kHz에서 1 GHz 사이의 초음파음 ^{ultrasonic sound}으로 구분할 수 있다. 인간이 낼 수 있는 주파수 대역은 약 100 Hz에서 6 kHz까지이며 인간의 청각은 1 kHz~5 kHz에서 가장 민감하다. 민감하다는 것은 소리의 작은 차이를 구분할 수 있다는 의미이다. 인간 청각의 특징은 3.4절에서 자세하게 살펴본다.

❷ 진폭

앞의 그림 3.3에서 본 것과 같이 진폭^{amplitude}은 기준선에서 파형의 최고점(최저점)까지의 거리이다. 이때 좌표계의 수직 축은 음압^{sound pressure}을 나타낸다. 음압은 사운드 파형에 의해 평균적으로 발생하는 압력이다. 음압의 단위는 압력의 단위인 파스칼Pascal, Pa을 사용한다. 1 Pascal은 1 m²의 면적당 1 N뉴턴1의 무게로 누르는 힘이다. 공기의 압력인 대기압은 1013.25 hPascal이다. 헥토파스칼hPascal은 100 Pascal에 해당한다. 인간의 감각은 신호 세기의 강약으로부터 소리의 크기를 구분한다. 따라서 진폭에 의해 소리의 크기를 구분한다. 그림 3-7과 같이 동일한 주파수의 신호인 경우 진폭이 작은 경우보다 큰 경우에 우리는 더 큰 소리를 느끼게 된다.

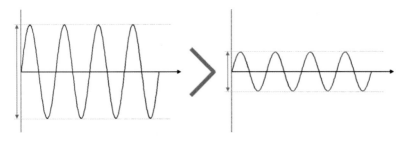

그림 3-7 진폭의 차이

소리 크기 변화는 음압 크기 변화에 대해 선형linear이 아닌 로그logarithm적으로 비례한다. 예를 들어, 음압이 2배 커지면 소리 크기도 2배 커지는 것은 아니며 음압이 100배가 되었을 때 우리는 2배의 큰 소리를 듣게 된다. 작은 음압에서는 소리의 크기 변화를 쉽게 구분할 수 있지만 높은 음압에서는 큰 음압 변화에 대해서만 구분이 가능하다. 인간이 인지할 수 있는 최소 음압은 20×10^{-5} Pascal이고 최대 음압은 20×10^{1} Pascal이다. 소리 크기를 나타내는 단위는 벨bel을 사용하는데 일반적으로는 벨 값에 10배를 한 데시벨decibel, dB을 주로 사용한다. dB은 벨Alexander Graham Bell의 업적을 기리기 위해 이름의 첫 자를 따서 이름을 붙인 것이다. 우리가 듣는 소리의 크기인 음압 레벨Sound Pressure Level, SPL은 다음 식과 같이 계산한다. L_P는 음압 레벨이며 단위는 데시벨dB이다. P는 현재 음압, P_0는 기준 음압을 의미한다. 기준 음압인

---

1 뉴턴은 1 kg의 질량을 갖는 물체를 초의 제곱당 1미터(1 m/s²) 가속시키기 위해 필요한 힘으로 약 102 g의 질량을 가진 물체에 대한 중력 가속도의 힘에 해당한다.

P_0는 공기 중에서는 최소 음압인 20×10^{-5} Pascal, 수중에서는 10^{-1} Pascal을 사용한다.

$$L_p = 10 \times 2 \times \log_{10}\left(\frac{P}{P_0}\right)$$

이를 사용하여 공기 중에서의 최소 가청음의 소리 크기의 범위를 계산하면 다음과 같다.

- **최소 가청 음압**: $10 \times 2 \times \log\{(20 \times 10^{-5}) \div (20 \times 10^{-5})\} = 0$ dB$_{SPL}$
- **최대 가청 음압**: $10 \times 2 \times \log\{(20 \times 10^{1}) \div (20 \times 10^{-5})\} = 120$ dB$_{SPL}$

dB$_{SPL}$은 소음을 측정하는 단위이며 마이크나 스피커의 감도를 표시하기 위한 용도로 사용한다. 사람이 편안하게 들을 수 있는 소리 크기의 범위는 0 dB에서 90 dB 정도이며 100 dB 이상의 소리 크기에서는 고막이 손상될 수 있으며 고통을 느끼게 된다. 따라서 100 dB 이상의 소리 크기에서는 귀를 보호하기 위한 장비를 사용해야만 한다. 표 3-2는 음압 레벨에 따른 소리의 몇 가지 예를 나타낸다.

표 3-2 음압 레벨에 따른 소리의 예

음압 레벨(dB)	사운드
0	사람이 감지할 수 있는 최소 소리
10	조용한 숨소리, 나뭇잎 바스락 소리
20	매우 조용한 방
30	속삭이는 목소리
50	1 m 정도 거리의 일상적인 대화 소리
70	가까운 거리에서 지나가는 자동차 소리
90	번잡한 거리의 소리
100	지하철 소리
110~120	30 m 정도 거리의 제트 엔진 소리

데시벨은 계산의 대상이 파동인지 아니면 전기 신호인지에 따라 다른 의미를 갖는다. 파동 에너지의 경우 데시벨은 음의 물리적인 세기를 나타낸다. 소음 측정 등에 사용하며 앞에서 살펴본 것과 같이 0에서 시작하여 양의 방향으로 커질수록 소리의 크기도 커진다. 반면 전기 에너지의 경우에는 전기적인 신호로 변환된 소리의 세기를 나타낸다. 이때에는 최댓값을 0 dB로 정하고 음의 방향으로 값이 줄어들수록 소리의 크기는 감소한다. 0 dB은 음향 기기에서 허용한 최대 전압이므로 이 값을 넘지 않도록 소리의 크기를 조절하는 것이 필요하다.

❸ 소리맵시

소리맵시^{tone color}는 동일한 주파수와 소리 크기에서도 악기마다 연주하는 음이 다르게 느껴지는 소리의 고유한 특징을 의미한다. 예를 들어, C4음을 피아노와 바이올린으로 각각 연주할 경우 동일한 음에 대해 우리는 서로 다른 느낌을 갖는다. 이런 차이는 주로 소리가 만들어지는 방식에 따라 발생하는데 음악에서는 음색^{timber}이라고 부른다. 기술적으로 살펴보면 소리맵시는 신호를 구성하는 배음 구조에 의해 나타난다.

단일 주파수만으로 이루어진 소리는 순음^{pure tone}이라 부른다. 그러나 자연에서 발생하는 소리는 순음인 경우는 없다. 일반적으로 소리는 기본 주파수에 고조 주파수가 혼합되어 존재한다. 이런 소리를 복합음^{complex tone}이라고 한다. 기본 주파수^{funda-mental frequency}는 소리의 높낮이를 결정하는 주파수인데 신호를 구성하는 주파수 중에서 가장 낮은 주파수에 의해 결정된다. 주의할 점은 가장 비율이 높은 주파수가 기본 주파수가 아니라는 것이다. 이에 대한 확인은 3장의 실습을 통해 확인해본다. 고조 주파수^{harmonic frequency}는 기본 주파수의 정수배가 되는 주파수이다. 기본 주파수가 100 Hz인 경우 고조 주파수는 200 Hz, 300 Hz, 400 Hz, … 등의 주파수로 나타난다. 이때 고조 주파수의 종류와 가중치에 따라 다른 소리맵시를 갖는 소리가 만들어진다. 기본 주파수는 기음^{fundamental tone}, 고조 주파수는 배음^{harmonic overtone}이라고도 한다.

기본 주파수와 고조 주파수가 혼합되는 구성에 의해 소리맵시가 결정되는데 악기의 종류마다 고조 주파수가 다른 구조로 포함되므로 다른 맵시의 소리가 나타난다. 그림 3-8은 기본 주파수와 고조 주파수가 합쳐져서 만들어진 새로운 신호이다. 기본 주파수는 110 Hz이고 220 Hz의 1차 고조 주파수와 330 Hz의 2차 고조 주파수가 함께 혼합되어 결과 신호를 구성한다. 이 음을 연주하면 순음과 비교했을 때 고조 주파수로 인한 소리의 풍부함을 느낄 수 있다. 기본 주파수와 고조 주파수를 혼합하여 복합음을 생성하는 방법에 대해서는 3장 실습에서 직접 확인한다.

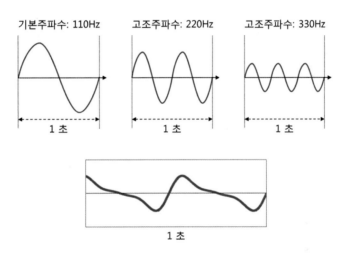

그림 3-8 기본 주파수와 고조 주파수의 합성

02 신호와 시스템

소리는 파동인데 마이크를 사용하여 전기적인 신호로 변경할 수 있다. 이 전기 신호는 아날로그 신호이다. 소리뿐만 아니라 영상이나 비디오와 같은 자연적인 현상과 수화나 모스 부호 등의 인위적인 현상이 모두 신호에 해당한다. 이번 절에서는 신호란 무엇인지 살펴보고 신호를 대상으로 연산을 수행하는 시스템의 종류에 대해 간단히 살펴보자.

1) 신호

❶ 신호의 개념

우리 주변에서 관측하고 기록할 수 있는 자연적이거나 인위적인 모든 현상은 넓은 의미에서 신호signal라고 할 수 있다. 이때 이 현상은 일정한 값으로 고정되지 않고 계속 변해야만 한다. 예를 들어, 음성 신호는 시간의 흐름에 따라 값이 지속적으로 변하고 영상 신호는 위치에 따라 서로 다른 값을 갖는다. 신호는 정보를 전달하는 역할을 수행한다. 따라서 신호란 '시간time, 공간space 또는 임의의 독립변수에 대해 값이 변하며 정보를 전달하는 물리적이거나 인위적인 현상'으로 정의할 수 있다.

1차원 신호는 시간에 따라 변하는 1차원 그래프로 시각화하여 표현할 수 있다. 마이크를 통해 전달되는 소리는 대표적인 1차원 신호이다. 이 신호는 연속시간 신호이며 그림 3-9와 같이 나타난다. 불규칙하게 변하는 신호를 간단한 식으로 표현하는 것은 불가능하지만 일반적으로 신호는 시간 축에 대한 함수로 표현한다. 이때 시간(t)가 신호를 나타내는 함수의 독립 변수에 해당한다. 신호를 함수 $x(t)$와 같이 표현하면

x는 함수(종속변수)이고 t는 독립변수이다. 독립변수의 값이 실수나 복소수인 경우에는 함수 표현에서 소괄호( )를 사용하고 정수인 경우에는 대괄호[ ]를 사용한다. 예를 들어, 독립변수가 실수이면 $x(t)$, 정수이면 $x[n]$과 같이 함수를 표현한다.

그림 3-9   1차원 신호

❷ 신호의 분류

신호는 여러 기준에 의해 분류할 수 있는데 여기에서는 독립변수나 종속변수가 갖는 값에 따라 분류하는 것을 고려해보자. 이 관계에 따라 분류하면 신호를 연속시간 신호와 이산시간 신호 그리고 연속 값 신호와 이산 값 신호로 각각 구분할 수 있다.

독립변수가 가지는 값의 종류에 따라 연속시간 신호$^{\text{continuous-time signal}}$와 이산시간 신호$^{\text{discrete-time signal}}$로 구분한다. 독립변수가 연속 값을 갖는 경우는 연속시간 신호, 이산 값을 갖는 경우는 이산시간 신호라고 한다. 연속시간 신호는 독립변수의 값이 연속이므로 종속변수의 값도 연속이다. 반면 이산시간 신호는 독립변수의 값은 이산이지만 종속변수는 이산 또는 연속의 값을 모두 가질 수 있다. 연속 값 신호$^{\text{continuous-valued signal}}$는 종속변수가 연속인 값을 갖는 신호이고 이산 값 신호$^{\text{discrete-valued signal}}$는 종속변수가 이산 값을 갖는 신호이다. 독립변수와 종속변수의 값이 모두 연속인 연속시간 신호가 아날로그 신호에 해당한다. 표 3-3은 독립변수에 따른 신호의 분류를 나타낸다. 멀티미디어의 주요 사용 대상인 디지털 신호는 이산시간 신호이면서 동시에 이산 값 신호를 의미한다.

표 3-3 독립변수에 따른 신호의 분류

종속변수 \ 독립변수	연속	이산
연속	연속시간 신호(아날로그 신호)	이산시간 신호
이산	-	디지털신호

신호를 다른 방식으로 분류하면 스칼라 신호$^{\text{scalar signal}}$와 벡터 신호$^{\text{vector signal}}$ 그리고 결정성 신호$^{\text{deterministic signal}}$와 랜덤 신호$^{\text{random signal}}$로 구분할 수 있다. 스칼라 신호는 종속변수가 하나의 값을 갖는 신호이고 벡터 신호는 종속변수가 두 개 이상의 값으로 구성된 벡터를 갖는 신호이다. 모노 사운드는 스칼라 신호에 해당하고 5.1채널의 서라운드 사운드는 벡터 신호이다. 결정성 신호는 특정 시간의 입력에 대한 함수 값이 정해진 신호이고 랜덤 함수는 입력에 대한 함수 값을 정확히 알 수 없는 신호이다. 랜덤 함수의 경우 값을 정확히 알 수 없지만 예측 가능할 수는 있다. 예를 들어, 주식의 경우 어제까지의 동향에 의해 오늘 주식의 가격을 대략적으로 예측할 수 있다. 물론 예측한 가격과 실제 가격은 정확히 일치하지는 않는다. 랜덤 신호는 예측이 가능한 경우뿐만 아니라 예측이 불가능한 경우도 포함한다.

2) 정현파

❶ 정현파의 개념

디지털 신호의 이해를 위해서는 자연 상태에서의 신호의 존재 형식인 연속 신호를 이해해야 하는데 연속 신호의 기본은 정현파이다. 정현파^{sinusoids}는 코사인^{cosine} 신호와 사인^{sine} 신호를 통칭해서 부르는 용어이다. 정현파는 신호와 시스템의 특성을 표현하는 데 유용하게 사용된다.

정현파는 다음 식과 같이 표현할 수 있다. 이 중에서 위쪽의 식이 정현파에 대한 일반식이다. A는 진폭^{amplitude}, ω_0는 각주파수$^{\text{radian frequency}}$, ϕ는 위상 변이$^{\text{phase shift}}$를 의미한다. 독립변수 t는 시간에 대응하는 연속 값을 갖는 변수이다. 각주파수 대신에 일반 주파수$^{\text{cyclic frequency}}$ f_0를 사용할 경우에는 다음 식의 아래쪽과 같이 표현할 수 있다. 각주파수의 단위는 radian/sec, 주파수는 Hz를 사용한다.

$$x(t) = A\cos(\omega_0 t - \phi)$$
$$= A\cos(2\pi f_0 t - \phi)$$

정현파에 대한 다음의 예를 살펴보자. 이 정현파의 진폭은 5, 각주파수는 10π이고 위상변이는 0.4π이다. 그림 3-10은 이 신호를 그래프로 표현한 것인데 일반 주파수가 5 Hz이므로 신호가 1초 동안 5번 반복하고 있다. 신호가 한 번 변하는 주기는 0.2초(1/5)인 것을 확인할 수 있다. 각주파수의 의미에 대해서는 조금 후에 살펴보자.

$$x(t) = 5\cos(10\pi t - 0.4\pi)$$

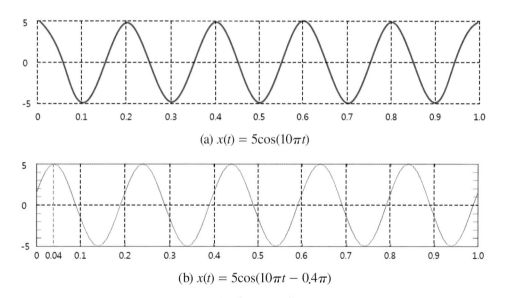

(a) $x(t) = 5\cos(10\pi t)$

(b) $x(t) = 5\cos(10\pi t - 0.4\pi)$

그림 3-10 $x(t) = 5\cos(10\pi t)$**와** $x(t) = 5\cos(10\pi t - 0.4\pi)$ **신호에 대한 그래프**

위상 변이는 정현파에서 최댓값(최솟값)의 위치를 결정한다. 코사인 함수는 위상 변이가 없는 경우 $t = 0$에서 최댓값을 갖는다. 위상 변이가 있을 경우 ϕ에 의해 최댓값의 위치는 이동한다. 정현파의 일반식에서 ϕ가 양수이면 최댓값은 오른쪽 방향으로 이동한다. 이것은 원본 신호를 시간적으로 지연^{delay}한 것이다. 반면 ϕ가 음수이면 최댓값은 왼쪽 방향으로 이동하며 원본 신호를 시간적으로 선행^{advance}한 것이다. 앞의 예에서는 위상 변이가 0.4π이다. 그림 3-8에서 알 수 있듯이 최댓값은 오른쪽으로 이동하였다.

위상 변이에 의해 시간 축 상에서 최댓값의 이동 위치를 확인해보자. 위상 변이로부터 신호의 시간 이동은 다음 수식과 같이 계산할 수 있다. 수식에서 알 수 있듯이 위상 변이에 따른 시간 이동은 위상 변이 값을 각주파수로 나눠 계산한다. 앞의 예제에서 위상 변이 값은 0.4π이고 각주파수는 10π이므로 최댓값은 오른쪽으로 0.04초만큼 이동한다.

$$t = \frac{\phi}{\omega_0} = \frac{\phi}{2\pi f}$$

❷ 정현파의 생성

그림 3-11과 같이 시계의 반대 방향으로 원 운동을 하는 물체를 생각해보자. 수평 축을 기준으로 시간에 따른 이 물체의 높이를 그래프로 그리면 정현파를 만들 수 있다. 물체가 지점 (1)에 위치하고 있으면 높이는 0이므로 그래프의 (a)의 지점에 점을 그릴 수 있다. 물체의 위치가 지점 (2)에 있으면 그래프에서는 (b) 지점, 그리고 물체가 지점 (3)에 위치하면 그래프의 (c) 지점에 각각 점을 그릴 수 있다. 점선으로 표

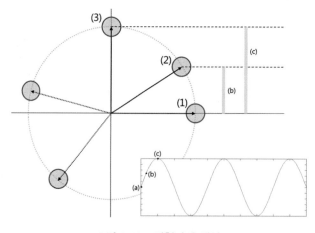

그림 3-11 정현파의 생성

시한 큰 원의 원주를 따라 물체를 이동하면서 그래프에 점을 찍으면 정현파가 완성된다. 원주를 한 바퀴 회전하면 한 주기의 정현파를 만들 수 있다.

원의 반지름은 신호의 진폭에 해당하고 신호의 주파수를 f라고 하면 각주파수는 $\omega = 2\pi f$이다. 원주의 길이는 반지름의 2π배이므로 원 운동을 통한 주파수를 각주파수 ω로 정의한다. 이것은 단위시간당 위상각의 변화를 의미한다. 앞에서 살펴본 신호인 $x(t) = 5\cos(10\pi t - 0.4\pi)$에서 각주파수가 10π이므로 신호의 주기는 5(Hz)이며 그림 3-10에서 주파수를 확인할 수 있었다.

3) 시스템

❶ 시스템의 개념

신호를 대상으로 연산을 수행하여 품질을 향상시키거나 신호에서 유용한 정보를 추출하는 물리적 장치를 시스템^{system}이라고 한다. 시스템은 입력 단^{inputs}과 출력 단^{outputs}으로 구성된다. 입력 단을 통해 하나 이상의 자극^{excitation}이나 입력신호가 들어오면 처리과정을 거쳐 시스템은 하나 이상의 응답^{response}이나 출력^{output} 신호를 그 시스템의 출력 단으로 내보낸다. 일반적으로 시스템은 함수를 사용하여 표현한다.

시스템은 하나 이상의 장치^{device}, 절차^{process} 또는 알고리즘으로 구성된다. 시스템은 아날로그 신호를 처리하는 연속 시스템과 디지털 신호를 처리하는 이산 시스템으로 구분할 수 있다. 전자회로^{electrical circuit}, 통신시스템^{communication system}, 온도 제어 시스템, CD 플레이어 등은 모두 시스템에 해당한다. 이 중에서 통신시스템은 송신기, 채널, 수신기 등의 하위 장치들로 구성되며 전송할 신호를 입력으로 받아 다른 위치로 전달한 후 결과 신호를 출력으로 내보낸다. 우리 인체도 일종의 시스템으로 외부 자극에 대해 반응하여 응답을 만들어낸다.

❷ 시스템의 분류

시스템을 특성에 따라 분류하면 다음과 같다.

정적 시스템과 동적 시스템

정적 시스템$^{\text{static system}}$은 메모리가 없는 시스템이고 반면 동적 시스템$^{\text{dynamic system}}$은 메모리를 포함하는 시스템이다. 예를 들어, $y(n) = ax(n)$이나 $y(n) = nx(n) + bx^3(n)$은 n번째의 입력에 대해 역시 n번째의 출력을 생성하므로 이전 입력에 대한 저장이 필요 없다. 따라서 정적 시스템이다. 반면 $y(n) = x(n) + 3x(n - 1)$은 n번째 결과를 생성하기 위해 $n - 1$번째와 n번째의 입력 신호를 함께 사용하고 있다. 과거의 입력인 $n - 1$번째의 신호를 사용하기 위해서는 이 신호를 저장해야 하므로 메모리가 존재해야 한다. 따라서 동적 시스템이다.

선형 시스템과 비선형 시스템

선형 시스템$^{\text{linear system}}$은 여러 신호를 선형 조합하여 입력했을 때 출력 신호가 각 입력 신호에 대한 출력 신호와 동일한 형태의 선형 조합으로 나타나는 시스템이다. 기본적으로 다음 식이 성립하며 0을 입력하면 출력도 0인 성질($T(0) = 0$)을 반드시 만족한다.

$$T\{ax_1(n) + bx_2(n)\} = aT\{x_1(n)\} + bT\{x_2(n)\}$$
$$= ay_1(n) + by_2(n)$$

선형이란 의미는 한 시스템 안에 서로 다른 두 개의 입력이 들어가도 서로 간섭하지 않는 것을 의미한다. 따라서 서로 다른 입력에 대해 출력은 이들 입력 신호의 선형 결합으로만 나타난다. 선형 시스템을 제외한 나머지 시스템을 비선형 시스템$^{\text{non-linear system}}$으로 분류한다.

시불변 시스템과 시가변 시스템

시불변 시스템$^{\text{time-invariant system}}$은 다음의 수식과 같이 입력 신호의 시간적 이동에 대해 출력 신호에서도 동일하게 시간적 이동이 나타나는 시스템이다. 반면 입력 신호의 시간적 이동이 출력 신호에서는 동일하게 나타나지 않는 시스템을 시가변 시스템$^{\text{time-variant system}}$이라고 한다.

$$T\{x(n-k)\} = y(n-k)$$

인과 시스템과 비인과 시스템

인과 시스템$^{causal system}$은 현재의 출력 신호가 미래의 입력 신호에는 영향을 받지 않으며 또한 예측을 수행하지 않는 시스템이다. 따라서 현재 시점 $n = n_0$에서의 출력 신호는 과거에서부터 현재까지의 입력 신호 $n <= n_0$에 대해서만 영향을 받는 시스템이다. 인과 시스템 이외의 시스템을 비인과 시스템$^{non-causal system}$이라고 한다. 인간은 비인과 시스템이라고 할 수 있다. 예를 들어, 내일 중요한 시험이 있으면 그 전날 밤 잠을 제대로 못자는 경우가 있다. 즉, 미래의 상황(입력)이 현재 시스템에 영향을 준다고 볼 수 있다.

안정 시스템과 비안정 시스템

안정 시스템$^{stable system}$은 다음의 수식과 같이 제한된 범위의 입력$^{bounded input}$에 대해서 역시 제한된 범위의 출력$^{bounded output}$을 제공하는 시스템이다. 안정 시스템을 제외한 나머지 시스템은 비안정 시스템$^{unstable system}$이다. 예를 들어, 전자 회로는 정해진 범위 사이의 전압이 들어오면 유효한 출력을 내보내지만 허용 범위를 초과한 전압이 들어오면 고장 나게 된다. 이와 같이 일반적인 공학 시스템은 안정 시스템이며 또한 인과 시스템이다.

$$|x(n)| \le B_x < \infty \rightarrow |y(n)| \le B_y < \infty$$

◎ 예제 3-1

다음 함수로 주어진 시스템의 선형성 및 시불변성 여부를 판단하시오.

$$y(n) = ax(n) + \mathrm{b}$$

풀이

선형 시스템이기 위해서는 $T\{px_1(n) + qx_2(n)\} = pT\{x_1(n)\} + qT\{x_2(n)\}$을 만족해

야 한다.

$$T\{px_1(n)+qx_2(n)\} = a\{px_1(n)+qx_2(n)\}+b$$
$$= apx_1(n)+aqx_2(n)+b \text{ 이고}$$

$$py_1(n)+qy_2(n) = p\{ax_1(n)+b\}+q\{ax_2(n)+b\}$$
$$= apx_1(n)+aqx_2(n)+bp+bq \text{ 이므로}$$

$$T\{px_1(n)+qx_2(n)\} \neq pT\{x_1(n)\}+qT\{x_2(n)\} \text{이다.}$$

그러므로 $y(n) = ax(n) + b$는 비선형 시스템이다.

시불변 시스템이기 위해서는 $T\{x(n-k)\} = y(n-k)$를 만족해야 한다.

$T\{x(n-k)\} = ax(n-k) + b$이고

$y(n-k) = ax(n-k) + b$이므로

$T\{x(n-k)\} = y(n-k)$이다.

그러므로 $y(n) = ax(n) + b$는 시불변 시스템이다.

◎ 예제 3-2

다음 함수로 주어진 시스템의 선형성 및 시불변성 여부를 판단하시오.

$$y(n) = nx(n)$$

풀이

선형 시스템이기 위해서는 $T\{ax_1(n) + bx_2(n)\} = aT\{x_1(n)\} + bT\{x_2(n)\}$을 만족해야 한다.

$$T\{ax_1(n)+bx_2(n)\} = n\{ax_1(n)+bx_2(n)\}$$
$$= anx_1(n)+bnx_2(n) \text{ 이고}$$

$ay_1(n) + by_2(n) = anx_1(n) + bnx_2(n)$ 이므로

$T\{ax_1(n) + bx_2(n)\} = aT\{x_1(n) + bT\{x_2(n)\}$이다.

그러므로 $y(n) = nx(n)$은 선형 시스템이다.

시불변 시스템이기 위해서는 $T\{x(n-k)\} = y(n-k)$을 만족해야 한다.

$x_2(n) = x_1(n-k)$ 이라고 두면

$$T\{x_2(n)\} = nx_2(n)$$
$$= nx_1(n-k) \text{ 이고}$$

$y(n-k) = (n-k)x(n-k)$ 이므로

$y(n-k) \neq T\{x(n-k)\}$ 이다.

그러므로 $y(n) = nx(n)$은 시변 시스템이다.

---

❸ 선형 시불변 시스템

선형이면서 시불변 시스템을 선형 시불변 시스템(linear time-invariant system)이라고 한다. 간단히 LTI 시스템이라고 한다. 이 시스템에서는 입력 신호에 대한 출력을 논리적으로 계산할 수 있다. 또한 그 처리 과정에 대한 명확한 이해가 가능하다. 입력 신호 $x[k]$에 대한 일반적인 선형 시불변 시스템은 다음 식과 같이 표현 가능하다.

$$y[n] = L(x[n]) = L\left(\sum_{k=-\infty}^{\infty} x[k]\delta[n-k]\right) = \sum_{k=-\infty}^{\infty} x[k]L(\delta[n-k])$$

델타함수 $\delta(t)$는 연속시간 도메인의 시간 $t = 0$에서 $\delta(t) = \infty$의 값과 $t \neq 0$에서는 0을 갖는 신호이다. 이때 아주 작은 값 ε에 대해 $\int_{-\epsilon}^{\epsilon} \delta(t)dt = 1$의 성질을 만족한다. 이산시간 도메인에서는 정수(유리수) n에 대해서 $n = 0$일 때 값은 1이고 나머지는 0의 값을 갖는 신호이다. 즉, 다음의 성질을 갖는다.

$$\delta[n-n_0] = \begin{cases} 1, n = n_0 \\ 0, n \neq n_0 \end{cases}$$

$L(\delta[n-k])$는 시간 k 전에 단위 크기의 입력이 주어졌을 때 현재 시간 n에서의 시스템 출력[response]이며 $h[n, k]$로 표현할 수 있다. 따라서 앞의 식은 다음과 같이 간단

히 표현할 수 있다.

$$y[n] = \sum_{k=-\infty}^{\infty} x[k]h[n,k]$$

그런데 시불변 시스템은 $h[n, k] = h[n - k]$을 만족하므로 위의 수식은 다음과 같이 다시 표현할 수 있다.

$$y[n] = \sum_{k=-\infty}^{\infty} x[k]h[n-k] = x[n] \otimes h[n]$$

이 연산을 컨볼루션^{convolution}이라고 한다. 컨볼루션은 $h[n]$으로 표현된 시스템에 입력신호 $x[n]$이 주어졌을 때 시스템의 출력을 계산하는 데 사용한다.

03 사운드의 디지털 변환 과정

멀티미디어에서 사용과 처리의 대상은 디지털 데이터이다. 따라서 물체의 진동으로부터 발생한 파동을 디지털 사운드로 변환하는 과정이 필요하다. 음파는 전기 장치인 마이크를 통해 전기 신호인 아날로그 신호로 변환할 수 있다. 아날로그 신호란 전류나 전압 등과 같이 선형적이고 연속된 물리량을 갖는 신호를 의미한다. 이 신호는 미세한 단위로 조정 가능하며 신호 처리를 위한 속도가 빠른 장점이 있다. 하지만 잡음noise에 의해 신호가 쉽게 변하는 단점이 있다. 반면 디지털 신호는 불연속적인 단계의 값을 갖는 신호이다. 1장에서 살펴본 것과 같이 디지털 신호는 아날로그 신호에 비해 데이터의 가공이나 변환이 용이하고 데이터 가공 단계에서 신호의 품질이 저하되는 열화 현상이 발생하지 않는 장점이 있다. 또한 오랜 시간 동안 저장 또는 사용하거나 전송하여도 원래의 품질을 유지할 수 있으며 압축을 통해 데이터양을 현저하게 줄일 수 있다. 잡음에 대해서도 강인한 특성을 갖는다.

신호의 종류에 무관하게 아날로그 신호를 디지털 신호로 변환하는 과정은 동일하다. 마이크를 통해 음파는 전기 신호로 변환된다. 이 전기 신호는 아날로그 신호이다. 아날로그 신호는 AD 변환장치를 사용하여 디지털 신호로 변환할 수 있다. AD는 Analog *to* Digital의 약어인데 AD 변환장치AD Converter를 간단히 ADC라고 부른다. 반대로 디지털 신호를 아날로그 신호로 변환하는 장치는 DACDigital-to-Analog Converter라고 부른다. ADC와 DAC를 사용하여 음파를 디지털 신호로 변환하고 다시 디지털 신호를 음파로 변환하는 과정은 그림 3-12와 같다. ADC에서는 표본화sampling, 양자화quantization 및 부호화coding의 세 단계를 통해 아날로그 신호를 디지털 신호로 변환한다.

155

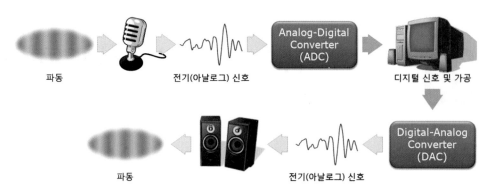

그림 3-12   ADC 및 DAC 과정

3.2절에서 살펴본 것처럼 독립변수가 갖는 값에 따라 신호를 연속시간 신호와 이산시간 신호로 구분하고 종속변수의 값에 따라 연속 값 신호와 이산 값 신호로 구분할 수 있다. 신호의 종류라는 관점에서 보면 표본화 단계는 연속시간 신호를 이산시간 신호로 변환하는 과정이고 양자화 단계는 연속 값 신호를 이산 값 신호로 변환하는 단계이다. 이와 같이 표본화 단계와 양자화 단계를 거쳐 변환된 이산시간이며 이산 값 신호가 바로 디지털 신호이다.

MP3와 같은 디지털 재생 장치에서 재생한 디지털 사운드는 DAC를 통해 다시 전기 신호로 변환되고 스피커에 의해 파동으로 변환된다. 스피커에서는 전기 신호의 세기에 따라 울림 판의 진동이 발생하는데 이 과정에서 파동인 음파가 발생한다.

1) 표본화

표본화[sampling]는 아날로그 신호의 시간 축을 일정한 간격으로 나눈 후 각 지점마다 표본[sample]을 취하는 과정이다. 시간 축 t를 독립 변수로 하는 1차원 아날로그 신호를 함수 $y = x(t)$로 표현하자. 연속시간 신호를 이산시간 신호로 변경하기 위해 함수 $y = x(t)$에 $t = nT$를 대입하면 원본 신호는 $y = x[nT]$와 같이 표현 가능하다. 이때 n은 정수이고 T는 표본화 간격[sampling period]이다. 표본화 간격은 표본을 생성하는 시간적인 간격이다. T초마다 표본을 생성한다. $T = 1/f$의 관계가 성립하는데 f는 표본화 주파수[sampling frequency]이다. 표본화 주파수는 표본화율[sampling rate]이라고도 한다. 표본화 주파수는 1초에 표본을 생성하는 횟수이며 단위는 Hz를 사용한다. 디지털 변환 후에 다시 원본 아날로그 신호를 복원 가능하기 위해 표본화 주파수는 중요한 요소이다. 표본화 주파수의 설정 방법에 대해서는 조금 후에 살펴본다. 독립 변수 n은 이산 값을 가지므로 신호를 표현한 식에서 소괄호( )를 대괄호[ ]로 변경하였다. 독립 변수 n이 1, 2, 3인 경우 표본화된 신호는 $x[T]$, $x[2T]$, $x[3T]$의 값을 갖는다. 그림 3-13은 아날로그 신호의 표본화 결과이다. 그림 3-13(a)는 아날로그 신호이고 그림 3-13(b)는 표본화 결과이다. 그림 3-13(b)와 같이 시간 축을 일정한 간격으로 나눈 후에 각 시간 위치에서 신호의 값을 취하여 표본화 결과를 구하였다.

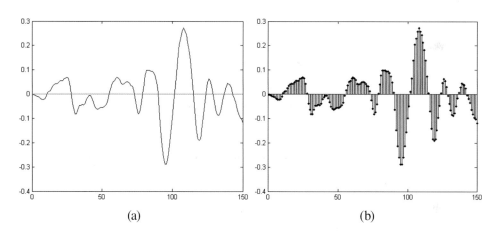

(a)   (b)

그림 3-13 아날로그 신호의 표본화

조금 전에 살펴본 것과 같이 T는 표본화 간격이고 T초 간격마다 표본을 생성한다. 따라서 T를 감소시키면 표본 사이의 시간 간격은 좁아지고 표본의 개수는 증가한다. T는 표본화 주파수 f에 의해 결정되는데 T와 f는 서로 반비례 관계이므로 f를 증가시키면 T는 감소한다. 표본화 주파수 f는 1초 동안 생성하는 표본의 개수를 결정한다. 예를 들어, 표본화 주파수 f가 1 kHz이면 아날로그 신호에서 1초 동안 1,000개의 표본을 생성한다. 이 경우 표본화 간격 T는 1 msec^{밀리초}이다.

표본화 주파수가 높을수록 원본 아날로그 신호와 유사한 디지털 신호를 생성할 수 있다. 그러나 디지털 신호를 저장하기 위한 데이터양은 증가한다. 반면 표본화 주파수가 너무 낮으면 원본 신호를 제대로 표현하지 못하여 디지털 변환 후에는 다시 원래의 아날로그 신호로 복원하지 못할 수도 있다. 그림 3-14는 표본화 주파수에 따른 복원 신호의 결과를 보여준다. 그림 3-14(a)는 6 Hz를 갖는 아날로그 신호(주황색)를 표본화 주파수 4 Hz로 표본화한 경우이다. 이때 복원한 아날로그 신호(파란색)는 원본 신호와는 다른 신호가 된다. 반면 그림 3-14(b)는 동일 신호를 표본화 주파수 12 Hz로 표본화한 경우이다. 이 경우는 원본 아날로그 신호를 완벽하게 복원할 수 있다. 이와 같이 표본화 단계에서 표본화 간격 T는 원본 아날로그 신호의 복원을 위해 중요한 파라미터이다. 표본화 주파수를 결정하는 방법에 대해서는 조금 후에 살펴본다.

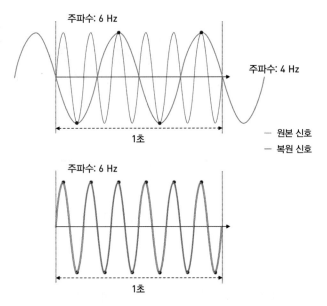

그림 3-14 표본화 주파수에 따른 복원 신호의 결과 비교

표본화 과정은 앞에서 살펴본 델타함수 $\delta(t)$를 사용하여 설명 가능하다. 앞의 그림 3-13(a)의 아날로그 신호 $x(t)$와 그림 3-15의 델타함수 $\delta(t)$의 열sequence인 콤보 함수combo function $p(t)$를 곱하면 다음의 식과 같이 표본화를 위한 중간 결과를 얻을 수 있다. 앞에서 살펴본 것과 같이 델타 함수는 $t = 0$에서 무한대의 값을 가지므로 곱셈 결과에 대해 적분하면 그림 3-11(b)의 표본화 결과를 얻을 수 있다.

$$x(t) \times p(t)$$
$$where\ p(t) = \sum_{n=-\infty}^{\infty} \delta(t - nT)$$

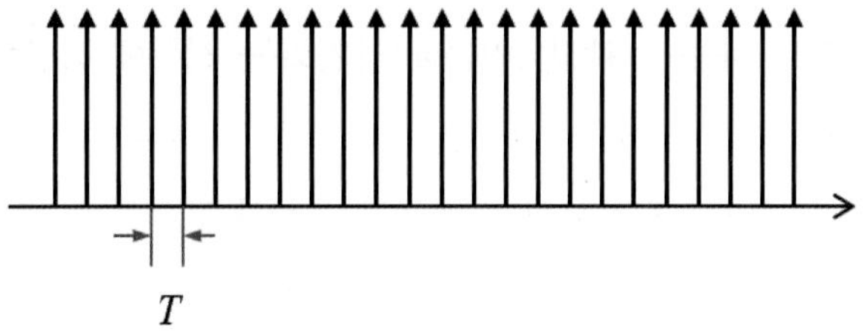

그림 3-15 콤보 함수

1920년대 나이키스트$^{Henry\ Nyquist}$는 신호와 표본화 주파수 사이의 관계를 정립하였고 샤논$^{Caude\ Shannon}$은 이를 체계화하여 1950년대에 표본화 이론을 발표하였다. 표본화 정리$^{the\ sampling\ theorem}$에 따르면 제한된 대역폭의 원본 아날로그 신호가 가지는 최고 주파수의 2배 이상으로 표본화를 수행하면 원본 신호의 특성을 그대로 반영하기 때문에 변환된 디지털 신호로부터 원본 아날로그 신호를 다시 복원할 수 있다. 제한된 대역폭의 신호$^{band\ limited\ signal}$가 갖는 최고 주파수의 2배에 해당하는 주파수를 나이키스트 표본화 주파수$^{Nyquist\ sampling\ frequency}$라고 한다. 예를 들어, 음악 CD에서는 44.1 kHz의 표본화 주파수를 사용한다. 따라서 음악 CD에서는 최고 주파수가 22.05 kHz인 소리를 구분하여 저장할 수 있다. 이는 인간이 인지할 수 있는 소리의 최고 주파수가 20 kHz 정도인 특성을 반영하고 있다. 디지털 오디오 테이프^{DAT}에서는 48 kHz, 위성 방송의 음성은 32 kHz 또는 48 kHz의 표본화 주파수를 사용한다.

2) 양자화

표본화 단계에서 생성한 이산시간 신호는 연속 값을 갖는다. 다시 이야기하면 표본화 단계에서 생성한 표본은 실수를 사용해서 표현이 가능하다. 이 값을 PAM$^{Pulse\ Amplitude\ Modulation}$이라 한다. 비트를 사용하여 실수를 정확하게 표현하는 것은 불가능하며 정밀도를 높이기 위해서는 많은 수의 비트가 필요하다. 그러나 소수점 이하의 값은 인간이 듣는 소리에 거의 영향을 미치는 않는다. 소수점 이하뿐만 아니라 작은 정수 값의 차이도 소리에는 영향이 별로 없다. 따라서 유사한 표본 값을 하나의 대표 값으로 표현하면 소리의 차이는 거의 없지만 데이터양을 줄일 수 있다. 이와 같이 연속 값 신호를 이산 값 신호로 변환하는 단계를 양자화quantization라고 한다. 표본화는 시간 축을 이산적으로 나누는 과정이었는데 양자화는 진폭에 해당하는 값 축을 이산화하는 과정이다.

다르게 표현하면 양자화는 표본화 단계에서 생성한 표본들에 대한 비트 수를 결정하는 단계이다. 이를 음의 정밀도를 결정한다고 한다. 표본당 사용하는 비트 수를 늘리면 소리의 동적 범위dynamic range가 증가하고 양자화 오차는 감소하여 음질은 좋아진다. 동적 범위와 양자화 오차에 대해서는 조금 후에 살펴보고 먼저 양자화 방법에 대해 살펴본다.

양자화 방법은 스칼라scalar 양자화와 벡터vector 양자화로 구분할 수 있다. 벡터 양자화 방법은 생략하고 스칼라 양자화에 대해 살펴본다. 사운드에서는 스칼라 양자화 방법을 주로 사용한다. 벡터 양자화를 아주 간단히 살펴보면 이 방법에서는 일련의 표본들을 그룹으로 묶어 벡터로 표현한 후에 이들 벡터에 대한 대표값을 선택하여 양자화를 수행한다. 반면 스칼라 양자화는 각 표본에 대해 독립적으로 근사값을 계산하여 양자화를 수행한다.

스칼라 양자화는 균일uniform 양자화와 비균일non-uniform 양자화로 구분할 수 있다. 균일 양자화는 선형linear 양자화, 비균일 양자화는 비선형non-linear 양자화라고도 한다. 선형 양자화는 표본이 갖는 값의 모든 범위에서 동일하게 간격을 설정하여 각 간격마다 대표값을 선택하지만 비선형 양자화는 표본 값의 위치에 따라 상이한 간격을 설정한다. 이 절에서는 선형 양자화에 대해 살펴보고 비선형 양자화는 3.3절 사운드 부호화의 한 가지 방법인 A-law/μ-law에서 살펴본다. 선형 양자화는 다시 중앙 상승mid-rise 양자화와 중앙 억제mid-tread 양자화로 나눌 수 있다. 그림 3-16은 두 가지 양자화 방법을 나타낸다. 그림 3-16의 계단 모양 그래프는 양자화 함수 $y = Q(x)$이며 입력 값 x에 대한 출력 값 y의 대응 관계를 나타낸다. 그래프의 수평 축은 입력 표본 값이고 수직 축은 양자화 결과 값이다.

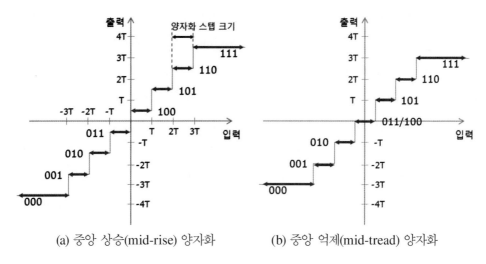

(a) 중앙 상승(mid-rise) 양자화   (b) 중앙 억제(mid-tread) 양자화

그림 3-16   선형 양자화

중앙 상승 양자화는 그림 3-16(a)와 같이 동작한다. 이 양자화 방법에서는 입력 값을 양자화 스텝 크기와 동일한 크기의 구간으로 나누고 각 구간의 대표값을 그 구간의 중간 값으로 선택한다. 그리고 각 대표값에 대해 양자화 레벨에 해당하는 비트를 부여한다. 그림 3-16(a)에서 입력 값의 범위가 0에서 T인 경우 출력 값은 0.5T에 대응한다. 그리고 T에서 2T는 1.5T에 대응한다. 이때 T는 양자화 스텝 크기이다. 양자화 스텝 크기는 조금 후에 다시 설명한다. 중앙 상승 양자화는 짝수 개의 양자화 레벨을 갖는다. 만약 표본당 3비트를 사용하여 중앙 상승 양자화를 수행한다면 $8(= 2^3)$개의 양자화 레벨이 존재한다. 이때 출력 값 0에 대응하는 레벨은 존재하지 않는다. 중앙 상승 양자화를 위한 양자화 함수는 다음의 식과 같다. ⌊ ⌋는 바닥 함수^{floor function}이다.

$$Q(x) = T \times \left(\left\lfloor \frac{x}{T} \right\rfloor + \frac{1}{2} \right)$$

예를 들어 $T = 25$일 때 입력 표본 값 $x = 80.37642$에 대한 결과 값은 87.5이다. 그림 3-16(a)와 같이 표본당 3비트를 사용한다면 입력 표본 값 $x = 80.37642$에 대한 양자화 결과는 111의 비트 패턴이다.

중앙 억제 양자화는 그림 3-16(b)와 같이 동작한다. 이 방법은 중앙 상승 양자화와 유사하게 입력 값을 양자화 스텝 크기와 동일한 크기의 구간으로 나누고 각 구간의 대표값을 그 구간의 중간 값으로 선택한다. 그런데 중앙 상승 양자화는 구간의 범위를 …, −1T~0T, 0T~1T, 1T~2T, … 으로 구분하지만 중앙 억제 양자화는 구간의 범위를 …, −0.5T~0.5T, 0.5T~1.5T, … 으로 구분하는 것이 다르다. 또한 중앙 억제 양자화에서는 홀수 개의 양자화 레벨을 갖는다. 만약 양자화 단계에서 표본당 3비트를 사용한다면 7(= 2^3 − 1)개의 양자화 레벨이 존재한다. 출력 값 0에 대응하는 레벨이 존재한다. 중앙 억제 양자화를 위한 양자화 함수는 다음의 식과 같다. $sgn(x)$는 입력기의 부호를 반환한다.

$$Q(x) = sgn(x) \times T \times \left\lfloor \frac{|x|}{T} + \frac{1}{2} \right\rfloor$$

양자화 단계에서 이산적인 레벨 간의 간격을 양자화 스텝 크기$^{quantization\ step\ size}$라고 한다. 만약 신호의 최댓값은 A, 최솟값이 −A이면 신호의 최대 간격은 $2A$이다. 이 신호를 L개의 비트를 사용하여 양자화하면 양자화 스텝 크기를 $2A/2^L$과 같이 설정할 수 있다. 예를 들어, $A = 100$이고 $L = 3$이면 양자화 스텝 q은 25이다. 중앙 상승 및 중앙 억제 양자화 결과는 그림 3-17과 같다.

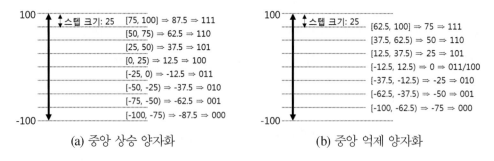

그림 3-17 선형 양자화 결과 비교

그림 3-17에서 알 수 있듯이 L비트를 사용하면 양자화 구간은 2^L − 1가 존재한다. 예를 들어, 3비트를 사용하여 신호의 전체 구간은 3개의 양자화 구간으로 분할할 수

있다. 따라서 엄밀하게 양자화 스텝을 계산하면 $2A/(2^L - 1)$이지만 사용 비트의 수가 많아지면 2^L과 $(2^L - 1)$의 차이가 크지 않기 때문에 앞에서 설명한 것과 같이 양자화 스텝을 $2A/2^L$으로 사용할 수 있다.

그림 3-18은 원본 신호를 16단계 및 32단계로 양자화한 경우의 결과 차이를 나타낸다. 당연한 결과이지만 4비트를 사용한 경우보다 5비트를 사용한 경우 원래의 값에 더욱 근사화하여 표현할 수 있다. 응용 분야에 따라 다른 양자화 비트 수를 사용하는데 전화망에서의 목소리는 8비트를 사용하고 음악 CD에는 16비트를 사용한다.

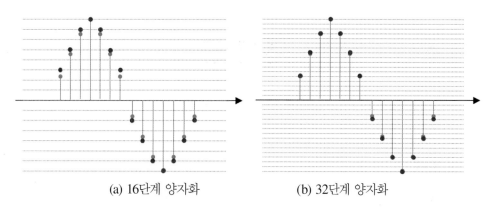

(a) 16단계 양자화   (b) 32단계 양자화

그림 3-18 양자화 스텝에 따른 양자화 결과

앞에서 양자화 비트 수를 늘리면 동적 범위를 확장할 수 있다고 설명하였다. 동적 범위란 출력 신호의 최솟값과 최댓값 사이의 비율을 의미한다. 동적 범위가 넓은 경우는 최솟값과 최댓값 사이의 간격이 넓은 경우이며 작은 레벨의 소리부터 큰 레벨의 소리까지 레벨의 변화를 세밀하게 표현할 수 있으므로 원음에 가까운 좋은 음질을 나타낼 수 있다. 양자화 단계에서의 1비트는 약 6 dB의 동적 범위를 나타낸다. 음악 CD는 16비트를 사용하므로 $6 \times 12 = 96$ dB의 동적 범위를 표현할 수 있다. 그러나 이 수치는 이론적인 값이며 음악 CD의 동적 범위는 이보다 6 dB~20 dB 정도 낮다.

양자화 단계는 원본 값을 일정 구간으로 나눈 후 구간의 대표 값으로 변경하는 과정이므로 많은 비트 수를 사용하더라도 원본 값과 양자화 값 사이에는 반드시 오차가 발생한다. 이 오차를 양자화 오차$^{\text{quantization error}}$라고 한다. 양자화 스텝 크기가 커질수록 양자화 오차는 증가할 것이다. 비트 수에 따른 양자화 스텝 크기를 조절하여 적절한 수준의 양자화 에러를 유지할 수 있다. 그림 3-19는 양자화 오차를 나타낸다. 파란색 원은 원본 표본 값이고 빨간색 원은 양자화 결과이다. 이들 간의 값의 차이가 양자화 오차에 해당한다. 따라서 양자화 에러는 다음 식과 같이 계산할 수 있다. $Q(x)$는 앞에서 살펴본 방식으로 계산한 x에 대한 양자화 결과이다.

$$e_q = x - Q(x)$$

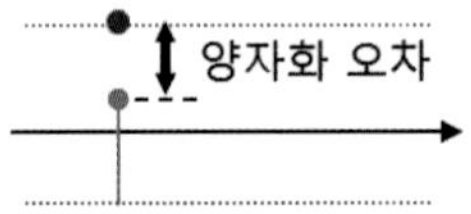

그림 3-19 양자화 오차

3) 부호화

부호화(encoding 또는 coding)는 표본화 및 양자화한 표본 데이터를 컴퓨터 파일에 저장하거나 네트워크를 통해 전송하기 위해 일정한 형식으로 표현하는 단계이다. 사운드 신호는 데이터양이 많기 때문에 부호화 단계에서 일반적으로 압축을 수행한다. PCM, DPCM, ADPCM, DM, ADM 등의 다양한 부호화 방법이 존재한다. 다음 절에서 이들 부호화 방법에 대해 자세하게 살펴본다.

04 디지털 사운드의 부호화

1) 부호화 방법

❶ PCM

PCM$^{Pulse Coded Modulation}$은 표본화와 양자화 단계를 거쳐 생성한 디지털 신호를 추가적인 처리 없이 그대로 기록하는 방법이다. 따라서 저장을 위한 데이터양이 매우

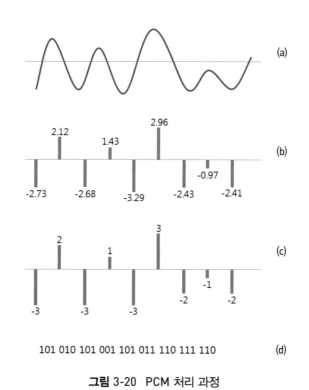

그림 3-20   PCM 처리 과정

많아지게 된다. 그러나 잡음과 간섭에 강하고 전송 중에도 부호화된 신호를 재생할 수 있는 장점이 있다. 주로 음악 CD나 DAT^{Digital Audio Tape} 등에서 사용한다. PCM은 최초의 부호화 방법이면서 현재에도 많이 사용하는 방법이다.

그림 3-20은 PCM으로 부호화하는 과정을 나타낸다. 그림 3-20(a)는 원본 신호이고 그림 3-20(b)는 표본화 결과이다. 이때 각 표본은 실수이므로 표현을 위해 많은 비트 수가 요구된다. 그림 3-20(c)는 3비트를 사용($-4 \sim 3$)하여 양자화한 결과이다. 마지막으로 그림 3-20(d)는 양자화 결과를 비트열로 나열한 결과이다. 부호화 비트열을 PCM 방법을 사용하여 파일에 저장할 경우에는 헤더 정보만을 추가하여 간단하게 처리할 수 있다.

❷ DPCM

사운드 신호는 대체적으로 규칙적인 변화를 갖는 신호이므로 인접한 표본 값 사이에는 일정한 관계가 존재한다. 따라서 이전의 표본 값들로부터 현재의 값을 예측하는 것이 가능하다. 물론 이 예측 값은 원본 값과 완전히 일치하지는 않으므로 오차가 발생한다. 예측을 사용하면 원본 값을 그대로 저장하는 대신 이 오차를 저장하는 것이 가능하다. 일반적으로 원본 값보다는 오차가 작은 크기로 나타나므로 각 표본을 표현하는 데 필요한 비트 수를 줄일 수 있다. 이런 방법을 예측 기반 부호화^{prediction-based encoding}라고 한다.

이전 표본 값들을 많이 사용할수록 예측 오차를 줄일 수 있다. 또한 예측 알고리즘이 복잡해질수록 오차를 낮출 수 있다. DPCM^{Differential Pulse Coded Modulation}은 예측 기반 부호화 방법의 일종인데 매우 단순한 예측 방법을 사용한다. 이 방법은 바로 직전의 표본 값을 현재 표본에 대한 예측 값으로 사용한다. 따라서 오차는 현재 표본과 이전 표본의 차이 값으로 나타난다.

DPCM은 그림 3-21과 같이 표본화와 양자화를 거친 디지털 신호에서 인접한 값 사이의 차이 값^{오차}을 저장하는 방식으로 국제멀티미디어협회^{International Multimedia Association, IMA}에서 제정하였다. 인접한 표본 값 사이의 차이 값은 원본 값보다는 작으므로 PCM에 비해 적은 비트 수를 사용하여 동일한 신호를 표현할 수 있다.

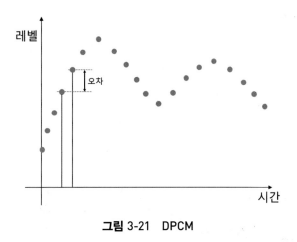

그림 3-21 DPCM

DPCM은 인접한 표본 간의 값이 크게 변하지 않는 원리를 이용하여 표본당 필요한 비트 수를 줄이는 방식이다. 그러나 고주파 신호와 같이 인접한 표본 값 사이의 차이가 크면 성능은 낮아질 수 있다. 그림 3-22는 PCM과 DPCM에서 부호화되는 값의 크기 차이를 보여준다. 빨간색의 수직선 길이가 부호화해야 하는 크기에 해당한다. PCM에 비해 DPCM에서 훨씬 짧은 길이로 나타나는 것을 알 수 있다. 이와 같이 DPCM에서는 인접 값 사이의 차이를 계산하는 간단한 연산을 추가로 사용하여 필요한 비트 수를 줄일 수 있다.

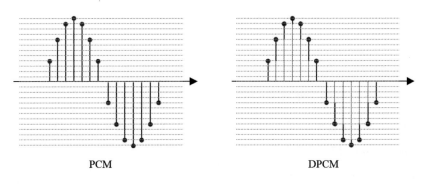

그림 3-22 PCM과 DPCM 비교

DPCM을 사용한 부호화 및 복호화 과정은 그림 3-23과 같다. 그림 3-23(a)에서 알 수 있듯이 인접한 표본 값의 차이는 다시 양자화 과정을 통해 더 적은 비트를 사용하도록 한다. 부호화 결과 값을 코드 워드$^{code word}$라고 한다. 코드 워드($c[n]$)는 파일에 저장하거나 네트워크를 통해 전달된 후 그림 3-23(b)의 복호화^{decoding}를 거쳐 원래의 값으로 복원된다. 부호화는 부호기^{encoder}, 복호화는 복호기^{decoder}에서 처리된다. 부호기와 복호기를 합쳐서 코덱$^{COder-DECoder, CODEC}$이라고 한다.

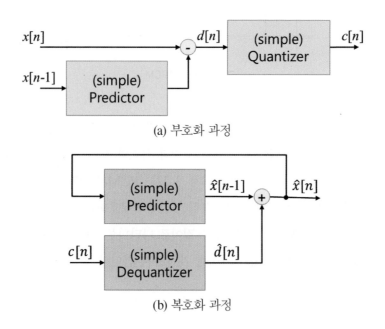

(a) 부호화 과정

(b) 복호화 과정

그림 3-23 DPCM 부호화 및 복호화 처리 흐름도

그림 3-23(a)의 단순 예측기$^{simple predictor}$는 이전 표본 값으로부터 예측 과정 없이 직전의 표본 값을 예측 값으로 출력한다. 복호기의 단순 예측기 기능도 동일하다. 그림 3-23(b)에서는 n번째 출력을 다음 단계의 직전 입력 표본으로 사용하므로 배열의 순서를 n에서 $n-1$로 변경하여 표시하였다.

그림 3-23(a)와 같이 부호화 과정의 양자화 단계로 인해 원본 표본 값 $x[n]$과 이를 복원한 값 $\hat{x}[n]$은 동일하지 않고 차이^{오차}가 발생한다. 그런데 복호화 과정에서 이 오차가 지속적으로 누적되어 증가하는 문제가 발생한다. 이 누적 오차로 인해 복

원을 진행할수록 복원 값은 원본 값과 더 많은 차이가 난다. 예를 들어, $x[0]$을 0으로 가정하면 다음과 같이 복원 값을 구할 수 있다.

$$\hat{x}[1] = \hat{d}[1]$$
$$\hat{x}[2] = \hat{x}[1] + \hat{d}[1]$$
$$\hat{x}[3] = \hat{x}[2] + \hat{d}[2]$$
$$\vdots$$

부호화 과정에서는 원본 표본 $x[n_k]$ 값을 사용하여 차이 값 $d[n_k]$을 계산한다. 그러나 복호화 과정에서는 원본 값을 알 수 없으므로 원본 표본에 대한 복원 값 $\hat{x}[n_k]$을 사용하여 차이 값 $\hat{d}[n_k]$을 계산한 후 이 값을 사용하여 다음 시간의 복원 값을 계산한다. 이로 인해 복호화 시간이 지날수록 복원한 표본 값과 원본 값 사이에 차이가 점점 커지게 된다. 오차가 누적되는 상황이다. 예제 3-3에서 다시 한 번 이 문제를 확인하자.

◉ 예제 3-3

다음 입력 표본 열에 대한 DPCM의 부호화 및 복호화 결과를 제시하시오. 이때 입력 표본은 부호 없는 8비트, 코드 워드는 6비트를 사용하는 것으로 가정한다. 또한 코드 워드는 2의 보수를 사용하여 표현한다.

순서 n	1	2	3	4	5	⋯
입력 표본 $x[n]$	81	100	107	92	64	⋯

풀이

8비트 입력 표본은 0에서 255 사이의 값을 가지므로 이들 간의 차이 값은 −255에서 255 사이에서 나타난다. 예를 들어, 입력 값이 0과 255이면 차이는 255이고 입력 값이 255와 0이면 차이는 −255이다. 따라서 차이 값을 저장하기 위해서는 9비트가 필요하다.

코드 워드는 6비트를 사용하므로 양자화 단계에서 9비트를 6비트로 줄여야 한다.

양자화 과정에서 3비트를 줄여야 하므로 8개의 값을 하나의 대표값으로 표현해야 한다. 따라서 양자화 스텝 크기를 8로 사용한다. 중앙 상승 양자화를 사용하면 −16~−1은 −4, 0~7은 4, 8~15는 12로 표현할 수 있다. 이번 예제에서는 계산의 편의상 중앙 상승 양자화 방법에서 사용한 반올림 대신에 버림 연산을 사용한다. 즉 다음 식으로 양자화를 수행한다.

$$Q(x) = \left\lfloor \frac{x}{8} \right\rfloor$$

입력 범위에 대한 양자화 결과는 다음과 같다.

시작 값	끝 값	양자화 결과
248	255	31
240	247	30
⋮	⋮	⋮
8	15	1
0	7	0
−8	−1	−1
⋮	⋮	⋮
−248	−241	−31
−256	−249	−32

앞에서 설명한 양자화 방법을 사용하여 부호화 결과를 살펴보자. 입력 표본에 대한 차이 값, 양자화 결과와 코드 워드는 다음과 같다.

순서 n	1	2	3	4	5	⋯
입력 표본 $x[n]$	81	97	107	92	64	⋯
차이 값 $d[n]$	81	16	10	−15	−28	⋯
양자화 결과 $c[n]$	10	2	1	−2	−4	⋯
코드 워드 $\omega[n]$	001010	000010	000001	111110	111100	⋯

이번에는 부호화 결과인 코드 워드를 사용하여 복호화를 수행해보자. 역양자화는 양자화를 역으로 처리하는데 평균 오차를 줄이기 위해 다음의 방법으로 역양자화를 수행한다.

$$\hat{y} = [Q(x) + 0.5] \times 8$$

복호기에서 표본을 복원한 결과는 다음과 같다. 이때 원본 표본과 복원 표본 사이의 총 오차를 구해보면 43(3 + 7 + 9 + 12 + 12)이다. 계산된 오차에서 알 수 있듯이 이 값은 이전 값보다 계속 커지고 있다. 오차가 누적되고 있는 것이다.

순서 n	1	2	3	4	5	...
코드 워드 $\omega[n]$	001010	000010	000001	111110	111100	...
역양자화 결과 $\hat{c}[n]$	84	20	12	−12	−28	...
복원 차이 값 $\hat{d}[n]$	84	20	12	−12	−28	...
복원 표본 $\hat{x}[n]$	84	104	116	104	76	...

앞에서 살펴본 것과 같이 오차가 지속적으로 누적되는 것을 방지하기 위해서는 부호기와 복호기에서 동일한 처리 과정을 수행하는 것이 필요하다. 개선된 DPCM의 부호기에서는 원본 값 대신에 복원 값을 사용하여 오차를 계산한다. 이 방법은 복호화 과정에서 사용한 방법과 동일한 방법이다. 개선된 부호화 과정은 그림 3-24와 같다. 복호화 과정은 이전과 동일하므로 생략하였다. 개선된 DPCM 방법을 순환적 DPCM이라고 한다. 순환적 DPCM은 처리 과정에 순환 흐름을 포함하기 때문에 붙인 이름이다. 예제 3-4를 통해 기존 DPCM과 순환적 DPCM의 차이를 살펴보자.

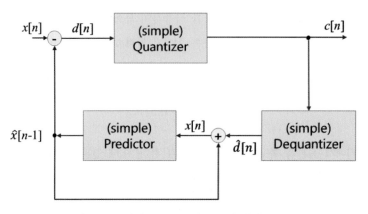

그림 3-24 개선된 DPCM의 부호화 처리 흐름도

◉ 예제 3-4

다음 입력 표본 열에 대한 순환적 DPCM의 부호화 및 복호화 결과를 제시하시오. 이때 입력 표본은 부호 없는 8비트, 코드 워드는 6비트를 사용하는 것으로 가정한다. 또한 코드 워드는 2의 보수를 사용한다.

순서 n	1	2	3	4	5	⋯
입력 표본 $x[n]$	81	97	107	92	64	⋯

풀이

예제 3-3에서 사용한 양자화 및 역양자화 방법을 동일하게 사용한다면 입력 표본에 대한 차이 값, 양자화 결과, 역양자화 결과, 복원 값 및 코드 워드는 다음과 같다.

순서 n	1	2	3	4	5	⋯
입력 표본 $x[n]$	81	97	107	92	64	⋯
차이 값 $d[n]$	81	13	11	−16	−32	⋯
양자화 결과 $c[n]$	10	1	1	−2	−4	⋯
역양자화 결과 $\hat{c}[n]$	84	12	12	−12	−28	⋯
복원 표본 $\hat{x}[n]$	84	96	108	96	68	⋯
코드 워드 $\omega[n]$	001010	000001	000000	111110	111100	⋯

코드 워드를 사용하여 복호기에서 복원한 결과는 다음과 같다. 원본 값과 복원 값 사이의 총 오차는 15(3 + 1 + 1 + 4 + 4)이다. 예제 3-3의 총 오차 43에 비해 크게 줄어든 것을 확인할 수 있다.

순서 n	1	2	3	4	5	⋯
코드 워드 $\omega[n]$	001010	000001	000000	111110	111100	⋯
역양자화 결과 $\hat{c}[n]$	84	12	12	−12	−28	⋯
복원 차이 값 $\hat{d}[n]$	84	12	12	−12	−28	⋯
복원 표본 $\hat{x}[n]$	84	96	108	96	68	⋯

예제 3-3에서는 총 오차가 43이지만 예제 3-4에서는 총 오차가 15로 크게 감소하였다. 순환적 DPCM에서는 부호기가 복호기와 동일한 처리 과정으로 부호화를 수행함으로써 복호화 단계에서 오차가 누적되는 것을 방지하였다. 이 부호화 방법은 사운드뿐만 아니라 영상이나 비디오 등에 대한 부호화 과정에서도 사용하고 있다.

❸ ADPCM

인접한 표본사이의 값 차이가 커질 경우 DPCM의 성능이 낮아질 수 있다. 이런 단점을 극복하기 위한 방법이 ADPCM[Adaptive Differential Pulse Coded Modulation]이다. ADPCM은 DPCM과는 다르게 적응적[adaptive] 방법을 사용한다. ADPCM의 예측 및 양자화 단계에서 적응적 방법을 사용할 수 있다. 적응적 예측[adaptive predication]이란 이전에 발생한 여러 표본 값들로부터 현재 표본 값을 적응적으로 예측하는 방법이다. 적응적 예측을 사용하면 DPCM에서 사용한 단순 예측보다는 현재 값을 더욱 정확하게 예측할 수 있다. 따라서 차이 값[오차]의 크기가 작아져 차이 값을 저장하기 위한 비트 수는 줄어든다. 예를 들어, 1, 2, 4, 8, 16, ⋯의 입력 값이 있을 때 단순 예측을 사용하면 다음 값은 16이지만 적응적 예측을 사용하면 32라는 값을 계산할 수 있다. 다음 값이 31이면 단순 예측은 15의 오차가 발생하지만 적응적 예측을 사용하면 1만큼의 오차만 발생한다. 그러나 ADPCM에서는 적응적 예측 방법은 잘 사용하지 않으며 주로 적응적 양자화만을 사용한다.

적응적 양자화$^{\text{adaptive quantization}}$는 표본 값의 변화 정도에 따라 양자화 스텝의 크기를 적응적으로 변경한다. 현재 표본 값의 오차가 증가하면 양자화 스텝 크기를 증가시키고 오차가 감소하면 다시 스텝 크기를 감소시켜 신호의 빠른 변화에도 적응이 가능하도록 한다.

그림 3-25는 일반적인 ADPCM의 부호화 및 복호화 과정에 대한 처리 흐름도이다. DPCM과 비교하면 DPCM의 단순 예측기와 양자화기가 적응적 예측기와 양자화기로 변경된 것을 볼 수 있다.

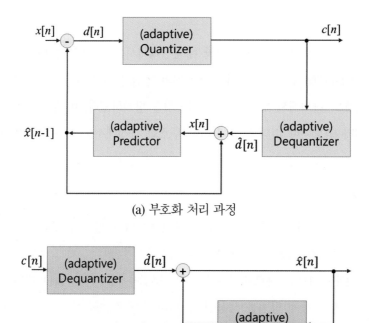

(a) 부호화 처리 과정

(b) 복호화 처리 과정

그림 3-25 ADPCM의 처리 흐름도

그림에서 사용한 기호는 다음의 의미를 갖는다.

- $x[n]$: 원본 입력 표본
- $d[n]$: $x[n]$과 $\hat{x}[n-1]$의 차이 값
- $c[n]$: 부호화된 코드 워드
- $\hat{d}[n]$: 복호화된 차이 값
- $\hat{x}[n]$: 시간 n에서 복원한 표본
- $\hat{x}[n-1]$: 시간 $n-1$에서 복원한 표본

ADPCM 부호화는 다음 과정으로 수행된다.

1. 예측^{Predictor} 모듈에서 현재 값을 예측한 후 이 예측 값과 실제 값의 차이를 계산함(입력 표본은 8비트 혹은 16비트로 표현)
2. 양자화^{Quantizer} 모듈에서는 현재의 양자화 스텝 크기를 사용하여 부호화된 코드 워드를 계산함(코드 워드는 4비트로 표현)
3. 역양자화^{Dequantizer} 모듈에서는 2번 단계에서 사용한 양자화 스텝 크기를 사용하여 코드 워드로부터 차이 값을 복원함
4. 이전 표본 값에 3단계에서 복원한 차이 값을 더하여 현재의 표본 값을 복원하고 이 값을 다음 표본의 부호화를 위해 다시 사용함

ADPCM을 위한 여러 가지 알고리즘이 가능하며 ADPCM 알고리즘의 개발 업체에 따라 상이한 방법을 사용하고 있다. 현재는 IMA에서 제안한 방법을 많이 사용한다. IMA$^{Interactive\ Multimedia\ Association}$는 멀티미디어 파일의 처리 규격을 제정하기 위한 관련 산업체들의 협의체이었지만 1998년에 활동을 중단하였다. 그러나 IMA-ADPCM은 애플사와 마이크로소프트사의 사운드 파일에서 지금도 사용되고 있다.

IMA-ADPCM의 부호화 및 복호화 과정에 대해 조금 더 자세하게 살펴보자. IMA-ADPCM은 적응적 예측은 수행하지 않고 표본 값 사이의 변화 정도에 따라 양자화 스텝 크기를 조절하는 적응적 양자화만을 사용하여 압축의 효율성을 개선하고 있다. IMA-ADPCM을 사용하면 16비트의 PCM 표본을 4비트의 코드로 부호화할 수 있다. 따라서 PCM 대비 4:1의 압축이 가능하다. IMA-ADPCM은 DPCM과

동일하게 직전 표본의 값을 예측 값으로 사용하는 단순 예측 방법으로 입력 값에 대한 오차를 계산한다. 그러나 양자화 단계에서의 스텝 크기는 정해진 테이블을 사용하여 적응적으로 결정하는 적응적 양자화를 수행한다.

IMA-ADPCM의 부호화 알고리즘은 리스트 3-1과 같다. 입력은 8비트 또는 16비트의 입력 표본이고 출력은 4비트의 코드 워드 값이다. 알고리즘의 내부에서는 Predictor, Quantizer, Dequantizer 프로시저를 차례대로 호출한다. 이름에서 알 수 있듯이 이 프로시저들은 차례대로 예측, 양자화, 역양자화를 수행한다.

리스트 3-1의 알고리즘을 살펴보면 우선 양자화 스텝 크기를 나타내는 변수 step의 초기 값은 7, 이에 대한 인덱스 index는 0으로 초기화한다. 또한 첫 번째 입력 표본을 위한 직전 표본 값 pred_sample은 0으로 가정한다. Encoder 프로시저는 우선 Predictor 프로시저를 사용하여 이전 표본 pred_sample로부터 현재 표본에 대한 예측 값을 계산한다. 이미 설명한 것과 같이 IMA-ADPCM에서는 적응적 예측을 수행하지 않으므로 리스트 3-2와 같이 예측기의 결과는 pred_sample과 동일한 값이다.

n번째 표본 값 input[n]과 예측 값과의 차이 값을 계산하여 diff에 저장한다. 그리고 양자화 스텝 크기인 step을 기반으로 이 차이 값을 양자화하여 부호화 결과인 코드 워드 codeword[n]를 계산한다. 양자화 알고리즘은 리스트 3-3과 같다. $n + 1$번째 표본에 대한 부호화를 위해서는 n번째 표본 input[n]의 부호화 결과인 codeword[n]을 사용하여 복원 값을 계산한다. Dequanizer 프로시저에서 이 과정이 이루어진다. 전체적인 처리 흐름은 순환적 DPCM과 동일하다. 단순 양자화 대신에 적응적 양자화를 사용하는 것이 다를 뿐이다. 부호화 알고리즘의 마지막 단계에서는 계산한 코드 워드를 사용하여 스텝 크기를 변경한다. 이 과정에서 사용하는 두 개의 양자화 테이블은 리스트 3-5와 같다. 코드 워드의 값을 인덱스로 사용하는데 이 값을 부호 없는 정수로 변환하여 사용한다. Quantizer 프로시저에서 계산한 코드 워드는 −7에서 7 사이의 값을 갖는다. 주의할 점은 이 값의 표현은 2의 보수를 사용하지는 않는다는 것이다. −7에 대한 2의 보수 표기법은 1001_2이지만 Quantizer 프로시저에서 출력하는 값은 1111_2이다. 코드 워드의 MSB는 부호에 해당하는데 양수는 0이고 음수는 1이다. 나머지 3비트는 값의 크기를 나타낸다. −7에 대한 값의 크기는 7

이므로 111_2로 표현한다. 따라서 -7에 대한 이진 표현은 1111_2이다. 이해를 위해 예를 하나만 더 살펴보면 -3의 2의 보수 표기법은 1101_2이지만 Quantizer 프로시저 결과는 1011_2이다. 코드 워드를 부호 없는 정수로 해석할 때는 부호 비트까지 포함하여 모든 비트를 수치 값을 계산하는 데 사용하면 된다. 예를 들어, 0101_2은 5, 1101_2은 -5가 아닌 13으로 해석된다.

리스트 3-1   IMA-ADPCM 부호화 알고리즘

```
function Encoder( input[], codeword[] )
        입력: input[] (8 or 16bit per sample)
        출력: codeword[] (4bit per codeword)

        while( all samples in input )
             if( first_time )
               step = 7, index = 0, pred_sample = 0
             end if

             // 차이 값에 대한 부호화(encoding) 값인 코드워드를 계산
             diff = input[n] - Predictor( pred_sample )
             codeword[n] = Quantizer( diff, step )

             // 역부호화를 수행하여 차이값을 복원하고
             // 이를 기준으로 이전 표본 값을 복원 (손실발생)
             pred_diff = Dequantizer( codeword[n], step )
             pred_sample = pred_sample + pred_diff

             // step 변경
             index = index + indexTable[(unsigned)codeword]
             step = stepTable[ index ];
        end while
end function
```

리스트 3-2   IMA-ADPCM 예측 알고리즘

```
predictor = function Predictor( pred_sample )
        predictor = pred_sample

        return predictor
end function
```

리스트 3-3   IMA-ADPCM 양자화 알고리즘

```
code = function Quantizer( diff, step )
        if( diff < 0 )
                diff = -diff, code = 8
        else
                code = 0
        end if

        mask = 4
        while( n : from 1 To 3 )
            if( diff >= step )
              code |= mask
              diff = diff - step
            end if
            step = step >> 1
            mask = mask >> 1
        end while

        return code
end function
```

리스트 3-4   IMA-ADPCM 역양자화 알고리즘

```
recon = function Dequantizer( code, step )
        recon = 0
        mask = 4
        while( n: from 1 To 3 )
              if( (code & mask) = 1 )
                recon = recon + step
              end if
              step = step >> 1
              mask = mask >> 1
        end while
        recon = recon + step

        if( (code & 8) = 1 )
              code = -code
        end if

        return recon
end function
```

리스트 3-5   IMA-ADPCM 부호화 알고리즘을 위한 룩업테이블

```c
int indexTable[16] = {
        -1, -1, -1, -1, 2, 4, 6, 8,
        -1, -1, -1, -1, 2, 4, 6, 8
};

int stepTable[89] = {
        7, 8, 9, 10, 11, 12, 13, 14, 16, 17,
        19, 21, 23, 25, 28, 31, 34, 37, 41, 45,
        50, 55, 60, 66, 73, 80, 88, 97, 107, 118,
        130, 143, 157, 173, 190, 209, 230, 253, 279,
        307, 337, 371, 408, 449, 494, 544, 598, 658,
        724, 796, 876, 963, 1060, 1166, 1282, 1411, 1552,
        1707, 1878, 2066, 2272, 2499, 2749, 3024, 3327,
        3660, 4026, 4428, 4871, 5358,5894, 6484, 7132,
        7845, 8630, 9493, 10442, 11487, 12635, 13899,
        15289, 16818, 18500, 20350, 22385,
        24623, 27086, 29794, 32767
};
```

예제 3-5를 통해 IMA-ADPCM의 부호화 과정을 구체적으로 살펴보자. 이 예제는 IMA Digital Audio focus and Technical Working Groups의 권고안에서 발췌한 예제이다.

◉ **예제 3-5**

주어진 값이 다음과 같을 때 IMA-ADPCM 부호화를 수행하여 코드 워드를 계산하고 이 코드 워드에 대한 복호화 결과를 제시하라.

- 입력 표본 값(input): 0 x 873F(34623)
- 직전 표본 값(pred_sample): 0 x 8700(34560),
- 스텝 크기(step): 73
- 양자화 테이블 인덱스(index): 24

풀이

1. 입력 표본 값과 예측 값 사이의 차이 값 계산

   $\text{diff} = 0\text{x}873\text{F} - 0\text{x}8700 = 0\text{x}3\text{F}(63)$

2. Quanizer 프로시저를 사용하여 코드 워드 계산

   ① 프로시저의 입력인 차이 값의 부호를 사용하여 코드 워드 초기 값 설정

   ```
   if( diff(63) < 0 ) : FALSE → code = 0
   ```

   ② 양자화 수행

   ```
   mask = 4
   ```

   n = 1일 때

   ```
     if( 63 > 73 ) : FALSE
     step(63) >> 1 → step = 36
     mask(4) >> 1 → mask = 2
   ```

   n = 2일 때

   ```
     if( 63 > 36 ) : TRUE
        code(2) = code(0) | mask(2)
        diff(27) = diff(63) - step(36)
     step(36) >> 1 → step = 18
     mask(2) >> 1 → mask = 1
   ```

   n = 3일 때

   ```
     if( 27 > 18 ) : TRUE
        code(3) = code(2) | mask(1)
        diff(9) = diff(27) - step(18)
     step(18) >> 1 → step = 9
     mask(1) >> 1 → mask = 0
   ```

n이 2와 3일 때 코드 워드의 해당 비트가 1로 설정되므로 코드 워드는 $3(0011_2)$이다.

>> 연산자는 오른쪽 방향으로의 자리 이동[shift]을 의미한다.

3. Dequanizer 프로시저를 사용하여 코드 워드 복원

    n = 1일 때

```
if( code(3) & mask(4) = 1 ) : FALSE
step(36) = step(73) >> 1
mask(2) = mask(4) >> 1
```

    n = 2일 때

```
if( code(3) & mask(2) = 1 ) : TRUE
  diff(36) = diff(0) + step(36)
step(18) = step(36) >> 1
mask(1) = mask(2) >> 1
```

    n = 3일 때

```
if( code(3) & mask(1) = 1 ) : TRUE
  diff(54) = diff(36) + step(18)
step(9) = step(18) >> 1
mask(0) = mask(1) >> 1
```

```
diff(63) = diff(54) + step(9)
if( code(3) & 8 = 1 ) : FALSE
predictor(63) = predictor(0) + diff(63)
```

코드 워드 0011_2로부터 복원한 차이 값은 $0 \times 3F(63)$이다. 따라서 최종 복원 값은 $0 \times 873F(34623)$이다.

4. 양자화 스텝 변경

```
indexTable[ codeword(3) ] : -1
index(23) = index(24) + (-1)
step(66) = stepTable[ index(23) ]
```

코드 워드의 값이 $0011_2(3)$이므로 부호 없는 정수로 변환하면 역시 3이다. 리스트 3-5

의 indexTable 배열에서 인덱스 3에 해당하는 값은 −1이므로 이 값을 사용하여 스텝 크기를 위한 인덱스를 현재 24에서 23으로 변경하면 다음 단계를 위한 스텝 크기는 66으로 계산할 수 있다.

예제 3-6을 통해 IMA-ADPCM의 처리 과정을 다시 한 번 살펴보자. DPCM과 IMA-ADPCM의 차이도 확인해보자.

◎ 예제 3-6

IMA-ADPCM을 사용하여 다음 입력 표본 열에 대한 부호화 및 복호화 결과를 제시하시오. 이때 입력 표본은 부호 없는 8비트를 사용하고 코드 워드는 4비트를 사용한다. 초기 양자화 스텝은 50, 인덱스는 20 그리고 첫 번째 표본의 직전 표본 값은 0으로 가정한다.

순서 n	1	2	3	4	5	⋯
입력 표본 $x[n]$	81	97	107	92	64	⋯

풀이

입력 표본 열에 대한 부호화 결과는 다음과 같다. 부호화 결과는 복호화 결과를 포함하므로 복호화 결과를 별도로 제시하지는 않는다.

순서 n	1	2	3	4	5	⋯
입력 표본 $x[n]$	81	97	107	92	64	⋯
차이 값 $d[n]$	81	16	15	−10	−27	⋯
코드 워드 $\omega[n]$	0110_2	0000_2	0000_2	1000_2	1001_2	⋯
복원 차이 값 $\hat{d}[n]$	81	11	10	−9	−24	⋯
복원 표본 $\hat{x}[n]$	81	92	102	91	67	⋯
스텝 크기	50	88	80	73	66	60

1번 표본과 직전 표본의 차이는 81이다. 81은 양수이므로 코드 워드의 MSB인 4번째 비트는 $0(0xxx_2)$이다. 차이 값 81은 양자화 스텝 크기인 50보다 크므로 코드 워드의 3번째 비트는 $1(01xx_2)$이다. 이 차이 값을 step만큼 감소시키면 31이 되고 step은 1비트 오른쪽으로 자리 이동하여 25가 된다. 차이 값 31은 25보다 크므로 역시 코드 워드의 2번째 비트는 $1(011x_2)$이고 차이 값은 6으로 줄어든다. step은 다시 1비트 오른쪽 자리 이동하여 12가 된다. 6은 12보다 작으므로 코드 워드의 1번째 비트는 0이다. 코드 워드의 최종 값은 $0110_2(6)$이다.

코드 워드 $0110_2(6)$으로부터 차이 값을 복원해보자. 부호 비트인 MSB는 마지막에 처리한다. 우선 3번째 비트가 1이므로 복원 값은 50만큼 증가하여 0에서 50이 된다. step은 1비트 오른쪽으로 자리 이동하여 25가 된다. 다음으로 코드 워드의 2번째 비트는 1이므로 복원 값은 75(50 + 25)가 되고 step은 12가 된다. 코드 워드의 3번째 비트는 0이므로 복원 값은 변함이 없다. 다시 step은 6이 되고 마지막으로 이 값(6)을 더해 복원 값은 81(75 + 6)이 된다. MSB가 0이므로 복원 값은 양수이다. 따라서 차이 값에 대한 최종 복원 값은 81이다. 직전의 표본 값은 0이므로 복원한 표본 값은 81이다. 양자화 스텝 크기의 변경에 대해 살펴보자. 현재 스텝 크기는 50이고 테이블의 인덱스는 20이다. 코드 워드가 $0110_2(6)$이므로 인덱스에 대한 오프셋은 6이고 다음 단계의 스텝 인덱스는 26, 크기는 88이다.

2번 표본 값 97과 직전 표본의 복원 값 81 사이의 차이는 16이다. 16은 양수이므로 코드 워드의 MSB인 4번째 비트는 $0(0xxx_2)$이다. 차이 값 16은 양자화 스텝 크기인 88보다 작으므로 코드 워드의 3번째 비트는 $0(00xx_2)$이고 차이 값은 변동이 없다. step은 1비트 오른쪽으로 자리 이동하여 44가 된다. 차이 값 16은 step(44)보다 여전히 작으므로 코드 워드의 2번째 비트는 $0(000x_2)$이고 차이 값은 변함없이 16이다. step은 다시 1비트 오른쪽 자리 이동하여 22가 된다. 16은 22보다 작으므로 코드 워드의 1번째 비트는 역시 0이다. 코드 워드의 최종 값은 $0000_2(0)$이다.

코드 워드 $0000_2(0)$으로부터 차이 값을 복원해보자. MSB는 마지막에 처리한다. 3번째 비트가 0이므로 복원 값은 0으로 변함없다. step 88은 1비트 오른쪽으로 자리 이동하여 44가 된다. 코드 워드의 2번째 비트도 0이므로 복원 값은 역시 0이고 step은 22가 된다. 코드 워드의 3번째 비트는 역시 0이므로 복원 값은 변함없이 0이다. 다시 step은 11이 되고 마지막으로 이 값을 더해 복원 값은 11이 된다. MSB가 0이므로 복원 값은 양수이다. 따라서 차이 값에 대한 최종 복원 값은 11이다. 직전의 표본 값은 81이므로 복원 표본 값은 92이다. 현재 스텝 크기는 88이고 테이블의 인덱스는 26이다. 코드 워드가 $0000_2(0)$이므로 인덱스에 대한 오프셋은 -1이고 다음 단계의 스텝 인덱스는 25이고 크기는 80이다.

3번째 표본에 대한 처리는 동일한 방식으로 수행할 수 있다. 결과는 위의 표를 참조하자. 마지막으로 4번째 표본에 대한 처리 과정을 살펴보자. 4번 표본 값 92와 직전 표본의 복원 값 102 사이의 차이는 -10이다. -10은 음수이므로 코드 워드의 MSB인 4번째 비트는 1이고 코드 워드 계산을 위해 이 값을 양수 10으로 변경한다. 차이 값 10은 스텝 크기 step = 73보다 작으므로 코드 워드의 3번째 비트는 0이고 차이 값은 변동이 없다. step은 1비트 오른쪽으로 자리 이동하여 36이 된다. 차이 값 10은 16보다 여전히 작으므로 코드 워드의 2번째 비트는 0이고 차이 값은 변함없이 10이다. step은 다시 1비트 오른쪽 자리 이동하여 18이 된다. 10은 18보다 작으므로 코드 워드의 1번째 비트는 역시 0이다. 코드 워드의 최종 값은 $1000_2(0)$이다.

코드 워드 $1000_2(0)$으로부터 차이 값을 복원해보자. MSB는 마지막에 처리한다. 3번째 비트가 0이므로 복원 값은 0으로 변함없다. step 73은 1비트 오른쪽으로 자리 이동하여 36이 된다. 코드 워드의 2번째 비트도 0이므로 복원 값은 역시 0이고 step은 18이 된다. 코드 워드의 3번째 비트는 역시 0이므로 복원 값은 변함없이 0이다. 다시 step은 9가 되고 마지막으로 이 값을 더해 복원 값은 9가 된다. MSB가 1이므로 복원 값은 음수이다. 따라서 차이 값에 대한 최종 복원 값은 -9이다. 직전의 표본 값은 102이므로 복원 표본 값은 91이다.

현재 스텝 크기는 73이고 테이블의 인덱스는 24이다. 코드 워드가 $1000_2(0)$이므로 인덱스에 대한 오프셋은 -1이고 다음 단계의 스텝 인덱스는 23이고 크기는 66이다. 5번 표본에 대해서는 동일한 수행 과정을 거쳐 위의 표와 같은 결과를 얻을 수 있다.

IMA-ADPCM을 사용하여 부호화를 수행한 경우 총 오차는 $14(0 + 5 + 5 + 1 + 3)$이다. 이번 예제의 결과는 예제 3-4의 DPCM과 큰 차이가 발생하지는 않지만 일반적으로 PCM이나 기존 DPCM에 비해 오차를 줄이면서 부호화가 가능하다.

통신 분야에서의 ADPCM을 위한 표준에는 ITU-T$^{\text{International Telecommuni-cation Union}}$ $^{\text{Telecommunication Standardization Sector}}$ 권고안^{recommendation} G.721, G.722, G.723, G.726, G.728 등이 존재한다. G.721와 G.723은 G.726으로 통합되었다. 권고안 간의 차이는 알고리즘의 비트율과 일부 세부 사항이다. ITU-T 권고안은 주로 통신망을 통한 음성 신호의 전송을 위한 규격이다.

음성 통신에서 음성은 일반적으로 8 kHz의 표본화 주파수와 8비트의 양자화 비트 및 모노 방식을 사용한다. 따라서 전송률은 64(8,000 × 8 × 1) Kbps이다. 이 음질은 상용 서비스가 가능한 최소 품질에 해당한다. G.721은 8 kHz의 표본화 주파수를 사용하고 양자화 단계에서는 표본당 4비트를 사용하여 32 Kbps로 전송하는 규격이다. G.723은 압축 효율을 높여 24 Kbps 및 40 Kbps의 전송률을 제공한다. G.726은 16 Kbps의 전송률을 추가로 제공하여 16/24/32/40 Kbps의 전송률을 제공한다. 이 방식은 집적 회로를 사용하여 음성 전송을 위한 회선뿐만 아니라 음성 사서함 등에 이용되고 있다.

ITU-T 권고안 G.722는 1988년 11월에 승인되었으며 7 kHz의 음성이나 음악을 48/56/64 Kbps의 전송률을 사용하여 전송하기 위해 개발되었다. G.722는 사운드 대역을 대역별(낮은 주파수와 높은 주파수)로 분리하여 처리하는 부대역 코딩$^{\text{sub-band}}$ ^{coding} 방식을 사용한다. ITU-T 권고안 G.728은 1992년에 ITU-T에 의해 승인되었으며 국가 내에서뿐만 아니라 국가 간의 디지털 음성 통신을 위한 방법으로 채택되어 국제적으로 사용되고 있다. 이 방법에서는 16 Kbps의 전송률을 사용한다.

❹ DM

DM$^{\text{Delta Modulation}}$은 DPCM 방식의 동작 원리와 동일하지만 인접한 표본 간의 값의 차이를 1비트(DM 비트)로만 표현한다. 직전 표본 값에 비하여 값이 증가하면 1, 감소하면 0, 변하지 않으면 0과 1의 값을 교차(101)하여 전송한다. 복호화할 때는 부호화된 DM 비트의 값에 따라 델타 값$^{\text{delta amount, }\Delta}$을 더하거나 빼서 처리한다. 델타 값 Δ는 신호의 표본화 주파수에 의해 미리 결정한다. 그림 3-26은 입력 신호에 대한

DM 부호화 결과이다. 그림의 하단에는 부호화된 비트의 열을 표시하였다. 비트열에서 밑줄 친 부분은 값이 변하지 않는 표본을 나타낸다.

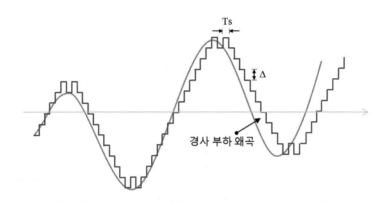

비트 열: 11111<u>01</u>0000000000<u>10</u>1111111111111<u>10</u>10000000000000<u>10</u>1111111111

그림 3-26 DM 부호화 결과

　　DM은 음질이 중요하지 않은 음성을 전송하기 위해 주로 사용한다. 이 방식은 간단하면서도 진폭이 큰 신호에서도 피크 잘림peak-clipping 현상이 거의 발생하지 않는 장점을 갖는다. 그러나 고주파의 경우 그림 3-26과 같이 DM의 부호 값이 표본의 크기 변화를 따라가지 못하는 경사 부하 왜곡slope overload distortion 현상이 발생할 수 있다.

❺ ADM

　　ADMAdaptive DM은 DM을 개선하여 인접 표본 간의 차이 규모에 따라 델타 값을 적응적으로 변경하는 방법이다. DM에 비해 경사 부하 왜곡을 완화하고 원본 데이터와의 오차를 줄일 수 있다. ADM의 처리 과정은 다음과 같다. 이때 Δ은 델타 값이다. DM 비트가 연속적으로 동일한 부호(값)를 갖는 경우 Δ의 크기를 p배($p > 1$)한 크기만큼 증가시켜 데이터 표현에 필요한 비트 수를 줄인다. 반면 DM 비트의 부호가 변하는 경우 Δ를 q배만큼 감소시킨다.

$p \times q = 1$, $p > 1$(p, q는 실수)

(+, +), (−, −): 델타 값의 규모를 키움 → $\Delta \times p$

(+, −), (−, +): 델타 값의 규모를 줄임 → $\Delta \times q$

예제 3-7을 통해 DM과 ADM 부호화 결과의 차이를 살펴보자.

◉ **예제 3-7**

다음의 입력 표본들에 대해 DM 및 ADM의 부호화와 복호화의 결과를 제시하시오. 이때 입력 표본은 부호 없는 8비트를 사용하고 코드 워드는 1비트를 사용한다. 첫 번째 표본의 직전 표본에 대한 복원 값은 55로 가정한다. 또한 $p = 5/4$, $q = 4/5$, $\Delta = 16$으로 가정한다.

순서 n	1	2	3	4	5	⋯
입력 표본 $x[n]$	81	97	107	92	64	⋯

풀이

DM의 부호화 결과를 살펴보자. 1번 표본 값 81은 직전 값 55에 비해 증가하므로 DM 비트는 1이다. 이 결과를 사용하여 1번 표본을 복원하면 71(55 + 16)이다. 2번 표본 값 97은 이전 복원 값 71에 비해 증가하므로 역시 DM 비트는 1이다. 3번 표본 값 107도 이전 복원 값 87(71 + 16)에 비해 증가하므로 DM 비트는 1이다. 이와 같은 방법으로 부호화를 수행하면 다음 표와 같은 결과를 얻는다. 부호화 결과는 복호화 결과를 포함하고 있으므로 복호화 과정은 생략한다.

순서 n	1	2	3	4	5	⋯
입력 표본 $x[n]$	81	97	107	92	64	⋯
차이 값 $d[n]$	26	26	20	−11	−23	⋯
코드 워드 $\omega[n]$	1	1	1	0	0	⋯
복원 표본 $\hat{x}[n]$	71	87	103	87	71	⋯
델타 크기	16	16	16	16	16	⋯

이번에는 ADM 부호화에 대한 결과를 살펴보자. 1번 표본 값 81은 직전 값 55에 비해 증가하므로 DM 비트는 1이다. 이전 값들의 증가 여부를 알 수 없으므로 델타 값은 16으로 유지한다. 2번 표본 값 97은 이전 복원 값 71(55 + 16)에 비해 증가하므로 DM 비트는 1이다. 이때 DM 비트가 연속으로 동일한 값을 가지므로 델타 값을 20(16 × 1.25)으로 증가시킨다. 변경된 델타 크기를 사용하여 2번 표본을 복원하면 91(71 + 20)이다. 3번 표본 값 107은 이전 복원 값 91에 비해 증가하므로 DM 비트는 1이다. 델타 값을 다시 25(20 × 1.25)로 증가시킨다. 변경된 델타 크기를 사용하여 3번 표본을 복원하면 116(91 + 25)이다. 4번 표본 값 92는 116에 비해 감소하므로 DM 비트는 0이다. DM 비트의 값이 변경되었으므로 델타 크기는 20(25 × 0.75)으로 감소시킨다. 복원 값은 96(116 − 20)이다. 5번 표본 값 64는 96에 비해 감소하므로 DM 비트는 0이다. DM 비트가 연속으로 동일한 값을 가지므로 델타 크기를 25(20 × 1.25)로 증가시킨다. 복원 값은 71(96 − 25)이다.

순서 n	1	2	3	4	5	⋯
입력 표본 $x[n]$	81	97	107	92	64	⋯
차이 값 $d[n]$	26	26	16	−24	−32	⋯
코드 워드 $\omega[n]$	1	1	1	0	0	⋯
복원 표본 $\hat{x}[n]$	71	91	116	96	71	⋯
델타 크기	16	20	25	20	25	⋯

DM 방식에서의 총 오차는 36(10 + 10 + 4 + 5 + 7)이고 ADM은 36(10 + 6 + 9 + 4 + 7)이다. 이번 예제에서는 두 방식의 코드 워드와 총 오차가 동일하게 나타나고 있지만 일부 구간의 결과일 뿐이고 일반적으로 DM에 비해 ADM이 좋은 성능을 나타낸다.

---

❻ μ-법칙, A-법칙

앞에서 살펴본 것과 같이 양자화는 선형 양자화와 비선형 양자화로 구분할 수 있다. 선형 양자화는 균일한 스텝 크기를 사용하여 진폭을 균등하게 분할한다. 선형 양자화에서 표본당 16비트를 사용하면 충분한 동적 범위로 인해 양자화 오차에 따른 잡음을 거의 느낄 수 없다. 그런데 표본당 사용하는 비트 수를 8비트로 줄인다면 동적 범위의 축소로 인해 인지할 수 있는 잡음이 발생하게 된다.

음성 통신에서 8비트를 사용하여 16비트의 성능을 제공하는 방법이 μ-법칙$^{\mu\text{-Law}}$과 A-법칙$^{\text{A-Law}}$이다. μ-법칙과 A-법칙은 비선형 양자화를 사용하여 음질의 향상이 가능하도록 한다. 인간은 큰 소리에 비해 작은 소리의 변화에 민감한 것으로 알려져 있다. 이런 감각 기관의 특성을 활용하여 소리의 크기에 따라 양자화 스텝 크기를 변경하면 균일한 스텝 크기를 사용할 때보다 적은 비트를 사용하여 비슷한 음질을 달성할 수 있다. 그림 3-27은 μ-법칙과 A-법칙에서 사용하는 비선형 양자화를 개념적으로 나타낸다. 낮은 압력 레벨에서는 작은 스텝 크기를 사용하여 세밀한 변화를 구분할 수 있지만 높은 압력 레벨에서는 큰 차이만을 구분할 수 있다. 즉, 작은 소리는 조밀한 양자화 스텝 크기를 사용하여 소리의 크기를 세밀하게 구분하고 큰 소리는 큰 스텝 크기를 사용하여 소리의 크기를 대략적으로 구분한다.

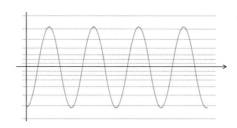

그림 3-27   μ-법칙과 A-법칙을 위한 비선형 양자화

μ-법칙과 A-법칙은 1972년 ITU-T 권고안인 G.711에 포함된 압축신장 알고리즘이다. 압축신장^{companding}은 압축^{compressing}과 신장^{expanding}의 합성어이다. 이 방법은 주로 전화망을 통한 디지털 음성 통신을 위해 사용되며 8비트를 사용하여 14비트(μ-법칙) 혹은 13비트(A-법칙)와 동일한 음질을 나타낸다. μ-법칙은 북미와 일본의 ISDN 음성 서비스를 위해 사용하고 A-법칙은 주로 유럽에서 사용한다. 이 두 가지 방법은 사용하는 변환 함수에서 작은 차이를 갖는다.

❼ MPEG 오디오 부호화

MPEG에서는 압축 성능의 향상을 위해 음향 심리학적인 특징인 마스킹 효과를 사용한다. 마스킹 효과$^{masking\ effect}$란 큰소리와 작은 소리가 동시에 발생한 경우 큰 소리에 의해 작은 소리는 들리지 않는 것처럼 어떤 소리가 다른 소리를 가리는^{masking} 현상을 의미한다. 3.4절에서 마스킹 효과를 포함하여 인간의 청각이 가지는 심리학적인 특징에 대해 자세하게 살펴본다. MPEG 오디오 부호화는 원음과 재생 음의 데이터가 동일하지는 않지만 청각적으로는 동일하게 지각할 수 있도록 압축(부호화)하는 지각 부호화의 일종이다. 지각 부호화$^{perceptual\ coding}$는 원본 데이터에서 인간이 지각할 수 없는 일부 데이터를 제거하여 데이터를 압축하는 손실 압축$^{lossy\ coding}$의 한 가지 방법이다.

MPEG의 오디오 부호화는 MPEG-1, MPEG-2 및 MPEG-4 부호화로 구분할 수 있다. MPEG-1의 오디오 부호화는 고품질, 고능률 스테레오 사운드 부호화를 위해 1992년 ISO/IEC(ISO/IEC SC 29/WG 11)에서 표준안(11172-3)으로 제정하였다. 표준안 번호에서 11172는 표준의 종류를 구분하기 위한 번호이고 3은 표준안 내부에서의 파트^{part}를 구분한다. MPEG-1 오디오는 2채널의 스테레오 오디오를 부호화 및 복호화하는 기술인데 32kHz, 44.1kHz, 48kHz의 표본화 주파수를 수용한다. 이 기술은 저장용도의 응용분야에 주로 활용되고 있다. MPEG-1 오디오에는 계층 1$^{layer\ 1}$, 계층 2$^{layer\ 2}$, 계층 3$^{layer\ 3}$의 세 가지 종류의 알고리즘이 존재한다. 계층이 높을수록 알고리즘은 복잡하지만 동일한 비트율을 사용했을 때 음질은 향상된다. 계층 1과 계층 2는 1991년도에 기술이 개발되었으며 압축률은 각각 4:1과 6:1~8:1 정도이다. 계층 3은 1993년에 개발되었으며 압축률은 10:1~12:1 정도이다. 이것은 16비트의 원본 데이터를 약 1.5에서 3비트로 줄일 수 있는 것이다. CD 음질의 오디오에 대한 초당 전송률은 약 1.4 Mbps인데 MPEG-1 계층 1은 음질의 저하 없이 채널당 192 kbps로 부호화할 수 있다. 계층 2는 128 kbps에서 원음과의 투명성을 보장할 수 있으며 계층 3은 96 kbps에서 가능하다. MPEG-1 오디오는 32 kbps에서 448 kbps까지 14가지 종류의 비트율을 규정하고 있는데 일반적으로 사용하는 비트율은 계층 1에서는 128 kbps(모노)와 256 kbps(스테레오), 계층 2에서는 96 kbps(모노)와 192 kbps(스테레오), 계층 3에서는 64 kbps(모노)와 128 kbps(스테레오)이다. MPEG-1 오디오 계층 3을 간단히 MP3라고 부른다.

MPEG-2의 오디오 부호화는 1994년 11월에 국제 표준안인 ISO/IEC 13818-3으로 제정되었다. 이 방법은 MPEG-2 BC$^{\text{Backward Compatible}}$라고 부르는데 1997년에는 이를 개선한 MPEG-2 AAC$^{\text{Advanced Audio Coding}}$가 개발되었다. MPEG-2 AAC는 MPEG-2의 파트 7에 기술되어 있다. MPEG-2 오디오는 다중 채널$^{\text{multi-channel}}$, 부음성$^{\text{multi-lingual}}$ 등을 지원할 수 있도록 개선되었다. MPEG-2 BC는 MPEG-1 오디오와의 전방향 및 역방향 호환성을 유지하며 저주파(20~120 Hz) 효과음인 LFE$^{\text{Low Frequency Effect}}$를 포함하여 5.1채널까지의 다중 채널을 지원한다. MPEG-2 AAC는 이를 보다 개선하여 48채널까지 제공할 수 있다. 전향 호환성$^{\text{forward compatibility}}$은 최신 기술의 복호기에서 이전 기술의 오디오 스트림을 재생할 수 있는 것이며 역방향 호환성$^{\text{backward compatibility}}$은 이전 기술의 복호기에서 최신 기술의 오디오 스트림을 재생할 수 있는 것을 의미한다. MPEG-2 오디오(BC 및 AAC)는 MPEG-1 오디오와의 전방향 호환성을 제공하고 MPEG-2 BC는 제한적이지만 MPEG-1 오디오와의 역방향 호환성까지 제공한다. MPEG-2 오디오는 7개 나라의 부가 음성을 제공하며 16kHz, 22.05kHz, 24kHz의 표본화 주파수를 추가적으로 지원한다.

MPEG-4 오디오 부호화는 1999년에 표준안(ISO/IEC 14496-3)으로 제정되었다. MPEG-1과 MPEG-2 오디오 부호화가 채널을 구분 대상으로 하고 채널의 모든 오디오 데이터를 동일한 방식으로 부호화하는 콘텐츠 기반 부호화$^{\text{content-based coding}}$ 방식이라고 하면, MPEG-4는 오디오 데이터를 객체로 취급하여 각 객체별로 독립적인 방식으로 부호화를 처리할 수 있는 객체 기반 부호화$^{\text{object-based coding}}$ 방식이다. MPEG-4는 이전 표준들에 비해 향상된 압축 효율(6 kbps~64 kbps)을 제공하고 사용자가 콘텐츠를 재구성할 수 있는 상호 작용성을 지원한다.

2) 디지털 사운드 파일의 크기

디지털 사운드의 음질을 구분하는 대표적인 세 가지 요소는 표본화 주파수$^{\text{sampling frequency}}$, 표본당 비트 수$^{\text{bits per sample}}$, 채널의 수$^{\text{number of channels}}$이다. 이들 요소에 의해 디

지털화된 사운드의 데이터양이 결정된다. 파일의 저장이나 전송을 위해 필요한 데이터 크기는 다음과 같이 계산할 수 있다. 초당 비트 수는 디지털 사운드 데이터의 전송을 위해 1초에 처리해야 하는 비트 수를 나타낸다. 초당 비트율[bit rate per a second, bps] 또는 간단히 비트율이라고도 한다.

파일 크기[bit] = 표본화 주파수 × 표본당 비트수 × 채널 수 × 시간(초)

초당 비트 수[bps] = 표본화 주파수 × 표본당 비트수 × 채널 수

예를 들어, 1분 길이의 음악 CD에 저장된 노래를 저장하기 위한 파일 크기는

$$44100 \times 16 \times 2 \times 60 = 84,672,000 \text{ bit} = 10.6 \text{ Mbytes}$$

이다. 따라서 650 Mbytes 크기의 CD를 기준으로 10곡에서 15곡 정도의 노래를 저장할 수 있다. 표 3-4는 표본화, 양자화 및 채널수에 따른 음질의 차이를 나타낸다.

표 3-4 표본화, 양자화 및 채널 수에 따른 음질의 비교

표본화률	표본당 비트수	채널 수	bps	Data size (1분당)	음질
11.025 kHz	8	Mono	88.2 Kbps	650 KB	전화
22.05 kHz	8	Mono	176.4 Kbps	1.3 MB	AM Radio
22.05 kHz	16	Stereo	705.6 kbps	5.25 MB	FM Radio
44.1 kHz	16	stereo	1411 kbps	10.6 MB	CD

3) 디지털 사운드 파일의 종류

디지털 사운드를 저장하기 위한 파일 포맷에는 매우 다양한 방식이 존재한다. 파일의 종류에 따라 사용하는 부호화 방식이 정해져 있으며 또한 운영체제마다 사용 가능한 파일 종류가 다르다. MS 윈도우즈 운영체제에서 사용하는 가장 대표적인 디지털 사운드 파일은 WAV 파일이다. WAV 파일 포맷은 MS사와 IBM사가 PC

상의 사운드 표준 형식으로 공동 개발한 포맷이며 .wav 확장자를 갖는다. WAV는 wave를 의미한다. WAV 파일에서 사용하는 구체적인 압축 방식은 상이할 수 있는데 PCM, ADPCM 방식을 주로 많이 사용하고 A-법칙이나 μ-법칙 등도 사용 가능하다. 3장의 실습에서 WAV 파일의 구조에 대해 살펴보고 C언어 기반의 프로그래밍을 통해 WAV 파일의 처리 방법을 살펴본다.

AU 포맷은 Sun에서 개발한 포맷으로 μ-법칙 방식을 사용하며 데이터를 부호화한다. 이 포맷은 주로 유닉스 환경에서 사용한다. AU은 Audio를 의미하는데 확장자는 .au를 사용한다.

AIFF 포맷은 애플사에서 개발한 포맷이다. AIFF는 Audio Interchange file format을 의미하며 .aif 혹은 .aiff 확장자를 갖는다. 이 포맷은 8비트 및 16비트 다중 채널을 지원한다.

MP3는 MPEG-1 오디오 트랙 계층 3을 의미하며 .mp3 확장자를 사용한다. 최근 노래나 음악을 저장하기 위해 가장 보편적으로 사용하는 파일 포맷이다. MPEG-2 오디오는 .aac의 확장자를 사용한다.

Real Audio 포맷은 Real Audio사에서 개발한 포맷이다. 앞에서 설명한 포맷들하고는 다르게 스트리밍 방식을 지원하며 ADPCM 기반의 알고리즘을 사용한다. 스트리밍streaming이란 사운드의 전체 데이터가 메모리에 존재하지 않더라도 재생에 필요한 최소 데이터만 있으면 재생을 시작하고 재생을 하는 동안 나머지 데이터를 공급받아 재생을 지속하는 방식이다.

그 외의 사운드 파일에는 VQF, A2b, Ogg Vorbis, FLAC 등이 존재한다. VQF는 NTT에 의해 개발된 오디오 압축 기술인 TwinVQTransform-domain weighted interleave Vector Quantization에 기반을 둔 비상업용 사운드 파일이며 1994년에 개발되었다. 원음을 12:1에서 96:1까지 압축할 수 있으며 스트리밍을 지원한다. TwinVQ는 8 kbps의 낮은 비트율에서의 오디오 부호화에 최적화되어 있는데 80, 96, 112, 128, 160, 192 kbps의 고정 비트율을 지원한다. MP3에 비해 약 30% 정도의 압축 효율이 높은 것으로 평가된다. A2b는 1997년 AT&T사에서 인터넷을 통해 디지털 음악을 제공하기 위해 안전이 보장된 수단으로 개발한 사운드 파일이며 20:1까지 압축할 수 있다. 부호화 알고리즘은 특허가 출원되어 있다. Vorbis는 손실 방식의 오디오 압축 방식이며 오디오 포맷에 대한 규격을 함께 제공한다. 2002년 6월에 최초의 안정화된 버전이 공개되었는데 주로 Ogg 포맷에 저장되어 사용되기 때문에 주로 Ogg Vorbis라는 이름으로 사용한다. 5:1~18:1 정도의 높은 압축률을 제공하며 다양한 음질의 설정이 가능하다. Ogg는 특허에 의해 제한받지 않는 무료로 공개된 포맷을 지향하여 2002년 6월에 처음으로 공개되었다. 이 파일은 컨테이너 포맷으로 오디오, 비디오, 텍스트 등의 파일들을 다중화하여 포함할 수 있다. 초기에는 포함하는 데이터의 종류에 관계없이 .ogg 확장자를 사용했지만 현재는 오디오 데이터만 존재하는 경우 .oga, 비디오는 .ogv를 사용한다. FLAC$^{\text{Free Lossless Audio Codec}}$은 비손실 오디오 부호화 방법이다. 2:1 정도의 압축율을 제공하며 원본 데이터를 완벽하게 동일하게 복원할 수 있다. 2000년에 개발이 시작되어 2001년에 1.0 버전이 공개되었다. 파일 포맷의 구조가 공개되어 있다.

05 음향 심리학적 특징

음향 심리학^{psychoacoustics}이란 인간의 청각이 갖는 심리학적인 특징을 연구하는 분야이다. 음향 심리학적인 특징을 활용하면 사운드 압축의 효율을 개선할 수 있다. MPEG 오디오에서 이런 음향 심리학적 특징을 사용하고 있다. 음향 심리학의 주요 특징에는 최소 가청 한계, 주파수에 따른 동일 소리크기 인지 곡선, 마스킹 효과 등이 있다. 이런 특징 외에도 칵테일 파티 효과, 선행음 효과 등의 존재한다. 인간의 청각은 주파수 분석기와 유사한 기능을 수행한다. 이로 인해 칵테일 파티 효과와 같이 듣고 싶은 소리를 쉽게 구분하는 것이 가능하다. 이번 절에서는 주요 음향 심리학적 특징들에 대해 자세히 살펴본다.

1) 최소 가청 한계

앞에서 살펴본 것과 같이 인간은 대략 20 Hz에서 20 kHz 사이의 소리를 들을 수 있다. 또한 0 dB 이상의 크기를 갖는 소리를 들을 수 있다. 가청도^{audibility}란 인간이 인지할 수 있는 소리 수준(크기)과 주파수의 범위를 나타낸다. 가청 한계^{absolute} $^{threshold\ of\ audibility}$는 정상적인 청각을 가진 젊은 성인에 대해 특정 주파수의 순음을 재생했을 때 인지할 수 있는 최소의 소리 크기를 측정한 값이다. 이 가청 한계는 주파수에 따라 다르게 나타나는 특성을 갖는다.

가청 한계를 측정하는 고전적인 방법은 19세기 페히너$^{Gustav\ Theodor\ Fechner}$가 처음으로 사용하였다. 소리 크기의 한계를 사용하는 방법에서는 소리의 크기에 대한 범위를 정해놓고 우선 큰 소리에서 작은 소리까지 소리 크기를 줄여가면서 실험 참가자가 인지하는 결과를 기록한다. 그 후에는 반대로 작은 소리에서 큰 소리로 크기를 높여가면서 실험 참가자가 소리를 인지하기 시작하는 지점을 측정한다. 최종적으로 이 두 가지 결과의 평균값을 사용하여 가청 한계를 결정한다. 일정한 크기를 갖는 소리를 무작위로 들려주는 방법을 사용하기도 한다. 이 방법은 정해진 크기의 소리를 무작위 순서로 들려주고 실험 참가자의 인지 여부를 '예 또는 아니오'로 대답하도록 한다. 이 과정을 수차례 반복한 후 시행 횟수의 50% 이상 응답한 경우에 해당 크기의 소리를 들은 것으로 판단한다. 이 방법은 첫 번째 방법에 비해 함정 시행catch trial을 포함하고 있어 측정에 정확성을 높일 수 있다. 함정 시행이란 실험 시행과정에서 거짓 자극을 포함시켜 실험 참가자의 잘못된 반응 비율을 측정하는 것으로써 실험의 신뢰성에 대한 확인이 가능하다.

가청 한계는 녹음실 환경에서 한 대의 스피커를 사용하여 음을 재생하여 측정하는 방법Minimal Audible Field, MAF과 헤드폰이나 이어폰을 사용하여 측정하는 방법Minimal Audible Pressure, MAP으로 나눌 수 있다. MAF에서는 실험 참가자의 귀 옆에 마이크를 장착하여 소리의 크기를 측정하고 MAP에서는 귀 속에 마이크로 마이크를 장착하여 크기를 측정한다. MAF가 MAP에 비해 6 dB 정도 높게 나타나는데 MAF를 사용할 경우 양쪽 귀를 활용하여 소리를 듣게 되어 약 3 dB 정도의 향상이 가능하고 신체에서 발생하는 소리(심장 소리 등)에 둔감하기 때문에 또 일부 향상이 가능하다.

주파수에 따라 가청 한계를 측정하여 그래프로 표현한 것을 최소 가청 곡선minimum audibility curve이라고 한다. 그림 3-28에서 확인할 수 있으며 이 곡선은 인간이 들을 수 있는 소리의 최소 크기 지점을 연결하여 만들어진다. 따라서 각 주파수 대역에서 곡선보다 위쪽에 위치하는 크기를 갖는 소리만을 들을 수 있다. 곡선의 수평축은 주파수인데 로그 스케일로 표시된다. 이 곡선에서 알 수 있듯이 우리의 귀는 모든 주파수에 동일하게 동작하지 않으며 비선형적인 특징을 나타낸다. 예를 들어 100 Hz에서 10 dB의 소리는 들을 수가 없지만 1000 Hz의 10 dB 소리는 들을 수 있다. 우리 귀가 특히 1 Hz에서 5 Hz 사이의 주파수 대역에 민감한 것을 곡선을 통해 확인할 수 있다. 곡선의 수평 축은 주파수를 나타내며 로그 스케일로 표현하였다. 우리가 소리를 들을 수 없다는 것을 데이터의 관점에서 생각해보면 이 데이터를 저장할 필요가 없다는 것이다. 최소 가청 한계 곡선의 아래쪽에 위치한 소리의 경우에는 실제 소리는 존재하지만 우리가 지각할 수 없으므로 데이터로 저장할 필요가 없는 것이다.

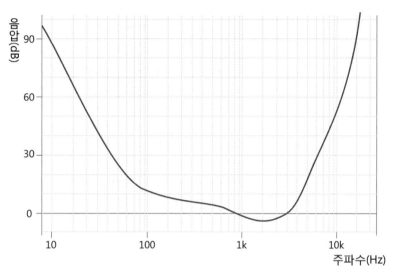

그림 3-28   최소 가청 한계 곡선

2) 동일 소리크기 인지 곡선

동일 소리크기 인지 곡선^{equal-loudness response curves}은 그림 3-29와 같은데 주파수 대역에 따라 인간이 동일한 소리 크기로 인지하는 지점들을 연결하여 만든 곡선이다. 이 곡선은 플레처-문손^{Fletcher-Munson} 곡선이라고 부르는데 1933년 플레처와 문손이 헤드폰을 기반으로 곡선을 만든 것에서 시작하였다. 이 곡선은 수정을 거쳐 2003년 국제 표준인 ISO 226으로 제정되었다.

그림 3-29에서 각 곡선의 단위는 폰을 사용한다. 폰^{phon}은 순음에 대한 소리 크기 정도를 나타내는 단위인데 주파수를 고려하여 음^{tone}에 대해 지각한 소리의 크기를 표현할 때 사용한다. 1 폰은 1 kHz 주파수에서 1 dB에 해당한다.

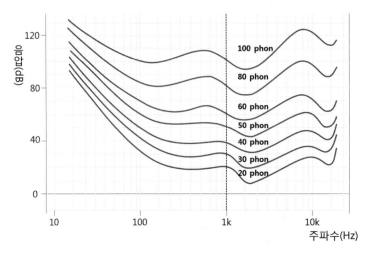

그림 3-29   동일 소리크기 인지 곡선

3) 마스킹 효과

조용한 산길을 걷고 있으면 우리는 주변 계곡을 따라 흐르는 나지막한 물소리를 들을 수 있다. 그런데 갑자기 센 바람이 불어 나뭇가지가 심하게 흔들리면 이 마찰 소리로 인해 조금 전에 들렸던 물소리는 들리지 않는다. 이런 현상을 마스킹 효과라고 부른다. 다시 이야기하면 마스킹 효과masking effect는 여러 가지의 소리가 동시에 발생했을 때 큰 소리가 작은 소리를 가리는 현상이다. 이때 작은 소리의 경우 실제 소리는 존재하지만 우리가 인지할 수 없으므로 저장할 필요는 없다. 따라서 사운드 압축 과정에서 마스킹 효과를 활용하면 압축률의 향상을 기대할 수 있다.

그림 3-30을 살펴보자. 200 Hz 주파수에서 45 dB 크기를 갖는 순음 A가 발생하고 동시에 220 Hz 주파수를 갖는 35 dB 크기의 순음 B가 발생했을 때 순음 B는 순음 A에 의해 들리지 않는다. 즉, 순음 A를 들을 수 있지만 순음 B는 들을 수 없다. 이때 순음 A를 가리는 주체인 마스커masker라고 하고 순음 B를 가려지는 대상인 마스키maskee라고 한다.

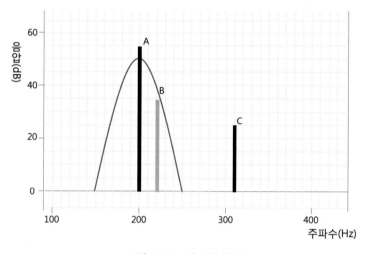

그림 3-30   마스킹 효과

그런데 그림 3-30에서 순음 C는 순음 B보다 작은 크기의 소리이지만 들을 수 있다. 순음 A는 일정한 주파수 대역 내의 다른 소리만을 가리는데 이 주파수 대역을 임계 대역^{critical band}이라고 한다. 임계 대역은 마스커의 주파수에 따라 달라진다. 그림 3-31과 같이 500 Hz 이하의 소리에 대해서는 100 Hz로 동일하고 500 Hz 이상의 소리에 대해서는 주파수와 비례(중심 주파수의 약 20% 대역)하여 가청 범위 내에서는 대략 6 kHz까지 선형적으로 증가한다.

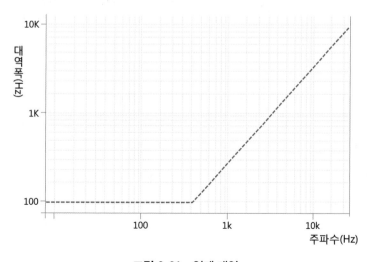

그림 3-31   임계 대역

앞에서 설명한 마스킹 효과는 동일 시간의 주파수 대역에서 발생하는 현상이다. 이런 마스킹 효과를 동시적 마스킹 효과$^{simultaneous\ masking\ effect}$라고 한다. 마스킹 효과는 시간의 흐름에 따라 발생하기도 한다. 큰 소리가 발생한 시점을 기준으로 일정한 시간이 지날 때까지는 작은 소리들을 들을 수 없다. 이런 현상은 시간적 마스킹 효과$^{temporal\ masking\ effect}$라고 한다. 그런데 시간적 마스킹 현상은 짧은 시간이지만 큰 소리가 발생하기 이전의 작은 소리들도 가리는 결과를 초래한다. 큰 소리 이후에 발생한 작은 소리를 들을 수 없는 현상을 전향성 마스킹$^{forward\ masking}$이라고 한다. 반면 큰 소리 이전에 발생하는 작은 소리를 들을 수 없는 현상을 후향성 마스킹$^{backward\ masking}$이라고 한다. 그림 3-32는 시간적 마스킹 효과를 보여준다.

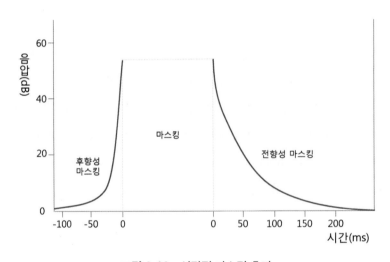

그림 3-32 시간적 마스킹 효과

마스킹 효과와 임계 대역은 사운드 압축에 중요한 역할을 수행한다. 앞에서 설명한 것과 같이 들을 수 있는 소리는 반드시 비트를 할당하여 저장해야 한다. 그러나 소리는 존재하였지만 다른 소리에 의해 가려져 들을 수 없는 경우에는 비트를 할당할 필요가 없다. 청각적으로는 인지할 수 없는 데이터를 감소시키는 것이다. MPEG의 오디오 압축에서 이런 인간의 청각적 특징들을 활용하여 압축률을 높이고 있다.

06

입체 사운드

입체 사운드^{stereophonic}는 청취자가 음원이 존재하는 공간에 위치하지 않더라도 재생하는 사운드로부터 방향감, 거리감, 공간감 등의 공간적인 단서를 지각할 수 있는 사운드를 의미한다. 이번 절에서는 입체 사운드의 주요 원리와 제작 방법 및 종류에 대해 살펴본다.

1) 주요 원리

입체 사운드는 우리의 두 귀에 도달하는 소리의 시간적인 차이^{Interaural Time Difference,} ^{ITD}와 크기 차이^{Interaural Level Differences, ILD}에 의해 발생한다. 두 귀에 도달하는 소리의 시간적인 차이는 소리가 발생한 지점인 음원의 방향에 대한 정보를 제공한다. 만약 음원이 왼쪽에 위치하고 있으면 왼쪽 귀에서 먼저 소리를 인지하고 오른쪽 귀에서는 이보다는 조금 늦게 인지한다. 이런 시간적인 차이는 소리가 왼쪽 귀보다는 오른쪽 귀에 도달할 때까지 더 먼 거리를 이동하기 때문에 발생한다. 또한 왼쪽에서 발생한 음이 오른쪽 귀에 직선으로 도달하기 위해서는 두 개 골을 통과해야 하는데 매질의 밀도 차이로 인해 파동의 이동 속도가 느려지기 때문이다. 이와 같이 음원의 위치에 따라 두 귀에 도달하는 소리의 시간적인 차이가 발생하게 되고 이 시간적인 차이에 의해 음원의 방향을 구분할 수 있다.

두 귀에 도달하는 소리의 크기 차이도 음원의 방향에 대한 정보를 제공한다. 파동이 더 먼 거리를 이동하면 크기(진폭)는 감소하게 된다. 또한 음원 반대편 귀에 전달되기 위해 두 개 골을 통과하는 과정에서도 파동의 크기가 감소한다. 이와 같은 소리의 크기 차이에 의해 우리는 음원의 방향을 인지할 수 있다. 일반적으로 800 Hz 이하의 주파수에 대해서는 양쪽 귀에 도달하는 소리의 시간 차이가 주로 발생하여 음원의 방향을 판단하는 근거를 제공하며 1600 Hz 이상의 주파수에서는 소리의 크기 차이가 주요 역할을 담당한다. 이 사이의 주파수에는 두 가지 원리가 함께 작용한다.

소리의 크기 차이는 음원까지의 거리감도 제공한다. 고주파는 저주파에 비해 공기 중에서 빨리 감쇠한다. 따라서 먼 거리에서 발생한 소리는 고주파가 제거된 상태로 우리에게 도달된다. 이에 따라 음원의 거리를 구분하는 것도 가능하다. 우리 귀에 직접 전달되는 소리와 반사되어 전달되는 소리의 비율도 음원의 거리를 구분하는 기준이 된다. 이와 같이 두 귀에서 인지하는 소리의 차이와 소리의 크기 변화는 우리가 입체적인 소리를 느낄 수 있는 정보를 제공하고 있다.

2) 주요 제작 방법

입체 사운드를 제작하는 방법은 바이노럴 레코딩 방법과 서라운드 사운드 방법으로 구분할 수 있다. 바이노럴 레코딩binaural recording 방법은 사람의 머리 모양과 유사하게 제작한 더미헤드dummy head의 양쪽 귀 내부에 마이크를 삽입하여 사운드를 녹음하는 방식이다. 더미헤드의 귀 모양은 귓바퀴와 귓구멍 등을 포함하여 실제 구조와 매우 유사하게 제작되어 인간의 귀에서 흡수하는 방식과 동일하게 사운드를 흡수할 수 있도록 한다.

바이노럴 레코딩에서는 머리전달함수를 사용하여 사운드의 방향성을 제공한다. 머리전달함수Head Related Transfer function, HRTF는 사운드(순음)의 발생 위치와 주파수를 변경하면서 더미헤드를 통해 녹음한 사운드 데이터이다. 이 데이터는 푸리에 변환된 형태로 저장된다. 방위와 고도에 따른 발생 위치를 변경하면서 가청 주파수대역의 모든 주파수에 대한 순음을 스피커에서 재생하여 더미헤드의 귓속으로 전달되는 사운드를 녹음한다. 머리전달함수와 재생할 사운드 신호를 컨볼루션[2]하여 헤드폰에서 재생하면 방향감이 있는 소리를 제공할 수 있다. 또한 바이노럴 레코딩에서는 실내전달함

---

2 컨볼루션은 신호처리의 한 가지 방법으로 3.2절의 선형 시불변 시스템에서 살펴보았다.

수를 사용하여 사운드의 공간감을 제공한다. 실내전달함수^{Room Transfer function, RTF}는 실내 공간에서 음원으로부터 청취자에게 소리가 전달되는 특성을 나타내는 함수이다. 실내 공간의 크기나 벽면 재질 또는 구조에 의해 잔향의 발생 형태가 달라지는데 이런 특성을 실내전달함수가 제공한다. 특정한 환경을 갖는 환경을 구축한 후 머리전달함수를 생성하면 사운드의 공간감을 표현하는 것이 가능하다.

바이노럴 레코딩은 헤드폰에서 재생하기 위한 용도로 제작한 것이기 때문에 스피커를 사용해서 사운드를 재생하는 경우에는 크로스 토크가 발생할 수 있다. 크로스 토크^{cross-talk}의 일반적인 의미는 한 회선^{circuit}을 통해 전송되는 신호가 다른 회선에 영향을 미치는 것이다. 사운드에서의 크로스토크란 스피커를 통해 사운드 재생할 때 왼쪽 채널과 오른쪽 채널의 소리가 서로 간섭하는 현상이다. 왼쪽 채널의 사운드는 왼쪽 귀에만 들려야 하고 오른쪽 채널의 사운드는 오른쪽 귀에만 전달되어야 하는데, 상대편 귀에도 사운드가 전달되어 정확한 입체감을 제공하지 못하는 현상을 말한다.

서라운드 사운드^{Surround sound} 방법은 주로 스피커를 사용하여 사운드를 재생하기 위한 목적으로 사용된다. 이 방법은 다수의 채널을 사용하여 3차원 사운드를 생성하는 것을 목표로 한다. 여러 대의 스피커를 사용하여 청취자를 완전히 포위하여 청취자가 콘서트 장의 중심에 있는 것처럼 느끼도록 한다. 일반적으로 사용하는 3차원 사운드이다.

서라운드 사운드를 제작하는 다양한 방법이 있지만 기본적인 방법은 음향 스튜디오의 앞쪽과 뒤쪽에 스테레오 사운드를 녹음할 수 있는 두 개의 시스템을 구축한 후 마이크를 사용하여 녹음하는 방식이다. 또는 데카 트리^{DECCA tree}와 같은 특정한 마이크 레이아웃을 사용하여 제작할 수 있다. 이와 같이 서라운드 사운드는 다수의 채널로 구성되며 각 채널에 한 대씩의 스피커를 대응시켜 재생할 수 있다.

3) 서라운드 사운드의 종류

서라운드 사운드를 사용하기 위해서는 청취자가 정확한 지점에 위치하고 스피커들을 정확하게 배치하는 것이 필요하다. 서라운드 시스템에 대한 음질 평가용 시청실 규격은 표준(ITU-R BS.755-1)으로 정해져 있는데 5.1채널 서라운드 사운드 시스템의 경우 그림 3-33과 같다. 스피커 시스템에 대한 배치뿐만 아니라 바닥면적, 실내의 가로 및 세로 비율, 잔향시간, 초기 반사음 등에 대해 규정하고 있다.

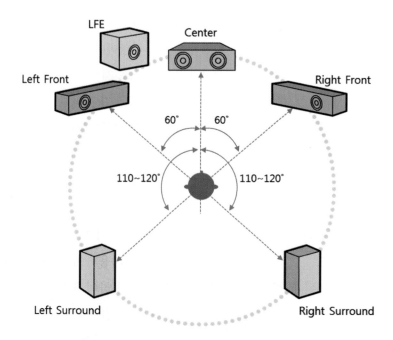

그림 3-33 5.1채널 서라운드 시스템의 스피커 배열

서라운드 사운드에 대한 주요 상업적인 기술은 크게 돌비^{Dolby}사의 기술과 DTS사의 기술로 구분할 수 있다. 우선 돌비사의 기술부터 살펴보자. 돌비사는 1965년에 돌비$^{Ray\ Dolby}$에 의해 세워졌는데 영화관 및 가정용 서라운드 사운드 포맷에 대한 이름으로도 사용되고 있다. 돌비 스테레오$^{Dolby\ stereo}$는 4채널의 서라운드 사운드 시스템으로 1976년에 '스타 탄생$^{a\ star\ is\ born}$'의 상영을 위해 영화관에서 최초로 사용되었다. 가정용 음향 장비의 보급으로 돌비사는 돌비 스테레오를 기반으로 하는 가정용 포맷인 돌비 서라운드$^{Dolby\ Surround}$를 1982년에 발표하였다. 돌비 서라운드$^{Dolby\ Surround}$는 소리의 위상 차이를 사용하여 두 개의 채널을 하나로 합쳐 저장한 후 재생 시에 다시 두 개로 분리하여 재생하는 방식이다. 그러나 이 방식에서는 두 개의 채널을 완벽하게 분리할 수 없는 한계가 있다. 돌비 서라운드는 전면 왼쪽$^{left\ front}$, 전면 오른쪽$^{right\ front}$,

중심^{center}, 서라운드^{surround}의 4채널 데이터를 저장한다. 일반적인 5채널 방식에서 돌비 서라운드를 재생하면 후면 2개의 서라운드 스피커에서는 동일한 사운드를 재생(모노 서라운드 채널)한다.

돌비 프로 로직^{Dolby Pro Logic}은 돌비 서라운드 방식으로 인코딩된 사운드를 디코딩하기 위해 개발된 서라운드 처리 기술이다. 1976년 극장에서 사용하기 위해 개발된 돌비 스테레오는 가정용의 돌비 서라운드를 거쳐 1987년 돌비 프로 로직으로 대체되었다. 현재 돌비 서라운드는 인코딩 기술, 돌비 프로 로직은 디코딩 기술의 의미로 사용되고 있다. 돌비 프로 로직을 개선하여 2000년에 돌비 프로 로직 II가 공개되었다. 돌비 프로 로직 II는 일반 스테레오 사운드를 5채널로 분리하는 기능을 제공한다. 돌비 프로 로직이 4채널로 분리할 수 있는 것에 비해 향상된 기술이다. 돌비 프로 로직 IIx는 조금 더 개선된 기술이며 2채널이나 4채널 사운드를 6.1채널이나 7.1채널로 분리하는 기술이다. 돌비 프로 로직 IIz는 돌비 프로 로직 IIx를 다시 한 번 개선하여 2002년에 소개된 기술이며 5.1채널이나 7.1채널을 7.1채널 또는 9.1채널로 분리하는 기술이다.

돌비 디지털^{Dolby Digital}은 최대 6개까지 구분된 채널을 포함하는 디지털 방식의 오디오 포맷이다. 1995년 이전까지는 돌비 스테레오 디지털이라는 이름을 사용하였는데 1995년부터 돌비 디지털이라는 이름으로 사용되기 시작하였다. 돌비 디지털은 간단히 DD 또는 AC-3라고도 부른다. 돌비 디지털은 DVD나 블루레이 디스크 등에서 사용되고 있다. 최대 비트율은 640 kbps이며 손실 압축 방식을 사용한다. 돌비 디지털 EX는 돌비 디지털을 확장^{EXtension}한 기술이며 기존 5.1채널을 확장하여 6.1 또는 7.1 채널의 디지털 사운드를 위한 코덱 기술이다. 돌비 디지털 EX의 극장용 기술은 돌비 디지털 서라운드 EX라고 부른다. 이 기술은 조지 루카스의 THX사와 돌비사가 공동으로 개발한 포맷이다. 돌비 디지털 플러스^{Dolby Digital Plus}는 13.1채널까지 지원하며 향상된 압축 기술을 사용한다.

서라운드 기술을 선도하는 업체에는 돌비사 이외에도 DTS^{Digital Theater System}사가 존재한다. DTS사의 오디오 기술을 DTS라고 부른다. 이 기술은 1991년에 발표되었으며 5.1채널을 지원하였다. DTS를 개선한 기술에는 DTS-ES^{DTS Extended Surround}가 존재한다. DTS-ES의 디스크리트 방식은 최대 6.1채널을 지원하고 있다. 그 외에도 돌비 프로로직 IIx에 대응하는 DTS NEO:6 기술과 이것을 확장한 DTS NEO:X가 존재한다. DTS NEO:6는 스테레오 사운드를 5.1채널 또는 6.1채널로 분리할 수 있으며 DTS NEO:X는 5.1, 6.1, 7.1채널을 11.1채널까지 분리할 수 있다.

학습정리

- **사운드** sound는 인간의 귀로 들을 수 있는 모든 정보를 의미하며 물체의 진동(vibration)에 의해 발생하는 물리적 현상으로 공기 분자의 진동을 나타내는 일종의 파동(wave)이다.

- **오디오** audio는 가청주파수 대역의 사운드를 의미한다.

- **주파수** frequency는 단위 시간동안 사운드 신호가 반복되는 횟수이며 단위는 헤르츠(Hertz, Hz)를 사용한다. 고주파수는 고음, 저주파수는 저음에 해당하며 한글로 진동수라고 한다.

- **음계** musical scale는 음을 높이 순으로 차례대로 늘어놓는 것이다.

- **음정** tone은 음계에 의해 늘어놓은 음의 간격이며 주파수의 비로 나타낸다.

- **옥타브** octave는 주파수의 비가 2배가 되는 음 사이를 나타낸다.

- **가청음** audible sounds은 주파수가 20 Hz에서 20 kHz 범위의 인간이 들을 수 있는 소리이다.

- **진폭** amplitude은 기준선에서 파형의 최고점까지의 거리이며 소리의 크기를 나타낸다.

- **음의 맵시** tone color는 동일 주파수, 동일 소리 크기에서도 악기마다 연주하는 음이 다르게 나타나는 소리의 고유한 특징이다. 고조 주파수의 종류에 따라 다르게 나타난다. 음색(timbre)이라고도 한다.

- **순음** pure Tone은 단일 주파수만으로 구성된 소리인데 자연적으로는 거의 존재하지 않는다.

- **복합음** complex Tone은 기본 주파수와 고조 주파수가 합쳐져서 나타나는 음이다.

- **기본 주파수**fundamental frequency는 소리의 높낮이를 결정하는 주파수인데 신호를 구성하는 주파수 중에서 가장 낮은 주파수에 의해 결정된다.

- **고조 주파수**harmonic frequency는 기본 주파수의 정수배가 되는 주파수이다.

- **신호**signal란 시간(time), 공간(space) 또는 임의의 독립변수에 따라서 변하며 정보를 전달하는 물리적이거나 인위적인 현상이다.

- **연속시간 신호**continuous-time signal는 독립변수가 연속적인 값을 가지는 신호이다.

- **이산시간 신호**discrete-time signal는 독립변수가 이산적인 값을 가지는 신호이다.

- **연속 값 신호**continuous-valued signal는 종속변수가 연속인 값을 갖는 신호이다.

- **이산 값 신호**discrete-valued signal는 종속변수가 이산 값을 갖는 신호이다.

- **아날로그 신호**analog signal는 연속시간 신호이며 동시에 연속 값 신호를 의미한다.

- **디지털 신호**digital signal는 이산시간 신호이며 동시에 이산 값 신호를 의미한다.

- **정현파**sinusoids는 코사인(cosine) 신호와 사인(sine) 신호를 통칭한다.

- **시스템**system은 신호를 대상으로 연산을 수행하여 품질을 향상시키거나 신호에서 유용한 정보를 추출하는 물리적 장치이다.

- **정적 시스템**static system은 메모리가 없는 시스템이다.

- **동적 시스템**dynamic system은 정적 시스템을 제외한 시스템이다.

- **선형 시스템**linear system은 여러 가지의 신호를 선형 조합하여 입력했을 때 출력 신호가 각 입력 신호에 대한 출력 신호와 동일한 형태의 선형 조합으로 나타나는 시스템이다.

- **비선형 시스템**non-linear system은 선형 시스템을 제외한 시스템이다.

- **시불변 시스템**time-invariant system은 입력 신호의 시간적 이동에 대해 출력 신호에서도 동일하게 시간적 이동이 나타나는 시스템이다.

- **시가변 시스템**time-variant system은 시불변 시스템을 제외한 시스템이다.

- **인과 시스템**causal system은 현재의 출력 신호는 미래의 입력 신호에는 영향을 받지 않으며 또한 예측을 수행하지 않는 시스템이다.

- **비인과 시스템**non-causal system은 인과 시스템을 제외한 시스템이다.

- **안정 시스템**stable system은 제한된 범위의 입력(bounded input)에 대해서는 역시 제한된 범위의 출력(bounded output)을 제공하는 시스템이다.

- **비안정 시스템**unstable system은 안정 시스템을 제외한 시스템이다.

- **표본화**sampling는 아날로그 신호의 시간 축을 일정한 간격으로 나누어 그 시간 간격마다 표본(sample)을 취하는 과정이다. 연속 시간 신호를 이산 시간 신호로 변환한다.

- **표본화 주파수**sampling frequency는 1초에 표본을 생성하는 횟수이며 단위는 Hz를 사용한다. 표본화율(sampling rate)이라고도 한다.

- **표본화 정리**sampling Theorem는 제한 대역폭을 갖는 원본 아날로그 신호의 최고 주파수 2배 이상으로 표본화를 수행하면 디지털 신호로부터 원본 아날로그 신호를 다시 복원할 수 있음을 제시하는 이론이다.

- **나이키스트 표본화 주파수**Nyquist sampling frequency는 제한된 대역폭의 신호(band limited signal)가 갖는 최고 주파수의 2배에 해당하는 주파수이다.

- **양자화**Quantization는 샘플링에서 생성한 표본이 갖는 연속적인 값을 미리 정해진 유한개의 이산적인 값으로 변환하는 과정이다. 연속 값 신호를 이산 값 신호로 변환한다. 양자화 방법은 스칼라 양자화와 벡터 양자화로 구분할 수 있다.

- **스칼라 양자화**scalar quantization는 각 표본에 대해 독립적으로 근사값을 계산하여 양자화를 수행한다. 스칼라 양자화는 다시 균일 양자화와 비균일 양자화로 구분할 수 있다.

- **벡터 양자화**vector quantization는 일련의 표본들에 대한 진폭 값을 그룹으로 묶어 벡터로 표현한 후에 이들 벡터에 대한 대표값을 선택하여 양자화를 수행한다.

- **균일 양자화**uniform quantization는 표본이 갖는 값의 모든 범위를 동일한 간격으로 설정하여 각 간격마다 대표값을 선택한다. 선형 양자화라고도 하며 중앙 상승(mid-riser) 양자화와 중앙 억제(mid-tread) 양자화로 나눌 수 있다.

- **비균일 양자화**non-uniform quantization는 표본 값의 위치에 따라 상이한 간격을 설정한다.

- **부호화**Coding는 표본화 및 양자화한 표본 데이터를 컴퓨터 파일에 저장하거나 네트워크를

통해 전송하기 위해 디지털 형식으로 표현하는 단계이다.

- **PCM** Pulse Coded Modulation은 표본화와 양자화 단계를 거쳐 생성한 값을 추가적인 처리 없이 그대로 기록하는 방법이다.

- **DPCM** Differential Pulse Coded Modulation은 직전 값을 예측 값으로 사용하여 오차를 부호화하는 예측 기반 부호화 방법이다.

- **복호화** decoding는 부호화한 데이터를 복원하는 과정이다.

- **부호기** encoder는 부호화를 수행하는 장치(또는 소프트웨어)이다.

- **복호기** decoder는 복호화를 수행하는 장치(또는 소프트웨어)이다.

- **순환적 DPCM 방법**은 부호기에서도 표본을 복원하는 기능을 포함하여 복원 오차를 줄이는 방법이다.

- **ADPCM** Adaptive Differential Pulse Coded Modulation은 DPCM에 적응적 예측 또는(그리고) 적응적 양자화 기능을 추가적으로 사용하는 부호화 방법이다.

- **IMA-ADPCM**은 적응적 양자화를 사용하는 DPCM 방법으로 국제멀티미디어협회(IMA)에서 개발하였다.

- **DM** Delta Modulation은 인접한 표본 간 값의 차이를 1비트(DM 비트)로만 표현한다.

- **ADM** Adaptive DM은 DM을 개선하여 인접 표본 간의 차이 값의 규모를 고려하여 델타 값을 적응적으로 변경하여 경사 잘림 문제를 완화하고 원본 데이터와의 오차를 줄일 수 있는 방법이다.

- **μ-법칙** μ-Law과 **A-법칙** A-Law은 비선형 양자화 방법을 사용하는 부호화 방법이다.

- **최소 가청 곡선** minimum audibility curve은 주파수에 따라 들을 수 있는 소리의 최소 크기(dB)를 표현한 곡선이다.

- **동일 소리크기 인지 곡선** equal-loudness response curves은 인간이 주파수 대역에 따라 동일한 소리크기로 인지하는 지점을 연결하여 만든 곡선이다.

- **마스킹 효과** masking effect는 여러 가지의 소리가 동시에 발생했을 때 큰 소리에 의해 작은 소리가 들리지 않는 현상이다.

- **임계 대역**critical band은 각 주파수 별로 마스킹 효과가 나타나는 주파수 대역을 의미한다.

- **시간적 마스킹 효과**temporal masking effect는 큰 소리가 발생한 시점을 기준으로 일정한 시간이 지날 때까지는 작은 소리들은 들을 수 없는 현상을 의미한다.

- **입체 사운드**stereophonic는 우리의 두 귀에 도달하는 소리의 시간적인 차이(interaural Time difference, ITD)와 크기 차이(interaural level differences, ILD)에 의해 발생한다.

- **바이노럴 레코딩**binaural recording **방법**은 사람의 머리 모양을 한 더미헤드의 양쪽 귀에 마이크를 삽입하여 사운드를 녹음하는 방법이다.

- **머리전달함수**Head Related Transfer function, HRTF는 더미헤드의 양쪽 귀에 마이크를 내장하여 공간의 중심에 위치시킨 후 고도각과 방위각을 변경하면서 발생한 가청 주파수 대역의 소리(임펄스 신호)를 녹음한 데이터이다.

- **크로스 토크**cross-talk란 오른쪽 귀에만 들려야 하는 소리가 왼쪽 귀에 들리고 또한 왼쪽 귀에만 들려야 하는 소리가 오른쪽 귀에도 들리는 간섭 현상이다.

- **서라운드 사운드**surround sound **방법**은 여러 대의 스피커를 사용하여 사운드 재생하기 위해 다수의 채널을 사용하여 3차원 사운드를 생성하는 방법이다.

- **돌비 서라운드**Dolby surround는 소리의 위상 차이를 사용하여 두 개의 채널을 하나로 합쳐 저장했다가 재생 시에는 다시 두 개로 분리하여 재생하는 방식이다.

연습문제

01. 7비트를 갖는 표본에 대해 인접 표본의 차이 값을 5비트로 양자화하여 부호화하는 DPCM 에서 부호화와 복호화 결과를 작성하시오. 이때 부호화를 통해 발생하는 총 오차를 계산하시오.

순서 n	1	2	3	4	5	⋯
입력 샘플 $x[n]$	80	90	100	110	130	⋯
차이 값 $d[n]$						⋯
양자화 결과 $c[n]$						⋯

순서 n	1	2	3	4	5	⋯
양자화 입력 $c[n]$						⋯
복원 샘플 $\hat{x}[n]$						⋯

총 오차:

02. 문제 1번에 대해 개선된 DPCM 부호화 및 복호화를 수행하고자 한다. 부호화와 복호화 결과를 작성하시오. 이때 부호화를 통해 발생하는 총 오차를 계산하시오.

순서 n	1	2	3	4	5	⋯
입력 샘플 $x[n]$	80	90	100	110	130	⋯
차이 값 $d[n]$						⋯
양자화 결과 $\hat{d}[n]$						⋯
복원 샘플 $\hat{x}[n]$						⋯

순서 n	1	2	3	4	5	...
양자화 입력 $\hat{d}[n]$						...
복원 샘플 $\hat{x}[n]$						...

총 오차:

03. 다음의 입력 표본들에 대한 DM 및 ADM의 부호화와 복호화의 결과를 제시하시오. 이때 입력 표본은 부호 없는 8비트를 사용하고 코드 워드는 1비트를 사용한다. 첫 번째 표본의 직전 표본에 대한 복원 값은 55로 가정한다. 또한 p = 5/4, q = 4/5, Δ = 16으로 가정한다.

원 데이터		16	40	89	75	24	32	66	19
DM	부호화								
	복호화								
	L_{DM}								
ADM	부호화								
	복호화								
	L_{ADM}								

04. 사운드의 기본요소에 대한 설명으로 틀린 것을 모두 고르시오.

1) 주기는 초당 신호의 반복 횟수를 의미한다.

2) 주파수는 소리의 높낮이를 구분하며 고주파는 고음에 해당한다.

3) 진폭은 소리의 크기를 구분하며 음압으로 표현한다.

4) 음정은 음을 높이 순으로 차례로 늘어놓은 것을 의미한다.

5) 소리 맵시는 고유한 소리의 특성을 구분한다.

05. 데스크톱 PC에서 사용하기 위하여 Microsoft사와 IBM사가 공동으로 개발한 사운드 포
맷은 무엇인가?

    1) AIFF   2) AU   3) RMI

    4) WAV   5) MID

06. 일반적인 음악 CD의 표본화 주파수와 양자화 비트 수는 각각 얼마인가?

    1) 44.1 kHz, 16 bit   2) 48 kHz, 16 bit   3) 44.1 kHz, 8 bit

    4) 48 kHz, 8 bit   5) 32.0 kHz, 16 bit

07. 다음 중에서 사운드에 대한 설명으로 잘못된 것을 모두 고르시오.

    1) 사운드란 공기 분자의 진동을 나타내는 파동의 일종이다.

    2) 가청주파수는 사람이 낼 수 있는 대역으로 20 Hz에서 20 kHz 사이이다.

    3) 사람의 귀는 소리의 음압 크기 변화에 선형적으로 영향을 받는다.

    4) μ-law와 A-law 방식은 전화망을 통해 디지털 음성을 통신하기 위한 목적으로 제정
        되었다.

    5) Dolby Digital은 손실 압축을 사용한다.

08. 오디오 파형을 디지털화하는 데 있어 표본화율(sampling rate)에 대한 설명으로 옳지
않은 것을 고르시오.

    1) 표본화율이 높을수록 원음에 가깝게 표현할 수 있다.

    2) 표본화된 샘플의 크기는 하나의 실수로 표현 가능하다.

    3) 22,100 Hz의 표본화율은 11,050 Hz의 주파수까지 손실 없이 복원할 수 있다.

    4) 표본화율을 정하기 위해서는 표본화 정리를 따른다.

    5) 표본화율의 단위는 파스칼을 사용한다.

09. 부호화 방식 중 입력된 값을 그대로 저장하며 CD나 DAT(Digital Audio Tape) 등에 사
용되는 것은 무엇인가?

    1) PCM   2) DPCM   3) SMPTE   4) ADPCM   5) DM

10. 16 bit Stereo의 사운드에서는 각 채널을 몇 바이트로 저장하는가?

    1) 1   2) 2   3) 3

    4) 4   5) 5

11. 다음 설명 중에서 올바르게 설명한 것을 모두 고르시오.

    1) 피아노의 중앙 건반인 '도'음은 절대 음정으로 주파수가 440 Hz로 정해져 있다.

    2) '도'음은 A, '레'음은 B, '미'음은 C 등으로 표시한다.

    3) 현재에는 옥타브를 대수적으로 14등분한 음계를 널리 사용하고 있다.

    4) 음정은 음을 높이 순으로 차례로 늘어놓는 것을 의미한다.

    5) 음계는 음정에 의해 차례대로 늘어놓은 음의 간격이다.

    6) 음의 주파수 비가 2배가 되면 옥타브(octave)라고 한다.

12. 다음 중에서 WAV 파일에 대한 설명으로 올바른 것을 모두 고르시오(3장 실습 참조).

    1) AIFF의 한 가지 형태이며 멀티미디어 교환에 유용하다.

    2) 일련의 청크(chunk)로 구성되며 청크의 종류는 고정되어 있다.

    3) 모든 청크는 청크의 종류를 구별할 수 있는 식별자를 포함한다.

    4) 포맷 청크는 총 샘플 데이터양에 대한 정보를 포함한다.

    5) 데이터 청크는 오디오 포맷에 대한 코드를 포함한다.

    6) 모든 샘플은 부호 있는 정수를 사용하여 표현한다.

13. 아날로그 신호를 디지털 신호로 변환하는 과정에 대해 정확하게 제시한 것은 무엇인가?

    1) 아날로그 신호 − 표본화 − 부호화 − 디지털 신호 − 양자화

    2) 아날로그 신호 − 부호화 − 표본화 − 양자화 − 디지털 신호

    3) 아날로그 신호 − 표본화 − 양자화 − 디지털 신호 − 부호화

    4) 아날로그 신호 − 양자화 − 부호화 − 디지털 신호 − 표본화

    5) 아날로그 신호 − 양자화 − 표본화 − 디지털 신호 − 부호화

14. MP3에 대해 잘못 설명한 것을 모두 고르시오.

1) MPEG 1의 오디오 계층(layer) 3을 의미한다.

2) ISO/IEC의 표준안 13818이다.

3) 지각 부호화 방법을 사용한다.

4) 296 Kbps에서는 원음과 압축 후 복원한 음의 차이를 구분할 수 없다.

5) 압축률은 10:1~12:1 정도이다.

15. 1분 길이의 음악 CD에 저장된 노래의 파일 크기는 몇 메가바이트(MB)인가?

1) 5.3 MB   2) 10.6 MB   3) 15.9 MB   4) 21.2 MB

16. 다음 중에서 스트리밍이 가능한 파일 포맷은 무엇인가?

1) WAV   2) WMA   3) AU

4) RA   5) AIF

17. 다음 중에서 서라운드 사운드를 제작하는 것과 가장 거리가 먼 것은?

1) DECCA Tree   2) Optimized Cardioid Triangle(OCT)

3) Low frequency Effects(LFE)   4) xYtri

5) Wave field synthesis(WFS)

18. 차세대 서라운드 기술인 Wave field synthesis에 대해 조사하시오.

19. μ-법칙 및 A-법칙의 부호화 방법에 대해 조사하시오.

20. MP3 부호화 방법에 대해 조사하시오.

21. G.721에 대해 조사하시오.

참고문헌

1. 유비쿼터스 시대의 멀티미디어/박길철외 공저/사이텍미디어/2007

2. 멀티미디어 배움터 2.0/최윤철, 임순범 공저/생능출판사/2010

3. Modern Multimedia Systems/P. Havaldar, G. Medioni 공저/CENGAGE Learning/2011

4. Multimedia fundamentals—Media Coding and Content Processing/R. Steinmetz, Klara Nahrstedt 공저/IMSC Press/2002

5. Recommended Practices for Enhancing Digital Audio Compatibility in Multimedia Systems/the IMA Digital Audio focus and Technical Working Groups/1992

6. The DECCA Tree—it's not just for stereo any more / Ron Steicher / 2003

사운드 실습

학습목표

- 음계 주파수를 사용하여 음을 생성하고 재생할 수 있다.
- 무료 사운드 편집 소프트웨어인 Audacity를 사용하여 사운드를 편집할 수 있다.
- WAV 파일의 구조를 이해하고 C언어를 사용하여 처리할 수 있다.

음계 주파수를 사용한 음의 생성 및 재생

1) 음계 주파수의 이해

이번 실습에서는 음계 주파수를 사용하여 음을 생성하고 재생하는 프로그램을 작성한다. 3.1절에서 살펴본 것과 같이 음계 주파수는 라(A)음을 기준으로 한 옥타브를 12등분하여 계산한다. 음계 주파수의 계산식은 다음과 같다. 옥타브에 따른 12음정의 음계 주파수는 표 3-1-1에 표시하였다.

$$\text{음계 주파수} = \text{'A'의 주파수} \times 2^{(N/12)} \ (A: \text{'라'음, N: 1~12})$$

표 3-1-1 옥타브에 따른 음계 주파수

음계 \ 옥타브	1	2	3	4	5	6	7	8
도	32.703	65.406	130.813	261.626	523.251	1046.502	2093.005	4186.009
도#,레♭	34.648	69.296	138.591	277.183	554.365	1108.731	2217.461	4434.922
레	36.708	73.416	146.832	293.665	587.330	1174.659	2349.318	4698.636
레#,미♭	38.891	77.782	155.563	311.127	622.254	1244.508	2489.016	4978.032
미	41.203	82.407	164.814	329.628	659.255	1318.510	2637.020	5274.041
파	43.654	87.307	174.614	349.228	698.456	1396.913	2793.826	5587.652
파#,솔♭	46.249	92.499	184.997	369.994	739.989	1479.978	2959.955	5919.911
솔	48.999	97.999	195.998	391.995	783.991	1567.982	3135.963	6271.927
솔#,라♭	51.913	103.826	207.652	415.305	830.609	1661.219	3322.438	6644.875
라	55.000	110.000	220.000	440.000	880.000	1760.000	3520.000	7040.000

| 라#,시♭ | 58.270 | 116.541 | 233.082 | 466.164 | 932.328 | 1864.655 | 3729.310 | 7458.620 |
| 시 | 61.735 | 123.471 | 246.942 | 493.883 | 987.767 | 1975.533 | 3951.066 | 7902.133 |

4옥타브의 음계는 피아노 건반의 중앙에 위치하는 음계이며 그림 3-1-1에서 보는 것과 같이 오선지 높은음자리의 낮은 도에서 한 옥타브 높은 도에 대응한다.

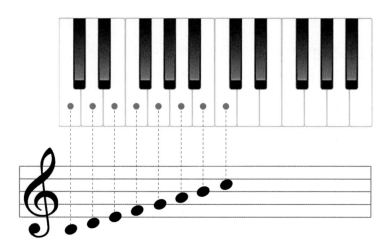

그림 3-1-1 4도 옥타브 음계와 위치

2) 음계 주파수의 생성 및 재생

이번 실습에서는 음계 주파수를 계산하고 MS Windows의 API 중에서 Beep() 함수를 사용하여 출력하는 방법에 대해 살펴본다. Beep() 함수의 구문(syntax)은 다음과 같다.

```
<windows.h>
BOOL WINAPI Beep(
    DWORD dwFreq,
    DWORD dwDuration
);
```

반환값:
　함수가 실패하면 0(false)을 반환하고 성공하면 1(true)을 반환한다.
파라미터:
　dwFreq: 재생할 음의 주파수를 지정한다. 단, 값의 범위는 37(0x25)에서
　32,767(0x7FFF)이다. 자료형인 DWORD는 usgined long에 대한 재정의이다.
　dwDuration: 재생할 음의 지속시간(duration)이며 밀리초(miliseconds)를 단위로 사
　용한다.

　　음계 주파수를 생성하고 재생하는 소스코드를 살펴보자. 소스코드는 리스트
3-1-1과 같다. 프로그램에서는 키보드의 숫자 1에서 숫자 8을 사용하여 설정된 옥타
브의 한 음을 0.3초간 출력한다. 숫자 1은 '도', 숫자 2는 '레'와 같은 방식으로 키보드
에서 숫자를 누르면 해당 음을 재생할 수 있다. 또한 방향키를 사용하여 위쪽 방향키
는 한 옥타브를 높이고 아래쪽 방향키는 한 옥타브를 낮춘다. 옥타브의 범위는 2도에
서 6도이다. 프로그램은 ESC키를 누르면 종료한다.

리스트 3-1-1　주파수에 따른 음정 출력

```
1       #include <stdio.h>
2       #include <math.h>
3       #include <conio.h>
4       #include <Windows.h>
5
6       #define NUM_SCALE 8
7       #define PI 3.1415926535897
8
9       #define KEY_ESC 27
10      #define KEY_UP (256 + 72)
11      #define KEY_DOWN (256 + 80)
12
13      void  printHelp( void );
14      int getKey( void );
15      DWORD createScaleFrequency( int octave, int tone );
16
17      int main(void)
18      {
19              DWORD freq;
20              unsigned int octave=4, code;
21
22              printHelp();
23
24              do
```

```
25                  {
26                          code = getKey();
27                          if( code >= '1' && code <= '8' ) // 문자로 입력된 숫자 1~8
28                          {
29                            code -= 49;
30                            freq = createScaleFrequency( octave, code );
31                            Beep( freq, 300 );
32                          }
33                          else if( code == KEY_UP ) // up arrow
34                          {
35                            octave += 1;
36                            octave = octave > 6 ? 6 : octave;
37                          }
38                          else if( code == KEY_DOWN ) // down arrow
39                          {
40                            octave -= 1;
41                            octave = octave < 2 ? 2 : octave;
42                          }
43                  } while( code != KEY_ESC );
44
45                  return 0;
46      }
47
48      void printHelp( void )
49      {
50              printf( "1 ~ 8사이의 숫자를 누르면 \n" );
51              printf( "도 ~ (높은)도 음을 연주할 수 있습니다. \n\n" );
52              printf( "위쪽 방향키를 누르면 한 옥타브 높아지고 \n" );
53              printf( "아래쪽 방향키를 누르면 한 옥타브 낮아집니다. \n\n" );
54              printf( "종료를 원하시면 Esc키를 누르세요. \n" );
55      }
56
57      int getKey( void )
58      {
59              int ch = getch();
60
61              if( ch == 0 || ch == 224 )
62                      ch = 256 + getch();
63
64              return ch;
65      }
66
67      DWORD createScaleFrequency( int octave, int index )
68      {
69              const double baseFrequency = 27.5; // for first octave
70              int scaleIndex[NUM_SCALE] =         // musical scale
71                      {3, 5, 7, 8, 10, 12, 14, 15}; // 도레미파솔라시도
72              double fFrequency, freq;
73              DWORD dfreq;
74
```

```
75              fFrequency = baseFrequency * pow( 2.0, octave-1 );
76              freq = (fFrequency *
77                      pow(2.0, scaleIndex[index]/12.0)) + 0.5;
78              dfreq = (DWORD)freq;
79
80              return dfreq;
81      }
```

라인	설명
01 ~ 04	헤더 파일을 포함한다. printf() 함수를 위한 <stdio.h>, pow() 함수를 위한 <math.h>, getch() 함수를 위한 <conio.h>와 Beep() 함수를 위한 <windows.h> 헤더 파일이 필요하다.
06 ~ 07	매크로 상수를 정의한다. NUM_SCALE은 생성할 음(도레미파솔라시도)의 개수에 해당한다. PI는 원주율이다.
09 ~ 11	매크로 상수를 정의한다. getch()함수에서 입력하는 방향키와 ESC 키와 같은 특수키에 해당하는 값을 정의한다. 위쪽 방향키의 키 값은 72이지만 'H' 문자도 72의 값을 가지므로 혼동을 피하기 위해 256을 더한 값으로 정의한다. 동일한 이유로 아래쪽 방향키에 대해서도 256을 더해서 정의한다. 61~62번 줄의 설명을 참고한다.
13 ~ 15	사용자 정의 함수의 원형을 선언한다.
19 ~ 20	변수를 선언한다. freq는 주어진 옥타브에서의 각 음에 대한 주파수를 저장한다. octave는 현재의 옥타브를 나타내고 code는 키보드로부터 입력 받은 키에 대한 코드를 저장한다.
22	프로그램에 사용 방법에 대한 도움말을 출력하는 printHelp() 함수를 호출한다.
24 ~ 43	사용자가 ESC 키를 누를 때까지 숫자 키에 대응하는 음을 재생하는 과정을 반복한다.
26	사용자로부터 하나의 문자를 입력 받는다. 입력하는 문자는 화면에 나타나지 않는다. 숫자와 위쪽 및 아래쪽 방향키만을 사용하므로 입력한 문자를 구분하여 처리하는 과정을 이후에 수행한다.

27 ~ 29	getch() 함수는 입력한 문자에 대응하는 아스키 코드 값을 반환한다. 이때 숫자를 입력하더라도 getch() 함수는 문자로 인식한다. 따라서 숫자 1은 아스키 코드 49, 숫자 2는 50을 반환한다. 나머지 숫자도 이후 연속적인 값의 아스키 코드에 대응한다. 사용자가 입력한 숫자는 음을 구분하기 위한 배열의 인덱스로 사용하기 때문에 아스키 코드를 배열 인덱스로 변환하기 위해 각 숫자의 아스키 코드에서 49를 빼는 연산을 수행한다. 예를 들어, 숫자 1의 아스키 코드는 49이므로 49를 빼면 0이다. 이 값을 배열의 인덱스로 사용하면 배열의 첫 번째 원소에 접근할 수 있다.
30	createScaleFrequency() 함수를 호출한다. 함수의 첫 번째 인자는 옥타브이고 두 번째 인자는 재생할 음에 해당하는 배열 인덱스이다. 바로 이전 행에서 아스키 코드로부터 이 값을 계산하였다. createScaleFrequency() 함수는 옥타브와 재생할 음의 인덱스를 사용하여 해당 음의 주파수를 반환한다.
31	createScaleFrequency() 함수에서 생성한 주파수를 Beep()함수의 첫 번째 인자로 사용한다. 이때 재생 길이는 0.3초로 지정하여 음을 재생한다.
33 ~ 37	입력 문자가 위쪽 방향키인 경우 옥타브를 1만큼 증가시킨다. 최대 옥타브를 6으로 설정한다.
38 ~ 42	입력 문자가 아래쪽 방향키인 경우 옥타브를 1만큼 감소시킨다. 최소 옥타브를 2로 설정한다.
48 ~ 55	프로그램 사용 방법을 설명하는 printHelp() 함수를 정의한다.
57 ~ 65	사용자로부터 키 입력을 받는 getKey() 함수를 정의한다.
61 ~ 62	getch() 함수를 사용하는 경우 방향키는 0 또는 224의 값이 먼저 입력된 후 해당 방향키의 값이 다시 입력된다. 즉 2번의 입력이 이루어진다. 따라서 두 번 getch() 함수를 호출하고 두 번째 입력 값에 256을 더해서 다른 문자와의 혼동을 피한다.
67 ~ 81	음계 주파수를 생성하는 createScaleFrequency() 함수를 정의한다.
69	표 3-1에서 확인할 수 있듯이 '라(A)'음 기준으로 주파수를 생성한다. 220 Hz의 라음은 4도 옥타브를 생성하기 위한 기준음으로 사용한다. 3도 옥타브는 110 Hz, 2도 옥타브는 55 Hz, 1도 옥타브는 27.5 Hz를 사용한다. 여기에서는 방향키를 누를 때마다 옥타브의 변경이 이루어져야 하므로 기준 주파수를 1도 옥타브인 27.5 Hz로 설정한다.

70 ~ 71	각 음정을 위한 인덱스를 준비한다. 옥타브마다 12음계를 사용하므로 라음의 위치를 0 이라고 하면 라#은 1, 시는 2, 도는 3, 도#은 4와 같이 순서를 결정할 수 있다. 이 번 실습에서는 기본음인 '도레미파솔라시도'만을 재생하므로 scaleIndex 변수를 사용 하여 음계에서 이들 음에 해당하는 위치를 저장한다.
75	재생할 음의 기준인 기준 주파수를 생성한다. 이때 createScaleFrequency() 함수의 첫 번째 인자인 octave를 사용하여 기준 주파수 계산을 위한 옥타브를 설정한다. 옥타 브가 증가할 때마다 주파수는 2배씩 증가한다. 1도 옥타브를 의미하는 baseFrequency 가 27.5이므로 2도 옥타브는 이 주파수의 2배, 3도 옥타브는 이 주파수의 4배가 된다. 옥타브가 증가할 때마다 baseFrequency는 2의 지수 승으로 주파수를 설정한다. 예를 들어, 4옥타브인 경우 octave의 값은 4이고 pow()함수를 사용하여 $2^{(4-1)} = 8$을 계 산할 수 있다. 따라서 fFrequency는 220(27.5*8) Hz를 갖는다.
76 ~ 77	재생할 음의 기본 주파수(fundamental frequency)를 계산한다.

3) 심화 학습

01. 저장한 음악을 재생할 수 있는 프로그램을 제작한다. 음악은 재생할 음의 종류 와 길이를 포함한다. 예를 들어 저장한 음악은 다음과 같이 표현할 수 있다. 첫 번째 E4는 4도 옥타브의 E(미)음을 의미하고 그 다음의 1.0은 재생시간 1초를 나 타낸다.

E4 1.0 D4 0.5 C4 0.5 D4 0.5 E4 0.5 E4 0.5 E4 0.5 …

02. 피아노 건반을 화면에 출력하고 숫자 키를 눌렀을 때 해당 음을 재생하고 해당 건반이 눌러진 효과를 함께 나타낼 수 있도록 한다.

4) 참고 문헌

1. 안기수, "명품 C언어 프로젝트", 생능출판사, 2010년

02

Audacity 기초 사용법

1) Audacity 소개

Audacity는 사운드 레코딩과 편집을 위한 소프트웨어이다. 이 소프트웨어는 누구나 무료로 사용할 수 있는 소스코드가 공개된^{open source} 소프트웨어이고 다양한 운영체제를 지원한다. 현재 지원하는 운영체제는 MS Windows, Mac, GNU/Linux이다. Audacity의 주요 기능은 다음과 같다.

- 사운드 녹음
- 오디오 테이프의 사운드를 디지털로 변환
- Ogg Vorbis, MP3, WAV 또는 AIFF 사운드 파일 편집(2채널까지 지원)
- 사운드의 일부분을 자르(cut)거나 복사(copy)하고 여러 사운드를 함께 연결(splice)하거나 혼합(mix)
- 사운드의 속도(speed)나 피치(pitch)를 변경

Audacity는 http://audacity.sourceforge.net/에서 다운로드할 수 있다. 그림 3-2-1은 Audacity의 사용자 인터페이스이다. 참고로 Audacity 이외에 무료로 사용할 수 있는 사운드 편집툴은 http://www.hongkiat.com/blog/25-free-digital-audio-editors/에서 확인할 수 있다.

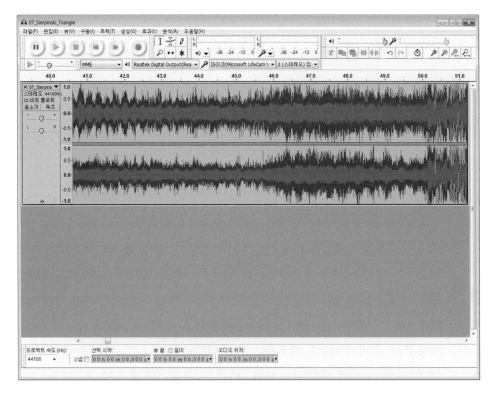

그림 3-2-1 Audacity 사용자 인터페이스

2) Audacity 기초 사용법

❶ 사운드 파일 사용하기

첫 번째 과정에서는 Audacity에서 사운드 파일을 열어 파형을 확인하고 재생하는 방법에 대해 살펴본다.

01. 오디오 파일을 준비한다.

MS Windows 운영체제에 포함된 WAV 파일$^{*.wav}$이나 무료 음원 사이트인 opsound$^{www.opsound.org/index.php}$에서 사운드 파일을 다운로드한다. opsound 사이트의 모든 곡은 원저자의 권리를 인정하면 사용, 복사, 리믹싱, 재사용 등이 무료로 가능하다.

02. 오디오 파일을 불러온다.

준비한 오디오 파일을 Audacity에 불러온다. 파일을 불러오는 방법은 다음과 같다.

- 메인 메뉴의 [**파일 〉 열기...(File 〉 Open...)**] 혹은 [**파일 〉 가져오기 〉 오디오...(File 〉 Import 〉 Audio...)**] 선택
- 오디오 파일을 열려있는 Audacity 창으로 드래그 앤 드롭
- 오디오 파일을 바탕화면의 Audacity 아이콘으로 드래그 앤 드롭

03. 오디오 파형을 확인한다.

오디오 파일을 불러오면 그림 3-2-2와 같이 사운드의 파형을 확인할 수 있다. 그림에서는 두 개의 채널이 존재하는 것을 확인할 수 있다. 불러온 사운드는 스테레오이다. 위쪽은 왼쪽 채널, 아래쪽은 오른쪽 채널의 파형을 나타낸다. 파형의 왼쪽 영역을 트랙 제어 패널$^{track control panel}$이라고 한다. 이 영역의 가장 상단에는 트랙 이름$^{track name}$이 위치하며 오디오에 대한 정보(표본화율, 표본당 비트 수 등)와 재생 관련 몇 가지 기능을 제공한다. 트랙 이름의 바로 오른쪽에는 트랙 메뉴$^{track drop-down menu}$가 함께 위치한다. 트랙 메뉴는 하단에 삼각형 모양 버튼으로 나타난다.

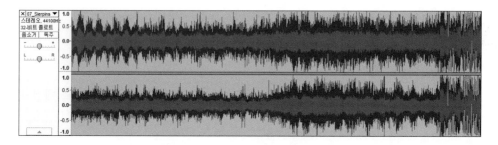

그림 3-2-2   사운드 파형 및 정보 보기

트랙 제어 패널은 다음의 기능을 제공한다.

1   닫기 버튼(close button)
    트랙을 닫고 프로젝트에서 제거한다.

2   트랙 메뉴(track drop-down menu) 그림 3-2-3과 같으며 다음 기능을 제공한다. 메뉴 항
목별 기능은 조금 후에 살펴본다.
  – 트랙 이름 변경
  – 프로젝트 윈도우에서 위 또는 아래 방향으로 트랙의 위치 이동
  – 트랙의 파형 보기 모드(Waveform, Waveform(dB), Spectrogram 등) 변경
  – 채널의 모노 또는 스테레오 속성 변경
  – 스테레오 채널 분리
  – 트랙별 표본화율 및 샘플 포맷(16비트 PCM, 24비트 PCM, 32비트 플로트) 변경

그림 3-2-3   트랙 메뉴

3   음소거 버튼(Mute Button)
    오디오를 재생할 때 해당 트랙은 소리가 들리지 않도록 음소거를 한다. 토글(toggle) 버튼으
    로 한 번 누르면 선택되고 다시 누르면 해제된다.

4   독주 버튼(Solo Button)
    해당 트랙만을 재생한다. 토글(toggle) 버튼으로 한 번 누르면 선택되고 다시 누르면 해제된
    다. 선택한 상태에서 오디오를 재생하면 해당 트랙만 재생된다.

5 게인 슬라이드 바(Gain Slider)

트랙의 게인(gain)을 설정한다. 게인이란 신호를 증폭할 정도를 나타내는 값이다. SHIFT 키를 누르고 슬라이드 바를 드래그하면 미세 조정이 가능하다.

6 팬 슬라이드 바(Pan Slider)

왼쪽 또는 오른쪽 채널에 대한 강도의 균형을 설정한다. 왼쪽으로 슬라이드 바를 이동하면 왼쪽 채널의 소리가 커지고 오른쪽으로 이동하면 오른쪽 채널의 소리가 커진다. SHIFT 키를 누르고 슬라이드 바를 드래그하면 미세 조정이 가능하다.

7 트랙 축소 버튼(track collapse button)

트랙 제어 패널의 가장 하단에 위치하는 삼각형 모양의 버튼으로 클릭하면 트랙을 접거나 펼칠 수 있다.

8 트랙 정보 표시자(status indicators)

트랙에 위치한 오디오의 채널 수, 표본화율, 샘플당 비트 수 등의 정보를 표시한다.

트랙 메뉴에 대한 기능은 다음과 같다.

1 트랙 이름 변경[Name] 메뉴를 선택하여 그림 3-2-4의 대화상자에서 트랙 이름을 변경할 수 있다.

그림 3-2-4   트랙명 대화상자

2 트랙 위치 변경은 각 트랙별로 위치를 변경할 수 있다.
   - Move Track Up: 위쪽으로 트랙 이동
   - Move Track Down: 아래쪽으로 트랙 이동

3 트랙 파형 보기 변경은 모두 다섯 가지의 모드를 제공한다. 각 모드에 대해 살펴보자.

• Waveform

수직 축은 상단 +1에서 하단 −1까지 선형으로 신호의 세기를 나타낸다. 수직 축의 0에 위치한 수평선은 소리의 크기가 0인 지점이다. 그림 3-2-5는 이 방법으로 파형을 표시한 경우이다. 파형을 확대(zooming)하면 각 파형의 모양을 자세하게 관찰할 수 있다. 파형을 확대하는 방법은 뒤에서 살펴본다.

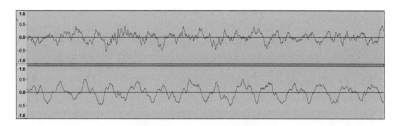

그림 3-2-5 Waveform 보기

- Waveform(dB)

수직 축의 단위는 데시벨(dB)이다. 데시벨은 신호의 진폭을 로그(logarithmic) 값으로 표시한 것이다. 선형으로 표시한 것보다는 우리가 듣는 사운드와 조금 더 유사하게 나타난다. 그림 3-2-6은 데시벨 스케일을 사용하여 파형을 표시한 것이다. 수직 축의 값의 범위는 메인 메뉴의 [**편집 > 환경 설정 > 인터페이스 (Edit > Preferences > Interface)]**에서 변경할 수 있다. 이 메뉴를 선택하면 그림 3-2-7의 대화상자가 표시되는데 세부 항목을 [**인터페이스]**로 선택한 후 [**미터/파형 dB 범위]** 항목에서 범위를 변경한다.

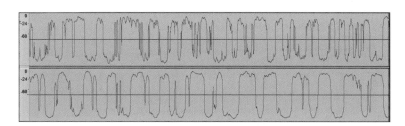

그림 3-2-6 Waveform(dB) 보기

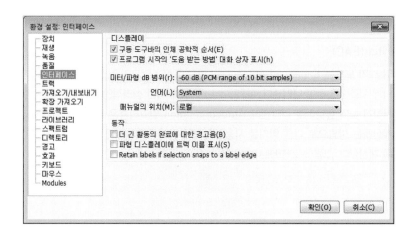

그림 3-2-7 인터페이스 설정 변경

- Spectrogram

  이 보기 모드는 시간에 따른 주파수 별 에너지의 양을 나타낸다. 수직 축은 주파수를 나타내며 축의 상단일수록 고주파에 해당한다. 파란색은 작은 에너지, 빨간색 및 흰색 순으로 더 큰 에너지를 의미한다. 그림 3-2-8에서는 저주파에 많은 에너지가 존재하는 것을 확인할 수 있다.

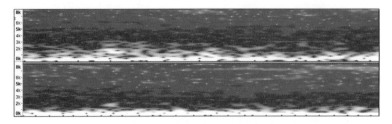

그림 3-2-8　Spectrogram 보기

- Spectrogram log(f)

  이 보기 모드는 수직 축이 로그 스케일로 지정된 것을 제외하면 Spectrogram 보기와 동일하다. 그림 3-2-9에서 확인할 수 있다.

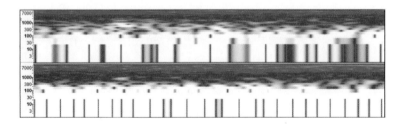

그림 3-2-9　Spectrogram log(f) 보기

- Pitch(EAC)

  이 보기 모드는 Enhanced Autocorrelation(EAC) 알고리즘을 사용하여 오디오에서 피치의 위치를 강조하여 나타낸다. 피치(pitch)란 음에 대한 심리적인 속성으로 기본 주파수와 유사하게 음의 높낮이를 나타낸다. Autocorrelation 알고리즘은 두 가지 신호의 유사 정도를 계산하는 방법으로 다른 악기를 사용해서 연주하더라도 피치에 따라 유사한 값이 나타나도록 계산한다. 그림 3-2-10에서 확인할 수 있다.

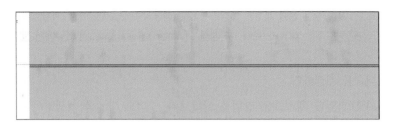

그림 3-2-10 Pitch(EAC) 보기

4 채널 분리 및 합성

Mono, Left Channel 및 Right Channel 기능은 단일 채널로 구성된 오디오 파일을 불러오면 활성화된다. Mono는 한 트랙의 오디오 데이터를 왼쪽 및 오른쪽 채널 양쪽 스피커에 모두 출력하는 방식이다. 반면 Left Channel은 오디오 데이터를 왼쪽 채널의 스피커에만 출력하고 Right Channel은 오른쪽 스피커에만 출력하는 방식이다. 이들은 스테레오를 제작하기 위한 용도로 사용할 수 있다.

Make Stereo Track 기능은 인접한 두 개의 채널을 합쳐서 하나의 스테레오 트랙을 만들기 위한 것이다. 위쪽 트랙은 만들어지는 스테레오 트랙의 왼쪽 채널이 되고, 아래쪽 트랙은 오른쪽 채널이 된다.

Split Stereo Track 기능은 스테레오 트랙의 왼쪽 및 오른쪽 채널을 두 개의 트랙으로 분리한다. 분리된 트랙은 왼쪽 또는 오른쪽 채널의 성질을 유지한다. 분리된 트랙은 독립적으로 편집이 가능하다. Split Stereo to Mono 기능은 스테레오 트랙을 두 개의 모노 트랙으로 분리한다. Audacity는 두 개의 채널까지만 지원하며 멀티 채널은 사용할 수 없다.

5 샘플 포맷 변경(Set Sample Format)

샘플당 비트 수를 표시하고 변경할 수 있도록 한다. 가능한 포맷은 16-bit integer PCM, 24-bit integer PCM 및 32-bit floating point이다.

6 표본화율 변경(Set Rate)

파형의 표본화율(sampling rate)을 변경한다. 표본화율을 증가시키면 샘플 간의 시간 간격이 줄어들어 재생 속도가 증가한다. 동시에 오디오의 길이 즉, 재생 시간은 줄어든다. 또한 음의 기본 주파수에 해당하는 피치(pitch)도 높아진다. 반면 표본화율을 감소시키면 오디오의 길이는 늘어나고 재생 속도는 감소한다.

샘플링 단계에서 표본화율은 오디오의 음질을 결정하는 중요한 요소이다. 그러나 샘플 데이터가 만들어진 후에 표본화율을 변경하는 것은 여기에서 확인한 것과 같이 오디오의 음질과는 무관하다. 이 기능은 불러온 파일의 재생 속도가 적당하지 않은 경우 변경하기 위해 사용하는 것이 적절하다.

재생 속도를 변경하지 않고 표본화율을 변경하고자 하면 리샘플링(resampling) 기능을 사용한다. 리샘플링이란 오디오의 길이에 대한 변경 없이 표본화율을 변경하는 것을 의미한다.

또한 리샘플링은 샘플 개수는 변경하지 않고 샘플의 포맷을 변경하는 것을 의미하기도 한다. 리샘플링은 메인 메뉴의 **[트랙 〉 리샘플... (Track 〉 Resample...)]** 메뉴에서 선택할 수 있다.

04. 오디오를 재생한다.

오디오 파일을 재생하는 방법을 살펴보자. 오디오 파일을 재생하기 위해서는 구동 도구바Transport Toolbar를 사용한다. 그림 3-2-11은 구동 도구바를 나타낸다. 오디오 재생을 위해서는 재생play 버튼 ▶을 클릭하고 정지를 위해서는 정지stop 버튼 ■을 클릭한다. 재생과 정지를 위해서는 키보드의 스페이스space 키를 단축키로 사용하면 편리하다. 이때 재생을 시작하기 원하는 지점에서 마우스로 파형을 클릭하여 위치를 선택한 후 재생을 시작한다. 시작점 선택을 위해서는 구동 도구바 오른쪽에 위치한 도구 도구바Tools Toolbar에서 선택Selection 도구 I 를 선택한 후 파형을 클릭한다. 클릭한 지점에 수직 방향으로 재생 지점을 나타내는 재생 헤더가 위치한다.

그림 3-2-11 구동 도구바 및 도구 도구바

선택 도구 I 를 사용하여 마우스를 클릭한 상태에서 드래그하면 파형의 일부분을 선택할 수 있다. 이때 오디오를 재생하면 선택한 영역만을 재생할 수 있다.

키보드를 사용하면 재생 헤더의 위치를 더욱 편리하게 이동할 수 있다. 왼쪽 또는 오른쪽 방향 키를 사용하면 재생 헤더의 위치를 해당 방향으로 이동할 수 있다. SHIFT 키를 누른 상태에서 방향키를 누르면 선택 영역을 왼쪽 또는 오른쪽으로 확장할 수 있다. SHIFT와 CTRL 키를 동시에 누른 상태에서 방향키를 누르면 선택 영역을 왼쪽 또는 오른쪽 방향으로 축소할 수 있다.

시작까지 건너뛰기Skip to Start 버튼 |◀을 클릭하거나 키보드의 HOME 키를 누르면 재생 헤더를 트랙의 시작 위치로 이동할 수 있다. 끝까지 건너뛰기Skip to End 버튼 ▶|이나 키보드의 END 키를 누르면 재생 헤더의 위치를 트랙의 마지막 위치

로 이동할 수 있다. 시작까지 건너뛰기나 끝까지 건너뛰기 기능은 오디오의 재생을 정지한 상태에서만 사용할 수 있다.

파형의 위쪽에 위치한 타임라인 영역(시간 눈금 표시)을 마우스로 클릭하면 그 지점부터 재생을 시작한다. 타임라인 영역을 마우스로 드래그하면 그 범위의 사운드를 재생한다. 그림 3-1-12에서 손모양의 마우스 커서가 위치한 영역이 타임라인 영역이다. 시간(초 단위)을 나타내는 눈금과 숫자를 확인할 수 있다. 왼쪽 방향키나 키보드의 쉼표(,)를 누르면 현재 위치에서 1초만큼 이전으로 이동한다. 오른쪽 방향키나 키보드의 마침표(.)를 누르면 1초만큼 이후로 이동한다. SHIFT 키를 누른 상태에서 왼쪽 또는 오른쪽 방향키를 누르면 15초 단위로 이전 또는 이후로 이동한다. SHIFT 키를 누른 상태에서 쉼표 또는 마침표를 눌러도 동일한 결과를 얻을 수 있다.

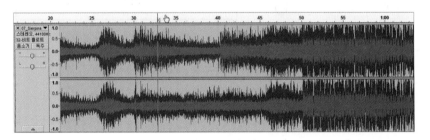

그림 3-2-12 타임라인을 이용한 재생

오디오 재생을 위해 특별한 단축키 명령어를 사용할 수 있다. 재생 헤더의 위치를 지정한 후 키보드의 "1"키를 누르면 현재 커서의 위치를 중심으로 1초간 오디오를 재생한다. 예를 들어, 5초 위치에 마우스 커서를 위치하고 "1"키를 누르면 4.5초에서 5.5초 사이의 오디오를 재생한다. 키보드의 "B"키를 누르면 현재 커서의 위치에서 재생 헤드가 위치하는 곳까지 재생할 수 있다. 예를 들어, 재생 헤드가 5초 지점에 위치할 때 마우스 커서를 3초 지점에 위치시킨 후 "B"키를 누르면 3초에서 5초 사이의 오디오를 재생한다.

05. 오디오 재생 속도를 변경한다.

오디오의 재생 속도를 변경할 수 있다. 재생 속도를 변경하기 위해서는 방송 도구 바$^{Transcription\ Toolbar}$를 사용한다. 이 툴바에 위치한 슬라이드 바의 조정자를 기본 위치에서 왼쪽으로 위치를 이동하면 재생 속도를 늦출 수 있고 오른쪽으로 이동 하면 재생 속도를 높일 수 있다. 또한 이 조정자를 마우스로 더블 클릭하면 대화 상자를 사용하여 재생 속도에 대한 수치를 직접 입력할 수 있다. 그림 3-2-13은 방송 도구바와 재생 속도 변경을 위한 대화상자를 나타낸다.

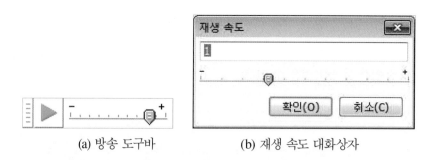

(a) 방송 도구바   (b) 재생 속도 대화상자

그림 3-2-13   방송 도구바 및 재생 속도 대화상자

06. 오디오 파형을 확대 또는 축소한다.

오디오 파형을 확대 또는 축소하여 확인할 수 있다. 파형을 조금 더 자세하게 보 기 위해서는 파형을 확대하며 파형의 전체적인 모습을 보기 위해서는 파형을 축 소하는 과정이 필요하다. 파형의 확대 및 축소는 메인 메뉴의 [뷰(View)] 메뉴에서 선택할 수 있다. [확대(Zoom In)] 메뉴 또는 CTRL + 1 키를 누르면 파형을 확대 하여 볼 수 있다. [축소(Zoom Out)] 메뉴 또는 CTRL + 3 키를 누르면 파형을 축 소할 수 있다. 파형의 확대🔎 및 축소🔎는 편집 도구바$^{Edit\ Toolbar}$에서 수행할 수 있다. 편집 도구바의 확대 또는 축소 버튼을 클릭하여 동일한 과정을 수행한다. 그림 3-2-14는 편집 도구바를 나타낸다.

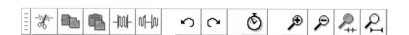

그림 3-2-14   편집 도구바

❷ 목소리 녹음하기

두 번째 과정에서는 Audacity를 사용하여 목소리를 효과적으로 녹음하는 방법에 대해 살펴본다.

01. 마이크를 준비한다.

헤드폰과 마이크가 함께 연결된 헤드셋을 사용하면 편리하다. 콘덴서 마이크를 사용하면 작은 소리까지 녹음이 가능하다.

02. 녹음 전에 다음의 주의사항을 확인한다.

녹음을 시작하기 전에 몇 가지를 확인하자. 좋은 소리를 녹음하기 위해서는 우선 마이크의 위치 선정이 필요하다. 마이크는 우리의 입을 향하도록 배치하고 입의 위치와 동일한 높이로 설정한다. 녹음을 할 때는 마이크의 조금 앞을 향해 이야기를 한다. 입에서 마이크까지의 거리는 10 cm 내외 지정하는 것이 좋다.

녹음을 시작하면 한쪽 방향만을 응시하면서 이야기를 한다. 눈의 위치가 바뀌면 그에 따른 머리의 움직임이 발생하고 이것은 목소리의 변경을 초래한다. 이로 인해 일정한 톤을 유지할 수 없다. 목소리는 평상시의 대화하는 어조로 이야기하되 명확하게 발음한다.

03. MS 윈도우즈의 설정에서 마이크의 소리 크기를 조절한다.

그림 3-2-15와 같이 MS 윈도우즈의 작업표시줄 오른쪽 끝에 위치한 시스템 트레이^{system tray}에서 스피커 아이콘을 마우스 오른쪽 버튼으로 클릭한 후 팝업 메뉴에서 **[녹음 장치]** 메뉴를 선택한다.

그림 3-2-15 시스템 트레이의 스피커 아이콘

그림 3-2-16의 **[소리]** 대화상자에서 녹음을 위한 기본 장치를 확인한다. 기본 장치를 마우스 왼쪽 버튼으로 클릭하면 **[마이크 속성]** 대화상자가 나타난다. 이 대

화상자의 "수준" 탭을 선택하면 마이크의 볼륨과 증폭 정도를 조정할 수 있다. Audacity에서 사전 녹음을 수행하여 소리의 크기를 확인한 후 필요에 따라 마이크 볼륨과 증폭 정도를 다시 조정하도록 한다.

그림 3-2-16 윈도우즈의 녹음 볼륨 조정

04. 녹음에 대한 사전 테스트를 수행한다.

본 녹음 전에 먼저 녹음 테스트를 해보자. 그림 3-2-17과 같이 미터 도구바[Meter Toolbar]의 마이크 아이콘에 위치한 화살표 버튼을 클릭하여 **[모니터링 시작(Start Monitoring)]** 메뉴를 선택한다. 평소의 대화 목소리로 녹음하면서 미터 도구바의 오른쪽 위에 위치한 Input Level에 해당하는 녹음 VU 미터를 확인한다. 그림

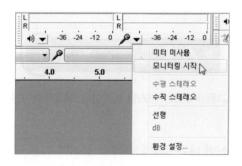

그림 3-2-17 미터 도구바의 모니터링 시작 메뉴 선택

3-2-18과 같이 붉은색 수평 막대의 크기가 변하는 것을 확인할 수 있을 것이다. 이때 최대 피크가 dB 모드인 경우에는 −6 dB 그리고 선형 모드인 경우에는 0.5를 초과하지 않도록 한다. 이 레벨을 초과하는 소리(소리가 너무 큰 경우)는 클리핑^{clipping} 현상이 발생하며 녹음되지 않는다. 필요하다면 오디오 편집 단계에서 볼륨 크기를 변경할 수 있다.

그림 3-2-18   Input Level 미터기

그림 3-2-18을 살펴보면 입력 미터에 파란선과 빨간선을 볼 수 있다. 파란선은 현재 녹음하는 동안 나타났던 가장 높은 피크$^{\text{maximum peak level}}$를 의미한다. 이 파란선은 녹음을 종료할 때까지 계속 표시되며 새로운 녹음을 시작하면 초기화된다. 빨간선은 지난 몇 초동안 가장 높은 피크$^{\text{recent peak level}}$를 나타낸다. 빨간선은 녹음을 종료하거나 입력 미터에서 마우스 왼쪽 버튼을 클릭하면 초기화된다. 붉은 막대는 밝은 색과 어두운 색으로 구분할 수 있다. 어두운 색의 오른쪽 끝은 현재의 최고치$^{\text{current peak level}}$를 나타내고 밝은 색의 오른쪽 끝은 오디오의 평균 세기$^{\text{current RMS level}}$이고 우리가 인식하는 소리의 크기를 나타낸다. 그림에서는 나타나지 않지만 미터의 최고치보다 오른쪽에 빨간선이 나타나는 경우가 있는데 이때의 빨간선은 소리의 한계치를 초과하여 클리핑이 발생하는 것을 경고하는 것이다. 이 빨간선은 새로운 녹음을 시작하거나 입력 미터에서 마우스 왼쪽 버튼을 클릭하면 초기화된다.

테스트 과정에서 확인한 최대 피크에 따라 마이크의 소리를 조정하자. 미터 도구바의 오른쪽에 위치한 믹서 도구바의 Input Volume을 변경하여 최대 피크가 −6 dB을 초과하지 않도록 설정한다. 그림 3-2-19는 믹스 도구바를 나타낸다. USB 마이크를 사용하면 믹스 도구바에서 마이크 볼륨을 조절하지 못하므로 윈도우즈 시스템의 사운드 제어 패널에서 마이크 볼륨을 조절한다. 이때 메인 메뉴의 [구동 〉 Software Playthrough(on/off) (Transport 〉 Software Playthrough(on/off))]

메뉴를 활성화하면 마이크로 입력하는 소리를 스피커를 통해 동시에 들을 수 있다. 녹음을 시작할 때는 반드시 비활성화해야 스피커 소리가 다시 녹음되는 것을 방지할 수 있다.

그림 3-2-19 믹스 도구바

테스트가 끝났으면 미터 도구바의 마이크 아이콘에 위치한 화살표 버튼을 클릭하여 [**모니터링 정지(Stop Monitoring)**] 메뉴를 선택한다.

05. 본 녹음을 수행한다.

이제 녹음할 준비가 되었으므로 녹음을 시작한다. 구동 도구바^{Transport Toolbar}에 위치하는 녹음 버튼⬤을 클릭하여 녹음을 진행하고 완료하기 위해서는 정지 버튼■을 클릭한다. 클리핑 발생 여부를 확인하기 위해서는 메인 메뉴의 [**보기 〉클리핑 표시(View 〉 Show Clipping)**] 메뉴를 선택한다.

06. 오디오를 저장한다.

마지막으로 프로젝트를 저장하고 오디오 파일을 내보내기 한다. 메인 메뉴의 [**파일 〉 프로젝트 저장(File 〉 Save)**]는 Audacity 전용의 프로젝트를 저장하는 기능으로 일반적인 오디오 파일을 생성하는 것은 아니다. 우리가 흔히 사용하는 MP3 또는 wav 파일을 생성하기 위해서는 [**파일 〉 내보내기...(File 〉 Export...)**] 메뉴를 사용한다. 단, MP3 포맷으로 저장하기 위해서는 플러그인을 설치해야 한다.

❸ 윈도우즈 재생 사운드 녹음하기

세 번째 과정에서는 MS 윈도우즈에서 재생되고 있는 사운드를 녹음하는 방법에 대해 살펴본다. 웹을 사용하다 보면 스트리밍 사운드를 들을 수가 있는데 이런 종류의 사운드를 내 컴퓨터에 저장하기 위한 용도로 활용할 수 있다.

01. MS 윈도우즈의 녹음 장치에 대해 설정한다.

윈도우즈 재생 사운드를 녹음하는 과정에 이 단계가 가장 중요하다. Windows 7 을 기반으로 살펴본다. Windows 8도 유사하게 설정할 수 있다.

1   앞의 그림 3–1–15와 같이 MS 윈도우즈의 시스템 트레이에서 스피커 아이콘을 마우스 오른 쪽 버튼으로 클릭하여 나타난 메뉴에서 **[녹음장치]** 메뉴를 선택한다. 그림 3–2–20은 메뉴 목 록을 나타낸다.

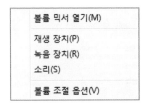

그림 3-2-20   스피커 아이콘에서 선택한 팝업 메뉴

2   **[소리]** 대화상자의 **[녹음]** 탭을 선택한 후 빈 공간에서 마우스의 오른쪽 버튼을 클릭하여 메 뉴를 표시한다. 그림 3–2–21과 같이 두 가지의 메뉴가 나타나는데 우선 **[사용할 수 없는 장 치 표시]** 메뉴를 선택하고 다음으로 **[연결이 끊긴 장치 표시]**를 다시 선택하여 두 가지 종류 의 장치를 모두 선택한다.

그림 3-2-21   소리 대화상자

3 그림 3-2-22의 장치 중에서 "스테레오 믹스" 위에서 마우스 오른쪽 버튼을 클릭하고 **[사용]** 메뉴를 선택하여 스테레오 믹스를 활성화한다. 또한 이 장치를 활성화한 후에는 **[기본 장치로 설정]** 메뉴가 활성화되므로 이 기능을 함께 선택하여 기본 장치로 선택한다.

그림 3-2-22   스테레오 믹스 활성화

02. 녹음을 테스트한다.

본 녹음 전에 먼저 녹음 테스트를 해보자. '목소리 녹음하기'의 4번을 참조한다. 미터 도구바^{Meter Toolbar}의 마이크 아이콘에 위치한 화살표 버튼을 클릭하여 **[모니터링 시작(Start Monitoring)]** 메뉴를 선택한다. 이때 미터 도구바의 오른쪽 위에 위치한 Input Level에 해당하는 녹음 VU 미터를 확인한다. 최대 피크가 dB 모드인 경우에는 −6 dB 혹은 선형 모드인 경우에는 0.5를 초과하지 않도록 믹서 도구바^{Mixer Toolbar}의 입력 볼륨을 조정한다.

03. 녹음을 수행한다.

구동 도구바^{Transport Toolbar}에 위치하는 녹음 버튼●을 클릭하여 녹음을 진행하고 완료하기 위해서는 정지 버튼■을 클릭한다. 클리핑 여부를 확인하기 위해서는 메인 메뉴의 **[보기 〉 클리핑 표시(View 〉 Show Clipping)]** 메뉴를 선택한다. 녹음하는 동안 스피커에서 출력되는 소리가 다시 녹음되지 않도록 하기 위해서 녹음에 대한 환경 설정을 한다. 메인 메뉴의 [**구동** 〉 Software Playthrough(On/Off) (Transport 〉 Software Playthrough (On/Off))] 메뉴를 비활성화한다. 이 항목을 On으로 설정하면 녹음하는 내용을 스피커를 통해 동시에 들을 수 있다.

04. 오디오를 저장한다.

앞에서 설명한 방법으로 녹음한 오디오를 저장한다.

03 Audacity 활용

1) 복합음 생성하기

이번 과정에서는 음계 주파수를 사용하여 순음과 복합음을 생성하는 과정에 대해 살펴본다. 순음은 하나의 주파수만으로 구성된 사운드이고 복합음은 기본 주파수(순음)에 고조 주파수(배음)를 첨가하여 생성한 음이다.

01. 새 창을 생성한다.

메인 메뉴의 [File 〉 New...] 메뉴를 실행하거나 도구 상자의 "New" 기능을 사용하여 새로운 창을 연다.

02. A3음인 '라'에 해당하는 순음을 생성한다.

A3음인 '라'음의 주파수는 200 Hz이다. 메인 메뉴의 [생성 〉 톤...(Generate 〉 Tone)] 메뉴를 실행한다. 그림 3-3-1에 표시한 것과 같이 [파형]은 "사인", [주파수]는 "200", [진폭]은 "0.6", [지속시간]은 "2"초를 지정한다. 생성한 파형은 그림 3-3-2와 같다. 사운드를 재생하면 '라'음을 들을 수 있다.

그림 3-3-1 톤 생성기 대화상자

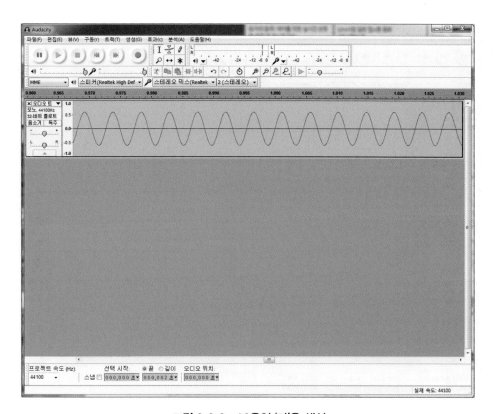

그림 3-3-2 A3음인 '라'음 생성

03. 고조 주파수를 생성한다.

파형을 생성한 직후에는 전체 파형이 선택된 상태이므로 반드시 이전 단계에서 생성한 파형의 선택 상태를 해제한 후 새로운 파형을 생성한다. 선택을 해제하기 위해서는 메인 메뉴의 **[편집 〉 선택 〉 없음(Edit 〉 Select 〉 None)]**을 선택한다. 파형에 대한 선택을 해제하지 않으면 새로 생성한 파형이 기존 파형을 대체하여 기존 파형은 사라지게 된다. 2번 단계와 동일한 방식으로 '라'음의 고조 주파수를 생성한다. A3음인 '라'음의 주파수는 200 Hz이므로 고조 주파수는 이 주파수의 배수로 지정한다. 첫 번째 고조 주파수는 2배인 400 Hz, 두 번째 고조 주파수는 3배인 800 Hz로 지정한다. **[진폭]**은 각각 0.25와 0.1로 지정하고 **[지속시간]**은 동일하게 2초로 한다. 생성하는 모든 파형의 진폭의 합이 1을 초과하지 않도록 한다. 진폭의 합이 1을 초과하면 음을 믹싱했을 때 클리핑이 발생한다. 고조 주파수의 생성 결과는 그림 3-3-3과 같다.

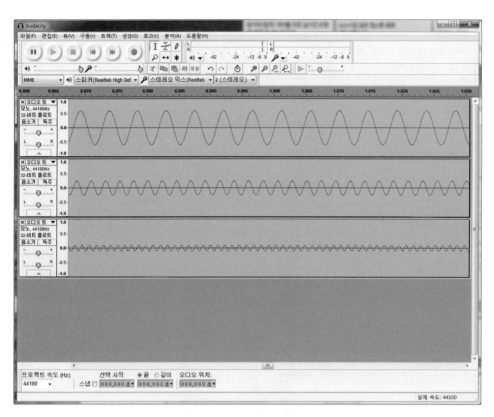

그림 3-3-3 고조 주파수 생성

04. 모든 신호를 합성한다.

세 가지 파형이 만들어진 후에 사운드를 재생하여 소리를 확인한다. 하나의 파형
만이 존재하는 경우와는 다른 느낌의 음이 재생될 것이다. 이들 파형을 조합하
여 하나의 파형으로 합친다. 우선 모든 파형을 선택한다. 메인 메뉴의 **[편집 〉 선
택 〉 모두(Edit 〉 Select 〉 All)]**을 선택한다. 그리고 메인 메뉴의 **[트랙 〉 믹스 및 랜더
(Track 〉 Mix & Rander)]** 메뉴를 실행한다. 그림 3-3-4와 같이 하나로 합쳐진 파형
이 표시된다. 재생되는 소리는 조금 전과 동일하다. 여러 개의 트랙이 존재하는
경우 Audacity는 이들을 믹싱했을 때의 소리를 들려준다. 각 트랙의 사운드를
재생하기 위해서는 트랙 제어 패널의 '음소거' 또는 '독주' 버튼을 사용한다.

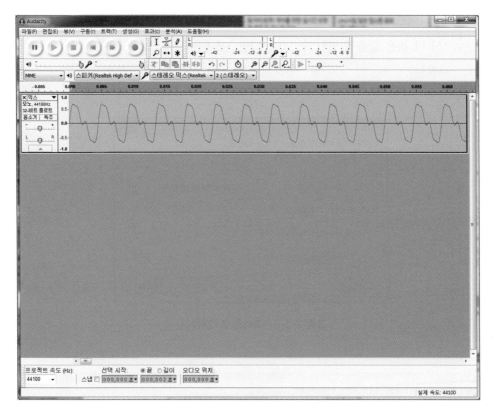

그림 3-3-4 주파수 합성 결과

05. 트레몰로^{Tremolo}를 적용한다.

앞 단계에서 만들어진 파형에 한 가지 효과를 적용해보자. 바로 트레몰로이다. 트레몰로는 파형의 모양을 변화시키는 기능이다. 메인 메뉴의 **[효과 〉 Tremolo...(Effect 〉 Tremolo...)]** 메뉴를 실행한다. 그림 3-3-5의 대화상자에서 **[Waveform type]**은 "inverse sawtooth"를 선택한다. 이 항목은 파형의 모양을 나타내는 것으로 "inverse sawtooth"는 역방향의 톱니 모양으로 결과 파형이 나타난다. **[Start phase(degrees)]**는 파형에서 트레몰로를 시작할 위치를 나타낸다. 기본값인 "0"을 사용한다. **[Wetness level(percent)]**는 트레몰로의 강도를 나타낸다. 0%는 효과가 나타나지 않지만 100%를 지정하면 최대 강도로 나타난다. 이번 실습에서는 "100"으로 지정한다. 마지막으로 **[Frequency(Hz)]**는 진동^{oscillation}의 빠르기를 나타낸다. 큰 값을 지정하면 고주파의 높은 음을 생성할 수 있다.

슬라이드 바를 사용하면 최대 10 Hz까지 지정할 수 있지만 입력 상자를 사용해서 더 높은 값을 입력할 수 있다. 그림 3-3-6은 트레몰로를 적용한 파형을 나타낸다.

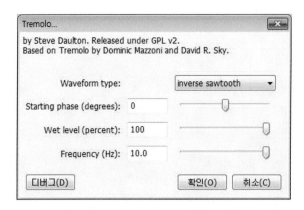

그림 3-3-5 트레몰로 대화상자

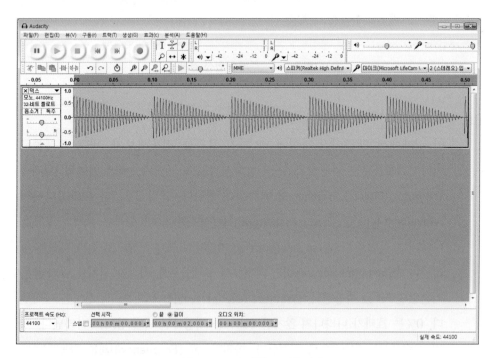

그림 3-3-6 트레몰로 적용결과

2) 음성과 배경음 믹싱하기

이번 과정에서는 목소리를 녹음한 후 편집과 몇 가지 효과를 적용하고 배경음과 믹싱하여 내레이션을 만드는 과정에 대해 살펴본다.

01. 내레이션 내용을 녹음한다.

Audacity 기초 사용법의 '목소리 녹음하기'를 참조하여 목소리를 녹음한다. 이 때 작은 실수나 기침, 지연 등을 포함해서 녹음하자. 오디오 편집 연습에 도움이 될 수 있다. 그러나 코나 입의 바람소리는 제거하기가 힘들므로 녹음할 때 주의한다. 녹음을 시작한 후 목소리 녹음 전에 약간의 시간 지연을 포함하도록 한다. 이번 실습에서는 부록 파일의 "3장\03.Audacity\내레이션_원본.mp3"를 사용한다.

02. 불필요한 파형을 삭제한다.

파형에서 제거할 영역을 선택한다. 파형 위에서 마우스를 드래그하면 영역을 선택할 수 있다. 이때 선택한 파형을 제거했을 때 제거한 영역의 좌측 및 우측 영역이 어떻게 연결되는지를 미리 확인할 수 있다. 자르기 미리듣기$^{Cut Preview}$ 기능을 사용하면 가능하다. 파형을 선택한 후 키보드의 C키를 누르면 선택 영역의 1초 이전에서 시작하여 선택한 영역은 제외하고 선택 영역의 1초 이후까지 연결하여 오디오를 재생한다. 즉, 해당 영역을 삭제했을 때의 사운드를 들을 수 있다.

자연스러운 사운드가 만들어질 수 있도록 선택 영역의 길이를 조정한 후 키보드의 Delete 키를 누르거나 메인 메뉴의 **[편집 〉 오디오 제거 〉 삭제(Edit 〉 Remove Audio 〉 Delete)]** 메뉴를 선택한다. 이 메뉴의 단축키는 CTRL + K이다. 선택 영역의 범위를 조절하는 방법은 Audacity 기초 사용법을 참조하자. 이번 실습에서는 그림 3-3-7을 참조하여 예제 파일의 오디오 시작 위치에서 목소리가 나오기 직전(0~1초)까지의 불필요한 부분을 제거한다.

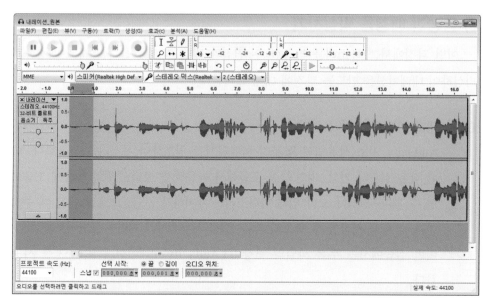

그림 3-3-7 0에서 1초 사이의 영역 선택

03. 목소리의 크기를 일정하게 조정한다.

우리가 녹음한 목소리는 일반적으로 소리 크기가 일정하지 않다. 이렇게 일정하지 않은 소리의 크기는 소리의 질을 상당히 저하시킨다. 특히 이야기하는 사람을 보지 못하고 녹음한 소리만을 듣는 경우에는 일정한 소리의 크기가 매우 중요하다. 녹음한 목소리의 크기를 균일하게 만들기 위해 우선 전체 파형을 선택 영역으로 지정한다. 트랙 제어 패널의 빈 공간을 클릭하거나 파형을 마우스로 더블클릭하면 전체 파형을 선택 영역으로 지정할 수 있다.

메인 메뉴의 [효과 > 압축기...(Effect > Compressor...)] 메뉴를 선택한다. 압축기 Compressor 기능은 조금 복잡하기 때문에 사용 방법을 자세하게 살펴보자. 그림 3-3-8은 압축기를 위한 대화상자를 나타낸다.

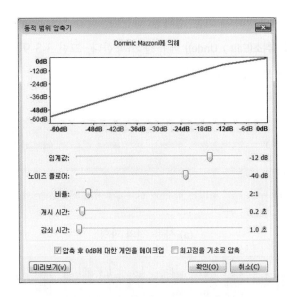

그림 3-3-8 **압축기(Compressor) 기능**

압축기는 소리가 큰 영역을 작게 만든 후 모든 영역의 소리를 크게 만드는 방법으로 동작한다. 먼저 "압축 후 0 dB에 대한 게인을 메이크업"과 "최고점을 기초로 압축"을 모두 선택한다. "압축 후 0 dB에 대한 게인을 메이크업"을 선택하면 압축기가 트랙의 볼륨을 최대화한다. "최고점을 기초로 압축"을 선택하면 압축기가 파형의 평균값이 아닌 최대값을 기준으로 압축을 수행한다.

임계값^{Threshold}을 지정한다. 임계값은 큰 소리 영역을 선택하는 기준이다. 이 영역을 티핑 포인트$^{tipping\ point}$라고 한다. 노이즈 플로어$^{Noise\ Floor}$를 조절한다. 이 값은 노이즈를 구분하는 기준이다. 이 값보다 작은 소리는 노이즈이므로 소리를 크게 만들지 않도록 한다. 비율^{Ratio}을 결정한다. 비율은 소리가 큰 영역을 어느 정도 줄일 것인지 결정하는 값이다. 개시 시간$^{Attack\ Time}$과 감쇠 시간$^{Decay\ Time}$을 설정한다. 개시 시간은 음이 발생되고 음량이 최대가 될 때까지의 시간, 감쇄 시간은 최대가 된 음량이 적정수준의 음량으로 떨어지기까지의 시간이다. 이 값들은 압축기가 얼마나 빠르게 볼륨의 변화에 반응하게 할 것인지를 결정한다.

이번 실습에서는 임계값은 −12 dB, 노이즈 플로어는 −80 dB, 비율은 6:1, 개시 시간과 감쇠 시간은 각각 0.5 초와 1.0 초로 지정하자. 적용한 후에 결과를 보고 일부 값을 재조정하여 최종 결과를 만든다. 작업 취소를 위해서는 메인 메뉴의 [편집 〉 작업 취소(Edit 〉 Undo)] 메뉴를 사용한다. 그림 3-3-9는 압축기 사용 전과 후의 파형의 모습을 나타낸다.

(a) 사용 전의 파형

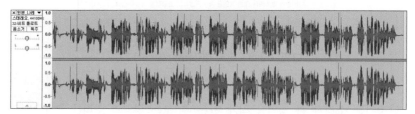

(b) 사용 후의 파형

그림 3-3-9   압축기 사용 전후의 파형

만약 소리의 크기만을 증폭시키고자 할 때는 메인 메뉴의 [효과 〉 증폭...(Effect 〉 Amplify)] 메뉴를 사용한다. 그림 3-3-10의 [증폭(dB)]의 입력 상자나 슬라이드 바를 사용하여 증폭할 양을 입력한다. 양수를 지정하면 소리를 크게 만들 수 있고 음수를 지정하면 작은 소리로 변경할 수 있다. 증폭한 결과는 [새 피크 진폭]에 표시된다. [클리핑 허용]을 선택하지 않으면 증폭으로 인해 클리핑이 발생하는 경우 [확인] 버튼이 활성화되지 않는다.

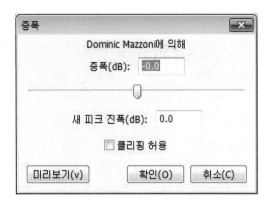

그림 3-3-10 증폭 대화상자

04. 목소리의 높이를 조정한다.

피치를 사용하여 목소리의 높낮이를 변경한다. 피치^{pitch}는 기본 주파수와 유사하게 음의 높낮이를 나타낸다. 목소리의 피치를 낮추면 조금 더 안정적인 소리를 만들 수 있고 피치를 높이면 조금 더 경쾌한 소리를 만들 수 있다. 남자 목소리의 경우에는 피치를 반음 낮추고 여자 목소리는 피치를 반음 높여서 확인하자. 피치를 한 옥타브 정도 낮추면 여자 목소리를 남자 목소리로 변경할 수도 있다.

피치의 변경은 메인 메뉴의 **[효과 〉 시간 스케일/피치 교체 슬라이딩...(Effect 〉 Sliding Time Scale / Pitch Shift...)]** 메뉴를 사용한다. 우선 전체 파형을 선택한 후 기능을 수행한다. 대화 상자의 **[초기 피치 교체(Initial Pitch Shift)]**에서 −12~12사이의 값을 지정하거나 −50~100 사이의 비율을 지정한다. 1은 반음에 해당하며 +1은 반음을 높이고 −1은 반음을 낮춘다. −12 또는 12는 한 옥타브를 낮추거나 높인 것에 해당한다. 값이나 비율 중에서 하나의 값을 변경하면 나머지도 함께 변한다. **[초기 피치 교체]**에는 오디오 시작 위치에서 사용할 피치를 지정한다. **[최종 피치 교체]**에는 오디오의 마지막 위치에서의 피치를 지정한다. 이 두 개의 값을 서로 다르게 설정하면 오디오 시작 지점의 피치에서 마지막 지점의 피치까지 선형적으로 변하게 된다. 처음부터 끝까지 동일한 피치를 유지하려면 **[초기 피치 교체]**와 **[최종 피치 교체]**에 동일한 값을 지정한다. 그림 3-3-11은 피치 이동을 위한 대화상자를 나타낸다. 이번 실습에서는 반음을 높인다. **[초기 피치 교체]**의 **[반음]**과 **[최종 피치 교체]**의 **[반음]**을 동일하게 1로 지정한다.

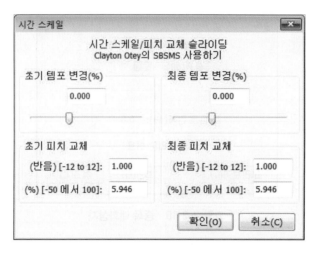

그림 3-3-11 피치 이동 대화상자

피치의 변경은 메인 메뉴의 [**효과 > 피치 변경...(Effect > Change Pitch...)**] 메뉴에서 처리할 수도 있다. 그림 3-3-12는 피치 변경 대화상자를 나타낸다. [**피치(Pitch)**] 항목은 녹음 당시의 조성^{key}이 알려져 있을 때 변경하고자 하는 새로운 조성을 지정할 수 있다. 반음 단위로 높이거나 낮출 수 있다. [**반음(반음정)(Semitones (half-steps))**]은 오디오의 조성을 모르는 경우 조정할 피치를 반음 단위로 지정한다. 값 1은 반음을 나타내며 +1은 반음을 높이고 -1은 반음을 낮춘다. [**주파수(Frequency)**] 및 [**퍼센트 변경(Percent Change)**]은 위에서 입력한 값에 따라 자동으로 변한다. 이번 실습에서는 반음을 높일 것이므로 이 기능을 사용할 경우 다른 값은 그대로 두고 [**반음(반음정)**]을 1로 지정한다. 피치 슬라이딩 기능에 비해 결과가 빠르게 계산되는 것을 확인할 수 있다.

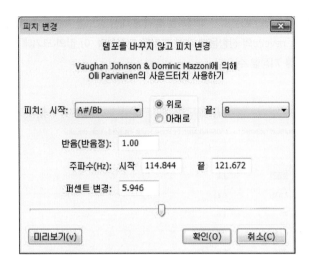

그림 3-3-12 피치 변경 대화상자

05. 목소리에 울림 효과를 지정한다.

일반적인 사운드 편집도구에서는 reverb 기능을 사용하여 울림 효과를 제공한다. Audacity에서는 GVerb 기능을 사용하여 사운드에 울림 효과를 지정할 수 있다. 현재 GVerb는 Audacity에 기본적으로 포함되어 있지만 LADSPA 플러그인^{plug-ins}을 사용하여 개별적으로 설치할 수 있다. GVerb에서 설정 가능한 파라미터는 다음과 같다. 그림 3-3-13은 GVerb 설정 대화상자를 나타낸다.

- **Roomsize**: 울림 효과의 전반적인 특성을 제어한다. 이 값은 초기 반향음이나 음의 잔향의 세기에 모두 영향을 미친다.
- **Reverb time**: 울림의 대략적인 시간을 제어한다. 주로 음의 후반부 울림에 영향을 미친다. 짧은 시간을 지정하면 후반부 음의 울림은 거의 발생하지 않는다.
- **Damping**: 초기 음의 울림과 음의 유지 시간을 제어한다. 큰 값을 지정할수록 울림 효과의 강도는 줄어든다.
- **Input Bandwidth**: 영향을 받는 주파수의 범위를 지정한다. 작은 값을 지정하면 낮은 주파수 범위의 사운드만 영향을 받는다. 이 값을 제어를 통해 주로 높은 주파수 대역(treble)에서의 변화 정도를 구분할 수 있다. 큰 값을 지정하면 조금 더 밝고 경쾌한 음을 만들 수 있고 작은 값을 지정하면 반대의 효과를 얻을 수 있다.
- **Dry signal level**: 울림 효과가 반영된 사운드에서 원래 사운드의 소리 크기를 지정한다. 일반적인 사용에서는 이 값을 0 dB에 가까운 큰 값으로 설정한다.
- **Early reflection level**: 초기 반향음의 소리의 크기를 지정한다. 울림의 강도에 큰 영향을

미치지는 못하지만 사운드가 발생하는 환경에 대한 정보를 제공할 수 있다.

- Tail level: reverb의 잔향음에 대한 크기를 지정한다. 이 값의 크기에 따라 울림의 전반
  적인 강도를 지정할 수 있다.

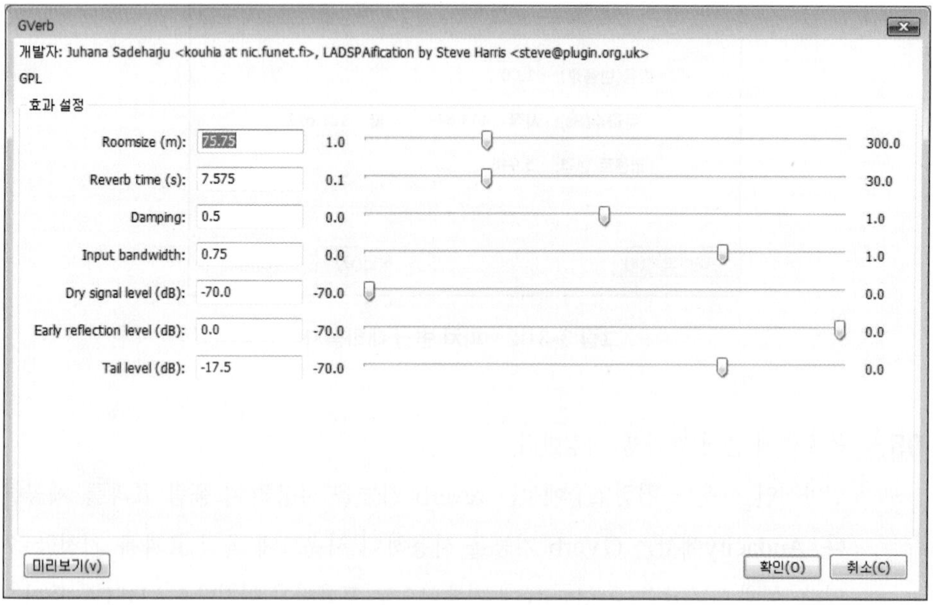

그림 3-3-13 GVerb 대화상자

Early reflection level을 Trail level보다 10~20 dB 정도 높게 지정하면 일반적
인 울림 효과를 나타낼 수 있다. 반면 Trail level을 Early reflection level보다
높게 지정하면 음원과 청취자 사이의 거리를 변경하는 효과를 낼 수 있다. 울림
효과를 확인하기 위해서는 헤드폰보다는 스피커를 사용하는 것이 좋다. 헤드폰
에서는 각 채널의 사운드가 해당 귀에만 들리므로 울림 효과의 강도를 제대로 표
현하지 못한다. 다음은 Audacity에서 권장하는 몇 가지 설정 값이다.

- 일반적인 효과(The Quick Fix)
    Roomsize: 40 m²
    Reverb time: 4 s
    Damping: 0.9
    Input bandwidth: 0.75
    Dry signal level: 0 dB

Early reflection level: −22 dB

Tail level: −28 dB

- 작은 홀(Bright, small hall)

Roomsize: 50 m²

Reverb time: 1.5 s

Damping: 0.1

Input bandwidth: 0.75

Dry signal level: −1.5 dB

Early reflection level: −10 dB

Tail level: −20 dB

- 연주 홀(Nice hall effect)

Roomsize: 40 m²

Reverb time: 20 s

Damping: 0.5

Input bandwidth: 0.75

Dry signal level: 0 dB

Early reflection level: −10 dB

Tail level: −30 dB

- 욕실(Singing in the Sewer)

Roomsize: 6 m²

Reverb time: 15 s

Damping: 0.9

Input bandwidth: 0.1

Dry signal level: −10 dB

Early reflection level: −10 dB

Tail level: −10 dB

06. 배경 음악을 설정한다.

배경 음악은 opsound 사이트[www.opsound.org]에서 배경음악으로 사용할 음악을 다운로드한다. 이번 예제에서는 사이트 메인 메뉴의 장르[genres]별 분류에서 "classi-cal 〉 Chopin Nocturne 15.2"의 "Chopin Nocturne 15.2.mp3" 파일을 다운로드하여 사용한다. 쇼팽의 야상곡 작품번호 제15번이다.

우선 배경 음악을 불러온다. 메인 메뉴의 [파일 〉 가져오기〉 오디오(File 〉 Import 〉 Audio)] 메뉴를 실행한다. 그림 3-3-14는 배경 음악을 불러온 모습이다. 위쪽에 목소리 트랙이 위치하고 아래쪽에 방금 추가한 배경 음악 트랙이 위치한다. 재생 버튼 ▶을 누르면 목소리와 배경 음악이 합쳐진 사운드를 들을 수 있다. 파형의 왼쪽에 위치한 트랙 컨트롤 패널^{Track Control Panel}을 살펴보면 [음소거] 및 [독주] 버튼을 찾을 수 있다. [음소거] 버튼을 체크하면 해당 트랙을 제외하고 사운드를 재생하고 [독주] 버튼을 체크하면 해당 트랙만을 재생할 수 있다. 이 기능을 사용하여 목소리나 배경 음악만을 재생할 수 있을 것이다.

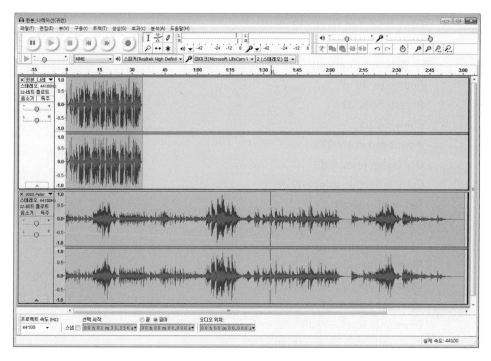

그림 3-3-14 배경 음악 추가

07. 목소리 녹음 트랙을 구간으로 분할하고 각 구간의 시작 위치를 지정한다.
Audacity에서는 두 개의 트랙을 함께 재생하여 기본적인 믹싱을 제공한다. 그러나 목소리와 배경 음악을 동기화하고 배경 음악의 볼륨을 조정하는 등의 세밀한 믹싱 작업이 필요하다. 우선 녹음 트랙에서 전체 구간을 몇 개의 작은 구간으로 분할한다. 구간을 분할하기 위해서는 선택 도구 I를 사용하여 분할할 지점을 선택한다. 그리고 메인 메뉴의 [편집 〉 클립 경계 〉 분할(Edit 〉 Clip Boundaries 〉 Split)] 메뉴를 실행한다. 선택 지점에 수직선이 표시되어 영역이 분할되는 것을 확인할 수 있다. 분할한 영역은 도구 도구바^{Tools Toolbar}의 시간 이동 도구^{Time Shift Tool}↔를 사용하여 위치를 이동할 수 있다. 분할한 지점을 제거하고자 할 때는 선택 도구를 선택한 후 분할한 지점의 수직선을 마우스로 드래그한다.

이때 미리 분할이나 작업할 지점을 표시하면 편리한데 이를 위해 레이블을 사용한다. 레이블을 설정하기 위해서는 선택 도구를 사용하여 레이블의 표시 지점을 선택하고 메인 메뉴의 **[트랙 〉 선택에 레이블 추가(Tracks 〉 Add Label at Selection)]** 메뉴를 실행한다. 화면의 아래쪽에 레이블 트랙이 추가되고 레이블을 입력할 수 있다.

그림 3-3-15는 녹음 트랙을 두 개의 구간으로 분할하고 5초 및 13초 지점에 두 개의 레이블을 추가한 그림이다. 첫 번째 구간은 시의 제목과 지은이를 소개하는 구간이고 두 번째 구간은 시의 내용을 읽는 구간이다. 그림 3-3-16은 시간 이동 도구를 사용하여 녹음 트랙의 각 구간의 위치를 레이블 지점으로 이동한 결과이다.

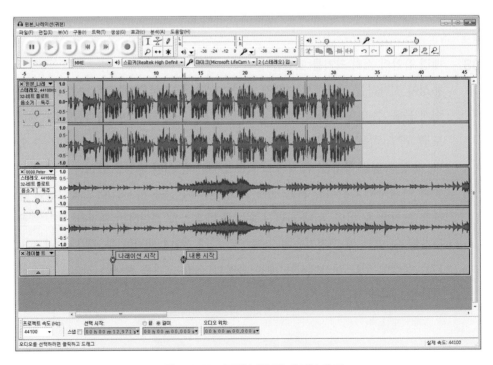

그림 3-3-15 구간 분할 및 레이블 추가

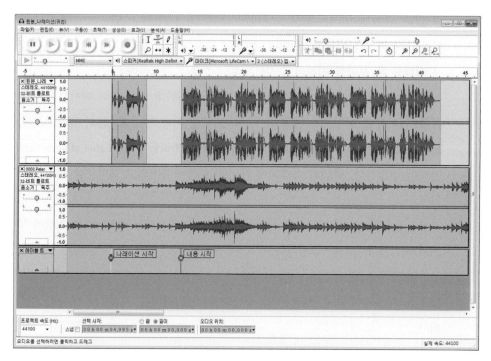

그림 3-3-16 구간 이동 결과

08. 배경 음악의 소리 크기를 조정한다.

음성이 시작하는 구간에서는 배경 음악의 소리를 줄여 청취자가 녹음 목소리를 쉽게 들을 수 있도록 한다. 배경 음악의 구간별 소리 크기 변경을 위해서는 형태 도구Envelop Tool를 사용한다. 이 도구는 도구 도구바Tools Toolbar에서 선택할 수 있다. 우선 파형을 확대한 후 형태 도구를 선택한다. 이때 파형을 표시하는 창의 위쪽과 아래쪽에 파란색의 굵은 선이 표시된다. 이 선을 마우스로 드래그하여 볼륨을 조절할 수 있다. 이때 파란선 위에서 마우스를 클릭하면 조정점control point을 추가할 수 있고 이 조정점을 바깥쪽으로 드래그하면 제거할 수 있다. 그림 3-3-17은 음성이 있는 구간에서는 배경 음악의 소리 크기를 줄이는 작업을 적용한 결과를 나타낸다.

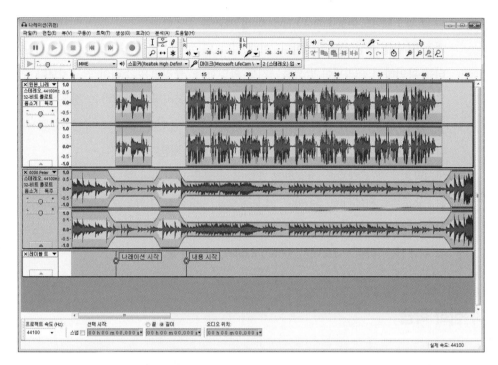

그림 3-3-17 구간별 소리 크기 변경

09. 마무리 작업을 수행한다.

일반적으로 녹음한 목소리보다는 배경 음악의 길이가 길다. 따라서 배경 음악의 불필요한 부분은 삭제해야 한다. 우선 목소리가 끝나고 어느 정도 배경 음악이 지속될 것인지를 결정한다. 배경 음악의 트랙에서 배경 음악이 끝나는 지점을 선택 도구를 사용하여 선택한다. 그 이후의 음악은 모두 제거하기 위해 메인 메뉴의 [편집 〉 선택 〉 트랙 끝에 커서(Edit 〉 Select 〉 Cursor to Track End)] 메뉴를 실행한다. 현재 위치에서 트랙의 마지막 위치까지 선택 영역으로 지정될 것이다. 키보드의 Delete 키를 눌러 선택한 영역을 삭제한다.

오디오의 마지막 부근에서는 갑자기 오디오가 종료하는 것이 아니라 서서히 소리가 줄어들면서 끝나는 것이 자연스럽다. 이런 효과를 페이드 아웃^{fading out}이라고 한다. 배경 음악 트랙에서 페이드 아웃 효과를 시작할 지점을 선택 영역을 사용하여 선택한다. 그리고 메인 메뉴의 [편집 〉 선택 〉 트랙 끝에 커서(Edit 〉 Select 〉 Cursor to Track End)] 메뉴를 실행하여 트랙 끝까지 선택한다. 다음으로 메인 메뉴의 [효과 〉 페이드 아웃(Effect 〉 Fade Out)] 메뉴를 실행한다.

최종 결과를 재생하여 확인한다. 이때 미터 도구바$^{Meter\ Toolbar}$의 Output Level 미터를 확인하여 클리핑이 발생하는지를 확인한다. 클리핑은 소리의 최고치보다 오른쪽에 빨간색 선이 나타나므로 구분할 수 있다. 클리핑이 발생하는 경우에는 트랙 제어 패널의 게인 슬라이드 바를 −2 dB 정도 줄인다. 그리고 다시 재생하여 확인하는데 역시 클리핑이 발생하면 이 과정을 반복한다.

마지막으로 프로젝트를 저장하고 오디오 파일을 내보내기 한다. 메인 메뉴의 **[파일 〉 프로젝트 저장(File 〉 Save)]**은 프로젝트를 저장하는 기능으로 일반적인 오디오 파일을 생성하는 것은 아니다. 우리가 사용하는 mp3 혹은 wav 파일을 생성하기 위해서는 [파일 〉 내보내기...(File 〉 Export...)] 메뉴를 사용한다.

3) 심화 학습

01. 기본 주파수에 여러 가지 종류의 고조 주파수를 추가하여 다양한 복합음을 생성하시오.

02. 기본 주파수의 진폭보다 고조 주파수의 진폭을 크게 설정한 경우 소리의 높낮이를 확인하시오.

03. 자신을 소개하고 홍보할 수 있는 내레이션 자료를 제작하시오.

04. 자신이 좋아하는 노래의 반주 음악(off vocal) 또는 MR(music recorded)을 구해 자신의 목소리와 노래를 더빙(dubbing)한 결과를 제작하시오.

4) 참고 문헌

1. audacity.sourceforge.net/help/

04 WAV 파일 구조와 처리

WAV 파일(*.wav)은 IBM과 마이크로소프트사가 공동으로 개발하여 윈도우즈 운영체제에서 주로 사용하는 사운드 파일의 포맷이다. 내부 구조가 간단하여 사운드 파일의 구조를 이해하고 학습하기에 적합하다. WAV 파일은 마이크로소프트사의 RIFF^Resource Interchange File Format의 한 가지 형태이다. RIFF는 확장성^extensibility에서 큰 장점을 가지는데 다음과 같은 멀티미디어 작업에 적합한 형태이다.

- 멀티미디어의 재생
- 멀티미디어의 레코딩
- 응용프로그램 및 운영체제 간의 멀티미디어 교환(exchange)

WAV 파일은 PCM, DPCM, ADPDM, DM 등의 다양한 방법으로 부호화^encoding한 데이터를 저장할 수 있다. 이 중에서 PCM은 가장 간단하고 WAV 파일에서 보편적으로 사용하는 방법이므로 이번 예제에서는 PCM으로 표현한 WAV 파일을 대상으로 설명한다. 그럼 WAV 파일의 구조에 대해 자세하게 살펴보자.

1) WAV 파일 구조

WAV 파일은 일련의 데이터 청크^chunk들을 사용하여 계층적인 구조로 표현한다. 청크는 사운드에 대한 정보나 데이터를 포함하는 WAV 파일의 정보 구분 단위이다. WAV 파일의 전체 구조는 그림 3-4-1과 같다. 그림에서 보듯이 WAV 파일은 하나의 RIFF 청크로 구성된다. 이 RIFF 청크는 다른 청크들을 포함하는 계층적인 구조를 갖는다.

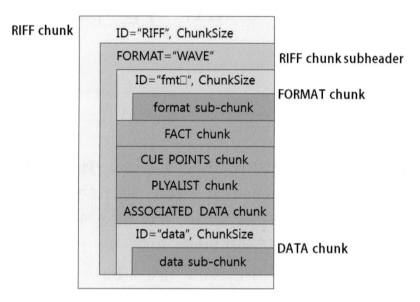

그림 3-4-1 WAV 파일 구조

　청크는 크게 헤더^{header}와 서브 청크$^{sub-chunk}$ 영역으로 나뉜다. 청크 헤더는 청크의 종류를 구분하기 위한 식별자 필드와 청크의 크기를 나타내는 청크 사이즈 필드를 갖는다. 서브 청크는 청크에서 제공하는 정보를 포함한다. 서브 청크를 청크의 데이터 영역이라고 한다. 예를 들어 포맷 청크의 서브 청크는 사운드 데이터에 대한 형식 정보(사운드 포맷, 표본화율 등)를 포함한다. 단, 청크 중에서 최상위 청크인 RIFF 청크는 다른 일반 청크와는 다른 구조를 갖는다. RIFF 청크는 다른 청크에는 존재하지 않는 서브 헤더를 갖는데 이 서브 헤더에는 format 필드가 존재한다. 이 필드는 RIFF 청크가 포함하는 멀티미디어 데이터의 유형을 구분한다. 그럼 청크의 구조에 대해 자세하게 살펴보자. 우선 RIFF 청크의 구조에 대해 살펴본다.

　RIFF 청크의 구조는 표 3-4-1과 같다. 앞에서 설명한 것과 같이 모든 청크는 두 개의 필드로 구성되는데 첫 번째 필드는 청크의 종류를 구분하기 위한 청크 식별자$^{Chunk\ ID}$이다. RIFF 청크의 ChunkID 필드는 "RIFF"의 값을 갖는다. 이 문자열을 빅 엔디언^{big endian}방식의 16진수로 표시하면 0 x 52494646이다. 두 번째 필드인 ChunkSize는 RIFF 청크의 데이터(서브 청크) 크기를 나타낸다. WAV 파일의 경우 모든 청크들이 RIFF 청크의 서브 청크에 포함되므로 RIFF 청크의 ChunkSize 필드는 RIFF 서브 헤더를 포함해서 모든 하위 청크들의 크기의 합으로 나타난다. 만약 RIFF 청크가 필수적 청크인 포맷 청크^{format chunk}와 데이터 청크^{data chunk}만으로 구성되고 PCM 방식으로 부호화된 경우 ChunkSize는 사운드 데이터의 크기에 36을 더한 값으로 계산할 수 있다. RIFF 청크의 서브 헤더, 포맷 청크의 헤더와 서브 청크, 데이터 청크의 헤더에 해당하는 크기를 모두 더하면 36 바이트이다. 또한 ChunkSize는 전체 파일 크기에서 8을 뺀 값으로 계산할 수도 있다. 8은 RIFF 청크의 헤더에 있는 ChunkID와 ChunkSize 필드의 크기에 해당한다.

RIFF 청크의 서브 헤더에 해당하는 Format 필드는 RIFF 파일의 세부 종류를 구분하기 위해 사용한다. RIFF 구조는 AVI^{Audio/visual interleaved data}, WAV^{Waveform data}, RDI^{Bitmapped data}, RMI^{MIDI information}, PAL^{Color palette}, RMN^{Multimedia movie}, ANI^{Animated cursor}, BND^{A bundle of other RIFF files} 등의 다양한 멀티미디어 데이터를 표현하기 위한 마이크로소프트사의 공통 파일 구조이기 때문에 이들을 구분할 수 있어야 한다. 우리가 처리할 파일의 세부 유형은 WAV 파일인데, 이때 Format 필드는 "WAVE"의 값을 갖는다. 이 문자열을 빅 엔디언으로 표시하면 0 x 57415645이다.

표 3-4-1 RIFF 청크 구조

필드		길이	설명
ChunkID		4	Chunk ID: "RIFF"
ChunkSize		4	서브 청크의 크기
	Format	4	WAVE ID: "WAVE"
	RIFF sub-chunk	n	RIFF 서브 청크

RIFF 청크가 포함할 수 있는 하위 청크에는 다양한 종류가 존재한다. 예를 들어 그림 3-4-1에서 포맷 청크, 큐 포인트 청크, 데이터 청크 등을 확인할 수 있다. 그러

나 WAV 파일을 구성하기 위해 모든 종류의 청크를 사용해야 하는 것은 아니다. 그러나 RIFF 청크는 필수 청크인 포맷 청크와 데이터 청크를 반드시 포함해야 한다. 그 외의 청크는 목적에 따라 선택적으로 포함할 수 있다. 따라서 WAV 파일이 하나의 포맷 청크와 데이터 청크만으로 구성된 구조가 가장 단순한 형태이다. 여기에서는 필수 청크인 포맷 청크와 데이터 청크에 대해서만 설명하고 나머지 부가적인 청크에 대해서는 설명을 생략한다. WAV 파일에서는 기존에 정해진 청크뿐만 아니라 WAV 파일의 부호화 알고리즘의 개발자가 직접 정의한 청크를 포함할 수 있다. 사용자 정의 청크의 데이터 영역에 대한 구조를 모를 수도 있으므로 WAV 파일을 복호화하거나 재생하는 프로그램은 불필요한 청크들을 무시할 수 있도록 개발되어야 한다.

포맷 청크$^{\text{format chunk}}$는 디지털 사운드 데이터에 대한 채널 수나 표본화율 등의 주요 정보를 제공하고 데이터 청크$^{\text{data chunk}}$는 실제 사운드 데이터를 포함한다. 청크 사이의 순서는 정해져 있지 않지만 예외적으로 포맷 청크는 반드시 데이터 청크보다 먼저 위치해야 한다.

포맷 청크의 상세한 구조는 표 3-4-2와 같다. 포맷 청크의 식별자는 "fmt 공백존재"의 값을 갖는다. 이 문자열을 빅 엔디언으로 표시하면 0x666D7420이다. 마지막에 공백문자가 하나 포함된 것을 주의한다. 두 번째 필드는 서브 청크의 크기를 나타낸다. PCM인 경우 서브 청크의 크기는 16(0x10)이다. 부호화 방법에 따라 서브 청크에 포함되는 정보가 달라지므로 PCM 이외의 경우에는 부호화 방법에 따라 서브 청크의 크기는 18, 40 등의 값이 가능하다. 표 3-4-2에서 보듯이 서브 청크는 오디오 데이터에 대한 형식 정보를 제공한다. 오디오 포맷$^{\text{audio format}}$, 채널 수$^{\text{number of channels}}$, 표본화율$^{\text{sampling rate}}$, 초당 데이터 전송률$^{\text{byte rates per a second}}$, 채널을 고려한 바이트 수$^{\text{block alignment}}$, 표본당 비트 수$^{\text{bites per a sample}}$는 부호화 방법에 관계없이 공통적인 정보이고 그 이후에는 부호화 방법에 따라 추가적인 정보를 포함할 수 있다.

표 3-4-2 포맷 서브 청크의 구조

필드		길이	설명
ChunkID		4	Chunk ID: "fmt "
ChunkSize		4	서브 청크의 크기(PCM: 16)
	AudioFormat	2	오디오 포맷 코드(부호화 방식) (Audio Format code)
	NumChannels	2	Mono: 1, Stereo: 2
	SampleRate	4	표본화율
	ByteRate	4	초당 데이터 전송률
	BlockAlign	2	채널을 고려한 표본당 바이트 수
	BitsPerSample	2	표본당 비트 수
	ExtraParamSize(옵션)	2	확장 크기(0 혹은 22)
	ExtraParam(옵션)	N	추가 데이터 공간

부호화 방식을 구분하는 첫 번째 필드인 AudioFormat에 사용 가능한 값은 표 3-4-3과 같다. 두 번째 필드는 채널의 개수를 나타낸다. 모노인 경우는 1이고 스테레오이면 2의 값을 갖는다. 세 번째 필드는 표본화율$^{sampling\ rate}$을 나타낸다. 표본화율은 초당 생성하는 표본^{sample}의 개수를 의미하며 8,000 / 22,000 / 44,100 등의 값을 가질 수 있다. 네 번째 필드는 바이트 단위의 초당 데이터 전송률이며 초당 전송되어야 하는 바이트 단위의 데이터 크기를 의미한다. 이 값은 SampleRate * NumChannels * BitsPerSample / 8로 계산할 수 있다. 다섯 번째 필드는 표본당 바이트 수이다. 이 값은 numChannels * BitsPerSample / 8로 계산할 수 있다. 여섯 번째 필드는 표본당 비트 수이다. 그 이후의 필드는 PCM에서는 사용하지 않으며 ADPCM 등의 다른 부호화 방식을 사용하는 경우에만 유효하다.

표 3-4-3 포맷 코드

Format Code	Symbol	압축 방법
0 × 0001	WAVE_FORMAT_PCM	PCM
0 × 0003		IEEE float
0 × 0006		8-bit ITU-T G.711 A-law
0 × 0007		8-bit ITU-T G.711 μ-law
0 × 0101	IBM_FORMAT_MULAW	IBM μ-law
0 × 0102	IBM_FORMAT_ALAW	IBM A-law
0 × 0103	IBM_FORMAT_ADPCM	IBM AVC ADPCM
0 × FFFE		서브 포맷에 따라 결정

데이터 청크의 구조는 표 3-4-4와 같다. 데이터 청크의 식별자 값은 "data"이다. 이 문자열을 빅 엔디언으로 표시하면 0x64617461이다. 헤더의 두 번째 필드는 청크의 크기이며 사운드 데이터의 크기를 나타낸다. 데이터 서브 청크는 실제 사운드 데이터를 포함한다. 데이터 서브 청크의 마지막에는 패딩 바이트가 포함될 수 있다. 데이터의 크기를 짝수로 만들기 위해 패딩 바이트를 사용한다. 따라서 데이터의 크기가 홀수이면 패딩 바이트를 추가하고 짝수이면 사용하지 않는다.

표 3.4.4 데이터 서브 청크의 구조

필드		길이	설명
ChunkID		4	Chunk ID: "data"
ChunkSize		4	청크의 크기
	Data	n	사운드 데이터
	padByte	0 or 1	패딩 바이트

그림 3-4-2는 PCM 방식으로 저장한 WAV 파일의 일부분이다. RIFF 파일을 구분할 수 있는 "RIFF" 식별자로부터 시작하는 것을 확인할 수 있다. RIFF 서브 청크의 크기가 691,524이므로 총 파일의 크기는 691,532(691,524 + 8)byte이다. 포맷

청크의 오디오 포맷은 1(PCM)이므로 포맷 서브 청크의 크기는 16 byte이다. 포맷 서브 청크에서 사운드 형식을 알 수 있다. 채널의 수는 2개이므로 스테레오이고 표본화율은 44,100이다. 각 채널의 표본당 비트 수는 16비트이고 두 개의 채널이 존재하므로 하나의 표본 블록은 4바이트(2 바이트 × 2 채널)이다. $0 \times 2D$에서부터 사운드 데이터가 나타난다. 하나의 표본 블록은 4바이트이며 왼쪽 채널, 오른쪽 채널의 순서로 나타난다.

1	2	3	4	5	6	7	8	9	A	B	C	D	E	F	10
52	49	46	46	44	8D	0A	00	57	41	56	45	66	6D	74	20
R	I	F	F	청크 크기 (691,524)				W	A	V	E	f	m	t	□
10	00	00	00	01	00	02	00	44	AC	00	00	10	B1	02	00
청크 크기 (16:PCM)				포맷 (1=PCM)		채널 수 (2)		표본화율 (44,100)				초당 데이터(byte) (176,400)			
04	00	10	00	64	61	74	61	20	8D	0A	00	00	00	00	00
표본블록크기 (4)		표본크기 (16)		d	a	t	a	청크 크기 (691,488)				표본1			
EB	00	99	02	1D	01	70	04	33	00	F1	02	8E	FC	55	FA
표본 2				표본 3				표본 4				표본 5			

그림 3-4-2 WAV 파일 예제

이번에는 사운드 데이터의 구성 순서에 대해 살펴보자. 그림 3-4-3은 표본당 비트의 수와 채널의 수에 따른 표본의 저장 순서를 나타낸다. 채널이 하나만 있는 모노 사운드^{mono sound}에서는 각 표본이 차례대로 저장된다. 두 개의 채널이 존재하는 스테레오 사운드에서는 왼쪽 채널과 오른쪽 채널의 순서로 저장된다. 8비트 사운드(포맷 서브 청크의 BitsPerSample 필드의 값이 8인 경우)는 표본당 8비트를 사용하고 16비트 사운드(포맷 서브 청크의 BitsPerSample 필드의 값이 16인 경우)는 표본당 16비트를 사용한다. 따라서 그림 3-4-3에서 알 수 있듯이 8비트 스테레오 사운드는 각 표본당 왼쪽 채널 1바이트, 오른쪽 채널 1바이트를 순서대로 할당한다. 또한 16비트 스테레오 사운드에서는 각 표본당 왼쪽 채널 2바이트, 오른쪽 채널 2바이트를 할당한다. 이때 하위 바이트$^{\text{low-order byte}}$를 먼저 저장하고 상위 바이트$^{\text{high-order byte}}$를 저장한다.

1	2	3	4
표본 1	표본 2	표본 3	표본 4
채널 0	채널 0	채널 0	채널 0

8bit mono sound

1	2	3	4
표본 1		표본 2	
채널 0(left)	채널 1(right)	채널 0(left)	채널 1(right)

8bit stereo sound

1	2	3	4
표본 1		표본 2	
채널 0		채널 0	

16bit mono sound

1	2	3	4
표본 1			
채널 0(left)	채널 0(left)	채널 1(right)	채널 1(right)

16bit stereo sound

그림 3-4-3   표본 저장 순서

이번에는 표본의 데이터 포맷에 대해 살펴보자. 표 3-4-5와 같이 8비트 사운드의 경우에는 표본 데이터를 부호 없는 정수$^{\text{unsigned integer}}$를 사용하여 0~255 사이의 값으로 표현하고 표본당 9비트 이상을 사용하는 사운드는 부호 있는 정수$^{\text{signed integer}}$를 사용하여 표현한다. 예를 들어, 16비트 사운드의 경우 각 표본은 −32768~32767 사이의 값으로 표현한다.

표 3-4-5   표본의 데이터 포맷

표본 크기	자료형	최소값	최대값
1~8 bit	부호없는 정수	0	$2^n - 1$
9 bit 이상	부호있는 정수	$-2^n - 1$	$2^{n-1} - 1$

각 표본은 리틀 엔디언$^{\text{little endian}}$ 방식으로 저장한다. 그림 3-4-4의 16비트 모노 사운드 방식으로 저장된 각 표본의 값을 해석하면 그림의 하단과 같다. 첫 번째 표본은

−4079, 두 번째 표본은 1450의 값으로 해석할 수 있다.

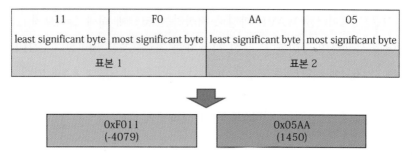

그림 3-4-4 16비트 모노 사운드의 표본 값 해석

PCM 방식으로 저장할 때 채널별 표본당 비트 수가 8비트나 16비트가 아닌 비트를 사용하는 경우가 있다. 이때에는 상위 비트^{most significant bit}에서부터 값을 채우고 값이 존재하지 않는 하위 비트들을 0으로 설정한다. 예를 들어, 그림 3-4-5와 같이 채널별 표본당 비트 수가 12비트인 경우에는 2개 바이트를 사용하여 상위 12비트에 대한 값을 채우고 하위 4비트는 0으로 설정한다. 비슷한 방식으로 채널별 표본당 비트 수가 20비트이면 3개 바이트를 사용하여 상위 20비트에 대한 값을 채우고 하위 4비트는 0으로 설정한다. 앞에서 설명한 것과 같이 채널별 표본당 비트의 수가 8비트를 초과하는 경우에는 모두 부호 있는 정수를 사용한다.

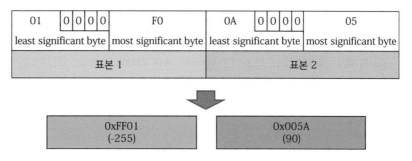

그림 3-4-5 12비트 모노 사운드의 표본 값 해석

2) WAVE 파일 읽기 및 저장 실습

8비트 또는 16비트 PCM 방식으로 저장한 WAVE 파일을 메모리로 읽어오고 메모리의 사운드 데이터를 WAVE 파일로 저장하는 코드에 대해 살펴보자. 소스코드는 C언어를 사용하여 구현한다. 우선 사용하는 자료구조를 정의한다. RIFF 파일을 구성하는 각 청크에 해당하는 구조체이다. 자료구조는 리스트 3-4-1과 같다.

리스트 3-4-1 **자료구조**

```
1    #include <windows.h>
2
3    typedef struct _Chunk_Header
4    {
5        DWORD chunkID;
6        DWORD chunkSize;
7    } CHUNKHEADER;
8
9    typedef struct _DATA_Subchunk
10   {
11       BYTE *sampleData;
12   } DATASUBCHUNK;
13
14   typedef struct _RIFF_Chunk
15   {
16       CHUNKHEADER    riffHeader;
17       DWORD          waveFormat;
18       CHUNKHEADER    formatHeader;
19       PCMWAVEFORMAT  formatSubchunk;
20       CHUNKHEADER    dataHeader;
21       DATASUBCHUNK   dataSubchunk;
22   } RIFFCHUNK;
23
24   /* function prototype */
25   RIFFCHUNK* ReadWaveFile( char *filename );
26   int WriteWaveFile( char *filename, RIFFCHUNK *rc );
```

라인	설명
01	자료구조에서 사용하는 WORD 및 DWORD에 대한 자료형 재선언을 포함한다. WORD는 unsigned short, DWORD는 unsigned long에 대한 재선언이다.
03 ~ 07	WAV 파일을 구성하는 청크의 공통적인 헤더를 정의한다. 모든 청크는 동일한 헤더를 가지는데 청크의 종류를 구분하는 식별자인 ChunkID와 청크 데이터 영역의 크기를 나타내는 ChunkSize의 두 가지 멤버를 포함한다.
09 ~ 12	data 청크의 서브 청크를 위한 구조체이다. data 서브 청크는 사운드 데이터를 포함하고 있는데 초기에는 그 크기를 알 수 없으므로 BYTE형의 포인터로 선언한 후 데이터 크기를 알 수 있는 시점에서 필요한 크기만큼 메모리를 할당하여 사용한다.
14 ~ 22	PCM 포맷의 사운드 데이터를 저장하는 RIFF 청크를 위한 구조체이다. RIFF 청크 헤더, 서브 헤더, format 청크 헤더, format 청크 데이터, data 청크 헤더, data 청크 데이터의 순서로 구성된다. 이번 예제에서는 PCM 방식의 사운드 데이터만을 처리하므로 format 청크를 위해 Windows API에서 제공하는 PCMWAVEFORMAT 구조체를 사용한다. 이 구조체는 'mmeapi.h' 헤더 파일에 정의된다. 이 헤더 파일은 'windows.h' 헤더 파일에서 포함하므로 소스 코드에서 'windows.h' 헤더 파일만 포함하면 'mmeapi.h' 헤더 파일을 다시 포함할 필요는 없다. PCMWAVEFORMAT에서는 WAVEFORMAT 구조체를 사용하고 있는데 이 두 가지 구조체의 구조는 다음과 같다. ```\ntypedef struct waveformat_tag\n{\n WORD wFormatTag; /* 오디오 포맷(PCM, DPCM 등) */\n WORD nChannels; /* 채널 수 (mono, stereo, etc.) */\n DWORD nSamplesPerSec; /* 표본화율 */\n DWORD nAvgBytesPerSec; /* 초당 전송 데이터량 */\n WORD nBlockAlign; /* block size of data */\n} WAVEFORMAT\n\ntypedef struct pcmwaveformat_tag {\n WAVEFORMAT wf;\n WORD wBitsPerSample; /* 표본당 비트 수 */\n} PCMWAVEFORMAT\n```
24 ~ 26	WAVE 파일을 메모리에 읽어오고 메모리의 사운드 데이터를 WAVE 파일에 저장하는 함수에 대한 원형(prototype)

그럼 사운드 파일을 읽는 소스코드를 살펴보자. 입력 WAVE 파일을 열어 각 청크의 헤더와 데이터를 메모리에 불러온다. 소스코드는 리스트 3-4-2와 같다.

리스트 3-4-2 WAV 파일을 읽기 위한 코드

```
1     RIFFCHUNK* ReadWaveFile(char *filename)
2     {
3         FILE          *fp;
4         CHUNKHEADER h;
5         BYTE          *sampleData;
6         RIFFCHUNK    *rc;
7
8         fp = fopen(filename, "rb");
9         if (fp == NULL)
10        {
11            printf("File NOT Found \n");
12            return NULL;
13        }
14
15        // allocate memory for RIFF chunk
16        rc = (RIFFCHUNK*)malloc(sizeof(RIFFCHUNK));
17        if (rc == NULL)
18        {
19            printf("Error in memory allocation! \n");
20            return NULL;
21        }
22
23        while (fread(&h, sizeof(CHUNKHEADER), 1, fp) != 0)
24        {
25            // Check RIFF Chunk ("RIFF")
26            //if( h.chunkID == 0x46464952 )
27            if (h.chunkID == MAKEFOURCC('R', 'I', 'F', 'F'))
28            {
29                rc->riffHeader = h;
30                fread(&(rc->waveFormat),
31                    sizeof(rc->waveFormat), 1, fp);
32
33                // check "WAVE" format
34                //if (rc->waveFormat != 0x45564157)
35                if (rc->waveFormat !=
36                    MAKEFOURCC('W', 'A', 'V', 'E'))
37                {
38                    printf("NOT supported format \n");
39
40                    free(rc);
41                    return NULL;
42                }
43            }
44            // Check FORMAT Chunk ("fmt ")
45            //else if( h.chunkID == 0x20746D66 )
46            else if (h.chunkID == MAKEFOURCC('f', 'm', 't', ' '))
47            {
```

```
48                  PCMWAVEFORMAT fsc;
49
50                  rc->formatHeader = h;
51
52                  fread(&fsc, sizeof(PCMWAVEFORMAT), 1, fp);
53                  if (!(fsc.wf.wFormatTag == 1 &&
54                      (fsc.wBitsPerSample == 8 ||
55                      fsc.wBitsPerSample == 16)))
56                  {
57                      printf("bits per a sample: %d \n",
58                          fsc.wBitsPerSample);
59                      printf("NOT supported format \n");
60
61                      free(rc);
62                      return NULL;
63                  }
64                  rc->formatSubchunk = fsc;
65              }
66              // Check DATA Chunk ("data")
67              //else if( h.chunkID == 0x61746164 )
68              else if (h.chunkID == MAKEFOURCC('d', 'a', 't', 'a'))
69              {
70                  rc->dataHeader = h;
71
72                  sampleData = (BYTE *)malloc(sizeof(BYTE)*
73                      h.chunkSize);
74                  fread(sampleData, h.chunkSize, 1, fp);
75                  rc->dataSubchunk.sampleData = sampleData;
76              }
77              else  // ignore extra chunks
78              {
79                  fseek(fp, (long)h.chunkSize, SEEK_CUR);
80              }
81          }
82
83      fclose(fp);
84
85      return rc;
86  }
```

라인	설명
1	filename은 입력 파라미터이며 불러올 WAV 파일명을 지정한다. ReadWaveFile( ) 함수는 WAV 파일을 성공적으로 읽으면 RIFF 청크(RIFFCHUNK 구조체)를 생성하여 반환한다. WAV 파일을 읽는 과정에서 오류가 발생하면 NULL을 반환한다.

08 ~ 13	입력 사운드 파일을 이진 읽기 모드로 열고 오류 및 파일의 존재 여부를 확인한다. 입력 사운드 파일은 함수의 첫 번째 인자를 통해 전달된다.
23 ~ 81	청크의 헤더를 읽은 후 청크의 종류를 구분하여 청크별로 데이터 영역의 데이터를 읽는다.
25 ~ 43	RIFF 청크인 경우 추가적으로 파일에서 서브 헤더를 읽어 입력 파일 포맷의 종류가 WAVE 포맷인지 확인한다. 식별자의 값을 확인하기 위해 앞에서 설명한 것처럼 16진수 값을 직접 사용해도 되지만 MAKEFOURCC() 매크로로 사용하면 조금 더 편리하다. 이 매크로는 'mmsyscom.h' 헤더 파일에 정의된다. 이 헤더 파일은 'windows.h' 헤더 파일에서 포함하므로 소스 코드에서 'windows.h' 헤더 파일만 포함하면 'mmsyscom.h' 헤더 파일을 다시 포함할 필요는 없다. 다음은 매크로에 대한 정의이다. ```\n#define MAKEFOURCC(ch0, ch1, ch2, ch3) \\\n ((DWORD)(BYTE)(ch0)	((DWORD)(BYTE)(ch1) << 8)	\\\n ((DWORD)(BYTE)(ch2) << 16)	((DWORD)(BYTE)(ch3) << 24))\n```
44 ~ 65	FORMAT 청크인 경우 FORMAT 서브 청크를 읽어 오디오의 포맷이 PCM이고 표본당 비트수가 8비트 또는 16비트 인지를 확인한다. 이 경우에 해당하지 않으면 에러 메시지를 출력하고 NULL을 반환한다.
66 ~ 76	DATA 청크인 경우 청크의 데이터 크기만큼 파일에서 사운드 데이터를 읽는다.
77 ~ 80	RIFF, FORMAT, DATA 청크를 제외한 나머지 청크는 무시하도록 처리한다. 이를 위해 청크의 데이터 크기만큼 파일 지시자의 위치를 이동하여 다음 청크를 처리할 수 있도록 한다.

다음은 사운드 파일을 저장하는 소스코드를 살펴보자. 출력 파일을 열어 각 청크의 헤더와 데이터를 저장한다. 저장 함수는 두 가지 형식을 제공한다. 첫 번째 함수는 RIFF 청크의 포인터를 인자로 전달하여 출력 파일에 저장하는 기능을 제공한다. 소스코드는 리스트 3과 같다. 두 번째 함수는 FORMAT 청크의 주요 정보인 표본화율, 표본당 비트의 수 등을 전달하여 RIFF 청크를 만들고 내부적으로 리스트 3-4-3의 출력 함수를 호출하여 출력 파일을 생성하는 함수이다. 소스코드는 리스트 3-4-4와 같다. 리스트 3-4-4의 WritePCMSamples 함수는 사운드에서 인공적으로 사운드를 생성하여 WAVE 파일에 저장할 때 유용하게 사용할 수 있다.

리스트 3-4-3. WAV 파일을 저장하기 위한 코드 1

```
1    int WriteWaveFile( char *filename, RIFFCHUNK *rc )
2    {
3        FILE        *fp;
4        BYTE        *sampleData;
5
6        fp = fopen( filename, "wb" );
7        if( fp == NULL )
8        {
9            printf( "File open error \n" );
10           return -1;
11       }
12
13       fwrite( &(rc->riffHeader),
14               sizeof(CHUNKHEADER), 1, fp );
15       fwrite(&(rc->waveFormat),
16               sizeof(DWORD), 1, fp);
17       fwrite( &(rc->formatHeader),
18               sizeof(CHUNKHEADER), 1, fp );
19       fwrite(&(rc->formatSubchunk),
20               sizeof(PCMWAVEFORMAT), 1, fp);
21       fwrite( &(rc->dataHeader), sizeof(CHUNKHEADER), 1, fp );
22       sampleData = rc->dataSubchunk.sampleData;
23       fwrite( sampleData, sizeof(BYTE),
24               rc->dataHeader.chunkSize, fp );
25
26       fclose( fp );
27
28       return 0;
29   }
```

라인	설명
1	filename은 저장할 WAV 파일명을 나타낸다. rc는 파일에 저장할 RIFF 청크를 나타낸다.
6 ~ 11	출력 파일을 열고 이 과정에서 발생하는 오류를 확인한다.
13 ~ 14	RIFF 청크의 헤더를 저장한다.
15 ~ 16	RIFF 청크의 서브 청크 헤더를 저장한다.

17 ~ 18	FORMAT 청크의 헤더를 저장한다.
19 ~ 20	FORMAT 청크의 서브 청크를 저장한다.
21	DATA 청크의 헤더를 저장한다.
22 ~ 24	DATA 청크의 서브 청크에 포함된 사운드 데이터를 저장한다.

앞에서 소개한 함수들을 사용하는 과정을 살펴보자. 우선 입력 WAV 파일을 열어 사운드 데이터를 읽은 후 별도의 처리 없이 다시 새로운 출력 WAV 파일로 저장하는 과정을 살펴본다. 이 과정을 위한 소스코드는 리스트 3-4-4와 같다.

리스트 3-4-4 입력 파일을 새로운 출력 파일로 저장하는 코드

```
1     #include <stdio.h>
2     #include "wave.h"
3
4     int main( void )
5     {
6         RIFFCHUNK *rc;
7         char    *inputFile="sample_PCM_in1.wav";
8         //char    *inputFile="sample-Alaw.wav";
9         char    *outputFile="sample_PCM_out.wav";
10
11        if( (rc=ReadWaveFile( inputFile )) != NULL )
12        {
13            printf( "[%s] reading success \n", inputFile );
14            if( WriteWaveFile( outputFile, rc ) == 0 )
15            {
16                printf( "[%s] writing success \n", outputFile );
17            }
18            free( rc->dataSubchunk.sampleData );
19            free(rc);
20        }
21        else
22        {
23            printf( "[%s] reading error \n", inputFile );
24        }
25
26        return 0;
27    }
```

라인	설명
13 ~ 15	ReadWaveFile() 함수를 호출하여 지정한 입력 WAV 파일을 읽은 결과인 RIFF 청크를 전달 받는다. WAV 파일을 읽는 과정에서 에러가 발생하지 않으면 성공 메시지를 출력한다.
14 ~ 17	읽은 RIFF 청크를 새로운 파일에 저장한다. 이때 에러가 발생하지 않으며 성공 메시지를 출력한다.
16 ~ 19	RIFF 청크 데이터를 새로운 파일로 저장한다. 이때 에러가 발생하지 않으며 성공 메시지를 출력한다.
18 ~ 19	RIFF 청크와 사운드 데이터를 위해 사용했던 메모리를 해제한다.
21 ~ 24	입력 사운드 파일 읽기가 성공하지 못한 경우 에러 메시지를 출력한다.

다음 코드에서는 4도 음인 가온 '도'음을 1초간 재생할 수 있는 사운드 데이터를 생성하여 파일에 저장하는 방법에 대해 살펴본다. 이때 주파수는 3장의 이론에서 살펴본 음계 주파수를 계산하는 방식으로 계산한다. 음색을 변경할 수 있도록 기본 주파수에 고조 주파수를 추가할 수 있는 기능을 제공한다. 소스코드는 리스트 3-4-5 및 리스트 3-4-6과 같다. 리스트 3-4-5는 사운드 데이터로부터 PCM 방식으로 부호화하기 위해 필요한 format 청크의 헤더를 생성한 후 앞에서 정의한 WriteWaveFile( ) 함수를 호출하여 결과 WAV 파일을 저장하는 WritePCMSamples( ) 함수를 정의한다.

리스트 3-4-5 WAV 파일을 저장하기 위한 코드 2

```
1    int WritePCMSamples(char *filename, DWORD nSamplesPerSec,
2                    WORD nBitsPerSample, WORD nChannels,
3                    long nSampleDataSize, BYTE *sampleData)
4    {
5        RIFFCHUNK rc;
6
7        //rc.riffHeader.chunkID = 0x46464952; // "RIFF"
8        rc.riffHeader.chunkID = MAKEFOURCC('R', 'I', 'F', 'F');
9        rc.riffHeader.chunkSize = nSampleDataSize + 36;
10
11       //rc.waveFormat = 0x45564157; // "WAVE"
12       rc.waveFormat = MAKEFOURCC('W', 'A', 'V', 'E');
13
14       //rc.formatHeader.chunkID = 0x20746d66;  // "fmt "
15       rc.formatHeader.chunkID = MAKEFOURCC('f', 'm', 't', ' ');
16       rc.formatHeader.chunkSize = 16;
17
18       rc.formatSubchunk.wf.wFormatTag = 1;
19       rc.formatSubchunk.wf.nChannels = nChannels;
20       rc.formatSubchunk.wf.nSamplesPerSec = nSamplesPerSec;
21       rc.formatSubchunk.wf.nAvgBytesPerSec = nSamplesPerSec *
22                   nChannels * nBitsPerSample / 8;
23       rc.formatSubchunk.wf.nBlockAlign = nChannels *
24                   nBitsPerSample / 8;
25       rc.formatSubchunk.wBitsPerSample = nBitsPerSample;
26
27       //rc.dataHeader.chunkID = 0x61746164;   // "data"
28       rc.dataHeader.chunkID = MAKEFOURCC('d', 'a', 't', 'a');
29       rc.dataHeader.chunkSize = nSampleDataSize;
30
31       rc.dataSubchunk.sampleData = sampleData;
32
33       return WriteWaveFile(filename, &rc);
34   }
```

라인	설명
7 ~ 9	RIFF 청크의 헤더를 설정한다. 식별자의 지정은 16진수를 직접 사용해도 되지만 MAKE-FOURCC() 매크로를 사용하면 편리하다.
11 ~ 12	RIFF 청크의 서브 헤더를 설정한다.

14 ~ 16	FORMAT 청크의 헤더를 설정한다. 식별자 지정을 위해 MAKEFOURCC() 매크로를 사용하였으며 PCM 방식으로 부호화를 수행하기 때문에 서브 청크의 크기는 16바이트로 설정한다.
18 ~ 25	FORMAT 청크의 서브 청크를 설정한다. 오디오 포맷은 PCM(1)이고 나머지 항목은 파라미터를 통해 입력된 값을 사용한다.
27 ~ 29	DATA 청크의 헤더를 설정한다.
31	DATA 청크의 서브 청크에 파라미터를 통해 전달된 사운드 데이터를 설정한다.
33	만들어진 RIFF 청크를 사용하여 파일에 저장하는 함수인 WriteWaveFile() 함수를 호출한다.

리스트 3-4-6 가온 '도'음을 생성하여 파일에 저장하는 코드

```
1   #include <stdio.h>
2   #include <math.h>
3   #include "wave.h"
4
5   #define NUM_SCALE 8
6   #define PI 3.1415926535897
7
8   int main( void )
9   {
10      const char *filename = "synthesis_complex.wav";
11      //const char *filename = "synthesis_pure.wav";
12
13      const double baseFrequency = 220.0;
14      int    scaleIndex[NUM_SCALE] =
15                          {3, 5, 7, 8, 10, 12, 14, 15};
16      double freq[NUM_SCALE];
17
18      DWORD  nSamplesPerSec = 8000; // 8KHz sampling
19      WORD   nBitsPerSample = 16; // 8 or 16bits
20      WORD   nChannels = 2; // mono(1) or stereo(2)
21      double fSamplesInterval =
22                          1.0/nSamplesPerSec; // 125μs for 8KHz
23      double fPlayTime = 1.0; // play time of each tone
24      long   nSampleDataSize; // total size of samples
25      BYTE   *sampleData;
```

```
26          double sampleLoc; // sample location to be processed
27          long   index;
28          int    result;
29
30          // 주파수에 따른 음계 생성
31          for( index=0; index<NUM_SCALE; index++ )
32              freq[index] = baseFrequency *
33                            pow(2.0, scaleIndex[index]/12.0);
34
35          nSampleDataSize = (long)( fPlayTime *
36                            nSamplesPerSec * nChannels *
37                            nBitsPerSample/8 );
38          sampleData     = (BYTE *)malloc( sizeof(BYTE) *
39                            nSampleDataSize );
40
41
42          sampleLoc = 0.0;
43          for( index=0; index<nSampleDataSize; index++ )
44          {
45              if( nBitsPerSample == 8 )
46              {
47                  double value=0;
48                  BYTE   v;
49
50                  // Pure tone
51                  //value = sin(2.0 * PI * freq[0] * sampleLoc);
52                  // Complex tone
53                  //-------------------------------------
54                  value = 0.6*sin(2.0 * PI *
55                      freq[0] * sampleLoc);
56                  value += 0.2*sin(2.0 * 2 * PI *
57                      freq[0] * sampleLoc);
58                  value += 0.1*sin(2.0 * 3 * PI *
59                      freq[0] * sampleLoc);
60                  //-------------------------------------
61
62                  v = sampleData[index] =
63                          (BYTE)( 128.0 + 100.0*value + 0.5 );
64                  if( nChannels == 2 )
65                      sampleData[++index] = v;
66              }
67              else if( nBitsPerSample == 16 )
68              {
69                  union _sample {
70                      BYTE channel[2];
71                      short value;
72                  } sample;
73                  double value=0;
74                  BYTE low, high;
```

```
75
76                          // Pure tone
77                          //value = sin(2.0 * PI * freq[0] * sampleLoc);
78                          // Complex tone
79                          //------------------------------------
80                          value = 0.6*sin(2.0 * PI *
81                                  freq[0] * sampleLoc);
82                          value += 0.2*sin(2.0 * 2 * PI *
83                                  freq[0] * sampleLoc);
84                          value += 0.1*sin(2.0 * 3 * PI *
85                                  freq[0] * sampleLoc);
86                          //------------------------------------
87
88                          sample.value = (short)(30000.0 * value + 0.5);
89                          low = sampleData[index] = sample.channel[0];
90                          high = sampleData[++index] = sample.channel[1];
91                          if( nChannels == 2 )
92                          {
93                                  sampleData[++index] = low;
94                                  sampleData[++index] = high;
95                          }
96                  }
97                  sampleLoc += fSamplesInterval;
98          } // end of for( index
99
100         result = WritePCMSamples( filename, nSamplesPerSec,
101                                  nBitsPerSample, nChannels,
102                                  nSampleDataSize, sampleData );
103         if( result == 0 )
104                 printf( "Success \n" );
105
106         free( sampleData );
107
108         return 0;
109     }
```

라인	설명
5	생성할 음계의 개수를 나타낸다. 이번 코드에서는 하나의 음계인 '도'음만을 생성한다. 추후 여러분들이 확장하여 한 옥타브에 대한 처리가 가능하도록 8로 설정하였다.
13 ~ 16	기본 주파수를 '라'음인 220 Hz를 사용하고 하나의 음계 대역을 12개로 나누었을 때 각 음정에 해당하는 인덱스를 scaleIndex 변수에 저장한다. 음계는 라, 라#, 시, 도 등의 순서이므로 '도'음은 인덱스가 3이다. 각 음계 주파수를 계산하여 freq 배열에 저장한다.

21 ~ 22	표본의 간격을 시간으로 표시한다. 이 간격은 표본화율의 역수로 나타난다. 예를 들어, 표본화율이 8 KHz이면 표본 간격은 125 µs이다.
23	한 음의 재생 길이를 나타내며 1초로 지정한다.
31 ~ 33	음계의 해당 인덱스에 해당하는 음계 주파수를 계산한다.
35 ~ 39	사운드 표본 데이터의 크기를 계산하고 그 크기만큼 메모리를 할당한다.
45 ~ 66	표본당 비트 수가 8인 경우 '도'음을 기본주파수로 하여 2개의 고조 주파수를 추가한 주파수를 생성한다. 모노 혹은 스테레오 여부에 따라 1개 바이트 혹은 2개 바이트를 사용한다.
50 ~ 52	순음을 생성한다.
54 ~ 55	각 시간 위치에서의 표본의 기본 주파수에 해당하는 값을 계산한다. 이때 가중치 값 (0.6)을 부여한다.
56 ~ 59	각 시간 위치에서의 표본의 고조 주파수에 해당하는 값을 계산한다. 역시 가중치를 부여한다.
62 ~ 63	표본당 비트 수가 8인 경우에는 부호 없는 정수를 사용하여 표본은 0에서 255 사이의 값을 갖는다. 이때 기준선은 128이다. 앞에서 구한 value는 −1~1 사이의 값을 가지므로 100을 곱하고 128을 더하여 28~228 사이의 값을 갖도록 한다.
64 ~ 65	스테레오 사운드인 경우 두 개의 채널을 사용하므로 추가 바이트를 사용하여 오른쪽 채널을 저장한다.
67 ~ 98	표본당 비트 수가 16인 경우에도 표본당 비트 수가 8인 경우와 유사하게 음을 생성한다.
69 ~ 72	표본당 비트 수가 16인 경우에는 표본이 두 개의 바이트로 구성되는데 Windows PC 에서는 리틀 엔디언을 사용하므로 하위 바이트가 먼저 저장되고 상위 바이트가 그 이후에 저장된다. 공용체를 사용하여 16비트를 상위 바이트와 하위 바이트로 구분할 수 있도록 한다.
76 ~ 86	표본의 시간 간격에서 해당 위치의 표본의 값을 구하여 변수 value에 저장한다.

88	표본당 비트 수가 16인 경우에 표본은 2의 보수를 사용하는 부호 있는 정수를 사용하여 표현한다. 따라서 각 표본은 0을 기준으로 −32,762~32,761 사이의 값을 갖는다. 예제에서는 각 표본의 값에 대한 범위를 −30,000~30,000으로 지정한다.
89 ~ 90	16비트 사운드의 두 개의 바이트로 구성되므로 공용체를 사용하여 상위 바이트와 하위 바이트에 각각 접근이 가능하도록 지정한 후 상위 바이트와 하위 바이트를 각각 저장한다.
91 ~ 95	스테레오 사운드인 경우 두 개의 채널을 사용하므로 추가적으로 두 개의 바이트를 사용하여 오른쪽 채널을 저장한다.
97	샘플링하는 시간 위치를 표본 시간 간격만큼 이동한다.
100 ~ 102	생성한 표본 데이터를 출력 파일에 저장하는 함수를 호출한다.

3) 심화 학습

01. 입력 WAV 파일을 새로운 출력 WAV 파일로 복사하는 소스 코드는 RIFF 청크, 포맷 청크, 데이터 청크를 제외하고는 무시한다. 따라서 입력 WAV 파일에 이들 청크를 제외한 다른 청크들이 존재하는 경우에는 원본 WAV 파일과 결과 WAV 파일의 크기가 달라진다. 그러나 결과 WAV 파일의 RIFF 청크에 위치한 ChunkSize는 원본 WAV 파일의 값을 그대로 사용하기 때문에 실제 파일의 크기와 다르게 된다. 이 문제를 해결할 수 있도록 소스 코드를 수정하자.

02. 도, 레, 미, 파, 솔, 라, 시, 도의 음을 각각 1초간 재생하는 총 8초 길이의 사운드 파일을 생성할 수 있도록 기존 소스 코드를 수정하자.

03. 다양한 고조 주파수를 추가하여 음색을 확인한다. 이때 기본 주파수와 고조 주파수의 가중치를 다르게 적용해보자.

04. 명령행 인자를 사용하여 표본화율, 표본당 비트 수, 채널 수, 고조 주파수의 개수 등을 사용자가 입력할 수 있도록 하시오.

05. 입력 사운드를 열고 사용자가 지정한 시간 위치에 문제 1에서 생성한 8초 길이의 사운드를 끼워 넣고 새로운 출력 파일로 저장한다.

06. 왼쪽 및 오른쪽 채널의 세기 차이와 시간 차이에 의해 기본적인 입체 사운드를 제작할 수 있다. 한쪽 채널의 진폭 변경과 시간의 지연을 통해 입체 사운드를 제작한다.

- 왼쪽 혹은 오른쪽 채널의 진폭을 다른 채널의 40~90%로 지정하여 결과를 확인한다.
- 왼쪽 혹은 오른쪽 채널의 시작 시간을 표본화율의 0.5%~1%에 해당하는 표본 수만큼 지연시켜 결과를 확인한다. 예를 들어, 표본화율이 44.1 KHz인 경우 약 4000개 표본만큼 지연시켜 시작한다. 지연의 차이에 따른 결과도 비교해보자.

07. 에코(echo)는 원음에 반사음을 추가하여 생성할 수 있다. 반사음은 시간적인 지연과 세기 감소의 조합으로 구성된 신호이다. 문제 5번을 참조하여 에코를 생성한다. 우선 한 개의 반사음을 추가한 경우의 결과를 확인하고 반사음의 개수를 증가시켜보자.

4) 참고 문헌

1. Stanford University, "WAVE PCM sound file format", https://ccrma.stanford.edu/courses/422/projects/WaveFormat/
2. Mcgill University, "Audio File Format Specifications", http://www-mmsp.ece.mcgill.ca/Documents/AudioFormats/WAVE/WAVE.html
3. 강성훈, "음향 기술입문 2nd ed.", 음향기술산업연구소, 2004
4. 조재수외 공저, "멀티미디어 신호 처리 2nd ed.", 성진미디어, 2012

4

영상
IMAGE

학습목표

- 비트맵 영상의 구조와 유형에 대해 설명할 수 있다.

- 색의 측정 및 표현 방법에 대해 설명할 수 있다.

- 영상처리 및 컴퓨터 비전 분야에 대해 설명할 수 있다.

- 기본적인 영상처리를 수행할 수 있다.

- 영상 압축을 위한 JPEG 부호화 방법을 설명할 수 있다.

01 2차원 신호의 디지털화 과정

3장에서 1차원 신호인 아날로그 사운드의 디지털화 과정에 대해 살펴보았다. 이번 절에서는 2차원 신호인 영상 신호의 디지털화 과정에 대해 살펴본다. 1차원 신호와 변환 과정이 동일하므로 차이점을 간략하게 살펴본다.

1) 표본화

표본화^{sampling}는 연속 신호를 이산적인 간격으로 나누어 이산 신호를 생성하는 과정이다. 1차원 아날로그 신호의 경우 시간의 축에 따라 표본화를 수행하지만 2차원 신호인 영상의 경우에는 공간 영역에서 표본화를 수행한다. 2차원 공간에 존재하는 2차원 신호를 그림 4-1과 같이 수평 및 수직 방향의 일정한 간격으로 표본을 생성한다. 표본화 과정에서 생성된 각 표본을 영상에서는 픽셀^{pixel}이라고 한다. 픽셀은

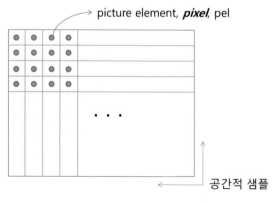

그림 4-1 영상 표본화

picture element 또는 pel이라고 부른다.

2차원 신호를 표본화하는 간격에 의해 디지털 영상의 공간 해상도가 결정된다. 공간 해상도^{spatial resolution}란 2차원 공간에서 수평 및 수축 방향으로 표본화된 픽셀들의 개수를 의미한다. 그림 4-2와 4-3을 비교하면 쉽게 이해할 수 있다. 그림 4-2는 넓은 표본화 간격으로 인해 물체의 모양을 정확하게 표현하지 못하고 경계 영역이 직선화되어 나타나고 있다. 반면 그림 4-3은 조밀한 표본화 간격을 사용하여 물체의 모양을 조금 더 세밀하게 표현하고 있다.

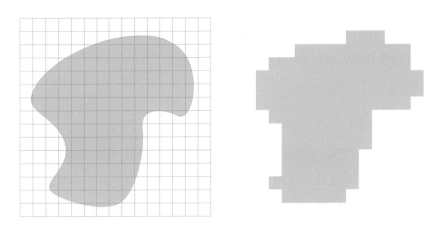

그림 4-2 넓은 표본화 간격에 의한 표본화 결과

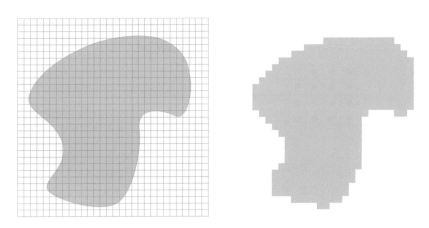

그림 4-3 조밀한 표본화 간격에 의한 표본화 결과

그림 4-4는 표본화 간격에 따른 디지털 영상의 해상도 차이를 나타낸다. 동일 영역을 표현하더라도 높은 해상도를 사용하면 조금 더 정교하게 내용을 표현할 수 있다. 해상도의 단위는 dpi$^{\text{dots per inch}}$를 사용한다. 1인치당 포함된 점(픽셀)의 개수를 나타낸다. 그림 4-5는 서로 다른 해상도의 영상을 동일한 크기로 표현한 결과이다. 저해상도 영상(그림 4-5(a))에서는 영상 확대로 인해 화질의 저하가 발생하고 있다.

64x64　　　128x128　　　256x256

그림 4-4 표본화 간격에 따른 영상크기 비교

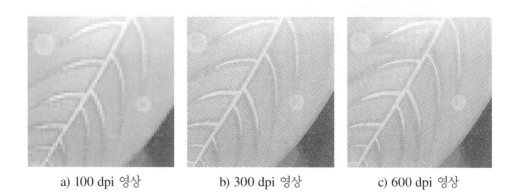

a) 100 dpi 영상　　　b) 300 dpi 영상　　　c) 600 dpi 영상

그림 4-5 스캐닝 해상도(분해능)에 따른 결과 비교

2) 양자화

양자화^{quantization}는 표본화된 각 표본을 디지털로 표현하기 위한 정밀도를 결정하는 단계이다. 영상 신호의 양자화는 표본화 과정에서 생성한 각 표본(픽셀)에 대한 사용 비트 수를 결정한다. 뒤에서 자세하게 살펴보겠지만 밝기를 구분하기 위해서는 그림 4-6과 같이 검은색에서 흰색을 단계로 구분하여 표현한다. 이때 검은색에서 흰색까지의 전체 구간을 몇 단계로 나눌 것인지 결정해야 하는데 사용 비트 수에 따라 정해진다. 예를 들어, 4비트를 사용하면 전체 구간을 0에서 31까지 32개의 단계로 구분할 수 있다. 이 때 0은 검은색, 31은 흰색에 대응한다. 사용하는 비트 수가 많을수록 당연히 검은색에서 흰색 사이의 밝기를 세분하여 구분할 수 있어 풍부하며 자연스러운 톤을 갖는 양질의 디지털 영상을 생성할 수 있다.

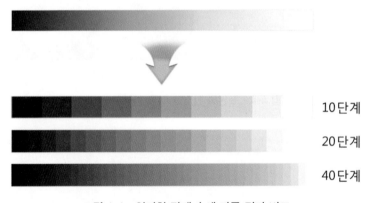

10단계

20단계

40단계

그림 4-6 양자화 단계 수에 따른 결과 비교

그림 4-7은 양자화 단계에서 사용한 비트 수에 따른 결과 영상의 차이를 나타낸다. 2단계 영상은 픽셀당 1비트, 4단계 영상은 2비트, 16단계 영상은 4비트, 256단계 영상은 8비트를 사용한 경우이다. 256단계의 영상은 자연스럽고 부드러운 계조를 갖지만 16단계 이하의 영상에서는 실제는 존재하지 않지만 인위적으로 발생하는 거짓 윤곽선^{false contour}들을 확인할 수 있다.

(a) 2단계   (b) 4단계

(c) 16단계   (d) 256단계

그림 4-7 양자화에서 사용한 비트 수에 따른 결과 비교

3) 부호화

부호화^{coding}는 표본화되고 양자화된 데이터를 그림 4-8과 같이 컴퓨터 파일에 저장하거나 네트워크를 통해 전송할 수 있는 데이터로 표현하는 단계이다. 사운드와 동일하게 영상 데이터는 데이터양이 방대하므로 부호화 단계에서 일반적으로 압축을 수행한다.

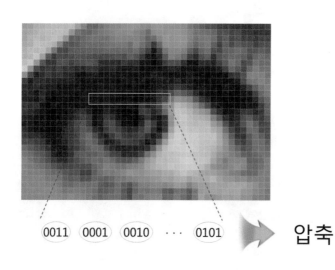

그림 4-8 부호화

02 디지털 영상의 구조 및 유형

이번 절에서는 디지털화 과정을 거쳐 생성된 디지털 영상의 내부 구조와 유형에 대해 살펴본다. 디지털화 과정을 통해 만들어지는 디지털 영상은 비트맵 영상에 해당하는데 벡터 영상과는 구분해야 한다. 이번 절의 마지막에서 비트맵 영상과 벡터 영상의 차이를 살펴본다. 벡터 영상은 표현하는 방식의 특성으로 인해 벡터 그래픽이라고도 한다.

1) 비트맵

디지털 영상은 크게 비트맵 영상과 벡터 영상으로 구분할 수 있다. 우리가 주로 사용하는 JPEG, GIF, TIFF 등의 영상은 비트맵 영상이고, Flash와 3D Studio Max 등의 그래픽 툴에서 사용하는 영상은 벡터 영상이다. 일반적으로 영상처리의 대상은 비트맵 영상이다. 비트맵 영상은 작은 점을 사용하여 그림의 내용을 표현하는 방식이다. 이 작은 점은 표본화 과정에서 만들어진 표본을 의미하므로 픽셀에 해당한다.

그림 4-9와 같이 비트맵^{bitmap}은 픽셀을 2차원 자료 구조인 행렬의 형식으로 배열하여 영상을 표현하는 방식이다. 이때 영상은 2차원 함수 $I(x, y)$의 형식으로 표현한다. x, y는 좌표이며 $I(\cdot)$는 해당 좌표에서의 밝기 값^{intensity}이다. 경우에 따라 좌표대신에 행렬에서 원소의 위치를 구분하는 방식인 행^{column}과 열^{row}을 사용하기도 한다. 이때 행은 y 좌표, 열은 x 좌표에 대응한다. 픽셀의 크기는 매우 작고 연속적으로 인접해 있으므로 인간은 픽셀 사이의 여백을 구분하지 못하여 연속적으로 밝기로 인지한다. 이런 현상을 우리 눈의 공간적 통합 작용이라고 한다.

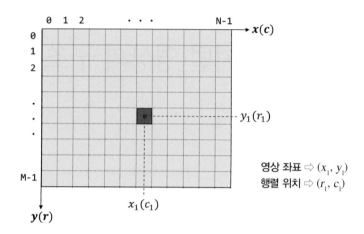

그림 4-9 비트맵의 표현 방식

비트맵이 픽셀로 구성되어 있는 것은 쉽게 확인할 수 있다. 포토샵과 같은 그래픽 소프트웨어를 사용하여 영상의 일부 영역을 확대하여 살펴보자. 영역을 확대하면 그림 4-10과 같이 영상을 구성하는 픽셀들을 확인할 수 있다. 그림 4-10에서는 픽셀의 모양이 사각형이지만 픽셀의 모양은 정해진 것이 없다. 단지 그래픽 툴에서 편의상 사각형으로 표시하고 있다. 이와 같이 그래픽 소프트웨어를 사용하면 영상의 일부 영역을 확대함으로써 영상이 픽셀로 구성되어 있음을 확인할 수 있고 픽셀의 값(밝기 또는 색상)도 확인할 수 있다. 4장 실습에서 무료 그래픽 소프트웨어인 GIMP의 사용법에 대해 살펴본다.

그림 4-10 비트맵 영상의 확대

2) 비트맵 유형

비트맵은 이진 영상^{binary image}, 그레이스케일 영상^{gray-scale image}, 컬러 영상^{color image}으로 유형을 구분할 수 있다. 이 외에도 다중 스펙트럼 영상 등이 있지만 세 가지 유형의 영상에 대해서만 살펴본다.

❶ 이진 영상

이진 영상^{binary image}은 픽셀당 1비트를 사용하는 영상이다. 따라서 각 픽셀은 두 가지 값인 흰색과 검은색만을 표현할 수 있다. 일반적으로 0은 검은색, 1은 흰색을 나타내지만 항상 고정된 것은 아니다. 이진 영상은 참조표^{lookup table}를 사용하여 픽셀의 값을 표현하는 경우가 있는데 참조표에 저장된 내용에 따라 0과 1의 밝기가 결정된다. 참조표에 대해서는 인덱스 컬러 영상에서 자세히 살펴본다.

이진 영상은 그림 4-11과 같이 주로 물체의 형상^{shape}이나 윤곽선^{contour} 정보를 표현하기 위한 용도로 사용한다. 또한 스캐닝한 문서를 저장할 때도 가끔 사용한다. 그러나 그림 4-11(d)와 같이 일반적인 사진 영상을 이진 영상으로 변환하면 영상의 많은 정보들이 제거되어 내용을 제대로 표현할 수 없다. 그런데 신문이나 잡지에서는 그림을 이진 영상으로 표현하여 인쇄한다. 그럼에도 불구하는 우리는 인쇄된 그림에서 명암이나 색상을 구분할 수 있다. 이것은 디더링^{dithering}이나 해프토닝^{halftoning} 기법을 사용하기 때문이다. 디더링은 컴퓨터에서 이진 영상을 사용할 때 명암이나 색상을 표현할 수 있도록 하는 방법이고 인쇄할 때는 해프토닝을 사용한다.

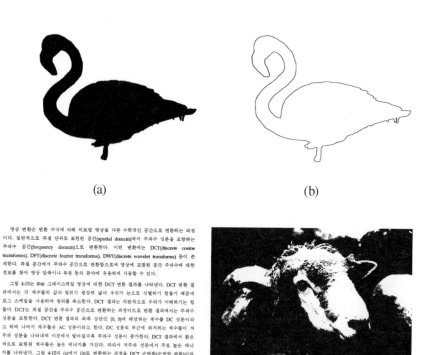

(a)

(b)

(c)

(d)

그림 4-11 이진 영상의 예

디더링은 단위 면적의 밝기 정도에 따라 검은색 픽셀의 밀도를 조절하여 명암을 표현하는 방법이다. 어두운 영역은 검은색 픽셀을 조밀하게 배치하고 밝은 영역은 검은색 픽셀의 밀도를 낮게 배치한다. 일반적으로 디더링에서는 미리 정해진 행렬을 사용하여 검은색 픽셀의 위치를 결정한다. 그림 4-12는 디더링 방식으로 이진화를 수행한 결과와 그 일부 영역을 확대한 영상이다. 그림 4-11(d)와 비교하면 두 가지 방법의 차이를 확연하게 구분할 수 있다. 그림 4-11(d)는 임계화 방법을 사용하여 이진화를 수행한 결과이다. 임계화thresholding는 기준 밝기를 정한 후 입력 밝기가 기준 값threshold 미만이면 검은색, 기준 값 이상이면 흰색으로 할당하여 이진 영상을 생성하는 방법이다.

그림 4-12 디더링을 사용한 영상 이진화

해프토닝은 점의 크기와 배열 방향을 조정하여 연속적인 색조나 명암을 표현하는 방법이다. 인쇄 단계에서는 청록색^{cyan}, 자홍색^{megenta}, 노란색^{yellow} 및 검은색^{black} 잉크를 사용하는데 각 색상별로 점의 크기를 변경하며 정해진 방향으로 인쇄한다. 참고로 청록색은 15도, 자홍색은 30도, 노란색은 0도, 검은색은 45도의 인쇄 방향을 사용한다. 그림 4-13(a)는 점의 크기에 따라 인쇄된 명암의 차이를 나타낸다. 그림 4-13(b)는 종이에 인쇄된 컬러 그림의 일부분을 확대하여 표현한 것이다. 완벽하지는 않지만 각 색상의 점들을 확인할 수 있다. 디더링이나 해프토닝은 모두 인간의 시각이 가지고 있는 공간적 통합작용$^{\text{spatial integration}}$에 의존하여 일정 거리에서 영상을 바라보면 검은 점과 흰 점이 혼합되어 회색으로 인지되는 현상을 사용한다.

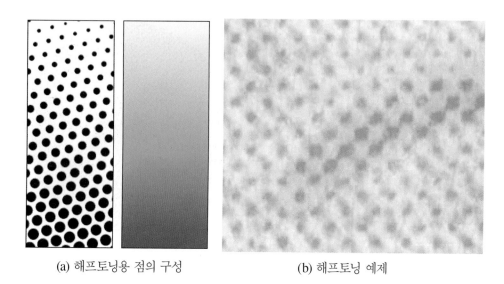

(a) 해프토닝용 점의 구성   (b) 해프토닝 예제

그림 4-13 해프토닝

❷ 그레이스케일 영상

그레이스케일 영상$^{gray-scale\ image}$은 모노크롬^{monochrome} 또는 단일 색상 영상$^{one\ color}$ ^{image}으로 부른다. 또는 회색음영 영상이라고도 한다. 이 영상을 살펴보기 전에 그레이 레벨과 그레이스케일의 용어를 구분하자. 그레이 레벨$^{gray\ level}$은 픽셀이 가지는 개별의 밝기 값을 의미한다. 예를 들어 (5, 3) 좌표에서의 픽셀의 값이 138인 경우 이 값은 픽셀이 갖는 값인 그레이 레벨이다. 그레이 레벨은 명암도라고도 한다. 그레이스케일$^{gray\ scale}$은 하나의 영상에서 픽셀들이 가질 수 있는 밝기 값의 전체 범위를 의미한다. 예를 들어, 영상의 최소 그레이 레벨이 35이고 최대 그레이 레벨이 251이면 이 영상의 그레이스케일은 35~251이다.

그레이스케일 영상은 색^{color}에 대한 정보 없이 밝기에 대한 정보만을 포함한다. 양자화 과정에서 살펴본 것과 같이 픽셀당 사용하는 비트 수에 따라 표현할 수 있는 밝기 단계가 달라진다. 일반적으로 그레이스케일 영상은 픽셀당 8비트를 사용한다. 그러나 최근 사용이 확대되고 있는 의료 영상에서는 픽셀당 10비트 이상의 비트를 사용하여 조금 더 선명하고 정교하게 영상을 표현하기도 한다. 그림 4-14는 8비트 그레이스케일 영상을 보여주는데 각 픽셀은 0에서 255 사이의 값으로 나타난다.

그림 4-14 그레이스케일 영상의 예

❸ 컬러 영상

컬러 영상^{color image}은 최소 세 개의 대역^{channel 또는 band}을 갖는 영상 데이터이다. 각 대역은 컬러를 표현하기 위한 기본 색^{primary color}에 대한 밝기 정보를 포함한다. 일반적으로 컬러 영상은 빨간색^{red}, 초록색^{green}, 파란색^{blue}의 세 가지 색을 기본 색으로 사용한다. 이 색을 순서대로 간단히 R, G, B로 표현한다. R, G, B를 기본 색으로 사용하는 색 모델^{color model}을 RGB 색 모델이라고 한다. 그리고 RGB 색 모델을 사용하는 컬러 영상을 RGB 컬러 영상이라고 한다. 색 모델에 대해서는 4.3.3절에서 자세히 살펴본다.

RGB 컬러 영상은 R, G, B 대역에 해당하는 세 장의 그레이스케일 영상이 합쳐진 영상으로 간주할 수 있다. 일반적인 그레이스케일 영상은 픽셀당 8비트를 사용하므로 RGB 컬러 영상은 각 픽셀을 위해 24(8×3)비트를 사용한다. 이와 같이 픽셀당 24비트를 사용하는 컬러 영상을 트루 컬러 영상^{true color image}이라고 한다. 트루 컬러 영상은 최대 2^{24}(16,777,216)개의 색을 구분하여 표현할 수 있다. 우리의 눈은 이렇게 다양한 색을 구분하지 못하므로 트루 컬러 영상을 사용하면 매우 자연스러운 계조와 색감을 표현할 수 있다. RGB 컬러 영상은 트루 컬러 영상을 의미한다.

그림 4-15는 주변에서 가끔 볼 수 있는 TV 화면 조정에 사용하는 색상 막대이다. 이 영상을 R, G, B의 채널로 분리하여 표시하였다. 각 채널은 8비트 그레이스케일 영상에 해당한다. 그림 4-15를 보면 색상 막대의 노란색 영역은 R과 G 채널에서 흰색이지만 B 채널에서는 검은색으로 나타난다. 즉 노란색은 빨간색과 초록색을 혼합하여 생성할 수 있는 것을 의미한다. 빨간색, 초록색, 파란색은 우리가 알고 있는 빛의 삼원색이다. 따라서 R, G, B 채널에서의 각 픽셀의 값은 해당 빛의 양으로 이해하면 된다. 예를 들어, R 채널에서 한 픽셀의 값이 0이면 빛이 전혀 없는 상태를 의미하므로 검은색을 나타낸다. 반면 픽셀의 값이 255이면 빛이 최대로 존재하는 상태이므로 순수한 빨간색을 나타낸다. 앞에서 설명한 것처럼 각 채널당 8비트를 사용하므로 각 픽셀이 가질 수 있는 최댓값은 255이다. 그림 4-15에서 각 채널은 그레이스케일 영상에 해당하므로 색상 대신에 밝기만을 표현하였다. 각 채널의 밝기를 조합하면 앞에서 설명한 16,777,216개의 색을 구분하여 표현할 수 있다. 표 4-1은 R, G, B 기본 색상의 조합에 의해 표현할 수 있는 몇 가지 색상을 예로 제시하였다.

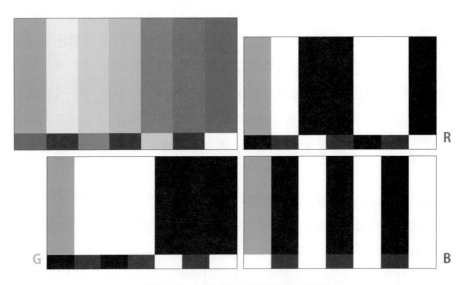

그림 4-15 트루 컬러 영상 및 채널 분리

표 4-1 R, G, B의 기본 색상 조합에 의한 색상 표현

R	G	B	색상	
0	0	0	검은색	
255	255	255	흰색	
255	0	0	빨간색	
0	255	0	초록색	
0	0	255	파란색	
255	255	0	노란색	
128	0	0	어두운 빨간색	
69	69	69	어두운 회색	

그림 4-16은 RGB 컬러 영상의 픽셀 값을 채널별로 분리하여 표현한 것이다. 앞에서 살펴본 것과 같이 각 픽셀은 R, G, B에 해당하는 값을 가지며 이 값은 0에서 255 사이로 표현된다.

그림 4-16 트루 컬러 영상의 픽셀 값 확인

트루 컬러 영상은 픽셀당 24비트를 사용하므로 데이터양이 매우 크다. 예를 들어, 1024 × 768 크기의 압축하지 않은 트루 컬러 영상은 2,359,296바이트의 용량이 필요하다. 인간의 시각은 개별 색상을 수백 가지 이상 다양하게 구분할 수 있지만 일정 영역 내에서는 다시 16개 정도의 색상만을 구분할 수 있다. 따라서 문서나 프리젠테이션 자료와 같이 영상을 주로 시각적 표현을 위해 사용하는 경우에는 트루 컬러 영상을 사용하지 않아도 무방하다. 트루 컬러 방식의 영상이 많이 포함될 경우 문서나 프리젠테이션 자료의 용량이 증가되어 편집이 힘들어지는 어려움이 발생한다. 이런 경우에는 픽셀당 24비트 미만의 비트 수를 갖는 컬러 영상으로 변환하여 사용하면 된다. 이렇게 적은 수의 비트를 사용하는 컬러 영상을 트루 컬러 영상과 구분하여 인덱스 컬러 영상$^{\text{indexed color image}}$이라고 부르기도 한다. 인덱스 컬러 영상에서는 픽셀당 주로 8비트를 사용한다. 간혹 픽셀당 16비트를 사용하는 경우가 있는데 이때는 하이 컬러$^{\text{high color}}$라고 부르기도 한다. 여기에서는 모든 경우를 통틀어 인덱스 컬러 영상이라고 부른다.

앞에서 우리는 컬러를 표현하기 위해서는 반드시 세 가지 이상의 기본 색상을 사용해야 한다는 것을 살펴봤다. 그런데 픽셀당 8비트를 사용하는 경우 R, G, B 채널의 세 가지 값으로 분리하기가 곤란하다. 예를 들어, 8비트를 R, G, B 채널에 대해 각각 3비트, 3비트, 2비트를 할당한다면 B 채널의 표현력이 줄어든다. 인덱스 컬러 영상의 경우 트루 컬러 영상과 같이 채널별로 분리하여 색을 표현하면 각 채널별로 표현할 수 있는 단계가 너무 작아 영상의 계조와 색감이 매우 좋지 않게 된다.

인덱스 컬러 영상에서는 색상 정보를 표현하기 위하여 참조표$^{\text{lookup table}}$를 사용한다. 참조표를 간단히 LUT라고 부른다. 그래픽 소프트웨어에서는 팔레트라는 용어를 사용하기도 한다. 인덱스 컬러 영상에서는 사용할 색상들을 미리 참조표에 저장한 후 이 색상만을 사용하여 영상을 표현한다. 예를 들어, 그림 4-17의 (a)와 같이 픽셀의 값이 10인 경우 이 값은 픽셀의 밝기나 색상을 의미하는 것이 아니라 참조표의 11번째 행(10번째 인덱스)을 의미하는 값이다. 참조표의 각 행은 R, G, B에 해당하는 값을 포함하고 있으므로 이 색상을 사용하여 화면에 출력하여 컬러 영상을 표현한다.

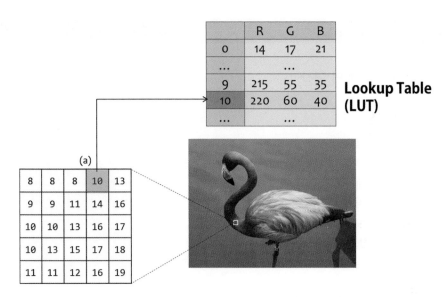

그림 4-17 인덱스 컬러 영상에서의 참조표를 사용하여 색상을 표현하는 과정

★ 참조

비트맵 영상과 벡터 영상

❶ 비트맵 영상

- 표시 속도 빠름
- 자연스러운 이미지 효과를 나타내거나 깊이 있는 색조와 부드러운 질감, 자연스러움에 적당하여 사진이나 회화 이미지의 표현에 적당
- 많은 디스크 공간 소모
- 파일의 크기는 해상도에 비례
- 확대나 축소할 경우 그림의 모양이나 외곽선이 변형됨
- 활용 S/W 계열: 영상처리 계열(포토샵, 페인터, 코렐페인터 등)

❷ 벡터 영상

- 비트맵에 비해 적은 데이터 용량을 사용
- 화면 확대/축소 시 화질의 변화가 없음
- 파일크기의 큰 변화 없이 해상도에 대한 조절 가능
- 이미지의 선과 면이 깔끔하고 정갈하게 표현될 수 있음
- 사진과 같은 현실감 있는 영상을 표현하기 힘듦
- 확대/축소할 때마다 벡터를 계산하여 매끄럽게 해주어야 하기 때문에 연산속도가 느림
- 활용 S/W 계열: 드로잉 및 애니메이션 계열(일러스트레이터, 코렐드로우, 플래시 등)

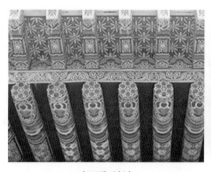

비트맵 영상

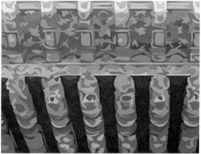

벡터 영상

03 색의 측정 및 표현

1) 색의 개념

색^{color}은 물체에서 반사되는 빛의 성질에 의해 결정된다. 빛^{light}은 전자기파$^{electro-magnetic\ wave}$의 일종이며 매질이 필요 없는 파동이다. 빛은 그림 4-18에서 보는 것과 같이 다양한 파장^{wavelength}으로 구성된다. 파장에 따라 빛은 가시광선, 적외선, 자외선, 감마선 등의 다양한 종류로 구분할 수 있다. 우리는 이들 중에서 가시광선만을 눈으로 확인할 수 있다. 가시광선은 약 380 nm에서 780 nm 파장의 빛에 해당한다. 파장에 따라 굴절^{refraction}하는 정도가 다르므로 빛을 프리즘^{prism}에 통과시키면 가시광선 범위의 여러 가지 색을 구분할 수 있다.

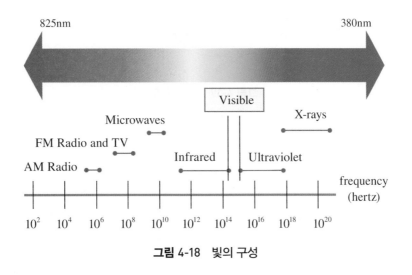

그림 4-18　빛의 구성

그림 4-19는 우리 눈의 구조를 보여준다. 빛은 망막을 통해 흡수된다. 망막에는 원추세포$^{cone\ cell}$와 간상세포$^{rod\ cell}$가 존재한다. 원추세포는 색을 구분하고 간상세포는 명암을 구분한다. 원추세포는 추상세포, 원뿔세포, 추세포라고도 부르고 간상세포는 막대세포라고 부른다. 원추세포는 다시 빨간색, 초록색, 파란색에 반응하는 세 가지 종류로 세포로 구분할 수 있다. 파랑 원추세포(β)는 445 nm 주변(300 nm~550 nm)의 파장을 갖는 빛을 흡수한다. 초록 원추세포(γ)는 535 nm 주변(400 nm ~ 680 nm), 빨강 원추세포(ρ)는 575 nm 주변(450 nm ~ 710 nm) 파장의 빛을 흡수한다. 결국 인간의 시각은 빨간색, 초록색, 파란색의 조합으로 색을 지각한다. 낮은 조도(1 cd/m^2)에서는 간상세포만 동작하며 일정한 조도 이상에서는 원추세포도 함께 기능을 수행한다. 반면 높은 조도(100 cd/m^2 이상)에서는 원추세포만 동작한다.

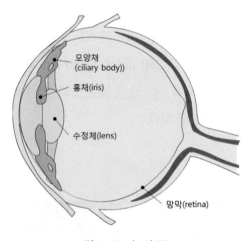

모양채
(ciliary body))

홍채(iris)

수정체(lens)

망막(retina)

그림 4-19 눈의 구조

2) 색의 측정

색은 세 가지 파장을 갖는 빛의 조합으로 표현할 수 있는 것을 살펴봤다. 이 세 가지 빛을 어느 정도의 양으로 혼합해야 하는 지에 대해 알 수 있으면 모든 색의 표현이 가능하다. 색 측정법^{colorimetry}에서는 우리 눈으로 구분할 수 있는 색에 대해 세 가지 빛의 비율을 정의한다. 색 측정 실험을 위한 환경 설정은 그림 4-20과 같다. 빨간색, 초록색, 파란색의 세 가지 파장을 사용하여 표현 가능한 색을 조합하기 때문에 이 실험을 삼색 정합$^{trichromatic\ matching}$이라고 부른다.

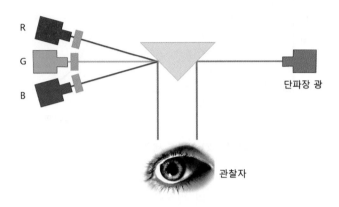

관찰자

단파장 광

그림 4-20   색 측정을 위한 실험 구성

   그림 4-20에서 볼 수 있듯이 왼쪽에는 빨간색, 초록색, 파란색 빛을 생성하는 세 가지 광원이 있는데 각 광원에는 세기를 조절하는 장치(감광 조절기)가 함께 부착되어 있다. 이 세 가지 빛을 혼합하여 하나의 빛을 생성한다. 이때 빨간색, 초록색, 파란색은 각각 700 nm, 546.1 nm, 435.8 nm의 파장을 사용한다. 한편 반대편에서는 단일 파장의 빛을 생성한다. 이 실험에서는 정상 시각을 가진 관찰자가 혼합된 빛과 단일 파장의 빛을 비교하여 동일한 색으로 지각하는 지를 조사한다. 만약 동일 색으로 인지하면 이때의 빨간색, 초록색, 파란색 빛에 대한 세기를 기록한다.

   그림 4-20의 실험에서는 세 가지 빛을 단위 크기만큼 혼합했을 때 백색광이 될 수 있도록 각 빛의 세기에 대한 단위를 재조정하는 과정이 필요하다. 백색광$^{white\ light}$이란 모든 파장에서 동일한 에너지를 갖는 빛을 의미한다.

   백색광을 만드는 데 γ, ρ, β 세포의 기여도가 다르다. 이들 세포들의 민감도가 다르기 때문이다. 백색광을 정합^{matching} 하기 위해서는 빨간색은 1.0000 cd/m^2, 초록색은 4.5907 cd/m^2, 파란색은 0.0601 cd/m^{2}의 양이 필요하다. 이때 5.6508 cd/m^{2}의 백색광을 생성할 수 있다. 이렇게 백색광에 대한 세 가지 빛의 기준 양이 다르므로 초록색은 4.5907 cd/m^2, 파란색은 0.0601 cd/m^{2}을 1로 표현하는 새로운 단위를 사

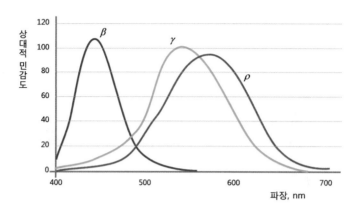

그림 4-21 원추 세포의 민감도

용하기로 한다. 이와 같은 인간 시각의 특징을 반영하여 세 가지 원추세포에 대한 민감도를 그래프로 표현하면 그림 4-21과 같다. 망막에 존재하는 ρ, γ, β 세포는 비율이 동일하지 않다. 빨간색에 반응하는 ρ 세포가 가장 많이 존재하고, 초록색에 반응하는 γ 세포가 다음으로 많이 존재하며 파란색에 반응하는 β는 가장 적게 분포한다. $\rho : \gamma : \beta = 40 : 20 : 1$ 정도이다.

그림 4-22는 이 실험에서 만들어진 색 정합 함수^{color-matching functions}이다. r(λ) 곡선은 스펙트럼의 모든 파장을 생성하기 위해 필요한 R 광원의 양을 의미한다. g(λ),

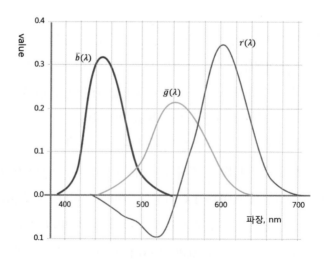

그림 4-22 색 정합 함수

b(λ) 곡선도 동일한 의미이다. 예를 들어, 600 nm의 단색광을 만들기 위해서는 빨간 색 파장은 0.34, 초록색 파장을 0.08의 단위 세기로 혼합하면 생성할 수 있다. 그림 4-22에서 보는 것과 같이 r(λ)의 곡선에는 음수인 값이 존재한다. 따라서 500 nm 부근의 색은 세 가지 광원을 혼합해도 생성할 수 없다. 500 nm 부근의 색을 만들기 위해서는 단일 파장의 빛에 r(λ) 빛을 음수의 양만큼 더해야만 한다.

3) 색의 표현

앞에서 세 가지 단일 파장을 사용하여 다양한 파장의 단색광을 조합할 수 있는 것을 살펴봤다. 이와 같이 기본 색$^{primary\ colors}$을 혼합하여 여러 가지 색을 표현할 수 있다. 기본 색이란 다른 색을 만들기 위해 사용하는 색의 집합을 의미한다. 인간 시각에서도 세 가지의 기본 색의 조합으로 다른 색을 인지하는 것을 앞에서 확인하였다.

우리가 자주 사용하는 기본 색은 빨간색, 초록색, 파란색으로 이루어진 빛의 삼원색과 청록색^{cyan}, 자홍색^{magenta}, 노란색^{yellow}으로 이루어진 색(물감)의 삼원색이다. 빛을 사용하는 경우에는 기본 색을 서로 더해서 다른 색들을 생성한다. 세 가지 기본 색을 모두 혼합하면 흰색을 만들 수 있다. 이것을 가산 모델$^{additive\ model}$이라고 한다. 반면 물감을 사용하는 경우에는 모든 기본 색을 혼합하면 검은색이 된다. 이것은 감산 모델$^{subtractive\ model}$이라고 한다. 감산 모델에서는 흰색에서 특정 파장의 색을 감소 (흡수)시켜서 표현하고자 하는 색을 생성한다. 예를 들어, 백색광에서 청록색^{cyan}을 제거하면 빨간색을 얻을 수 있다.

색 모델$^{color\ model}$은 기본 색을 사용하여 다른 색을 표현하는 수학적인 모델을 의미한다. 조명에 대한 국제협회인 CIE$^{Commission\ Internationale\ de\ l'Eclairage}$에서 인간 시각에서의 색 인지를 고려하여 1931년에 색 모델을 도입하였다. 색 모델을 사용하면 기본 색을 사용하여 표현 가능한 다른 색의 조합을 이해할 수 있고 색 모델 간의 변환 관계를 정립할 수 있다. 색 모델에는 다양한 종류가 존재하는데 몇 가지 주요 색 모델에 대해 살펴본다.

❶ RGB 모델

RGB 색 모델은 빛의 삼원색인 빨간색, 초록색, 파란색을 기본 색으로 사용한다. 이때 표현 가능한 모든 색을 그림 4-23과 같이 단위 크기의 육면체^{cube}를 사용하여 표현할 수 있다. 세 축은 각각 빨간색, 초록색, 파란색을 나타내며 표현 가능한 모든 색은 (R, G, B)의 좌표값 형태로 표현할 수 있다. 예를 들어, 노란색은 (R, G, B) = (1, 1, 0)으로 표현할 수 있다. 좌표의 원점인 (0, 0, 0)은 검은색을 나타내고 검은색의 대각선 지점인 (1, 1, 1)은 흰색에 해당한다. 검은색과 흰색을 연결하는 대각선 위의 색들은 회색을 표현한다. 그림 4-23에서는 기본 색을 0에서 1 사이의 범위로 표현하였는데 앞에서 살펴본 양자화 단계에서 결정한 비트 수에 따라 값의 범위를 지정하는 것도 가능하다. 예를 들어, 표본(픽셀)당 비트 수를 8비트를 사용하면 값의 범위는 0에서 255 사이로 나타날 것이다.

이 모델은 가산 모델에 해당한다. 가산 모델은 빛을 발광하는 방식으로 색을 표현하는 장치인 TV나 모니터 등에서 사용한다. 가산 모델의 기본 색을 모두 혼합하면 흰색이 되는 것을 알고 있다. 그림 4-24는 기본 색의 혼합으로 나타나는 색을 표현하고 있다. 청록색, 자홍색, 노란색을 빛의 보조 색^{secondary color}이라고 하는데 빨간색과 청록색, 초록색과 자홍색, 파란색과 노란색은 서로 보색^{complementary color} 관계에 있다. 보색이란 적당한 비율로 혼합했을때 무채색을 만들 수 있으며 나란히 배치하면 높은 대비를 갖는 색의 관계를 의미한다.

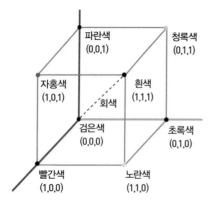

그림 4-23 RGB 색 모델

그림 4-24 RGB 기본 색의 혼합

❷ CMY 모델

CMY 색 모델은 색의 삼원색인 청록색, 자홍색, 노란색을 기본 색으로 사용하며 표현 가능한 모든 색은 그림 4-25와 같이 단위 크기의 육면체로 표현한다. 이 모델은 물체에서 일부 파장이 흡수되고 나머지 파장은 반사되어 관측자에 도달하는 방식에 대한 색의 표현이다. 예를 들어, 노란색 물체에 백색광을 비추면 이 물체는 파란색 파장을 흡수하고 노란색 파장만을 반사하여 우리는 물체의 색을 노란색으로 지각한다. 이런 모델을 감산 모델이라고 한다.

CMY 색 모델은 잉크, 염료, 물감 등을 혼합하여 색을 표현하는 경우에 사용한다. 감산적인 방식으로 색을 혼합하는 대표적인 예는 프린터를 사용하여 종이에 출력하는 경우이다. 그림 4-26은 CMY 기본 색의 혼합으로 나타나는 색을 표현하고 있다. 컬러 프린터에서는 C, M, Y 잉크만을 사용하는 것이 아니라 검은색(K) 잉크를 추가적으로 사용한다. 그 이유는 색의 표현 범위를 증가시켜 조금 더 자연스러운 색을 표현하고 C, M, Y 잉크의 사용량을 절감하기 위해서이다. 인쇄과정에서 사용하는 잉크는 이상적인 잉크에 비해 흡수율과 반사율이 낮다. 이로 인해 모든 잉크의 색을 섞어도 완전한 검은색을 만들 수가 없다. CMY 색 모델의 기본 색에 검은색(K)을 추가의 기본 색으로 사용하는 경우에는 CMYK 색 모델이라고도 부른다.

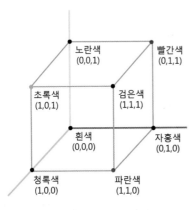

그림 4-25 CMY 색 모델

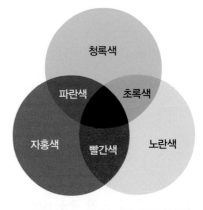

그림 4-26 CMY 기본 색의 혼합

❸ HSV 모델

HSV 색 모델은 색상^{hue}, 채도^{saturation}, 명도^{value}를 기본 색으로 사용한다. 색상은 색의 주 파장을 구분하고 채도는 색의 순수성^{purity}을 구분하는 특징이다. 채도는 색상에 백색광이 혼합된 정도를 나타낸다. 색상에 백색광이 혼합될수록 색의 순수성은 감소하여 채도는 낮아진다. 명도는 색의 밝고 어두운 정도를 구분하는 값이다.

HSV 색 모델은 RGB 모델이나 CMY 모델과는 다르게 실린더 좌표^{cylindrical coordinate}를 사용하여 표현 가능한 색을 표현한다. 그림 4-27은 HSV 색 모델을 나타낸다. 그림과 같이 HSV 모델은 원뿔을 뒤집은 형태로 표현한다. 원뿔대신에 원통형을 사용하더라도 개념적으로는 동일하다. HSV 모델의 기본 색 중에서 색상은 각도를 사용하여 표시한다. 빨간색은 0도, 초록색은 120도, 파란색은 240도의 지점에 위치한다. 또한 청록색은 180도, 자홍색은 300도, 노란색은 60도에 위치한다. 보색은 180도 차이를 나타내고 RGB 모델과 CMY 모델의 각 기본 색은 상호 120도 만큼의 차이를 갖는다.

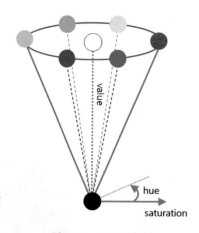

그림 4-27   HSV 색 모델

채도는 원뿔의 수직 중심선에서 색에 이르는 거리를 사용하여 표현한다. 중심에서 멀수록 높은 채도를 갖는다. 채도는 0에서 1 사이의 값으로 표현한다. 그림 4-27에서 알 수 있듯이 뒤집힌 원뿔의 가장 위쪽 면에서 원의 경계에 위치하는 색들이 최대 채도를 갖는다. 이 위치에서 내부로 이동할수록 채도는 감소한다. 또한 아래쪽으로 위치가 이동하는 경우에도 경계면을 따라 내부로 이동하게 되기 때문에 역시 채도가 감소한다.

명도는 원뿔의 최하단 꼭짓점에서 색에 이르는 수직의 높이를 사용하여 표현한다. 원뿔의 최상단 면에 위치하는 색들은 명도가 최대이며 1의 값을 갖는다. 명도의 범위는 역시 0에서 1 사이이다. 그림 4-28은 원뿔의 상단 면에 위치하는 명도(V)가 1인 지점의 색들의 분포이다. S=1이고 V=1인 색들을 순색$^{pure\ hue}$이라고 부른다. 검은색은 S=0, V=0인 지점에 위치하고 흰색은 S=0, V=1인 지점에 위치한다.

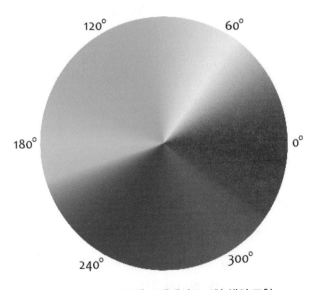

그림 4-28 HSV 색 모델에서 V=1인 색의 표현

HSV 모델과 RGB 모델은 상호 변환이 가능하다. 변환을 위한 수식은 다음과 같다.

RGB to HSV	HSV to RGB
$C\text{max} = \max(R, G, B)$ $C\text{min} = \min(R, G, B)$ $\Delta = C\text{max} - C\text{min}$ $H = \begin{cases} undefined, & \Delta = 0 \\ \dfrac{G-B}{\Delta}\bmod 6, & C\text{max} = R \\ \dfrac{B-R}{\Delta}+2, & C\text{max} = G \\ \dfrac{R-G}{\Delta}+4, & C\text{max} = B \end{cases}$ $H = 60 \times H$ $S = \begin{cases} 0, & \Delta = 0 \\ \dfrac{\Delta}{C\text{max}}, & \Delta \neq 0 \end{cases}$ $V = C\text{max}$	$C = V \times S$ $H = \dfrac{H}{60}$ $X = C \times 1(1 - \lvert H \bmod 2 - 1 \rvert)$ $(R, G, B) = \begin{cases} (0,0,0), & H\ is\ undefined \\ (C,X,0), & 0° \leq H < 60° \\ (X,C,0), & 60° \leq H < 120° \\ (0,C,X), & 120° \leq H < 180° \\ (0,X,C), & 180° \leq H < 240° \\ (X,0,C), & 240° \leq H < 300° \\ (C,0,X), & 300° \leq H < 360° \end{cases}$

❹ HSL 모델

HSL 모델은 그림 4-29와 같이 두 개의 원뿔을 맞붙여 놓은 형태로 표현한다. H는 색상^{hue}, S는 채도^{saturation}, L은 밝기^{lightness}를 의미한다. 색상과 채도는 HSV 모델에서와 동일한 의미를 갖는다. 단, HSV와 HSL에서 채도를 계산하는 방식은 조금 차이가 난다. 밝기는 이 색 모델의 중앙에 위치한 수직 축에 해당하며 어두운 정도를 나타낸다. 검은색과 흰색은 원뿔의 서로 반대쪽 꼭지점에 위치하고 있다. 순색은 L=0.5인 지점에 나타난다.

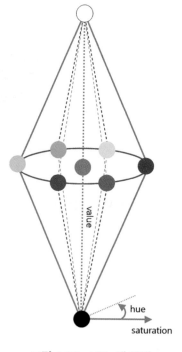

그림 4-29 HSL 색 모델

❺ YUV 및 YIQ 모델

YIQ 모델과 함께 YUV 모델은 아날로그 TV의 전송에 사용하는 색 모델이다. YIQ는 한국을 포함하여 미국, 캐나다 등의 NTSC 방식에서 사용하고 YUV는 주로 유럽의 PAL, SECAM 방식에서 사용한다. TV의 전송규격은 6장 비디오에서 자세하게 살펴본다.

YUV 모델의 Y 성분은 광도^{luminance}를 나타내고 U와 V 성분은 색차^{chrominance}를 의미한다. YIQ도 유사하게 Y 성분은 광도, I와 Q 성분은 색차를 나타낸다. 색차는 색의 차이$^{color difference}$를 의미한다. 그 의미는 조금 후 YCbCr 모델에서 살펴본다. YUV와 YIQ 모델에서는 색에서 밝기 성분과 색도^{chromaticity} 성분을 구분할 수 있다. 색에서 밝기 성분을 제외한 색의 성질을 색도라고 한다. 인간의 시각은 색도보다는 밝기에 민감하다. 따라서 TV 영상을 전송할 때 색도 성분의 해상도를 줄여서 전송하더라도 우리는 잘 구분하지 못한다. 이런 방식을 사용하면 화질의 감소는 최소화하며 전송할 데이터양을 줄일 수 있다. 전송할 화면의 해상도를 줄이는 과정을 서브 샘플링$^{sub sampling}$이라고 한다. 역시 6장에서 자세하게 살펴본다.

다음은 RGB 색 모델과 YUV 및 YIQ 모델 사이의 변환 관계식이다. 간단한 행렬 연산을 사용하여 이들 모델 간의 변환을 쉽게 수행할 수 있다.

$$
\begin{bmatrix} Y \\ U \\ V \end{bmatrix} = \begin{bmatrix} 0.299 & 0.587 & 0.114 \\ -0.147 & -0.289 & 0.436 \\ 0.615 & -0.515 & -0.10 \end{bmatrix} \begin{bmatrix} R \\ G \\ B \end{bmatrix}, \begin{bmatrix} R \\ G \\ B \end{bmatrix} = \begin{bmatrix} 1.0 & 0.000 & 1.140 \\ 1.0 & -0.395 & -0.581 \\ 1.0 & 2.032 & 0.000 \end{bmatrix} \begin{bmatrix} Y \\ U \\ V \end{bmatrix}
$$

$$
\begin{bmatrix} Y \\ I \\ Q \end{bmatrix} = \begin{bmatrix} 0.299 & 0.587 & 0.114 \\ 0.596 & -0.275 & -0.321 \\ 0.211 & -0.523 & 0.311 \end{bmatrix} \begin{bmatrix} R \\ G \\ B \end{bmatrix}, \begin{bmatrix} R \\ G \\ B \end{bmatrix} = \begin{bmatrix} 1.0 & 0.956 & 0.621 \\ 1.0 & -0.272 & 0.647 \\ 1.0 & -1.107 & 1.705 \end{bmatrix} \begin{bmatrix} Y \\ I \\ Q \end{bmatrix}
$$

❻ YCbCr 모델

YCbCr 모델은 YUV 모델의 디지털 형태이다. YCbCr 모델은 JPEG이나 MPEG 등의 영상 및 비디오 압축에서 많이 사용한다. YUV 모델과 유사하게 YCbCr 모델의 Y 성분은 광도^{luminance}, Cb와 Cr 성분은 색차^{chrominance}를 나타낸다. Y 성분은 다음과 같이 R, G, B 성분에 대한 가중치의 합으로 계산할 수 있다. 이때 k는 가중치이고 $k_R + k_G + k_B = 1$이다.

$$Y = k_R R + k_G G + k_B B$$

색도 성분은 R, G, B 성분과 Y 성분의 차이$^{color\ difference}$로 표현한다. 따라서 색도 성분을 색차라고 부른다. 색도 성분의 계산은 다음 식과 같다. 그런데 Cg는 Cb와 Cr로부터 계산할 수 있으므로 Cb와 Cr의 값만을 사용한다.

$$Cb = B - Y$$
$$Cr = R - Y$$
$$Cg = G - Y$$

RGB에서 YCbCr로의 변환 관계를 살펴보자. $k_R + k_G + k_B = 1$의 관계가 성립하므로 Y는 다음과 같이 표현할 수 있다. 또한 R, G, B로부터 Cb와 Cr로의 변환 식은 다음과 같다.

$$Y = k_R R + (1 - k_R - k_B)G + k_B B$$
$$Cb = \frac{1}{2} \cdot \frac{B - Y}{1 - k_B}$$
$$Cr = \frac{1}{2} \cdot \frac{R - Y}{1 - k_R}$$

YCbCr에서 RGB로의 변환 식은 다음과 같다.

$$R = Y + 2 \cdot (1 - k_R) \cdot Cr$$
$$G = Y - \frac{2 \cdot k_B \cdot (1 - k_B)}{1 - k_B - k_R} \cdot Cr - \frac{2 \cdot k_R \cdot (1 - k_R)}{1 - k_B - k_R} \cdot Cr$$
$$B = Y + 2 \cdot (1 - k_B) \cdot Cb$$

ITU-R 권고안 BT.601에서는 $k_R = 0.299$, $k_B = 0.114$를 제안한다. 따라서 일반적으로 사용하는 변환 관계는 다음과 같이 정리할 수 있다.

$$Y = 0.299R + 0.587G + 0.114B$$
$$Cb = 0.564(B - Y)$$
$$Cr = 0.713(R - Y)$$

$$R = Y + 1.402Cr$$
$$G = Y - 0.344Cb - 0.714Cr$$
$$B = Y + 1.772Cb$$

그림 4-30은 순색을 Y, Cb, Cr로 분리하여 표시한 결과이다. Cb는 파란색-노란색에 대한 색 변화를 나타내고 Cr은 빨간색-청록색에 대한 색 변화를 나타낸다.

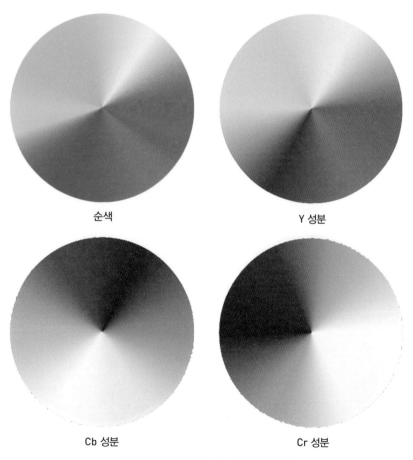

순색   Y 성분

Cb 성분   Cr 성분

그림 4-30 Y, Cb, Cr 성분의 분리

❼ Lab 모델

Lab 모델은 앞에서 설명한 여러 가지 색 모델과는 다르게 균일 색 모델^{uniform color} ^{model}이다. 색을 사용하다 보면 색에 대한 차이를 수치적으로 표현해야 하는 경우가 자주 발생한다. 일반적으로 색 차이는 색 모델에서의 두 색 사이의 거리^{distance}를 사용한다. 그런데 이렇게 계산한 거리와 우리가 시각적으로 인지하는 색의 차이는 일치하지 않는다. 이런 문제를 해결하기 위한 모델을 균일 색 모델이라고 부른다. 균일 색 모델에는 Lab, Luv 등의 모델이 존재한다. Lab 모델에서 L은 밝기^{lightness}, a와 b는 색도^{chromaticity} 성분에 해당한다. 그림 4-31은 순색을 L, a, b로 분리하여 표시한 결과

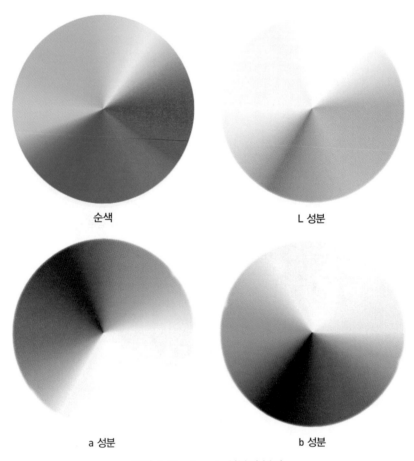

순색 L 성분

a 성분 b 성분

그림 4-31 L, a, b 성분의 분리

이다. L은 0에서 100 사이의 값을 가지며 0은 검은색, 100은 흰색에 해당한다. a는 초록색에서 자홍색 사이의 색을 나타내며 음수 값은 초록색, 양수 값은 자홍색에 해당한다. b는 파란색에서 노란색 사이의 색을 나타내며 음수 값은 파란색, 양수 값은 자홍색에 해당한다.

04 영상처리 및 컴퓨터 비전 개요

우리는 신체적으로 다섯 가지의 감각을 가지고 있다. 이 중에서 시각을 통해 정보의 대부분을 받아들인다. 이와 같이 시각은 다른 감각에 비해 정보 획득과 처리에 중요한 역할을 수행한다. 따라서 시각 정보에 해당하는 영상은 그 중요도가 매우 높으며 영상에 대한 처리를 통해 유용하고 의미 있는 정보를 생성할 수 있다.

디지털 영상과 직접적인 관련이 있는 여러 분야가 존재한다. 관련이 있다는 것은 디지털 영상을 입력 데이터로 사용하는 것을 의미한다. 남부 일리노이 대학Southern Illinois University Edwardsville의 엄보우Scott E. Umbaugh 교수는 그의 저서[1]에서 컴퓨터를 사용하여 시각 정보visual information를 획득하고 처리하는 분야를 통칭하여 컴퓨터 이미징computer imaging이라고 명명하였다.

컴퓨터 이미징 분야는 그림 4-32와 같이 크게 두 가지의 응용 영역application area으로 구분할 수 있다. 그 응용 영역은 컴퓨터 비전computer vision 분야와 영상처리image processing 분야이다. 영상 분석image analysis은 이 두 가지 응용 영역에서 사용하는 방법론의 개발이나 전개를 위해 요구되는 중요한 분야이다. 컴퓨터 비전은 처리 과정에서 생성한 결과물을 컴퓨터나 기계가 직접 사용하는 분야이고 영상처리에서는 인간이 처리 결과물을 활용한다. 영상처리는 전자공학의 신호처리signal processing에서 특화되어 발전함으로써 전자공학에 기반을 두고 있는 반면 컴퓨터 비전은 컴퓨터공학에서 활발하게 연구를 진행하고 있다. 하지만 최근에는 구분이 명확하지 않고 두 분야의 연구자들이 함께 연구를 진행하고 있다.

---

1 Scott E. Umbaugh, "Computer Imaging - Digital Image Analysis and Processing 2nd Ed.", CRC Press Book, 2005

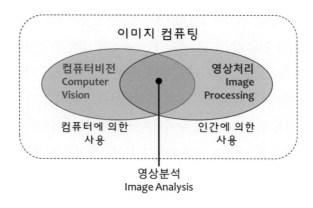

그림 4-32 이미지 컴퓨팅 분야의 구분

1) 영상 분석

영상 분석[image analysis]은 영상과 관련된 문제를 쉽게 해결하기 위해 영상 데이터를 조사하고 분석하는 과정이다. 영상 분석은 영상 분할[image segmentation], 영상 변환[image transforms], 특징 추출[feature extraction] 및 패턴 인식[pattern classification]의 네 가지 주요 방법을 포함한다.

❶ 영상 분할

영상 분할[image segmentation]은 객체[object]나 객체를 구성하는 의미 있는 영역을 구분하는 과정이다. 앞에서 살펴본 것과 같이 영상은 픽셀로 구성된다. 그런데 픽셀 단위의 표현에서는 인간이 인식하는 고수준의 정보를 표현하는 것이 쉽지 않다. 그림 4-33과 같이 호수가의 새를 홍학으로 인식하는 과정을 생각해보자. 인식을 위해서는 가장 먼저 새에 해당하는 영역을 호수에서 분리하는 과정이 필요하다. 이때 우리의 관심 대상인 홍학을 객체[object] 또는 전경[foreground]이라고 부르고 호수는 배경[background]이라고 부른다. 그런데 비트맵 영상에서는 홍학과 호수는 모두 픽셀로 구성된다. 주어진 픽셀이 홍학의 일부분인지 아니면 호수의 일부분인지를 구분하기가 쉽지 않다.

영상 분할이란 유사하거나 균일한 특징을 가지며 위치적으로 인접한 픽셀들을 병합하여 하나의 영역으로 구분하는 과정이다. 각 영역은 서로 겹치지 않으며 모두 합치면 전체 영상을 구성한다. 그림 4-33(b)에서 볼 수 있듯이 하나의 영상을 서로 구분되는 특징을 갖는 다수의 영역으로 분리하는 과정이 영상 분할이다. 그런데 하나의 객체가 서로 다른 영역으로 분할되기도 한다. 물론 이런 경우가 더 일반적이다. 이는 우리가 인지하는 컬러와 컴퓨터에서 표현된 컬러와의 차이에서 발생한다. 우리가 두 픽셀의 컬러를 동일하게 느끼더라도 수치적으로 비교적 큰 차이가 날 수 있다. 그림 4-33(c)와 같이 객체를 한 단위로 하여 배경으로부터 분리하는 경우도 영상 분할이라고 한다. 그러나 일반적으로 영상 분할에서 분할된 각 영역은 내부적으로 동일한 특징을 공유하고 다른 영역과는 상이한 특징으로 나타난다. 이런 관점에서 보면 그림 4-33(c)의 결과는 영상 분할이라고 할 수 없다. 대신 이 과정을 객체 추출[object extraction]이라고 부른다.

(a) 원영상   (b) 영상 분할   (c) 객체 추출

그림 4-33　영상 분할

❷ 영상 변환

영상 변환[image transform]은 변환 수식에 의해 밝기 값을 갖는 비트맵 영상을 다른 수학적인 공간으로 변환하는 과정이다. 일반적으로 픽셀 단위로 표현된 공간[spatial domain]에서 주파수 성분으로 나타나는 주파수 공간[frequency domain]으로 변환한다. 이런 변환에는 DCT[discrete cosine transforms], 푸리에 변환[Fourier transforms], 웨이블릿 변환[wavelet transforms] 등이 존재한다. 픽셀 공간에서 주파수 공간으로 변환함으로써 영상에 포함된 공간 주파수에 대한 정보를 찾아 영상 압축이나 복원 등의 분야에 유용하게 사용할 수 있다.

그림 4-34는 8비트 그레이스케일 영상에 대한 푸리에 변환의 결과를 나타낸다. 푸

리에 변환은 픽셀 공간을 주파수 공간으로 변환하는 과정이므로 변환 결과는 영상에 존재하는 주파수에 대한 에너지 값을 나타낸다. 따라서 변환 결과의 각 개별 값을 계수^{coefficient}라고 부른다. 즉, 계수는 각 주파수에 대한 에너지의 양을 측정하여 나타낸다. 예를 들어, 그림 4-34(b)의 결과에서 영상 중심에 위치하는 계수는 주파수가 0 Hz인 경우의 에너지 값을 나타낸다. 밝은 색일수록 큰 에너지를 갖는 계수이다.

　푸리에 변환의 결과에서는 각 계수가 갖는 값(에너지)의 범위가 매우 넓다. 이렇게 넓은 동적 범위를 가지고 있으므로 변환 결과를 영상으로 직접 표현하는 것은 적당하지 않다. 이 때문에 주로 계수 값에 대한 로그 스케일을 적용하여 값의 범위를 축소하여 그레이스케일 영상으로 표현한다. 그림 4-34(b)의 영상도 이런 처리 과정을 통해 출력한 결과이다.

　조금 전에 설명한 것처럼 푸리에 변환 결과의 중심에 해당하는 계수는 주파수가 0 Hz인 지점의 에너지 값이다. 이 계수를 DC$^{Direct Current}$ 성분이라고 부르고 DC 성분을 제외한 나머지 계수들을 통틀어 AC$^{Alternating Current}$ 성분이라고 부른다. DC 성분의 부근에 위치하는 계수들은 영상의 저주파 성분을 나타내며 이곳에서 위치적으로 멀어질수록 계수들은 높은 주파수에 해당한다. 그림 4-34 (b)에서 확인할 수 있듯이 저주파 성분이 주로 높은 에너지를 갖는다. 푸리에 변환의 최초 결과에서는 DC 성분이 변환 결과의 네 모서리 지점인 (0, 0), (width-1, 0), (0, height-1), (width-1, height-1)에 존

(a) 입력 영상　　　　　　　　　　　　　(b) 푸리에 변환 결과

그림 4-34 푸리에 변환

재하고 중심 방향으로 이동할수록 고주파 성분이 위치하지만 이동 연산(shift)을 통해
그림 4-34 (b)와 같이 DC 성분이 변환 결과의 중심에 위치하도록 조정하였다.

그림 4-34(a)에서 (b)로 변환하는 과정을 순방향 변환$^{forward\ transform}$이라고 한다. 그
림 4-34(b)에서 (a)로 변환하는 과정은 역방향 변환$^{backward\ transform}$에 해당한다. 푸리에
변환은 변환 과정에서 손실이 전혀 발생하지 않는다. 따라서 입력 영상에 대한 순방
향 변환과 역방향 변환을 각각 수행하면 원본 입력 영상을 완벽하게 복원할 수 있다.

저주파 부근에 에너지가 집중되는 현상은 영상 압축에 중요한 근거를 제공한다.
그림 4-35(a)의 왼쪽 영상과 같이 DC 성분 주변의 극히 일부 저주파 성분만을 남기
고 나머지 주파수 성분은 모두 제거한 후 역변환을 수행하면 그림 4-35(a)의 오른쪽

(a) 저주파 성분의 역변환 결과

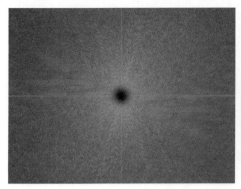

(b) 고주파 성분의 역변환 결과

그림 4-35 영상의 저주파와 고주파의 역할에 대한 비교

영상을 생성할 수 있다. 결과에서 확인할 수 있듯이 객체의 형태와 밝기 정보는 그대로 유지하고 있지만 객체의 경계에 대한 정보는 대부분 제거되었다. 이와 같이 영상의 저주파 성분은 영상에서의 밝기에 대한 전반적인 정보를 제공한다.

반면 4-35(b)와 같이 저주파 일부 영역을 제외한 나머지 고주파 성분을 모두 사용하여 푸리에 역변환을 수행하면 영상 내의 객체에 대한 밝기 정보는 모두 사라지고 객체의 윤곽선에 해당하는 정보만이 남는다. 그림 4-35(a)와 (b)의 역변환 결과 영상 중에서 어느 것이 그림 4-34의 원본 영상과 유사하다고 판단하기는 쉽지 않다. 그러나 사용한 데이터양의 관점에서 보면 우열은 확실하다. 그림 4-35(a)에서는 원본 데이터의 5% 정도만 사용하였지만 그림 4-35(b)에서는 95%의 데이터를 사용하였으므로 그림 4-35(a)가 (b)보다 원본 영상을 조금 더 효율적으로 표현한 것으로 생각할 수 있다.

이와 같이 영상 변환을 수행하면 에너지가 저주파 부근에 집중적으로 나타나므로 적은 데이터를 사용하더라도 원래의 영상과 유사한 영상을 복원할 수 있다. 이 과정에서 영상을 표현하기 위해 사용하는 데이터양을 줄이는 압축을 수행할 수 있다. 일반적으로 푸리에 변환은 영상의 압축보다는 영상의 정보를 분석하거나 질감, 모양 등의 특징 정보를 검출하고 표현하는 용도로 많이 사용한다. 영상 압축을 위해서는 DCT, 웨이블릿 변환 등을 주로 사용한다. DCT는 영상 압축 방법인 JPEG과 비디오 압축 방법인 MPEG에서 사용되고 있다. 웨이블릿 변환은 JPEG2000 및 H.264에서 사용하고 있다.

❸ 특징 추출

특징^{feature}이란 영상이 포함하는 정보를 조금 더 높은 수준에서 표현하기 위한 수단이나 방법을 의미한다. 영상에서 자주 사용하는 특징에는 색^{color}, 밝기^{intensity}, 모양^{shape}, 질감^{texture} 등이 존재한다. 특징 추출$^{feature\ extraction}$이란 영상의 내용을 잘 표현할 수 있는 이런 특징을 추출하는 과정이다. 일반적으로 특징은 단일 픽셀보다는 영상 분할 과정에서 분리한 영역을 기반으로 추출한다.

영상 검색이나 패턴인식 등의 다양한 응용분야에서 영상을 픽셀 단위의 밝기나 컬러로 표현하는 대신 특징을 사용하여 표현함으로써 데이터양을 줄이고 조금 더 높은 수준에서 영상 정보를 표현하는 것이 가능하게 된다. 여기에서 높은 수준high level 이란 인간이 사고하고 인지하는 과정에서 구해지는 개념에 조금 더 가까운 것을 의미한다. 해결하고자 하는 문제의 분야와 종류에 따라 사용하는 영상의 특징은 달라지며 추출한 특징의 유용성에 따라 문제 해결의 정확도와 용이성이 크게 달라질 수 있다.

하나의 특징을 여러 가지 방법으로 표현할 수도 있다. 예를 들어, 영역의 밝기는 평균 밝기, 분산, 최대 밝기, 최소 밝기 등의 스칼라 값으로 표현할 수도 있고 히스토그램histogram과 같은 벡터 방식을 사용할 수도 있다. 영역의 색에 대한 특징을 표현하는 것도 밝기를 표현하는 것과 유사하다. 평균 색뿐만 아니라 히스토그램을 사용하여 표현하는 것이 가능하다. 그림 4-36에서 확인할 수 있듯이 서로 다른 색을 갖는 객체들의 색 분포를 히스토그램으로 표현하면 그 모양이 서로 다른 형태로 나타난다. 히스토그램 사이의 유사도를 계산한다면 영역이나 객체 사이의 색에 대한 유사 정도를 파악할 수가 있다.

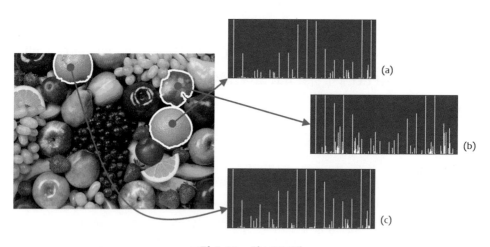

그림 4-36 히스토그램

그림 4-36을 다시 살펴보자. 그림 4-36(a)는 오렌지에 해당하는 색의 분포를 나타낸다. (c)도 역시 오렌지의 히스토그램이며 (a)와 유사한 분포를 갖는다. 반면 (b)는 사

과에 해당하는 색의 분포이며 오렌지와는 확연하게 차이나는 분포를 나타낸다. 이와 같이 히스토그램을 사용하면 영상이나 객체의 색이나 밝기의 분포를 구분할 수 있으므로 분류^{classification}나 인식^{recognition} 처리를 위한 특징으로 사용할 수 있다. 히스토그램에 대해서는 4.5절에서 자세하게 살펴본다.

❹ 패턴 분류

패턴 분류$^{pattern\ classification}$는 영상 내에 존재하는 객체를 인식하거나 고수준의 정보를 추출하는 과정이다. 특징 추출 단계에서 추출한 특징을 기반으로 이들을 자동으로 분류하여 패턴 분류를 수행한다. 특징을 자동으로 분류하기 위해서는 분류 알고리즘을 사용한다. 분류 알고리즘을 분류기^{classifier}라고도 부른다. 분류 알고리즘에는 신경망$^{Neural\ Networks}$, 결정트리$^{decision\ tree}$, SVM$^{support\ vector\ machine}$, K-Means 군집화, ISODATA 등의 매우 다양한 방법이 존재한다. 이 방법들은 크게 지도 학습$^{supervised\ learning}$과 비지도 학습$^{unsupervised\ learning}$으로 구분할 수 있다. 지도 학습은 클래스^{classes}나 카테고리^{categories}가 주어진 상황에서 입력 데이터에 대한 분류가 가능하도록 모델^{model}을 생성하는 과정이다. 반면 비지도 학습은 클래스에 대한 정보가 없는 상황에서 일정한 규칙에 따라 유사한 특성을 갖는 입력 데이터들을 클래스별로 분류하기 위해 학습하는 방법이다. 신경망, 결정트리, SVM 등은 지도 학습을 위한 분류기이고 K-Means 군집화, ISODATA 등은 비지도 학습을 위한 알고리즘이다.

분류 알고리즘 중에서 K-Means 군집화 방법을 간단히 살펴보자. K-Means 군집화는 우선 클래스의 개수를 결정한 후 각 클래스의 대표 샘플을 선택한다. 모든 입력 샘플들에 대해 각 대표 샘플과의 유사도를 계산하여 가장 유사한 대표 샘플이 속하는 클래스로 분류한다. 이 과정을 반복하여 더 이상 모든 입력 샘플의 소속 클래스가 변하지 않거나 정해진 횟수만큼 반복하면 분류 작업을 중단한다. 그림 4-37은 2차원 좌표 평면에 위치하는 샘플들을 대상으로 K-Means 군집화를 수행한 결과를 나타낸다. 그림 4-37은 왼쪽에서부터 클래스의 개수를 2개, 3개, 4개 사용한 경우의 분류이다. 클래스의 분류 결과는 색으로 구분하여 표시하였다.

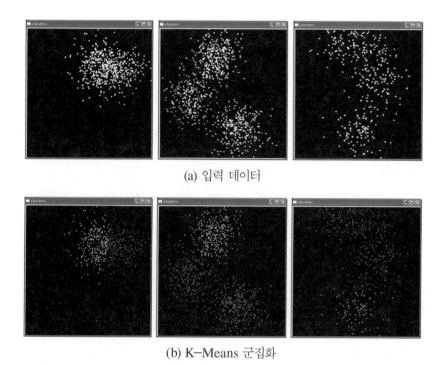

(a) 입력 데이터

(b) K–Means 군집화

그림 4-37 K-Means 군집화 결과

2) 컴퓨터 비전

컴퓨터 비전computer vision은 영상의 처리 과정에 인간이 개입하지 않고 자동화된 방법으로 처리 결과를 생성한 후 그 결과물을 컴퓨터나 기계가 직접 사용하는 분야이다. 컴퓨터 비전은 인간이 처리하기에 위험하거나 지루하며 지저분한 작업을 자동화하기 위한 분야이다. 예를 들어, 공장 자동화는 단순하며 반복적인 불량 제품의 제거 작업으로부터 작업자를 해방시켰다. 또한 컴퓨터 비전 기술을 사용함으로써 인간을 대신하여 화성 표면 탐사가 가능한 로봇을 제작할 수 있다.

이와 같이 컴퓨터 비전에서는 영상을 입력으로 사용하여 자동화된 처리 과정을 통해 입력 영상에 대한 주요 정보를 추출한 후 그 정보를 기계 제어를 위한 입력으로 다시 사용한다. 컴퓨터 비전을 통해 입력 영상으로부터 추출한 정보는 인간의 지각 능력을 통해 인지할 수 있는 고수준의 정보에 해당한다. 예를 들어, 자동차의 번호판

인식 과정을 통해 자동차의 번호판을 구성하는 숫자와 일부 문자에 대한 정보를 추출할 수 있다. 이것은 우리가 자동차 번호판에서 인지할 수 있는 숫자와 문자의 정보와 일치한다.

컴퓨터 비전의 응용 분야는 다양하다. 우선 공장 자동화 시스템factory automation system을 예로 들 수 있다. 공장 자동화를 위한 품질 제어quality control나 불량품 검사inspection 등의 과정에서 컴퓨터 비전을 도입할 수 있다. 개인 식별 과정에서도 컴퓨터 비전을 활용한다. 개인 식별automatic identification을 위해서는 지문, 얼굴, 홍채, 망막, DNA 등의 개인 생리적인 특징을 분석하고 인식하는 과정을 포함한다. 이런 분야를 바이오 인식 bio-informatics 분야라고 한다.

지능화된 운송 시스템intelligent transport system도 중요한 응용분야이다. 최근 구글Google 사에서는 운전자의 탑승 없이 자동차가 스스로 운전조작을 수행하는 자율주행 자동차를 개발하였다. 2010년 7월 26일부터 10월 28일까지 프리우스를 개조한 7대 자율주행 자동차로 샌프란시스코에서 로스앤젤레스까지 총 14만여 마일(22만 4천 km)을 주행하는 데 성공하였다. 자동차 관련 회사에서도 이 분야에 대한 연구가 활발하다. GM사는 2011년 1월 6일 라스베이거스에서 개최된 국제전자제품박람회CES 2011에서 통신 네트워크를 장착해 자율주행 기능을 갖춘 전기차를 소개하였다. EN-V란 이름의 이 자동차는 스스로 주차하고 목적지까지 자동으로 주행하는 등의 서비스가 가능한 미래형 개인 자동차에 대한 모델을 제공하였다. 폭스바겐에서는 스탠포드 대학과 함께 2009년형 아우디Audi TTS를 기반으로 심한 곡선이 많은 로키 산맥을 자동으로 주행하는 자동차를 개발하였다. 우리나라에서도 현대자동차 등의 자동차 회사가 주도하여 자율주행 자동차에 대한 경진대회를 실시하고 있어 기술 향상에 도움을 주고 있다.

컴퓨터 비전과 관련된 많은 응용들은 패턴인식 과정을 통해 이루어진다. 패턴인식pattern recognition이란 주어진 규칙rule이나 알고리즘algorithm에 따라 입력 샘플sample이나 패턴pattern을 범주category 또는 부류class로 분류classification하는 과정이다. 예를 들어, 앞에서 살펴본 바이오 인식, 문자 인식 등이 패턴인식의 대표적인 예이다.

패턴인식은 영상 분석에서 제공하는 다양한 기술들을 사용하여 이루어진다. 전형적인 절차는 그림 4-38과 같다. 입력 영상의 품질이 낮은 경우 영상 개선^{image enhance-}ment을 통해 영상의 품질을 향상시키는 작업을 우선적으로 수행한다. 영상을 개선하는 방법은 3.5절에서 자세하게 살펴본다. 다음으로 영상분할을 수행하여 인식 대상영역이나 객체를 배경으로부터 분리한다. 그 이후에 분리한 영역이나 객체를 가장 효과적으로 표현하고 다른 객체와의 구별이 가능하도록 하는 특징들을 결정한 후 특징정보를 추출한다. 마지막으로 추출한 특징 정보에 대한 분류를 수행하여 최종 인식(분류) 결과를 생성한다. 최종 결과는 미리 선정한 부류 중의 하나에 해당한다. 즉, 입력 샘플 또는 패턴에 대한 개념^{concept}이나 의미^{meaning}를 추출하여 표현한다.

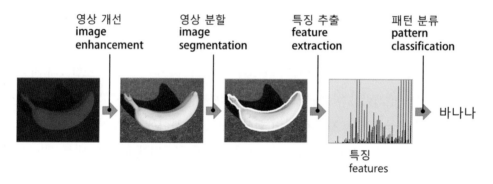

그림 4-38 패턴인식 절차

◎ **예제 4-1**

소규모 영상 데이터베이스에 사과와 바나나 영상을 각 1000장씩, 모두 2000장을 저장하였다. 패턴인식 기술을 사용하여 자동화된 방법으로 2000장의 영상을 사과 및 바나나 영상으로 분류하고자 한다. 처리 과정에 대해 설명하시오. 또한 새로운 10장의 영상을 사과와 바나나로 분류하기 위한 과정에 대해서도 설명하시오. 이때 구체적인 개발 방법이 아닌 개념적인 처리 절차에 대해 설명한다. 새로운 영상은 사과 또는 바나나만을 포함하는 것으로 가정한다.

설명

그림 4-38의 처리 절차와 동일하게 우선 영상 개선을 통해 영상의 품질을 향상시키는 작업을 수행한다. 다음으로 영상분할을 통해 과일 영역과 비과일(배경) 영역으로 구분한다. 분리한 과일 영역에 대해 특징의 유형을 선택한 후 특징 정보를 추출한다. 사과와 바나나를 구분할 수 있는 특징의 유형에는 여러 가지가 있을 수 있다. 우선 사과와 바나나의 색이 다르다. 사과는 주로 빨간색이고 바나나는 노란색이다. 그러나 사과의 품종에 따라 녹색이나 노란색의 사과가 있으며 바나나도 설익은 경우 녹색으로 나타난다. 따라서 색만으로는 두 가지 종류의 과일을 구분하기 힘들다. 추가적으로 모양을 고려할 수 있다. 사과는 원형에 가깝고 바나나는 길쭉한 모양을 갖는다. 따라서 모양을 함께 고려하면 두 가지 과일을 쉽게 구분할 수 있다. 만약 실제 과일을 사용한다면 맛, 향기, 촉감 등의 정보를 사용할 수 있겠지만 디지털 영상을 사용하므로 이런 특징들은 사용할 수 없다.

과일의 색을 표현하는 방법에 대해 생각해보자. 색을 표현하는 방법은 다양하다. 이번 예제에서는 과일 영역 내부의 R, G, B에 대한 평균 색을 사용하는 것으로 가정한다. 평균 색은 세 개의 값을 사용하므로 벡터이다. 이때 평균 색에 간단한 연산을 수행하면 하나의 수치(스칼라)로 표현할 수 있다. 예를 들어, 과일의 평균 색을 (R, G, B)로 표현할 때 분별력은 조금 낮지만 $C = R + G*2^8 + B*2^{16}$을 계산하여 사용할 수 있다.

모양도 역시 다양한 방법으로 표현할 수 있다. 사과와 바나나를 구분하기 위해서는 둥근 정도를 표현하는 것이 가장 적당하다. 둥근 정도를 표현하기 위해 다음의 식을 사용하는 것이 가능하다. A는 영역의 면적, P는 영역의 경계(둘레) 길이이다. 원의 경우 $A = \pi r^2$이고 $P = 2\pi r$이므로 $T = 1$이다. 반면 바나나와 같이 모양이 길쭉하거나 불가사리와 같이 경계의 모양이 균일하지 않아 경계의 길이가 길어지면 이 값은 감소한다.

$$T = 4\pi \left(\frac{A}{P^2} \right)$$

평균 색과 모양을 특징으로 사용하면 각 영상의 과일 영역은 다음 그림과 같이 2차원 좌표계에서 하나의 점으로 표시할 수 있다. 이 좌표계의 수평축은 평균 색(C)을 나타내고 수직 축은 둥근 정도(T)를 나타낸다. 특징을 좌표계의 축으로 사용하여 구성한 이런 좌표계를 특징 공간feature space이라고 한다. 사용한 특징의 수가 많으면 고차원의 공간으로 나타날 수도 있다. 예제에서 사용하는 특징 공간은 2차원 공간이다. 그림에서 볼 수 있듯이 사과는 둥근 정도가 1에 가까운 큰 값을 가지며 평균색은 주로 빨간색 부근에 위치한다. 일부 사과는 노란색이나 초록색에도 위치할 것이다. 반면 바나나는 주로 둥근 정도가 낮은 값으로 나타나고 평균 색은 주로 노란색 부근에 위치한다. 물론 일부 바나나는 초록색에도 위치한다.

이와 같이 각 영상이 점으로 표시된 특징 공간에서 이 두 가지의 부류를 구분하기 위해 직선을 선택한다. 직선의 파라미터인 기울기와 y절편을 결정하는 과정에서 분류기를 사용한다. 예제에서는 사과와 바나나의 부류를 사용하여 분류를 수행하므로 지도 학습에 해당한다. 파라미터가 결정된 직선은 분류 모델에 해당한다. 이 모델을 사용하여 주어진 특징 벡터를 사과 또는 바나나로 분류할 수 있다. 선택한 직선의 위쪽에 위치하는 점(과일)들은 사과이고 아래쪽에 위치하는 점(과일)들은 바나나에 해당한다. 또한 새로운 과일 영상을 입력으로 사용하는 경우 앞에서 설명한 절차에 따라 과일 영역에서 색과 모양에 대한 특징 정보를 추출한 후에 특징 공간에 표시하면 이 과일에 대한 분류가 가능하다.

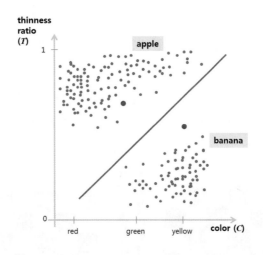

3) 영상처리

영상처리image processing는 인간이 이해하거나 사용하기 편리하도록 컴퓨터를 사용하여 입력 영상으로부터 새로운 영상을 생성하거나 기존 영상을 개선하는 학문 분야이다. 컴퓨터 비전과는 다르게 영상처리에서는 처리 과정에 인간이 직접 개입하여 처리 과정을 수행하고 만들어진 결과물을 역시 인간이 활용한다. 영상처리는 노이즈noise 현상을 감소 또는 제거하거나 조금 더 선명한 영상을 생성하며 영상의 명암 대비contrast를 증가시키는 등의 작업을 포함한다. 영상처리에는 크게 영상 복원image restoration, 영상 개선image enhancement, 영상 압축image compression의 주요 세 가지 분야가 존재한다.

❶ 영상 복원

영상 복원image restoration은 이미 알려진 사전 지식을 이용해서 열화degradation 또는 왜곡distortion이 발생한 영상을 재구성하거나 복원하는 작업이다. 영상 복원에서는 왜곡 생성 모델을 사용하여 입력 영상으로부터 원본 영상을 복원한다. 왜곡 생성에 대한 모델을 생성하기 위해서는 반드시 왜곡 발생 과정에 대한 지식이 필요하다. 왜곡 생성 모델을 역으로 적용하면 왜곡 영상으로부터 원본 영상을 복원할 수 있다. 기하학 복원이나 광도 복원 등이 가능하며 영상 복원 기술은 사진술^{photography}이나 출판 ^{publishing} 분야에서 자주 사용한다. 그림 4-39는 기하학적 왜곡이 발생한 영상에 대한 복원 결과를 나타낸다. 기하학적 왜곡은 카메라 렌즈의 수차^{distortion}에 의해 발생할 수 있는데, 다수의 수평선 또는 수직선을 포함하는 샘플 영상을 사용하여 렌즈의 왜곡 정도를 계산하고 이를 반영하여 영상을 복원할 수 있다.

(a) 왜곡 영상   (b) 복원 영상

그림 4-39   영상 복원 예

❷ 영상 개선

영상 개선$^{image\ enhancement}$은 응용 목적에 맞게 영상의 품질을 향상시키는 작업이다. 영상 복원과 최종 목적은 유사하지만 영상 개선에서는 주로 인간의 시각 체계$^{human\ visual\ system}$의 특징을 사용하여 시각적으로 영상을 개선한다. 영상 개선에는 영상의 밝기 개선, 영상의 명암 대비^{contrast} 개선, 선명화^{sharpening}, 평활화^{smoothing}, 잡음 제거$^{noise\ removal}$ 등을 포함한다. 그림 4-40은 영상 개선의 몇 가지 예를 나타낸다. 영상 개선은 3.5절에서 자세하게 살펴본다.

그림 4-40 영상 개선

❸ 영상 압축

영상 압축$^{image\ compression}$은 영상을 표현하기 위해 요구되는 데이터양을 줄이는 과정으로 시각적으로 불필요하거나 중복된 자료를 제거함으로써 목적을 달성한다. 영상 압축을 통해 효율적으로 데이터를 저장하거나 원격지로의 전송이 가능하다.

영상 압축은 크게 무손실 압축$^{lossless\ compression}$과 손실 압축$^{lossy\ compression}$으로 구분할 수 있다. 무손실 압축 방법에서는 원본 데이터에 전혀 손실이 발생하지 않지만 압축 비율이 매우 낮다. 반면 손실 압축은 원본 데이터 중에서 일부 데이터를 제거하여 압축 비율을 크게 향상시킨다. 영상 변환에서 살펴보았듯이 영상에서 제거하는 데이터는 시각적으로 구분하기 힘든 것이므로 손실 압축을 수행하더라도 원본 영상과 압축 후 다시 복원한 영상을 구분하기는 쉽지 않다.

그림 4-41은 압축률에 따른 결과를 나타낸다. 정지 영상에서는 원본 데이터에 비해 1/10 ~ 1/50 정도로 압축이 가능하며 동영상에서는 이보다 높은 1/100 ~ 1/200 정도의 압축이 가능하다. 정지 영상에서는 주로 공간적 중복성$^{spatial\ redundancy}$만을 제거하지만 동영상에서는 공간적 중복성과 함께 시간적 중복성$^{temporal\ redundancy}$을 제거함으로써 높은 압축 비율을 달성할 수 있다. 공간적 중복성에 대해서는 4.6절, 시간적 중복성은 6.2절에서 자세하게 살펴본다.

(a) 원본 영상

(b) 10:1 JPEG 압축 영상

(c) 30:1 JPEG 압축 영상

(d) 50:1 JPEG 압축 영상

그림 4-41   압축률에 따른 화질 비교

그림 4-41에서 확인할 수 있듯이 높은 압축률에서도 원본 영상과 복원 영상의 차이를 구분하기는 쉽지 않다. 그러나 압축률이 높은 경우 손실이 발생하는 정보의 양이 증가하여 영상의 품질은 저하될 수밖에 없다. 영역을 확대하여 살펴보면 차이를 쉽게 구분할 수 있다. 그림 4-42는 640×480 크기의 트루 컬러 영상에 대한 JPEG 압축 결과를 비교하여 나타낸다. 원본 영상은 921.6 킬로바이트인데 그림 4-42(a)는 원본 데이터의 약 20% 정도를 사용한 경우이며 전혀 영상 품질의 저하를 구분할 수 없다. 반면 5% 정도의 데이터를 사용한 경우 일부 영역에서 품질 저하가 발생하며 3% 정도만을 사용한 경우 많은 영역에서 왜곡이 발생한다. JPEG에서는 8x8 픽셀

크기의 영역을 단위로 사용하여 DCT를 수행하므로 그림 4-42(c)에서와 같은 사각형 모양의 왜곡이 발생한다. 이런 현상을 블로킹 현상^{blocking effect}이라고 한다.

(a) 200 Kbytes (21.7%)   (b) 45 Kbytes (4.9%)   (c) 30 Kbytes (3.3%)

그림 4-42 압축 영역에 대한 비교 결과

영화 및 영상 분야에서는 영상처리의 주요 기술과 함께 영상의 합성, 모핑^{morphing}, 워핑^{warping} 등의 기술을 사용하여 특수 시각 효과를 제작하고 있다. 최근 영상처리는 의료 분야뿐만 아니라 생물학, 화학 등의 기초 과학 분야에서도 활발하게 활용되고 있다. 특히 생물학에서는 세포 조직을 시각적으로 분석하거나 특정 세포의 자동 계수^{counting} 또는 분류에 영상처리 기법을 사용한다. 또한 DNA의 분석, 분류, 정합 등의 분야에도 활용되고 있다.

05 영상처리 기법

영상처리 과정을 통해 우리는 원하는 영상을 생성하거나 영상에 포함된 노이즈를 감소시킬 수 있으며 영상의 명암 대비를 증가시켜 조금 더 선명한 영상을 획득하는 것이 가능하다. 이번 절에서는 영상처리를 위한 두 가지 접근 방법인 단일 픽셀 처리 기법 및 픽셀 그룹 처리 기법$^{\text{Pixel Group Processing}}$에 대해 살펴본다.

1) 단일 픽셀 처리 기법

단일 픽셀 처리 기법$^{\text{pixel point processing}}$은 그림 4-43과 같이 이웃 픽셀과는 독립적으로 입력 영상의 각 픽셀 값을 변환시킨 후 출력 영상의 동일한 위치에 출력하는 연산을 의미한다. 출력 영상은 입력 영상과 동일한 영상을 사용할 수 있다. 단일 영상과 다중 영상에 대한 픽셀 점 처리가 가능하며 영상의 밝기^{brightness} 변경, 명암 대비^{contrast}

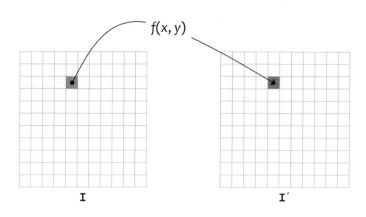

그림 4-43 단일 픽셀 처리 기법의 개념도

조정, 영상 합성 등에 활용이 가능하다. 다음은 대표적인 단일 픽셀 처리를 위한 방법들이다.

- 영상 대수(Image Algebra)
- 그레이스케일 변경(Gray-Scale Transformations)
- 히스토그램 변경(Histogram Modification)

영상 밝기^{brightness}란 입력 영상의 픽셀 값들에 대한 전반적인 분포에 의해 결정되는 영상의 성질이다. 픽셀 값들의 전반적인 분포가 작은 값 쪽에 위치하면 밝기가 어두운 영상이고 반면 평균적으로 큰 값 쪽에 위치하면 밝기가 밝은 영상이다. 명암 대비^{contrast}는 영상 밝기의 범위와 분포 방식에 의해 결정된다. 영상에서 가장 낮은 밝기와 가장 높은 밝기 사이의 차이와 그 중간에 위치하는 밝기들의 분포가 명암 대비를 결정한다. 높은 명암 대비의 영상은 밝기의 최댓값과 최솟값의 차이가 큰 영상이다. 이진 영상은 검은색과 흰색으로만 구성되므로 높은 명암 대비의 영상이라고 할 수 있다. 그러나 이진 영상은 좋은 명암 대비의 영상은 아니다. 좋은 명암 대비는 높은 명암대비를 가지며 중간 레벨의 밝기들이 균일한 분포를 갖는 경우이다.

그림 4-44는 세 가지 영상에 대한 명암 대비를 비교한 결과이다. 영상의 밝기 분포는 영상이 갖는 명암 대비 및 평균 밝기와 밀접한 관계를 갖는다. 그림 4-44(a)와 같이 영상이 넓은 범위의 밝기 분포를 가지면 이 영상의 명암 대비는 높다. 반면 그림

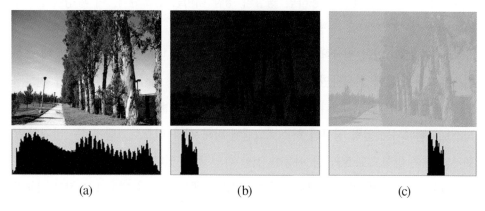

(a)　　　　　　　(b)　　　　　　　(c)

그림 4-44   명암 대비에 대한 비교 결과

4-44(b)나 (c)와 같이 좁은 범위의 밝기 분포를 갖는 영상의 명암 대비는 낮다. 물론 영상의 명암 대비가 동적 범위와 일치하는 것은 아니지만 높은 상관관계를 갖는다. 영상의 명암 대비에 대해서는 이 절 후반에서 다시 자세하게 살펴본다. 그림 4-44(b)와 (c)는 동일한 명암 대비를 갖지만 영상 밝기는 상당히 다르다. 그림 4-44(b)는 (c)에 비해 밝기가 낮은 영상이다. 각 영상의 아래쪽에는 히스토그램^{histogram}을 표시하였다. 히스토그램은 조금 후에 자세하게 살펴본다.

❶ 영상 대수

영상 대수^{image algebra}는 픽셀 단위로 산술 연산 또는 논리 연산을 수행하여 해당 픽셀의 값을 변경하는 연산이다. 영상 대수 방법 중 산술 연산을 통해서는 주로 영상의 밝기에 대한 변경이 가능하다. 논리 연산은 마스킹^{masking} 처리를 통해 영상의 특징이나 객체를 추출하기 위한 용도로 사용한다.

단일 영상에 대한 산술 연산은 덧셈, 뺄셈, 곱셈, 나눗셈을 포함한다. 덧셈 연산은 각 픽셀에 일정한 값을 더하는 연산으로 영상을 밝게 변경한다. 뺄셈 연산은 일정한 값을 빼서 영상을 어둡게 변경한다. 곱셈 연산에서는 입력 영상의 각 픽셀에 1보다 큰 값을 곱한다. 결과 밝기는 입력 밝기에 비례하여 증가한다. 밝은 영역은 더욱 밝아지고 어두운 영역은 조금 밝아지므로 영상의 명암 대비를 향상시킬 수 있다. 나눗셈 연산은 1보다 큰 값을 나눔으로서 픽셀의 밝기 값에 비례하여 영상의 밝기를 감소시킨다. 나눗셈 연산을 적용하면 영상의 명암 대비는 감소한다. 이 과정에서 조명의 비균일성^{nonuniformity}을 수정할 수 있다.

그림 4-45는 입력 영상에 대한 산술 연산의 결과를 나타낸다. 결과 영상에 대한 히스토그램을 함께 표시하였다. 히스토그램을 살펴보면 영상의 밝기에 대한 변화를 조금 더 쉽게 이해할 수 있다. 덧셈 연산의 경우 영상의 밝기를 50만큼 증가시켰는데 히스토그램에서는 입력 영상의 히스토그램에 비해 결과 히스토그램에서는 밝기의 분포가 오른쪽 방향으로 50만큼 이동한 것을 확인할 수 있다. 뺄셈도 비슷한 방식으로 나타나고 있다. 곱셈 연산의 결과에서는 히스토그램의 분포가 더욱 넓어졌고 나눗셈의 경우에는 히스토그램 분포가 좁아지고 있다.

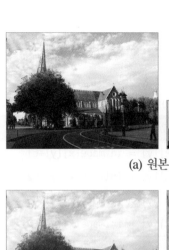

(a) 원본 영상

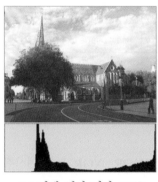

(b) 덧셈 연산 결과 (+50)　　　(c) 뺄셈 연산 결과 (−50)

(d) 곱셈 연산 결과 (×1.2)　　　(e) 나눗셈 연산 결과 (÷1.2)

그림 4-45　산술 연산

　　산술 연산에 대한 구현은 표 4-2와 같이 간단한 연산으로 처리할 수 있다. 이때 연산의 결과 값이 표현 가능한 밝기 값의 범위를 초과하는 경우가 발생할 수 있다. 이런 경우는 클리핑^{clipping} 처리를 통해 해결한다. 8비트 그레이스케일 영상에 대한 클리핑 처리는 표 4-2의 직후와 같다. 픽셀당 8비트를 사용하는 그레이스케일 영상의 경우 유효한 값의 범위는 0~255이다. 계산 결과가 0 미만이거나 255 초과인 경우에는 클리핑을 수행한다.

표 4-2 스칼라 산술 연산

연산	구현
덧셈	`outImage[x][y] = inImage[x][y]+C1`
뺄셈	`outImage[x][y] = inImage[x][y]-C2`
곱셈	`outImage[x][y] = inImage[x][y]*C3`
나눗셈	`outImage[x][y] = inImage[x][y]/C4`

밝기 클리핑

```
if( outImage[x][y] > 255 )  outImage[x][y] = 255
if( outImage[x][y] < 0 )  outImage[x][y] = 0;
```

논리 연산은 AND, OR, NOT, NAND, NOR, XOR 등의 연산을 포함한다. 이 연산은 영상의 일부분을 추출하기 위해 사용하는데, 이를 위해 마스킹 처리를 수행한다. 마스킹 처리는 입력 영상과 추출할 영역을 표현하는 마스크를 논리 연산하는 과정이다. 이때 마스크는 이진 영상을 사용한다. 그림 4-46은 AND 및 OR 연산을 사용하여 독수리의 일부 영역을 추출한 결과이다.

여러 장의 영상을 입력으로 사용하는 영상 대수 연산은 영상 간의 결합combination 이나 합성composition을 위해 사용한다. 또한 영상의 배경을 제거하여 움직이는 객체를 검출하기 위해 사용할 수 있다. 영상 결합image combination은 연관성이 있거나 시간의 차이를 두고 촬영한 동일 장면의 영상들을 결합하여 개선된 새로운 영상을 생성하는 과정이다. 영상 결합에서는 산술 연산이나 평균 연산을 통해 영상의 노이즈를 제거하거나 조명에 대한 보정 등을 수행할 수 있으며 모핑morphing과 같은 특수 효과를 생성하는 것도 가능하다. 영상 결합의 한 가지로 예로 HDR을 살펴보자. HDR은 High Dynamic Range의 약어인데 한 장면을 서로 다른 노출로 여러 장 촬영하여 한 장의 영상으로 결합하는 기술이다. 인간의 시각이 인지하는 방식과 유사하게 어두운 곳에서도 자연스러운 밝기의 표현을 위해 많이 사용한다. 최근의 디지털 카메라와 스마트폰 카메라에 HDR 기능이 대부분 탑재되어 있다. 주로 3장의 영상을 촬

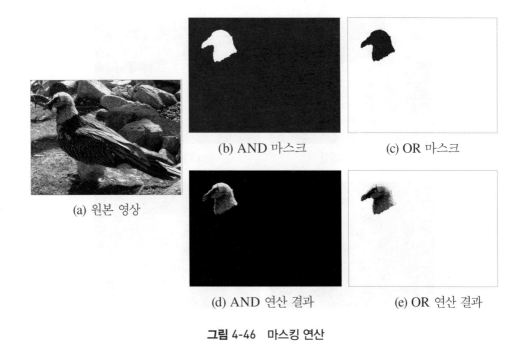

(a) 원본 영상

(b) AND 마스크

(c) OR 마스크

(d) AND 연산 결과

(e) OR 연산 결과

그림 4-46   마스킹 연산

영하여 적정 노출의 영상과 HDR 영상만을 저장한다. 영상 합성$^{image\ composition}$은 연관되지 않은 영상들 내의 객체들을 합병하여 물리적으로 존재하지 않는 새로운 장면을 만드는 과정으로 영화나 드라마 등의 영상물에 많이 사용한다.

그림 4-47은 실외에 설치한 비디오카메라를 통해 촬영한 비디오의 인접한 프레임 사이의 차영상$^{difference\ image}$을 통해 객체의 움직임을 찾는 과정을 나타낸다. 비디오카메라를 고정한 경우 촬영한 비디오의 배경에는 변화가 없으므로 인접한 프레임 간의 차 영상을 통해 배경을 제거하여 움직이는 객체만을 분리할 수 있다.

(a) 기준 프레임   (b) 다음 프레임

(c) 차 영상   (d) 차 영상의 이진화

그림 4-47 두 영상 간의 차 영상을 통한 움직이는 물체의 검출

❷ 그레이스케일 변환

그레이스케일 변환$^{\text{gray-scale transformations}}$은 매핑 함수$^{\text{mapping function}}$를 사용하여 픽셀 단위로 입력 영상의 밝기 값을 변환하는 과정이다. 매핑 함수는 선형 또는 비선형의 형태를 갖는다. 그림 4-48은 가능한 몇 가지 종류의 매핑 함수를 나타낸다. 가로축은 입력 영상의 그레이 레벨이며 세로축은 변환된 영상의 그레이 레벨이다. 그레이스케일 변환은 명암 대비와 영상 밝기를 조정하기 위해 사용한다. 그레이스케일 변환을 기반으로 하는 연산은 다음 종류로 구분할 수 있다.

- 그레이스케일 축소(Gray–Scale Compression) 및 확장(Gray–Scale Stretching)
- 그레이 레벨 분할(Gray–Level Slicing)
- 그레이 레벨 임계화(Gray–Level Thresholding)
- 그레이 레벨 반전(Gray–Level Negative)

그레이스케일 축소는 입력 영상의 밝기 범위를 축소하여 명암 대비가 감소한 결과 영상을 생성한다. 반면 그레이스케일 확장은 입력 영상의 일부 밝기 구간 또는 전체 밝기 구간을 확장하여 명암 대비를 증가시킨다. 그레이 레벨 분할은 입력 영상의 일부 밝기 구간만을 강조하는 결과를 생성한다. 이때 나머지 구간의 밝기는 동일하게 유지하거나 특정한 단일 값으로 변경하는 것이 가능하다.

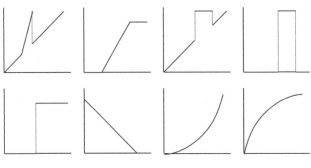

그림 4-48   매핑 함수

먼저 그레이스케일 축소의 기능에 대해 살펴보자. 그레이스케일 축소는 결과 영상의 동적 범위를 입력 영상보다 좁은 범위로 변경하는 연산이다. 그림 4-49는 입력 영상에 대한 그레이스케일 축소 결과이다. 매핑 함수는 $y = 0.6x$를 사용한다. 입력 영상의 동적 범위가 [0, 255]이면 결과 영상의 범위는 [0, 153]으로 감소한다. 그레이

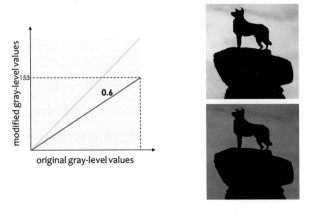

그림 4-49   그레이스케일 축소

스케일 축소는 일반적인 의미에서의 영상 개선은 아니지만 영상처리 과정에서 후반 단계의 원활한 작업을 위해 전처리 용도로 사용할 수 있다.

그레이스케일 확장은 결과 영상의 동적 범위를 입력 영상보다 넓게 변경하는 연산이다. 그림 4-50은 입력 영상에 대한 그레이스케일 확장 결과이다. 입력 밝기의 전체 범위를 대상으로 그레이스케일 확장을 수행하면 만족스러운 명암 대비 효과를 얻을 수 없다. 그레이스케일 확장에서는 일반적으로 중간 밝기나 일정 범위의 밝기에 대해 확장을 수행한다. 그림 4-50을 살펴보자. 입력 밝기가 0에서 40미만인 경우 결과 영상에서는 밝기 0으로 지정하고 170 이상의 입력 밝기에 대해서는 결과 밝기를 255로 할당한다. 40에서 170 사이의 중간 밝기에 대해서는 0에서 255 사이로 확장한다. 결과 영상에서 확인할 수 있듯이 동적 범위가 증가하여 어두워서 보이지 않았던 동상 내부의 모습을 구분할 수 있다.

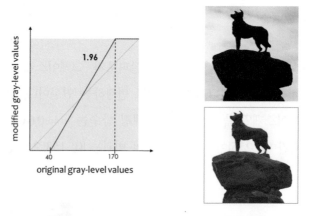

그림 4-50   중간 밝기에 대한 그레이스케일 확장

그레이스케일 확장은 일부 입력 범위에 대해 수행할 수 있다. 결과는 그림 4-51과 같다. 그림 4-51에서는 입력 밝기가 5 이상 40 이하인 범위에 대해 결과 영상에서 5에서 255 사이로 확장하였다. 그 외의 입력 밝기에 대해서는 원래의 값을 유지한다. 그림 4-50과 비교했을 때 그림 4-51에서는 배경은 그대로 유지하되 동상 내부의 모습은 더욱 확연하게 구분할 수 있도록 처리되었다.

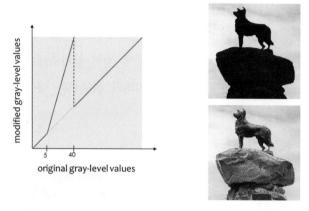

그림 4-51   일부 입력 범위에 대한 그레이스케일 확장

그레이 레벨 분할은 입력 영상에서 관심 영역이나 객체를 강조하거나 분리하기 위한 목적으로 사용한다. 그림 4-52에서는 관심 대상인 컵을 강조하기 위한 목적으로 입력 영상에서 입력 밝기가 110에서 200 사이의 값을 결과 영상에서 255(흰색)로 설정하였다. 그 외의 입력 밝기에 대해서는 원래의 밝기 값을 유지하였다.

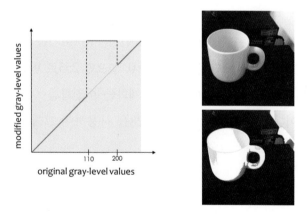

그림 4-52   그레이 레벨 분할

그림 4-53에서도 그레이 레벨 분할을 수행하였다. 그림 4-52와 비슷하지만 그림 4-53에서는 배경으로부터 컵을 분리하기 위해 배경은 모두 제거하고 컵은 흰색으로

처리하였다. 결과 영상에서 컵만 분리되어 나타나는 것을 확인할 수 있다. 결과적으로 그레이스케일 영상으로부터 이진 영상을 생성하는 이진화 작업이 수행되었다. 그레이 레벨 분할은 매우 간단한 방법이기 때문에 컵이 정확하게 분리되지 못한 것을 확인할 수 있다. 조금 더 정확하게 컵을 분리하기 위해서는 영상 분할을 위한 고급 기술을 사용해야 한다.

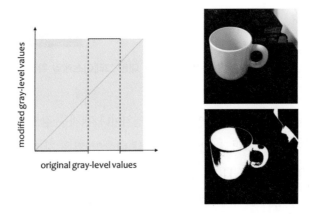

그림 4-53 그레이 레벨 분할

그레이 레벨 임계화를 수행하기 위해서는 먼저 기준 밝기를 선택한다. 그리고 입력 밝기가 기준 밝기보다 낮으면 결과 밝기는 0, 높으면 255로 변환한다. 기준 밝기를 임계값^{threshold}이라고 부른다. 그레이 레벨 임계화는 이진화를 수행하는 대표적인 방법 중의 한 가지이다. 그림 4-54는 임계값 128을 사용하여 그레이 레벨 임계화를 수행한 결과이다.

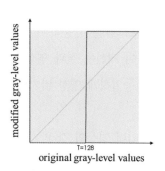

그림 4-54 그레이 레벨 임계화

직선으로 나타나는 매핑 함수의 기울기를 음수로 사용하면 입력 영상의 밝기를 반전할 수 있다. 그림 4-55는 −1의 기울기를 갖는 직선을 매핑 함수로 사용했을 때의 결과이다. 이 경우 입력 영상의 검은색은 결과 영상에서 흰색으로 변환되고 흰색은 검은색으로 변환된다. 유사하게 어두운 밝기는 밝은 밝기, 밝은 밝기는 어두운 밝기로 변환되므로 입력 영상의 밝기를 반전한 결과를 얻을 수 있다.

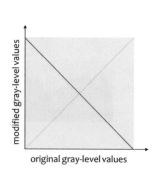

그림 4-55 그레이 레벨 반전

❸ 히스토그램 변경

히스토그램 변경$^{histogram\ modification}$은 히스토그램을 사용하여 입력 영상의 밝기 분포를 표현한 후 히스토그램의 분포를 변경하여 개선된 결과 영상을 생성하는 방법이다. 히스토그램 변경은 그레이스케일 변경과 동일하게 영상 밝기와 명암 대비를 조정하기 위한 목적으로 사용한다.

그레이 레벨 히스토그램$^{gray-level\ histogram}$은 입력 영상의 각 밝기 단계에 해당하는 픽셀의 수를 집계하여 표현한 데이터이다. 경우에 따라서는 각 밝기 단계의 픽셀 수를 전체 픽셀 수로 나눈 상대 비율을 사용하기도 한다. 그레이 레벨 히스토그램은 1차원 배열이나 표를 사용하여 표현할 수 있다. 또한 시각화를 위해 막대그래프나 선그래프를 사용하기도 한다.

그림 4-56은 8비트 그레이스케일 영상과 그레이 레벨 히스토그램을 나타낸다. 이때 막대그래프에서 수평축은 픽셀의 밝기 단계$^{그레이\ 레벨}$이고 수직축은 픽셀의 수 또는 그 상대 비율이다. 이때 수평 축의 값을 빈^{bin}이라고 부른다.

Bin	Counts	Prob.
0	163	0.005
1	77	0.003
. . .		
255	1561	0.051

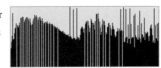

그림 4-56　그레이 레벨 히스토그램

히스토그램을 사용하면 영상 밝기의 분포를 쉽게 확인할 수 있다. 앞에서 살펴본 그림 4-44와 같이 영상이 넓은 범위의 밝기 분포를 가지면 히스토그램에서도 빈들이 넓게 분포한다. 반면 일부 빈에만 값이 존재하면 영상의 밝기 분포가 좁은 범위에 나타나는 경우이고 영상은 낮은 명암 대비를 갖는다. 동일한 명암대비를 갖는 영상이라도 빈들이 주로 왼쪽에 분포하면 해당 영상은 어둡게 보이고 오른쪽에 주로 분포하면 밝게 나타난다.

컬러 영상에서의 히스토그램은 그레이 레벨 히스토그램과는 차이가 있다. 앞에서 살펴본 것과 같이 컬러 영상에서는 R, G, B의 세 가지 기본 색을 조합하여 색을 표현하는데 영상에 나타날 수 있는 색의 가지 수는 1,000만 개가 넘는다. 영상의 색을 빈으로 사용하여 히스토그램을 생성하면 대부분의 빈들은 0 또는 1의 누적 값만을 가져 히스토그램으로서의 의미가 없다. 컬러 영상에서는 R, G, B 채널에 대해 각 채널별로 히스토그램을 생성하는 방법을 사용할 수 있다. 채널별 히스토그램은 그레이 레벨 히스토그램과 동일한 방법으로 생성하고 사용할 수 있다. 그림 4-57은 컬러 영상에 대한 채널 별 히스토그램을 나타낸다.

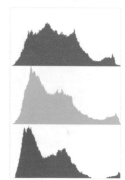

그림 4-57　채널별 히스토그램

패턴 인식이나 영상 검색 등의 분야에서 영상이나 영역(객체)에 대한 밝기나 색분포의 특징을 표현하는 주요 수단으로 히스토그램을 자주 사용한다. 히스토그램 간의 유사도^{similarity}를 계산하여 영상이나 객체 사이의 정합^{matching} 정도를 구분할 수 있다. 그런데 그림 4-57과 같은 채널별 히스토그램을 사용하면 유사도 계산 성능이 저하된다. 컬러 영상에 대한 히스토그램을 생성하는 일반적인 방법은 트루 컬러 영상을 인덱스 컬러 영상으로 변환한 후 이 인덱스 컬러 영상으로부터 히스토그램을 생성하는 것이다. 트루 컬러 영상을 인덱스 컬러 영상으로 변환하는 과정을 컬러 양자화^{color}

quantization라고 부른다. 유사한 여러 색들로부터 대표 색을 선택하는 과정이기 때문에 양자화라는 용어를 사용한다.

컬러 양자화는 트루 컬러 영상에서 대표 색들을 선택하는 과정이다. 결과 영상에서 픽셀당 8비트를 사용하면 최대 256개의 대표 색을 선택해야 한다. 8비트 인덱스 컬러 영상이라도 256개의 색을 모두 사용하지 않고 이보다 적은 수의 색을 사용하는 것도 가능하다. 인덱스 컬러 영상을 사용하면 픽셀당 비트 수에 의해 히스토그램이 갖는 빈의 최대 개수를 결정할 수 있다. 그림 4-58은 컬러 양자화에 의해 생성한 컬러 히스토그램을 나타낸다. 그런데 컬러 영상마다 포함된 색의 종류가 다르므로 컬러 양자화를 통해 선택한 대표 색들의 종류가 달라질 수 있다. 이렇게 만들어진 히스토그램 사이의 유사도를 비교하기 위해서는 어려움이 발생한다. 이런 경우에는 Earth Mover's Distance[EMD 2]와 같은 방법을 사용하여 유사도를 비교할 수 있다.

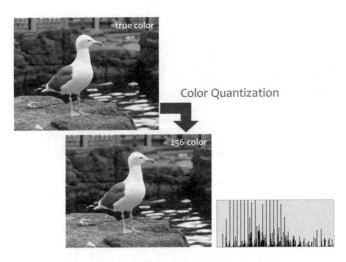

그림 4-58 컬러 양자화에 의한 컬러 히스토그램

히스토그램 변경 역시 매핑 함수mapping function에 의해 처리된다. 사용하는 매핑 함수의 종류에 따라 히스토그램 확장, 히스토그램 축소, 히스토그램 이동, 히스토그램

---

2   Elizaveta Levina and Peter Bickel (2001), "The Earth Mover's Distance is the Mallows Distance: Some Insights from Statistics," Proceedings of ICCV 2001 (Vancouver, Canada), pp.251–256

균일화 등의 연산이 가능하다. 그림 4-59는 히스토그램 확장, 축소, 이동 및 균일화의 개념도이다.

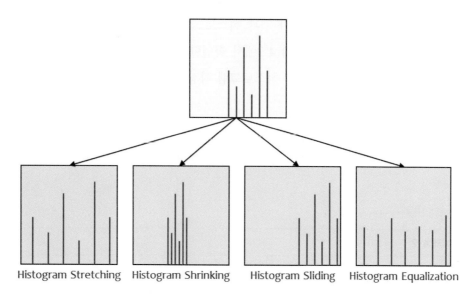

Histogram Stretching   Histogram Shrinking   Histogram Sliding   Histogram Equalization

그림 4-59 히스토그램 확장, 축소 및 이동의 개념도

히스토그램 확장^{histogram stretching}은 히스토그램에서 값이 분포하는 범위를 확장하는 연산이며 명암 대비의 향상을 얻을 수 있다. 반면 히스토그램 축소^{histogram shrinking}는 히스토그램의 값이 분포하는 범위를 축소하는 연산이며 명암 대비는 감소한다. 히스토그램 이동^{histogram sliding}은 히스토그램의 값이 분포하는 범위는 변함없지만 분포 위치를 변경하는 연산이다. 값의 분포를 왼쪽(밝기가 낮은 위치)으로 이동하면 영상은 어두워지고 오른쪽(밝기가 높은 위치)으로 이동하면 밝아진다. 히스토그램 균일화^{histogram equalization}는 유효한 그레이스케일 범위 내에서 히스토그램의 분포를 균일하게 만드는 연산이다. 이 연산을 통해 좋은 명암 대비를 갖는 영상을 생성할 수 있다. 좋은 명암 대비와 높은 명암 대비의 차이는 조금 후에 살펴본다. 히스토그램 확장, 축소 및 이동 연산은 입력 히스토그램과 결과 히스토그램의 범위는 달라지지만 모양은 동일하게 유지되는 특성을 갖는다. 반면 히스토그램 균일화는 히스토그램의 범위와 모양을 모두 변경한다.

히스토그램 확장과 축소를 위한 매핑 함수는 다음과 같다. 이때 I_{MAX} 및 I_{MIN}은 각각 입력 영상 $I(x, y)$의 최대 및 최소 밝기 값이며, S_{MAX} 및 S_{MIN}은 각각 결과 히스토그램에서의 최솟값과 최댓값이다. S_{MAX}와 S_{MIN}은 사용자에 의해 지정된다. 이 함수는 입력 히스토그램의 분포 범위와 결과 히스토그램의 분포 범위 사이의 상관 비율 관계에서 간단하게 유도된다. 예제 4-2에서 확인할 수 있다. S_{MAX}와 S_{MIN} 사이의 차이가 I_{MAX}와 I_{MIN}의 차이보다 크면 히스토그램 확장, 작으면 히스토그램 축소를 수행한다.

$$I'(x, y) = \left[\frac{S_{MAX} - S_{MIN}}{I_{MAX} - I_{MIN}} \right] [I(x, y) - I_{MIN}] + S_{MIN}$$

◉ **예제 4-2**

입력 범위가 [50, 100]인 히스토그램의 출력 범위를 [10, 210]으로 확장하기 위한 관계식을 구하시오.

풀이

다음의 그림을 살펴보자. 입력 범위의 중간 값인 75는 결과 범위에서도 중간 값을 유지해야 하므로 110으로 사상(mapping)된다. 최소 입력 값 50은 결과에서도 최솟값 10, 최대 입력 값 100은 최댓값 210으로 사상된다. 유사하게 입력 값 55는 입력 범위에서 10%에 해당하는 지점이므로 결과 범위에서도 10%에 해당하는 30으로 사상된다.

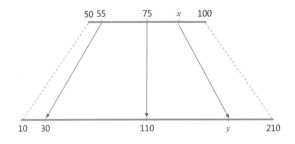

여기에서 알 수 있듯이 입력 범위에서의 상대적인 위치는 결과 범위에서도 동일하게 유지된다. 따라서 임의의 입력 값 x는 다음의 비례 관계식을 통해 결과 값 y에 대응된다.

$$(100 - 50) : (x - 50) = (210 - 10) : (y - 10)$$

이것을 정리하면 다음과 같이 표현할 수 있다. 이것은 앞에서 살펴봤던 매핑 함수의 형식과 일치한다.

$$y = \frac{(x - 50) \times (210 - 10)}{(100 - 50)} + 10 = \frac{(210 - 10)}{(100 - 50)}(x - 50) + 10$$

그림 4-60 및 그림 4-61은 입력 영상에 대한 히스토그램 확장 및 축소의 결과이다. 그림 4-60은 밝기 범위가 [95, 125]인 입력 영상에 대해 히스토그램 확장을 수행하여 결과 영상에서는 밝기 범위를 [0, 255]로 확장한 결과이다. 그림에는 입력 영상과 결과 영상의 히스토그램을 함께 표시하였다. 히스토그램에서 확인할 수 있듯이 히스토그램의 범위는 변하였지만 모양은 동일하게 유지되고 있다. 그림 4-61은 밝기 범위가 [0, 255]인 입력 영상의 밝기 범위를 축소하여 결과 영상에서는 밝기 범위를 [50, 100]으로 변경한 결과이다.

그림 4-60 히스토그램 확장 결과

그림 4-61   히스토그램 축소 결과

히스토그램 이동을 위한 매핑 함수는 다음과 같다. 식에서 쉽게 확인할 수 있듯이 입력 영상의 밝기 값에 상수 값을 더하는 방식으로 수행한다.

*offset*은 히스토그램을 이동하기 위한 양[amount]을 나타낸다. *offset*이 양수이면 히스토그램의 분포는 오른쪽으로 이동하여 영상의 밝기는 밝아진다. *offset*이 음수이면 히스토그램의 분포는 왼쪽으로 이동하여 영상의 밝기는 어두워진다. 그림 4-62는 히스토그램 이동에 따른 영상 밝기의 변화를 나타낸다.

$$I'(x, y) = I(x, y) + offset$$

히스토그램이 넓은 범위에 분포하면 높은 명암 대비의 영상을 나타낸다. 그러나 높은 명암 대비가 좋은 명암 대비와 동일한 것은 아니다. 검은색과 흰색으로만 구성된 이진 영상도 높은 명암 대비의 영상이지만 좋은 명암 대비를 갖는다고 할 수 없다. 좋은 명암 대비를 갖기 위해서는 영상의 밝기 분포가 넓은 범위에 나타나면서 각 밝기 값의 누적 값이 균일하게 나타나야 한다. 그림 4-63에서 높은 명암 대비와 좋은 명암 대비를 비교하여 확인할 수 있다.

그림 4-62 히스토그램 이동 결과

(a) 높은 명암 대비   (b) 좋은 명암 대비

그림 4-63 높은 명암대비와 좋은 명암 대비 영상의 비교

히스토그램 균일화는 좋은 명암 대비를 갖는 영상을 생성하는 연산이다. 연속 함수를 대상으로 히스토그램 균일화를 수행하면 모든 범위에서 균일한 값을 갖는 새로운 결과 함수로 변환할 수 있다. 그러나 디지털 영상은 이산 함수이므로 연속 함수와는 다르게 완벽하게 균일한 결과를 생성할 수는 없다. 히스토그램 균일화 절차는 다음과 같다. 히스토그램 균일화 과정은 예제 4-3을 통해 살펴보자.

- STEP 1. 입력 히스토그램에서 각 빈까지의 누적 값을 계산하여 누적 히스토그램 계산
- STEP 2. 히스토그램의 누적 합을 전체 픽셀의 개수로 나누어 값에 대한 정규화 처리 수행
- STEP 3. 정규화된 값에 최대 밝기 값을 곱한 후 반올림 수행하여 변환 값 계산
- STEP 4. 입력 영상의 각 밝기 값을 변환 값으로 변경하여 결과 영상 생성

◎ 예제 4-3

다음의 히스토그램을 갖는 영상에 대한 히스토그램 균일화를 수행하시오.

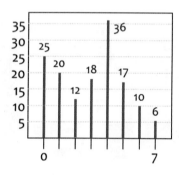

풀이

알고리즘의 1단계를 수행하여 히스토그램의 누적 합을 구하여 누적 히스토그램을 생성한다. 0번 빈까지의 누적 합은 25, 1번 빈까지의 누적 합은 45이다. 이런 방식으로 누적 히스토그램을 생성하면 다음과 같다.

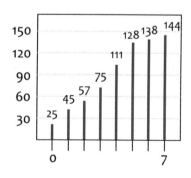

2단계에서는 1단계에 구한 히스토그램의 누적 합을 전체 픽셀의 개수인 144로 나눈다. 이 정규화를 수행하면 다음의 결과를 얻는다.

$$\frac{[25, 45, 57, 75, 111, 128, 138, 144]}{144}$$
$$= [0.17, 0.31, 0.40, 0.52, 0.77, 0.89, 0.96, 1.00]$$

3단계에서는 2단계의 정규화 과정에서 얻은 결과에 최대 밝기 값인 7을 곱한 후 반올림한다. 계산 결과는 다음과 같다. 입력 밝기 0은 결과 밝기 1, 입력 밝기 1은 결과 밝기 2에 대응한다. 입력 밝기 2, 3, 4, 5는 각각 결과 밝기 3, 4, 5, 6에 대응하고 입력 밝기 6과 7은 모두 결과 밝기 7에 대응한다.

$$\frac{[25, 45, 57, 75, 111, 128, 138, 144]}{144} \times 7$$
$$= [1.22, 2.19, 2.77, 3.65, 5.40, 6.22, 6.71, 7.00]$$
$$= [1, 2, 3, 4, 5, 6, 7, 7]$$

4단계에서는 입력 영상의 밝기 값을 변환 값으로 변경한다. 다음 그림을 통해 변경 과정을 살펴보자. 입력 영상의 밝기 값 0은 히스토그램 균일화 결과에서 변환 값 1에 대응한다. 따라서 입력 영상의 밝기 값 0은 결과 영상에서 밝기 값 1로 변경한다. 동일하게 입력 영상의 밝기 값 4는 변환 값 5에 대응하고 결과 영상에서 밝기 값 5로 변경한다.

픽셀값	개수	누적값	정규화	반올림
0	25	25	1.22	1
1	20	45	2.19	2
2	12	57	2.77	3
3	18	75	3.65	4
4	36	111	5.40	5
5	17	128	6.22	6
6	10	138	6.71	7
7	6	144	7.00	7

히스토그램 균일화를 수행한 결과 영상의 히스토그램은 다음과 같다.

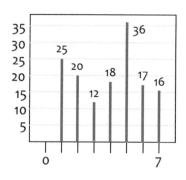

그림 4-64는 명암 대비가 낮은 2개의 영상에 대한 히스토그램 균일화의 결과이다. 그림에서 확인할 수 있듯이 두 영상에 대한 히스토그램 균일화 결과는 동일하다. 명암 대비는 다르지만 원래의 영상이 동일하면 히스토그램 균일화는 항상 가장 좋은 명암 대비를 갖는 동일한 결과 영상을 생성한다. 영상에 히스토그램 균일화를 2번 이상 적용하더라도 최초 적용 결과에서 변화가 없다.

그림 4-64 히스토그램 균일화 결과

2) 픽셀 그룹 처리 기법

　단일 픽셀 처리에서는 처리 대상 픽셀의 주변에 위치한 픽셀들의 값은 전혀 고려하지 않고 처리 대상 픽셀의 값만을 사용하여 새로운 값으로 변환하여 결과 영상을 생성한다. 픽셀 그룹 처리$^{pixel\ group\ processing}$는 처리 대상 픽셀뿐만 아니라 그 주위의 이웃 픽셀들을 함께 연산에 사용하여 결과 값을 계산하는 공간 영역 연산을 의미한다. 픽셀 그룹 처리를 사용하여 입력 영상에 대한 평활화^{smoothing}, 선명화^{sharpening}, 에지 검출$^{edge\ detection}$ 등의 작업을 수행할 수 있다.

　픽셀 그룹 처리는 대부분 컨볼루션 연산으로 처리된다. 컨볼루션^{convolution}은 선형 공간 필터$^{linear\ spatial\ filter}$의 일종으로 다음 식으로 정의된다.

$$I'(x,y) = I(x,y) * h(x,y) = \sum_{s=-a}^{a} \sum_{t=-b}^{b} I(x,y)h(x-s, y-t)$$

$I(x, y)$는 입력 영상, $h(x, y)$는 마스크이다. 3.2절에서 살펴본 것과 같이 마스크^{mask}는 일종의 시스템이다. 입력 영상을 시스템인 마스크에 입력하면 마스크의 특성에 따라 다양한 결과 영상을 생성할 수 있다. 마스크의 특성은 가중치^{weight}에 의해 결정된다. 가중치에 따라 처리 결과가 어떻게 달라지는지는 뒤에서 확인한다. 마스크는 필터^{filter}, 템플릿^{template}, 윈도우^{window}, 커널^{kernel} 등의 다른 이름으로도 부른다. 위의 식에서 $a = (m - 1) \div 2$, $b = (n - 1) \div 2$로 설정하는데, m과 n은 각각 마스크의 가로 및 세로 크기이다. 일반적으로 마스크는 정방형 모양과 홀수의 크기를 사용한다. 가장 많이 사용하는 마스크의 크기는 3×3, 5×5 등이다. 마스크는 홀수의 크기를 가지므로 a, b의 값을 계산하기 위해 마스크의 가로와 세로 길이에서 1을 뺀 값을 사용하였다.

　그림 4-65를 사용하여 컨볼루션 연산의 처리 과정을 살펴보자. 그림에서 노란색으로 표시한 연산의 대상 픽셀(c)을 중심으로 마스크 크기와 동일하게 이웃 픽셀들의 범위를 선택한다. 그림에서 이웃 픽셀들은 파란색으로 표시하였다. 다음으로 원으로 표시한 마스크의 중심점을 기준으로 마스크의 가중치를 대칭 이동한다. 그 후에 마스크의 각 가중치를 동일 위치의 픽셀 값과 곱한다. 이 곱들을 모두 더하여 총합을

계산한 후 처리 대상 픽셀의 새로운 값으로 사용한다. 이때 반드시 새로운 결과 영상을 만들어서 계산 결과를 저장한다. 단일 픽셀 처리에서는 원래의 값을 처리 결과 값으로 대체하는 것이 가능하였다. 픽셀 그룹 처리에서는 왜 결과 값으로 대체하는 것이 안 되는지를 스스로 생각해보자. 입력 영상의 모든 픽셀에 대해 순차적으로 컨볼루션 연산을 수행하면 결과 영상을 얻을 수 있다.

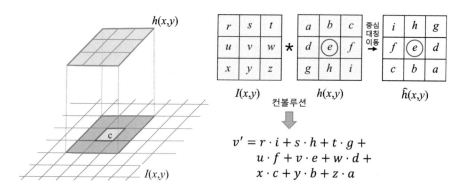

그림 4-65   컨볼루션 연산의 처리 과정

컨볼루션을 수행할 때 마스크에 대응하는 이웃 픽셀이 존재하지 않는 경우가 발생한다. 그림 4-66에서 (1)번 픽셀을 제외하고 (2)~(4)번 픽셀에서는 모두 일부 위치에서 픽셀 값이 정의되지 않아 컨볼루션 연산을 수행할 수 없다. 이런 현상은 영상의 경계에 위치한 픽셀들을 처리 대상으로 하는 경우 항상 발생한다.

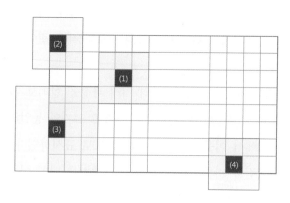

그림 4-66   영상 경계 픽셀 처리의 필요성

컨볼루션 연산을 위한 영상 경계 픽셀에 대한 처리를 위해 다음의 방법을 사용한다.

1) 상수 값(예를 들어, 0)을 덧붙여 영상의 크기를 가상으로 크게 한다(Zero-Padding).
2) 경계에 있는 픽셀들의 값을 복사하여 영상의 크기를 가상으로 크게 한다.
3) 영상을 주기적인 신호로 해석하면 영상은 모든 방향으로 연결될 수 있으므로 경계를 벗어나는 픽셀의 값은 맞은 편 픽셀의 값을 복사하는 방식으로 영상의 크기를 가상으로 크게 한다(Wrap-around).
4) 모든 이웃 픽셀이 정의되는 위치에서만 컨볼루션을 수행하고 처리되지 않은 픽셀의 값은 입력 영상의 픽셀 값을 복사한다. 예를 들어, 3×3 마스크를 사용하는 경우 입력 영상의 (1,1) 좌표에서 연산을 시작한다.

컨볼루션을 사용하는 대표적인 응용 분야는 영상 평활화, 영상 선명화, 에지 검출 등이다. 각 응용 분야에 대해 조금 더 자세하게 살펴보자.

❶ 영상 평활화

영상 평활화$^{\text{image smoothing}}$는 저주파 통과 필터링$^{\text{low pass filtering}}$의 일종으로 입력 신호 성분 중 고주파 성분은 차단하고 저주파 성분만을 통과시키는 기법이다. 이 기법은 영상을 부드럽게 표현하거나 노이즈를 제거하기 위한 목적으로 사용한다. 원본 영상에 비해 결과 영상이 흐릿하게 나타나므로 영상 블러링$^{\text{image blurring}}$이라고도 부른다. 영상 평활화는 평균값 필터링, 가우시안 필터링, 중간값 필터링 등의 연산을 통해 수행 가능하다.

평균값 필터링$^{\text{mean filtering}}$은 처리 대상 픽셀들의 평균값을 계산하여 결과 값으로 사용하는 방식이다. 사용하는 마스크의 가중치는 모두 양수이고 전체 합이 1이 되도록 설정한다. 마스크 가중치의 전체 합이 1이면 원본 영상의 밝기가 결과 영상에서도 동일하게 유지된다. 평균값 필터링에서는 주로 산술 평균을 사용한다. 다음은 평균값 필터링에 사용하는 몇 가지 대표적인 마스크의 예이다. 가장 왼쪽의 마스크를 살펴보자. 이 마스크를 사용하여 컨볼루션을 수행하면 처리 대상 픽셀 값들의 평균을 계산하게 된다. 즉 $(v_1 + v_2 + v_3 + v_4 + v_5 + v_6 + v_7 + v_8 + v_9) \div 9$의 계산을 마스크로 표현한 것이다. 평균값 필터링은 박스 필터링box filtering이라고도 한다.

$$\frac{1}{9}\begin{bmatrix} 1 & 1 & 1 \\ 1 & 1 & 1 \\ 1 & 1 & 1 \end{bmatrix} \quad \frac{1}{10}\begin{bmatrix} 1 & 1 & 1 \\ 1 & 2 & 1 \\ 1 & 1 & 1 \end{bmatrix} \quad \frac{1}{16}\begin{bmatrix} 2 & 1 & 2 \\ 1 & 4 & 1 \\ 2 & 1 & 2 \end{bmatrix} \quad \frac{1}{16}\begin{bmatrix} 1 & 2 & 1 \\ 2 & 4 & 2 \\ 1 & 2 & 1 \end{bmatrix}$$

그림 4-67은 평균값 필터링의 예를 나타낸다. 왼쪽의 입력 영상에서 밝기가 100인 픽셀을 중심으로 첫 번째 마스크를 사용하여 평균값 필터링을 수행한 결과는 20이다. 주변에 위치하는 픽셀들의 밝기는 모두 10으로 동일한데 중심 픽셀의 밝기만 100으로 주변과 크게 차이난다. 이런 픽셀이 노이즈에 해당한다. 평균값 필터링을 수행한 결과에서는 이 픽셀의 밝기가 20으로 감소하였다. 평균값 필터링을 수행함으로써 노이즈 픽셀이 주변 픽셀 값에 동화되어 그 차이가 약화되었다. 다른 한편으로는 결과 영상에서 노이즈의 밝기가 주변 픽셀들로 일부 퍼져나간 것을 확인할 수 있다.

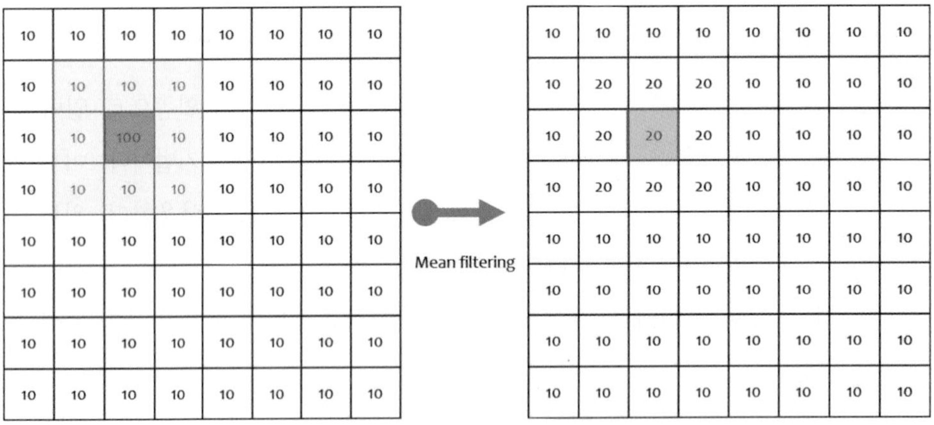

그림 4-67 평균값 필터링의 예시

그림 4-68은 마스크 크기를 변경하여 평균값 필터링을 수행한 결과이다. 마스크의 크기가 커짐에 따라 영상이 더 많이 흐려지는 것을 확인할 수 있다. 이와 같이 평

균값 필터링을 사용하면 노이즈가 약화되는 것과 동시에 객체 윤곽선의 강도가 함께 약화되어 영상이 흐려지게 된다. 객체의 윤곽선을 보존하면서 영상 평활화를 수행하고자 한다면 Bilateral filter[3]와 같은 경계 보존 평활화$^{\text{edge preserving smoothing}}$ 기법을 사용해야 한다.

(a) 원본 영상   (b) 3 × 3 마스크

(a) 5 × 5 마스크   (b) 7 × 7 마스크

그림 4-68 마스크 크기에 따른 평균값 필터링의 결과

평균값 필터링에서 사용하는 마스크는 중심 픽셀과 주변 픽셀의 가중치를 동일하게 설정한다. 그러나 중심 픽셀이 주변 픽셀에 비해 중요도가 높으므로 동일한 가중치를 사용하는 것이 불합리할 수도 있다. 또한 마스크의 한정된 크기로 인해 나머지 이웃 픽셀들에 대한 가중치는 갑자기 0으로 변하는 상황이 발생한다. 이런 문제를 해결하기 위해 가우시안 평활화$^{\text{Gaussian smoothing}}$를 사용하여 영상 평활화를 수행한다. 가

---

3   Carlo Tomasi and Roberto Manduchi, "Bilateral Filtering for Gray and Color Images", proceedings of the ICCV, 1998

우시안 평활화에서는 2차원 가우시안 함수를 기반으로 마스크의 가중치를 결정한다. 평균이 0인 2차원 가우시안 함수는 다음과 같이 정의된다.

$$G(x,y) = \frac{1}{2\pi\sigma^2} e^{-\frac{x^2+y^2}{2\sigma^2}}$$

가우시안 함수는 평균^{mean}과 분산^{variance}에 의해 결정된다. 가우시안 필터링에서는 평균을 0으로 사용한다. 분산은 중심 픽셀과 주변 픽셀의 기여 정도를 결정한다. 분산이 크면 주변 픽셀의 기여도가 커지고 분산이 작으면 중심 픽셀의 기여도가 높아진다. 그림 4-69는 표준 편차에 따른 2차원 가우시안 함수의 그래프의 차이를 나타낸다.

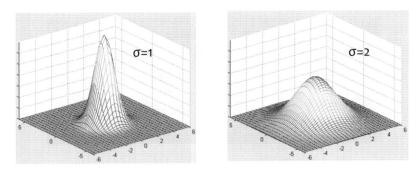

그림 4-69 표준 편차에 따른 가우시안 함수

일반적으로 평균값 필터링에 비해 가우시안 평활화가 더 자연스러운 평활화 결과를 생성한다. 또한 가우시안 평활화는 수평 및 수직방향으로 분리하여 처리할 수 있다. 1차원 가우시안 마스크를 사용하여 수평 및 수직 방향으로의 평활화 결과를 생성한 후 결합하면 2차원 가우시안 마스크를 사용할 때와 동일한 결과를 생성할 수 있다. 이런 방식으로 컨볼루션을 수행하면 훨씬 적은 연산량으로 동일한 처리 결과를 얻을 수 있다. 그림 4-70은 표준 편차에 따른 가우시안 평활화 결과이다. 마스크는 5×5 크기를 사용하였다.

(a) 원본 영상 　　　　　　(b) 표준 편차 1, 5 × 5 마스크

(c) 표준 편차 2, 5 × 5 마스크 　　(d) 표준 편차 3, 5 × 5 마스크

그림 4-70　표준 편차에 따른 가우시안 평활화의 결과

중간값 필터링^{median filtering}은 영상 평활화를 수행하는 방법의 일종이지만 비선형적
인 방법으로 처리된다. 즉, 중간값 필터링은 컨볼루션을 사용하지 않는다. 컨볼루션
을 사용하지 않기 때문에 이웃 픽셀의 범위를 지정하기 위한 마스크의 크기만 사용
하고 가중치는 정의하지 않는다. 중간값 필터는 랜덤 노이즈(salt-, pepper- 또는 salt-
and-paper 노이즈)의 제거에 아주 효과적이다.

그림 4-71은 중간값 필터링의 동작 원리이다. 마스크 내부에 포함되는 픽셀들의
밝기를 오름차순으로 정렬한 후 그 중간값을 결과 값으로 사용한다.

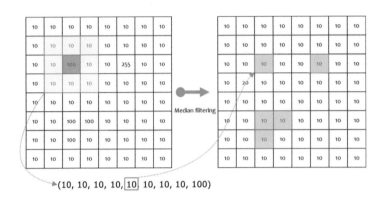

(10, 10, 10, 10, 10, 10, 10, 10, 100)

그림 4-71 중간값 필터링

그림 4-72는 원본 영상에 랜덤 노이즈인 salt-and-pepper 노이즈를 추가한 후 중간값 필터링과 평균값 필터링을 수행한 결과이다. 중간값 필터링을 적용한 결과에서는 노이즈가 완벽하게 제거되었지만 평균값 필터링의 결과에서는 노이즈의 강도가 조금 완화되었지만 여전히 노이즈가 두드러지는 것을 확인할 수 있다. 이런 차이가 발생하는 이유를 각자 생각해보자.

(a) 원본 영상　　　　(b) 랜덤 노이즈의 추가

(c) 중간값 필터링　　　　(d) 평균값 필터링

그림 4-72 평활화 방법에 따른 노이즈 제거 효과 비교

중간값 필터링은 주로 노이즈를 제거하기 위한 목적으로 사용하지만 영상에 회화적인 느낌이 나는 페인팅 효과를 적용하기 위해 사용하기도 한다. 마스크의 크기에 따라 페인팅 효과의 정도는 커진다. 그림 4-73을 살펴보면 마스크의 크기를 변경했을 때 페인팅 효과가 어떻게 나타나는지 알 수 있다.

(a) 원본 영상   (b) 7 × 7 마스크   (c) 11 × 11 마스크

그림 4-73 중간값 필터링을 사용한 페인팅 효과 지정

❷ 영상 선명화

영상 선명화^{image sharpening}는 고주파 성분은 통과시키고 저주파 성분은 차단하는 고주파 통과 필터링^{high pass filtering}의 일종으로 영상의 상세 정보를 강화시키는 연산이다. 영상의 상세 정보는 주로 객체나 질감 등의 경계에 해당한다. 영상 선명화는 고주파 통과 필터링, 라플라시안 타입 필터링, 고주파 강조 필터링, 언샤프 마스킹 등의 방법으로 수행할 수 있다.

고주파 통과 필터링^{high-pass filtering}은 영상의 저주파 성분을 제거함으로써 고주파 성분을 강조하는 방법이며 더욱 복잡한 영상 개선 알고리즘을 위한 중간 단계의 기능으로 사용한다. 영상에서 밝기나 색의 변화가 없거나 작은 지점은 공간 주파수로 표현했을 때 저주파에 해당하고 객체의 경계와 같이 밝기나 색의 변화가 심한 지점은 고주파에 해당한다. 고주파 통과 필터링은 다음 식과 같이 원본 영상에서 저주파 성분을 제거하는 방식으로 표현할 수 있다.

$$f_H(x, y) = f(x, y) - f_L(x, y)$$

이 식을 컨볼루션 마스크의 관점에서는 다음과 같이 표현할 수 있다. 영상의 저주파 성분을 구하는 대표적인 방법은 영상 평활화를 위한 평균값 필터링이므로 컨볼루션 마스크의 관점에서 이와 같은 행렬 표현이 가능하다. 중심 픽셀의 가중치가 1이고 나머지 픽셀에 대한 가중치가 0인 마스크를 사용하여 컨볼루션하면 원본 영상이 그대로 유지되므로 다음 식은 원본 영상에서 영상 평활화 결과를 제거하는 결과를 생성한다.

$$\begin{bmatrix} 0 & 0 & 0 \\ 0 & 1 & 0 \\ 0 & 0 & 0 \end{bmatrix} - \frac{1}{9}\begin{bmatrix} 1 & 1 & 1 \\ 1 & 1 & 1 \\ 1 & 1 & 1 \end{bmatrix} = \frac{1}{9}\begin{bmatrix} -1 & -1 & -1 \\ -1 & 8 & -1 \\ -1 & -1 & -1 \end{bmatrix}$$

그림 4-74는 고주파 통과 필터링의 예시이다. 이 예제에서는 조금 전에 정의한 고주파 통과 필터링의 마스크에서 9로 나누는 과정을 생략하였고 상수 0을 사용하여 영상 경계를 확장하는 방식으로 경계 픽셀을 처리하였다. 계산 결과에 음수 값이 존재하므로 이에 대한 처리가 필요하다.

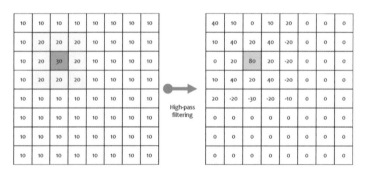

그림 4-74 고주파 통과 필터링의 예시

앞에서 정의한 컨볼루션 마스크를 사용하여 고주파 통과 필터링을 수행한 결과는 그림 4-75와 같다. 고주파 통과 필터링을 수행하면 영상의 저주파 성분들은 모두 제거되고 고주파 성분만 남게 되어 그림 4-75(b)의 결과가 나타난다. 일반적인 선명도 향상 결과를 얻기 위해서는 그림 4-75(b)의 결과를 원본 영상에 추가하는 과정이 필요하다. 이 과정을 통해 그림 4-75(c)의 결과를 얻을 수 있다. 이런 처리 기법을 고주파 강조 필터링이라고 한다. 고주파 강조 필터링은 조금 뒤에 살펴본다.

(a) 원본 영상   (b) 고주파 통과 결과   (c) 선명화 결과

그림 4-75　고주파 통과 필터링

라플라시안 타입 필터링은 모든 방향으로 영상의 상세 정보를 강화하는 기법이다. 다음은 라플라시안 타입 필터링을 위한 두 가지 마스크이다. 이들 마스크도 원본 영상에 고주파 성분을 추가하는 방식으로 정의된다. 마스크 정의 과정에 대해서는 에지 검출에서 살펴본다. 그림 4-76은 이 두 가지 마스크를 사용하여 라플라시안 타입 필터링을 수행한 결과이다.

$$\begin{bmatrix} 0 & -1 & 0 \\ -1 & 5 & -1 \\ 0 & -1 & 0 \end{bmatrix} \quad \begin{bmatrix} 1 & -2 & 1 \\ -2 & 5 & -2 \\ 1 & -2 & 1 \end{bmatrix}$$

유형 1   유형 2

(a) 원본 영상   (b) 유형1 마스크   (c) 유형2 마스크

그림 4-76　라플라시안 타입 선명화 필터링

고주파 통과 필터링은 영상의 고주파 성분만을 남기고 저주파 성분은 모두 제거한다. 그러나 고주파 강조 필터링은 고주파 통과 필터링 결과에 일정량의 저주파 성분을 추가하여 저주파 성분의 손실을 보상하는 방법이다. 고주파 강조 필터링을 위해 하이 부스터 공간 필터$^{\text{high boost spatial filter}}$를 많이 사용한다. 하이 부스터 공간 필터는 다음 식과 같이 표현할 수 있다. 식에서 확인할 수 있듯이 원본 영상을 상수(A)배한 후에 저주파 성분을 제거하는 방식으로 선명화 처리를 수행한다. 수식의 마지막 행과 같이 고주파 통과 필터링의 결과를 원본 영상에 추가하는 것으로 처리할 수도 있다.

$$
\begin{aligned}
g(x, y) &= Af(x, y) - f_L(x, y) \\
&= (A - 1)f(x, y) + \{f(x, y) - f_L(x, y)\} \\
&= (A - 1)f(x, y) + f_H(x, y)
\end{aligned}
$$

이번에는 컨볼루션 마스크 관점에서 살펴보자. 저주파 통과 필터링을 위해 평균값 필터링을 사용한다면 다음 과정과 같이 하이 부스터 공간 필터를 위한 마스크를 구할 수 있다. α의 값에 따라 결과 영상에서 저주파 성분이 유지되는 정도를 조절할 수 있다. 이때, $\alpha = 9A - 1(A \geq 1)$이다.

$$
f_L = \frac{1}{9}\begin{bmatrix} 1 & 1 & 1 \\ 1 & 1 & 1 \\ 1 & 1 & 1 \end{bmatrix},
$$

$$
\begin{aligned}
Af(x, y) - f_L(x, y) &= A\begin{bmatrix} 0 & 0 & 0 \\ 0 & 1 & 0 \\ 0 & 0 & 0 \end{bmatrix} - \frac{1}{9}\begin{bmatrix} 1 & 1 & 1 \\ 1 & 1 & 1 \\ 1 & 1 & 1 \end{bmatrix} \\
&= \frac{1}{9}\begin{bmatrix} -1 & -1 & -1 \\ -1 & 9A-1 & -1 \\ -1 & -1 & -1 \end{bmatrix} \Rightarrow \begin{bmatrix} -1 & -1 & -1 \\ -1 & \alpha-1 & -1 \\ -1 & -1 & -1 \end{bmatrix}
\end{aligned}
$$

그림 4-77은 하이 부스터 필터링 결과이다. 그림 4-77(b)는 $\alpha = 9$를 사용하여 필터링을 수행한 결과이다. $\alpha = 9$이면 A는 약 1.1(10/9)이다. 즉, 10% 정도의 원본 영

상을 추가적으로 사용하여 선명화 처리를 수행한 결과이다. 그런데 그림 4-77(b)에서 확인할 수 있듯이 많은 저주파 성분이 제거되기 때문에 영상의 명암 대비가 감소하는 결과를 초래한다. 따라서 히스토그램 균일화와 같이 명암 대비를 향상시키는 연산을 추가적으로 수행할 필요가 있다. 그림 4-77(c)는 그림 4-77(b)에 대해 히스토그램 균일화를 수행한 결과이다. 입력 영상에 비해 결과 영상의 선명도가 확연하게 개선된 것을 확인할 수 있다. 그림 4-77(d)는 $\alpha = 12$를 사용하여 필터링을 수행한 결과이다. $\alpha = 12$이면 A는 약 1.4(13/9)이다. 그림 4-77(b)의 경우보다는 원본 영상의 추가 비율이 높아지므로 선명도의 증가 정도는 감소한다. 원본 영상의 추가 비율이 높아지면 고주파 성분의 상대적인 강도가 약해지므로 선명해지는 정도가 줄어든다. 그림 4-77(e)는 그림 4-77(d)에 대한 히스토그램 균일화를 수행한 결과이다.

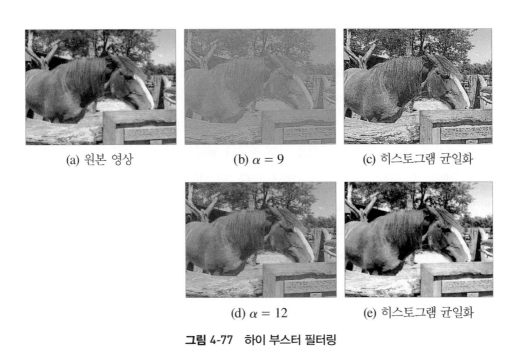

(a) 원본 영상   (b) $\alpha = 9$ (c) 히스토그램 균일화

(d) $\alpha = 12$ (e) 히스토그램 균일화

그림 4-77   하이 부스터 필터링

언샤프 마스킹은 영상 선명화를 위해 실무적으로 자주 활용되는 방법이며 객체의 경계 지점을 강조하는 방식으로 선명화 처리가 이루어진다. 언샤프 마스킹 과정은 그림 4-78과 같다. 우선 입력 영상에 대해 저주파 통과 필터링과 히스토그램 축소 연

산을 차례대로 수행한 후 원본 영상과 결과 영상의 차이를 계산한다. 그후 차이 영상에 대해 히스토그램 확장을 수행하여 최종 결과 영상을 생성한다. 히스토그램 축소 범위에 의해 언샤프 마스킹에서의 선명화 정도가 결정된다.

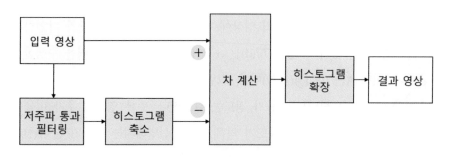

그림 4-78   언샤프 마스킹의 처리 과정

그림 4-79는 언샤프 마스킹에 의한 영상 선명화의 결과이다. 그림 4-79(b)는 히스토그램 축소 범위를 [0, 100]으로 설정한 결과이고 그림 4-79(c)는 히스토그램 축소 범위를 [0, 200]으로 설정한 결과이다. 두 가지 결과에서 알 수 있듯이 히스토그램 축소 단계에서의 결과 범위가 넓을수록 선명도 효과가 크게 나타난다. 그 이유를 살펴보자. 언샤프 마스킹의 처리 과정을 보면 저주파 필터링 결과에 대해 히스토그램 축소를 수행한 후 원본 영상과의 차이를 구한다. 히스토그램 축소가 클수록(결과 밝기의 범위가 좁을수록) 저주파 통과 필터링의 결과는 차를 계산하는 단계에서 영향이 작아지며 이로 인해 이 단계에서 원본 영상의 저주파 성분이 별로 제거되지 않는다. 결과적으로 선명해지는 정도가 크지 않다. 반면 히스토그램 축소 단계에서의 결과 범위가 넓으면 차를 계산하는 단계에서 저주파 성분이 많이 제거되고 이에 따라 영상의 선명도는 강화된다. 극단적으로 히스토그램 축소를 수행하지 않으면 원본 영상에서 저주파 성분이 모두 제거되므로 고주파 통과 필터링의 결과와 동일한 결과를 얻을 수 있다.

(a) 원본 영상 (b) [0, 100] (c) [0, 200]

그림 4-79 히스토그램 축소 단계의 결과 명암도 범위에 따른 언샤프 마스크의 결과 비교

❸ 에지 검출

에지 검출$^{edge detection}$은 영상 내에 포함된 에지를 추출하는 연산이다. 에지^{edge}란 급격하게 밝기나 색이 변하는 지점을 의미하는데 주로 객체나 질감의 경계에 해당한다. 에지 검출은 에지 강도를 계산하는 단계와 에지 지점을 결정하는 과정으로 구분할 수 있다. 에지 강도의 계산은 컨볼루션을 사용하여 처리할 수 있으므로 여기에서는 에지 강도를 계산하는 방법에 대해서만 살펴본다.

에지 강도의 계산은 미분 연산을 근사화한 방법으로 처리할 수 있다. 미분 값을 에지의 강도로 사용하면 미분 값이 큰 지점에서 에지가 존재할 확률이 높아진다. 미분 연산은 1차 미분 연산과 2차 미분 연산으로 구분할 수 있는데 1차 미분 연산을 사용하는 방법에는 소벨^{Sobel}, 로버츠^{Roberts}, 프리위트^{Prewitt} 등이 있고 라플라시안^{Laplician} 연산에서는 2차 미분 연산을 사용한다. 1차 미분을 사용하는 경우 에지의 위치는 미분 값이 최대 또는 최소가 되는 지점이며 2차 미분의 경우에는 영교차^{zero} ^{crossing} 점에 해당한다.

디지털 영상과 같은 이산 신호에서는 미분이 정의되지 않으므로 다음과 같이 인접 픽셀 간의 밝기 변화 값을 미분 값 대신 사용한다. 테일러급수$^{Taylor's series}$를 사용하여 확인이 가능하지만 여기에서는 설명을 생략한다.

$$G_x \cong I(x+1,y) - I(x,y) \cong I(x,y) - I(x-1,y)$$
$$G_y \cong I(x,y+1) - I(x,y) \cong I(x,y) - I(x,y-1)$$

앞의 식을 사용하여 한 지점에서의 최종 밝기 변화 값의 계산 과정을 살펴보자. G_x 및 G_y는 각각 x 및 y축 방향으로의 변화 값이다. 수평 변화 값은 현재 지점 (x, y)를 기준으로 왼쪽 $(x-1, y)$나 오른쪽 $(x+1, y)$ 값과의 차이로 계산한다. 유사하게 수직 변화 값은 현재 지점 (x, y)를 기준으로 아래쪽 $(x, y+1)$이나 위쪽 $(x, y-1)$ 값과의 차이로 계산한다. 수평 및 수직 변화 값을 결합하여 (x, y) 좌표에서의 최종 변화 값과 변화 방향을 계산할 수 있다. 최종 변화 값과 방향은 다음과 같다. 최종 변화 값을 (x, y)에서의 에지 강도, 방향을 에지 방향으로 사용한다.

$$G = \sqrt{G_x^2 + G_y^2} \approx |G_x| + |G_y| \simeq \max(|G_x|, |G_y|)$$
$$\alpha(x, y) = \tan^{-1}\left(\frac{G_y}{G_x}\right)$$

그런데 인접한 단일 픽셀만을 사용하여 변화율을 계산하면 노이즈에 취약한 문제가 발생한다. 노이즈와 인접한 픽셀들 사이에는 큰 밝기 차이가 나타나므로 노이즈를 에지로 오인할 가능성이 높다. 그러나 노이즈는 객체의 일부가 아니므로 에지에 포함시킬 수 없다. 이런 노이즈 문제를 해결하기 위해 에지 강도 계산 과정에서 컨볼루션 연산을 사용한다. 즉, 주변 이웃 픽셀들을 함께 고려하는 그룹 픽셀 처리 기법을 사용한다. 수평 및 수직 방향의 변화 값을 계산하기 위한 각각의 마스크를 정의한 후 수평 및 수직 방향으로 컨볼루션을 수행하여 수평 및 수직 변화 값을 계산하고 이 결과들을 결합하여 에지 강도를 나타내는 결과 영상을 생성한다.

여러 가지 방식으로 에지 강도를 계산할 수 있다. 모두 컨볼루션을 기반으로 처리하므로 마스크의 가중치에서 차이가 난다. 우선 프리위트 연산자는 다음 마스크를 사용한다. 이 연산자는 대각선보다 수평이나 수직 방향의 에지에 민감하다.

$$h_x(x, y) = \begin{bmatrix} -1 & 0 & 1 \\ -1 & 0 & 1 \\ -1 & 0 & 1 \end{bmatrix} \quad h_y(x, y) = \begin{bmatrix} -1 & -1 & -1 \\ 0 & 0 & 0 \\ 1 & 1 & 1 \end{bmatrix}$$

프리위트 연산자는 다음과 같이 단순한 평균값 필터와 차분 필터의 곱에 의해 만들어 진다. 평균값 필터링을 통해 노이즈를 제거하는 기능과 수평 또는 수직 변화 값을 계산하는 기능을 동시에 수행한다.

$$
\begin{bmatrix} 1 \\ 1 \\ 1 \end{bmatrix} \cdot \begin{bmatrix} -1 & 0 & 1 \end{bmatrix}
$$

Finite diff filter

Simple box filter

소벨 연산자를 위한 마스크는 다음과 같으며 대각선 방향의 에지에 조금 더 민감하다.

$$
h_x(x,y) = \begin{bmatrix} -1 & 0 & 1 \\ -2 & 0 & 2 \\ -1 & 0 & 1 \end{bmatrix} \quad h_y(x,y) = \begin{bmatrix} -1 & -2 & -1 \\ 0 & 0 & 0 \\ 1 & 2 & 1 \end{bmatrix}
$$

소벨 연산자는 다음과 같이 단순 평균값 필터 대신에 단순 가우시안 필터를 사용하여 영상 평활화를 수행한다. 앞에서 살펴본 것과 같이 가우시안 필터가 평균값 필터에 비해 평활화 성능이 우수하므로 프리위트 연산자에 비해 소벨 연산자의 노이즈 제거 성능이 조금 더 우수하다고 할 수 있다.

$$
\begin{bmatrix} 1 \\ 2 \\ 1 \end{bmatrix} \cdot \begin{bmatrix} -1 & 0 & 1 \end{bmatrix}
$$

Finite diff filter

Simple Gaussian filter

로버츠 연산자는 계산 속도가 매우 빠르지만 노이즈에 매우 민감한 특성을 갖는다. 또한 에지의 방향을 계산할 수 없다. 다음은 로버츠 연산자를 위한 마스크이다.

$$
h_x(x,y) = \begin{bmatrix} 0 & 0 & 0 \\ 0 & 1 & 0 \\ -1 & 0 & 0 \end{bmatrix} \quad h_y(x,y) = \begin{bmatrix} -1 & 0 & 0 \\ 0 & 1 & 0 \\ 0 & 0 & 0 \end{bmatrix}
$$

그림 4-80은 1차 미분을 기반으로 하는 에지 검출 연산자들을 사용하여 생성한 에지 강도 영상이다. 로버츠 연산자를 제외하고 프리위트 연산자와 소벨 연산자의 결

과는 우위를 판단하기가 쉽지 않다. 에지 강도를 계산한 후에 에지 지점을 결정해야 하는데 이 두 번째 과정은 전혀 다른 처리 과정이 필요하므로 여기에서는 설명을 생략한다.

(a) 원 영상

(b) 프리위트 연산자

(c) 소벨 연산자

(d) 로버츠 연산자

그림 4-80 1차 미분 기반 에지 검출 연산자의 결과 비교

이번에는 2차 미분 연산을 사용하는 라플라시안^{Laplician} 연산자에 대해 살펴보자. 2차 미분 값은 1차 미분 값에 대해 다시 한 번 미분을 수행하여 구할 수 있다. 이산 신호의 경우에도 동일하게 인접한 값 사이의 차이를 구한 후에 이들 간의 차이를 다시 한 번 계산하여 2차 미분 값에 대한 근삿값을 구할 수 있다. 2차 미분 값은 다음 식과 같이 계산한다. 2차 미분 값은 수평 및 수직 방향의 2차 미분 값을 더하여 계산한다.

$$\nabla^2 f = \frac{\partial^2 f}{\partial x^2} + \frac{\partial^2 f}{\partial y^2}$$

이때 수평 방향의 2차 미분 값은 다음과 같이 근사적으로 계산 가능하다. 수식을 간략화하기 위해 현재 지점을 기준으로 왼쪽 및 오른쪽의 값을 함께 사용하였다.

$$
\begin{aligned}
\frac{\partial^2 f}{\partial x^2} &= \frac{\partial G_x}{\partial x} = \frac{\partial \{f(x+1,y)-f(x,y)\}}{\partial x} \\
&= \frac{\partial f(x+1,y)}{\partial x} - \frac{\partial f(x,y)}{\partial x} \\
&= \{f(x+1,y)-f(x,y)\} - \{f(x,y)-f(x-1,y)\} \\
&= f(x+1,y) - 2f(x,y) + f(x-1,y)
\end{aligned}
$$

수직 방향의 2차 미분 값에 대한 근삿값도 동일한 방법으로 계산할 수 있다.

$$
\begin{aligned}
\frac{\partial^2 f}{\partial y^2} &= \frac{\partial G_y}{\partial y} = \frac{\partial \{f(x,y+1)-f(x,y)\}}{\partial y} \\
&= \frac{\partial f(x,y+1)}{\partial y} - \frac{\partial f(x,y)}{\partial y} \\
&= \{f(x,y+1)-f(x,y)\} - \{f(x,y)-f(x,y-1)\} \\
&= f(x,y+1) - 2f(x,y) + f(x,y-1)
\end{aligned}
$$

앞에서 살펴본 것과 같이 2차 미분 값은 수평 및 수직 방향의 2차 미분 값을 더하여 계산하므로 결과는 다음과 같다.

$$
\begin{aligned}
\nabla^2 f &= \frac{\partial^2 f}{\partial x^2} + \frac{\partial^2 f}{\partial y^2} \\
&= \{f(x+1,y)+f(x-1,y)+f(x,y+1)+f(x,y-1)\} - 4f(x,y)
\end{aligned}
$$

라플라시안 연산자 역시 컨볼루션으로 처리 가능하다. 라플라시안 연산자를 위한 마스크는 앞의 식으로부터 바로 도출할 수 있는데 그 가중치는 다음의 마스크 중에서 가장 왼쪽에 표시한 것과 같다. 이 가중치를 변형하여 오른쪽의 나머지 세 가지 종류의 가중치를 정의한다.

$$
\begin{bmatrix} 0 & 1 & 0 \\ 1 & -4 & 1 \\ 0 & 1 & 0 \end{bmatrix}
\begin{bmatrix} 0 & -1 & 0 \\ -1 & 4 & -1 \\ 0 & -1 & 0 \end{bmatrix}
\begin{bmatrix} 1 & 1 & 1 \\ 1 & -8 & 1 \\ 1 & 1 & 1 \end{bmatrix}
\begin{bmatrix} -1 & -1 & -1 \\ -1 & 8 & -1 \\ -1 & -1 & -1 \end{bmatrix}
$$

그림 4-81은 라플라시안 연산자를 사용하여 생성한 에지 강도 영상이다. 라플라시안 연산의 계산 결과는 양수뿐만 아니라 음수도 함께 포함한다. 따라서 그림에서 보는 것처럼 밝기 변화가 없는 지점에서의 에지 강도를 0(검은색)이 아닌 128(중간 밝기 회색)로 표시한다.

라플라시안 연산자는 노이즈에 특히 민감하기 때문에 에지 강도를 계산하기 전에 노이즈를 제거하는 과정이 필요하다. 라플라시안 연산과 노이즈 제거를 동시에 처리하는 것도 가능하다. 가우시안 평활화와 라플라시안 연산을 단일 단계로 통합한 방법을 가우시안의 라플라시안 필터링^{Laplacian of Gaussian filtering}이라고 한다. 간단히 LOG 라고 부른다. LOG에서 사용하는 마스크는 다음의 함수를 근사화하여 가중치를 계산한다. σ는 표준 편차이다. 표준 편차에 따른 함수의 그래프는 그림 4-82와 같다.

$$\nabla^2 h(x,y) = -\left(\frac{x^2 + y^2 - \sigma^2}{\sigma^4}\right)e^{-\frac{(x^2+y^2)}{2\sigma^2}}$$

(a) 원 영상   (b) 4방향 라플라시안

(c) 8방향 라플라시안   (d) 가우시안의 라플라시안

그림 4-81 라플라시안 에지 검출 연산자

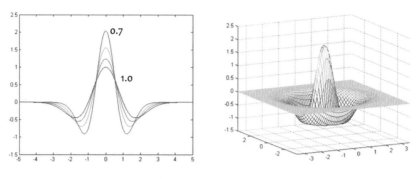

그림 4-82 LOG 함수 그래프

❹ 컬러 영상처리

그레이스케일 영상과는 달리 RGB 컬러 영상은 3개의 채널로 구성된다. RGB 컬러 영상을 대상으로 영상처리 알고리즘을 적용하는 방법은 그림 4-83과 같이 크게 두 가지로 구분할 수 있다. 첫 번째 방법은 RGB 컬러 영상을 그대로 사용하되 R, G, B 채널을 각각 독립적인 그레이스케일 영상으로 취급하여 각 채널별로 영상처리 알고리즘을 적용하는 방법이다. 또 다른 방법은 RGB 컬러 영상을 HSI 컬러 영상과 같이 색조 성분과 밝기 성분으로 분리할 수 있는 영상으로 변환하여 밝기 성분에 대해서만 영상처리를 수행한 후 다시 RGB 영상으로 변환하는 방법이다.

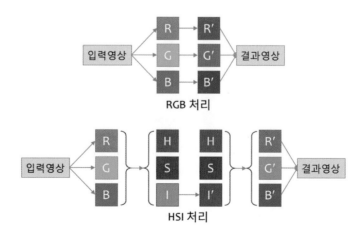

그림 4-83 컬러 영상에 대한 처리 과정

일반적으로 R, G, B 채널을 독립적으로 사용하는 방법이 보편적이지만 연산의 종류에 따라서는 색조 성분과 밝기 성분을 분리하여 밝기 성분에 대해서만 처리해야 하는 경우도 발생한다. 그림 4-84는 히스토그램 균일화의 결과이다. 밝기 성분에 대한 히스토그램 균일화는 영상의 색을 그대로 유지하며 명암 대비가 증가하는 정상적인 결과를 제공하지만 R, G, B 채널에 각각 히스토그램 균일화를 수행한 영상은 영상의 색상이 변하는 부작용을 나타낸다.

(a) 원 영상   (b) 채널별 처리   (c) 밝기 성분 처리

그림 4-84   컬러 영상처리

JPEG

JPEG^{Joint Photographic Experts Group}은 컬러 영상에 대한 부호화 방법으로 1980년대 초반에 논의가 시작되어 1992년에 ISO의 국제표준이 되었다. 1987년 10개의 부호화 기술이 제안되었는데 그중에서 세 가지 알고리즘이 선택되어 추가적인 분석 과정을 거쳐 DCT^{Discrete Cosine Transform} 기반의 적응적 부호화 방법이 최종적으로 선택되었다. JPEG은 컬러 영상과 그레이스케일 영상을 압축 대상으로 한다.

JPEG은 비손실 및 손실 부호화 방식을 모두 지원한다. 비손실 부호화 방식은 8x8 픽셀 크기의 블록 단위로 이전 블록과의 예측 오차를 허프만 코딩으로 부호화를 수행한다. 원본 영상을 완벽하게 복원할 수 있지만 압축률은 2:1 정도로 낮다. 손실 부호화는 순차적 모드와 점진적 모드로 구분할 수 있다. 순차적 모드는 단일 스캔으로 영상을 부호화하여 복호화 단계에서 영상을 한 번만 스캔하면 복원할 수 있는 방식으로 JPEG을 지원하는 모든 시스템에서 필수적으로 제공해야 한다. 점진적 모드는 영상을 여러 개의 스캔으로 나누어 부호화하여 복호화 단계에서는 스캔을 처리할 때마다 점진적으로 저해상도 영상에서 고해상도 영상으로 영상의 상세 내용을 복원할 수 있다.

손실 부호화 과정은 그림 4-85와 같다. 원본 영상을 8x8 크기의 블록으로 나눈 후에 블록 단위로 DCT를 수행한다. DCT 계수 중에서 DC 성분은 이전 블록의 DC 성분과의 차이에 대해 허프만 부호화를 수행한다. AC 성분은 그림과 같이 양자화^{quantization} 처리 결과에 대해 엔트로피 부호화^{entropy coding}를 수행한다. 복호화 과정은 그림 4-85의 역순으로 진행된다.

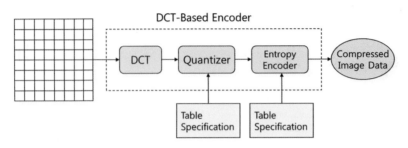

그림 4-85 손실 부호화 과정

DCT는 주파수 변환의 한 가지 방법으로 8x8 블록에 대해 DC 성분과 AC 성분의 주파수 성분으로 분해한다. DCT는 cosine 함수를 기저 함수^{basis function}로 사용하여 주파수에 따른 기저 함수에 대한 투영^{projection}으로 주파수 성분을 계산한다. 2차원 DCT를 위한 변환 수식은 다음과 같다. 수식에서 보는 것과 같이 입력 영상이 cosine 함수로 나타나는 기저 함수에 투영하여 주파수 변환을 수행하고 있다. 8x8 크기에 대한 기저 함수를 그림으로 표시하면 그림 4-86과 같다. 8x8 크기의 입력 영상을 64개의 기저 함수에 투영했을 때 유사한 패턴이면 큰 값을 가지고 그렇지 않으면 작은 값을 갖게 된다. 큰 값을 갖는다는 것은 입력 영상이 해당 기저 함수에서 큰 에너지를 갖는 것을 의미한다.

$$C(u,v) = \alpha(u)\alpha(v)\sum_{r=0}^{N-1}\sum_{c=0}^{N-1} I(r,c)\left[\cos\left[\frac{(2r+1)u\pi}{2N}\right]\cos\left[\frac{(2c+1)v\pi}{2N}\right]\right]$$

$$I(r,c) = \sum_{u=0}^{N-1}\sum_{v=0}^{N-1} \alpha(u)\alpha(v)C(u,v)\left[\cos\left[\frac{(2r+1)u\pi}{2N}\right]\cos\left[\frac{(2c+1)v\pi}{2N}\right]\right]$$

$$\alpha(u), \alpha(v) = \begin{cases} \sqrt{\dfrac{1}{N}} & \text{for } u,v = 0 \\ \sqrt{\dfrac{2}{N}} & \text{for } u,v = 1, 2, \dots N-1 \end{cases}$$

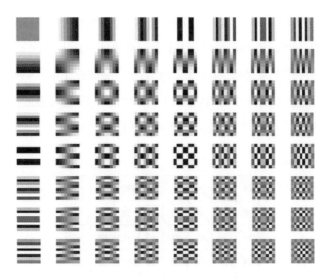

그림 4-86 2차원 DCT의 기저 함수

DCT를 수행하면 일반적으로 저주파 영역에서 큰 에너지를 갖고 고주파로 갈수록 에너지의 양은 줄어든다. 양자화 단계에서는 에너지가 낮은 고주파 항들을 제거하는 역할을 수행한다. 에너지가 낮은 고주파 항들은 시각적으로 거의 구분이 불가능한 정보이다. 양자화기^{Quantizer}에서 사용하는 양자화 테이블은 그림 4-87과 같다. 밝기 신호와 색차 신호를 위해 별도의 양자화 테이블을 사용한다. 양자화 테이블의 계수에 대해서는 규정된 것은 없지만 그림에 있는 값을 주로 사용한다.

16	11	10	16	24	40	51	61
12	12	14	19	26	58	60	55
14	13	16	24	40	57	69	56
14	17	22	29	51	87	80	62
18	22	37	56	68	109	103	77
24	35	55	64	81	104	113	92
49	64	78	87	103	121	120	101
72	92	95	98	112	100	103	99

17	18	24	47	99	99	99	99
18	21	26	66	99	99	99	99
24	26	56	99	99	99	99	99
47	66	99	99	99	99	99	99
99	99	99	99	99	99	99	99
99	99	99	99	99	99	99	99
99	99	99	99	99	99	99	99
99	99	99	99	99	99	99	99

그림 4-87 양자화 테이블

양자화 결과에 대해서는 그림 4-88과 같이 지그재그 방식으로 스캔하여 2차원 데이터를 1차원 데이터로 변환한다. 양자화 결과에서는 0이 아닌 값들이 왼쪽 상단에 집중되어 존재하기 때문에 지그재그 방식을 사용하면 1차원 데이터로 변환했을 때 앞에는 0이 아닌 데이터가 나타나고 그 이후에는 모든 값이 0으로 나타나게 되어 다음 단계의 부호화를 효율적으로 처리할 수 있다.

16	11	10	16	24	40	51	61
12	12	14	19	26	58	60	55
14	13	16	24	40	57	69	56
14	17	22	29	51	87	80	62
18	22	37	56	68	109	103	77
24	35	55	64	81	104	113	92
49	64	78	87	103	121	120	101
72	92	95	98	112	100	103	99

그림 4-88 양자화 결과에 대한 지그재그 스캔

DCT 결과 중에서 DC 성분은 이전 블록의 DC 성분과의 차분에 대해 허프만 부호화를 수행하고 AC 성분은 지그재그 스캔한 후에 런-길이 부호화를 수행한다. 이렇게 엔트로피 부호화에 의해 최종 부호화 결과를 생성한다. 예제 4-4를 사용하여 JPEG 부호화에 대한 전반적인 과정을 다시 한 번 살펴보자.

◉ 예제 4-4

다음과 같이 주어진 밝기 성분에 대한 8×8 블록의 영상 데이터에 대한 JPEG 부호화 결과를 제시하시오.

139	144	149	153	155	155	155	155
144	151	153	156	159	156	156	156
150	155	160	163	158	156	156	156
159	161	162	160	160	159	159	159
159	160	161	162	162	155	155	155
161	161	161	161	160	157	157	157
162	162	161	163	162	157	157	157
162	162	161	161	163	158	158	158

풀이

계산의 효율을 위해 입력 영상 블록에 대해 범위를 $-128 \sim 127$로 변경한다. 이 과정을 레벨 이동$^{level shift}$이라고 부르는데 입력 값에서 128을 빼는 것으로 처리한다. 주어진 입력 블록에 대한 레벨 이동 결과와 DCT 결과는 다음과 같다.

11	16	21	25	27	27	27	27
16	23	25	28	31	28	28	28
22	27	32	35	30	28	28	28
31	33	34	32	32	31	31	31
31	32	33	34	34	27	27	27
33	33	33	33	32	29	29	29
34	34	33	35	34	29	29	29
34	34	33	33	35	30	30	30

235.6	-1.0	-12.1	-5.2	2.1	-1.7	-2.7	1.3
-22.6	-17.5	-6.2	-3.2	-2.9	-0.1	0.4	-1.2
-10.9	-9.3	-1.6	1.5	0.2	-0.9	-0.6	-0.1
-7.1	-1.9	0.2	1.5	0.9	-0.1	-0.0	0.3
-0.6	-0.8	1.5	1.6	-0.1	-0.7	0.6	1.3
1.8	-0.2	1.6	-0.3	-0.8	1.5	1.0	-1.0
-1.3	-0.4	-0.3	-1.5	-0.5	1.7	1.1	-0.8
-2.6	1.6	-3.8	-1.8	1.9	1.2	-0.6	-0.4

DCT 결과에 대해 그림 4-87의 밝기 성분에 대한 양자화 테이블을 사용하여 양자화를 수행한 결과는 다음과 같다. 결과에서 확인할 수 있듯이 저주파 성분의 일부 값을 제외하고는 고주파의 모든 값이 0으로 변경되었다.

15	0	-1	0	0	0	0	0
-2	-1	14	0	0	0	0	0
-1	-1	0	0	0	0	0	0
-1	0	0	0	0	0	0	0
0	0	0	0	0	0	0	0
0	0	0	0	0	0	0	0
0	0	0	0	0	0	0	0
0	0	0	0	0	0	0	0

양자화 결과를 지그재그 방식으로 스캔하여 1차원 데이터로 변환하면 결과는 다음과 같다.

$$15 \quad 0 \quad -2 \quad -1 \quad -1 \quad -1 \quad 0 \quad 0 \quad -1 \quad -1 \quad \text{EOB}$$

첫 번째 값인 15는 DC 성분에 해당하고 나머지는 AC 성분이다. 마지막의 EOB는 End of Block의 약자로써 이 이후에는 모든 값이 0이기 때문에 블록의 마지막인 것을 나타낸다. 이제 DC 성분에 대한 부호화 과정을 살펴보자. 이전 블록의 DC 성분을 12로 가정하자. DC 성분은 이전 블록의 DC 성분과의 차이에 대해 부호화를 수행하는데 차이는 3이다. 이 차이를 다음과 같은 형식으로 표현한다. 이때 사용하는 표는 다음과 같다.

Symbol 1   **Symbol 2**

Size	Amplitude

Size: Number of bits
Amplitude: Coefficient

size	Amplitude	size	Amplitude
0	0	6	-63..-32, 32..63
1	-1, 1	7	-127..-64, 64..127
2	-3, -2, 2, 3	8	-255..-128, 128..255
3	-7..-4, 4..7	9	-511..-256, 256..511
4	-15..-8, 8..15	10	-1023..-512, 512..1023
5	-31..-16, 16..31	11	-2047..-1024, 1024..2047

차이가 3이므로 표에서 Size를 찾아보면 3이다. 따라서 3은 (Size)(Amplitude) = (2)(3)으로 표시할 수 있다. (Size)와 (Amplitude)를 심벌로 간주하여 다음 단계에서 허프만 부호화를 수행한다. AC 성분에 대해서는 다음과 같은 형식으로 표현한다. 이때 사용하는 표는 다음과 같다.

size	Amplitude	size	Amplitude
1	-1, 1	6	-63..-32, 32..63
2	-3, -2, 2, 3	7	-127..-64, 64..127
3	-7..-4, 4..7	8	-255..-128, 128..255
4	-15..-8, 8..15	9	-511..-256, 256..511
5	-31..-16, 16..31	10	-1023..-512, 512..1023

Symbol 1	Symbol 2
(RunLength, Size)	Amplitude

RunLength: Number of zeros before a non-zero
Size: Number of bits
Amplitude: Coefficient

지그재그 스캔된 AC 성분에 대해 주어진 형식으로 표현하면 다음과 같다. 역시 (Runlength,Size)와 (Amplitude)를 심벌로 간주하여 다음 단계에서 허프만 부호화를 수행한다.

(Runlength,Size)(Amplitude) =

(1,2)(−2), (0,1)(−1), (0,1)(−1), (0,1)(−1), (2,1)(−1), (0,1)(−1), (0,0)

조금 전에 언급한 것처럼 각 심벌에 대해 허프만 부호화를 수행한다. 입력 영상마다 허프만 코드를 생성하여 사용하는 것은 아니고 표준 단계에서 많은 수의 영상들을 대상으로 실험을 하여 최적의 허프만 코드를 생성하여 사용한다. 허프만 코드는 길이가 너무 길기 때문에 여기에서는 생략한다. JPEG에서 사용하는 허프만 코드는 관련 자료에서 쉽게 찾을 수 있다. DC 성분과 AC 성분에 대한 허프만 코드는 다음과 같다.

<u>0 1 1 1 1 1 1 0 1 1 0 1 0 0 0 0 0 0 0 0 0 0 1 1 1 0 0 0 0 0 0 1 0 1 0</u>
(2)　(3)　　　(1,2)　(−2) (0,1)(−1)(0,1)(−1) (0,1)(−1)　　(2,1) (−1) (0,1)(−1)　　(0,0)

이 결과에서의 압축률을 계산해보면 34/(8×8×8) = 34/512 ≈ 1/15이다. 약 15:1의 압축률을 얻을 수 있다.

학습정리

- **비트맵**bitmap이란 픽셀을 2차원 배열 또는 행렬의 형식으로 나열하여 영상 데이터를 표현하는 방식이다.

- **이진 영상**binary image은 픽셀당 1비트만을 사용하는 영상으로 각 픽셀은 두 종류의 값인 흰색과 검은색만을 표현할 수 있다.

- **디더링**dithering은 영역의 밝기 정도에 따라 검은색 픽셀의 밀도를 달리하여 명암을 표현하는 방법이다. 일반적으로 정해진 수의 색상을 사용하여 다양한 색상을 만들기 위해 기존 색상들을 패턴 방식으로 나열하는 방식이다.

- **해프토닝**halftoning은 연속적인 색조나 명암을 점의 크기와 패턴을 조정하여 표현하는 방법으로 인쇄 분야에서 사용한다.

- **공간적 통합작용**spatial integration이란 일정 이상의 거리에서 영상을 바라볼 때 인접한 픽셀들의 밝기나 색이 혼합되어 인지되는 현상을 의미한다.

- **그레이스케일 영상**gray-scale image은 색(color)에 대한 정보 없이 밝기의 단계에 대한 정보만을 포함하는 영상이다.

- **컬러 영상**color image은 최소 3개의 기본 색(primary color)을 사용하여 픽셀의 값을 표현하는 영상이다.

- **트루 컬러 영상**true color image은 픽셀당 24비트를 사용하는 컬러 영상을 부르는 용어이다.

- **인덱스 컬러 영상**indexed color image은 픽셀당 24비트 미만의 비트를 사용하며 색의 표현을 위해 참조표(lookup table)를 사용하는 영상이다. 일반적으로 픽셀당 8비트를 사용하여

최대 256개의 색을 표현할 수 있다.

- **컴퓨터 이미징**computer imaging은 컴퓨터를 사용하여 시각 정보(visual information)를 획득하고 처리하는 분야를 의미한다.

- **컴퓨터 비전**computer vision은 영상의 처리 과정에 인간이 개입하지 않고 자동화된 방법으로 처리 결과를 생성한 후 그 결과물을 컴퓨터나 기계가 직접 사용하는 분야이다.

- **영상처리**image processing는 인간이 이해하거나 사용하기 편리하도록 컴퓨터를 사용하여 입력 영상으로부터 새로운 영상을 생성하거나 기존 영상을 개선하는 학문 분야이다.

- **영상 분할**image segmentation은 객체(object)나 객체를 구성하는 의미 있는 영역을 구분하는 과정이다.

- **영상 변환**image transforms은 변환 수식에 의해 밝기 값을 갖는 비트맵 영상을 다른 수학적인 공간으로 변환하는 과정이다.

- **특징**feature이란 영상이 포함하는 정보를 조금 더 높은 수준에서 표현하기 위한 수단이나 방법을 의미한다. 영상에서 자주 사용하는 특징에는 색(color), 밝기(intensity), 모양(shape), 질감(texture) 등이 존재한다.

- **특징 추출**feature extraction이란 영상의 내용을 잘 표현하거나 다른 영상과 차별화할 수 있는 특징들을 추출하는 과정이다.

- **패턴 분류**pattern classification는 영상 내에 존재하는 객체를 인식하거나 고수준의 정보를 추출하는 과정이다.

- **영상 복원**image restoration은 사전 지식을 사용하여 왜곡 생성에 대한 모델을 생성한 후 열화 또는 왜곡이 발생한 영상을 대상으로 왜곡 모델을 역으로 적용하여 입력 영상을 재구성하거나 복원하는 작업이다.

- **영상 개선**image enhancement은 응용 목적에 맞게 영상의 품질을 향상시키는 작업이다. 영상 복원과 최종 목적은 유사하지만 영상 개선에서는 주로 인간의 시각 체계(human visual system)의 특징을 사용하여 시각적으로 영상을 개선한다.

- **영상 압축**image compression은 영상을 표현하기 위해 요구되는 데이터양을 줄이는 과정으로

시각적으로 불필요하거나 중복된 자료를 제거함으로써 목적을 달성한다.

- **영상 밝기**brightness란 입력 영상의 픽셀 값들에 대한 전반적인 분포에 의해 결정되는 영상의 성질이다.

- **명암 대비**contrast는 영상의 가장 낮은 밝기와 가장 높은 밝기 사이의 차이 그리고 그 중간에 위치하는 밝기들의 분포에 의해 결정되는 영상의 성질이다. 높은 명암대비의 영상은 밝기의 최댓값과 최솟값의 차이가 큰 영상이고 좋은 명암대비는 높은 명암대비를 가지며 중간 레벨의 밝기들이 균일한 분포를 갖는 경우이다.

- **단일 픽셀 처리 기법**pixel point processing은 이웃 픽셀과는 독립적으로 입력 영상의 각 픽셀 값을 변환 시킨 후 출력 영상의 동일한 위치에 출력하는 연산을 의미한다.

- **영상 대수**image algebra는 픽셀 단위로 산술 연산 또는 논리 연산을 수행하여 해당 픽셀의 값을 변경하는 연산이다.

- **그레이스케일 변환**gray-scale transformations은 매핑 함수(mapping function)를 사용하여 픽셀 단위로 입력 영상의 밝기 값을 변환하는 과정이다. 그레이스케일 변환은 그레이스케일 축소, 그레이스케일 확장, 그레이 레벨 분할, 그레이 레벨 임계화, 그레이 레벨 반전 등의 연산을 포함한다.

- **그레이스케일 축소**gray-scale compression는 입력 영상의 밝기 범위를 축소하여 명암 대비가 감소한 결과 영상을 생성한다.

- **그레이스케일 확장**gray-scale stretching은 입력 영상의 일부 밝기 구간 또는 전체 밝기 구간을 확장하여 명암 대비를 증가시킨다.

- **그레이 레벨 분할**gray-level slicing은 입력 영상의 일부 밝기 구간만을 강조하는 결과를 생성한다. 이때 나머지 구간의 밝기를 그대로 유지하거나 특정한 단일 값으로 변경하는 것이 가능하다.

- **그레이 레벨 임계화**gray-level thresholding는 임계값(threshold)을 기준으로 이 값보다 낮은 밝기는 결과 영상에서 검은색인 0, 높은 밝기는 흰색인 255로 변환한다.

- **히스토그램 변경**histogram modification은 히스토그램을 사용하여 입력 영상의 밝기 분포를

표현한 후 히스토그램의 분포를 변경하여 개선된 결과 영상을 생성하는 방법이다.

- **그레이 레벨 히스토그램** gray-level histogram은 입력 영상의 각 밝기 단계에 해당하는 픽셀의 수를 집계하여 표현한 데이터이다. 경우에 따라서는 각 밝기 단계의 픽셀 수를 전체 픽셀 수로 나눈 상대 비율을 사용하기도 한다.

- **빈** bin이란 히스토그램 수평 축의 값을 구분하여 부르는 용어이다.

- **컬러 양자화** color quantization는 주어진 컬러 집합에서 대표 컬러를 추출하여 보다 적은 수의 컬러를 사용하여 영상의 색을 표현하는 방법이다.

- **히스토그램 확장** histogram stretching은 히스토그램에서 값이 분포하는 범위를 확장하는 방법으로 명암 대비의 향상을 얻을 수 있다.

- **히스토그램 축소** histogram shrinking는 히스토그램에서 값이 분포하는 범위를 축소하는 방법으로 명암 대비의 감소를 얻을 수 있다.

- **히스토그램 이동** histogram sliding은 히스토그램에서 값이 분포하는 범위를 이동하는 방법으로 밝기의 변화를 얻을 수 있다.

- **히스토그램 균일화** histogram equalization는 히스토그램의 분포를 모든 범위에서 균일하도록 수정하는 방법으로 좋은 명암 대비를 얻을 수 있다.

- **픽셀 그룹 처리** pixel group processing는 출력 영상의 새로운 픽셀의 값을 결정하기 위해 처리 대상 픽셀뿐만 아니라 그 주위의 이웃 픽셀들도 함께 연산에 사용하는 공간 영역 연산을 의미한다.

- **컨볼루션** convolution은 선형 공간 필터(linear spatial filter)의 일종으로 중심 픽셀 및 인접한 픽셀들의 값을 위치적으로 대응하는 2차원 배열의 가중치와 곱한 후 다시 모두 더한 값으로 중심 픽셀의 값을 변경하는 연산이다.

- **영상 평활화** image smoothing는 저주파 통과 필터링(low pass filtering)의 일종으로 입력 신호 성분 중 고주파 성분은 차단하고 저주파 성분만을 통과시키는 기법이다. 영상 평활화는 평균값 필터링(mean filtering), 가우시안 필터링(Gaussian filtering), 중간값 필터링(median filtering) 등의 연산을 통해 수행 가능하다.

- **영상 선명화**image sharpening는 고주파 성분은 통과시키고 저주파 성분은 차단하는 고주파 통과 필터링(high pass filtering)의 일종으로 영상의 상세 정보를 강화시키는 연산이다. 영상 선명화는 고주파 통과 필터링(high-pass filtering), 라플라시안 타입 필터링(Laplacian-type filtering), 고주파 강조 필터링(high-frequency emphasis filtering), 언샤프 마스킹(unsharp masking) 등의 방법으로 수행할 수 있다.

- **에지**edge란 짧은 범위에서 급격하게 밝기가 변화는 지점을 나타내며 주로 객체나 질감의 경계에 해당한다.

- **에지 검출**edge detection은 영상 내에 포함된 에지를 추출하는 연산이다. 에지 강도를 계산하는 단계와 에지 지점을 결정하는 과정으로 구분할 수 있다. 에지 강도의 계산은 소벨(Sobel), 로버츠(Roberts), 프리위트(Prewitt) 등의 1차 미분 연산에 기반을 두는 방법과 라플라시안(Laplician) 연산의 2차 미분 연산에 기반을 두는 방법이 있다.

연습문제

01. 이미지와 그래픽 파일 포맷 중에서 벡터 그래픽의 특징으로 볼 수 <u>없는</u> 것을 <u>모두 고르시오</u>.

1) 일러스트레이션(illustration)에 적합한 방식이다.

2) 파일의 크기는 해상도에 비례한다.

3) 사진과 같은 현실감을 표현하기 힘들다.

4) 빠르게 화면에 데이터를 출력하는 것이 가능하다.

5) 화면 확대 시에도 화질의 저하가 발생하지 않는다.

02. 다음 중 픽셀(Pixel)에 대한 설명으로 <u>잘못된 것</u>은 무엇인가?

1) Picture Element의 합성어로 영상을 구성하는 기본 단위이다.

2) 컴퓨터 모니터 화면에 나타나는 각각의 점을 뜻하기도 한다.

3) 픽셀 단위로 저장되는 이미지를 비트맵 방식이라 한다.

4) 픽셀에 할당된 비트수와 영상에서 표현 가능한 색의 수는 무관하다.

03. 트루 컬러(True color) 영상을 파일에 저장하고자 한다. 다음 중에서 영상 파일의 헤더에 포함될 <u>필요가 없는</u> 정보는 무엇인가?

1) 파일의 형식   2) 영상의 해상도   3) 픽셀당 비트 수   4) LUT

04. 다음 중에서 컴퓨터 비전의 응용분야와 가장 거리가 <u>먼 것</u>을 고르시오.

1) 불량품 검출   2) 지능형 자동차   3) 일기 예보

4) 영상 압축   5) 특징 추출   6) 얼굴 인식

05. 다음의 단일 영상에 대한 산술 연산 중에서 영상 밝기의 불균일성을 완화할 수 있는 방법은 무엇인가?

    1) 덧셈   2) 뺄셈   3) 곱셈   4) 나눗셈

06. 다음 중에서 그레이스케일 변환(gray-scale transformation)의 기능에 해당하지 않는 명칭을 고르시오.

    1) 그레이스케일 축소(gray-scale shrinking)

    2) 그레이스케일 확장(gray-scale stretching)

    3) 그레이 레벨 슬라이싱(gray-level slicing)

    4) 그레이 레벨 반전(gray-level negative)

07. 다음 중 영상 평활화(image smoothing)에 대한 설명으로 맞는 것을 모두 고르시오.

    1) 노이즈를 제거하거나 약화시키기 위한 목적으로 사용한다.

    2) 평균값 필터링(mean filtering) 마스크 내부의 모든 계수의 합은 1이다.

    3) 영상 평활화는 주로 비선형필터를 사용하여 처리한다.

    4) 마스크의 크기가 작을수록 큰 효과를 나타낸다.

    5) 중간값 필터링(median filtering)은 모든 종류의 노이즈 제거에 효과적이다.

08. 알고리즘이나 이와 유사한 형태의 영상에 대한 기술 내용(description)으로부터 영상을 생성하는 분야는 무엇인가?

    1) 컴퓨터 비전   2) 컴퓨터 그래픽스   3) 컴퓨터 이미징

    4) 영상처리   5) 영상 분석

09. 단일 픽셀 처리 기법에 대한 설명으로 잘못 설명한 것을 모두 고르시오.

    1) 이웃 픽셀과는 독립적으로 입력 영상의 각 픽셀 값을 변환하는 연산을 의미한다.

    2) 연산 결과는 반드시 새로운 결과 영상에 저장해야 한다.

    3) 영상의 밝기(brightness)나 명암대비(contrast) 변경을 위해 사용한다.

4) 단일 영상에 대한 산술 연산은 영상 밝기(brightness)만을 조정할 수 있다.

5) 그레이스케일 변환(gray-scale transformation)은 매핑 함수(mapping function)를 사용하여 영상처리를 수행한다.

10. 경계 픽셀 처리 방법에 대해 <u>잘못</u> 설명한 것은 무엇인가?

1) 픽셀 값이 존재하지 않아 컨볼루션을 수행할 수 없는 경우 픽셀 값을 정의하는 방법이다.

2) 상수값을 사용한다.

3) 경계 위치의 픽셀 값을 복사한다.

4) 영상을 주기적인 신호로 해석하여 인접한 픽셀 값을 복사한다.

5) 픽셀 값이 모두 존재하는 위치에서만 컨볼루션을 연산한다.

11. 그레이스케일 히스토그램에 대한 설명으로 <u>잘못</u>된 것을 고르시오.

1) 영상에 나타나는 각 밝기를 갖는 픽셀의 수를 나타내는 데이터이다.

2) 영상에서 각 밝기 값이 발생하는 확률 형태로 표현할 수도 있다.

3) 영상의 밝기(brightness)나 명암대비(contrast)에 대한 정보를 제공한다.

4) 히스토그램을 막대그래프로 표현할 경우 가로축의 단위는 빈(bin)이다.

5) 컴퓨터에서 주로 2차원 배열을 사용하여 저장한다.

12. 컬러 히스토그램에 대한 설명으로 <u>잘못</u>된 것을 고르시오.

1) 수평 축의 값을 빈(bin)이라고 한다.

2) 색의 채널별로 히스토그램을 생성하면 효율성이 저하된다.

3) 영상이나 영역 내부의 색상이나 질감에 대한 정보를 제공한다.

4) 영상 검색이나 패턴 인식에 특징 정보로 사용할 수 있다.

5) 컬러 양자화를 수행하면 항상 동일한 색상 구성을 갖는다.

13. 히스토그램 수정(histogram modification) 방법에 대한 설명으로 잘못된 것을 <u>모두</u> 고르시오.

1) 히스토그램의 분포를 변경하는 연산이다.

2) 히스토그램 균일화(histogram equalization)는 히스토그램의 범위를 변경하는 연산이다.

3) 히스토그램 이동(histogram sliding)은 히스토그램의 분포를 이동하는 연산이다.

4) 포토샵에서는 곡선(Curves) 기능을 사용하여 처리할 수 있다.

5) 히스토그램의 분포를 왼쪽으로 이동하면 어두운 영상을 만들 수 있다.

14. 다음의 설명 중에서 잘못된 것을 <u>모두</u> 고르시오.

1) 객체의 경계는 에지에 해당한다.

2) 에지 강도는 미분 연산(differential operator)을 근사화하는 방법으로 계산한다.

3) 로버츠(Roberts) 연산은 에지 강도와 방향을 함께 제공한다.

4) 라플라시안(Laplacian) 연산은 소벨(sobel) 연산에 비해 노이즈에 강인하다.

5) 에지 검출은 단일 픽셀 두께의 객체나 질감 경계를 검출하기 위한 기법이다.

6) 에지의 방향은 에지의 접선에 대한 수직 방향으로 계산된다.

15. 다음 중에서 비트맵 정보 헤더(bitmap information header)에 포함되는 정보가 <u>아닌</u> 것은 무엇인가?

1) 영상 가로 길이   2) 파일 크기   3) 압축 유형

4) 픽셀당 비트 수   5) 수평 해상도

16. BMP 파일에 대해 바르게 설명한 것은 무엇인가?

1) 가로 길이가 180픽셀인 4 bit 그레이스케일 영상의 한 행의 바이트 수는 92바이트이다.

2) 그레이스케일 영상과 컬러 영상만을 저장할 수 있다.

3) 파일 식별자를 위해 "BMP"를 사용한다.

4) 그레이스케일 영상은 LUT를 포함하지 않는다.

5) 8 bit 컬러 영상은 LUT에 256개의 색상 정보를 포함한다.

17. 다음 중 포토샵에서 영역을 선택할 때 사용하는 기능이 <u>아닌</u> 것은?

    1) 사각형 선택 윤곽 도구   2) 닷지 도구   3) 자동선택 도구

    4) 빠른 마스크 모드   5) 올가미 도구

18. 트루 컬러 영상(true color image)을 인덱스 컬러 영상(indexed color image)으로 변환하기 위해 사용하는 색상을 줄이는 과정은 무엇인가?

    1) 컬러 양자화   2) 표본 양자화

    3) 벡터 양자화   4) 스칼라 양자화

19. 다음은 BMP 파일의 일부이다. 다음 중에서 영상의 첫 번째 픽셀의 값은 무엇인가?

```
        0    42 4D C8 B0 00 00 00 00 00 00 36 00 00 00 00 28 00   B M Ê °              6      (
       10    00 00 96 00 00 00 00 64 00 00 00 01 00 18 00 00 00        -     d      -  |    ↑
       20    00 00 92 B0 00 00 12 0B 00 00 12 0B 00 00 00 00        ' °     ♂      ♂
       30    00 00 00 00 00 00 36 4A 59 40 53 60 4B 5D 6B 68                 6 J Y @ S ` K ] k h
       40    79 88 7F 91 9B 8C 9D A6 97 A8 B0 90 A2 A9 8A 9C   y ˆ □ ' › Œ   ¦ — ° ¢ Ø Š œ
       50    A4 94 A5 AD 9B AE B7 8A 9A A6 80 91 9F A8 B7 BE   ¤ " ¥ - › ® · Š š ¦ € ' Ÿ ¨ · ¾
       60    C5 CE CE CF D6 D6 C9 D0 D2 C6 CD CF C3 CB CE C6   Å Î Î Ï Ö Ö É Ð Ò Æ Í Ï Ã Ë Î Æ
       70    CD D1 C8 CF D2 C9 CF D2 CB D1 D2 CC D1 D3 CE D3   Í Ñ È Ï Ò É Ï Ò Ë Ñ Ò Ì Ñ Ó Î Ó
       80    D4 CE D3 D5 CE D3 D5 D0 D4 D5 CF D4 D5 CE D2 D4   Ô Î Ó Õ Î Ó Õ Ð Ô Õ Ï Ô Õ Î Ò Ô
       90    D0 D4 D5 D1 D4 D6 D4 D7 D7 D3 D6 D7 D3 D6 D6 D2   Ð Ô Õ Ñ Ô Ö Ô × × Ó Ö × Ó Ö Ö Ò
       A0    D5 D6 D2 D6 D7 D5 D8 D9 D4 D7 D8 D2 D6 D8 D3 D7   Õ Ö Ò Ö × Õ Ø Ù Ô × Ø Ò Ö Ø Ó ×
       B0    D9 D3 D6 D8 D4 D8 DA D5 D9 DB D5 D8 DA D5 D9 DB   Ù Ó Ö Ø Ô Ø Ú Õ Ù Û Õ Ø Ú Õ Ù Û
       C0    D3 D7 D9 D4 D8 D8 D6 DA DC D3 D8 DB D1 D6 D9 D4   Ó × Ù Ô Ø Ø Ö Ú Ü Ó Ø Û Ñ Ö Ù Ô
       D0    D9 DC D3 D9 DB CC D0 D3 AB C1 C2 63 A1 95 54 8E   Ù Ü Ó Ù Û Ì Ð Ó « Á Â c ¡ • T Ž
       E0    81 6F A5 98 6B 9F 91 60 90 85 5C 95 88 50 85 7B   □ o ¥ ˜ k Ÿ ' ` □ … \ • ˆ P … {
```

    1) 0×36 2) 0×42 3) 0×00

    4) $0 \times 36, 0 \times 4A, 0 \times 59$ 5) $0 \times 42, 0 \times 4D, 0 \times C8$

20. 19번 문제에서 한 행의 바이트 수는 얼마인가?

    1) 450   2) 452   3) 300

    4) 24   5) 3

21. 19번 문제에서 (4, 7) 좌표의 픽셀에 접근하기 위한 영상 데이터에서의 위치(오프셋)는 얼마인가?

<table>
<tr><td>1) 27904</td><td>2) 42040</td><td>3) 42048</td></tr>
<tr><td>4) 41588</td><td>5) 41596</td><td></td></tr>
</table>

22. 그룹 픽셀 처리에서 반드시 새로운 결과 영상을 사용하여 컨볼루션 결과를 저장해야 하는 이유에 대해 설명하시오.

23. BMP 파일을 입력으로 사용하여 히스토그램 축소된 결과 영상을 생성하시오.

24. BMP 파일을 입력으로 사용하여 평균값 필터링을 수행하시오.

25. 디더링의 종류를 살펴보고 각 방법에서 사용하는 행렬의 차이를 확인하시오.

26. 해프토닝 방식으로 인쇄하면 모아레 현상이 발생하기도 하는데 모아레 현상에 대해 조사하시오.

27. 랜덤 노이즈에 대해 평균값 평활화와 중간값 평활화의 결과가 크게 차이나는 이유를 생각해보자.

참고문헌

1. 유비쿼터스 시대의 멀티미디어/박길철외 공저/사이텍미디어/2007

2. 멀티미디어 배움터 2.0/최윤철, 임순범 공저/생능출판사/2010

3. Modern Multimedia Systems/P. Havaldar, G. Medioni 공저/CENGAGE Learning/2011

4. Multimedia Fundamentals – Media Coding and Content Processing/R. Steinmetz, Klara Nahrstedt 공저/IMSC Press/2002

5. 영상처리 및 패턴인식 배움터/김우생 저/생능출판사/2009

6. Computer Imaging/Scott E Umbaugh/CRC Press/2005

영상 실습

학습목표

- **GIMP**를 사용하여 영상 유형 변경 및 영상처리를 할 수 있다.
- **GIMP**를 사용하여 영상 편집 및 영상 합성을 수행할 수 있다.
- **OpenCV** 라이브러리를 사용하여 영상처리를 할 수 있다.
- **BMP** 파일의 구조를 이해하고 **C**언어를 사용하여 처리할 수 있다.

01

GIMP를 사용한
영상 유형 변경 및 영상처리

1) GIMP 이해

GIMP는 포토샵을 대체할 수 있는 강력한 그래픽 프로그램이다. GIMP는 GNU Image Manipulation Program을 의미하는 약어이며, 오픈소스이므로 누구나 무료로 사용할 수 있다. 특히 MS 윈도우즈, 맥 OS, 리눅스 등의 다양한 운영체제를 지원한다. 포토샵에서 제공하는 주요 기능의 대부분을 제공하므로 일반적인 사용자는 고가의 포토샵 대신에 GIMP를 사용하더라도 무방할 것이다. GIMP와 관련된 사이트는 다음과 같다.

- 홈페이지: http://www.gimp.org
- 온라인 도움말: http://www.gimp.org/docs
- 개발자 포럼: http://developer.gimp.org
- 다운로드: http://www.gimp.org/downloads

포토샵의 사용자 인터페이스는 하나의 메인 창에 도구 상자와 팔레트가 종속되어 포함된다. 따라서 메인 창을 이동하면 종속된 창들이 같이 이동한다. 그러나 GIMP는 팔레트와 캔버스 등이 독립적인 창으로 존재하므로 포토샵에 익숙한 사용자는 초기 사용이 조금 불편할 수 있다. 그리고 GIMP는 프로그램을 실행했을 때 초기 로딩속도가 상당히 느린 단점이 있다. 그러나 무료로 이 정도의 기능을 사용할 수 있는 것은 행운일 것이다. 그럼 GIMP를 사용하여 몇 가지 영상처리를 수행하는 방법에 대해 살펴보자.

2) 영상 유형의 변환

영상은 이진 영상^{binary image}, 회색음영 영상^{gray-scale image}, 인덱스 컬러 영상^{indexed color image}, 트루 컬러 영상^{true color image}, 다중 스펙트럼 영상^{multi-spectral image} 등의 형식으로 구분할 수 있다. GIMP는 회색음영 영상, 인덱스 컬러 영상, 트루 컬러 영상 간의 상호 변환 기능을 제공한다. 포토샵은 이진 영상을 포함하여 변환할 수 있지만 GIMP는 이진 영상에 대한 변환 기능을 직접 제공하지는 않는다. 대신 영상의 모드 중에서 인덱스 영상으로 변환하는 과정에서 이진 영상으로의 변환을 옵션으로 선택할 수 있다. 변환 방법은 조금 후에 살펴본다.

01. 부록 파일의 [4장\01.GIMP-영상처리\doll.jpg] 영상을 열고 [이미지 〉 모드] 메뉴를 확인한다. 그림 4-1-1과 같이 입력 영상의 현재 형식을 확인할 수 있다. 이 메뉴에서 변환하고자 하는 영상의 형식을 선택하면 해당 형식으로 변경할 수 있다. 그림 4-1-1에서 확인할 수 있듯이 RGB, 그레이스케일, 인덱스 색상으로 변경할 수 있다. RGB는 트루 컬러 영상, 그레이스케일은 회색음영 영상, 인덱스는 인덱스 컬러 영상을 의미한다. [doll.jpg]는 메뉴에서 트루 컬러 영상인 것을 확인할 수 있다.

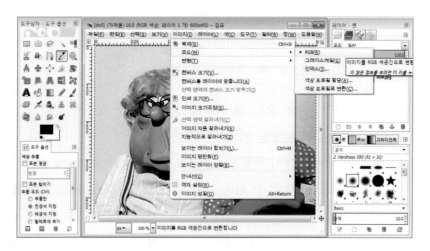

그림 4-1-1 입력 영상의 형식 확인

02. [인덱스] 메뉴를 선택하면 그림 4-1-2와 같이 인덱스 색상으로 변경을 위해 필요한 설정값을 지정할 수 있는 대화상자가 나타난다. 상단의 '색상표' 영역에서 팔레트를 선택할 수 있다. 팔레트는 참조표$^{lookup\ table}$를 의미한다. '최적 팔레트 생성'을 선택하면 입력 영상에 존재하는 색상 정보로부터 가장 대표적인 색상만을 추출하여 팔레트를 생성한다. '최대 색상 수' 항목에서 추출할 색상의 수를 결정할 수 있다. 256개의 색이 기본 값인데 '최대 색상 수'를 256개를 지정한다고 하더라도 반드시 256개가 추출되는 것은 아니다.

그림 4-1-2 인덱스 색상으로 변환을 위한 설정

03. 그림 4-1-3은 변환 전의 RGB 색상과 변환 후의 인덱스 색상을 나타낸다. 시각적으로 구분하기는 쉽지 않다. 그러나 RGB 색상은 픽셀당 24비트를 사용하는 반면 인덱스 색상은 픽셀당 8비트를 사용한다. 따라서 데이터양은 1/3로 줄어들었다.

그림 4-1-3   RGB 색상(좌)과 인덱스 색상(우)의 비교

인덱스 색상을 잘 활용하면 문서나 프리젠테이션의 데이터 크기를 줄일 수 있다. 문서나 프리젠테이션 작업을 하다보면 여러 장의 그림들을 포함해야 하는 상황이 종 종 발생한다. 그런데 트루 컬러 영상을 사용하면 몇 장의 그림만을 포함하더라도 문 서 파일의 크기가 굉장히 커지는 문제가 발생한다. 이때 영상의 종류를 인덱스 컬러 영상이나 색상 정보가 필요없는 경우에는 회색음영 영상으로 변환하여 사용하면 문 서 파일의 용량을 줄일 수 있다.

04. 영상을 회색음영 영상으로 변환하기 위해서는 [이미지 〉 모드] 메뉴에서 [그레이스 케일] 항목을 선택한다. 이때 주의해야 하는 것은 RGB 영상을 다른 형식인 인덱 스 영상이나 그레이스케일 영상 등으로 변환한 경우에는 입력 영상의 일부 색상 정보가 사라진다는 점이다. 따라서 RGB 영상을 인덱스 영상이나 그레이스케일 영상으로 변환한 후에 다시 RGB 영상으로 복귀하더라도 사라진 정보는 복원되 지 않는다.

05. 이번에는 이진 영상으로 변환하는 과정에 대해 살펴보자. 입력 영상은 트루 컬러, 회색음영, 인덱스 컬러 영상 중의 어떠한 영상이라도 가능하다. [이미지 〉 모드] 메 뉴에서 [인덱스] 항목을 선택한다. 앞에서 살펴본 그림 4-1-2의 [색인 색상 변환] 대 화상자가 화면에 나타난다. 이번에는 '색상표' 항목에서 '흑백(1비트) 팔레트 사용' 을 선택한다. 그리고 대화상자 하단의 '색상 디더링' 항목에서 '없음'을 선택한다. '없음'은 기본 값으로 선택되어 있다. 입력 영상은 이진 영상으로 변환된다. 이때 밝기 값 128을 기준으로 임계화^thresholding 기법을 사용하여 이진 영상을 생성한

다. 임계화 기법은 입력 영상에서 기준 값 미만의 밝기를 결과 영상에서 검은색, 기준 값 이상인 밝기는 흰색으로 변환한다.

이진 영상으로 변환하는 과정에서 디더링^{dithering} 기법을 사용할 수 있다. 디더링이란 검은색 점의 조밀한 정도를 조정하여 시각적으로 회색 음영 효과를 만드는 방법이다. 밝기가 어두운 영역은 점을 조밀하게 배치하고 반면 밝은 영역은 점의 간격을 넓게 배치하는 방식으로 영역의 밝기를 조정할 수 있다.

06. 디더링을 사용하여 입력 영상을 이진 영상으로 변환해 보자. 입력 영상은 트루컬러, 회색음영, 인덱스 컬러 영상 중에 어떤 형식이라고 가능하다. [이미지 > 모드] 메뉴에서 [인덱스] 항목을 선택한다. '색상표' 항목에서 '흑백(1비트) 팔레트 사용'을 선택한다. 그리고 그림 4-1-4와 같이 대화상자 하단의 '색상 디더링' 항목에서 'Folyd-Steinberg(보통)'을 선택한다.

그림 4-1-4 비트맵으로 변환을 위한 설정

07. 그림 4-1-5를 확인하면 임계화 방법과 디더링 방법의 결과를 쉽게 구분할 수 있다. 디더링 방법을 사용한 경우 이진 영상임에도 불구하고 회색 음영 영상처럼 명암도를 표현할 수 있다. 우리가 흔히 접하는 신문이나 잡지에서 영상을 인쇄할 때 디더링과 유사한 기법인 해프토닝을 사용하고 있다.

그림 4-1-5   임계화(좌)와 디더링(우) 방법의 결과 비교

3) 그레이스케일 변환

그레이스케일 변환$^{\text{gray-scale transformations}}$은 매핑 함수를 사용하여 픽셀의 밝기를 변경한다. 매핑 함수는 수식으로 표현할 수도 있지만 GIMP에서는 그래프를 사용하여 시각적으로 표시하고 사용자가 그래프의 모양을 직접 지정하여 픽셀의 밝기를 조정한다.

01. 부록 파일의 [4장\01.GIMP-영상처리\pavilion.jpg] 파일을 열고 그림 4-1-6과 같이 [색 〉 커브] 메뉴를 실행하면 그림 4-1-7의 [커브] 대화상자가 화면에 나타난다.

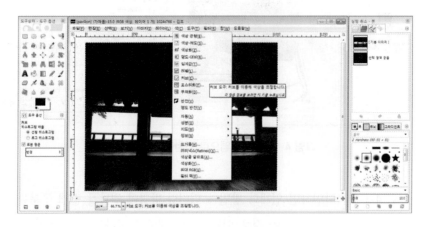

그림 4-1-6   커브 기능의 실행

그림 4-1-7 [커브] 대화상자

02. [커브] 대화상자의 가운데 넓은 영역에 입력 영상의 히스토그램과 직선 모양의 매핑 함수가 중첩되어 표시된다. 좌표의 수평 축은 입력 밝기, 수직 축은 결과 밝기이다. 각 밝기는 검은색에서 흰색 사이의 값을 갖는다. 초기 매핑 함수는 $y = x$인 직선이므로 입력 밝기는 동일한 밝기의 결과 값에 대응한다. 따라서 결과 영상은 입력 영상과 동일하다. 입력 밝기는 크게 어두운 영역, 중간 밝기 영역, 밝은 영역으로 구분할 수 있다. 구분이 정확한 것은 아니지만 어두운 영역은 밝기가 0에서 50, 밝은 영역은 200에서 255, 나머지 영역은 중간 밝기에 해당한다. 인간의 눈은 어두운 영역이나 밝은 영역에서의 변화는 잘 구분하지 못하는 반면 중간 밝기의 변화를 민감하게 구분할 수 있다.

03. 입력 영상을 살펴보면 정자 내부가 너무 어두워서 그 모습을 확인하기가 힘들다. 히스토그램을 살펴보면 어두운 밝기에 해당하는 픽셀들이 많이 분포하는 것을 확인할 수 있다. 입력 영상의 어두운 영역을 결과 영상에서 일정 밝기 이상으로 변경하면 정자 내부의 모습을 확인할 수 있다. 그림 4-1-8과 같이 마우스를 사용하여 곡선의 모양을 조정하면 정자 내부의 밝기가 증가한다. 그림 4-1-8에서는 입력 영상의 0에서 63 사이의 밝기를 0에서 95 사이의 결과 밝기로 변경하였다.

그림 4-1-8 곡선 조정을 통한 밝기 변경

04. 매핑 함수의 모양에 따라 다양한 결과 영상을 만들 수 있다. 그림 4-1-9는 곡선
의 모양에 따른 결과 영상의 차이를 나타낸다. 곡선 위에서 마우스를 클릭하거
나 곡선을 드래그하면 작은 사각형 모양의 조정점을 추가할 수 있고 마우스를
사용하여 조정점을 수평 방향으로 빠르게 드래그하면 조정점을 삭제할 수 있다.
대화상자의 오른쪽 상단에 위치한 [미리 보기] 항목을 활성화하면 곡선의 모양을
변경했을 때 즉각적으로 변경 결과를 확인할 수 있다. 원하는 밝기 조정이 완료
되었으면 [확인] 버튼을 눌러 수정 작업을 종료한다.

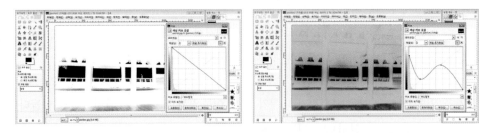

그림 4-1-9 곡선 모양에 따른 결과 영상 비교

4) 히스토그램 수정

히스토그램 수정[histogram modification]은 입력 영상의 히스토그램을 수정하여 영상의 밝기나 명암 대비를 개선하는 방법이다. 따라서 히스토그램 수정의 목적은 그레이스 케일 변경과 동일하다. 그러나 그레이스케일 변경에서는 입력 밝기와 결과 밝기의 대응 관계를 지정하여 결과 영상에서의 밝기와 명암 대비를 변경하지만 히스토그램 수정은 입력 영상의 히스토그램에 기반을 두고 히스토그램의 분포를 변경하여 원하는 결과를 생성한다.

01. 부록 파일의 **[4장\01.GIMP−영상처리\doll.jpg]** 파일을 열고 그림 4-1-10과 같이 **[색 〉 레벨]** 메뉴를 실행하면 그림 4-1-11의 **[레벨]** 대화상자가 화면에 나타난다. 레벨 기능은 히스토그램의 범위를 변경하여 영상의 밝기와 명암 대비를 조정하는 기능을 제공한다.

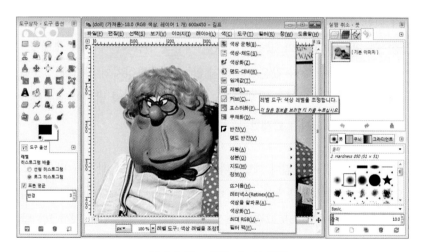

그림 4-1-10 레벨 기능의 실행

그림 4-1-11 레벨 대화상자

02. [레벨] 대화상자의 가운데 넓은 영역에 입력 영상의 히스토그램이 나타나고 있으며 히스토그램의 바로 아래쪽에는 입력 밝기에서의 최솟값과 최댓값을 재설정하기 위한 삼각형 모양의 표시자가 위치한다. 중간 위치의 표시자는 감마 값을 조정하는 용도이다. 감마 값을 변경하면 영상의 전반적인 밝기를 조정할 수 있다. 이번 예제에서는 감마 값은 변경하지 않는다. 대화상자의 하단에는 출력 레벨을 나타내는 밝기 슬라이드가 위치하고 하단에 역시 출력 밝기의 최솟값과 최댓값을 설정하는 표시자가 존재한다.

03. 출력 레벨의 범위가 입력 레벨보다 넓으면 히스토그램 확장이 발생하므로 결과 영상은 입력 영상보다 높은 명암 대비를 갖는다. 반면 출력 레벨의 범위가 입력 레벨보다 좁으면 히스토그램 축소로 인해 결과 영상은 입력 영상보다 낮은 명암 대비를 갖는다. 이번 예제에서는 입력 레벨을 그대로 유지하고 출력 레벨을 50에서 200 사이로 변경하여 히스토그램 축소를 수행한다. 결과적으로 결과 영상은 입력 영상에 비해 낮은 명암 대비를 갖는다. 그림 4-1-12에서 결과를 확인할 수 있다.

그림 4-1-12 히스토그램 축소

04. [확인] 버튼을 눌러 결과를 적용하자. 그 후에 다시 [색 > 레벨] 메뉴를 실행하면
입력 영상의 히스토그램이 그림 4-1-13과 같이 변경된 것을 확인할 수 있다. 이
전 작업에서 히스토그램의 범위를 50에서 200 사이로 지정하였기 때문에 0에서
50과 200에서 255 사이에는 픽셀이 존재하지 않아 히스토그램의 값이 0인 것을
확인할 수 있다.

그림 4-1-13 히스토그램 축소한 결과에 대한 레벨 기능 재실행

05. 출력 레벨이 0에서 255 사이로 설정되어 있으므로 입력 레벨의 범위를 50에서 200 사이로 설정하면 히스토그램 축소를 수행하기 전의 초기 상태로 다시 복원할 수 있다. 결과는 그림 4-1-14와 같다. 히스토그램 축소 과정에서 원본 데이터의 일부가 변경되므로 복원한 영상이 원본 영상과 완전히 동일한 것은 아니다. 그러나 시각적으로 차이를 구별하는 것은 불가능하다.

그림 4-1-14 히스토그램 확장을 통한 초기 영상 복원

06. 레벨 기능은 영상 밝기를 변경하기 위해서도 사용할 수 있다. 히스토그램 이동을 통해 영상의 밝기를 변경할 수 있는데 히스토그램 이동은 히스토그램의 범위를 변경하지 않고 위치만을 변경하는 작업이다. 그림 4-1-15와 같이 입력 레벨이 50에서 200인 영상에 대해 출력 레벨을 100에서 250으로 지정하면 범위는 동일하지만 히스토그램의 위치가 오른쪽으로 이동하여 입력 영상에 비해 결과 영상은 평균적으로 밝은 밝기를 갖는다.

그림 4-1-15   히스토그램 이동을 통한 평균 밝기 증가

그림 4-1-16   히스토그램 이동을 통한 평균 밝기 감소

07. 반면 입력 레벨이 50에서 200인 영상에 대해 출력 레벨을 0에서 150으로 지정
하면 그림 4-1-16과 같이 히스토그램의 위치가 왼쪽으로 이동하여 입력 영상에
비해 결과 영상은 평균적으로 어두운 밝기를 갖는다.

5) 히스토그램 균일화

히스토그램 균일화[histogram equalization]는 히스토그램을 수정하는 방법 중의 한 가지이다. 입력 영상의 명암 대비를 최대화할 수 있는 방법이다. 다른 종류의 히스토그램 수정 기법들은 히스토그램의 모양은 유지하면서 분포 범위만을 변경하지만 히스토그램 균일화는 히스토그램의 모양을 변경하여 각 밝기 레벨에서 균일한 분포를 갖도록 조정한다.

01. 부록 파일에서 **[4장\01.GIMP−영상처리\pig_low.jpg]** 파일을 열고 그림 4-1-17과 같이 **[색 〉 자동 〉 평준화]** 메뉴를 선택하면 히스토그램 균일화를 수행한다. 그림 4-1-18은 입력 영상에 대한 히스토그램 균일화 결과 영상을 비교하여 보여준다.

그림 4-1-17 히스토그램 평준화 기능의 실행

그림 4-1-18 히스토그램 균일화의 전 · 후에 대한 결과 비교

02. 입력 영상과 결과 영상에 대한 히스토그램을 그림 4-1-19에서 비교할 수 있다. 히스토그램은 [**색 〉 정보 〉 히스토그램**]에서 확인할 수 있다. 히스토그램의 비교에서 확인할 수 있듯이 입력 영상의 히스토그램에 비해 히스토그램의 모양이 균일하고 넓은 범위에 분포하는 것을 확인할 수 있다.

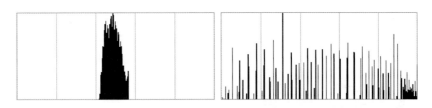

그림 4-1-19 히스토그램 균일화의 전 · 후에 대한 히스토그램 비교

6) 컬러 영상의 채널 분리

컬러 영상의 기본 색에 대한 채널을 분리하여 각 채널별 영상을 확인해보자. PC에서 사용하는 영상들은 일반적으로 RGB 컬러 영상이다. 따라서 채널을 분리하여 R, G, B에 대한 정보를 확인할 수 있다.

01. 부록 파일에서 [**4장\01.GIMP-영상처리\doll.jpg**] 파일을 열고 그림 4-1-20과 같이 [**Windows 〉 Dockable Dialogs 〉 Channels**] 메뉴를 실행한다.

그림 4-1-20 채널 대화상자 표시를 위한 메뉴 실행

02. [Channels] 대화상자에서 그림 4-1-21과 같이 특정 색상 채널의 눈 아이콘만을 표
시하면 해당 채널의 밝기 정보만을 확인할 수 있다. GIMP에서는 각 색상 채널
을 그레이스케일이 아닌 해당 색의 밝기 정도로 표시한다. [Channels] 대화상자에
서 두 가지 색상 채널의 눈 아이콘을 동시에 선택하여 이들 기본 색의 조합 결과
를 확인하는 것도 가능하다. 물론 세 개의 색상 채널을 모두 선택하면 원본 영상
을 볼 수 있다.

그림 4-1-21 녹색 채널만을 표시한 영상

7) 색 모델의 변환

포토샵은 RGB 컬러 영상을 다른 종류의 색 모델인 CMYK 또는 Lab 컬러 영상으로 변환하는 기능을 제공한다. 반면 GIMP는 RGB 컬러 영상을 다른 컬러 모델을 갖는 영상으로 변환하는 기능을 메인 메뉴에서 바로 제공하지 않는다. 그러나 채널을 분리하는 과정에서 포토샵보다는 더 다양한 색 모델로 변환할 수 있다.

01. 부록 파일에서 [4장\01.GIMP-영상처리\doll.jpg] 파일을 열고 그림 4-1-22와 같이 [Colors 〉 Components 〉 Decompose...] 메뉴를 실행한다.

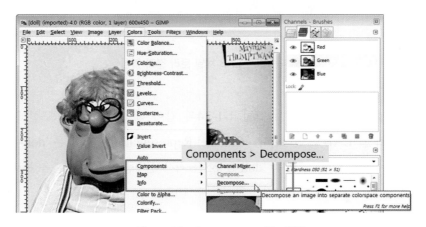

그림 4-1-22 Decompose 메뉴 실행

02. [Decompose] 대화상자에서 변환할 색 모델$^{color\ model}$을 선택한다. 이번 실습에서는 "LAB"를 선택한다. 대화상자 하단의 "Decompose to layers" 항목을 체크하면 분리된 채널들이 레이어에 분리되어 저장된다. [레이어] 대화상자를 통해 확인할 수 있다. 이 항목을 체크하지 않으면 새로운 3개의 창에 분리된 결과 영상이 표시된다. 그림 4-1-23은 LAB 색 모델로 변환한 후 채널별로 표시한 결과이다.

03. 이번에는 분리된 채널 영상들로부터 원본 영상을 복원해보자. 이전 단계에서 RGB 컬러 영상을 LAB로 변환하였는데 다시 RGB 영상으로 복원한다. 분리된 채널 영상 중의 하나를 활성화한 후 [Colors 〉 Components 〉 Compose...] 메뉴를 실행한다.

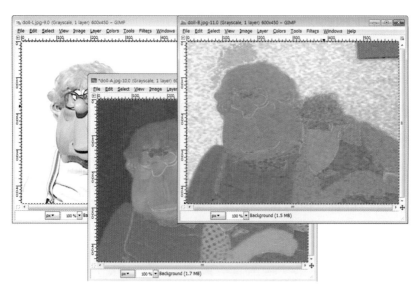

그림 4-1-23 LAB 채널 분리 결과 영상

04. [Compose] 대화상자에서 그림 4-1-24와 같이 값을 설정한다. 우선 "Color
model"을 'LAB'로 선택한다. "Channel Representations"의 "L"은 'doll-L.jpg',
"A"는 'doll-A.jpg', "B"는 'doll-B.jpg'를 각각 선택한다. [OK] 버튼을 누르면 원
본 영상이 다시 생성되는 것을 확인할 수 있다.

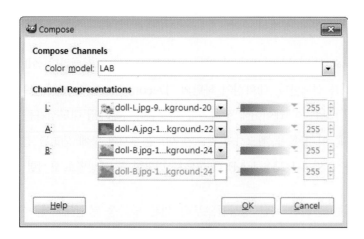

그림 4-1-24 [Compose] 대화 상자

05. 비슷한 방법으로 RGB 영상을 다른 색 모델의 채널별로 분리하여 결과를 확인한 후 다시 원본 영상으로 복원할 수 있다.

8) 컬러 영상처리

이론에서 살펴본 것과 같이 컬러 영상에 대한 처리는 두 가지 방법으로 구분할 수 있다. 첫 번째 방법은 채널 별로 영상처리를 수행하는 것이고 두 번째 방법은 색조와 밝기를 구분할 수 있는 색 모델로 변환한 후 밝기에 대해서는 영상처리를 수행하고 그 결과를 다시 원래의 색 모델로 변환하는 것이다. 이번 실습에서는 두 가지 방법의 결과 차이에 대해 확인해본다.

01. 부록 파일에서 [4장\01.GIMP-영상처리\gradient.png] 파일을 불러온 후 그림 4-1-25 와 같이 [Image 〉 Duplicate] 메뉴를 실행한다. 입력 영상과 동일한 내용의 새로운 영상이 복제되어 생성된다.

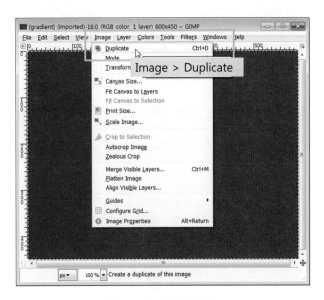

그림 4-1-25 **영상 복제 실행**

02. 원본 영상에 대해 그림 4-1-26과 같이 [Colors 〉 Auto 〉 Equalize] 메뉴를 실행한다. Equalize 기능은 히스토그램 균일화를 수행한다. 실행 결과는 그림 4-1-27과 같다. 이 결과는 R, G, B 채널별로 히스토그램 균일화를 수행한 결과이다. 결과 영상에서 확인할 수 있듯이 명암 대비는 향상되었지만 원본 영상과 비교했을 때 색조가 변하는 문제가 발생하였다.

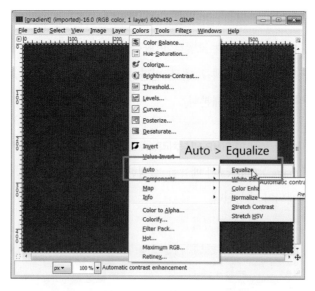

그림 4-1-26   히스토그램 균일화 실행

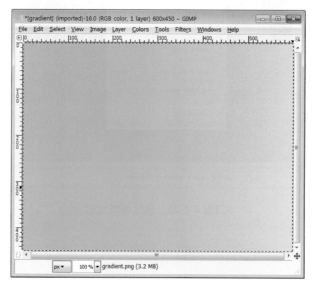

그림 4-1-27   히스토그램 균일화 결과

03. 이번에는 복제한 영상에서 그림 4-1-28과 같이 [Colors 〉 Compoents 〉 Decompose...] 메뉴를 실행한다. 그러면 그림 4-1-29와 같이 [Decompose] 대화상 자가 표시된다. 'Color model'에서는 색조와 밝기의 분리가 가능한 칼라 모델 중 에서 HSV를 선택하고 'Decompose to layers' 항목을 선택한다. 이 항목을 선택 하면 세 개의 채널들이 레이어로 분리된다.

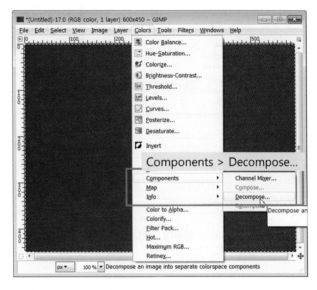

그림 4-1-28   **채널 분리 실행**

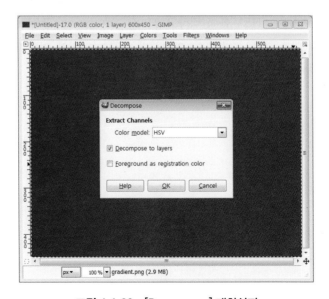

그림 4-1-29   [Decompose] **대화상자**

04. 그림 4-1-30과 같이 [Channels] 대화상자에서 'value' 항목을 선택한다. 그리고 [Color 〉 Auto 〉 Equalize] 메뉴를 실행한다.

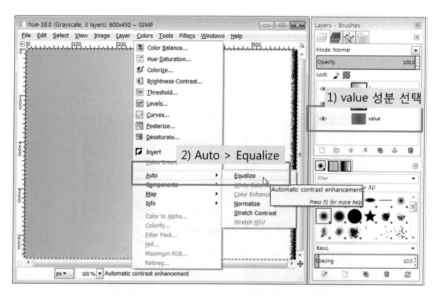

그림 4-1-30 value 성분에 대한 히스토그램 균일화 실행

05. 이제 분리한 채널을 다시 병합한다. 그림 4-1-31과 같이 [Colors 〉 Compoents 〉 Compose...] 메뉴를 실행한다. 그리고 그림 4-1-32의 [Compose] 대화상자에서 'Color model'은 'HSV'를 선택하고 'Hue', 'Saturation', 'Value'에 해당 채널을 지정한다. 최종 결과는 그림 4-1-33과 같다. 색조의 변화 없이 명암 대비가 향상된 것을 확인할 수 있다.

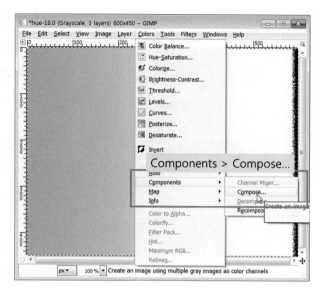

그림 4-1-31 **채널 결합 실행**

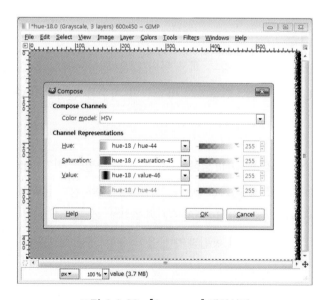

그림 4-1-32 [Compose] **대화상자**

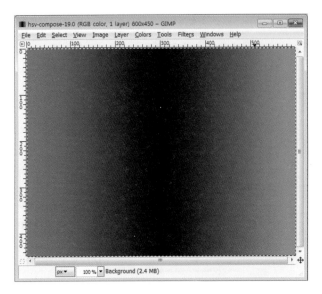

그림 4-1-33 value 성분에 대한 히스토그램 균일화 결과

9) 컨볼루션 연산

영상 평활화, 선명화, 에지 강도 계산 등의 많은 영상처리 방법들은 컨볼루션 연산을 사용한다. GIMP에서는 컨볼루션 마스크의 계수를 변경하여 다양한 영상처리의 결과를 확인할 수 있는 기능을 제공한다.

01. 부록 파일에서 **[4장\01.GIMP-영상처리\horse.jpg]** 파일을 열고 **[Filters 〉 Generic 〉 Convolution Matrix]** 메뉴를 실행한다. 그림 4-1-34와 같이 **[Convolution Matrix]** 대화상자에서 최대 5×5 크기의 마스크 가중치를 입력할 수 있다. 대화상자의 오른쪽에는 경계 픽셀 처리 방법과 연산을 적용할 채널 선택을 하는 항목이 존재한다.

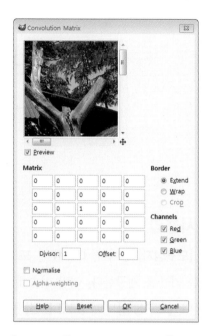

그림 4-1-34 [Convolution Matrix] 대화상자

02. 평균값 필터링을 수행하기 위해서는 마스크의 계수를 그림 4-1-35(a)와 같이 설정한다. 이때 대화상자 하단의 "Normalize"를 선택하면 밝기 변화를 방지할 수 있다. 이것은 계산 결과를 9로 나누는 것과 동일한 결과를 생성한다. 따라서 "Normalize"를 선택하는 대신에 "Divisor"를 '9'로 설정해도 된다. 라플라시안 타입의 선명화를 수행하기 위해서는 마스크의 계수를 그림 4-1-35(b)와 같이 설정한다. 이때는 계수의 합이 1이므로 "Normalize"를 선택하지 않아도 무방하다. 컨볼루션 연산을 적용했을 때 영상에 발생하는 변화는 직접 확인해보자.

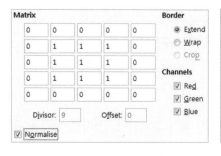
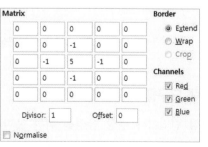

그림 4-1-35 마스크 계수 설정

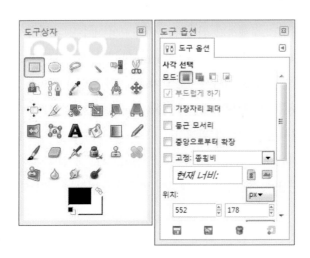

02 GIMP의 도구상자 사용법 및 활용

1) GIMP의 도구상자 사용법

그림 4-2-1은 GIMP의 **[도구상자]** 창이다. GIMP의 도구상자^{toolbox}에서는 그리기 및 수정 작업을 위한 다양한 기능을 제공한다. 이번 실습에서는 몇 가지 주요 도구들의 사용방법에 대해 살펴본다. **[도구상자]** 창과 **[도구 옵션]** 창은 함께 위치한다. "도구상자"에서 도구를 선택하면 "도구 옵션"에서 해당 도구의 옵션들을 선택할 수 있다.

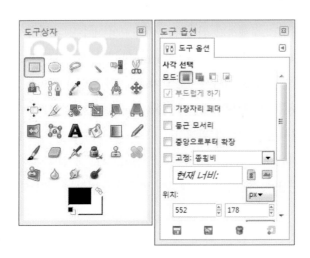

그림 4-2-1 [도구상자] 및 [도구옵션] 창

❶ 선택 도구를 사용한 영상 합성

영상 편집이나 영상 합성을 위한 출발점은 영역 선택이다. 처리할 영역을 정교하

게 선택할수록 영상 편집 결과의 품질이 달라진다. GIMP에서는 다양한 선택 관련 도구들을 제공한다. 첫 번째 실습은 영상 합성에 대한 내용인데 이 실습을 통해 영역 선택, 크기 조절 및 회전 도구의 기능을 확인한다. 최종 결과는 그림 4-2-2와 같다.

그림 4-2-2   영상 합성 결과

01. 부록 파일에서 [4장\01.GIMP−도구상자\background.jpg] 및 [butterfly.png] 파일을 불러온다.

02. 불러온 "butterfly.png" 영상에서 나비 영역만을 선택하여 "background.jpg" 영상과 합성한다. 이를 위해 "퍼지 선택 영역 도구^{Fuzzy Select Tool}" 를 사용한다. 이 도구는 마우스로 클릭한 지점과 밝기나 색이 유사하고 위치적으로 인접한 영역을 모두 선택영역으로 설정한다. 그런데 나비의 내부는 너무 다양한 색으로 구성되어 있으므로 나비를 직접 선택하는 방법 대신에 상대적으로 단순한 배경을 선택한 후 선택 영역을 반전하는 방법을 사용한다.

03. 그림 4-2-3과 같이 회색 배경에서 마우스를 클릭하면 나비를 제외한 나머지 모든 영역을 선택영역으로 지정할 수 있다. 이후 선택 영역을 반전하여 나비 영역을 선택하기 위해 메인 메뉴의 [Select > Invert(선택)반전] 메뉴를 실행한다.

그림 4-2-3 퍼지 선택 영역 도구의 사용

04. 선택한 영역을 CTRL+C를 눌러 복사한 후 "background.jpg"를 활성화한다. 복사한 나비를 붙여넣기 전에 먼저 새로운 레이어layer를 추가한다. 레이어는 투명한 종이에 해당한다. 레이어를 사용하면 편집할 내용을 서로 독립적으로 관리할 수 있어 편집 작업이 쉬워진다. 그림 4-2-4의 [레이어] 대화상자에서 "새 레이어 추가" 버튼을 클릭한다. 이때 [새 레이어] 대화상자가 나타나는데 기본 값을 사용한다.

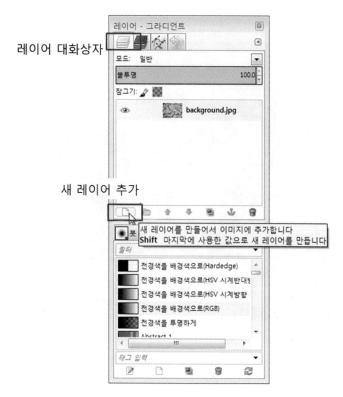

그림 4-2-4   [레이어] 대화상자

05. 이제 CTRL+V를 눌러 복사한 영역을 'background.jpg'의 새로운 레이어에 붙여넣기한다. 복사한 나비는 배경에 비해 너무 큰 영역을 차지하므로 나비의 크기를 조정한다. 크기 조절을 위해서는 도구 상자에서 "크기 조절 도구" 를 사용한다. 붙여넣기 직후의 나비 영역은 떠있는 선택$^{floating\ selection}$으로 지정되어 있다. 이 상태에서 "크기 조절 도구"를 사용하여 나비를 클릭하면 그림 4-2-5와 같이 크기 조절을 위한 격자와 [크기 조정] 대화상자가 나타난다. 격자의 상하좌우 모서리와 선분 가운데 위치하고 있는 사각형 모양의 핸들을 마우스로 드래그하거나 [크기 조정] 대화상자에서 크기를 직접 입력하여 나비의 크기를 변경할 수 있다. 최종 결과인 그림 4-2-2를 참조하여 나비의 크기를 설정한다. 크기를 변경할 때 키보드의 Ctrl 키를 누르고 핸들을 마우스로 드래그하면 영상의 가로 및 세로 크기의 비율을 유지하면서 크기를 변경할 수 있다. 크기 설정이 완료되면 Enter 키를 눌러 적용한다.

그림 4-2-5   크기 조절

영상 편집 작업을 수행하다 보면 이전 작업을 취소하고 재작업해야 하는 경우가 자주 발생한다. 이런 경우 메인 메뉴의 **[Edit 〉 Undo(편집 〉 실행 취소)]** 메뉴를 사용할 수 있지만 **[Undo History(실행 취소 이력)]** 대화상자를 사용하면 더욱 편리하다. 이 대화상자를 화면에 표시하려면 메인 메뉴의 **[Windows 〉 Dockable Dialogs 〉 Undo History(창 〉 도킹가능한 대화 〉 실행취소 이력)]** 메뉴를 실행한다.

06. 나비의 회전을 위해서는 "회전 도구" ▨를 사용한다. 사용 방법은 "크기 조절 도구"와 유사하다. 그림 4-2-2의 최종 결과를 확인하여 회전의 정도를 조절한다.

07. 합성한 나비는 배경과 너무 뚜렷하게 구분되고 있다. 이와 같은 결과는 영상을 합성한 것으로 쉽게 판별할 수 있는 원인이 된다. 조금 더 자연스러운 합성 결과를 만들기 위해서 나비의 경계를 부드럽게 처리하는 추가적인 작업을 수행한다. 우선 "사각 선택 영역 도구" ▨나 "타원 선택 영역 도구" ▨ 중에 하나를 선택한 후 선택 영역의 바깥 영역에서 마우스를 클릭하여 떠있는 선택 영역을 해제한다.

08. [레이어] 대화상자에서 그림 4-2-6과 같이 마우스 커서가 위치한 영역을 썸네일 thumbnail이라고 한다. 키보드의 Alt키를 누른 상태에서 나비를 포함한 레이어의 썸네일을 마우스로 클릭하면 나비 영역만을 선택영역으로 지정할 수 있다.

그림 4-2-6　썸네일을 사용한 선택 영역 지정

09. 나비 영역을 선택한 후 메인 메뉴의 [Select 〉 Border...(선택 〉 테두리...)] 메뉴를 실행하면 그림 4-2-7과 같이 [테두리 선택] 대화상자가 나타난다. "Border Selection by(테두리 선택 영역 량)"을 3~5px로 지정하고 아래쪽의 "Feather border(테두리 페더)" 항목을 함께 선택한 후 "확인" 버튼을 누른다.

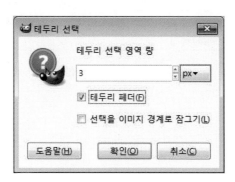

그림 4-2-7　테두리 선택

10. 선택한 영역에 대해 흐림 효과를 지정한다. 흐림 효과를 지정하기 위해서는 메인 메뉴의 [Filters 〉 Blur 〉 Gaussion Blur... (필터 〉 흐리게 〉 가우시안 블루어...)] 메뉴를 실행하면 가우시안 필터를 사용하여 선택 영역에 대한 평활화를 수행할 수 있다. [가우시안 블루어] 대화상자에서 블루어 반경$^{Blur\ Radius}$을 수평 및 수직에 대해 동일하게 3.0을 지정한다. 이 값이 클수록 흐림 효과는 강하게 나타난다. "미리 보기" 영역에서 적용 결과를 미리 확인할 수 있다. 선택 영역을 해제한 후에 결과를 살펴보면 나비의 경계가 흐릿해져 배경과 조금 더 자연스럽게 결합되는 것을 확인할 수 있다. 선택 영역을 해제하기 위해서는 메인 메뉴의 [Select 〉 None(선택 〉 없음)] 메뉴를 실행한다.

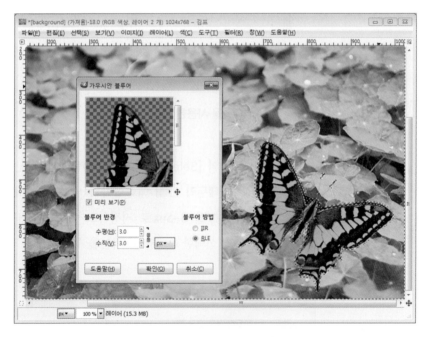

그림 4-2-8 테두리 선택

11. 두 번째 나비를 합성하기 위하여 부록 파일의 **[4장\01.GIMP-도구상자** **tortoiseshell.png]** 파일을 불러온다. 그런데 이 영상은 첫 번째 나비 영상하고는 다르게 나비의 배경도 다양한 색으로 구성되어 있다. 따라서 앞에서 사용한 "퍼 지 선택 영역 도구(Fuzzy Select Tool)" ▨를 사용하기에는 어려움이 있다.

12. 이번에는 나비 영역을 선택하기 위해 "자유 선택 영역 도구(Free Select Tool)" ▨를 사용한다. 이 도구는 마우스를 드래그하거나 클릭하여 선택 영역을 지정 할 수 있는 도구이다. 마우스를 드래그하여 이동하면 마우스의 자취를 따라 선 택 영역을 지정할 수 있고 마우스를 클릭하면 마우스 클릭한 각 지점을 직선으 로 연결하여 선택 영역을 지정할 수 있다.

13. 마우스를 사용하여 영역을 선택하기 때문에 정교한 선택이 어렵다. 그러나 영역 을 조금 잘못 선택했다고 처음부터 다시 선택 작업을 반복할 필요는 없다. 일부 잘못 선택한 영역을 쉽게 편집할 수 있는 퀵 마스크 모드를 사용할 수 있기 때 문이다. "자유 선택 영역 도구"를 사용하여 대략적으로 나비 영역을 선택한 후에 메인 메뉴에서 **[Select 〉 Toggle Quick Mask(선택 〉 퀵 마스크 전환)]** 메뉴를 선택한 다. 그림 4-2-9와 같이 기존의 선택 영역은 원래의 색으로 나타나지만 선택되지 않았던 영역은 빨간색이 겹쳐진 형태로 나타난다. 이 상태에서 "연필 도구(pencil Tool)" ✏나 "붓 도구(paint brush Tool)" ✏를 사용하여 선택영역을 편집할 수 있다. 검은색으로 칠하면 칠한 영역은 선택 영역에서 제외되고 흰색을 사용하 면 선택 영역에 포함시킬 수 있다. 전경색과 배경색은 도구 상자에서 지정할 수 있다.

그림 4-2-9 퀵 마스크 모드

14. 퀵 마스크 모드에서 편집 작업을 종료하였으면 메인 메뉴에서 [Select > Toggle Quick Mask(선택 > 퀵 마스크 전환)] 메뉴를 다시 선택하여 기본 편집 모드로 복귀한다. 이제 선택 영역을 복사한다. 이후 작업은 첫 번째 나비에 대해 수행한 것과 동일하다. "background.jpg"에서 다시 새로운 레이어를 추가한 후 복사한 두 번째 나비를 붙여넣은 후에 크기와 회전을 설정한다. 마지막으로 흐림 효과를 적용하여 자연스러운 합성 결과가 될 수 있도록 한다. 최종 결과인 그림 4-2-2를 참조한다.

15. 작업한 결과를 저장하기 위해서는 파일을 저장한다. BMP, JPEG, PNG 등의 일반적인 영상 포맷을 사용하면 작업 과정에서 생성한 레이어와 같은 정보들이 모두 사라진다. 이런 정보를 함께 저장하기 위해서는 GIMP의 고유 파일 형식인 xcf 형식을 사용한다. 메인 메뉴에서 [File > Save As...(파일 > 다른 이름으로 저장)]

메뉴를 실행하면 xcf 형식으로 저장할 수 있다. 문서 작업이나 웹 페이지에서 사용하기 위해서는 일반적인 영상 파일 형식으로 저장해야만 한다. 이때는 메인 메뉴의 [File 〉 Export As... (파일 〉 내보내기)] 메뉴를 사용한다.

❷ 복원 도구를 사용한 영상 복원

영상의 획득 단계에서 영상에 일부 흠집이 발생하는 경우가 발생할 수 있다. GIMP에서는 "복구 도구(Healing Tool)" 🍀 와 "도장 도구(Clone Tool)" 🎴 를 사용하여 흠집을 제거할 수 있다. "도장 도구"는 원본 지점의 내용을 대상 지점으로 그대로 복사하는 도구이고 "복구 도구"는 원본 지점의 내용을 대상 지점으로 복사하되 대상 지점의 내용과 적절히 혼합하여 표현하는 도구이다.

01. 부록 파일의 [4장\02.GIMP-도구상자\Ducky.xcf] 파일을 불러온다. 오리 인형의 주름을 모두 제거하고 오리의 눈을 한 개 더 추가하는 작업을 수행한다. 원본 영상과 최종 결과 영상은 그림 4-2-10과 같다.

그림 4-2-10　원본 영상(좌)과 결과 영상(우)

02. "복구 도구"와 "도장 도구"의 사용을 위해서는 우선 원본 지점에 대한 선택이 필요하다. 원본 지점은 키보드의 Ctrl키를 누른 상태에서 마우스 왼쪽 버튼을 클릭하여 지정할 수 있다. 이후 목표 지점으로 마우스를 이동하여 마우스를 드래그

하면 원본 지점의 내용이 복사되면서 원하는 결과를 만들 수 있다. 마우스를 드래그하는 동안은 원본 지점에서의 상대적인 거리와 방향이 유지되지만 일단 마우스 버튼을 놓으면 초기화된다. 이때 마우스를 드래그하면 다시 원본 지점을 기준으로 내용을 복사한다.

❸ 텍스트 도구를 사용하기

영상 편집 과정에서 텍스트의 입력은 빈번하게 이루어진다. 텍스트의 입력을 위해서는 "텍스트 도구(Text Tool)" **A**를 사용한다. 이번 실습에서는 "텍스트 도구"를 사용하여 입력한 글자 내부에 질감(무늬)을 채우는 방법에 대해 살펴본다. 결과 영상은 그림 4-2-11과 같다.

그림 4-2-11 텍스트 도구를 사용한 결과 영상

01. 우선 새로운 영상을 생성한다. 새로운 영상을 생성하기 위해서는 메인 메뉴의 [File 〉 New...(파일 〉 새 이미지)] 메뉴를 실행한다. 그림 4-2-12와 같이 [새 이미지 만들기] 대화상자에서 너비와 높이를 640x480의 크기로 지정한다. 고급 옵션을 펼치면 조금 더 다양한 영상의 속성을 설정할 수 있다.

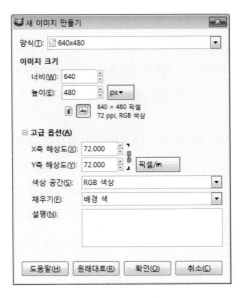

그림 4-2-12   새 영상 만들기

02. [도구 상자] 대화상자에서 "텍스트 도구" **A**를 선택한 후 아래쪽 [도구 옵션] 대화
상자에서 글꼴은 "Verdana", 크기는 170으로 설정한다. 새로운 창의 내부를 클
릭하면 텍스트 입력을 위한 커서가 표시되는데 그림 4-2-13과 같이 "GIMP"를
입력하고 인접한 도구 창에서 굵은 글씨체로 지정한다.

그림 4-2-13   텍스트 입력

03. 텍스트를 입력한 후에 "이동 도구(Move Tool)" ✛를 사용하여 글자의 위치를 영상의 정중앙으로 이동한다. 텍스트의 내용이나 속성을 변경하고자 할 때는 "텍스트 도구"를 선택한 후 입력한 글자를 다시 클릭한다. [레이어] 대화상자를 살펴보면 입력한 텍스트가 새로운 레이어에 추가된 것을 확인할 수 있다.

04. 이제 텍스트를 선택 영역으로 지정한다. 이 작업을 위해서는 앞에서 했던 것과 같이 [레이어] 대화상자에서 ALT 키를 누른 상태에서 텍스트 레이어의 썸네일을 클릭한다. 텍스트 레이어의 상단에 새로운 레이어를 추가한 후 [도구상자] 대화상자에서 "채우기 도구(Bucket Fill Tool)" 🖐를 선택한다. 그리고 그림 4-2-14와 같이 [도구 옵션] 대화상자의 "무늬로 채우기(pattern fill)" 항목에서 적당한 무늬를 선택한 후 선택 영역 내부를 클릭하여 선택한 무늬를 채운다.

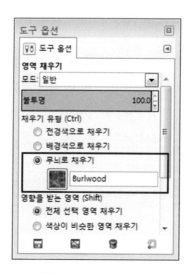

그림 4-2-14 텍스트 입력

2) GIMP의 활용

❶ 입체글자 만들기

이번 실습에서는 문자도구와 채널을 사용하여 글자에 입체감을 부여하는 방법을 살펴본다. 최종 결과는 그림 4-2-15와 같다.

그림 4-2-15 입체 글자 완성

01. 새 영상을 생성한다. 이때 영상의 크기는 너비 450 px, 높이 250 px로 지정한다. 새 영상을 생성한 후에 그림 4-2-16과 같이 **[도구상자]** 대화상자에서 전경색을 짙은 파란색으로 지정한다. 메인 메뉴의 **[Edit 〉 Fill with FG Color(편집 〉 전경색으로 채우기)]** 메뉴를 실행하여 선택한 전경색으로 전체 배경을 채운다.

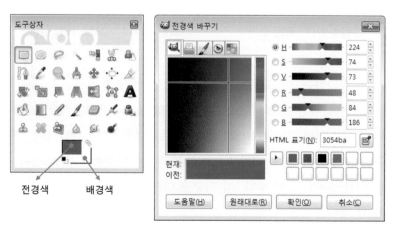

그림 4-2-16 전경색 설정

02. 이번에는 배경에 나타날 패턴을 만들어보자. 메인 메뉴에서 [Filter 〉 Noise 〉 HSV Noise...(필터 〉 잡음 〉 HSV 잡음...)] 메뉴를 실행한다. 그림 4-2-17과 같이 잡음을 추가한다. "색조(Hue)"와 "채도(Saturation)"는 0으로 설정하고 "명도(Value)"는 50으로 지정한다. "붙잡음(Holdness)"은 어떤 값을 사용하더라도 무방하다.

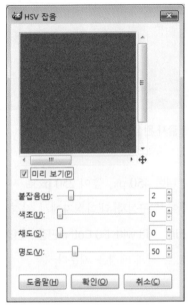
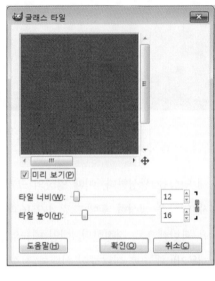

그림 4-2-17 잡음 추가   **그림 4-2-18 글래스 타일 설정**

03. 잡음을 추가하는 것만으로도 멋진 패턴이 만들어졌지만 조금 더 추가적인 작업을 수행한다. 메인 메뉴의 [Filter 〉 Artistic 〉 Glass Tile...(필터 〉 예술 〉 글래스 타일...)] 메뉴를 실행하면 그림 4-2-18의 [글래스 타일] 대화상자가 나타난다. "미리 보기" 영역을 확인하며 "타일 너비(Tile width)"와 "타일 높이(Tile height)"를 조정하여 원하는 패턴을 제작한다. 이 기능을 다시 한 번 더 적용하면 이전과는 다른 새로운 패턴을 만들 수 있다.

04. 현재 영상과 동일한 크기를 갖는 새로운 영상을 만든다. 이 영상에는 출력하고 싶은 텍스트를 입력한다. 이번 실습에서는 "GIMP"를 입력한다. 글꼴은

Verdana, 크기는 120 px로 지정하고 색은 회색 계열을 제외하고 사용한다. 글씨는 굵은체로 지정한다. 그림 4-2-19와 같이 추가된 텍스트 레이어에서 마우스 오른쪽 버튼을 눌러 팝업 메뉴를 표시한다. 이 메뉴에서 [Duplicate Layer(레이어 복제)] 메뉴를 실행하여 현재 레이어와 동일한 내용을 갖는 새로운 레이어를 추가한다. "GIMP #1" 레이어가 추가된다.

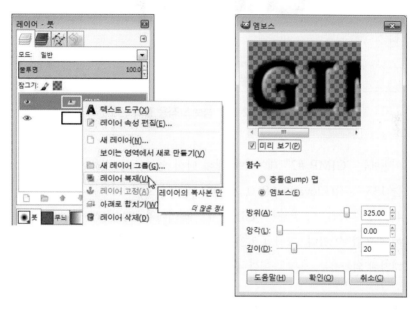

그림 4-2-19   레이어 복제   그림 4-2-20   엠보스 설정

05. 복제한 "GIMP #1" 레이어에 흐림 효과를 지정한다. 흐림 효과는 가우시안 필터를 사용하고 반경은 수평과 수직에 동일하게 9를 사용한다. 흐림 효과를 지정한 레이어를 다시 한 번 복제한다. "GIMP #2" 레이어가 추가된다. "GIMP #1" 레이어에 대해 메인 메뉴의 [Filter 〉 Distorts 〉 Emboss...(필터 〉 왜곡 〉 엠보스...)] 메뉴를 실행한다. 엠보스를 적용하기 위한 대화상자는 그림 4-2-20과 같다. 방위(Azimuth)는 325, 양각(Elevation)은 0, 깊이(Depth)는 20으로 지정한다. 적용 결과는 그림 4-2-21과 같다. 이 결과는 "GIMP #1" 레이어와 "배경" 레이어만을 표시한 경우에 확인할 수 있다. 일부 레이어를 숨기거나 표시하기 위해서는 [레이어] 대화상자의 눈 모양 아이콘을 클릭한다.

그림 4-2-21　엠보스 적용 결과

06. 이번에는 "GIMP #2" 레이어에 대해 다시 엠보스를 적용한다. 방위(Azimuth)
는 135, 양각(Elevation)은 0, 깊이(Depth)는 20을 지정한다. 적용 결과는 그림
4-2-22와 같다. 이 결과는 "GIMP #2" 레이어와 "배경" 레이어만을 표시한 경우
에 확인할 수 있다. 그림 4-2-21과 그림 4-2-22를 비교하면 빛의 방향이 서로 반
대편에 위치하는 것을 확인할 수 있다.

그림 4-2-22　엠보스 적용 결과

07. "GIMP #1" 레이어를 선택한 후 CTRL+A 를 눌러 전체 내용을 선택한 후 복사한다. 앞 에서 생성한 배경 영상을 활성화한 후 [채널] 대화상자를 표시한다. [채널] 대화상자는 메 인 메뉴의 [Windows 〉 Dockable Dialogs 〉 Channels(창 〉 도킹가능한 대화 〉 채널)] 메뉴를 실행하면 활성화된다. 그림 4-2-23과 같이 [채 널] 대화상자에서 "새 채널 만들기(Create a new channel)" 버튼을 사용하여 새로운 채널 을 추가한다. [새 채널] 대화상자의 값은 모두 기본 값을 사용한다.

그림 4-2-23   새 채널 추가

08. 새로 추가한 채널에 앞에서 복사한 내용을 붙 여 넣은 후 선택 영역을 해제한다. 비슷한 방 법으로 두 번째 영상에서 "GIMP #2" 레이 어를 선택한 후 CTRL+A를 눌러 전체 내용 을 선택한 후 복사한다. 배경 영상 창을 활성 화한 후 [채널] 대화상자에서 다시 새로운 채 널을 추가한 후 복사한 내용을 붙여 넣은 후 선택 영역을 해제한다. 그리고 그림 4-2-24와 같이 [채널] 대화상자의 색상 채널을 제외한 채널에 대해서는 눈 아이콘을 숨긴다.

그림 4-2-24   눈 아이콘 숨김

09. 배경 영상 창에 새로운 레이어를 추가한 후 [채널] 대화상자를 다시 활성화하고 그림 4-2-25와 같이 "채널" 채널의 썸네일을 ALT 키를 누른 상태로 마우스를 클릭하면 해당 채널의 내용을 선택영역으로 불러온다. [도구상자] 대화상자에서 전경색은 검은색, 배경색은 흰색으로 선택한 후 메인 메뉴의 [Edit 〉 Fill with BG Color(편집 〉 배경색으로 채우기)] 메뉴를 실행하여 선택 영역을 흰색으로 채운다.

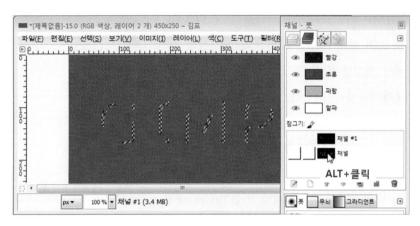

그림 4-2-25   선택 영역 불러오기

10. [채널] 대화상자를 다시 활성화하고 "채널 #1" 채널의 썸네일에서 Alt 키를 누른
상태로 마우스를 클릭하여 선택영역으로 불러온다. 그림 4-2-26과 같이 [레이
어] 대화상자의 최상단에 새로운 레이어를 추가하고 메인 메뉴의 [Edit 〉 Fill with
FG Color(편집 〉 전경색으로 채우기)] 메뉴를 실행하여 선택 영역을 검은색으로 채
운다.

그림 4-2-26   레이어 대화상자

11. 마지막으로 그림 4-2-26과 같이 [레이어] 대화상자의 상단에 있는 "불투명" 값을 조정하여 가장 자연스러운 결과를 생성한다. "불투명" 값은 100일 때 완전히 불투명한 상태이고 0이면 완전히 투명해진다. 투명한 레이어는 아래쪽 레이어의 내용이 중첩되어 함께 표시된다.

❷ 레이어 마스크를 사용한 영상 합성

01. 이번 실습에서는 레이어 마스크를 사용하여 영상을 합성하는 방법에 대해 살펴본다. 부록 파일의 [4장\02.GIMP-도구상자\마스크 합성 배경.jpg] 및 [마스크 합성 하늘.jpg] 파일을 불러온다.

02. '마스크 합성 하늘.jpg' 파일의 모든 내용을 선택한 후 복사한다. 그리고 '마스크 합성 배경.jpg' 영상을 활성화한 후 새로운 레이어를 추가하고 복사한 내용을 붙여넣기한다. "이동 도구(Move Tool)" ✥를 사용하여 그림 4-2-27과 같이 석양이 지는 하늘이 폭포 위에 위치하도록 한다.

그림 4-2-27 석양의 위치 지정

03. 메인 메뉴의 [Layer 〉 Mask 〉 Add Layer Mask...(레이어 〉 마스크 〉 레이어 마스크 추가)] 메뉴를 실행한다. 이때 레이어 마스크는 현재 레이어의 모든 내용이 투명하게 나타나도록 그림 4-2-28과 같이 "검은색(완전 투명)"을 선택한다. 그림에서는 변화가 없지만 [레이어] 대화상자를 확인하면 레이어 마스크가 적용된 상황임을 알 수 있다.

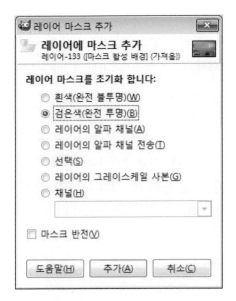

그림 4-2-28 레이어 마스크 추가

그림 4-2-29 붓 도구의 도구 옵션 설정

04. [도구상자] 대화상자에서 전경색을 흰색으로 설정한 후 "붓 도구(Paint bursh Tool)" ✏ 를 선택하고 [도구 옵션] 대화상자에서 그림 4-2-29와 같이 "불투명(Opacity)" 30, "크기(Size)" 50으로 설정한다.

05. 그림 4-2-30과 같이 "붓 도구"를 사용하여 전경색인 흰색으로 폭포 위의 하늘을 칠하면 이 부분은 불투명해지면서 현재 레이어의 내용이 화면에 표시된다. 이 과정을 붓의 크기와 불투명도를 변경해 가면서 반복한다. 반대로 현재 레이어의 내용을 투명하게 처리해야 하는 경우에는 전경색을 검은색으로 선택한 후 칠하면 된다.

그림 4-2-30 붓 도구를 사용한 영상 합성 처리

06. 하늘이 어두워졌으므로 배경도 조금 어둡게 변경한다. [레이어] 대화상자에서 "마스크 합성 배경.jpg" 레이어를 선택한 후 메인 메뉴의 [Color 〉 Brightness-Contrast...(색 〉 명도 대비)] 메뉴를 실행한다. [Brightness-Contrast(명도–대비)] 대화상자에서 명도를 −40으로 감소시킨다.

07. 마지막으로 텍스트를 입력하고 간단한 입체 효과를 지정한다. "텍스트 도구" **A** 를 선택한 후 [도구 옵션] 대화상자에서 글꼴은 "Verdana", 크기 "120"으로 지정한다. 정렬과 줄 간격은 그림 4-2-31과 같이 각각 오른쪽 정렬, −13.0으로 설정하고 글자 색은 초록 계열로 지정한다.

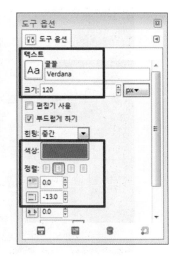

그림 4-2-31 텍스트 도구의 옵션 설정

08. 글자에 그림자 효과를 지정하기 위해 입력한 텍스트를 포함하는 레이어를 선택한 후 메인 메뉴의 [Filter 〉 Light and Shadow 〉 Drop Shadow... (필터 〉 빛과 그림자 〉 Drop Shadow...)] 메뉴를 실행한다. 그림 4-2-32의 [Drop Shadow] 대화상자에서 색(color)은 흰색을 지정하고 나머지는 그림과 같이 지정한다.

그림 4-2-32   Drop Shadow 필터의 옵션 설정

09. 텍스트의 위치를 오른쪽 하단으로 이동하여 작업을 마무리한다. 최종 결과는 그림 4-2-33과 같다.

그림 4-2-33   합성 결과

03 | BMP 파일구조의 이해 및 실습

BMP 파일은 MS Windows 운영체제의 기본 영상 포맷이다. 다른 영상 파일에 비해 구조가 단순하기 때문에 영상 파일의 구조를 학습하기에 적합하다. BMP 파일의 내부는 크게 헤더^{header}와 영상 데이터$^{image\ data}$ 영역으로 구분할 수 있다. 헤더는 영상 데이터의 해석에 필요한 정보들을 포함하며 영상 데이터는 영상을 구성하는 픽셀 값에 대한 정보를 포함한다. 이번 실습에서는 BMP 파일의 구조와 그 특성에 대해 먼저 살펴보고 C언어를 사용하여 BMP 파일을 불러오고 저장하는 방법에 대해 살펴본다.

1) BMP 파일의 구조

BMP 파일의 헤더는 그림 4-3-1과 같이 파일 헤더$^{file\ header}$, 비트맵 정보 헤더$^{bitmap\ information\ header}$, 참조 표$^{lookup\ table}$로 구성된다. 파일 헤더와 비트맵 정보 헤더는 영상 유형에 상관없이 필요하지만 참조 표는 영상 유형에 따라 존재하지 않을 수도 있다. 자세한 사항은 조금 후 살펴본다.

파일 헤더는 파일 식별자와 크기 등의 파일에 대한 정보를 포함한다. 그리고 비트맵 정보 헤더는 비트맵에 대한 세부 정보를 포함한다. 이 정보는 비트맵의 가로 및 세로 길이, 픽셀당 비트 수 등을 포함한다. 참조 표 영역은 영상 유형이 인덱스 컬러 영상인 경우에 필요한 참조 표$^{lookup\ table}$에 대한 정보를 저장한다. MS 윈도우즈의 API$^{Application\ Programming\ Interface}$는 BMP 헤더들에 대한 자료구조를 구조체 형식으로 제공한다. BMP 헤더 중에서 파일 헤더에 대한 API 구조체의 이름은 BITMAPFILEHEADER이고 비트맵 정보 헤더는 BITMAPINFOHEADER 구조체로 정의된다. 참조 표는 RGBQUAD 구조체로 표현되는데 RGBQUAD는 한 가지 색에 대한 정보를 저장할 수 있는 구조이다. 따라서 전체 참조 표는 이 구조체의 배열로 표현할 수 있다.

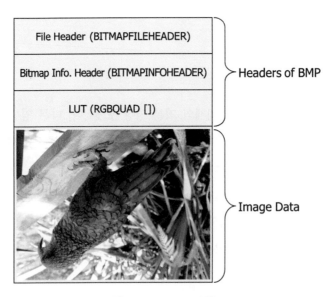

그림 4-3-1　BMP 파일 구조

❶ 파일 헤더

파일 헤더는 다음과 같이 5개의 멤버로 구성된 BITMAPFILEHEADER 구조체를 사용하여 표현한다.

```
typedef struct tagBITMAPFILEHEADER
{
    WORD            bfType;
    DWORD           bfSize;
    WORD            bfReserved1;
    WORD            bfReserved2;
    DWORD           bfOffBits;
} BITMAPFILEHEADER;
```

- bfType: BMP 파일을 구분할 수 있는 식별자인 0x4D42("BM")의 값을 저장함 (2바이트)

- bfSize: 바이트 단위로 파일의 총 데이터양을 나타냄(4바이트)

- bfReserved1, bfReserved2: 사용하지 않으며 항상 0의 값을 가짐(각 2바이트)

- bfOffBits: 파일 내에서 영상 데이터가 시작하는 위치(오프셋)를 나타냄(4바이트)

❷ 비트맵 정보 헤더

비트맵 정보 헤더는 다음과 같이 11개의 멤버로 구성된 BITMAPINFO-HEADER 구조체를 사용하여 표현한다.

```
typedef struct tagBITMAPINFOHEADER {
  DWORD biSize;
  LONG  biWidth;
  LONG  biHeight;
  WORD  biPlanes;
  WORD  biBitCount;
  DWORD biCompression;
  DWORD biSizeImage;
  LONG  biXPelsPerMeter;
  LONG  biYPelsPerMeter;
  DWORD biClrUsed;
  DWORD biClrImportant;
} BITMAPINFOHEADER;
```

- biSize: BITMAPINFOHEADER 구조체의 크기를 나타냄(4바이트)

- biWidth: 비트맵의 가로 길이를 픽셀 단위로 나타냄(4바이트)

- biHeight: 비트맵의 세로 길이를 픽셀 단위로 나타냄(4바이트)

- biPlanes: 비트 평면의 개수를 나타내며 항상 1의 값을 가짐(2바이트)

- biBitCount: 픽셀당 사용하는 비트의 수를 나타내며 1, 4, 8, 16, 24, 32 중의 하나의 값을 가짐(2바이트)

- biCompression: 비트맵의 압축 유형을 나타내는데 압축을 하지 않은 경우 BI_RGB 값을 가지며 RLE 압축의 경우 BI_RLE4 또는 BI_RLE8의 값을 가짐(4바이트)

- biSizeImage: 바이트 단위의 비트맵의 데이터양을 나타냄(4바이트)

- biXPelsPerMeter: 1m당 포함된 픽셀의 수를 사용하여 수평 해상도를 나타냄
  (4바이트)

- biYPelsPerMeter: 1m당 포함된 픽셀의 수를 사용하여 수직 해상도를 나타냄
  (4바이트)

- biClrUsed: 참조 표에 포함된 색의 수를 나타냄(4바이트)

- biClrImportant: 참조 표를 사용하는 경우 비트맵을 화면에 출력하기 위해 사
  용한 컬러 인덱스의 개수를 나타냄(4바이트)

❸ 참조 표

참조 표를 표현하기 위해 다음과 같은 RGBQUAD 구조체를 사용한다.
RGBQUAD는 참조 표 자체를 표현하는 것은 아니고 참조 표에 포함되는 하나의 색
을 표현한다. 따라서 전체 참조 표는 RGBQUAD 구조체의 배열을 사용하여 표현할
수 있다. 예를 들어, 256개의 색을 포함하는 참조 표는 길이가 256인 RGBQUAD
구조체 배열로 표현 가능하다. 참조 표는 항상 존재하는 것이 아니며 비트맵 정보 헤
더의 구조체 멤버인 biBitCount의 값이 24와 32인 경우에는 참조 표가 존재하지 않
는다.

```
typedef struct tagRGBQUAD
{
    BYTE            rgbBlue        ;
    BYTE            rgbGreen;
    BYTE            rgbRed;
    BYTE            rgbReserved1;
} RGBQUAD;
```

- rgbBlue: 파란색 성분의 값을 나타냄

- rgbGreen: 녹색 성분의 값을 나타냄

- rgbRed: 빨간색 성분의 값을 나타냄

- rgbReserved1: 사용하지 않으며 0의 값을 가짐

❹ BMP 파일의 구조에 대한 예제

01.

부록 파일의 [4장 〉 03.BMP 〉 sample_color.bmp] 파일을 불러온다. 헥스 에디터^{hex editor}를 사용하면 파일 내부를 확인할 수 있다. 헥스 에디터를 사용하여 'sample_color.bmp' 파일을 불러온다. 헥스 에디터는 2장 실습에서 사용한 XVI32 프로그램을 사용한다. 이 프로그램은 www.chmaas.handshake.de/delphi/freeware/xvi32/xvi32.htm에서 다운로드할 수 있다. 그림 4-3-2는 'sample_color.bmp'의 내부 데이터를 나타낸다. 파일의 시작 위치에서 순서대로 파일 헤더와 비트맵 정보 헤더가 위치하는데 그림 4-3-2에서는 이들을 색으로 구분하여 표시하였다.

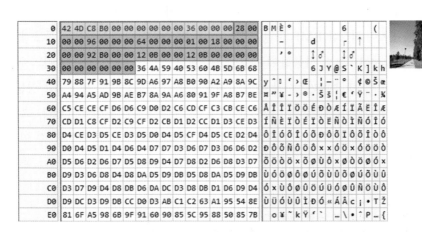

그림 4-3-2   BMP 파일 샘플

MS Windows에서는 리틀 엔디언^{little endian} 방식을 사용하여 파일에 데이터를 저장한다. 리틀 엔디언에서는 하위 바이트가 상위 바이트보다 먼저 저장된다. 파일 헤더의 처음 2바이트는 BMP 파일 여부를 나타내는 식별자이다. BMP 파일이므로 그림 4-3-2의 처음 2바이트에는 0x4D42("BM")의 값이 저장되어 있는 것을 확인할 수 있다. 다음 4바이트는 파일의 크기를 나타내며 0x0000B0C8(45256)이므로 이 파일의 크기는 452bytes이다. 비슷하게 비트맵 정보 헤더를 살펴보면 비트맵의 가로 및 세로 길이는 각각 8픽셀이며 픽셀당 비트 수는 24이다. 그리고 참조 표에 포함된 색의 개수는 0이므로 참조 표는 존재하지 않는다.

02. 이번에는 영상 데이터에 대해 살펴보자. 그림 4-3-2의 파일 헤더에서 영상 데이터의 시작 위치는 0x36인 것을 알 수 있다. 앞에서 살펴본 것과 같이 이 영상은 참조 표를 포함하지 않으므로 비트맵 정보 헤더의 바로 다음에 영상 데이터가 위치한다. 이 영상은 픽셀당 3바이트로 구성되는 트루 컬러 영상이므로 첫 번째 영상 데이터(픽셀)의 값은 0x36, 0x4A, 0x59이다. 이 값들은 순서대로 파랑(B), 녹색(G), 빨강(R) 성분에 해당한다. 이 픽셀의 값을 빨간색으로 변경해보자. 빨간색에 대한 R, G, B 성분의 값은 순서대로 0xFF(255), 0x00(0), 0x00(0)이다. 헥스 에디터의 0x36번지에서 시작하는 기존의 값을 0x00, 0x00, 0xFF로 변경한 후 BMP 파일의 이름을 다른 이름으로 저장한다.

03. 이제 GIMP를 사용하여 영상의 변경 사항을 직접 확인해보자. GIMP에서 새로운 이름으로 저장한 BMP 파일을 불러온 후 [도구상자] 대화상자에서 돋보기 도구(zoom tool) 🔍 를 사용하여 영상을 확대한다. 영상을 확인했을 때 어느 위치의 픽셀이 변경되었을까? 시작 위치의 픽셀 값을 변경했음에도 불구하고 영상의 시작 지점 픽셀인 왼쪽 상단이 아니라 오른쪽 하단 지점의 픽셀일 것이다. 그 이유는 조금 후에 살펴본다. 그림 4-3-3에서 픽셀 값 변경 결과를 확인할 수 있다.

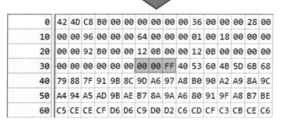

그림 4-3-3 픽셀 값 변경 결과

다른 유형의 영상에 대한 내부 구조는 여러분들이 직접 확인해 보자.

예를 들어 **[4장 〉 03.BMP 〉 sample_gray.bmp]** 파일을 사용하면 그레이스케일 영상의 구조에 대해 확인할 수 있다.

2) BMP 파일의 주요 특징

❶ 픽셀 접근

영상처리를 위해서는 영상 내의 픽셀에 대한 접근이 가능해야 한다. 영상은 개념적으로 2차원 구조를 갖는다. 따라서 픽셀은 좌표 (x, y) 또는 위치 (r, c)로 구분한다. 그런데 파일에 저장된 영상 데이터는 2차원 구조가 아니다. 파일은 1차원 구조이므로 영상 데이터도 1차원으로 저장된다. 영상이 1차원으로 저장된다는 것은 각 행이 연속적으로 저장되는 것을 의미한다. 그림 4-3-4를 살펴보자. 2차원 배열에서 A 지점의 데이터(원소)는 value2D[1][2]로 나타낼 수 있다. A의 좌표는 $(2, 1)$, 위치는 $(1, 2)$이다. 그런데 1차원 배열에서는 A 지점을 value1D[12]로 나타낼 수 있다. 그럼 value2D[1][2]와 value1D[12]는 어떤 관계가 있을까? 관계식은 다음과 같다.

$$12 = 1 \times 10 + 2$$
$$= y(r) \times width + x(c)$$

식에서 알 수 있듯이 영상의 좌표(2차원)가 주어졌을 때 파일에 저장된 영상에서의 위치(1차원)를 계산할 수 있다. width는 영상의 가로 길이이다. BMP 파일에서는 비트맵 정보 헤더에서 영상의 가로 길이를 알 수 있다.

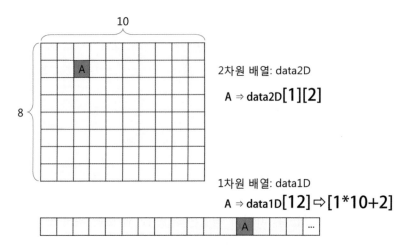

그림 4-3-4   2차원 배열과 1차원 배열에서의 위치 관계

❷ BMP 파일 특징

영상의 크기가 150×50인 8비트 그레이스케일 영상을 사용할 때 (x, y) 좌표가 (2, 1)인 지점의 픽셀에 접근하기 위한 1차원 배열의 인덱스를 계산해보자. 조금 전에 살펴본 것처럼 인덱스는 $x \times \text{width} + y = 1 \times 150 + 2 = 152$가 된다. 그림으로 살펴보면 그림 4-3-5와 같다.

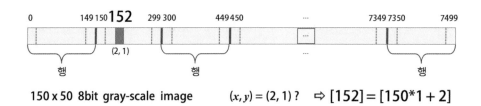

150 x 50 8bit gray-scale image $(x, y) = (2, 1)$?   ⇨ $[152] = [150*1 + 2]$

그림 4-3-5   (2, 1) 좌표에 대한 1차원 인덱스 계산

그런데 BMP 파일에서의 실제 인덱스 값은 154이다. 그 이유는 BMP 파일이 가지는 첫 번째 특징 때문이다. BMP 파일에서는 각 행의 영상 데이터가 4바이트의 배수로 저장된다. 가로 길이가 150픽셀인 8비트 그레이스케일 영상의 각 행은 150바이

트(1바이트 × 150픽셀)의 데이터양을 갖는다. 그런데 150바이트는 4바이트의 배수가
아니다. 이런 경우에는 패딩 데이터를 포함한다. 150바이트가 4바이트의 배수가 되
기 위해서는 2바이트가 더 필요하므로 2바이트만큼의 패딩 데이터가 존재한다. 영상
의 가로 길이는 150픽셀이지만 인덱스 계산을 위해서는 가로 길이를 152로 처리해야
하는 것이다. 결과적으로 1차원 구조는 그림 4-3-5가 아닌 그림 4-3-6과 같다.

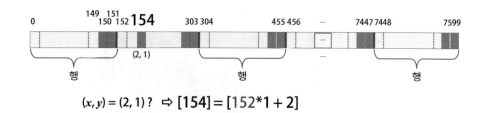

$$(x, y) = (2, 1) \,? \;\Rightarrow\; [154] = [152*1 + 2]$$

그림 4-3-6 (2, 1) 좌표에 대한 1차원 인덱스 계산

그림 4-3-6에서 확인할 수 있듯이 (x, y) 좌표에 대한 1차원 인덱스는 다음과 같이
계산할 수 있다.

$$(x, y) \Longrightarrow [\,y \times widthStep + x\,]$$

widthStep은 4바이트 단위로 이루어진 한 행을 구성하는 바이트 수인데 영상의 가
로 길이와 픽셀당 비트 수로부터 계산한 한 행의 총 비트 수 또는 총 바이트 수로부
터 계산할 수 있다. widthStep의 계산식은 다음과 같다. bytesPerRow는 한 행의 총
바이트 수(가로 길이×픽셀당 바이트 수×채널 수)이고 bitsPerRow는 한 행의 총 비트
수(가로 길이×픽셀당 비트 수×채널 수) 이다.

$$widthStep = ((bytesPerRow + 3) \div 4) \times 4$$
$$or$$
$$widthStep = ((bitsPerRow + 31) \div 32) \times 32$$

BMP 파일의 비트맵 데이터는 그림 4-3-7과 같이 상하 반전되어 저장된다. 이것

이 BMP 파일의 두 번째 특징이다. BMP 파일에서는 영상의 마지막 행이 파일의 시작 위치에 저장되고 영상의 첫 번째 행은 파일의 마지막 위치에 저장된다. 결론적으로 (x, y) 좌표에 대한 1차원 인덱스는 다음과 같이 계산할 수 있다. height에 1을 빼는 것은 영상의 y좌표가 0부터 시작하기 때문이다.

$$(x, y) \Longrightarrow [(height - 1 - y) \times widthStep + x]$$

그림 4-3-7　BMP 파일의 영상 상하 반전

3) BMP 파일 실습

❶ 영상 밝기 반전

앞에서 살펴본 BMP 파일의 구조에 기반을 두고 비트맵에서 픽셀의 값을 읽어서 처리하는 방법에 대해 실습한다. 입력한 BMP 영상의 밝기를 반전한 후 새로운 BMP 파일로 저장하는 과정에 대해 살펴본다. 8비트 그레이스케일 영상을 입력으로 사용하여 영상의 밝기를 반전한 후 그 결과를 트루 컬러 영상으로 저장한다. 소스 코드는 리스트 4-3-1과 같다. 실습에서는 input.bmp 파일을 사용하므로 visual studio 프로젝트의 최상위 폴더나 실행 파일이 위치한 폴더에 해당 이름의 BMP 파일이 존재해야 한다.

리스트 4-3-1 영상 반전을 위한 소스코드

```
1    #include <stdio.h>
2    #include <windows.h>
3
4    #define WIDTHBYTES(bits) (((bits)+31)/32*4)
5
6    int main() {
7        FILE *file;        // file pointer
8        BITMAPFILEHEADER hf;        // 파일헤더 (bmp file header)
9        BITMAPINFOHEADER hInfo;     // bitmap information header
10       int rwsize, rwsize2;        // 라인 당 바이트수 (bytes per a line)
11       BYTE *lpImg;       // pointer for input image data)
12       BYTE *lpOutImg;    // pointer for output image data)
13       int x, y;
14
15       // 입력 영상 파일을 연다
16       file = fopen( "input.bmp", "rb" );
17       if( file==NULL ) {
18           printf( "There is no file!!! \n" );
19           return -1;
20       }
21       fread( &hf, sizeof(BITMAPFILEHEADER), 1, file ); // 파일 헤더 읽음
22       if(hf.bfType!=0x4D42) // BMP 포맷 ('BM') 인지를 확인
23           return -1;
24
25       fread( &hInfo, sizeof(BITMAPINFOHEADER), 1, file );
26       printf("Image Size: (%3dx%3d) \n",
27               hInfo.biWidth, hInfo.biHeight);
28
29       // 8 bit 회색톤 영상만을 입력으로 받음
30       if( hInfo.biBitCount != 8 || hInfo.biClrUsed != 0 ) {
31           printf( "Bad File format!! \n" );
32           return -1;
33       }
34
35       // 입출력 데이터를 위한 라인의 바이트 수 계산
36       rwsize = WIDTHBYTES( hInfo.biBitCount*hInfo.biWidth ); // 입력 영상
37       rwsize2 = WIDTHBYTES( 24*hInfo.biWidth ); // 출력 영상
38
39       fseek ( file, hf.bfOffBits, SEEK_SET ); // 비트맵 데이터가 시작되는
40                                               // 위치로 파일 포인터를 이동
41       // 입력 영상 데이터를 위한 메모리 할당
42       lpImg = (BYTE *)malloc( rwsize*hInfo.biHeight );
43
44       // 영상 데이터를 입력 영상으로부터 읽음
45       fread( lpImg, sizeof(char), rwsize*hInfo.biHeight, file );
46       fclose( file );
47
```

```
48          // 출력 영상 데이터를 위한 메모리 할당
49          lpOutImg = (BYTE *)malloc( rwsize2*hInfo.biHeight );
50
51          for( y=0; y<hInfo.biHeight; y++ ) {
52              for( x=0; x<hInfo.biWidth; x++ ) {
53                  lpOutImg[y*rwsize2+3*x+2] = 255-lpImg[y*rwsize+x]; /* R */
54                  lpOutImg[y*rwsize2+3*x+1] = 255-lpImg[y*rwsize+x]; /* G */
55                  lpOutImg[y*rwsize2+3*x+0] = 255-lpImg[y*rwsize+x]; /* B */
56              }
57          }
58          // 트루컬러 포맷으로 변환 영상을 저장
59          hInfo.biBitCount = 24;
60          hInfo.biSizeImage = rwsize2*hInfo.biHeight;
61          hInfo.biClrUsed = hInfo.biClrImportant = 0;
62          hf.bfOffBits = 54; // There is no palette
63          hf.bfSize = hf.bfOffBits + hInfo.biSizeImage;
64
65          file = fopen( "output.bmp", "wb" );
66
67          fwrite( &hf, sizeof(char), sizeof(BITMAPFILEHEADER), file );
68          fwrite( &hInfo, sizeof(char), sizeof(BITMAPINFOHEADER), file );
69          fwrite( lpOutImg, sizeof(char), rwsize2*hInfo.biHeight, file );
70
71          fclose( file );
72
73          // 메모리 해제
74          free( lpOutImg );
75          free( lpImg );
76
77          return 0;
78      }
```

라인	설명
02	파일 헤더, 비트맵 정보 헤더 등의 구조체를 정의하는 <windows.h> 헤더 파일 포함
04	4바이트 단위의 행에 대한 데이터양을 계산하기 위한 매크로
16	실행 파일이 위치한 폴더에서 input.bmp 파일을 찾아 오픈함
22	파일 헤더를 읽음
23	입력 파일이 BMP 포맷인지를 확인

26	비트맵 정보 헤더를 읽음
27	비트맵의 가로 및 세로 길이 출력
30	BMP 파일이 8비트 그레이스케일 영상인지를 확인함. 이 프로그램은 8비트 그레이스케일 영상만을 지원함. 8비트 그레이스케일 영상과 8비트 인덱스 컬러 영상은 모두 biBit-Count의 값이 8이므로 biBitCount만으로는 비트맵의 종류를 구분할 수 없음. 8비트 그레이스케일은 참조표가 없지만 8비트 인덱스 컬러 영상은 참조표가 존재하므로 이 두 종류를 구분하기 위해 biClrUsed 멤버를 사용함
36	입력 영상에서의 각 행의 바이트 수를 계산(입력 영상은 8비트 그레이스케일 영상임)
37	출력 영상에서의 각 행당 바이트 수를 계산(출력 영상은 24비트 트루 컬러 영상임)
39	비트맵 데이터가 시작하는 위치로 파일 포인터 이동. 8비트 그레이스케일 영상은 내부적으로 사용되지는 않지만 파일의 헤더 영역에 참조 표에 관한 정보가 저장되어 있음. 이를 건너뛰어 비트맵 데이터에 대한 접근을 위해 필요
43	입력 비트맵 데이터를 위한 메모리 할당
46	입력 비트맵 데이터를 파일에서 읽음. rwsize*biHeight 바이트만큼의 데이터를 파일에서 한 번에 읽음
50	입력 비트맵 데이터를 위한 메모리 할당
52 ~ 58	입력 영상의 각 픽셀에 대한 밝기 값을 읽어 반전한 후 출력 영상에 저장함. 입력 영상은 8비트 그레이스케일 영상이므로 각 픽셀은 하나의 밝기 값으로 구성되지만 출력 영상은 트루 컬러 영상이므로 각 픽셀은 R, G, B의 구성요소를 포함함. 반전된 밝기 값은 출력 영상의 R, G, B 구성요소에 동일하게 복사됨. BMP 파일에서는 트루 컬러 영상의 R, G, B 값이 B, G, R의 순서로 저장
61 ~ 65	입력 영상의 헤더 정보를 일부 변경하여 출력 영상에 대한 헤더 정보를 생성
67	실행 파일이 포함된 폴더에 output.bmp 이름으로 출력 파일을 생성하여 오픈함
69 ~ 71	출력 영상의 파일 헤더, 비트맵 정보 헤더, 비트맵 데이터의 순으로 파일에 출력

〈입력 영상〉   〈출력 영상〉

그림 4-3-8   실행 결과

4) 심화 학습 1

개별적으로 다음 실습을 수행해보자.

01. 8비트 그레이스케일 영상과 트루 컬러 영상에 대한 영상 밝기 반전을 수행한다. 이때 입력 영상의 포맷과 동일한 결과 영상을 생성한다.

02. 명령행 인자를 사용하여 사용자로부터 입력 파일이름을 전달받는다. 프로그램 실행 형식은 다음과 같다.

형식: invertingImage source.bmp result.bmp

03. 결과 영상의 지정한 위치에 사각형을 출력한다.

심화 학습에 대한 실행 결과 영상은 그림 4-3-9와 같다.

| 〈입력 영상〉 | 〈출력 영상〉 |

그림 4-3-9 **실행 결과**

5) **심화학습** 2

01. 압축하지 않은 BMP 파일을 사용하여 히스토그램 확장 및 축소 기능을 수행하는 프로그램을 작성한다.

02. 압축하지 않은 BMP 파일을 사용하여 히스토그램 균일화를 수행하는 프로그램을 작성한다.

03. 압축하지 않은 BMP 파일을 사용하여 주어진 마스크로 컨볼루션을 수행하는 프로그램을 작성한다.

04. 압축하지 않은 BMP 파일을 사용하여 에지 검출을 수행하는 프로그램을 작성한다.

04 OpenCV를 사용한 영상처리 기초

1) OpenCV 라이브러리의 이해

OpenCV는 컴퓨터비전과 영상처리를 위한 공개 라이브러리이다. 소스코드가 공개되어 있으므로 일부 기능을 수정하거나 확장하여 사용하는 것도 가능하다. OpenCV 라이브러리는 1999년 인텔 연구 프로젝트[Intel research project]로 시작하여 2007 년 5월에 1.0 버전을 공개하였다. 현재 윈도우즈, 유닉스, 안드로이드, iOS 등의 다양한 운영체제를 지원하고 있으며 C, C++, Python, JAVA(안드로이드만 해당) 등의 언어를 사용하여 개발할 수 있다. OpenCV는 현재 open source BSD License를 따른다. OpenCV와 관련된 사이트는 다음과 같다.

- 홈페이지: http://opencv.org
- 온라인 도움말: http://docs.opencv.org
- Q&A 포럼: http://answers.opencv.org
- 개발자 포럼: http://code.opencv.org
- 다운로드: http://sourceforge.net/projects/opencvlibrary/files/

OpenCV는 크게 C 언어 기반의 1.x 버전과 C++(객체지향) 언어 기반의 2.x 버전으로 구분할 수 있다. 그림 4-4-1은 OpenCV 1.x 버전의 주요 모듈이고 표 4-3-1은 OpenCV 2.x 버전의 주요 모듈에 대한 설명이다.

그림 4-4-1 OpenCV 1.x 버전의 주요 모듈

표 4-4-1 OpenCV 2.x 버전의 주요 모듈

모듈	기능
core	주요 핵심 기능
imgproc	영상처리
highgui	고수준 GUI와 미디어 입출력
video	비디오 분석
calib3d	카메라 보정(camera calibration)과 3D 복원
features2d	2D 특징 프레임워크(2D features framework)
objdetect	객체 검출(object detection)
ml	기계 학습(machine learning)
flann	다차원 공간에서의 클러스터링 및 검색
gpu	GPU 가속화
photo	computational photography
stitching	파노라마(images stitching)
nonfree	유료 기능들(non-free functionality)
contrib	실험적인 기능들
legacy	더 이상 사용하지 않는 기능들

OpenCV 라이브러리를 다운로드하여 압축을 해제하면 별도의 설치과정이나 컴파일 과정 없이 사용할 수 있다. 그러나 예제 프로그램을 생성하거나 소스코드를 변경하고자 하는 경우에는 소스코드에 대한 컴파일 과정이 필요하다. 이번 실습에서는 소스코드에 대한 컴파일 방법은 생략한다. OpenCV 라이브러리는 C:\OpenCV에 압축을 해제한다. 압축을 해제한 후에 생성되는 폴더를 확인하자. 표 4-4-2의 폴더들을 확인할 수 있다.

표 4-4-2 OpenCV 2.x 버전의 주요 폴더

폴더명	내용
3rdparty	3rd party 코드
android	안드로이드용 OpenCV
apps	응용 프로그램 코드 및 데이터
build	주요 플랫폼으로 빌드된 결과 파일
cmake	CMake용 파일
data	XML 학습 데이터
doc	사용자 가이드, 도움말 등의 문서
include	헤더 파일
ios	iOS 관련파일
modules	모듈별 소스코드
samples	예제 코드

그림 4-4-2는 build 폴더에서 윈도우즈 32비트 버전을 위한 정적 및 동적 라이브러리에 대한 리스트이다. 라이브러리의 이름에 있는 숫자는 버전을 의미하므로 최신 버전의 라이브러리를 사용하는 경우에는 이름이 다를 수 있다. 그림에서는 MS Visual Studio 9.0과 10.0에 대한 라이브러리를 제공하는 것을 확인할 수 있다. 최신 버전의 OpenCV에서는 11.0과 12.0을 제공한다.

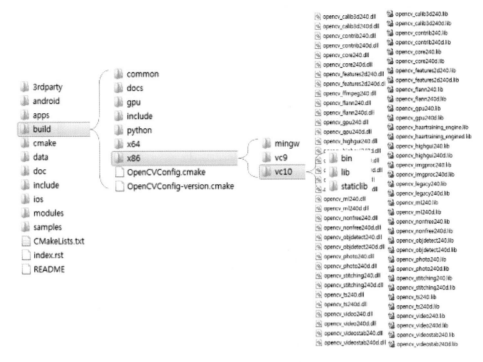

그림 4-4-2 build 폴더의 파일 리스트

2) OpenCV 라이브러리를 위한 환경설정

01. OpenCV 라이브러리를 사용하여 응용프로그램을 개발하기 위해서는 정적 및 동적 라이브러리가 위치한 경로를 지정해야 한다. 이번 실습에서는 윈도우즈 7 및 Visual Studio 10.0을 기준으로 방법을 설명한다. 그림 4-4-3과 같이 윈도우즈의 시작 메뉴에서 "제어판"을 실행한 후 "시스템 및 보안" 그리고 "시스템"을 순서대로 클릭한다.

02. 그림 4-4-4의 "고급 시스템 설정" 항목을 눌러 나타나는 대화상자에서 "고급" 탭을 선택한 후 하단의 "환경 변수" 버튼을 클릭한다.

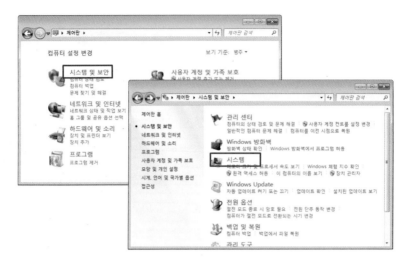

그림 4-4-3 환경 설정 1단계

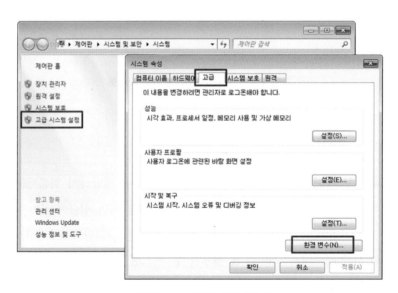

그림 4-4-4 환경 설정 2단계

03. 그림 4-4-5의 **[환경 변수]** 대화상자에서 "Path" 항목을 찾아 기존 경로에
OpenCV 라이브러리의 경로를 추가한다. 추가할 경로는 다음과 같다.

···; C:\opencv\build\x86\vc10\bin

그림 4-4-5   환경 설정 3단계

04. 환경을 설정한 후에 응용프로그램의 정상적인 실행을 위해 tbb 라이브러리를 다운로드한다. tbb 라이브러리는 다음의 사이트에서 다운로드할 수 있다. tbb 라이브러리는 다중 스레드에 대한 사용이 가능하도록 지원한다.

http://threadingbuildingblocks.org/ver.php?fid=174

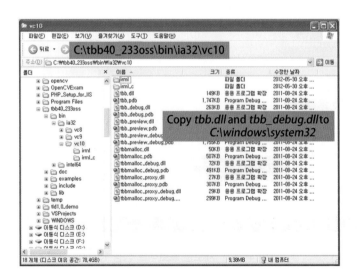

그림 4-4-6   tbb 라이브러리 복사

05. 라이브러리 파일을 다운로드한 후에 압축을 해제하고 tbb.dll 파일과 tbb_debug.dll 파일을 C:\windows\system32 폴더에 복사한다. 이때 Visual Studio 버전을 확인하여 복사하도록 한다. 그림 4-4-6을 참조한다.

3) OpenCV 라이브러리를 사용한 첫 번째 프로그램 제작

01. OpenCV 라이브러리를 사용하는 첫 번째 프로그램에서는 영상을 불러와서 화면에 표시한 후 별다른 처리 없이 새로운 이름으로 저장하는 과정에 대해 살펴본다. Visual Studio를 실행한 후 새로운 프로젝트를 생성한다. 새로운 프로젝트의 생성은 메인 메뉴의 [File 〉 New Project 〉 Project… (파일 〉 새로 만들기 〉 프로젝트…)] () 메뉴를 실행한다. 그림 4-4-7의 [새 프로젝트] 대화상자에서 템플릿을 "win32 콘솔 응용 프로그램$^{win32\ Console\ Application}$"을 선택하고 대화상자 하단의 프로젝트 이름을 "OpenCVTest"로 지정한다.

그림 4-4-7 새로운 프로젝트 생성 1단계

02. 그림 4-4-8의 **[Win32 응용 프로그램 마법사]** 대화상자에서 "콘솔 응용 프로그램 (Console Application)"과 "빈 프로젝트(Empty Project)" 항목을 선택한다.

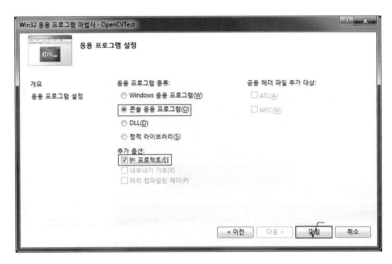

그림 4-4-8 새로운 프로젝트 생성 2단계

03. 프로젝트가 만들어진 후에 OpenCV 라이브러리를 사용 가능하도록 Visual Studio 10.0을 위한 환경 설정을 해야 한다. 이번 실습에서는 프로젝트 속성 시트(project property sheet)를 사용하여 환경 설정을 수행한다. 속성 시트를 사용하면 한번 만들어진 속성 시트를 재활용할 수 있는 장점이 있다.

04. 메인 메뉴의 **[View 〉 Property Manager(보기 〉 속성 관리자)]**메뉴를 실행한다. 그림 4-4-9와 같이 **[Debug 〉 Win32]** 항목 위에서 마우스 오른쪽 버튼을 눌러 나타나는 팝업 메뉴에서 **[새 프로젝트 속성 시트(Add New Project Property Sheet)]** 메뉴를 실행한다.

그림 4-4-9 속성 시트 추가

05. 그림 4-4-10의 **[새 항목 추가]** 대화상자에서 새로운 속성 시트의 이름을 "OpenCVProjectD"로 지정한 후 "추가" 버튼을 클릭한다.

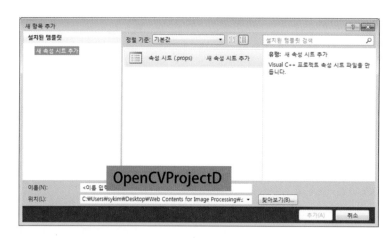

그림 4-4-10 [새 항목 추가] 대화상자

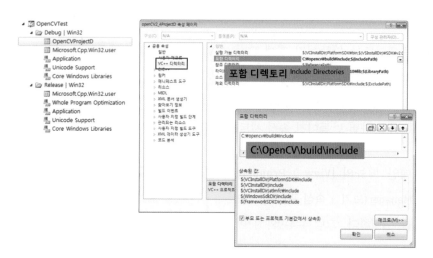

그림 4-4-11 포함 파일의 경로 추가

06. "속성 관리자"에서 "OpenCVProjectD" 항목을 확인한 후 이 항목을 더블클릭하여 나타나는 **[속성 페이지]** 대화상자의 그림 4-4-11과 같이 왼쪽 메뉴 항목에서 "VC++ 디렉토리"를 항목을 선택한다. 이후 오른쪽 영역에서 "포함 디렉토리

(Include Directories)" 항목에 OpenCV에서 제공하는 포함 파일에 대한 접근이 가능하도록 "C:\OpenCV\build\include"를 추가한다.

07. 비슷한 방법으로 그림 4-4-12와 같이 라이브러리 디렉토리를 추가한다.

그림 4-4-12 라이브러리 파일의 경로 추가

08. 마지막으로 그림 4-4-13과 같이 "추가 종속성(Additional Dependencies)"을 추가한다. OpenCV의 버전에 따라 파일에 포함된 숫자는 달라지므로 버전에 맞게 수정해서 사용하면 된다.

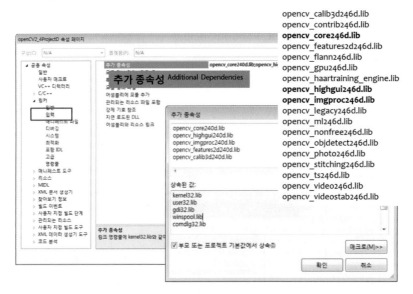

opencv_calib3d246d.lib
opencv_contrib246d.lib
opencv_core246d.lib
opencv_features2d246d.lib
opencv_flann246d.lib
opencv_gpu246d.lib
opencv_haartraining_engine.lib
opencv_highgui246d.lib
opencv_imgproc246d.lib
opencv_legacy246d.lib
opencv_ml246d.lib
opencv_nonfree246d.lib
opencv_objdetect246d.lib
opencv_photo246d.lib
opencv_stitching246d.lib
opencv_ts246d.lib
opencv_video246d.lib
opencv_videostab246d.lib

그림 4-4-13 추가 종속성 지정

09. 지금까지 Debug 모드에서 개발을 하기 위한 속성 시트의 추가와 설정 방법을 살펴보았다. Release 모드를 위해서는 새로운 속성 시트를 추가하고 동일한 방법으로 속성 시트를 설정하면 된다. 속성 시트의 설정 단계 중 추가 종속성 지정 단계에서 Release 모드를 위한 라이브러리 파일들은 파일명의 숫자 뒤에 "d"를 포함하지 않으므로 "d"를 생략하고 입력하면 된다.

10. 이제 소스 코드를 입력하기 위한 소스 파일을 추가한다. 메인 메뉴의 [View 〉 Solution Explorer(보기 〉 솔루션 탐색기)] 메뉴를 실행한 후 그림 4-4-14와 같이 "소스 파일(Source Files)" 항목 위에서 오른쪽 마우스 버튼을 클릭하여 나타나는 메뉴에서 [Add 〉 New Items(추가 〉 새 항목)] 메뉴를 실행한다.

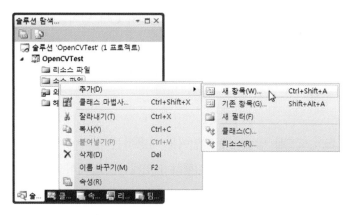

그림 4-4-14 소스 파일 추가 1단계

11. [새 항목 추가] 대화상자에서 그림 4-4-15와 같이 파일의 유형을 "C++ 파일"을 선택한 후 대화상자의 아래쪽에서 파일의 이름을 "main.cpp"로 지정한다. "추가" 버튼을 눌러 작업을 종료한다.

그림 4-4-15 소스 파일 추가 2단계

앞에서 설명한 것과 같이 OpenCV는 C 언어와 C++ 언어를 모두 지원한다. C++ 언어를 사용하면 객체지향 방식으로 프로그래밍이 가능하다. 이번 예제에서는 우선 C 언어 방식으로 개발하는 방식에 대해 살펴보고 다음으로 C++ 언어를 사용하는 방법에 대해 살펴본다.

12. 이제 소스 코드를 입력한다. C언어를 사용하는 경우이며 소스 코드는 리스트 4-4-1과 같다. 이 프로그램을 실행하기 위해서는 앞에서 생성한 프로젝트의 최상위 폴더에 사용할 그림 파일을 위치시켜야 한다. 이 책에서는 "lena.png" 파일을 사용하였지만 여러분은 사용 가능한 다른 영상을 사용하면 된다. 프로그램을 실행하면 그림 4-4-16과 같이 창이 표시되면서 그림이 출력된다.

리스트 4-4-1 C언어 기반의 영상 불러오기와 화면 출력

```
1      #include "opencv/cv.h"
2      #include "opencv/highgui.h"
3
4      int main(void)
5      {
6          IplImage* pImage = cvLoadImage( "lena.png", -1 );
7          if(pImage == NULL) return -1;
8
9          cvNamedWindow( "Image", 1 );
10         cvShowImage( "Image", pImage );
11
12         cvWaitKey( 0 );
13
14         cvDestroyWindow( "Image" );
15         cvReleaseImage( &pImage );
16
17         return 0;
18     }
```

그림 4-4-16 **실행 결과**

라인	설명
01 ~ 02	헤더 파일을 포함한다. "cv.h"는 OpenCV 라이브러리에서 제공하는 주요 자료구조를 포함한다. "highgui.h"는 미디어 입출력에 대한 다양한 함수를 제공한다.

| 06 | 영상을 불러온다. cvLoadImage() 함수의 함수 원형은 다음과 같다. 두 번째 파라미터를 −1로 지정한 것은 영상을 원래의 유형으로 불러오기 위한 것이다. 즉, CV_LOAD_IM-AGE_ANYDEPTH의 사용과 동일하다. |

```
IplImage* cvLoadImage(
    const char* filename,
    int flag=CV_LOAD_IMAGE_COLOR )
```

파라미터(Parameters):
    filename - 불러올 파일의 이름
    flags - 불러온 영상의 컬러 유형을 지정
        CV_LOAD_IMAGE_ANYDEPTH - 파일에 저장된 영상의 유형으로 불러온다. 단, 16, 32bit 이외의 영상은 8bit로 변환한다.
        CV_LOAD_IMAGE_COLOR - RGB 트루 컬러 영상으로 변환하여 불러온다.
        CV_LOAD_IMAGE_GRAYSCALE - 8bit 그레이스케일 영상으로 변환하여 불러온다.

IplImage 구조체는 조금 후에 구조를 살펴본다.

09   새로운 출력 창을 생성한다. cvNamedWindow() 함수의 원형은 다음과 같다.

```
int cvNamedWindow(
    const char* name,
    int flags=CV_WINDOW_AUTOSIZE )
```

파라미터(Parameters):
    name - 출력 창의 캡션이며 동시에 창들을 구분하기 위한 식별자로 사용한다.
    flags - 출력 창의 유형을 지정한다. 현재 다음과 같이 한 가지 유형만 가능하다.
        CV_WINDOW_AUTOSIZE - 출력 창의 크기는 영상의 크기에 맞추어 자동으로 설정
        된다. 현재 출력 창의 크기를 수동으로 지정할 수 있는 방법은 없다.

10   만들어진 출력 창을 사용하여 영상을 출력한다. cvShowImage() 함수의 원형은 다음과 같
      다. CvArr 자료형 대신 IplImage를 사용할 수 있다.

```
void cvShowImage(
    const char* winname,
    const CvArr* image)
```

파라미터(Parameters):
    winname - 출력 창의 이름을 지정한다.
    image - 출력할 영상을 지정한다.

12   사용자의 키보드 입력을 기다린다. 그림 창은 순간적으로 나타났다가 사라지므로 출력 결
      과를 확인하기 위해 지정한 시간이나 키보드의 입력을 기다린다. cvWaitKey() 함수의 형
      은 다음과 같다.

```
int cvWaitKey(
    int delay=0 )
```

파라미터(Parameters):
    delay - 밀리 초(milliseconds) 단위의 시간 지연을 지정한다. 단, 0은 사용자가
    키를 입력할 때까지 무한히 대기한다.

14 ~
15   생성한 그림 창을 파괴하고 영상을 위해 할당한 메모리를 해제한다.

    동일한 기능을 수행하는 프로그램을 이번에는 C++언어를 사용하여 개발한다. 소
스 코드는 리스트 4-4-2와 같다. 이 프로그램을 실행하기 위해서는 역시 프로젝트의
최상위 폴더에 사용할 그림 파일이 존재해야 한다. C++언어를 사용하는 경우 함수의
이름은 조금 다르지만 코드는 거의 동일하다. 다만 C++에서의 객체는 소멸할 때 소
멸자를 호출하므로 명시적인 메모리 해제 과정이 필요 없다.

리스트 4-4-2 C++언어 기반의 영상 불러오기와 화면 출력

```
1    #include "opencv2/core/core.hpp"
2    #include "opencv2/highgui/highgui.hpp"
3
4    using namespace cv;
5
6    int main(void) {
7        Mat image = imread( "lena.png", -1 );
8        if(image.data == NULL) return -1;
9
10       namedWindow( "Image" );
11       imshow( "Image", image );
12
13       waitKey( 0 );
14
15       return 0;
16   }
```

라인	설명
01 ~ 02	헤더 파일을 포함한다. "core.hpp"는 OpenCV 라이브러리에서 제공하는 주요 자료구조를 포함한다. "highgui.hpp"는 미디어 입출력에 대한 다양한 함수를 제공한다.
06	영상을 불러온다. imRead() 함수는 C언어의 cvLoadImage() 함수와 동일한 기능을 수행한다. 사용하는 파라미터도 동일하다. Mat 클래스는 조금 후에 살펴본다.
09	새로운 출력 창을 생성한다. namedWindows() 함수는 C언어의 cvNamedWindow() 함수와 동일한 기능을 수행한다. 사용하는 파라미터도 동일하다.
10	만들어진 출력 창을 사용하여 영상을 출력한다. imshow() 함수는 C언어의 cvShow-Image() 함수와 동일한 기능을 수행한다. 사용하는 파라미터도 동일하다.
12	사용자의 키보드 입력을 기다린다. waitKey) 함수는 C언어의 cvWaitKey() 함수와 동일한 기능을 수행한다. 사용하는 파라미터도 동일하다.

앞에서 사용한 두 가지 주요 자료구조에 대해 살펴보자. C언어 기반의 프로그래밍에서는 IplImage 구조체를 사용하여 영상 데이터를 저장하였고 C++언어 기반에서는 Mat 클래스를 사용하였다. 다음은 IplImage 구조체의 내부 구조이다. 주요 멤

버는 파란색으로 구분하였다. 구조체에는 영상 데이터를 저장하는 imageData 멤버, 영상의 크기를 나타내는 width 및 height 멤버, 픽셀당 비트 수를 나타내는 depth 멤버 등이 존재한다.

```
typedef struct _IplImage
{
    int   nSize           /* sizeof(IplImage) */
    int   ID;             /* version (=0)*/
    int   nChannels       /* Most of OpenCV functions support 1,2,3
                             or 4 channels */
    int   depth           /* pixel depth in bits */
    int   dataOrder       /* 0 - interleaved color channels,
                             1 - separate color channels */
    int   origin          /* 0 - top-left origin,
                             1 - bottom-left origin (Windows bitmaps style) */
    int   align;          /* Alignment of image rows (4 or 8).
                             OpenCV ignores it and uses widthStep instead */
    int   width           /* image width in pixels */
    int   height          /* image height in pixels */
    struct _IplROI *roi   /* image ROI */
    int   imageSize       /* image data size in bytes
                             (=image->height*image->widthStep
                             in case of interleaved data)*/
    char *imageData       /* pointer to aligned image data */
    int   widthStep       /* size of aligned image row in bytes */
    char *imageDataOrigin /* pointer to a very origin of image data
                             (not necessarily aligned) -
                             it is needed for correct image deallocation */
} IplImage
```

다음은 C++언어에서 사용하는 Mat 클래스의 내부 구조이다. IplImage에 비해서는 훨씬 복잡하기 때문에 주요 멤버 변수만 표시하였다. IplImage 구조체와 비슷한 멤버들을 포함하고 있는 것을 확인할 수 있다.

```
class CV_EXPORTS Mat
{
public:
    // ... a lot of methods ...
    ...

    /*! includes several bit-fields:
        - the magic signature
        - continuity flag
        - depth
        - number of channels
     */
    int flags;
    //! the array dimensionality, >= 2
    int dims;
    //! the number of rows and columns
    int rows, cols;
    //! pointer to the data
    uchar* data;

    //! pointer to the reference counter;
    // when array points to user-allocated data, the pointer is NULL
    int* refcount

    // other members
    ...
};
```

이번에는 불러온 영상을 새로운 파일에 저장하는 방법에 대해 살펴본다. 우선 C
언어로 작성한 소스 코드를 살펴보고 C++언어로 작성한 소스코드를 살펴보자. 소스
코드는 리스트 4-4-3과 같다. 이 프로그램을 실행하기 위해서는 프로젝트의 최상위
폴더에 사용할 그림 파일이 존재해야 한다.

리스트 4-4-3 C언어 기반의 영상 저장하기

```
1       #include "opencv/cv.h"
2       #include "opencv/highgui.h"
3
4       int main(void)
5       {
6           IplImage* pImage = cvLoadImage( "lena.png", -1 );
7           if(pImage == NULL) return -1;
8
9           int param[3];
```

```
10          param[0] = CV_IMWRITE_JPEG_QUALITY;
11          param[1] = 95;
12          param[2] = 0;
13          cvSaveImage( "result.jpg", pImage, param );
14
15          cvReleaseImage( &pImage );
16
17          return 0;
18      }
```

라인	설명
01 ~ 02	헤더 파일을 포함한다. "cv.h"는 OpenCV 라이브러리에서 제공하는 주요 자료구조를 포함한다. "highgui.h"는 미디어 입출력에 대한 다양한 함수를 제공한다.
06	영상을 불러온다.
09 ~ 12	저장할 파일을 위한 저장 옵션을 설정한다. 이번 예제에서는 JPEG 파일을 사용하여 영상 데이터를 저장할 것이다. JPEG를 위한 옵션은 다음과 같다. 0에서 100 사이의 값을 가지며 100에 가까울수록 높은 품질을 제공한다. CV_IMWRITE_JPEG_QUALITY: 0 ~ 100(높은 품질) PNG 포맷은 다음의 옵션을 사용할 수 있다. 9에 가까운 값을 사용할수록 압축율이 높아진다. CV_IMWRITE_PNG_COMPRESSION: 0 ~ 9(높은 압축률에 의한 작은 파일 용량) PBM, PPM, PGM 포맷은 다음의 옵션을 사용할 수 있다. CV_IMWRITE_PXM_BINARY: 0 또는 1

13	영상을 저장한다. cvSaveImage() 함수의 원형은 다음과 같다.
	
	 `int cvSaveImage(`
	 `    const char* filename,`
	 `    const CvArr* image,`
	 `    const int* params=0 )`
	
	 파라미터(Parameters):
	 filename – 출력 파일의 이름을 지정한다.
	 image - 저장할 영상을 지정한다.
	 params - 다음과 같이 파라미터 이름과 값의 순서로 지정한다.
	 paramId_1, paramValue_1, paramId_2, paramValue_2, ...

15	영상을 위해 할당한 메모리를 해제한다.

C++언어로 작성한 소스 코드는 리스트 4-4-4와 같다. 이 프로그램을 실행하기 위해서는 프로젝트의 최상위 폴더에 사용할 그림 파일이 존재해야 한다.

리스트 4-4-4   C++언어 기반의 영상 저장하기

```
1      #include "opencv2/core/core.hpp"
2      #include "opencv2/highgui/highgui.hpp"
3
4      using namespace cv;
5
6      int main(void)
7      {
8          Mat image = imread( "lena.png", -1 );
9          if(image.data == NULL) return -1;
10
11         vector<int> params
12         params.push_back( CV_IMWRITE_JPEG_QUALITY );
13         params.push_back( 95 );
14         imwrite( "result.jpg", image, params );
15
16         return 0;
17     }
```

라인	설명
1 ~ 2	헤더 파일을 포함한다. "core.hpp"는 OpenCV 라이브러리에서 제공하는 주요 자료구조를 포함한다. "highgui.hpp"는 미디어 입출력에 대한 다양한 함수를 제공한다.
8	영상을 불러온다.
11 ~ 13	저장할 파일을 위한 저장 옵션을 설정한다. 이번 예제에서는 JPEG 파일을 사용하여 영상 데이터를 저장한다. 이때 C++언어에서 제공하는 가변 길이 배열 클래스인 vector를 사용한다. 옵션은 C언어와 동일하다.
14	영상을 저장한다. imwrite() 함수는 C언어의 cvSaveImage() 함수와 동일한 기능을 수행한다. 파라미터도 동일하다.

4) OpenCV 라이브러리를 사용한 픽셀 처리 방법

OpenCV 라이브러리를 사용하는 두 번째 프로그램에서는 영상을 불러온 후 영상의 밝기를 반전한 후에 그 결과를 화면에 출력하는 과정에 대해 살펴본다. OpenCV 라이브러리에서는 픽셀에 대한 다양한 접근 방법을 지원한다. 이번 예제에서는 가장 직관적인 방법에 대해서만 살펴본다. 이번 프로그램은 C++ 기반으로 작성한다.

픽셀에 대한 임의 접근을 위한 가장 직관적인 방법은 Mat 클래스의 at() 멤버함수를 사용하는 것이다. at() 멤버함수의 함수 원형은 다음과 같다.

```
Mat &Mat::at<Datatype>(
    int row,
    int col )

파라미터(Parameters):
    row, col - 접근할 픽셀의 행과 열의 위치를 지정한다(좌표가 아닌 0기반의 행렬의 행
    과 열에 대한 인덱스인 것을 주의하자).

반환(return):
    해당 항목(픽셀)에 대한 참조를 반환한다.

사용방법:
    그레이스케일 영상인 경우
    image.at<uchar>(r, c) = value;
    트루 컬러 영상인 경우
    image.at<Vec3b>(r, c)[channel] = value;
```

앞의 사용 방법에서 그레이스케일 영상의 경우 uchar 자료형으로의 변환이 필요하고 트루 컬러 영상인 경우 Vec3b 자료형으로 변환이 필요하다. uchar는 unsigned char의 재정의형이고 Vec3b는 3개의 uchar 자료를 저장할 수 있는 배열로 생각하면 된다. 그리고 트루 컬러 영상은 3개의 기본 색으로 구성되므로 채널의 번호를 사용하여 이들을 구분할 수 있다. 채널 0, 1, 2는 각각 B, G, R에 해당한다. 그레이스케일 영상과 트루 컬러 영상은 그림 4-4-17과 같은 픽셀들의 순서로 구성된다.

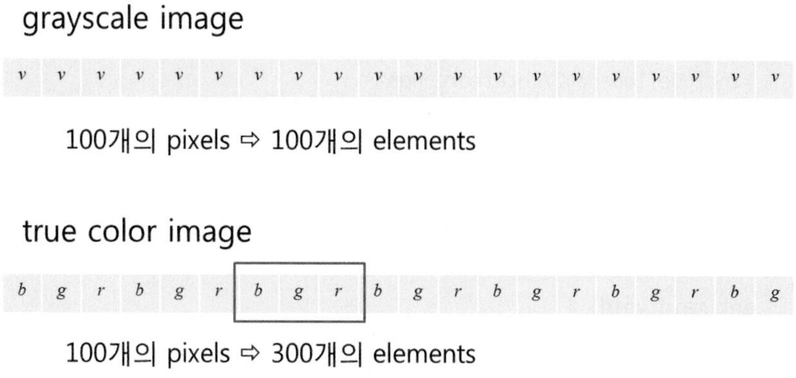

grayscale image

| v | v | v | v | v | v | v | v | v | v | v | v | v | v | v | v | v | v | v | v |

100개의 pixels ⇨ 100개의 elements

true color image

| b | g | r | b | g | r | b | g | r | b | g | r | b | g | r | b | g | r | b | g |

100개의 pixels ⇨ 300개의 elements

그림 4-4-17 **픽셀의 구성**

영상의 밝기를 반전하기 위한 소스코드는 리스트 4-4-5와 같다. 이 프로그램을 실행하기 위해서는 프로젝트의 최상위 폴더에 사용할 그림 파일이 존재해야 한다. 프로그램의 실행결과는 그림 4-4-18과 같다.

그림 4-4-18 **실행 결과**

리스트 4-4-5   C++언어 기반의 영상 밝기 반전

```cpp
1    #include "opencv2/core/core.hpp"
2    #include "opencv2/highgui/highgui.hpp"
3
4    using namespace cv;
5
6    void grayscaleinvert( Mat &image );
7    void colorinvert( Mat &image );
8
9    int main(void) {
10       Mat image = imread( "lena.png", -1 );
11       if( image.data == NULL ) return -1;
12
13       if( image.channels( ) == 3 )
14           colorinvert( image );
15       else if( image.channels( ) == 1 )
16           grayscaleinvert( image );
17
18       namedWindow( "Image" );
19       imshow( "Image", image );
20
21      waitKey( 0 );
22
23       return 0;
24    }
25
26    void colorinvert( Mat &image )
27    {
28        int numOfLines  = image.rows;   // number of lines in the image
29        int numOfPixels = image.cols;   // number of pixels per a line
30
31        for( int r=0; r<numOfLines; r++ )
32        {
33            for( int c=0; c<numOfPixels; c++ )
34            {
35                Vec3b &vec = image.at<Vec3b>( r, c );
36                vec[0] = 255 - vec[0];
37                vec[1] = 255 - vec[1];
38                vec[2] = 255 - vec[2];
39            }
40        }
41    }
42
43    void grayscaleinvert( Mat &image )
44    {
45        int numOfLines  = image.rows;   // number of lines in the image
46        int numOfPixels = image.cols;   // number of pixels per a line
47
48        for( int r=0; r<numOfLines; r++ )
```

```
49        {
50            for( int c=0; c<numOfPixels; c++ )
51            {
52                uchar &value = image.at<uchar>( r, c );
53                 value = 255 - value;
54            }
55        }
56    }
```

라인	설명
01 ~ 02	헤더 파일을 포함한다. "core.hpp"는 OpenCV 라이브러리에서 제공하는 주요 자료구조를 포함한다. "highgui.hpp"는 미디어 입출력에 대한 다양한 함수를 제공한다.
06 ~ 07	밝기 변환을 위한 함수에 대한 함수원형을 선언한다.
13 ~ 16	채널 수에 따라 밝기 변환 함수를 선택적으로 호출한다. 트루 컬러 영상은 채널 수가 3이므로 colorinvert() 함수를 호출하고 그레이스케일 영상은 채널 수가 1이므로 grayscaleinvert() 함수를 호출한다.
18 ~ 19	출력 창을 생성하고 이 창을 사용하여 밝기를 반전한 결과 영상을 출력한다.
26 ~ 41	colorinvert() 함수를 정의한다.
28 ~ 29	영상의 가로 및 세로 길이를 구한다.
31 ~ 40	영상을 행렬로 간주하여 각 행과 열에 대한 항목(픽셀)의 값을 읽어 참조형 변수인 vec에 저장하고 255에서 기존 값을 빼서 밝기를 반전한다. 참조형이므로 값을 저장하면 원본 값이 변경된다. 트루 컬러 영상은 R, G, B의 3개 채널을 가지므로 이들에 대해 각각 연산을 수행한다.
43 ~ 56	grayscaleinvert() 함수를 정의한다.
48 ~ 55	영상을 행렬로 간주하여 각 행과 열에 대한 항목(픽셀)의 값을 읽어 참조형 변수인 value에 저장하고 255에서 기존 값을 빼서 밝기를 반전한다. 그레이스케일 영상은 단일 채널로 구성되므로 단일 처리로 가능하다.

5) 심화 학습

01. Mat 클래스의 at() 멤버함수를 사용하는 방식 이외에도 여러 방식의 픽셀 단위 접근이 가능하다. 그중의 한 가지 방법은 Mat 클래스의 속성 중에서 영상 데이터를 저장하는 data 속성에 직접 접근하는 방법이다. 예를 들어, 다음과 같이 영상 데이터에 대한 포인터를 구할 수 있다.

uchar *data = image.data; /* image는 Mat 객체 */

Mat 객체의 속성에는 영상의 가로 및 세로 길이, 픽셀당 비트 수, widthStep 등의 정보가 존재한다. 3절의 BMP 파일에 대한 실습에서 살펴본 것과 같은 방식으로 픽셀 단위의 처리가 가능하다. 설명한 방식으로 영상의 밝기를 반전하는 프로그램을 작성해보자.

02. OpenCV에서 제공하는 기능을 활용하여 사과와 바나나를 구분하는 프로그램을 작성해보자. 문제를 단순화하기 위해 영상은 1개의 사과 또는 바나나를 포함하고 배경은 검은색으로 가정한다.

5

그래픽스
GRAPHICS &
애니메이션
ANIMATION

학습목표

- 컴퓨터 그래픽스의 개념에 대해 설명할 수 있다.
- 컴퓨터 그래픽스의 기본 요소와 속성에 대해 설명할 수 있다.
- 애니메이션의 원리를 설명할 수 있다.
- 애니메이션의 종류를 구분하여 설명할 수 있다.
- 애니메이션 제작 기법을 설명할 수 있다.

01 컴퓨터 그래픽스 (Computer Graphics)

1) 컴퓨터 그래픽스 개요

❶ 컴퓨터 그래픽스의 개념

컴퓨터 그래픽스Computer Graphics, CG란 컴퓨터 하드웨어와 소프트웨어를 사용하여 도형이나 영상을 인공적으로 만들어내는 일련의 기술과 알고리즘을 포함하는 분야이다. 컴퓨터 그래픽스에서는 시각적 요소들을 디지털화하여 표현하며 컴퓨터를 사용해 실세계의 영상들을 조작한다. 최근에는 주로 3차원 컴퓨터 그래픽스를 사용하지만 컴퓨터 그래픽스는 2차원 및 3차원 컴퓨터 그래픽스와 컴퓨터 애니메이션 등을 모두 포함하는 광범위한 분야이다.

컴퓨터 그래픽스의 적용 범위에 대해 살펴보자. 좁은 범위에서는 문자, 비트맵, 벡터 그래픽 등을 사용하여 인공적으로 제작한 정보를 표현하고 전달하는 분야를 포함한다. 그러나 적용 범위를 조금 더 확장하면 컴퓨터를 이용한 설계Computer Aided Design, CAD, 인간과 기계 사이의 인터페이스 및 상호작용Human Device Interface, HDI, 컴퓨터 회화, 컴퓨터 애니메이션, 컴퓨터 게임 등의 다양한 분야를 포함한다. 이와 같이 현대 생활에서 컴퓨터 그래픽스는 활용 범위가 매우 폭 넓으며 인터넷, 건축물, 광고, 출판, 의료 등의 분야에서 중요한 위치를 차지하고 있다. 특히 최근에는 애니메이션, 시뮬레이션, 영화, 시각화 등의 멀티미디어 분야에서 적극적으로 활용되고 있다.

- 컴퓨터 애니메이션은 컴퓨터를 사용하여 인공적으로 움직임을 제작하는 분야이다. 2차원 또는 3차원 공간에서 객체나 캐릭터의 움직임 또는 모습의 변화를 표현하는 기법을 개발 및 표현하고 있으며 연구결과는 컴퓨터 게임이나 영화 제작에서 많이

활용된다. 배우의 3차원 움직임을 포착하여 직접 3차원 정보를 생성하여 사용하는 기법인 모션 캡처 기술이 컴퓨터 애니메이션에서 자주 사용되고 있으며 주요 연구 대상이다. 물이나 공기 등 유체의 자연스러운 움직임을 표현하는 기술인 입자시스템 도 주요 분야이다.

시뮬레이션^{simulation}은 현실에서 실험하거나 실행하는 것이 어렵거나 위험한 경우 현실 과 유사한 공간이나 환경을 컴퓨터 그래픽스 기술을 사용하여 인공적으로 제작하여 대신 처리하는 분야로 모의실험이라고도 한다. 시뮬레이션을 통해 상태의 변화, 유체 안에서의 물체의 운동, 음파의 전파, 객체 간의 충돌 등을 실험해 볼 수 있다. 또한 비행기, 항공모함, 자동차 조종과 같이 컴퓨터 그래픽스와 하드웨어 장치인 시뮬레이 터를 결합하여 현실 공간을 더욱 생동감 있게 재현할 수 있다. 시뮬레이션은 1장에서 살펴본 가상현실을 많이 사용한다.

영화에서는 실세계에 존재하지 않는 장면이나 대상을 인위적으로 삽입하거나 폭 발이나 자연현상 등의 특수 효과를 위해 컴퓨터 그래픽스가 핵심 도구로 사용되고 있다. 또한 장면 전체를 컴퓨터 그래픽스로 구성하는 경우도 자주 등장한다. 최근에 는 영화뿐만 아니라 일반 TV 드라마에서도 컴퓨터 그래픽스의 활용도가 높아지고 있으며 이를 통해 극의 몰입도를 높이고 있다.

시각화^{visualization}란 정보를 효과적으로 전달하기 위해 주어진 데이터를 기반으로 새로운 시각적인 요소를 생성하거나 기존 데이터에 중첩하여 표현하는 방법이다. 시 각화는 과학, 교육, 의료 등의 분야에서 정보 전달력을 향상시키기 위해 주요한 도구 로 사용되고 있다. 그림 5-1(a)는 평균이 0이고 분산이 1인 2차원 Gaussian 함수를 시각화하여 표현한 것이고 그림 5-1(b)는 바람의 세기와 방향을 시각화한 것이다.

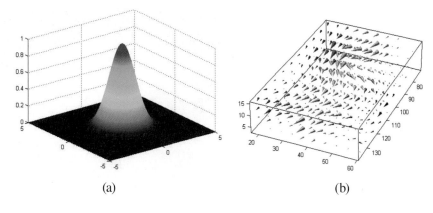

(a)   (b)

그림 5-1 시각화 예제

❷ 컴퓨터 그래픽스의 구분

컴퓨터 그래픽스는 크게 2차원 그래픽스와 3차원 그래픽스로 구분할 수 있다. 2차원 그래픽스는 2차원 그래픽 기본 요소인 점과 선을 기반으로 2차원 좌표 공간에서 벡터 그래픽을 표현한다. 3차원 그래픽스는 3차원 좌표 공간에서 선과 면을 사용하여 3차원 형상을 갖는 객체를 생성한다. 2차원 그래픽스가 그리기라면 3차원 그래픽스는 만들기라는 개념에 가깝다.

현재 사용하는 컴퓨터 모니터는 평면이다. 평면 모니터에서의 2차원 그래픽스와 3차원 그래픽스의 표현 내용에는 큰 차이가 없다. 단지 3차원 그래픽스에서는 시점을 변경하여 다양한 각도에서 객체를 바라볼 수 있는 것이 다른 점이다. 2차원 그래픽스용 소프트웨어에서는 시점을 변경하는 기능을 제공하지 않으므로 제작자가 변경된 시점에서 바라보는 형상을 직접 표현해야 한다. 그림 5-2는 2차원 그래픽과 3차원 그래픽을 차이를 나타낸다. 앞으로 디지털 홀로그래피 기술을 사용하는 3차원 디스플레이 장치가 상용화된다면 3차원 그래픽스는 2차원 그래픽스에 대해 큰 차별화를 나타낼 수 있을 것이다.

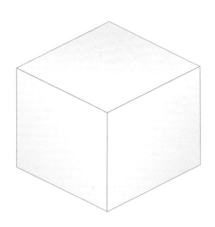
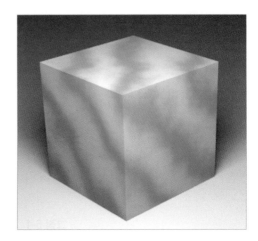

그림 5-2 2차원 그래픽과 3차원 그래픽의 비교

2) 2차원 그래픽스

이번 절에서는 2차원 그래픽스에 대해 살펴본다. 2차원 그래픽스의 기본 요소와
관련 속성에 대해 살펴본 후, 선을 그리고 면을 채우는 주요 알고리즘에 대해 간략히
살펴본다.

❶ 기본 요소와 속성

2차원 그래픽스에서는 점, 직선, 곡선, 타원, 사각형 등을 기본 요소로 사용한다.
이런 기본 요소들은 벡터 방식으로 저장한다. 벡터 방식에서는 좌표, 속성, 함수 식
등을 사용하여 기본 요소들을 저장한다. 그런데 컴퓨터 모니터에 기본 요소들을 출
력하기 위해서는 래스터^{raster} 방식으로 표시해야한다. 래스터 방식으로 표현한 영상을
비트맵 영상이라고 한다. 래스터 영상과 비트맵 영상은 동일한 개념이다. 그림 5-3은
기하학적 도형에 대한 래스터 표현 결과이다. 기하학적 도형은 실수 단위로 표현되지
만 래스터 영상에서는 정수 단위의 표현이 필요하므로 변환 과정이 필요하다. 변환
과정은 실수 단위를 정수 단위로 근사화하는 방법으로 이루어지는데 선이나 도형을
그리는 알고리즘에서 이런 근사화를 사용하고 있다. 다각형과 곡선에 대한 래스터 변
환과정은 직선에 비해 조금 복잡하다. 도형의 경계를 일정 구간으로 나눈 후 각 구간

을 직선으로 연결하면 곡선의 모양을 근사적으로 표현할 수 있다.

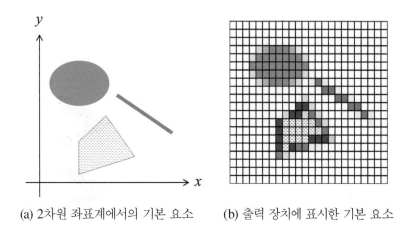

(a) 2차원 좌표계에서의 기본 요소   (b) 출력 장치에 표시한 기본 요소

그림 5-3　2차원 그래픽의 출력

기본 요소 중에서 점^{point}은 좌표를 사용해서 표현하며 점의 속성에는 크기^{size}와 색상^{color} 등이 있다. 직선^{line}은 두 개의 끝점으로 정의되는 선분$^{line\ segment}$을 의미하며 선의 속성에는 유형^{type}, 굵기^{width}, 색상^{color}, 끝 모양^{cap} 등이 있다. 그림 5-4는 선의 속성을 변경하여 표시한 결과이다. 특히 첫 번째 행은 끝 모양의 변경을 나타낸다. 왼쪽에서부터 차례대로 없음, 원형, 사각형 모양이다.

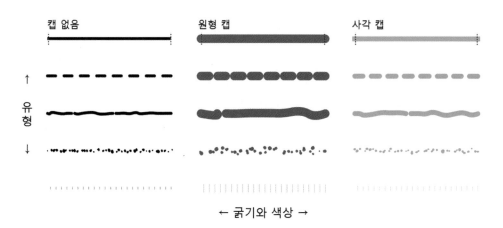

그림 5-4　선의 속성 변경

여러 개의 선분들을 연속적으로 연결하면 다중선^{polyline}을 생성할 수 있다. 선분과 선분이 연결되는 지점에서의 이음새 모양을 다중선의 연결 모양 속성을 사용하여 변경할 수 있다. 그림 5-5는 다중선의 예와 다중선 연결 모양을 구분하여 나타낸다. 다중선 연결 모양은 순서대로 이음, 원형, 경사 모양이다.

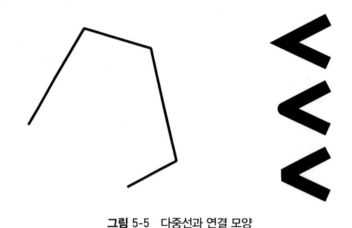

그림 5-5   다중선과 연결 모양

원^{circle}은 중심에서 동일한 거리에 위치하는 점들을 연결하여 만든 도형이다. 중심으로부터 원 위의 각 점까지의 거리는 반지름에 해당한다. 원을 그릴 때는 직교 좌표계보다 극 좌표계를 사용하면 편리하다. 직교 좌표계에서 중심이 (x_c, y_c)인 원의 방정식은 $(x - x_c)^2 + (y - y_c)^2 = r^2$이다. 극 좌표계에서는 원 위의 한 점 P가 있을 때 (x, y) 좌표 대신에 원점에서의 거리와 각도를 사용한다. 따라서 그림 5-6과 같이 극 좌표계에서는 $x = x_c + r\cos\theta$, $y = y_c + r\sin\theta$와 같이 나타낼 수 있다. r은 고정된 값이므로 각도인 θ를 0에서 360만큼 변경하면서 (x, y) 좌표를 계산하여 점을 찍어 원을 표현할 수 있다. 원은 중심에 대해 대칭이므로 전체의 1/8(45도)만을 그린 후 그림 5-6과 같이 나머지는 대칭 변환을 통해 좌표를 계산하면 빠르게 그릴 수 있다.

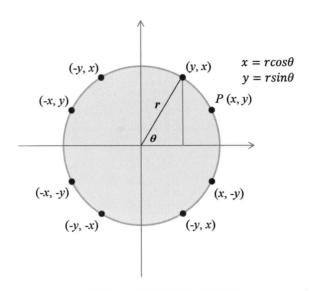

그림 5-6 극 좌표계와 중심 대칭

타원은 그림 5-7과 같이 두 정점 F, F' 에서의 직선거리의 합이 동일한 점들을 연결하여 만든 도형이다. 도형을 가로지르는 선분 중에서 긴 선분을 장축, 짧은 선분을 단축이라고 한다. 직교 좌표계에서 중심이 (x_c, y_c)이고 장축과 단축의 길이가 (a, b)인 타원의 방정식은 $\left(\dfrac{x - x_c}{a}\right)^2 + \left(\dfrac{y - y_c}{b}\right)^2 = 1$이다. 이때 극 좌표계를 사용하면 $x = x_c + a\cos\theta$, $y = y_c + b\sin\theta$이다. 타원을 그리는 방법은 원을 그릴 때와 유사하다. 극 좌표계를 사용하여 전체의 1/4(90도)만 그린 후에 대칭이동을 통해 나머지 부분을 채워 넣으면 된다.

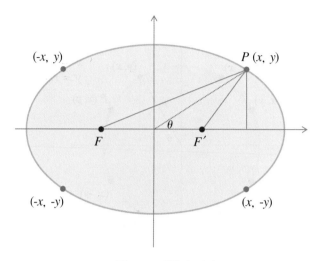

그림 5-7 타원과 정점

　직선과 다르게 곡선은 단일 함수를 사용하여 표현하는 것이 불가능하거나 가능하더라도 매우 복잡한 경우가 많다. 따라서 곡선을 짧은 구간으로 나눈 후 그 구간을 직선으로 표현하는 방식인 스플라인spline 곡선을 많이 사용한다. 스플라인 곡선은 여러 개의 다항식으로 이루어져 있으며 크게 보간 곡선interpolating curve과 근사 곡선approximating curve으로 구분할 수 있다. 카디날cardinal 스플라인과 베지어Bezier 스플라인은 각각 보간 곡선과 근사 곡선을 대표한다. 보간 곡선은 모든 제어점을 통과하는 곡선을 생성하지만 근사 곡선의 경우에는 시작과 마지막 제어점은 통과하지만 나머지 제어점에서는 곡선이 이들을 근사근점하여 통과한다. 제어점control points이란 곡선의 모양을 결정하는 기준점이다. 제어점의 개수와 위치 등에 의해 곡선의 모양을 제어할 수 있다. 근사 곡선은 보간 곡선에 비해 부드러운 곡선을 표현할 수 있어 유선형의 물체를 디자인을 할 때 자주 사용한다.

　그림 5-9는 제어점에 따른 카디날 스플라인과 베지어 스플라인의 차이를 나타낸다. 카디날 스플라인은 파워포인트의 자유 곡선을 그리는 알고리즘으로 사용되고 있다. 그 외에도 허미트Hermite 스플라인이 있다. 허미트 스플라인은 두 개의 제어점과 두 개의 방향선targent을 사용하여 곡선을 결정한다. 허미트 스플라인은 포토샵이나 플래시의 펜 도구에서 사용한다.

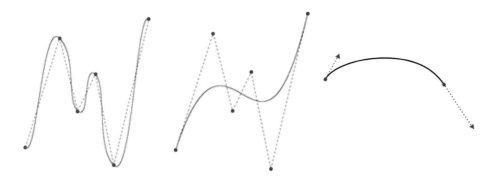

그림 5-8 6개의 제어점을 사용하는 카디날 스플라인(좌)과
베지어 스플라인(가운데) 및 허미트 스플라인(우)

❷ 선 그리기와 영역 채우기

실수 집합에서 직선을 그리는 것은 크게 문제가 없지만 컴퓨터 화면의 픽셀은 정수 단위로 구성되므로 직선을 표현하는 데 어려움이 발생한다. 이런 어려움을 고려하여 선을 그리는 다양한 알고리즘들이 등장하였는데 이런 알고리즘 중에서 대표적인 것이 DDA^{Digital Differential Analyzer} 알고리즘과 브레젠험^{Bresenham} 알고리즘이다.

DDA 알고리즘은 직선의 기울기를 사용하여 시작점에서 출발하여 차례대로 다음점을 계산한다. 새로운 좌표를 계산할 때 곱셈을 덧셈으로 변환시켜 계산을 처리하기 때문에 일부 속도 향상이 있지만 실수 연산은 정수 연산에 비해 속도가 느리고 계산 결과에 대한 반올림 오차가 발생하여 선이 어긋나게 보이는 단점을 가지고 있다. DDA 알고리즘을 간략하게 나타내면 리스트 5-1과 같다.

리스트 5-1 DDA 알고리즘

1. 기울기 $|m| \leq 1$인 경우에는 기준 축을 x축, 그 외의 경우에는 기준 축을 y축으로 선택한다.
2. 시작점에서 출발하여 기준 축의 좌표를 1만큼 증가시킬 때 기울기 m 또는 $1/m$ 만큼 변화시켜 다른 축의 좌표를 계산한다.

- x축이 기준 축인 경우

$$x_{k+1} = x_k + 1, y_{k+1} = y_k + m$$

- y축이 기준 축인 경우

$$x_{k+1} = x_k + \frac{1}{m}, y_{k+1} = y_k + 1$$

3. 계산된 좌표를 반올림하여 정수 좌표를 구한다.

브레젠험 알고리즘은 실수 연산 대신에 정수 연산만으로 좌표를 계산하기 위해 고안된 알고리즘이다. 현재 점을 기준으로 다음 점을 계산하기 위해 정수 계산만을 수행하기 때문에 속도적인 측면에서 장점을 가지고 있다. 기울기 $0 \leq m \leq 1$이라고 가정하면 다음 점은 현재보다 오른쪽이나 오른쪽 위에 위치한다. 이 두 가지 위치 중에서 한 점을 선택하기 위해 직선에서 이들 지점까지의 거리를 판별식으로 사용하여 더 가까운 점으로 선택한다. 자세한 알고리즘은 생략한다. 알고리즘의 간편성 때문에 DDA 알고리즘을 좀 더 보편적으로 사용하고 있다.

2차원 그래픽스에서의 원, 타원, 사각형, 삼각형 등의 도형들은 일정한 영역을 가지고 있고 이러한 영역을 채우기 위해서는 픽셀의 인접 여부와 도형의 내부 또는 외부인지 판단하는 과정이 필요하다. 이웃 판별에 사용하는 거리를 정의하는 방법으로는 대표적으로 시티 블록 거리$^{\text{city block distance}}$와 체스 보드 거리$^{\text{chess board distance}}$의 두 가지 방식이 있다. 그림 5-9는 두 가지 거리에 대한 차이를 나타낸다. 시티 블록 거리는 기준점에서 x방향으로 $+1$, -1 이동한 점과 y방향으로 $+1$, -1 이동한 점을 이웃이라고 판단한다. 기준점에서 이웃까지의 거리를 모두 1로 계산한다. 체스보드 거리는 시티 블록 거리에 추가적으로 $(x+1, y+1)$, $(x+1, y-1)$, $(x-1, y+1)$, $(x-1, y-1)$에 위치한 점들도 이웃으로 사용한다.

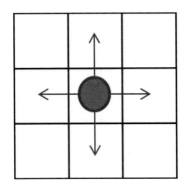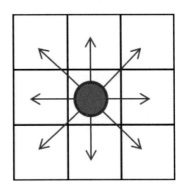

그림 5-9 시티 블록 거리(좌)와 체스보드 거리(우)에서 거리가 1인 지점

내부/외부 판단 규칙으로는 짝수-홀수 규칙^{even-odd rule}과 0 아닌 굴곡 수 규칙^{non-zero winding number rule}이 있다. 짝수-홀수 규칙은 도형의 내부에서 외부 방향으로 도형의 정점을 지나지 않는 가상의 직선을 그은 후 이 직선이 도형의 경계와 만나는 교차 횟수를 카운트한다. 교차 횟수가 짝수이면 외부, 홀수이면 내부라고 판정한다. 이 규칙은 볼록 도형이나 오목 도형에 관계없이 내부/외부를 판정할 수 있다. 그림 5-10은 도형의 내부에서 외부 방향으로 직선을 그어 도형 경계와의 교차 횟수를 계산하는 과정이다. 그림 5-10(a)는 도형 경계와 1번(홀수) 교차하므로 내부 점이지만 그림 5-10(b)는 2번(짝수) 교차하므로 외부 점으로 판정한다.

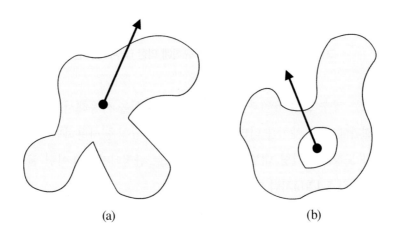

(a)   (b)

그림 5-10 짝수-홀수 규칙에 의한 내부/외부 판정

0 아닌 굴곡 수 규칙에서는 우선 도형에 대해 한붓그리기를 수행하여 도형의 경계에 대한 방향을 정해둔다. 그리고 도형의 내부에서 외부 방향으로 정점을 지나지 않는 직선을 그린다. 직선이 교차하는 도형 선분의 방향에 따라 시계 방향이면 굴곡 수winding number를 1만큼 증가시키고 반시계 방향이면 1만큼 감소시킨다. 그림 5-11(a)에서 확인할 수 있듯이 직선이 도형 선분의 왼쪽에서 오른쪽 방향으로 교차하면 +1, 오른쪽에서 왼쪽으로 교차하면 −1한다. 교차하는 모든 도형 성분에 대한 처리가 완료된 후의 굴곡 수가 0이면 외부, 0이 아닌 값이면 내부라고 판정한다. 그림 5-11(b)에서는 별 모양의 도형에 대해 한붓그리기를 했을 때 도형 선분에 대한 방향을 표시하였다. ①번 점의 굴곡 수는 +2(+1+1)이므로 내부 점이고 ②번 점의 굴곡 수는 +1이므로 역시 내부 점이다.

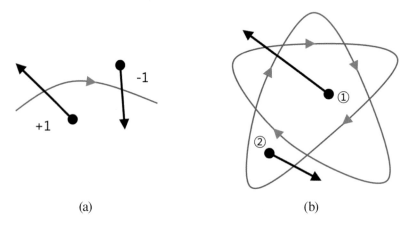

(a)   (b)

그림 5-11 0이 아닌 굴곡 수 규칙에 의한 내부/외부 판정

그림 5-12는 짝수-홀수 규칙과 0 아닌 굴곡 수 규칙을 사용해서 도형의 내부/외부를 판정한 결과에 대한 차이를 나타낸다. 짝수-홀수 규칙을 사용하면 그림 5-12(a)와 같이 별 모양 도형의 오각형 내부가 외부 영역으로 판정되지만 0 아닌 굴곡 수 규칙을 사용하면 그림 5-12(b)처럼 내부로 판정된다.

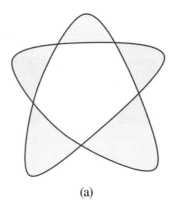 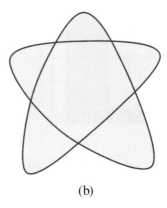

(a)   (b)

그림 5-12   판정 방법에 따른 결과 차이

영역 내부를 칠하기 위해서는 범람 채우기와 경계 채우기의 두 가지 방법을 사용한다. 두 가지 방법은 모두 시드^{seed} 위치에서 시작하여 인접 픽셀의 값을 채우기 색으로 변경한다. 범람 채우기^{flood fill} 알고리즘은 4방향 또는 8방향 이웃 픽셀에 대해 내부로 판정된 경우에 지정한 색으로 설정한다. 이 과정을 내부로 판정된 이웃 픽셀이 존재하지 않을 때까지 반복한다. 이때 시드 지점의 원 색과 동일한 색을 갖는 이웃 픽셀에 대해서만 채우기 과정을 수행한다. 경계 채우기^{boundary fill} 알고리즘은 도형의 경계를 만날 때까지 4방향 또는 8방향 이웃 픽셀에 대해 지정한 색으로 설정한다. 이 과정을 경계 내부의 이웃 픽셀이 존재하지 않을 때까지 반복한다. 이 방법에서는 처리 픽셀의 색이 시드 지점의 색과 다르더라도 경계 내부에 위치하면 지정한 색으로 설정한다. 그림 5-13은 이 두 가지 알고리즘의 차이를 나타낸다. 그림 5-13(a)에 시드 위치를 표시하였다. 그림 5-13(b)는 시드에서 시작하여 범람 채우기 알고리즘을 사용했을 때의 채우기 결과이다. 그림에서 확인할 수 있듯이 시드 지점과 동일한 색을 갖는 영역만이 새로운 색으로 변경되었다. 그림 5-13(c)는 경계 채우기 알고리즘의 적용 결과이다. 도형 경계 내부에 위치하면 시드 지점과 다른 색을 갖더라도 새로운 색으로 변경된 것을 확인할 수 있다.

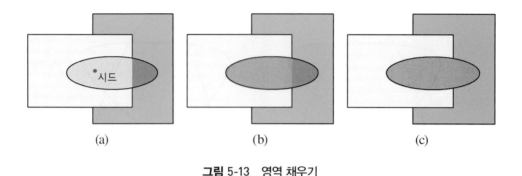

그림 5-13 영역 채우기

❹ 앤티앨리어싱

래스터 그래픽스는 픽셀을 기본 단위로 사용하여 모니터나 종이에 그래픽을 표시하는 처리 기술이다. 래스터 방식에서는 정해진 해상도에서 픽셀 단위의 근사적인 처리를 수행하므로 도형의 경계선은 계단 모양의 불규칙한 형태로 나타난다. 이런 현상을 앨리어싱^{aliasing}이라고 한다. 앨리어싱을 완화하여 도형의 경계를 부드럽게 표현하는 방법은 앤티앨리어싱^{anti-aliasing}이라고 한다. 그림 5-14(a)는 타원의 경계에서 앨리어싱이 발생한 경우를 나타내고 그림 5-14(b)는 앤티앨리어싱을 적용한 결과이다.

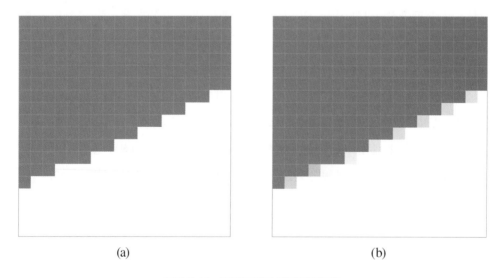

그림 5-14 앨리어싱과 앤티앨리어싱

앤티앨리어싱은 수퍼 샘플링과 영역 샘플링 기법을 사용하여 처리한다. 수퍼 샘플링super sampling은 픽셀을 부분 픽셀단위로 분할하여 각 부분 픽셀 단위로 밝기를 계산한 후 최종적으로 이들을 평균하여 픽셀의 밝기를 결정한다. 그림 5-15(a)는 해상도의 한계로 인해 발생하는 앨리어싱 결과를 보여준다. 수퍼 샘플링을 사용하면 그림 5-15(b)와 같은 결과를 얻을 수 있다.

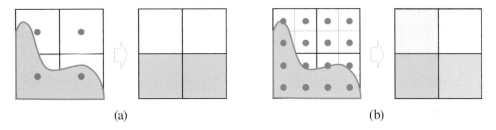

그림 5-15 수퍼 샘플링

영역 샘플링area sampling은 픽셀 내부에 도형이 차지하는 면적에 따라 밝기를 결정하는 방법이다. 픽셀의 전체 크기를 1로 가정하면 도형이 픽셀에서 차지하는 면적이 커질수록 원본 색에 가까워지고 면적이 작아지면 흰색이 비율이 높아진다. 그림 5-16은 영역 샘플링의 결과이다.

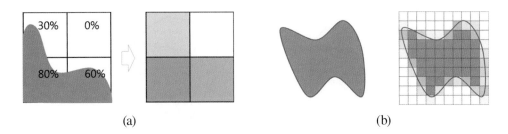

그림 5-16 영역 샘플링

3) 3차원 그래픽스의 기본 요소와 속성

❶ 3차원 좌표계와 투영

3차원 좌표계는 2차원 좌표계의 x, y 성분에 깊이 정도를 나타내는 z 성분을 추가하여 3개의 좌표 x, y, z를 성분으로 가지는 좌표계이다. 3차원 객체는 투영을 통해 컴퓨터 모니터에 출력한다. 투영projection의 사전적인 의미는 객체의 그림자를 평면에 비추는 것이다. 이와 비슷하게 컴퓨터 그래픽스에서의 투영은 3차원 그래픽을 2차원 출력 장치에 나타내기 위해 3차원 객체를 한쪽 방향에서 바라보았을 때의 모습을 2차원 좌표계에 표시하는 것이다.

투영의 종류는 평행 투영과 원근 투영으로 구분할 수 있다. 평행 투영parallel projection은 투영면에서 객체까지의 거리에 관계없이 객체의 크기를 일정하게 표현하는 방법이다. 컴퓨터 그래픽스에서는 평행 투영 중에서 직각 투영orthographic projection을 주로 사용한다. 직각 투영은 투영면과 투영 방향이 직각을 이룬다. 원근 투영perspective projection은 가까운 거리의 객체는 크고 먼 거리에 있는 객체는 작게 표현하는 방식이다. 인간의 눈이 실세계에서 객체를 지각하는 방법과 일치한다. 그림 5-17은 직각 투영과 원근 투영의 차이를 나타낸다.

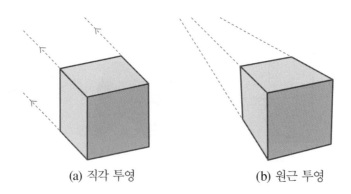

(a) 직각 투영   (b) 원근 투영

그림 5-17   투영의 종류

❷ 모델링

모델링^{modeling}은 3차원 좌표계를 사용하여 객체를 형상화하여 표현하는 과정이다. 일반적으로는 컴퓨터 그래픽스 제작 과정 중 컴퓨터를 사용하여 3차원 객체를 그리는 작업을 의미한다. 이때 각각의 모델은 고유한 좌표계인 모델 좌표계를 가지고 있다. 모델링 과정에서 제작한 3차원 모델은 와이어 프레임 모델, 표면 모델, 솔리드 모델 등의 다양한 방식으로 표현할 수 있다. 모델의 종류는 4절에서 살펴본다.

다각형이나 선을 사용하는 일반적인 모델링 이외에도 매개변수를 사용한 곡면 모델링, 프랙탈^{fractal} 기하학 그리고 입자 시스템 등의 절차적 모델링 기법도 존재한다.

❸ 렌더링

렌더링^{rendering}은 모델링 과정에서 제작한 3차원 객체 모델을 현실감 있게 나타내는 과정이다. 3차원 객체를 2차원 출력 장치에 영상으로 표시하는 과정이기도 하다. 렌더링은 투영^{projection}, 은면 제거$^{hidden\ surface\ elimination}$, 음영$^{shade\ and\ shadow}$, 질감 매핑$^{texture\ mapping}$의 일련의 과정을 통해 수행된다. 조명 위치, 카메라 방향 및 위치 등이 변경되면 일련의 과정을 다시 수행해야 한다.

도형의 모든 면이 불투명하다면 일부 면은 다른 면에 가려서 보이지 않는다. 은면 제거는 관측자에게 보이지 않는 선이나 면을 제거하여 사실적으로 3차원 객체를 표현하는 과정이다. 은면 제거를 통해 보이지 않는 영역을 처리하지 않으면 렌더링 속도의 향상을 얻을 수 있다. Z-버퍼 알고리즘은 대표적인 은면 제거 기법이다. 깊이 버퍼$^{depth\ buffer}$는 객체의 깊이 정보를 포함하는 추가 버퍼이다. 깊이 버퍼는 Z-버퍼라고도 한다. 깊이 버퍼는 영상 버퍼와 동일한 픽셀 해상도를 갖는다. Z-버퍼 알고리즘은 깊이 버퍼를 사용하여 투영면에 더 가까이 위치한 객체의 픽셀만을 화면에 표시한다. 그림 5-18(a)는 3개의 도형을 와이어 프레임 모델을 사용하여 표현한 결과이다. 이 모델에 세이딩을 수행하면 그림 5-18(b)의 결과를 생성할 수 있다.

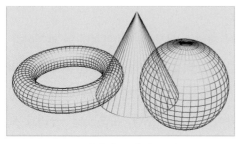

(a) 와이어 프레임 모델

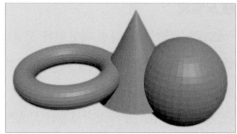

(b) 셰이딩

그림 5-18 와이어 프레임 모델에 대한 셰이딩 적용 결과

질감 매핑은 질감을 사용하여 3차원 객체의 표면을 입히는 과정이다. 질감을 포함하는 영상을 사용하며 천이나 무늬 등의 재질을 표현할 수 있다. 그림 5-19는 질감 매핑의 적용 결과이다. 그림 5-19(a)는 사용한 질감이고 그림 5-19(b)는 3차원 모델이다. 그림 5-19(c)는 질감 매핑 결과이다. 그림 5-20(a)는 질감 매핑 기법 중의 디스플레이스먼트 매핑의 결과이다. 그림 5-19의 결과와 비교하면 표면의 굴곡과 거친 느낌을 더욱 효과적으로 표현하고 있다. 그림 5-20(b)는 반사 매핑을 사용하여 표현한 결과이다.

(a) 사용 질감

(b) 3차원 모델

(c) 질감 매핑 결과

그림 5-19 질감 매핑

(a) 디스플레이스먼트 매핑   (b) 반사 매핑

그림 5-20 디스플레이스먼트 매핑과 반사 매핑

❹ 조명

조명^{lighting}은 물체의 사실적인 입체감을 표현하기 위한 중요한 수단이다. 물체의 표면에 도달하는 빛의 양을 계산하기 위해서는 상당히 복잡한 연산이 필요하다. 광선 추적법$^{ray\ tracing}$과 같은 방법을 사용하여 광선이 반사되고 투과되는 정도를 계산하여 조명 효과를 나타낸다.

광원에서 나오는 빛은 물체에 직접 도달하기도 하지만 다른 물체에서 반사되는 과정을 반복하여 도달할 수도 있다. 물체의 한 지점에서 반사되는 빛은 세 가지 성분을 갖는다. 이 세 가지 성분은 주변 광, 정반사 광, 난반사 광이다. 주변 광은 모든 방향에서 동일한 양으로 나타나는 빛이다. 관측자의 위치, 광원의 위치, 물체 표면의 곡률에 관계없이 일정하게 관측되는 빛으로 간접 조명에 해당한다. 난반사 광$^{diffuse\ light}$은 빛이 균일하지만 거친 표면에 도달하면 입사각에 의해 결정되는 반사각이 아닌 여러 방향으로 반사되는 빛이다. 반면 정반사 광$^{specular\ light}$은 물체의 표면에 도달한 빛이 한 방향으로 강하게 반사되어 특정한 각도에서만 관측할 수 있는 빛을 뜻한다. 한쪽 방향으로만 빛을 반사하기 때문에 빛의 방향과 표면의 곡률, 카메라의 시점 등을 모두 고려해야 한다.

광원^{light source}은 공간에서 빛을 내는 물체이다. 광원은 빛의 색, 밝기, 방향 등의 속성을 갖는다. 광원은 매우 복잡한 모델이므로 컴퓨터 그래픽스에서는 단순화된 광원 모델을 사용한다. 광원 모델은 일반적으로 양방향 반산 분포 함수^{Bidirection Reflectance Distribution Function, BRDF}를 사용하여 표현한다. BRDF는 5개의 입력으로 구성되는데 입사광의 방향에 대한 2차원 정보, 반사광의 방향에 대한 2차원 정보, 빛의 파장에 대한 정보를 사용한다. 주로 사용하는 광원 모델에는 점 광원, 방향성 광원, 집중 광원, 영역 광원 등이 존재한다.

점 광원^{point light}은 3차원 공간에 위치하며 표면에서 $360°$ 모든 방향으로 동일한 빛의 양을 발광한다. 점 광원은 위치 (x, y, z)와 색 (r, g, b)의 두 가지 요소로 표현된다. 방향성 광원^{directional light}은 점 광원이 무한대의 위치에 존재하는 경우이다. 따라서 점 광원과는 다르게 위치 정보는 포함하지 않고 지정된 방향으로 평행하게 빛을 발산한다. 그림자는 빛의 진행 방향과 동일한 방향으로 생성된다. 집중 광원^{spot light}은 손전등에서 발산하는 빛과 비슷하다. 광원은 점 광원처럼 위치를 가지며 특정한 방향으로 원뿔형태의 빛을 발산한다. 그림 5-21은 광원의 종류에 따른 적용 결과를 구분하여 나타낸다.

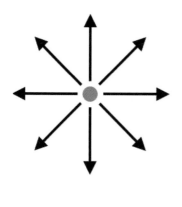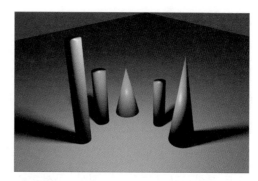

(a) 점 광원

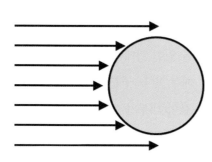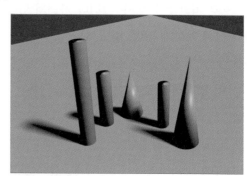

(b) 방향성 광원

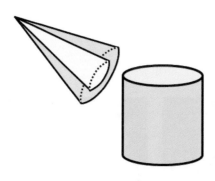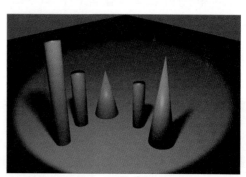

(c) 집중 광원

그림 5-21 광원의 종류에 따른 적용 결과

❺ 3차원 모델의 종류

3차원 모델은 2차 곡면이나 다각형을 사용하여 표현할 수 있다. 다각형으로는 삼각형이나 사각형을 주로 사용하는데 작은 크기의 도형을 서로 연결하여 메시mesh를 생성하여 3차원 객체를 포현한다. 3차원 모델을 표현하는 모델에는 와이어프레임 모델, 표면 모델, 솔리드 모델 등이 존재한다.

와이어프레임 모델wireframe model은 물체의 곡면을 삼각형 또는 사각형의 작은 다각형으로 분할하고 평면은 점, 직선, 곡선으로 표시한다. 데이터의 양이 적어 모델링을 고속으로 처리할 수 있다. 그러나 가려져 있어 보이지 않아야 할 부분인 히든 라인hidden line까지 보이게 된다. 따라서 최종적인 모델로 사용하기에는 적합하지 않다. 표면 모델surface model은 와이어프레임의 다각형 면에 밝기를 입힌 형태이다. 3차원 객체의 내부는 텅 빈 공간으로 표현되며 객체의 외부 면과 내부 면을 구분할 수 있다. 솔리드 모델solid model은 나무나 석고로 만든 3차원 객체와 같이 내부가 채워진 덩어리 형태로 모델을 표현하는 방법이다. 3차원 객체의 질량, 부피, 강도 등의 정보를 구분할 수 있다. 내부가 채워져 있으므로 객체들을 서로 더하거나 빼는 등의 작업이 가능하다. 그러나 데이터양이 많고 작업 속도가 느리므로 게임처럼 빠른 처리속도를 요구하는 분야에서는 잘 사용하지 않는다. 그림 5-22는 세 가지 모델을 구분하여 표시한 결과이다.

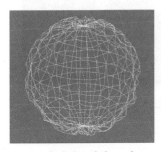 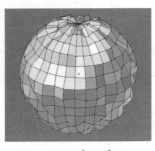 

(a) 와이어프레임 모델   (b) 표면 모델   (c) 솔리드 모델

그림 5-22   3차원 모델

❻ 입자시스템

2차 곡면이나 다각형을 사용하면 일정한 형태를 갖는 객체는 쉽게 모델링할 수 있지만 연기나 불꽃과 같은 자연 현상은 모델링하는 것이 불가능하다. 이런 자연 현상을 모델링하기 위해 절차적 기법을 사용한다. 절차적 모델링 기법$^{procedural\ modeling\ technique}$이란 2차 곡면이나 다각형과 같은 기본요소^{primitive}들을 연결하는 대신에 알고리즘이나 프로그래밍 코드를 사용하여 모델링을 수행하는 것이다. 절차적 모델링 기법에는 프랙탈, L-System, 입자 시스템 등의 방법이 존재한다. 프랙탈^{fractal}은 지형을 모델링하기 위해 자주 사용되고 식물이나 나무를 모델링하기 위해서는 L-System을 사용한다. 입자 시스템$^{particle\ system}$은 물, 연기, 불꽃 등을 표현하기에 적합하다.

입자 시스템은 스스로 고유한 동작을 가지는 수많은 입자들로 구성되는 시스템이다. 입자 시스템을 사용하면 구름이나 파도와 같은 자연 현상들을 쉽게 모델링할 수 있다. 입자를 사용하면 다각형에 비해 단순하며 빠르고 간단한 계산으로 처리할 수 있다. 모델링 과정에서 요구되는 노력도 줄어든다. 입자가 새로 생성되어 시스템에 추가되면 그 입자에는 개별적이고 임의의 속성이 부여된다. 이 속성에 따라 입자는 동작하며 오래된 입자는 시스템에서 제거된다. 입자는 초기 위치, 속도, 크기, 색, 투명도, 모양, 수명 등의 속성을 가진다. 그림 5-23은 입자 시스템을 사용하여 불꽃과 연기 및 액체를 표현한 결과이다.

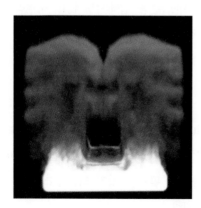 

그림 5-23 입자 시스템

4) OpenGL 개요

❶ OpenGL의 기본 개념 및 특징

컴퓨터 그래픽스의 다양한 알고리즘을 직접 구현하여 사용하는 것은 비용과 시간적인 측면에서 불가능하다. 대신 컴퓨터 그래픽스 라이브러리를 사용할 수 있다. 컴퓨터 그래픽스 라이브러리로 현재 가장 많이 사용되고 있는 것은 OpenGL 라이브러리이다. OpenGL은 1992년에 실리콘 그래픽스^{Silicon Graphics}사에서 제작한 2차원 및 3차원 그래픽스 표준 API^{Application Programming Interface}이다. 간단한 함수 호출만을 이용하여 단순한 기하도형에서부터 복잡한 3차원 영상들을 표현할 수 있기 때문에 매우 유용하다. 그리고 컴퓨터 그래픽스에 대한 이론적인 지식이 조금 부족하더라도 사용에 큰 어려움이 없기 때문에 컴퓨터 그래픽스에 대한 진입 장벽을 낮출 수 있는 기술이다.

OpenGL이 가지고 있는 특징 중 가장 뛰어난 것은 범용성이라고 할 수 있다. MS 윈도우즈, 리눅스, 유닉스, 맥 OS 등의 주요 운영체제를 지원하고 있으며 MS 윈도우즈에 대해서는 자체 처리가 가능하다. 다시 말하면 OpenGL에서 MS 윈도우즈를 지원하는 API를 제공하고 있다. 이렇게 다양한 운영체제를 지원하고 있기 때문에 어떤 운영체제로도 이식이 가능하다는 장점도 있다. OpenGL은 오픈 소스로 운영되고 있는데 지속적으로 기능이 추가되면서 발전하고 있다. 컴퓨터 그래픽스는 일반 PC용 어플리케이션뿐만 아니라 웹이나 스마트폰용 앱에서도 많이 사용되고 있으므로 OpenGL을 공부하는 것은 충분한 가치가 있을 것이다.

❷ OpenGL 라이브러리 구성

OpenGL 라이브러리는 크게 GL Library^{OpenGL Main Library}, GLU Library^{OpenGL Utility Library}, GLUT Library^{OpenGL Utility Toolkit Library} 모듈로 구성되어 있다. OpenGL 라이브러리는 각각의 응용프로그램을 작성할 때 필요한 정적 라이브러리와 실행 시 필요한 동적 라이브러리의 형태로 각각 제공된다.

GL Library는 다양한 렌더링 기능을 제공하는 함수들을 포함하고 있다. 대표적으로 glBegin(), glEnd(), glVertex(), glColor(), glClear(), glClearColor() 등이 있다. glBegin()과 glEnd()의 두 함수 사이에 도형을 그리는 코드가 삽입 된다.

표 5-1 GL Library 함수 예시

함수 이름	함수 기능
glBegin()	기본도형 그리기 시작
glEnd()	기본도형 그리기 마침
glVertex()	정점을 지정
glColor()	색을 지정
glPointSize()	점의 크기 변경
glLineWidth()	선의 굵기 설정
glMatrixMode()	현재 행렬 설정
glPolygonMode()	전면, 후면의 다각형 그리기 방식 설정
glRect()	사각형을 그림
glPushAttrib()	현재 설정을 임시 저장
glPopAttrib()	이전 설정을 복원
glOrtho()	범위가 정해진 직교투영
glViewport()	뷰포트를 설정

GLU Library는 약 50여 개의 함수로 이루어져 있는데 이는 GL Library를 보조하는 도우미 역할을 한다. GLU Library를 GL Library의 일부분으로 취급하기도 한다. GLU Library의 2차 곡면 기능을 이용하여 원구, 원뿔 등의 도형을 손쉽게 그릴 수 있다.

표 5-2 GLU Library 함수 예시

함수 이름	함수 기능
gluLookAt()	카메라의 위치와 방향을 설정
gluOrth2D	범위가 -1 ~ 1인 직교투영
gluPerspective()	원근 투영
gluBuild2DMipmaps()	밉맵을 자동 생성
gluCylinder	원기둥 그리기
gluDisk	디스크 그리기
gluSphere	원구 그리기

GLUT Library는 엄밀히 말해 OpenGL의 일부가 아니다. 이 라이브러리는 OpenGL과는 별도로 마크 킬거드$^{Mark\ Kilgard}$에 의해 작성된 프리웨어다. 프로그램이 동작할 때 운영체제가 프로그램의 동작을 관리하고 제어한다. GLUT는 응용프로그램이 실행될 때 운영체제와 프로그램 사이에서 인터페이스 역할을 수행한다. GLUT를 사용하여 응용프로그램의 사용자 인터페이스를 쉽게 제작할 수 있다. 그러나 GLUT만으로 GUI 환경을 제작하는 것은 제한적이기 때문에 각각의 운영체제에서 제공하는 라이브러리를 이용하는 것이 바람직하다. 유닉스 운영체제라면 GLX, 매킨토시 운영체제라면 AGL, MS 윈도우즈 운영체제라면 WGL 또는 AUX 라이브러리를 사용할 수 있다.

표 5-3   GLUT Library 함수 예시

함수 이름	함수 기능
glutInit()	윈도우 운영체제와 세션 연결
glutInitWindowPosition()	윈도우 위치 설정
glutInitWindowSize()	윈도우 크기 설정
glutInitDisplayMode()	디스플레이 모드 설정
glutSetWindowTitle()	윈도우 타이틀 설정
glutCreateWindow()	새로운 윈도우 생성
glutReshaeWindow()	크기 변경에 따른 윈도우 조정
glutPostRedisplay()	현재 윈도우가 재생되어야 함을 표시
glutSwapBuffers()	현재 프레임 버퍼 변경

02

애니메이션 이해

1) 애니메이션의 의미와 원리

애니메이션^{animation}은 라틴어인 *anima*에서 유래하였으며 생명, 영혼, 정신을 의미한다. 애니메이션의 의미는 움직이지 않는 사물에 생명을 불어넣어 살아 움직이게 만든다는 뜻으로 2차원 또는 3차원 그래픽으로 구성된 영상을 사용하여 객체의 움직임을 생성하는 과정이다.

애니메이션은 구석기 시대인 기원전^{BC} 약 15,000년에 제작한 것으로 알려진 알타미라 동굴$^{cueva\ de\ Altamira}$의 벽화에서도 확인할 수 있다. 스페인의 북부에 위치한 이 동굴의 벽화에는 다리가 8개인 멧돼지 그림이 있다. 멧돼지의 움직임을 표현하고자 하는 원시적인 애니메이션의 표현 방법으로 이해할 수 있다.

체계적으로 애니메이션의 연구를 시작한 사람은 그리스 철학자 아리스토텔레스^{Aristoteles}(기원전 322~384)이다. 불이 붙은 나뭇가지를 머리 위에서 돌리면 불빛이 연결되어 나타나는 것을 신기하게 생각하여 연구를 진행하였다. 이 현상에 대한 정립은 영국인 의사인 피터 로제$^{Peter\ Mark\ Roget}$에 의해 이루어졌다. 로제 박사는 1824년 영국 왕립학술원에서 발표한 논문인 "수직 구경을 통해 보이는 바퀴살 형태의 착시 설명"이라는 논문에서 잔상 효과를 체계적으로 설명하였다.

애니메이션을 만드는 가장 기본적인 원리는 일련의 그림들을 연속적으로 출력하여 사람이 연속된 동작으로 인식하게 만드는 것이다. 그러나 일련의 그림들을 아무리 빠르게 표시하더라도 그림 사이에는 시간 간격이 존재하므로 연속된 그림들로부터 연결된 움직임을 인식할 수는 없다. 그런데 우리의 눈은 특별한 특성인 잔상 효과

persistence of vision라는 것을 갖는다. 어두운 방안에서 촛불을 보고 있는데 갑자기 촛불이 꺼질 경우 우리 머릿속에는 잠시나마 촛불의 상이 남는다. 이렇게 물체가 사라진 후에 매우 짧은 시간이지만 그 물체의 상이 머릿속에 남아 있는 현상이 잔상 효과이다. 잔상 효과로 인해 우리가 보고 있는 장면이 사라지더라도 짧은 시간 내에 새로운 장면이 나타나면 기존 내용과 새로운 내용이 겹쳐진 상태로 인식되어 이들 내용이 자연스럽게 연결된다. 잔상이 남는 시간은 대략적으로 1/16초 정도이다. 그림 5-24의 왼쪽 그림에 포함된 점을 10초 정도 응시하다가 오른쪽 점으로 시선을 옮겨보자. 진분홍색의 원 내부에 작은 파란색 원이 보일 것이다.

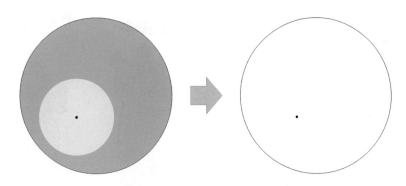

그림 5-24 잔상 효과에 대한 실험

애니메이션은 주로 그래픽 요소들을 포함하는 연속적인 영상으로부터 만들어진다. 그래픽으로 구성된 장면을 1/20초 정도의 짧은 시간 이내에 새로운 장면으로 변경하면 우리의 두뇌는 이 두 개의 장면을 서로 중첩하여 인식하게 된다. 이로 인해 동작의 연결이 이루어지게 되고 이런 과정을 연속적으로 반복하면 움직임을 생성할 수 있다. 물론 연속적으로 등장하는 장면들 사이에는 연속적인 움직임이나 변화가 있는 경우에만 자연스러운 동작을 표현하는 것이 가능해진다.

영화나 비디오가 만들어지는 원리는 애니메이션과 동일하다. 애니메이션은 2차원 또는 3차원 그래픽스를 사용하지만 영화나 비디오는 실세계를 직접 촬영한 실사 장면을 사용한다는 점에서 차이가 있다. 애니메이션이나 비디오를 구성하는 각 영상(장면)을 프레임frame이라고 부른다. 일반적으로 애니메이션은 1초에 15프레임 이상으로 구성하고 영화는 24프레임 이상으로 구성한다. 초당 사용하는 프레임수를 늘리면 더욱 빠른 움직임을 표현할 수 있다. 그림 5-25는 걷는 움직임을 제작하기 위한 8개의 프레임에 포함된 동작의 변화를 나타낸다.

그림 5-25 애니메이션을 구성하는 프레임

2) 애니메이션의 역사

애니메이션의 역사는 선사시대로부터 시작한다. 앞에서도 잠시 설명한 것과 같이 알타미라 동굴의 벽에 동물의 다리를 겹쳐 그려 움직임을 표현하려는 시도가 있었다. 멧돼지의 다리를 4개가 아닌 8개로 그려 움직임을 표현하고자 했다. 또한 5000년 전의 이란에서는 흙으로 빚은 그릇의 옆면에 양의 움직임을 표현하기 위한 5개의 그림이 묘사되어 있다. 이들은 모두 초기 애니메이션으로 볼 수 있지만 장치가 없어 이들 그림으로부터 실제 움직임을 생성할 수는 없었다.

애니메이션의 역사는 영화의 역사와 함께 한다. 1891년 에디슨[T. Edison]은 그의 조수 딕슨[W. Dickson]과 함께 키네토그래프[Kinetograph]로 촬영한 필름을 작은 구멍을 통해 볼 수 있는 장치인 키네토스코프^{Kinetoscope}를 발명하여 1893년부터 20초 정도의 활동사진을 제작하였다.

1894년 뤼미에르 형제^{Auguste & Louis Lumiere}는 키네토스코프를 개선하여 영화 카메라 겸 영사기인 시네마토그라프^{Cinematographe}를 발명하였다. 이 발명에 의해 새로운 장르인 영화가 탄생할 수 있었다. 1895년 12월 28일 파리의 한 지하 카페에서 활동사진을 유료로 상영하면서 영화의 역사는 시작되었다. 시네마토그라프의 경우 활동사진의 길이를 50초로 연장하였고 크기가 작고 가벼워 휴대가 가능하였다.

전통적인 기법을 사용하여 제작한 애니메이션으로 공인된 세계 최초의 작품은 프랑스의 에밀 콜^{Émile Cohl}이 1908년에 만든 판타즈마고리^{Fantasmagorie}이다. 에밀 콜은 주로 선이나 원 등의 간단한 도형을 사용하여 인체나 사물을 표현하는 방식으로 각 장면을 차례대로 제작한 후 네가티브 필름^{negative film}에 촬영하여 작품을 완성하였다.

그런데 당시에는 모든 장면을 매번 다시 그리는 방식을 사용하였기 때문에 그릴 분량이 많고 수정이 어려웠다. 이런 문제를 해결하기 위해 1914년에 브레이^{John Bray}와 허드^{Earl Hurd}는 투명한 셀룰로이드^{celluloid} 필름을 사용하여 애니메이션을 제작하는 셀 애니메이션 기법을 개발하였고 이에 대한 특허를 취득하여 애니메이션 업계에 혁명을 일으켰다. 이 방법은 컴퓨터 애니메이션이 등장하기 전까지 전통적인 애니메이션 제작 과정에서 표준으로 정착되었다. 컴퓨터 애니메이션에서도 셀 기법의 개념은 그대로 사용하고 있다.

1928년에 월트 디즈니^{Walt Disney}는 최초의 발성 애니메이션인 '증기선 윌리호'를 제작하였고 1932년에는 최초의 천연색 애니메이션인 '꽃과 나무'를 발표하였다. 또한 1937년에는 최초의 장편 애니메이션인 '백설공주와 일곱 난장이'를 제작하였다. 다양한 작품의 제작으로 애니메이션은 새로운 오락 거리로 등장하면서 극장에서 상영하는 독립적인 영화의 한 분야로 자리 매김하였다.

존 휘트니 시니어^{John Whitney Sr.}는 1960년에 모션 그래픽스 사^{Motion Graphics Inc.}를 설립하고 1961년에 최초의 컴퓨터 그래픽 애니메이션인 '카탈로그^{Catalog}'를 발표하였다. 그러나 '카탈로그'는 단지 그래픽 처리를 통한 시각 효과^{visual effect}에 지나지 않는다. 최초의 3D 그래픽 애니메이션은 1985년에 제작되었는데 스티븐 한^{Steven Hahn}의 '스타체이서^{Starchaser: The Legend of Orin}'이다. 그러나 완전한 3D 그래픽 애니메이션은 1995년에 제작된 픽사^{Pixar}의 '토이스토리'이다. 컴퓨터 기술의 발전으로 1990년대 이후부터 정교한 애니메이션들이 제작되었다. 예를 들어, 1998년 제작된 드림웍스사의 '개미^{Antz}'는 실제와 흡사한 얼굴 애니메이션 기법을 사용하였고 2001년에 제작한 스퀘어^{Square}사의 '파이널 판타지^{Final Fantasy}'는 정교한 모션 캡처와 사실적 피부를 묘사하였다. 또한 2002년 작품인 픽사의 '몬스터 주식회사^{Monsters, Inc.}'는 사실적인 털 묘사가 매우 인상적이다. 앞에서 설명한 해외 애니메이션의 주요 역사를 표 5-4에 다시 정리하였다. 그림 5-26은 몇 가지 해외 애니메이션 작품의 일부 장면이다.

표 5-4 해외 애니메이션의 주요 역사

년도	사건 또는 애니메이션	의미
1908	'판타즈마고리' - 프랑스 에밀 콜	공인된 최초의 애니메이션
1914	셀 애니메이션 기법 특허 취득 - 브레이, 허드	애니메이션의 표준으로 정착
1928	'증기선 윌리호' - 디즈니 〈미키 마우스〉 시리즈	최초의 발성 애니메이션
1932	'꽃과 나무' - 디즈니	최초의 천연색 애니메이션
1937	'백설공주' - 디즈니	최초의 장편 애니메이션
1961	'카탈로그' - 존 휘트니 시니어	최초로 CG 애니메이션 사용
1985	'스타체이셔' - 스티브 한	최초로 3차원 애니메이션 사용
1995	'토이스토리' - Disney/Pixar사	최초의 완전한 3차원 애니메이션 (Full 3D animation)
2001	'파이널 판타지' - Square사	정교한 모션 캡처와 사실적 피부 묘사

판타즈마고리

백설공부

토이스토리

개미

파이널 판타지

그림 5-26 해외 주요 애니메이션

우리나라의 최초 애니메이션은 1956년에 TV CF로 제작한 '럭키치약 CF'이다. 국내 최초의 장편 애니메이션은 1967년 신동헌 감독이 제작한 '홍길동'이고 1976년 김청기 감독의 '로보트 태권 V-우주대작전'에서는 국내 최초로 영화 OST가 발매되었다. 1996년에 제작한 서울무비의 '아기공룡 둘리'는 순수 국내 기술만으로 제작한 작품이다. 표 5-5는 국내 애니메이션의 주요 역사이다.

표 5-5 국내 애니메이션의 주요 역사

년도	사건 또는 애니메이션	의미
1956	'럭키치약 CF' – 문달부(HLKZ TV)	국내 최초의 애니메이션
1960	'진로소주 CF' – 신동헌 감독	국내 최초의 풀 애니메이션
1967	'홍길동' – 신동헌 감독	국내 최초의 장편 애니메이션
1967	'흥부와 놀부'	국내 최초의 인형 애니메이션
1976	'로보트 태권V-우주대작전' – 김청기 감독	국내 최초의 OST발매
1987	'떠돌이 까치' – KBS	국내 최초의 TV 애니메이션
1988	'달려라 하니' – KBS	국내 최초의 TV시리즈 애니메이션
1994	'블루시걸'	국내 최초의 컴퓨터 그래픽 사용 국내 최초의 성인 애니메이션
1996	'아기공룡 둘리' – 서울무비	순수 국내 기술만으로 제작

03 애니메이션의 분류

애니메이션은 크게 전통적 애니메이션^{traditional animation}, 스톱 모션 애니메이션^{stop motion} animation, 컴퓨터 애니메이션^{computer animation}으로 구분할 수 있다. 이번 절에서는 이들을 구분하여 살펴보고 세부적인 종류를 확인한다.

1) 전통적 애니메이션

전통적 애니메이션을 다른 용어로는 셀 애니메이션^{cel animation} 또는 손 그림 애니메이션^{hand drawn animation}이라고도 부른다. 전통적 애니메이션은 수작업으로 모든 장면을 그려서 제작하는 방식을 사용한다. 셀 애니메이션 기법이 개발되기 전에는 장면의 모든 내용을 다시 그리는 방식을 사용하였다. 애니메이션에서는 일반적으로 전체 중에서 일부 내용만 변하고 배경을 포함하여 대부분의 내용은 변하지 않는다. 이런 특성을 사용하여 셀 애니메이션 기법은 한 장면의 내용을 여러 장의 투명 필름에 나누어 제작하는 방식을 사용한다. 이런 방식을 사용하면 다음 장면에서 변화가 발생하는 필름의 내용만을 다시 제작하면 되므로 제작 분량과 시간을 획기적으로 줄일 수 있다. 변화가 발생하는 부분은 주로 움직임이 발생하는 영역으로 캐릭터와 같은 등장인물에 해당하며 배경은 여러 프레임에 걸쳐 거의 변화가 발생하지 않는다. 그림 5-27은 셀 애니메이션의 개념을 나타낸다. 셀^{cel}은 투명한 필름인 셀룰로이드^{celluloid}를 의미한다.

전통적인 애니메이션의 제작 과정은 기획, 레이아웃, 원화 및 동화 작업, 채색, 촬영의 단계로 이루어진다. 기획 단계에서는 스토리를 기반으로 각색과 각본을 거쳐 콘티를 제작하고 캐릭터와 배경을 디자인한다. 레이아웃 단계에서는 콘티를 기반으로 각 장면에 대략적인 스케치를 수행한다. 원화 및 동화 단계는 각 장면의 내용과 움직임을 세부적으로 제작하는 과정이다. 채색 단계는 색이 필요한 영역들에 대해 사용할 색을 결정한 후 색을 칠하는 단계이다. 촬영 단계에서는 완성된 장면들을 촬영한 후 편집하고 사운드를 녹음하고 믹싱하여 작품을 완성한다.

그림 5-27   셀 애니메이션 기법

❶ 풀 애니메이션

1초에 24장 이상의 충분한 프레임을 사용하여 움직임을 최대한 자연스럽게 표현하는 애니메이션을 풀 애니메이션full animation이라고 한다. 풀 애니메이션에서는 충분한 프레임 수를 사용할 뿐만 아니라 각 프레임의 모든 내용을 새롭게 제작하여 사실적이고 유연한 동작을 표현한다. 그러나 많은 인력과 제작 시간이 요구되어 제작비가 증가하게 된다. 월트 디즈니 스튜디오에서 제작한 '미녀와 야수', '라이온 킹', '알라딘' 등의 작품들은 풀 애니메이션 방식으로 제작되었다. 그림 5-28은 '미녀와 야수'(1991년) 및 '라이온 킹'(1994년)의 일부 장면이다.

그림 5-28 미녀와 야수(왼쪽) 및 라이온 킹(오른쪽)

❷ 리미티드 애니메이션

제작비를 줄이기 위해 초당 사용하는 프레임 수를 줄이고 매 프레임을 새롭게 제작하는 대신에 등장인물의 입술이나 팔 등과 같이 움직임이 발생하는 영역만을 새롭게 그려 동작을 표현하는 방식이 리미티드 애니메이션^{limited animation}이다. 경우에 따라서는 초당 일정한 프레임 수를 사용하지 않고 화면 변화 정도에 따라 프레임 수를 변경하는 변형된 리미티드 애니메이션을 사용하기도 한다. 이 방식은 화면의 진행속도가 빠른 일본 애니메이션에서 많이 사용하고 있다. 영화관에서 상영하는 애니메이션은 주로 풀 애니메이션을 사용하고 리미티드 애니메이션은 TV용 애니메이션 제작에 많이 사용한다. 일본의 '철완 아톰', 미국의 '톰과 제리' 등이 대표적인 리미티드 애니메이션 작품이다. 그림 5-29는 '톰과 제리'와 '철완 아톰'의 일부 장면이다.

그림 5-29 톰과 제리(왼쪽) 및 철완 아톰(오른쪽)

❸ 로토스코핑

로토스코핑rotoscoping은 실사 촬영을 하고 필름의 내용을 종이 위에 영사할 수 있는 장치인 로토스코프rotoscope를 통해 각 프레임의 내용을 그려서 애니메이션을 제작하는 방식이다. 그 과정에서 일부 내용을 수정하거나 새로운 내용을 추가하여 합성하는 것이 가능하다. 이와 같이 로토스코핑 기법을 사용하여 실사 영상과 그래픽 영상을 하나의 필름에 합성하는 방식으로 작품을 제작하기도 한다.

로토스코프 장치는 1917년 막스 플레이셔Max Fleischer에 의해 개발되었다. 로토스코핑 기법을 사용하여 제작된 작품에는 우리나라 손정현 감독의 단편 'Wonderful World(2008)'와 미국의 리처드 링클레이터Richard Linklater가 감독하고 키아누 리브스가 주연한 '스캐너 다클리A Scanner Darkly, 2006' 등의 작품이 존재한다. 그림 5-30은 'Wonderful World'의 일부 장면이다.

그림 5-30 로토스코핑 기법으로 제작한 'Wonderful World'의 한 장면

2) 스톱 모션 애니메이션

진흙이나 천 등을 사용하여 실물을 제작하고 움직임을 조금씩 변화시켜 그 과정을 단계적으로 촬영하는 애니메이션을 제작하는 기법을 통틀어서 스톱 모션 애니메이션stop motion animation이라고 한다. 실물을 제작하기 때문에 입체감을 통해 사실적인 표현이나 시각적인 독특함을 표현할 수 있지만 감정에 대한 표현이 쉽지 않으며 빠른 움직임을 표현하는 것이 어렵다. 또한 대량으로 제작하는 것이 어렵다. 스톱 모션 애니메이션에는 다양한 종류가 존재하는데 주로 애니메이션 제작을 위해 사용하는 재질에 따라 종류를 구분한다.

❶ 점토 애니메이션

점토 애니메이션$^{\text{clay animation}}$은 특수한 재료의 점토를 사용하여 대상물을 제작하여 촬영하는 애니메이션으로 간단히 클레이메이션^{claymation}이라고도 한다. 철사를 사용하여 뼈대를 만들고 그 위에 점토를 사용하여 물체를 표현한 후 그 형태를 조금씩 바꾸어 촬영하여 애니메이션의 장면들을 제작한다. 평면 그림이 아닌 점토를 사용하여 3차원 물체를 직접 제작하여 사용하므로 입체감을 효과적으로 제공할 수 있다. 또한 점토의 사용으로 물체의 제작이 비교적 쉽고 다양한 채색이 가능하다.

점토 애니메이션의 주 제작 재료인 점토는 1897년 영국의 예술 선생이었던 윌리엄 하버트$^{\text{William Harbutt}}$에 의해 만들어졌다. 그는 빨리 마르지 않는 점토를 원하였고 일반 점토에 칼슘염$^{\text{calcium salts}}$, 바셀린 등을 혼합하여 플라스티신^{plasticine}이란 공작용 점토를 개발하였다. 이후 1908년 초 미국에서 최초의 점토 애니메이션이 제작된 후에 조금씩 인기를 끌기 시작하였다.

세계적으로 인기를 끈 점토 애니메이션 작품은 윌리스 앤 그로밋$^{\text{Wallace and Gromit}}$ 시리즈이다. 이 시리즈는 네 개의 짧은 작품으로 구성되었는데 첫 작품은 영국의 아드만 애니메이션$^{\text{Aardman Animations}}$ 소속의 닉 파크$^{\text{Nick Park}}$가 1989년 제작한 24분 길이의 '화려한 외출$^{\text{A Grand Day Out}}$'이다. 이후 1993년 '전자바지 소동$^{\text{The Wrong Trousers}}$', 1995년 '양털도둑$^{\text{A Close Shave}}$' 등의 작품을 발표하였다. 아드만 애니메이션과 드림웍스사가 2000년 공동으로 제작한 치킨 런$^{\text{Chicken Run}}$도 점토 애니메이션의 대표적인 작품이다. 그림 5-31은 이들 작품에 대한 일부 장면이다.

그림 5-31 '월리스 앤 그로밋'과 '치킨 런'

❷ 인형 애니메이션

인공으로 조성한 환경에서 인형을 제작한 후 동작을 조금씩 변화시켜가며 촬영한 애니메이션을 인형 애니메이션puppet animation이라고 한다. 클레이 애니메이션과 유사하게 프레임 단위로 3차원 캐릭터의 동작을 촬영하는 방식으로 제작한다. 인형의 내부에는 보강재를 사용하여 각 관절을 자유롭게 조작할 수 있도록 제작하여 안정적인 사용이 가능하도록 한다.

최초의 인형 애니메이션 작품은 러시아 출생의 블라지슬라프 스타레비치Wladyslaw Starewicz가 1910년에 제작한 '사슴벌레의 전쟁The Battle of the Stag Beetles'이다. 두 마리 사슴벌레의 싸움을 표현하기 위해 죽은 사슴벌레의 다리와 날개에 선을 연결하여 다양한 움직임을 표현하였다. 1911년 작품인 '개미와 배짱이The Grasshopper and the Ant'는 러시아 황제로부터 훈장을 받았으며 1930년에는 최초의 장편 인형 애니메이션인 '라인강의 여우The Tale of the Fox'를 완성하였다. 체코 애니메이션의 어머니라고 불리는 헤르미나 틸로바Hermína Týrlová도 인형 애니메이션의 발전에 큰 기여를 하였다. 1938년 작품인 '개미 페르다'는 틸로바가 제작한 체코 최초의 인형 애니메이션이다.

인형 애니메이션을 대표하는 작품에는 팀 버튼 감독의 '크리스마스 악몽(1993)'이나 헨리 셀릭 감독의 '코렐라인: 비밀의 문(2009)'이 있다. 그림 5-32는 이들 애니메이션의 한 장면이다.

그림 5-32 '크리스마스 악몽'과 '코렐라인'

❸ 컷아웃 애니메이션

컷아웃 애니메이션$^{cutout\ animation}$은 종이나 천과 같이 다루기 쉬운 재질의 조각을 사용하여 사물을 평면(2차원)적으로 표현하여 애니메이션을 제작하는 방식이다. 차가운 느낌을 제공하기 위해 아연판과 같은 금속판을 사용하기도 한다.

컷아웃 애니메이션은 가장 초기의 애니메이션 제작 방식 중의 하나이다. 전통적인 컷아웃 애니메이션은 러시아의 애니메이션 제작자겸 감독인 유리 놀슈타인$^{Yuri\ Norstein}$에 의해 발전하였다. 컷아웃 애니메이션도 현재는 주로 컴퓨터 기술을 사용해서 제작되고 있다. 컴퓨터를 사용하여 컷아웃 애니메이션 효과를 재현한 대표적인 작품의 미국의 TV 시리즈인 '사우스 파크(1997)'이다. 그림 5-33의 왼쪽 그림은 '사우스 파크'의 일부 장면이다.

❹ 실루엣 애니메이션

중국에서 유행하던 그림자 연극이 유럽으로 흘러들어 실루엣 애니메이션의 모태가 되었다. 실루엣 애니메이션$^{silhouette\ animation}$은 두꺼운 종이나 얇은 금속판으로 제작한 피사체의 그림자를 촬영하는 방식으로 제작된다. 실루엣 애니메이션은 두 가지 방법으로 제작된다. 첫 번째 방법은 검은 종이를 사용하여 캐릭터와 배경을 제작한 후 이들을 순서적으로 나열하여 장면을 제작하는 것이고, 두 번째 방법은 두꺼운 재질로 캐릭터와 배경을 제작한 후 뒤쪽에서 조명을 비추어 그림자를 만들어 앞쪽에서 촬영하여 제작하는 것이다. 이들 방식을 사용하면 흑백의 강한 명암 대비를 나타낼 수 있다. 대표작으로는 프랑스 감독인 미셸 오슬로$^{Michel\ Ocelot}$의 '프린스 앤 프린세스 (2000)'가 있다. 그림 5-33의 오른쪽 그림은 '프린스 앤 프린세스'의 일부 장면이다.

그림 5-33 '사우스 파크'와 '프린스 앤 프린세스'

❺ 픽셀레이션

픽셀레이션^{pixilation}은 생명이 있는 대상인 인간이나 동물의 움직임을 구분하여 촬영하는 방식으로 애니메이션을 제작하는 방식이다. 인간과 동물은 살아있는 개체이므로 연속적인 동작이 가능하지만, 픽셀레이션에서는 이들의 연속적인 움직임을 촬영하는 것이 아니라 움직임을 구분하여 정지된 모습을 차례대로 촬영한 후 편집 과정을 거쳐 연속된 움직임을 생성한다. 실제 장면을 촬영하기 때문에 실사 영화처럼 보일 수도 있지만 동작이 제한되어 있어 움직임이 자연스럽지는 않다. 연속된 동작이 아닌 제한적인 구분 동작으로 실험적인 내용이나 작가의 의도를 명확하게 표현하는 것이 가능하다.

무생물을 대상으로 하는 다른 방식의 스톱모션 애니메이션과는 느낌에 있어서 큰 차이를 갖는다. 제작하는 과정도 매우 간편하다. 디지털 카메라를 사용하여 피사체의 움직임을 구분하여 촬영한 후에 시간적인 순서로 나열하면 결과물을 얻을 수 있다. 피사체를 제작할 필요가 없으며 디지털 카메라와 삼각대만 있으면 제작이 가능하다.

3) 컴퓨터 애니메이션

컴퓨터 애니메이션$^{\text{computer animation}}$은 2차원$^{\text{2Dimension, 2D}}$ 혹은 3차원$^{\text{3Dimension, 3D}}$ 애니메이션 소프트웨어를 사용하여 컴퓨터에서 디지털 방식으로 제작한 애니메이션이다. 전통적 애니메이션이나 스톱 모션 애니메이션에 비해 빠른 시간에 작품을 완성할 수 있다. 컴퓨터 애니메이션은 컴퓨터 그래픽스의 하위 분야로 분류된다. 컴퓨터 애니메이션의 궁극적인 목표는 등장인물의 모습이나 동작을 실세계와 동일하게 사실적으로 표현하는 것이다. 컴퓨터 애니메이션은 크게 2차원 컴퓨터 애니메이션과 3차원 애니메이션으로 구분할 수 있다.

❶ 2차원 애니메이션

2차원 비트맵^{bitmap}이나 벡터 그래픽$^{\text{vector graphics}}$을 사용하여 컴퓨터에서 프레임을 생성하고 편집하여 제작한 애니메이션이다. 비트맵을 사용하면 사물을 정교하고 실감나게 표현할 수 있지만 편집이 어렵다. 반면 벡터 그래픽을 사용하면 편집과 사용이 편하고 적은 용량으로 고품질의 영상 제작이 가능하지만 사실적인 표현이 어렵다. 2차원 애니메이션의 제작 과정은 스토리보드^{storyboard} 제작, 원화와 동화 작업, 스캐닝, 컴퓨터에서의 드로잉 및 채색, 음향 녹음 및 편집, 필름 녹화의 단계로 이루어진다. 5장 실습에서 2차원 애니메이션을 직접 제작해본다.

❷ 3차원 애니메이션

3차원의 기하학적 정보를 사용하여 물체를 3차원으로 표현하고 움직임을 적용하여 제작한 컴퓨터 애니메이션이다. 3차원 애니메이션의 제작 과정은 모델링^{modeling}, 렌더링^{rendering} 및 애니메이션 단계로 구분할 수 있다. 모델링은 3차원 좌표계를 사용하여 물체의 3차원적인 형상을 표현하는 단계이고 렌더링은 광원 및 물체의 위치를 고려하여 물체의 표현에 질감을 더하고 그림자나 명암 등을 추가하여 사실감 있게 물체를 표현하는 단계이다. 마지막 애니메이션 단계는 물체의 위치와 움직임을 변경하여 동작을 표현하는 단계이다. 5장 실습에서 3차원 애니메이션을 직접 제작해본다.

04

컴퓨터 애니메이션
제작 기법

이번 절에서는 컴퓨터 애니메이션에서 사용하는 주요 애니메이션 제작 기법을 살펴본다. 일부 기법에 대해서는 5장 실습을 통해 직접 확인해본다.

1) 프레임 기반 제작

여러분들은 학창시절에 교과서의 한쪽 귀퉁이에 조금씩 변하는 그림을 그린 후에 책을 빠르게 넘겨서 동작이나 움직임을 표현했던 경험을 가지고 있을 것이다. 각 페이지마다 이전 페이지의 움직임을 생각하면서 연결되는 동작을 새롭게 그려 움직임을 만들 수 있었을 것이다. 이 방식이 일종의 프레임 기반 제작 방법이다.

이와 같이 프레임 기반 제작 기법은 애니메이션을 제작하는 가장 기본적인 방법으로 매 프레임마다 필요한 내용을 다시 그리는 방식이다. 이 방식은 프레임 바이 프레임$^{frame\ by\ frame}$ 제작 기법이라고도 한다. 새로운 장면을 그릴 때 모든 내용을 다시 그릴 필요는 없다. 앞에서 살펴본 셀 애니메이션 기법을 사용할 수 있기 때문에 기존의 내용에서 변화나 움직임이 있는 영역만을 다시 제작하면 된다. 5.2절에서 살펴본 그림 5-25는 프레임 기반 방식으로 제작한 애니메이션이다.

플래시와 같은 애니메이션 제작 소프트웨어를 사용하면 새로운 장면을 그리기 위해 새로운 프레임을 추가할 때 이전 프레임의 모든 내용을 복사하여 제공한다. 장면 사이의 변화가 크지 않기 때문에 이전 장면을 복사하여 제공하면 더욱 편리하게 애니메이션을 제작할 수 있다. 대부분의 그래픽 소프트웨어서는 셀 애니메이션 기법을 레이어^{layer}라는 개념으로 제공한다.

2) 트위닝

트위닝^{tweening}이란 디지털 애니메이션 제작에서 키 프레임^{key frame}을 우선 제작하고 시간의 흐름에 따라 키 프레임 사이의 나머지 중간 프레임들의 내용을 채워나가는 방식이다. 키 프레임^{key frame}이란 일련의 움직임에서 동작의 시작과 끝에 해당하는 프레임을 의미한다. 예를 들어, 물체가 다른 위치로 이동하는 경우 물체의 시작 위치와 마지막 위치를 포함하는 프레임이 키프레임에 해당한다. 트위닝은 전통적 애니메이션에서 사용하던 기법인 인비트윈^{in-betweening}에서 유래한 기법이다.

컴퓨터 소프트웨어를 사용하면 트위닝 과정이 컴퓨터에 의해 자동적으로 계산되므로 초보자들도 매우 손쉽게 애니메이션을 제작할 수 있다. 애니메이션 소프트웨어에서 제공하는 트위닝 기능을 사용하면 애니메이터^{animator}는 키 프레임만을 제작하고 나머지 중간 장면들은 소프트웨어 처리를 통해 완성할 수 있다. 빠른 변화나 불연속적인 움직임을 갖는 동작을 제외하고는 트위닝 과정을 통해 자연스러운 움직임을 생성할 수 있다.

그림 5-34는 트위닝을 사용한 애니메이션 제작 과정을 나타낸다. 농구공이 계단의 바닥에 도달한 장면을 첫 번째 키 프레임으로 사용하고 바닥에 튕겨 가장 높은 위치에 도달한 장면을 두 번째 키 프레임으로 사용한다. 이후 두 개의 키 프레임의 내용을 기반으로 농구공의 위치와 높이를 변경하여 중간 프레임의 장면들을 제작하는 과정을 반복한다.

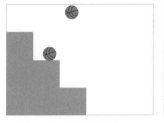

키 프레임 제작   중간 프레임 제작   추가적인 프레임 제작

그림 5-34 트위닝 기법을 사용한 애니메이션 제작

3) 모핑

모핑^{morphing}은 두 개의 서로 다른 영상의 내용이 한 영상에서 다른 영상으로 변화하는 과정을 자연스럽게 연결하여 애니메이션이나 동영상으로 표현하는 기법이다. 영상의 전체 내용을 대상으로 사용할 수도 있지만 영상 내의 일부 객체를 변화 대상으로 사용하는 것이 일반적이다. 모핑은 변화가 이루어지는 대응점의 좌표에 대한 왜곡^{distortion} 변환을 통해 처리된다.

모핑은 크게 전이 모핑과 왜곡 모핑으로 구분할 수 있다. 전이 모핑은 서로 다른 영상이나 물체 간에 복수 개의 대응점을 사용하여 변형을 시키는 방법이다. 이때 중간 과정은 이음새가 없이 부드럽게 연결된다. 전이 모핑은 영화나 광고 등에 자주 사용된다. 또한 성형외과 병원에서 수술 전후의 모습을 비교하기 위해 모핑을 사용하거나 사람의 나이에 따른 외모의 변화를 표현하기 위해 사용하기도 한다. 그림 5-35는 FantaMorph 프로그램을 사용하여 강아지 모습을 돼지 모습으로 모핑 처리하는 과정을 나타낸다. 그림에서 확인할 수 있듯이 대응점을 설정하여 이들 지점의 변환이 가능하도록 처리한다.

그림 5-35   전이 모핑을 사용한 모습 변화

고무판 위에 그림을 그린 후 이 고무판을 잡아당기면 고무판 위의 그림을 변형시킬 수 있다. 이와 유사한 방식으로 단일 영상이나 객체의 모양을 변형한 후 변화하는 과정을 단계적으로 표현한 것을 왜곡 모핑이라고 한다. 왜곡 모핑에서는 변형되는 과정을 정밀하게 제어하기 위해서 입력 영상과 출력 영상 사이의 서로 대응하는 지점을 지정한다. 이렇게 대응점을 지정하여 입력 영상의 한 지점을 출력 영상의 특정 지점으로 변경되도록 함으로서 중간 동작의 제어가 일부 가능하다. 대응점의 개수가 많을수록 세밀한 조정이 가능하다. 그림 5-36은 왜곡 모핑을 사용하여 도형의 모습을 변형하는 과정을 나타낸다.

그림 5-36   왜곡 모핑을 사용한 도형 변형

4) 모션 캡처

인간의 동작을 흉내 내어 자연스럽게 표현하는 것은 매우 어려운 작업이다. 특히 운동 경기의 빠른 동작이나 얼굴 표정의 변화와 같은 섬세한 움직임은 인공적으로 생성하기가 거의 불가능하다. 이런 경우 움직이는 물체의 움직임을 직접 획득하여 데이터화함으로써 자연스러운 움직임을 표현하는 모션 캡처$^{motion\ capture}$ 기술을 사용한다. 모션 캡처는 퍼포먼스 캡처$^{performance\ capture}$라고도 부른다.

모션 캡처에서는 움직임 획득의 대상체인 액터^{actor}에 센서를 부착하여 움직임에 대한 데이터를 획득하는 방식을 주로 사용한다. 획득한 데이터는 그래픽으로 제작한 2차원 또는 3차원 모델에 적용하여 해당 모델을 액터와 동일하게 움직이게 만든다. 센서는 일반적으로 마커^{marker} 또는 트랙커^{tracker}라고 부른다. 이런 마커리스 방식은 상업용보다는 가정용으로 주로 사용한다. 모션 캡처는 게임이나 애니메이션, 영화 등의 다양한 분야에서 현재 활발하게 사용되고 있다. 모션 캡처를 사용하여 자연스러운 움직임을 만드는 것이 가능하지만 모션 캡처 시스템은 고가의 장비들로 구성되므로 구축하는 데 많이 비용이 필요하며 촬영을 위한 넓은 공간이 필요한 어려움도 있다.

모션 캡처 시스템은 광학 방식$^{optical\ system}$과 비광학 방식$^{non-optical\ system}$으로 크게 구분할 수 있다. 광학 방식은 다시 수동 마커 방식 및 능동 마커 방식으로 구분할 수 있고 비광학 방식은 기계 방식$^{\text{mechanical system}}$, 자기 방식$^{\text{magnetic system}}$ 및 관성 방식^{inertial} ^{system}으로 세분화할 수 있다.

광학 방식은 여러 대의 특수 카메라를 사용하여 액터의 위치를 계산하고 기록한다. 마커는 주로 액터의 관절 위치에 부착하며 마커 사이의 위치나 각도 등의 변화를 감지하여 필요한 데이터를 획득한다. 광학 방식에서 사용하는 마커는 수동 마커^{passive} ^{marker}와 능동 마커$^{\text{active marker}}$로 구분할 수 있다. 수동 마커를 사용하는 광학 방식은 카메라의 렌즈 주변에서 빛이 발광하면 액터의 관절 위치에 장착한 마커에서 빛을 반사하게 되고 이 빛을 여러 대의 카메라에서 동시에 인식함으로써 삼각측량법에 의해 3차원 좌표를 획득한다. 반면 능동 마커를 사용하는 광학 방식에서는 마커 내부에 스스로 발광할 수 있도록 LED를 장착한 후 각 마커가 매우 빠르고 순차적으로 발광하도록 설정한다. 이때 여러 대의 카메라를 통해 발광하는 마커를 촬영하여 이들의 좌표를 획득한다. Vicon사의 Bonita 및 T-Series 제품과 PhaseSpace사의 Impulse X2 제품은 능동 마커를 사용하는 대표적인 광학방식 제품이다. 그림 5-37은 광학 방식의 모션 캡처 시스템인 Vicon사의 카메라와 모션 캡처 결과를 보여준다.

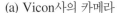

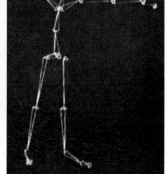

(a) Vicon사의 카메라   (b) 모션 캡처 데이터

그림 5-37 광학 방식 모션 캡처 시스템

최근에는 컴퓨터 비전의 기술을 사용하여 액터가 마커를 장착하지 않더라도 3차원 좌표의 획득이 가능한 마커리스markerless 방식의 기술이 상용화되어 사용되고 있다. iPi 사의 Desktop Motion Capture 제품은 소프트웨어만을 사용하여 모션을 캡처할 수 있는 마커리스 제품이다. 소프트웨어만으로 구성되므로 저렴한 가격으로 모션 캡처를 수행할 수 있다. 마이크로소프트사의 키넥트kinect와 립 모션Leap Motion사의 립 모션 컨트롤러는 일반 PC에서 모션 캡처가 가능하도록 지원한다. 키넥트는 게임기인 XBox 360에서 사용하기 위해 개발된 카메라 시스템인데 PC용 라이브러리를 제공하여 PC에서도 모션 캡처가 가능하다. 키넥트는 최대 4명까지의 인체에 대한 모션 캡처가 가능하다. 립 모션 컨트롤러는 동작 센서를 내장하여 주로 손동작 인식을 처리한다. 일반적인 모션 캡처와는 조금 차이가 있지만 유용한 기능을 제공한다. 특히 립 모션 컨트롤러는 1/100 mm의 미세한 움직임을 구분하여 감지할 수 있다. 그림 5-38은 키넥트 카메라와 립 모션 컨트롤러 제품 사진이다.

(a) 키넥트 카메라　　　　　　　　　(b) 립 모션 컨트롤러

그림 5-38　키넥트 카메라와 립 모션 컨트롤러

비광학 방식 중에서 기계 방식은 액터가 사람의 골격과 유사한 기계적 장비를 착용한 후 동작을 수행하면 기계의 관절이 동일하게 움직이고 이를 통해 액터의 상대적인 움직임을 획득할 수 있다. 기계 방식은 비교적 가격이 저렴하고 상호 간섭을 줄여 정확한 좌표 획득이 가능하지만 무거운 장비를 액터가 착용해야 하므로 사용하기에 불편한 단점이 있다. 애니마주Animazoo사의 집시Gypsy 7 제품이 대표적인 제품이다. 이 제품의 가격은 $8,000 정도이다. 그림 5-39는 Gypsy 7 제품의 사진이다. 전신full body 및 상체torso용으로 구분되어 있다.

출처: www.metamotion.com

그림 5-39 Gypsy 7 전신용(왼쪽) 및 상체용(오른쪽)

자기 방식은 액터의 관절 부위에 자기장을 측정할 수 있는 소형 자기 센서를 부착하고 위치가 고정된 자기장 발생장치를 통해 자기장이 발생하는 영역에서 액터의 움직임에 따른 자기장의 변화를 측정하여 움직임을 계산하는 방식이다. 초기에는 자기 센서와 시스템 본체를 선으로 연결하는 방식을 사용하여 사용에 큰 불편함이 있었지만 최근에는 무선방식의 시스템이 개발되었다. 자기 방식은 주변 전자파의 영향으로 신호가 왜곡되는 문제가 발생하기도 한다. 폴휴머스^{Polhemus}사의 G4 제품(그림 5-40)은 무선 전자기센서를 사용하는 움직임을 추적하는 제품이다.

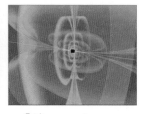

출처: www.polhemus.com

그림 5-40 G4 시스템

최근에는 기계 방식 대신에 관성항법 방식의 캡처 시스템을 많이 사용한다. 이 방식은 자이로센서, 가속도센서, 경사계센서, 지자기센서 등의 기능을 부착한 무선 마커를 각 관절 부위에 착용하고 무선 수신기를 통해 움직임을 획득한다. 이 무선 마커를 일반적으로 IMU$^{Iinertial\ Measurement\ Unit}$ 센서라고 부른다. xsens사의 MTi 시리즈, 애니마주^{Animazoo}사의 IGS series 및 이투박스의 EBIMU24GV2 제품이 대표적인 제품이다.

출처: www.xsens.com, www.animazoo.com

그림 5-41   IMU 센서

05 애니메이션 제작 S/W

이번 절에서는 애니메이션을 제작하기 위한 소프트웨어의 종류에 대해 살펴보자. 제작 소프트웨어는 2차원 및 3차원 도구로 구분할 수 있다.

1) 2차원 애니메이션 S/W

주요 2차원 애니메이션 소프트웨어에는 툰 붐 스튜디오^{Toon Boom Studio}, 클레이메이션 스튜디오^{Claymation Studio}, 애니메이션 워크숍^{Animation Workshop}, Anime Studio Debut 등이 있다. 다음 표 5-6은 네 가지 소프트웨어의 기능을 비교한 것이다. 그 외에도 웹 애니메이션 제작을 위한 플래시와 오픈 소스 소프트웨어인 Pencil2D, KTooN 등이 존재한다. 플래시에 대해서는 5장 실습에서 자세하게 살펴본다.

표 5-6 2차원 애니메이션 S/W의 기능비교

	Toon Boom Studio	Claymation Studio	Animation Workshop	Anime Studio Debut
영상 삽입	●	●	●	●
텍스트 삽입	●	●	●	●
배경 삽입	●	●	●	●
오디오 삽입	●	●		●
프레임 추가	●	●	●	●
애니메이션 삽입	●	●	●	●
영상 필터링	●	●		●
그리기 도구	●			●
레이어	●			●
템플릿	●		●	●
타임라인	●			●

❶ Toon Boom Studio

코러스 엔터테인먼트^{Corus Entertainment} 사의 Toon Boom Studio는 드로잉과 만화영화를 만드는 과정인 animating 작업을 손쉽게 수행할 수 있는 직관적인 인터페이스를 제공한다. Toon Boom Studio에서는 전통적인 종이 애니메이션, 전통적인 디지털 애니메이션, 컷-아웃/인형 애니메이션, 로토스코핑 및 스톱모션의 다섯 가지 종류의 애니메이션 기법을 제공한다. 이 중에서 한 가지 이상의 종류를 함께 사용하여 애니메이션을 제작할 수 있다. 또한 오디오를 가져와서 영상과 동기화 작업을 매우 쉽게 처리할 수 있는 장점이 있다. Toon Boom Storyboard 제품을 함께 사용하여 스토리보드를 쉽게 제작할 수 있다. 그림 5-42는 Toon Boom Studio의 제품 박스와 사용자 인터페이스 그림이다.

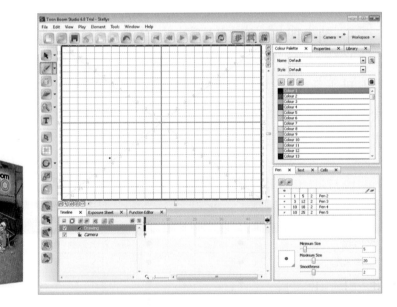

그림 5-42   Toon Boom Studio

❷ Claymation Studio

아니스트 테크놀로지^{Honest Technology} 사의 Claymation Studio는 스톱모션 애니메이션을 제작하고자 하는 사용자를 위한 것이다. 양파껍질 및 로토스코프 기능을 사용하여 새로운 프레임을 손쉽게 제작할 수 있다. 오디오를 추가하거나 내레이션과 배경 음악을 삽입하는 기능을 제공하며 함께 제공하는 USB 카메라를 사용하여 더욱 쉽게 애니메이션을 제작할 수 있다. 그림 5-43은 Claymation Studio의 제품 박스와 애니메이션 제작 과정이다.

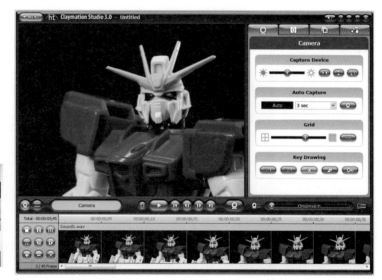

그림 5-43   Claymation Studio

❸ Animation Workshop

알키미 마인드워크^{Alchemy Mindworks} 사의 Animation Workshop은 2차원 애니메이션의 제작뿐만 아니라 상업적인 광고를 제작할 수 있는 정도의 기능을 제공한다. 애니메이션의 각 요소들은 객체로 취급되어 에셋^{asset}의 쉬운 관리가 가능하다. Animation Workshop은 광범위한 라이브러리를 제공하여 직접 영상이나 텍스트를 제작하지 않더라도 애니메이션의 제작이 가능하다. 홈페이지에서 시험판 버전을 다운로드하여 사용할 수 있다. 그림 5-44는 Animation Workshop의 사용자 인터페이스 화면이다.

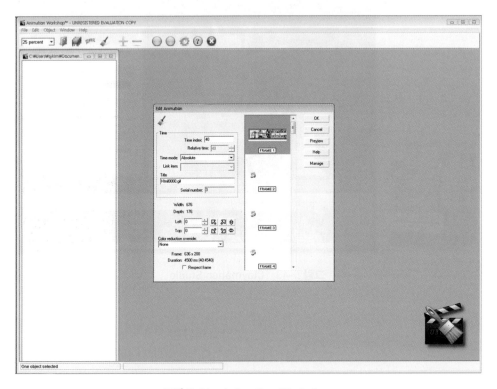

그림 5-44 Animation Workshop

❹ Anime Studio Debut

스미스 마이크로 소프트웨어[Smith Micro Software] 사의 Anime Studio Debut는 만화 영화, 컷아웃 애니메이션 등을 제작하기 위한 다양한 기능을 제공한다. 다양한 사운드나 비디오 및 만화 캐릭터에 대한 라이브러리를 제공한다. 그림 5-45는 Anime Studio Debut의 제품 박스와 사용자 인터페이스 화면이다.

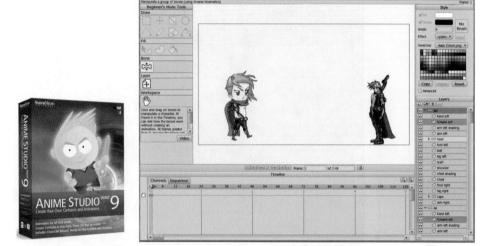

그림 5-45 Anime Studio Debut

2) 3차원 애니메이션 S/W

주요 3차원 애니메이션 소프트웨어에는 마야[Maya], 3D Studio Max, 소프트이미지[Softimage] 등의 상용 소프트웨어와 블렌더[Blender], Art of Illusion, OpenFX 등의 오픈 소스 소프트웨어가 존재한다. 블렌더에 대해서는 5장 실습에서 자세하게 살펴본다. 3차원 애니메이션 S/W는 2차원 S/W에 비해 다양하고 복잡한 기능을 제공하며 사실감 있는 애니메이션의 제작이 가능하다.

❶ Maya

오토데스크^{Autodesk}사의 Maya는 대표적인 3차원 애니메이션 S/W이며 영화 품질 수준의 애니메이션을 제작하는 것이 가능하다. 따라서 영화, 게임, 방송용의 애니메이션이나 콘텐츠를 제작할 수 있다. 폴리곤^{polygon}, 표층 분할^{Subdivision surface}, NURBS 등의 기능을 사용하여 모델링이 가능하다. 현존하는 제품 중에서 가장 다양한 기능을 제공하고 있다. 그림 5-46은 Maya의 사용자 인터페이스 화면이다.

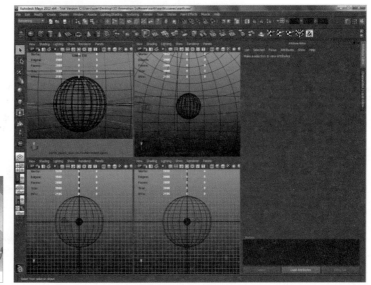

그림 5-46   Maya

❷ 3DS Max

3DS Max도 역시 Autodesk사의 제품이다. 3DS Max는 주로 폴리곤^{polygon} 방식의 모델링에 기반을 두고 있다. 물론 Maya와 동일하게 표층 분할^{subdivision surface}, NURBS 등의 기능을 제공한다. 특히 모델링된 객체의 다수의 정점들을 동시에 선택하여 이동하더라도 원하는 자연스러움을 유지하면서 객체의 모양을 변형하는 것이 가능하다. 그림 5-47은 3DS Max의 사용자 인터페이스 화면이다.

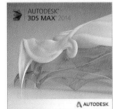

그림 5-47   3DS Max

❸ Softimage

Maya, 3DS Max와 더불어 Softimage 역시 Autodesk사의 제품이다. Softimage는 이전에 비해 최근 인기가 조금 감소했지만 모델링과 애니메이션을 위한 최고의 제품으로 인기를 끌고 있다. 빠른 제작이 필요한 방송 분야의 컨텐츠를 제작하기 위해 많이 활용되고 있다. 특히 ICE$^{\text{Interactive Creative Environment}}$ 시스템을 사용하여 파티클 효과를 포함한 다양한 시각효과를 제작할 수 있다. 그림 5-48은 Softimage의 사용자 인터페이스 화면이다.

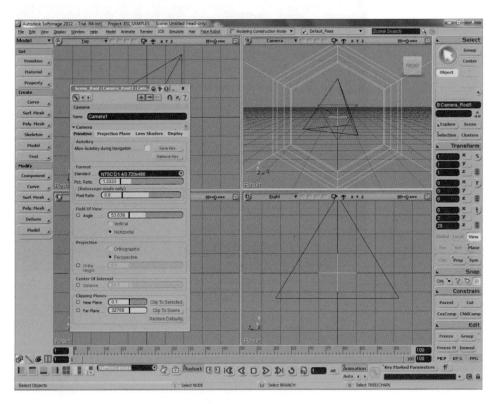

그림 5-48   Softimage

❹ Blender

Blender는 앞에서 소개한 소프트웨어와는 다르게 오픈 소스 프로젝트이며 무료로 사용할 수 있다. 무료 소프트웨어이지만 캐릭터 모델링, 조각 기능^{sculpting capabilities}, 표층 분할 모델링 기능을 제공하고 애니메이션 제작과 사실적인 렌더링이 가능하다. 또한 물리엔진과 파티클 효과를 지원한다. 그림 5-49는 Blender의 사용자 인터페이스 화면이다. Blender의 사용 방법은 5장 실습에서 자세하게 다룬다.

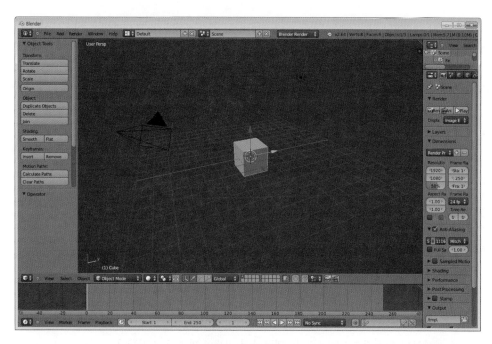

그림 5-49 Blender

학습정리

- **컴퓨터 그래픽스**Computer Graphics, CG란 컴퓨터의 하드웨어와 소프트웨어를 이용하여 도형이나 영상을 인공적으로 만들어내는 일련의 기술을 총칭하는 분야이다.

- **시뮬레이션**simulation은 현실에서 실험하거나 실행하는 것이 어렵거나 위험한 경우 현실과 유사한 공간이나 환경을 제작하여 대신 처리하는 것으로 모의실험이라고 한다.

- **시각화**visualization란 정보를 효과적으로 전달하기 위해 주어진 데이터를 기반으로 새로운 시각적인 요소를 생성하거나 기존 데이터에 중첩하여 표현하는 방법이다.

- **앨리어싱**aliasing이란 래스터 방식에서의 한정된 해상도로 인한 픽셀 단위의 근사적인 처리로 인해 도형의 경계선이 계단 모양의 불규칙한 형태로 나타나는 현상이다.

- **앤티앨리어싱**anti-aliasing이란 앨리어싱을 완화하여 도형의 경계를 부드럽게 표현하는 처리 기술이다. 수퍼 샘플링과 영역 샘플링 기법을 사용한다.

- **수퍼 샘플링**super sampling은 픽셀을 부분 픽셀단위로 분할하여 각 부분 픽셀 단위로 밝기를 계산하며 최종적으로는 이들을 평균하여 픽셀의 밝기를 결정한다.

- **영역 샘플링**area sampling은 픽셀 내부에 도형이 차지하는 면적에 따라 밝기를 결정하는 방법이다.

- **투영**projection이란 3차원 그래픽을 2차원 출력 장치에 나타내기 위해 3차원 객체를 한쪽 방향에서 바라보았을 때의 모습을 2차원 좌표계에 표시하는 것이다. 평행 투영과 원근 투영으로 구분할 수 있다.

- **평행 투영**parallel projection은 투영면에서 객체까지의 거리에 관계없이 객체의 크기를 일정하게 표현하는 방법이다.

- **원근 투영**perspective projection은 가까운 거리의 객체는 크고 먼 거리에 있는 객체는 작게 표현하는 방식이다.

- **모델링**modeling은 3차원 좌표계를 사용하여 객체를 형상화하여 표현하는 과정이다.

- **렌더링**rendering은 모델링 과정에서 제작한 3차원 객체 모델을 현실감 있게 나타내는 과정이다.

- **절차적 모델링 기법**procedural modeling technique이란 2차 곡면이나 다각형의 기본 요소들을 연결하는 대신에 알고리즘이나 프로그래밍 코드를 사용하여 모델링을 수행하는 것이다.

- **애니메이션**animation은 움직이지 않는 사물에 생명을 불어넣어 살아 움직이게 만든다는 뜻으로 2차원 혹은 3차원 그래픽으로 구성된 영상을 사용하여 물체의 움직임을 생성하는 과정이다.

- **잔상 효과**persistence of vision는 물체가 사라진 후에 매우 짧은 시간이지만 그 물체의 상이 머릿속에 남아 있는 현상이다.

- **프레임**frame은 애니메이션이나 영화를 구성하는 각 영상 또는 장면을 부르는 용어이다.

- **시네마토그라프**Cinématographe는 프랑스의 뤼미에르 형제가 개발한 필름 카메라이면서 동시에 필름 영사기 기능을 갖는 기계이다. 시네마토그라프의 발명은 영화라는 장르를 탄생시켰다.

- **판타즈마고리**Fantasmagorie는 공인된 세계 최초의 애니메이션 작품이며 프랑스의 에밀 콜(Émile Cohl)이 1908년에 제작하였다.

- **셀 애니메이션**cel animation 기법은 투명한 셀룰로이드 필름을 사용하여 전경과 배경을 분리하여 애니메이션을 제작할 수 있는 방법이다.

- **풀 애니메이션**full animation은 1초에 24장 이상의 충분한 프레임을 사용하고 각 장면을 새롭게 제작하여 움직임을 최대한 자연스럽게 표현하는 애니메이션이다.

- **리미티드 애니메이션**limited animation은 제작비를 줄이기 위해 초당 사용하는 프레임 수를 줄이고 등장인물의 입술이나 팔 등과 같이 움직임이 발생하는 영역만을 새롭게 그려 동작을 표현하는 방식이다.

- **로토스코핑**rotoscoping은 실사 촬영을 하고 필름의 내용을 종이 위에 영사할 수 있는 장치인 로토스코프를 통해 각 프레임의 내용을 그려서 애니메이션을 제작하는 방식이다.

- **스톱 모션 애니메이션**stop motion animation은 진흙이나 인형 등을 사용하여 실물을 만들고 움직임을 구성하여 동작을 단계적으로 촬영하여 애니메이션을 제작하는 기법이다. 클레이 애니메이션(clay animation), 인형 애니메이션(puppet animation), 컷아웃 애니메이션(cutout animation), 실루엣 애니메이션(silhouette animation), 픽셀레이션(pixilation) 등이 존재한다.

- **컴퓨터 애니메이션**computer animation이란 2차원 또는 3차원 애니메이션 소프트웨어를 사용하여 컴퓨터에서 디지털 방식으로 제작한 애니메이션이다.

- **프레임 기반 제작 기법**frame by frame은 매 프레임마다 필요한 내용을 다시 그리는 방식이다.

- **트위닝**tweening은 디지털 애니메이션 제작에서 프레임(key frame)을 우선 제작하고 키 프레임 간의 사이에 있는 중간 프레임은 키 프레임의 내용을 기반으로 시간의 흐름을 고려하여 물체의 위치나 모양을 변화시켜 내용을 채워나가는 방식이다.

- **모핑**morphing은 하나의 영상이나 영상에 포함된 물체를 다른 영상이나 모습으로 서서히 변화시켜 그 과정을 동영상으로 표현하는 기법이다.

- **전이 모핑**은 서로 다른 영상이나 물체 간에 복수 개의 대응점을 사용하여 변형을 시키는 방법이다.

- **왜곡 모핑**은 하나의 영상 혹은 물체만을 사용하여 고무판 위에 그려진 내용이나 모양을 고무판을 잡아당겨 변화시키는 것처럼 변형한다.

- **모션 캡처**motion capture는 행위자의 움직임을 직접 획득하여 데이터화함으로써 자연스러운 움직임을 표현하는 기술이다.

연습문제

01. 해외 애니메이션의 주요 역사에 대한 설명으로 잘못된 것을 고르시오.

1) 공인된 최초의 애니메이션은 1908년의 '판타즈마고리'이다.

2) 최초의 발성 애니메이션은 1928년의 '증기선 윌리호'이다.

3) 최초의 컴퓨터 그래픽을 사용한 애니메이션은 1985년의 '스타체이서'이다.

4) 1995년의 '토이 스토리'는 픽사(Pixar)에서 제작하였다.

5) '파이널판타지'는 정교한 움직임을 표현하기 위해 모션 캡처를 사용하였다.

02. 국내 애니메이션의 주요 역사에 대한 설명으로 잘못된 것은 무엇인가?

1) 최초의 애니메이션은 TV CF 작품이다.

2) 국내 최초의 TV 애니메이션은 '달려라 하니'이다.

3) 최초의 영화관에서 상영한 장편 애니메이션은 '홍길동'이다.

4) '로봇 태권 V'는 OST를 발매하였다.

5) '아기공룡 둘리'는 순수 국내 기술만으로 제작하였다.

03. 다음 셀 애니메이션(cel animation)에 대한 설명 중에서 가장 관련이 먼 것은 무엇인가?

1) 셀은 셀룰로이드(celluloid)를 의미한다.

2) 배경과 전경을 서로 다른 투명한 종이에 표현한다.

3) 풀 애니메이션은 부드럽고 빠른 움직임을 만들 수 있다.

4) 여러 개의 셀을 겹쳐서 한 장면을 생성한다.

5) 컴퓨터 애니메이션에서도 주요 기능으로 사용하고 있다.

04. 3차원 모델을 생성하는 과정에서 사실감을 부여하여 장면을 완성하기 위해 제작한 모델에 색상이나 질감을 입히는 과정은 무엇인가?

1) 모델링(modeling)

2) 오소링(authoring)

3) 애니메이션(animation)

4) 렌더링(rendering)

05. 우리 신체는 계층적인 구조를 갖는다. 몸통을 움직이면 연결된 팔과 다리가 연관되어 함께 움직인다. 몸통을 상위 개체라고 하면 팔이나 다리는 이것의 하위 개체이다. 움직임의 제어를 위한 개체 사이의 관계와 동작 범위는 제한되어 있다. 컴퓨터 애니메이션에서는 하위 개체를 동작으로부터 상위 객체의 동작을 계산하여 제어하기도 하는데 이런 기법은 무엇인가?

1) 전진 운동학

2) 스프라이트

3) 메타-관절

4) 사이버모션

5) 역 운동학

06. 다음 스톱 모션 애니메이션에 대한 설명으로 틀린 것을 모두 고르시오.

1) 실물을 사용하여 움직임을 만들고 촬영하여 애니메이션을 제작한다.

2) 입체감을 통해 사실적인 표현이 가능하다.

3) 실루엣 애니메이션은 투영되는 피사체의 그림자를 촬영하며 대표작은 '프린스 앤 프린세스'이다.

4) 클레이 애니메이션은 찰흙을 사용하여 대상을 제작하여 촬영하며 대표작은 '월레스와 그로밋'이다.

5) 인형 애니메이션은 찰흙 대신 인형을 조작하여 촬영하며 대표작은 '코렐라인'이다.

07. 애니메이션 제작 기법으로 올바른 것을 모두 고르시오.

1) 키프레임은 애니메이션을 구성하는 각 장면을 의미한다.

2) 모션 캡처 시스템에서 사용하는 센서를 트랙이라고 부른다.

3) 모션 캡처 시스템에서는 반드시 센서를 직접 부착해서 사용하는 경우에만 움직임을 획득할 수 있다.

4) 구간에서 움직임이 점차 느려지도록 처리하는 것을 ease-out이라고 한다.

5) 여러 개의 프레임을 겹쳐서 볼 수 있는 기능을 양파껍질 효과라고 한다.

08. 연속된 그림을 보았을 때 자연스러운 움직임으로 인식할 수 있는 인간의 시각적인 특징은 무엇인가?

1) 로토스코핑   2) 잔상 효과   3) 모핑

4) 착시 현상   5) 트위닝

09. 셀 애니메이션 제작 기법 중에서 내용이 변하는 부분만을 분리하여 다시 표현하는 방법은 무엇인가?

1) 도려내기   2) 과장 효과   3) 중첩 액션

4) 양파껍질 효과   5) 절지 애니메이션

10. 애니메이터는 주요 장면에 해당하는 키 프레임만을 제작하고 키 프레임 사이의 중간 프레임은 소프트웨어적으로 제작하는 애니메이션 제작 기법은 무엇인가?

1) 스프라이트 애니메이션   2) 셀 애니메이션   3) 트위닝

4) 고우 모션   5) 플립북 애니메이션

11. 연기, 폭발, 비 등의 자연 현상과 같이 분자들의 집합에 대해 그 행동과 특성을 부여하여 애니메이션을 제작하는 기법으로 가장 알맞은 용어는 무엇인가?

1) 입자 시스템   2) 절차적 애니메이션   3) 모션 캡처

4) 플립북 애니메이션   5) 로토스코핑

12. 플래시는 대표적인 2차원 애니메이션 소프트웨어이다. 다음 중에서 플래시에 대한 설명으로 맞는 것을 모두 고르시오.

1) 비트맵 방식을 사용하여 데이터를 저장한다.

2) 타임라인 패널을 사용하여 장면을 제작하고 제어한다.

3) 그래픽 심볼은 자체 타임라인을 가지고 있어 애니메이션을 포함한다.

4) 모양 트윈(shape tween)은 모양 자체를 변화시켜 애니메이션을 제작한다.

5) 애니메이션만을 제작할 수 있는 소프트웨어이다.

6) 액션스크립트는 버전 4.0까지 사용 가능하다.

13. 플래시는 적은 용량으로 긴 시간의 애니메이션을 저장하는데 플래시에서 파일 크기를 적은 용량으로 관리할 수 있는 가장 중요한 이유는 무엇인가?

1) 심벌   2) 셀 애니메이션   3) 벡터 그래픽

4) 비트맵   5) NURBS

14. 다음 중에서 플래시의 심벌에 대한 설명으로 잘못된 것은?

1) 스테이지에서 제거한 심벌은 플래시 파일에서 완전히 삭제된다.

2) 하나의 객체로 인식해서 여러 번 사용해도 파일 용량을 거의 증가시키지 않는다.

3) 동영상 클립 심벌은 독립적인 움직임을 포함한다.

4) 그래픽 심벌은 주로 정지한 이미지(드로잉)를 재사용할 때 사용한다.

5) 재사용을 목적으로 만든 객체이다.

15. 플래시에서 애니메이션의 재생 흐름을 제어하거나 사용자와의 상호 작용을 추가하기 위해 사용하는 것은 무엇인가?

1) 자바스크립트   2) VB스크립트   3) 오픈스크립트

4) HTML   5) 액션스크립트

16. 애니메이션 제작을 위한 역운동학 방법에 대한 설명으로 가장 거리가 먼 것은 무엇인가?

1) 3차원 애니메이션 제작에 많이 사용한다.

2) 전진 운동학 방법보다 소프트웨어 구현이 쉽다.

3) 인간의 움직임을 사실적으로 표현하기 위한 기법이다.

4) 대상 객체에 센서를 부착하여 움직임 데이터를 획득한다.

5) 한 개체를 움직이면 연결된 개체가 같이 움직인다.

17. 픽셀레이션 기법으로 간단한 애니메이션을 제작하시오.

18. Animation Workshop의 시험판 버전을 다운로드하여 간단한 애니메이션을 제작하시오.

19. Fanta Morph 프로그램의 시험판 버전을 다운로드하여 자신의 사진으로 간단한 모핑 효과를 제작하시오.

참고문헌

1. 유비쿼터스 시대의 멀티미디어/박길철외 공저/사이텍미디어/2007
2. 멀티미디어 배움터 2.0/최윤철, 임순범 공저/생능출판사/2010
3. Modern Multimedia Systems/P. Havaldar, G. Medioni 공저/CENGAGE Learning/2011
4. Multimedia Fundamentals—Media Coding and Content Processing/R. Steinmetz, Klara Nahrstedt 공저/IMSC Press/2002

애니메이션 실습

학습목표

- 플래시(Adobe Flash)를 사용하여 2차원 애니메이션을 제작할 수 있다.
- 블렌더(Blender)를 사용하여 3차원 애니메이션을 제작할 수 있다.

01 플래시를 사용한 2차원 애니메이션 제작

1) 플래시 소개

플래시는 벡터 드로잉 방식을 기반으로 하는 웹과 2차원 애니메이션 제작 프로그램이다. 플래시를 사용하면 다음과 같은 종류의 콘텐츠를 쉽게 제작할 수 있다.

- 2차원 기반의 애니메이션 제작
- 다이내믹하고 인터랙티브한 멀티미디어 홈페이지 제작
- 멀티미디어 컨텐츠(교육용 미디어, 광고 미디어, 프리젠테이션 등) 제작
- 게시판, 게임 등의 웹기반 응용 프로그램 개발
- 스마트 기기를 위한 응용 프로그램 개발

플래시의 발전과정에 대해 간단히 살펴보자. 연도별 주요 이벤트는 다음과 같다.

1996년 4월

- 퓨처 웨이브(Future Wave)사에서 퓨처스플래시 애니메이터(FutureSplash Animator) 개발
- 플래시에서 제공하는 주요 드로잉 기능을 제공

1996년 12월

- 매크로미디어(macromedia)사에서 퓨처웨이브사를 인수
- 퓨처스플래시 애니메이터 제품을 플래시라는 이름으로 변경하여 판매

1997년 4월

- 플래시 2.0 발표
- 인터페이스를 변경하고 사운드를 추가

1998년 5월

- 플래시 3.0 발표
- 무비클립 심볼과 Tell Target 액션을 지원
- 알파채널 지원 및 비트맵 사용과 쉐이프 트위닝 등장
- MP3 파일 지원

1999년 6월

- 플래시 4.0 발표
- 액션 스크립트 용어 사용되며 고급 액션들이 많이 추가
- 플래시 게임이나 설문조사 등의 애플리케이션 개발
- 수많은 플래시 무비가 등장

2000년 8월

- 플래시 5.0 발표
- 객체 지향 스크립팅 언어 환경 구축(ECMA-262 스펙 적용)
- XML 지원
- 인터페이스를 변화시켜 다른 그래픽 프로그램과 유사한 환경 구축

2001년 2월

- 모바일 솔루션을 위한 개발자 킷 발표
- Pocket PC용 플래시 플레이어 및 개발자 킷 발표

2002년 2월

- 플래시 MX 발표

- 애니메이션 도구에서 탈피해 애플리케이션 제작도구로 발돋움(drawing API 지원)
- 소렌손 스팍(Sorenson Spark)의 비디오 코덱(codec) 포함하고 Unicode 지원
- 웹에서 구현 가능한 모든 것을 구현하게 해준다는 자사의 슬로건을 확고하게 실현

2003년 9월

- 플래시 MX 2004 발표
- 액션 스크립트 2.0 탑재
- 비디오 지원 기능 강화
- 비헤어비어(behavior) 및 타임라인 효과 기능 추가
- 높은 성능의 플래시 플레이어 탑재

2005년 9월

- 플래시 Basic 8 및 Professional 8 발표
- 필터와 블렌딩(blending) 모드 기능 추가
- 향상된 비디오 코덱 도입 및 알파 투명도(alpha transparency) 지원
- 상호 작용적 모바일 장치(interactive mobile device) 에뮬레이터 지원

2007년 4월

- 플래시 CS3 발표(Adobe 이름으로 출시)
- 액션스크립트 3.0 지원
- 기존 Adobe 제품과의 호환 및 통합성 극대화
- 벡터 드로잉 기능의 향상

2008년 9월

- 플래시 CS4 발표
- 역 운동학 지원
- 기본적인 3D 오브젝트 조작 및 오브젝트 기반 애니메이션 기능 제공
- 향상된 텍스트 엔진 제공

2010년 5월

- 플래시 CS5 발표
- 개발환경 개선(스니펫 기능[1] 및 외부 클래스에 대한 코드 힌트 추가)
- FLV 비디오 기능 개선
- XFL(XML FLASH) 포맷 지원
- FXG(FLASH XML Graphics) 포맷 지원
- 아이폰 지원
- Flash Builder4와의 연계성 강화
- 텍스트 엔진 강화

2011년 5월

- 플래시 CS5.5 발표
- HTML5 기술 지원
- 멀티 플랫폼 지원 강화
- '에어(Air)' 기술을 사용하여 아이폰용 네이티브 코드 생성 지원

2012년 5월

- 플래시 CS6 발표
- Flash 파일을 HTML5로 전환 지원
- 모바일 장비의 센서와 인터페이스 인식 기술 지원
- 스프라이트 시트 생성

2013년 5월

- 플래시 CC(Creative Cloud) 발표
- HTML5 캔버스(canvas) 지원
- 향상된 HTML 출판 지원
- USB를 통한 스마트 기기에서의 실행 테스트 지원

---

1 자주 사용하는 코드를 저장한 후 필요할 때 바로 사용할 수 있는 기능

플래시는 제작용 파일과 배포용 파일을 구분하여 사용한다. 플래시에서 사용하는 주요 포맷은 다음과 같다.

FLA 파일

- 플래시의 저작 기능을 사용하여 제작한 원본 파일이며 수정 및 편집이 가능함

SWF 파일

- 재생 전용 파일이며 재생을 위해서는 플래시 플레이어가 필요함
- FLA 파일에 비해 파일 용량이 매우 적지만 편집은 불가능함

그림 5-1-1은 플래시의 사용자 인터페이스이다. 그림에서 보는 것처럼 플래시는 애니메이션 작업의 편리성을 제공하기 위해 다양한 대화상자를 제공한다. 이런 대화상자를 플래시에서는 패널^{panel}이라고 부른다. 그림 5-1-1에 주요 3가지 패널을 구분하여 표시하였다. [도구 패널]은 여러 가지 그리기 관련 기능을 제공하고 [타임라인 패널]을 사용하여 시간의 흐름에 따라 애니메이션 장면을 표시하고 제작할 수 있다. [속성 패널]은 선택한 도형의 속성을 확인하고 변경할 수 있는 기능을 제공한다. 각 패널의 기능에 대해서는 이후 실습에서 자세하게 살펴본다.

그림 5-1-1 플래시의 사용자 인터페이스

2) 플래시 기반의 드로잉

[도구 패널]에 포함된 여러 가지 도구들의 기능을 조합하여 고추 모양의 간단한 캐릭터를 제작해 보자. 이 과정을 통해 플래시에서 제공하는 주요 드로잉 기능과 그 특징을 파악한다. 플래시 드로잉은 벡터 그래픽을 기반으로 이루어지므로 비트맵 데이터의 편집과는 큰 차이를 나타낸다.

❶ 고추 동자 그리기

01. 메인 메뉴의 [파일 〉 새로 만들기] 메뉴를 실행하여 새로운 문서를 연다. 이때 그림 5-1-2의 [새 문서] 대화상자에서 생성할 플래시 문서의 속성을 지정할 수 있다. 기본 값으로 문서의 폭은 550 px, 높이는 480 px, 프레임 속도는 24.0 fps이다. fps는 초당 프레임의 개수$^{frames\ per\ a\ second}$를 의미한다. 대화상자의 왼쪽 영역에서 문서 유형을 ActionScript 3.0으로 선택한다. 액션스크립트^{ActionScript}는 현재 2.0 버전과 3.0 버전을 사용할 수 있는데 드로잉이나 애니메이션 제작의 경우에는 액션스크립트의 버전은 의미가 없다. [확인] 버튼을 눌러 기본 값을 갖는 플래시 문서를 생성한다.

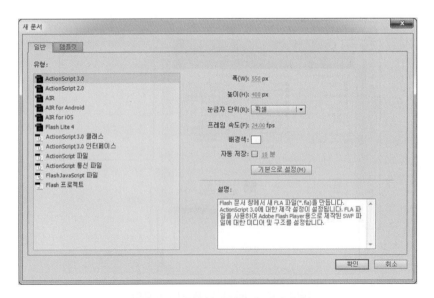

그림 5-1-2 　플래시의 사용자 인터페이스

02. [도구 패널]의 "타원 도구"를 선택한다. "타원 도구"를 선택하기 위해서는 그림 5-1-3과 같이 "사각형 도구" 위에서 마우스 왼쪽 버튼을 잠시 누르고 기다린다. 그러면 숨은 도구들이 표시되는데 이 중에서 "타원 도구"를 선택한다.

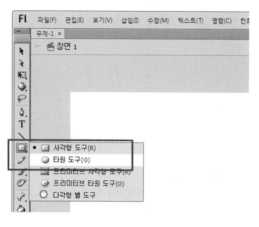

그림 5-1-3 타원 도구의 선택

03. "타원 도구"를 선택한 후에 선 색상(전경색)은 검정, 채움 색상(배경색)은 '없음'으로 선택한다. 선과 채움 색상을 지정하기 위해서는 그림 5-1-4와 같이 [도구 패널]의 하단에 위치한 색상 사각형을 사용한다. 색상 사각형을 클릭하면 기본 색상 팔레트가 표시된다. 기본 색상 팔레트에서는 총 216개의 색상이 제공된다. 이 색상들을 웹 안전 색상web safety color이라고 부른다. 이 색들을 사용하여 콘텐츠를 제작하면 웹 브라우저나 운영체제의 종류에 무관하게 항상 동일한 색으로 나타나는 것을 보장할 수 있다.

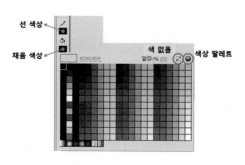

그림 5-1-4 색상의 선택

04. "타원 도구"를 사용하여 그림 5-1-5와 같이 고추의 몸통에 해당하는 영역을 그린다.

그림 5-1-5 타원 그리기

05. "선택 도구" 를 사용하여 다음과 같이 모양을 다듬는다. [도구 패널]에서 제공하는 도형의 종류는 몇 가지 안 되지만 그려진 도형의 모양을 쉽게 변형할 수 있기 때문에 다양한 형상을 제작할 수 있다. 플래시는 벡터 드로잉을 기반으로 하기 때문에 도형의 모양을 자유롭게 변경할 수 있으며 이것이 플래시 드로잉의 가장 큰 특징이면서 장점 중의 하나이다.

그림 5-1-6 타원 다듬기

06. [도구 패널]에서 "연필 도구" 를 선택한 후 그림 5-1-7과 같이 옵션 영역의 [연필 모드]에서 '잉크'를 선택한다. 연필 도구는 마우스의 드래그 자취를 따라 선을 그리는 도구이다. 이때 옵션 영역의 '잉크' 모드를 사용하면 마우스의 자취를 최대한 유지하며 선을 그린다. 반면 '곧게' 모드는 자취를 최대한 직선화하여 표시하

며 '매끄럽게' 모드는 자취를 매끈한 곡선으로 변경한다. 옵션 영역은 [도구 패널]의 가장 하단에 위치한다.

그림 5-1-7 잉크 모드 선택

07. "연필 도구"를 사용하여 그림 5-1-8과 같이 꼭지 영역을 그린다. 그리고 "사각형 도구"□를 사용하여 꼭지를 추가한다. 이때 그림에서 보는 것처럼 충분히 선을 길게 그어 선분과 선분이 완전히 구분되도록 한다.

그림 5-1-8 꼭지 그리기

08. "선택 도구"를 사용하여 그림 5-1-9와 같이 꼭지의 모양을 다듬는다. 이때 [도구 패널]의 "지우개 도구"□의 옵션 영역에서 "수도 꼭지"□ 기능을 사용하면 불필요한 선을 제거할 수 있다. "수도 꼭지" 기능을 활성화하면 마우스 커서 모양이 수도 꼭지 모양으로 나타난다. 이때 선분 위에서 클릭하면 해당 선분을 제거할 수 있다. "선택 도구"를 사용하여 선분을 선택한 후에 키보드의 Delete 키를

눌러 제거하는 것도 가능하지만 "수도 꼭지" 기능을 사용하면 훨씬 편리하게 도형이나 선분을 제거할 수 있다.

그림 5-1-9 꼭지 다듬기

09. "연필 도구" ✏를 사용하여 그림 5-1-10과 같이 그림자 영역을 추가한다. 고추에 입체감을 부여하기 위해 그림자 영역을 구분하여 그린 후에 기본색에 밝기를 가감하여 명암을 부여함으로써 입체감을 표현한다. 앞에서 설명한 것과 같이 그림자 영역을 만들 때도 선을 충분히 길게 그어 각 영역이 완전히 분리되도록 해야 한다.

그림 5-1-10 그림자 영역 설정

10. [도구 패널]에서 "페인트 통 도구" 를 선택한 후 각 영역에 색을 추가한다. 고추 동자의 몸통색은 #CC0000, 몸통의 그림자 색은 #820000, 꼭지색은 #339900, 꼭지의 그림자 색은 #216400으로 지정한다. 기본 색상 팔레트의 좌측 상단을 보면 색상을 16진수의 수치 값으로 입력할 수 있는 항목이 위치한다.

11. "지우개 도구" 의 옵션 영역에서 "수도 꼭지" 기능을 사용하여 그림 5-1-11과 같이 불필요한 선을 제거한다.

그림 5-1-11 색상 채우기 및 불필요한 선의 삭제

12. "타원 도구" 를 사용하여 그림 5-1-12와 같이 눈과 입을 그린다. "타원 도구" 는 앞에서 살펴본 것과 같이 "사각형 도구" 와 동일한 위치를 공유하고 있다. 이때 눈과 입은 고추의 몸통 위에서 그리지 말고 배경 영역에서 그린다. 만약 눈을 몸통 위에서 그린다면 눈의 위치를 이동했을 때 몸통이 일부 영역이 삭제되는 현상이 발생할 수 있으므로 주의한다. 잘못된 작업을 취소 기능 **[편집 〉 실행 취소]**을 사용하여 복원한다. 완성한 왼쪽 눈을 선택한 후에 메인 메뉴의 **[수정 〉 그룹]** 메뉴를 실행하여 그룹으로 지정한다. 오른쪽 눈은 왼쪽 눈을 복사해서 사용한다. 입은 타원을 그린 후에 "선택 도구" 를 사용하여 수정하여 완성한다. 눈과 입은 크기가 작기 때문에 작업이 불편할 수 있다. 이때는 [도구 패널]의 "돋보기 도구" 를 사용하여 화면을 확대하면 편리하게 작업할 수 있다.

그림 5-1-12   눈과 입의 생성

13. [도구 패널]의 "선 도구"◥를 사용하여 그림 5-1-13과 같이 고추 동자의 팔을 그린다. 역시 이때도 선을 충분히 길게 그어 선분과 선분을 완전히 연결한다.

그림 5-1-13   팔의 형태 제작

14. "지우개 도구"▱의 옵션 영역에서 "수도 꼭지"▨ 기능을 사용하여 불필요한 선을 제거한다. 그리고 "선택 도구"▸를 사용하여 그림 5-1-14와 같이 팔의 모양을 변경한다. 마지막으로 "페인트 통 도구"▱를 선택한 후 팔 내부에 색을 추가한다. 팔의 색은 #CC3300으로 지정한다.

그림 5-1-14　고추 동자 완성

15. 결과 파일을 FLA 포맷으로 저장한 후 'Ctrl + Enter' 키를 눌러 최종 결과를 확인한다.

❷ 텍스트 장식하기

01. 메인 메뉴의 [**파일 〉 새로 만들기**] 메뉴를 실행하여 새로운 문서를 연다. 문서 속성은 기본 값을 사용한다.

02. [**도구 패널**]의 "텍스트 도구" T 를 사용하여 그림 5-1-15와 같이 텍스트를 입력한다. 오른쪽의 [**속성 패널**]에서 글꼴은 "Verdana", 스타일은 "Bold", 크기는 "120 px", 파란색으로 지정하여 텍스트를 입력한다.

그림 5-1-15 텍스트 입력

03. 텍스트는 언제든지 입력한 내용과 속성을 변경할 수 있다. 텍스트의 입력을 종료
하고 다른 작업을 진행하다가 텍스트 내용이나 속성을 변경하고자 한다면 다시
"텍스트 도구" T 를 선택한 후 수정하고자 하는 텍스트 영역을 클릭하면 텍스트
편집 상태로 전환된다. 이번 예제에서는 텍스트를 일반 그래픽으로 변경할 것이
다. 텍스트를 그래픽으로 변경하면 텍스트의 모든 속성이 사라지기 때문에 텍스
트에 대한 편집은 불가능하게 된다. 텍스트를 그래픽으로 변경하기 위해서는 메
인 메뉴의 **[수정 〉 분리]** 메뉴를 실행한다. 결과는 그림 5-1-16과 같이 텍스트에
포함된 글자들이 독립적인 영역으로 분리된다. 그런데 아직 각 글자들은 텍스트
속성을 유지하고 있다. 모든 글자 영역이 선택된 상태에서 다시 한 번 '분리' 메뉴
를 수행하면 텍스트 속성은 사라지고 그래픽으로 변환된다.

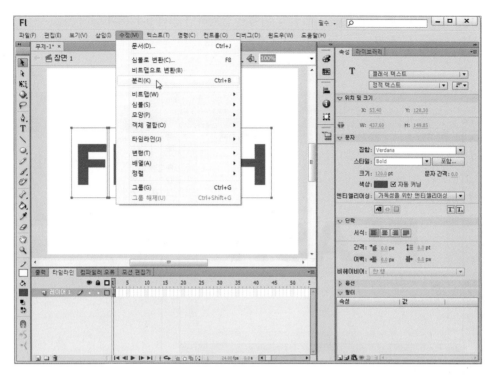

그림 5-1-16 텍스트 분리

04. 텍스트는 단일 색만을 사용할 수 있지만 그래픽은 그라디언트^{gradient}를 적용할 수
있다. 그라디언트는 여러 가지 색의 변화하는 패턴으로 도형 내부를 칠할 수 있
는 기능이다. [도구 패널]에서 "페인트 통 도구"를 선택한 후 그림 5-1-17과 같
이 채움 색상에서 무지개 형태의 그라디언트를 선택한다.

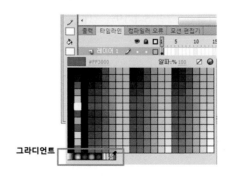

그림 5-1-17 그라디언트 선택

05. "페인트 통 도구" 를 각 글자 위에서 클릭하면 그림 5-1-18과 글자들을 무지개 색의 그라디언트로 채울 수 있다.

그림 5-1-18   그라디언트 적용

06. 이번에는 "선택 도구" 를 사용하여 글자의 모양을 변경한다. 이때 반드시 글자 가 선택되지 않도록 해야 한다. 선택되지 않은 글자의 경계를 드래그하면 모양을 변경할 수 있다. 결과는 그림 5-1-19와 같다.

그림 5-1-19 글자의 모양 변경

07. 그림 5-1-20과 같이 **[타임라인 패널]**에서 '새레이어 추가' 버튼을 눌러 새로운 레이어를 추가한 후 "타원 도구"와 "선택 도구"를 사용하여 추가한 레이어에 그림 5-1-20과 같이 도형을 그린다.

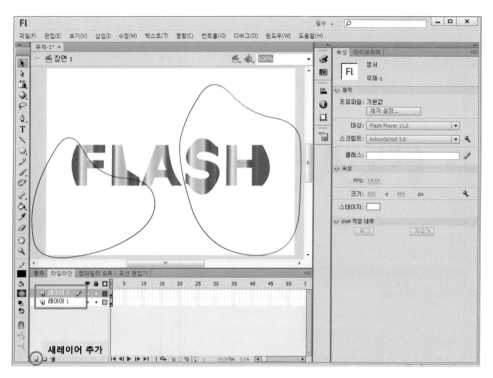

그림 5-1-20 레이어 추가 및 도형 생성

08. [도구 패널]에서 "장식 도구"를 선택한 후 그림 5-1-21과 같이 [속성 패널]의 [드로잉 효과]에서 "줄기 채우기"를 선택한다.

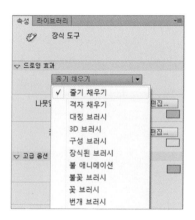

그림 5-1-21 장식 도구의 속성 설정

09. "장식 도구"를 사용하여 그림 5-1-22와 같이 7단계에 그린 도형 내부를 클릭하여 줄기 모양을 채운다. 왼쪽 마우스 버튼을 한 번만 클릭하면 도형 내부가 줄기 모양으로 가득 차게 된다.

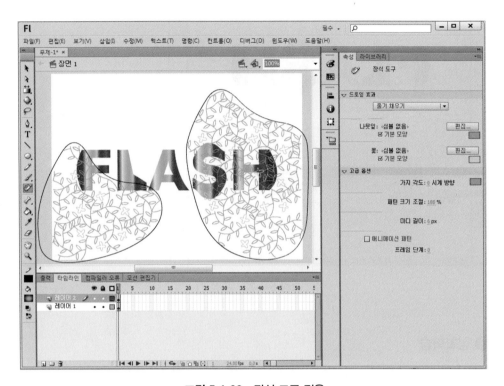

그림 5-1-22 장식 도구 적용

10. "선택 도구"를 사용하여 도형의 경계선을 선택한 후 제거하고 '레이어 1'과 '레이어 2'의 위치를 서로 변경한다. 레이어의 위치 변경은 [타임라인 패널]에서 레이어 이름이 표시되는 영역을 마우스로 드래그(상하 방향)하여 처리할 수 있다. 최종 결과는 그림 5-1-23과 같다.

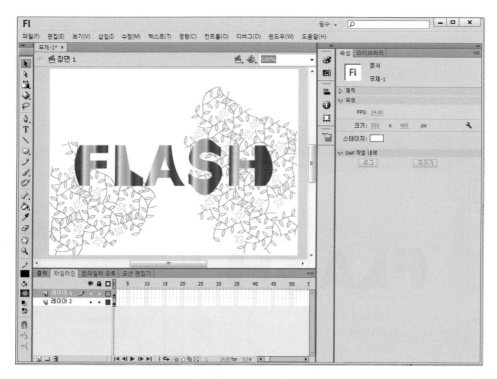

그림 5-1-23 완성

❸ 심화학습

01. 플래시 펜 도구의 사용법을 익히고 다음의 그림을 참조하여 나비를 제작한 후 색을 지정하시오.

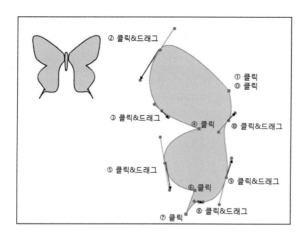

02. 우리 주변에 있는 사물(TV, 종이비행기, 전화기 등) 중의 한 가지를 선택한 후 모습을 축약적으로 표현하여 플래시를 사용하여 제작하시오.

03. 고추동자의 옆모습을 제작하시오.

3) 플래시 애니메이션 제작

플래시에서의 애니메이션 제작 방법은 크게 두 가지 형태로 구분할 수 있다. 첫 번째 방법은 프레임 단위로 모든 장면을 애니메이터^{animator}가 직접 제작하는 방식으로 프레임 기반^{frame by frame} 애니메이션 제작 기법이라고 한다. 두 번째는 애니메이터가 두 장의 주요 장면만을 제작한 후 이들 사이의 중간 장면들은 플래시에서 소프트웨어적으로 처리하여 애니메이션을 제작하는 방법이다. 이 방법을 트위닝^{tweening} 기반의 제작 기법이라고 한다.

프레임 기반의 제작 기법은 빠른 움직임이나 정교한 동작을 제작할 수 있는 장점이 있지만 매 프레임을 그려나가는 방식이므로 시간과 노력이 많이 요구된다. 반면 트위닝 기반의 제작 기법은 보다 쉽고 빠르게 애니메이션을 제작할 수 있지만 정교한 움직임의 제어가 쉽지 않다. 이번 실습에서는 트위닝 기반의 제작 기법 위주로 플래시에서 애니메이션을 제작하는 방법에 대해 살펴본다.

❶ 프레임 기반 애니메이션

이번 예제에서는 하마 캐릭터를 사용하여 프레임 단위로 하마의 손과 발의 위치와 모양을 변경하여 하마가 뛰어가는 모습을 애니메이션으로 제작한다.

01. 부록 파일의 [5장₩03.animation\01.hippo_run.fla] 파일을 불러온다. 그림 5-1-24와 같은 하마 캐릭터의 모습을 확인할 수 있다.

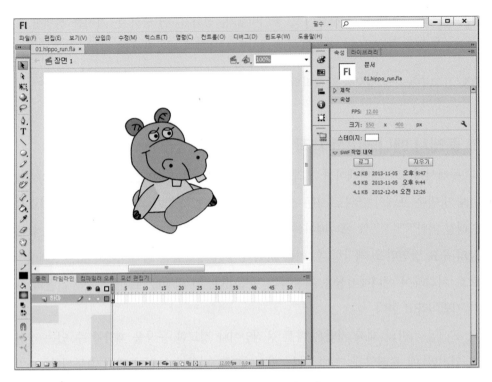

그림 5-1-24 캐릭터 불러오기

02. [타임라인 패널]에서 두 번째 프레임을 선택한 후 메인 메뉴에서 [삽입 > 타임라인 > 키프레임] 메뉴를 실행한다. 그림 5-1-25와 같이 두 번째 프레임에 검은 동그라미를 확인할 수 있다. 이 검은 동그라미를 가지는 프레임을 키프레임[key frame]이라고 한다. 플래시에서는 키 프레임에서만 장면의 내용을 변경할 수 있다. 키 프레임의 추가를 위해서는 단축키인 〈F6〉 키를 사용하면 편리하다.

그림 5-1-25 키 프레임의 추가

03. 애니메이션의 길이가 2프레임으로 늘어났다. 타임라인에서 2번 프레임을 클릭하면 화면에 2번 프레임의 내용이 표시된다. 키 프레임을 추가하면 플래시에서는 이전 키 프레임의 내용이 모두 복사된다. 애니메이션에서는 장면이 변할 때 일부 내

용만 바뀌는 것이 일반적이므로 키 프레임의 내용이 그대로 복사되면 편리하다. 2번 프레임에서 하마 캐릭터의 모습을 그림 5-1-26과 같이 변경한다.

그림 5-1-26   캐릭터 모습 변경

캐릭터의 손과 팔의 모습을 그림 5-1-26과 같이 변경하기 위해서는 **[도구 패널]**의 "자유 변형 도구"를 사용한다. "자유 변형 도구"를 선택한 후 하마의 손이나 발을 클릭하면 그림 5-1-27과 같이 크기와 회전을 조절할 수 있는 핸들이 표시되고 회전의 중심점도 함께 표시된다. 크기 변경용 핸들을 드래그하면 해당 영역의 크기를 변경할 수 있다. 그림 5-1-26과 같이 핸들의 바로 바깥쪽에 마우스 커서를 위치시키면 회전이 가능한 상태임을 구분할 수 있도록 커서 모양이 변경된다. 영역 내부를 드래그하면 도형의 위치를 이동할 수 있다. 이번 실습에서는 크기를 변경할 필요는 없으므로 회전과 위치 이동을 통해 그림 5-1-26과 같은 팔과 다리의 모습으로 변경한다.

회전 중심점

크기 변경용
핸들

그림 5-1-27 **캐릭터 모습 변경**

04. 타임라인에서 새로운 레이어를 추가한 후 그림 5-1-28과 같이 새로 추가한 레이어의 이름 위에서 마우스 오른쪽 버튼을 클릭하여 팝업 메뉴를 표시하고 메뉴 중에서 **[안내선]**을 선택한다. 레이어가 '안내선'의 속성을 가지면 작업 과정에서는 레이어의 내용이 표시되지만 재생할 때는 레이어의 내용이 나타나지 않는다. 작업을 위해 부가적으로 필요한 내용을 안내선 레이어에 추가하여 사용하면 편리하다.

그림 5-1-28 **레이어 추가 및 속성 변경**

05. 타임라인에서 1번 프레임을 선택한 후 그림 5-1-29와 같이 "직선 도구" ◥ 를 사용하여 하마의 하단과 상단에 직선을 그린다.

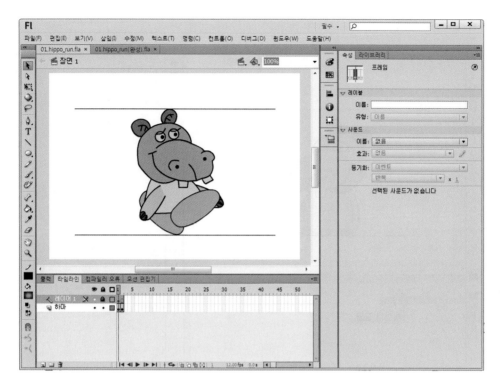

그림 5-1-29 가이드 직선의 추가

06. 타임라인에서 2번 프레임을 선택하더라도 직선을 확인할 수 있다. 하마의 위치를 그림 5-1-30과 같이 이동한다. 하마의 위치를 이동하기 위해서는 "선택 도구"를 사용하여 하마의 전체 영역을 선택한 후 키보드의 방향키를 사용하면 편리하다. 이때 안내선 레이어인 '레이어1' 레이어를 잠금 상태로 지정하는 것이 필요하다. 레이어를 잠금 상태로 지정하기 위해서는 그림 5-1-30의 표시와 같이 레이어의 자물쇠 영역에 위치하는 작은 동그라미를 클릭한다. 동그라미가 자물쇠 모양으로 변경될 것이다.

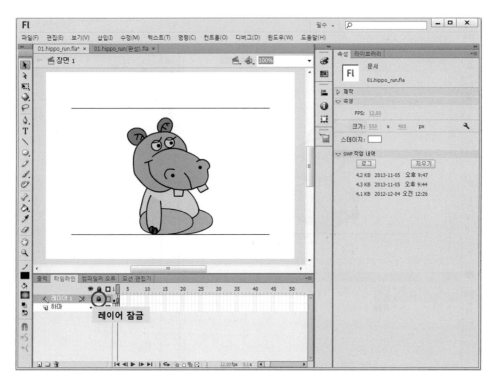

그림 5-1-30 2번 프레임에서의 하마 위치 이동

07. 타임라인에서 '하마' 레이어의 3번 프레임을 선택한 후 F6 키를 눌러 새로운 키
프레임을 추가한다. 그런 후 그림 5-1-31과 같이 하마의 모습을 변경한다. 레이어
가 두 개가 존재하므로 '하마' 레이어를 확인하여 키 프레임을 추가해야 한다. 3
번 프레임에서는 그림과 같이 직선이 나타나지 않는데 직선을 표시하기 위해서는
'레이어1' 레이어의 3번 프레임을 선택한 후 F5 키를 누른다. F5 단축키를 사용하
면 키 프레임이 아닌 일반 프레임을 추가할 수 있다. 일반 프레임은 프레임의 길
이를 연장하기 위해 사용한다. 하마의 위치를 변경하는 것도 필요하다.

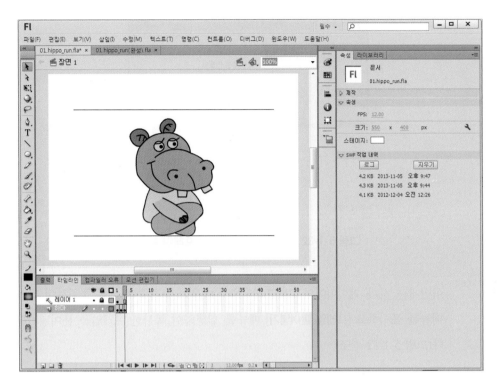

그림 5-1-31 3번 프레임에서의 하마 위치 이동

08. 4번째 키 프레임은 2번째 키 프레임과 동일한 내용을 가지므로 직접 제작하지 않고 2번째 키 프레임을 복사하여 사용한다. 그림 5-1-32와 같이 '하마' 레이어의 2번 프레임 위에서 마우스 오른쪽 버튼을 클릭하여 팝업 메뉴를 표신한 후 **[프레임 복사]** 메뉴를 실행한다.

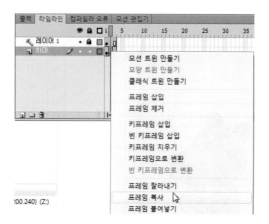

그림 5-1-32 '하마' 레이어의 2번 프레임 복사

이번에는 '하마' 레이어의 4번 프레임에서 마우스 오른쪽 버튼을 클릭하여 팝업 메뉴를 표시하고 **[프레임 붙여넣기]** 메뉴를 실행하여 복사한 프레임을 붙여넣기한 다(그림 5-1-32 참조).

09. 키 프레임별 내용은 그림 5-1-33과 같으므로 캐릭터 모습과 위치를 확인한다.

그림 5-1-33 애니메이션의 재생

10. 완성한 문서를 FLA 포맷으로 저장한 후 애니메이션의 결과를 확인하기 위해 플래시 문서를 재생한다. 애니메이션을 재생하기 위해서는 메인 메뉴의 **[컨트롤 〉 동영상 테스트 〉 테스트]** 메뉴를 실행한다. 이 메뉴의 단축키는 CTRL + Enter 키이다. 그림 5-1-34와 같이 플래시 플레이어가 실행되면서 애니메이션이 재생된다.

그림 5-1-34   완성한 애니메이션의 재생

❷ 클래식 트윈 만들기

플래시의 트위닝 기법은 크게 모션 트위닝^{motion tweening}과 모양 트위닝^{shape tweening}으로 구분할 수 있다. 모션 트위닝은 플래시 초기 버전부터 존재하던 전통적인 방법인 클래식 트윈과 최근 버전에서 추가된 모션 편집기를 사용하는 모션 트윈으로 다시 세분화할 수 있다. 이번 예제에서는 클래식 모션 트위닝 기법을 사용하여 애니메이션을 제작하는 방법에 대해 살펴본다.

01. 기본 값을 사용하여 새로운 플래시 문서를 생성한다. 레이어의 이름을 '사각형'으로 변경한 후 **[도구 패널]** "사각형 도구" 를 사용하여 그림 5-1-35와 같이 사각형을 그린다.

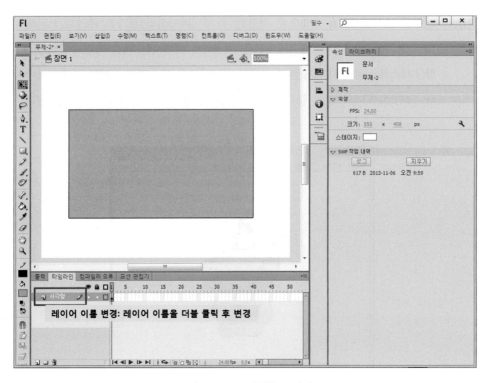

그림 5-1-35　사각형 그리기

02. "선택 도구"▣를 선택한 후 사각형을 더블클릭하면 사각형의 경계선과 면을 모두 선택 영역으로 지정할 수 있다. 그림 5-1-36과 같이 **[속성 패널]**에서 X: 0, Y: 100, W: 550, H: 200으로 지정하여 사각형으로 크기를 스테이지의 가로 길이와 일치하도록 변경한다.

그림 5-1-36　사각형의 속성 변경

03. 새로운 레이어를 추가한 후 레이어의 이름을 '텍스트'로 변경한다. '텍스트' 레이어
에 "텍스트 도구"T를 사용하여 "Flash"를 입력한 후 그림 5-1-37과 같이 스테
이지의 왼쪽에 위치시킨다.

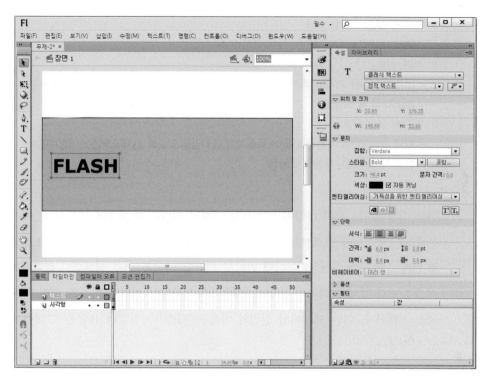

그림 5-1-37   레이어 및 텍스트 추가

04. 클래식 트위닝을 포함한 모션 트위닝을 사용하기 위해서는 다음과 같이 두 가지
조건을 반드시 충족해야한다.

   1 트윈 대상은 심벌(symbol)을 사용해야 한다.
   2 트윈 대상 심벌은 독립적인 레이어를 사용해야 한다.

플래시의 심볼은 다음과 같은 의미와 특징을 갖는다.

   1 재사용을 목적으로 사용하는 객체이며 벡터 세이프(vector shape), 글자, 비트맵 등을 심
      벌로 등록하여 사용

2 모션 트위닝과 액션스크립트를 구현할 때 사용
3 단일 객체로 인식하므로 동일 심벌을 여러 번 사용해도 파일 용량의 증가는 거의 없음

심벌은 다음과 같이 세 가지의 유형이 존재한다.

1 그래픽 심벌
   - 벡터 세이프나 비트맵을 재사용하고자 할 때 사용
2 버튼 심벌
   - 버튼의 성질을 가지며 액션스크립트를 설정하여 사용자와의 상호 작용 기능을 추가
     하고자 할 때 사용
3 동영상 클립 심벌
   - 자체 타임라인을 포함하고 있어 독립적인 움직임을 갖도록 하거나 액션스크립트에서
     상호 작용의 제어 대상으로 사용

이번 실습에서는 트윈 대상인 텍스트를 그래픽 심벌로 변환하여 사용한다. 이미 존재하는 도형이나 텍스트를 심벌로 변환하기 위해서는 메인 메뉴의 [수정 〉 심볼로 변환...] 메뉴를 실행한다. 이때 반드시 변환할 대상을 먼저 선택해야 한다. 그림 5-1-38과 같이 나타나는 [심볼로 변환] 대화상자에서 심벌의 이름과 심벌의 유형을 선택한다. 이번 예제에서 심벌의 이름은 '텍스트', 심벌의 유형은 '그래픽'으로 설정한다.

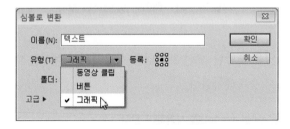

그림 5-1-38 심볼로 변환

05. 등록한 심벌은 [라이브러리 패널]에서 확인할 수 있다. 그림 5-1-39와 같이 [라이브러리 패널]에서 등록된 심벌의 이름과 관련 정보를 확인할 수 있다. 등록한 심벌을 스테이지로 드래그 앤 드롭하면 현재 문서에 추가할 수 있다. 스테이지에 가

저온 심벌은 인스턴스^{instance}라고 부른다. 심벌과 인스턴스의 관계는 객체지향프로그래밍에서의 클래스^{class}와 객체^{object}의 관계와 동일하다. 하나의 클래스로부터 여러 개의 객체를 생성할 수 있듯이 하나의 심벌로부터 여러 개의 인스턴스를 생성할 수 있다. 객체지향프로그래밍에서 객체와 인스턴스는 동일한 의미를 갖는다.

그림 5-1-39   라이브러리 패널

06. [타임라인 패널]에서 '텍스트' 레이어의 24번 프레임을 선택한 후 〈F6〉 키를 눌러 키 프레임을 추가한다. 24프레임은 1초 길이를 의미한다. 그림 5-1-40과 같이 추가한 두 번째 키 프레임에서 텍스트의 위치를 스테이지의 오른쪽으로 이동한다. 텍스트의 이동은 "선택 도구" 를 사용한다. Shift 키를 누른 상태로 텍스트를 이동하면 수평방향으로 정확하게 이동할 수 있다. '사각형' 레이어의 프레임 길이가 1프레임이므로 재생 헤더가 24번 프레임에 위치하고 있을 때는 사각형이 화면에 나타나지 않는다. '사각형' 레이어의 24번 프레임을 선택한 후 〈F5〉 키를 눌러 프레임의 길이를 늘인다.

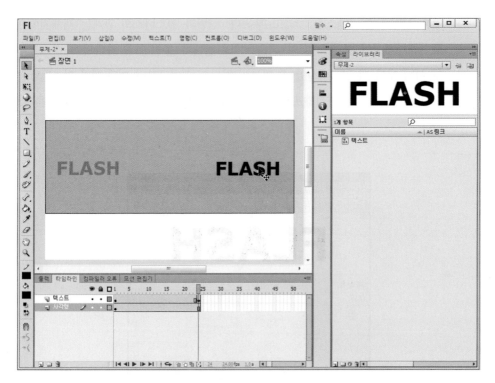

그림 5-1-40 두 번째 키 프레임의 추가 후 텍스트 위치 이동

07. '텍스트' 레이어의 중간 프레임 위에서 마우스 오른쪽 버튼을 눌러 팝업 메뉴를
표시한다. 이 메뉴 중에서 그림 5-1-41과 같이 **[클래식 트윈 만들기]** 메뉴를 선택
한다.

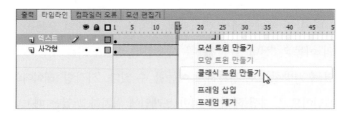

그림 5-1-41 클래식 트윈 생성

08. 타임라인에 그림 5-1-42와 같은 클래식 트윈 적용 결과가 표시된다. '텍스트' 레이
어의 타임라인에 직선 화살표가 표시된다. 만약 직선이 아닌 점선 화살표가 표시

되면 트윈이 잘못 생성된 것이므로 팝업 메뉴의 **[클래식 트윈 만들기]** 메뉴를 다시 한 번 선택하여 트윈을 해제한 후 7단계를 다시 수행한다. 마지막으로 〈CTRL + Enter〉 키를 눌러 최종 결과를 확인한다.

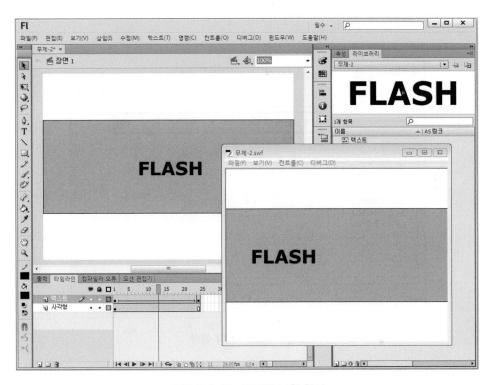

그림 5-1-42 클래식 트윈 완성

09. 메인 메뉴의 **[파일 〉 저장]** 메뉴를 실행하여 제작한 플래시 무비를 FLA 포맷으로 저장한다. 파일명은 "02.TextAni.fla"로 지정하고 저장하는 폴더의 경로를 확인하자.

10. 플래시 무비의 소스 파일로부터 SWF 파일을 생성하는 방법에 대해 살펴보자. SWF 파일은 홈페이지나 플래시 플레이어에서 재생할 수 있는 배포용 파일이다. 메인 메뉴에서 **[파일 〉 제작 설정]** 메뉴를 실행하면 그림 5-1-43의 **[제작 설정]** 대화상자가 나타난다. 옵션을 설정한 후에는 **[제작]** 버튼을 클릭한다. 이때 **[기타 형**

식]에서 기타 형식의 파일을 선택하여 SWF 파일 이외에도 다른 종류의 파일들을 추가적으로 생성할 수 있다. 윈도우 탐색기를 사용하여 소스 파일이 저장된 폴더를 확인하면 소스파일("02.TextAni.fla")과 동일한 이름의 SWF 파일("02.TextAni.swf")을 확인할 수 있다.

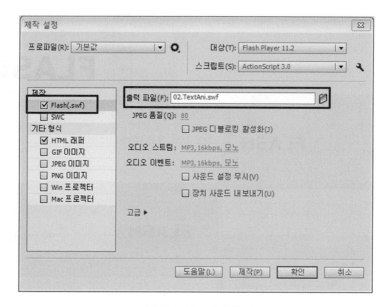

그림 5-1-43   제작 설정

11. 지금까지 제작한 애니메이션의 내용을 확장해보자. '텍스트' 레이어의 48번 프레임을 선택한 후 〈F6〉 키를 눌러 키 프레임을 추가한다. '사각형' 레이어는 48번 프레임에서 〈F5〉 키를 눌러 일반 프레임을 추가한다.

12. '텍스트' 레이어의 48번 프레임에 위치하는 세 번째 키 프레임에서 텍스트 위치를 최초의 위치로 이동한다. 이때 그림 5-1-44와 같이 "어니언 스킨" 기능을 활성화한 후 [타임라인 패널] 상단의 프레임 번호에 표시되는 어니언 스킨의 적용 범위를 확장하면 여러 프레임을 중첩하여 볼 수 있다. 48번 프레임에서의 텍스트 위치를 초기 위치와 정확하게 일치시키지 말고 5픽셀 정도 오른쪽에 위치시킨다. 이와 같이 조금 오른쪽에 위치시키면 반복 재생과정에서 자연스러운 연결동작을

만들 수 있다. 만약 텍스트의 위치를 초기 위치와 정확하게 일치시키면 반복 재생하는 과정에서 잠시 한자리에 머무는 현상이 발생한다. 텍스트 위치의 미세 조정을 위해서는 텍스트를 선택한 후 방향키를 사용한다.

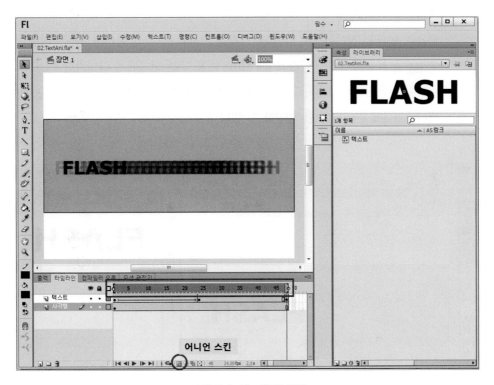

그림 5-1-44 위치 편집

13. 그림 5-1-45와 같이 '텍스트' 레이어의 두 번째 구간 내에서 팝업 메뉴를 표시한 후 **[클래식 트윈 만들기]** 메뉴를 실행한다.

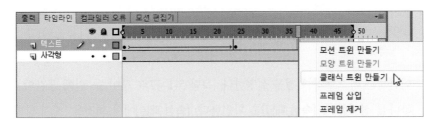

그림 5-1-45 클래식 트윈 추가 지정

14. 〈CTRL + Enter〉 키를 눌러 애니메이션을 재생하면 좌우 방향으로 반복해서 움직이는 텍스트 애니메이션을 볼 수 있다.

15. 이제 애니메이션에 조금 더 다양한 변화를 추가해보자. '텍스트' 레이어의 24번 프레임을 선택한 후 그림 5-1-46과 같이 텍스트의 크기를 확대한다. 텍스트는 심볼로 변환된 상태이므로 글꼴의 크기를 크게하는 것이 아니라 "자유 변형 도구"▨를 사용하여 확대한다. 이때 Shift 키를 누른 상태에서 확대하면 텍스트의 종횡비를 유지할 수 있다. 크기 변경 후에 애니메이션을 확인하면 크기의 변경이 애니메이션에 반영된 것을 확인할 수 있다.

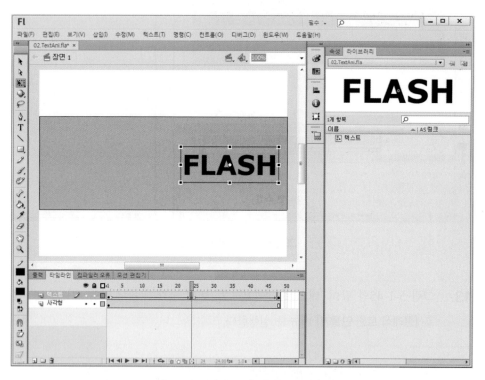

그림 5-1-46 '텍스트' 심볼의 크기 변경

16. 이번에는 텍스트의 회전을 설정한다. 그림 5-1-47과 같이 두 번째 구간의 프레임 하나를 선택한 후 [속성 패널]을 확인한다. [속성 패널]에서 회전을 "시계 방향"으로 선택하고 회전 횟수를 1로 지정한다.

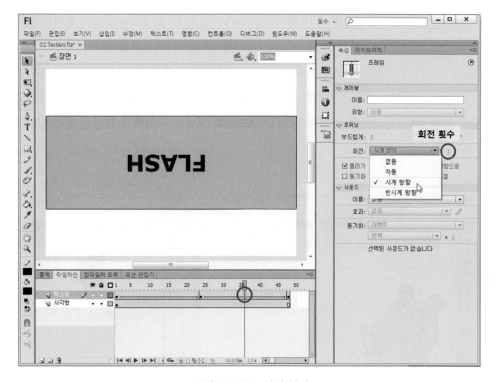

그림 5-1-47 회전 설정

17. 애니메이션을 재생하면 텍스트가 시계 방향으로 회전하면서 왼쪽 방향으로 이동하는 것을 확인할 수 있다. 이와 같이 클래식 모션 트윈을 사용하면 도형의 위치, 크기, 회전 등의 변화를 애니메이션으로 표현할 수 있다. 예제에서 살펴보지는 않았지만 농도나 색상의 변화를 표현할 수도 있다. 키 프레임에서 텍스트를 선택한 후 **[속성 패널]**의 "스타일"에서 밝기나 농도 등의 값을 변경해보자.

❸ 동영상 클립 심벌을 사용한 클래식 트윈 만들기

이번 예제에서는 동영상 클립 심벌을 사용하여 두 가지 동작을 동시에 애니메이션으로 표현하는 방법에 대해 살펴본다.

01. 부록 파일의 **[5장\03.animation\03.hippo_run2.fla]** 파일을 불러온다. **[타임라인 패널]**을 확인하면 1프레임만으로 구성된 것을 확인할 수 있다. 그러나 플래시

문서를 재생하면 하마가 움직이는 애니메이션을 볼 수 있다. 앞에서 살펴본 바로는 1프레임만으로는 애니메이션을 표현할 수 없다. 애니메이션이 나타나는 이유는 하마 캐릭터가 동영상 클립 심벌로 제작되었기 때문이다. 동영상 클립 심벌은 자체 타임라인을 가지므로 메인 타임라인의 길이와는 관계없이 독립적인 움직임을 갖는다. 그림 5-1-48과 같이 [라이브러리] 패널을 확인하면 동영상 클립 심벌을 확인할 수 있다.

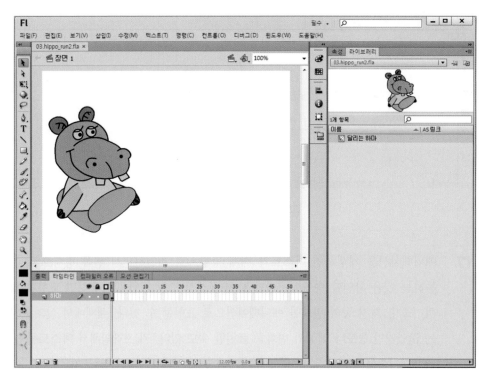

그림 5-1-48 동영상 클립 심볼 확인

02. "선택 도구" ▶를 사용하여 스테이지의 하마 캐릭터를 더블 클릭한다. 그림 5-1-49와 같이 심벌 편집 모드로 이동하여 동영상 클립 심벌의 자체 타임라인을 확인할 수 있다. 이때 스테이지의 상단에는 편집 상태의 심벌 이름이 표시된다. 다른 종류의 심벌들도 타임라인을 가지지만 동영상 클립 심벌의 타임라인만 메인 타임라인과는 독립적으로 동작한다.

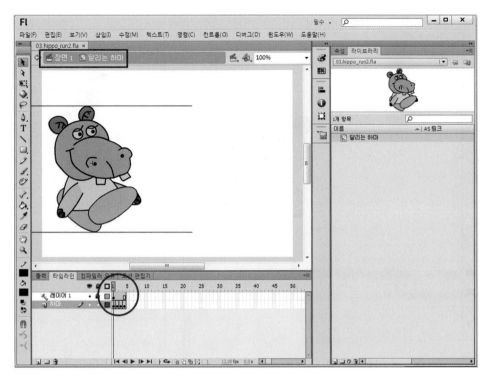

그림 5-1-49   심볼 편집 모드

03. 확인 후에는 심벌 편집 모드에서 일반 편집 모드로 이동한다. 일반 편집 모드로 이동하기 위해서는 "선택 도구"▶를 사용하여 스테이지의 빈 여백을 더블 클릭하거나 스테이지 상단의 "장면1" 항목을 클릭한다(그림 5-1-49 참조).

04. '하마' 레이어의 24번 프레임을 선택한 후 〈F6〉 키를 눌러 키 프레임을 추가한다. 그림 5-1-50과 같이 하마의 위치를 오른쪽으로 이동시킨 후 클래식 트윈을 적용한다. 애니메이션을 재생하면 동영상 클립의 움직임과 메인 타임라인의 움직임이 중첩되어 표현된다. 따라서 하마가 뛰면서 앞으로 움직이는 결과를 얻을 수 있다.

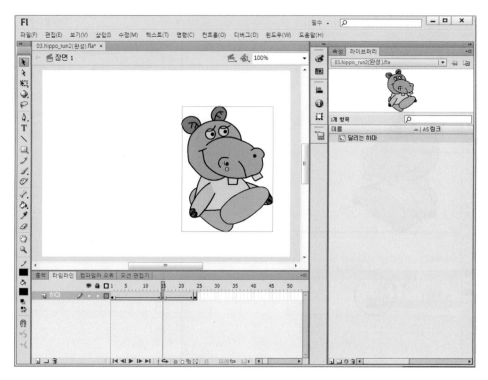

그림 5-1-50　클래식 트윈 적용

❹ 모션 편집기를 사용한 모션 트윈 만들기

모션 편집기를 사용한 모션 트윈은 클래식 트윈과 동일하게 도형의 위치, 색상, 크기 등의 변화를 애니메이션으로 표현하는 방법이다. 그러나 모션 편집기를 사용하면 클래식 트윈에 비해 조금 더 편리하고 정교하게 애니메이션을 제작할 수 있다.

01. 기본 값을 사용하여 새로운 플래시 문서를 생성한다. "텍스트 도구"를 사용하여 그림 5-1-51과 같이 텍스트를 입력한 후 '그래픽' 심벌로 등록한 후 스테이지 좌측 상단 바깥쪽에 위치시킨다.

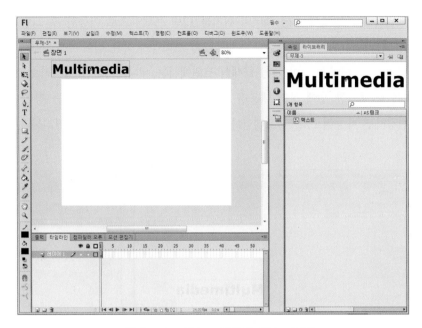

그림 5-1-51 텍스트 입력 및 심볼로 변환

02. [타임라인] 패널에서 그림 5-1-52와 같이 레이어의 1번 프레임에서 팝업 메뉴를 표시하고 [모션 트윈 만들기] 메뉴를 실행한다. [타임라인 패널]의 모습은 그림 5-1-53과 같이 1초 길이인 24개의 프레임이 채워진다.

그림 5-1-52 모션 트윈 만들기

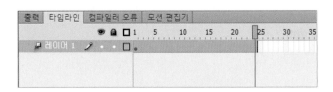

그림 5-1-53 모션 트윈 적용

03. [타임라인] 패널에서 재생 헤더의 위치를 12번 프레임으로 이동한 후 그림 5-1-54 와 텍스트의 위치를 이동한다. 이때 12번 프레임에 작은 점이 추가된다. 이 작은 점은 키 프레임을 의미한다. 클래식 트윈에서는 애니메이터가 명시적으로 키 프레임을 추가한 후에 장면 내용을 변경해야 하지만 모션 트윈에서는 장면 내용을 변경하면 자동적으로 키 프레임이 추가되므로 작업 과정이 훨씬 편리하다.

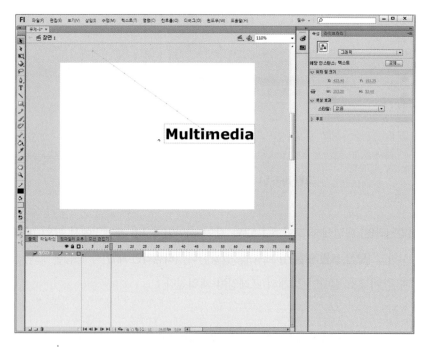

그림 5-1-54   텍스트 위치 이동

04. [모션 편집기] 패널을 활성화한다. 그림 5-1-55와 같이 다양한 값들이 존재한다. 3 번 단계에서의 위치 이동으로 인해 X와 Y의 값이 변하고 있는 것을 확인할 수 있다. X와 Y 좌표가 1번 프레임에서 시작하여 점점 증가하고 있다. 선분 위의 작은 점이 키 프레임을 표시한다. 키 프레임에서 X, Y 좌표의 값을 직접 입력하여 수정할 수 있다.

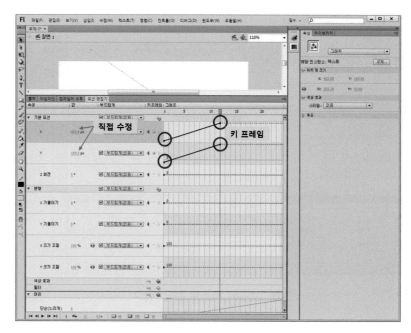

그림 5-1-55 [모션 편집기] 패널

05. 12번 프레임에서 텍스트를 선택한 후 메인 메뉴의 **[수정 > 변형 > 수직 뒤집기]** 메
뉴를 실행한다. 그림 5-1-56과 같이 텍스트의 모양이 뒤집히고 **[모션 편집기]** 패널
의 'Y 크기 조절' 항목에는 텍스트의 세로 크기가 100%에서 −100%로 선형적
으로 변하는 것을 표현하는 직선이 나타난다.

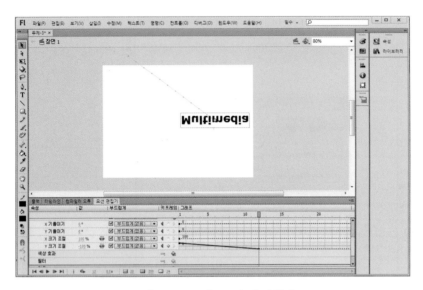

그림 5-1-56 텍스트 수직 뒤집기

06. 이번에는 모션 편집기를 직접 수정해보자. 그림 5-1-57(a)와 같이 'X' 항목의 24
번 프레임에서 팝업메뉴를 사용하여 키 프레임을 추가한다. 이때 'Y' 항목의 24
번 프레임에도 키 프레임이 자동적으로 추가된다. 텍스트의 위치를 그림 5-1-
57(b)와 같이 스테이지의 하단으로 이동한 후 텍스트의 모양을 뒤집기 전의 상
태로 복원한다.

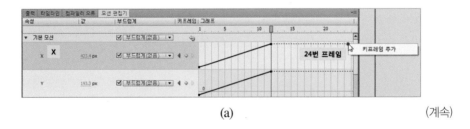

(a) (계속)

그림 5-1-57 키 프레임 추가 및 텍스트 속성 편집

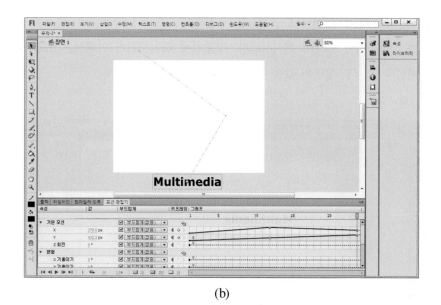

(b)

그림 5-1-57 키 프레임 추가 및 텍스트 속성 편집 (계속)

07. [타임라인] 패널로 돌아와서 36번 프레임을 선택한 후 〈F5〉 키를 눌러 그림 5-1-58과 같이 프레임 길이를 36 프레임으로 연장한다.

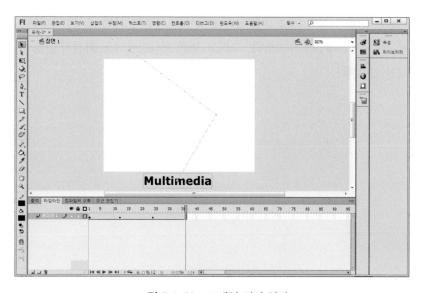

그림 5-1-58 프레임 길이 연장

08. 36번 프레임에서 "선택 도구" 를 사용하여 그림 5-1-59와 같이 텍스트의 위치
를 스테이지의 중앙에 위치시킨다. 정중앙에 위치시키기 위해서는 [모션 편집기]
패널의 'X', 'Y' 항목의 값을 각각 275와 200으로 입력한다.

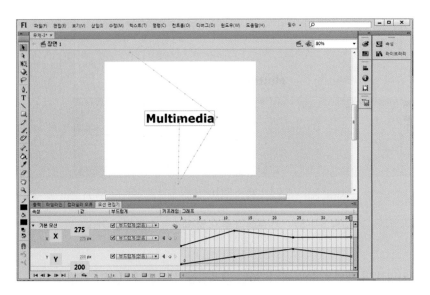

그림 5-1-59   키 프레임 추가 및 수치를 사용한 텍스트 위치 지정

09. 그림 5-1-60과 같이 [모션 편집기] 패널에서 'z 회전'의 24번 프레임과 36번 프레임
에 각각 키 프레임을 추가한다. 그리고 36번 프레임에서 'z 회전'의 값을 360으로
직접 입력한다.

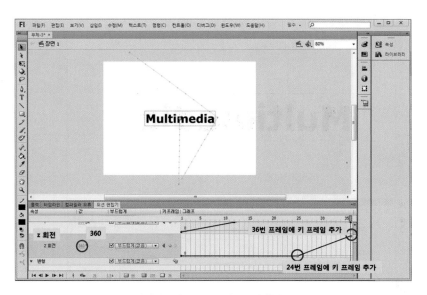

그림 5-1-60 회전 설정

10. [타임라인] 패널로 되돌아와 프레임의 길이를 다시 72프레임으로 연장한다.

11. [모션 편집기] 패널에서 그림 5-1-61과 같이 'X 크기 조절'과 'Y 크기 조절' 항목의 48번 및 72번 프레임에 각각 키 프레임을 삽입한다.

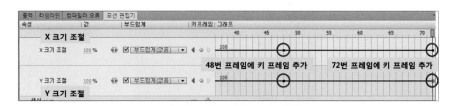

그림 5-1-61 키 프레임 추가

12. 72번 프레임에서 "자유 변형 도구" 를 사용하여 그림 5-1-62와 같이 텍스트의 크기를 확장한다. 이때 Shift 키를 함께 사용하여 종횡비를 유지한다.

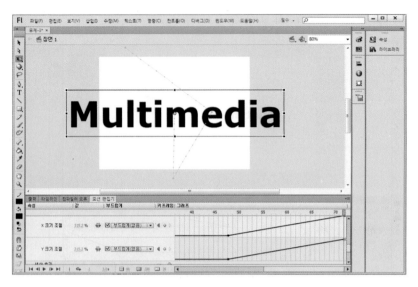

그림 5-1-62 텍스트 크기 확대

13. 72번 프레임의 텍스트가 선택된 상태에서 **[속성]** 패널을 활성화한 후에 그림 5-1-63과 같이 "스타일"을 '알파'로 선택한 후 값을 '5'%로 지정한다. 텍스트는 거의 투명한 상태로 변한다.

그림 5-1-63 알파 변경

14. 플래시 문서를 저장하고 애니메이션을 재생하여 결과를 확인한다.

❺ 경로를 사용한 클래식 트윈 만들기

이번 예제에서는 도형이 지정한 경로를 따라 이동하는 방법에 대해 살펴본다.

01. 부록 파일의 [5장\03.animation\05.Bounce1.fla] 파일을 불러온다. 애니메이션 제작에 필요한 재료들은 모두 제공되므로 이들을 사용하여 애니메이션을 추가한다. 그림 6-1-64와 같이 '공' 레이어의 팝업 메뉴에서 [클래식 모션 안내선 추가] 메뉴를 실행한다. 모션 안내선 레이어에 물체의 움직임 경로를 지정하면 된다.

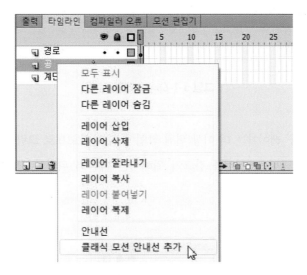

그림 5-1-64   모션 안내선 레이어 추가

02. '경로' 레이어에 포함되어 있는 경로를 '안내선:공' 레이어로 이동한다. 그림 5-1-65와 같이 '경로' 레이어의 키 프레임을 클릭하여 선택한 후 '안내선:공' 레이어의 1번 프레임으로 드래그 앤드 드롭한다. 그러면 '경로' 레이어의 키 프레임이 '안내선:공' 레이어로 이동한다.

그림 5-1-65   모션 안내선 레이어 추가

03. '경로' 레이어는 더 이상 필요 없으므로 [타임라인] 패널의 "삭제" 버튼🗑을 사용하여 삭제한다.

04. 현재 2개의 레이어가 존재하는데 그림 5-1-66과 같이 모든 레이어의 70번 프레임을 동시에 선택한다. '안내선:공' 레이어의 80번 프레임에서 '공' 레이어 방향으로 마우스를 드래그하여 2개 레이어의 80번 프레임을 동시에 선택한다. 〈F5〉 키를 눌러 선택한 프레임까지 프레임 길이를 연장한다.

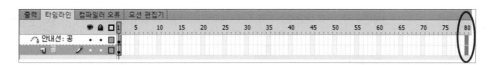

그림 5-1-66   프레임 선택

05. '안내선: 공' 레이어는 더 이상 편집 작업이 필요 없으므로 그림 5-1-67과 같이 레이어를 잠근다. 레이어를 잠그기 위해서는 자물쇠 위치의 작은 점을 마우스로 클릭한다.

그림 5-1-67   레이어 잠금

06. "선택 도구"▶를 선택한 후 [도구] 패널의 하단에 위치하는 옵션 영역에서 "객체에 물리기"🧲 기능을 활성화한다. 이 기능을 활성화하면 농구공을 선택했을 때 공의 중심 위치에 작은 원이 표시된다. 이 지점을 마우스로 드래그하면 공의 위치를 경로 선의 부근으로 이동시켰을 때 공의 중심 위치가 자동으로 경로 선에 달라붙는다. 이때 반드시 이동할 물체의 중심 위치를 드래그해야 한다. 이런 방법으로 공을 경로 위에 정확하게 위치시킬 수 있다. 경로를 사용하는 모션 트윈은 물체가 이동 경로 위에 정확하게 위치하는 경우에만 제대로 동작한다.

07. '공' 레이어의 80번 프레임을 선택한 후 〈F6〉 키를 눌러 키 프레임을 추가한 후 그림 5-1-68과 같이 경로의 반대쪽 끝으로 농구공의 위치를 이동한다.

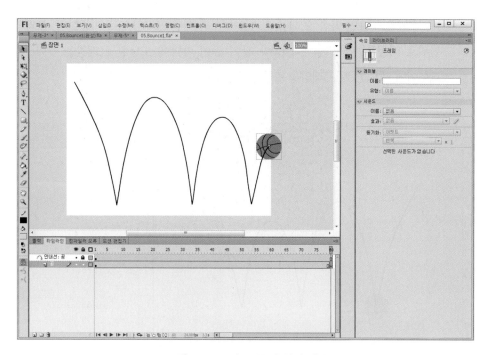

그림 5-1-68 농구공의 위치 이동

08. '공' 레이어에 클래식 트윈을 적용한 후 〈Ctrl + Enter〉 키를 눌러 애니메이션을 재생하여 결과를 확인한다. 농구공이 경로를 따라 움직일 것이다. 만약 농구공이 시작 지점에서 종료 지점까지 직선으로 움직이면 농구공이 경로 위에 정확하게 위치하지 않기 때문이다. 이런 경우에는 시작 키 프레임(1번 프레임)과 종료키 프레임(80번 프레임)에서 농구공의 위치를 다시 확인한다.

09. 애니메이션의 결과에서 확인할 수 있듯이 공의 움직임이 너무 부자연스럽다. 그이유는 공의 운동 속도 때문이다. 공이 바닥에서 튀어 오를 때는 속도가 점점 느려지고 반대로 정점 도달 후 내려갈 때는 속도가 점차로 빨라져야 하는데 지금은 등속 운동을 하고 있다. 이제 구간 별로 공의 움직임 속도를 변경해보자. 먼저 공이 바닥에서 튀어 올라가는 구간과 내려가는 구간을 분리한다. 1번 프레임

에서 시작하여 재생 헤더를 프레임 단위로 이동한다. 재생 헤더는 [타임라인] 패널에서 수직선으로 표시되며 위치한 프레임의 내용이 화면에 표시된다. 재생 헤더를 프레임 단위로 이동하기 위해서는 키보드의 ',(쉼표)'와 '.(마침표)' 키를 사용한다. '.' 키를 누르면 다음 프레임, ','키를 누르면 이전 프레임으로 이동한다. 프레임 단위로 이동하면서 그림 5-1-69와 같이 공이 바닥에 도달한 프레임을 찾아 '공' 레이어에 새로운 키 프레임을 추가한다.

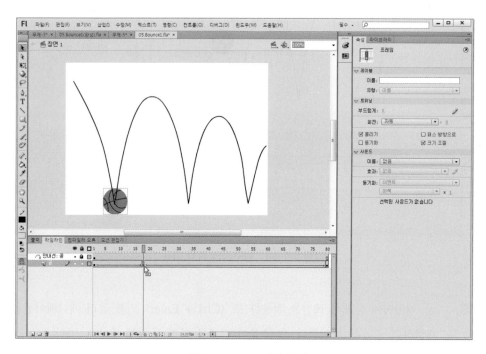

그림 5-1-69   구간의 분리

10. '.' 키를 눌러 다음 프레임으로 계속 이동하면서 공의 최저점과 최고점을 찾아 '공' 레이어에서 각각 새로운 키 프레임을 추가한다. 그림 5-1-70과 같이 키 프레임에서 의해 6개의 구간으로 분리할 수 있다. ①, ③, ⑤ 구간은 공이 내려가는 구간이며 ②, ④, ⑥ 구간은 튀어 올라가는 구간이다.

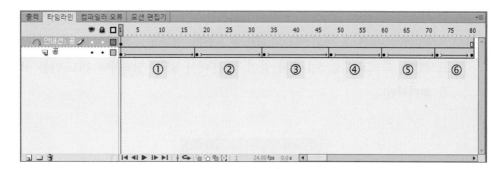

그림 5-1-70 구간의 분리 결과

11. 이제 구간별로 이동 속도의 변화 정도를 지정한다. ① 구간은 속도가 점점 빨라지도록 설정한다. 그림 5-1-71과 같이 ① 구간의 프레임 중에 하나를 선택한 후 **[속성]** 패널에서 "트위닝"의 "부드럽게^{ease}"를 '−80'으로 설정한다. 설정 가능한 값의 범위는 −100에서 100 사이이며 양수이면 감속$^{ease\ out}$, 음수이면 가속$^{ease\ in}$ 운동을 한다. 값이 클수록 가속 및 감속하는 정도가 커진다. 기본 값은 0이며 등속 운동을 의미한다. ② 구간은 80, ③ 구간은 −70, ④ 구간은 70, ⑤ 구간은 −60, ⑦ 구간은 60으로 설정한다.

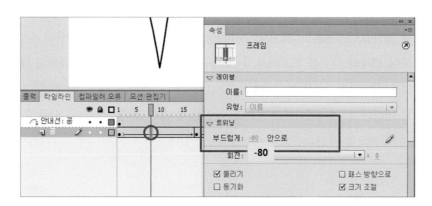

그림 5-1-71 이동 속도 변화 지정

12. 마지막으로 공이 이동하면서 일부 회전하도록 설정하여 조금 더 자연스러운 모습을 표현한다. 이전 예제에서 살펴봤던 회전은 1바퀴 단위이므로 이번 예제에서

는 사용할 수 없다. 두 번째 키 프레임(위치가 달라질 수 있는데 예제에서는 6번 프레임)을 선택한 후 메인 메뉴의 **[윈도우 〉 변형]** 메뉴를 실행하여 **[변형]** 패널을 표시한다. 그리고 그림 5-1-72와 같이 "회전"에서 '45'를 입력하여 45도 만큼 공을 회전시킨다.

그림 5-1-72   회전 설정

13. 비슷한 방법으로 세 번째 키 프레임은 90도, 네 번째 키 프레임은 135도, 다섯 번째 키 프레임은 180도, 여섯 번째 키 프레임은 225도, 마지막인 일곱 번째 키 프레임은 270도로 설정한다. 이제 최종 결과를 확인한다. 결과 파일은 부록 파일의 **[5장\03.animation\05.Bounce1(완성).fla]** 파일이다. 초당 프레임의 수를 변경하여 결과의 차이를 비교해보자. 도형을 전혀 선택하지 않은 상태에서 **[속성]** 패널을 확인하면 "속성"의 "FPS"는 '24.00'으로 설정되어 있다. 이 값을 '36.00'으로 변경한 후 애니메이션의 차이를 확인한다. 초당 36개 프레임을 사용하므로 조금 더 빠르고 자연스러운 움직임을 볼 수 있다.

❻ 모양 트윈 만들기

지금까지 모션 트윈을 사용하여 애니메이션을 제작하는 방법에 대해 살펴봤다. 이번 예제에서는 모양 트윈을 사용하는 방법에 대해 살펴본다. 모양 트위닝은 심벌이 아닌 드로잉drawing을 사용해야 한다. 드로잉이란 도구상자의 그리기 기능을 사용하여 그린 벡터 그래픽을 의미한다. 텍스트 도구를 사용하여 입력한 글자들은 메인 메뉴의 [수정 〉 분리] 메뉴를 실행하여 드로잉으로 변경할 수 있다. 2글자 이상 존재하는 텍스트의 경우에는 '분리' 기능을 2번 연속으로 실행하면 변환할 수 있다.

01. 기본 값을 사용하여 플래시 빈 문서를 생성한다. 1번 프레임에서 "사각형 도구"■를 사용하여 그림 5-1-73과 같이 스테이지의 중앙에 사각형을 그린다. 색은 여러분이 선택하자.

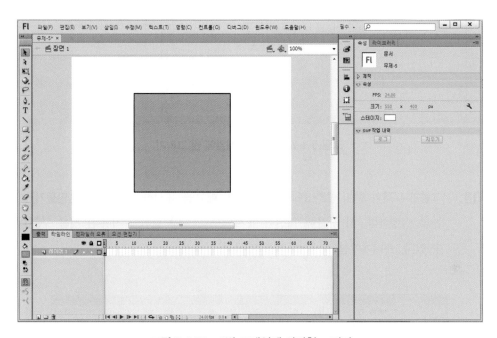

그림 5-1-73 1번 프레임에 사각형 그리기

02. 24번 프레임에 두 번째 키 프레임을 추가한 후 기존에 존재하는 사각형은 제거하고 "타원 도구"◉를 사용하여 그림 5-1-74와 같이 원을 그린다. 사각형을 원으로 대체하는 대신에 "선택 도구"▶를 사용하여 기존 사각형의 모양을 변형해서 사용해도 된다.

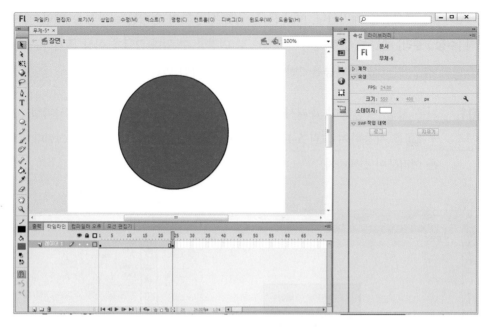

그림 5-1-74 24번 프레임에 원 그리기

03. 그림 5-1-75와 같이 중간 프레임에서 팝업 메뉴를 표시한 후 **[모양 트윈 만들기]** 메뉴를 실행한다. 이 구간에 직선이 표시되므로 모양 트윈이 적용된 것을 구분할 수 있다. 애니메이션을 재생하여 결과를 확인한다.

그림 5-1-75 모양 트윈 적용

04. 사각형이 점차 원으로 모양이 바뀌는 것을 확인할 수 있다. 왜곡 모핑의 일종이다. 그런데 사각형이 시계 반대 방향으로 조금 회전하면서 모양이 변한다. 이번에는 회전이 없이 제자리에서 모양이 변할 수 있도록 수정해보자. 모양 힌트[shape]

^{hint} 기능을 사용할 것이다. 모양 트윈은 중간 프레임에서의 장면을 소프트웨어적으로 처리하므로 중간 변화 과정을 애니메이터가 제어할 수 없다. 모션 힌트 기능을 사용하면 모양 트윈의 중간 변화 과정을 어느 정도에 제어할 수 있다. 첫 번째 키 프레임(1번 프레임)을 선택한 후 메인 메뉴에서 [**수정 〉 모양 〉 모양 힌트 추가**] 메뉴를 실행한다. 스테이지 중앙에 작은 빨간 원의 알파벳 a가 표시된다. 이 글자를 사각형의 왼쪽 상단 모서리로 이동시킨다. 그리고 두 번째 키 프레임(24번 프레임)을 선택한 후 알파벳 a를 그림 5-1-76의 위치로 이동한다. 위치가 정확하게 설정되면 그림과 같이 첫 번째 키 프레임과 두 번째 키 프레임에서의 알파벳 글자의 배경 색이 노란색과 초록색으로 변한다.

그림 5-1-76   모양 힌트 사용

05. 모양 힌트는 도형의 경계 위에 위치해야만 동작한다. 1번 프레임을 선택한 후 모양 힌트를 하나 더 추가한다. 이번에는 알파벳 b가 나타난다. 이 글자를 그림 5-1-77과 같이 오른쪽 상단 모서리로 이동한다. 24번 프레임에서는 원의 오른쪽 상단 지점으로 이동한다.

그림 5-1-77   모양 힌트 추가 사용

06. 애니메이션을 재생하면 더 이상 회전은 나타나지 않는다. 두 번째 키 프레임(24번 프레임)에서 알파벳 a와 b의 위치를 서로 바꾼 후에 애니메이션의 결과를 확

인하자. 모양 힌트는 시작 지점과 종료 지점을 서로 대응하도록 지정하는 것이다. 따라서 대응하는 방법에 따라 애니메이션의 중간 결과는 달라진다.

❼ 마스크 기능을 사용한 애니메이션 제작

이번 예제에서는 마스크 기능을 사용하는 방법에 대해 살펴본다. 마스크^{mask}는 모션 트윈과 모양 트윈에 모두 함께 사용할 수 있다. 마스크가 어떤 기능인지 예제를 통해 살펴보자.

01. 부록 파일에서 [5장\03.animation\07.Mask.fla] 파일을 불러온다. [타임라인] 패널의 '레이어 추가' 버튼 을 사용하여 새로운 레이어를 추가하고 이름을 '사각형'으로 지정한다.

02. 사각형 레이어에 그림 5-1-78과 같이 사각형을 그린다. 사각형의 길이는 150, 높이 400으로 지정한다. 위치는 스테이지의 왼쪽 경계와 일치시킨다. [속성] 패널에서 사각형의 좌표를 확인하면 X: 75, Y: 200이다. 사각형을 선택한 후 〈F8〉을 눌러 심볼로 변환한다. 심볼의 유형은 그래픽, 이름은 '사각형'으로 지정한다.

그림 5-1-78 사각형 추가

03. 클래식 트윈을 사용하여 1번 프레임에서 36번 프레임 사이에서 사각형이 왼쪽에서 오른쪽으로 이동하는 애니메이션을 제작한다. 두 번째 키 프레임(36번 프레임)에서의 사각형 심벌의 위치는 X: 475, Y: 200이다. **[속성]** 패널에서 이들 값을 설정할 수 있다. 결과는 그림 5-1-79와 같다.

그림 5-1-79 1단계 클래식 트윈 적용

04. '사각형' 레이어의 60번 프레임에 키 프레임을 추가한다. '사진' 레이어는 60번 프레임에 일반 프레임을 추가한다. 60번 프레임에서 사각형 심벌의 크기를 변경하여 스테이지와 동일한 크기로 설정한다. 사각형의 크기를 스테이지와 동일한 크기로 변경하기 위해서는 **[속성]** 패널에서 사각형 심벌의 크기를 W: 550, H: 400으로 입력한다. 그리고 X: 275, Y: 200으로 입력한다. '사각형' 레이어의 36번 프레임에서 60번 프레임 구간에 클래식 트윈을 만든다. 결과는 그림 5-1-80과 같다.

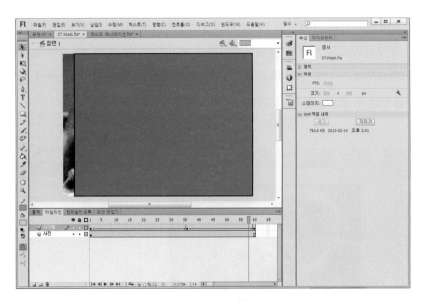

그림 5-1-80 2단계 클래식 트윈 적용

05. 지금까지 제작한 애니메이션에 마스크를 설정한다. 그림 5-1-81과 같이 **[타임라인]** 패널의 '사각형' 레이어 위에서 마우스 오른 버튼을 눌러 팝업 메뉴를 표시하고 **[마스크]** 메뉴를 실행한다.

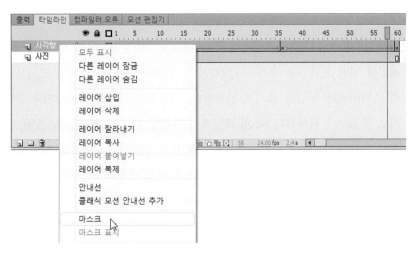

그림 5-1-81 마스크 적용

06. 마스크가 적용된 결과는 그림 5-1-82와 같다. 애니메이션을 재생하면 사각형이 위치한 영역에서만 코알라의 모습이 화면에 나타난다. 결과에서 유추할 수 있듯이 마스크는 상위 레이어를 통해 하위 레이어의 일부 영역을 숨기는 역할을 수행한다.

그림 5-1-82 마스크 적용 결과

❽ 심화 학습

01. 5.1.2절에서 제작한 고추동자에 움직임을 만들어보자.

02. 부록 파일의 [5장\03.animation\심화-나비애니.swf] 파일을 참조하여 5.1.2절의 심화학습에서 제작한 나비에 움직임을 추가한다.

03. 부록 파일의 [5장\03.animation\심화-스크롤마스크.swf] 파일을 참조하여 유사한 애니메이션을 제작한다.

04. 스토리를 갖는 10초 길이의 애니메이션을 제작한다.

02 블렌더를 사용한 3D 애니메이션 제작

1) 블렌더 기초 사용법

❶ 소개 및 설치

블렌더blender는 3차원 애니메이션이나 게임을 제작하기 위한 도구이다. 오픈 소스 프로젝트이며 무료로 사용할 수 있다. 블렌더는 1994년 8월에 처음으로 소개되었다. 현재 블렌더는 3DS Max, Maya 등과 더불어서 3D 모델링modeling, 렌더링rendering, 애니메이션, 조명 효과lighting 등을 위한 가장 사용 빈도가 높은 소프트웨어이다.

블렌더 공식 사이트(http://www.blender.org/download/)에서 사용하는 운영체제를 확인하여 다운로드하여 설치한다. 설치하는 과정에는 특별히 주의할 점이 없으니 계속 Next 버튼을 선택하여 설치를 완료한다. 그림 5-2-1은 설치 과정의 화면이다.

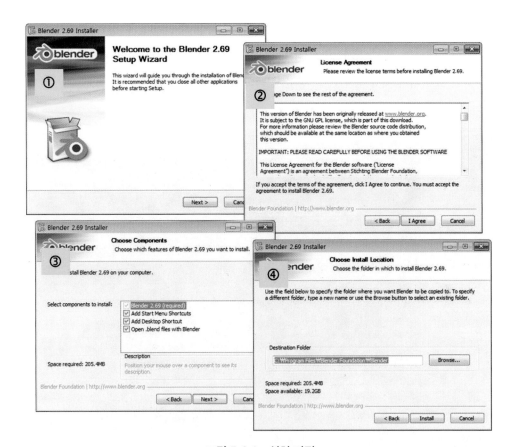

그림 5-2-1 설치 과정

이번 실습에서는 블렌더의 기초 사용법과 간단한 3차원 애니메이션 제작 과정을 살펴본다. 3차원 애니메이션은 모델링modeling, 렌더링rendering, 애니메이션animation의 세 단계를 통해 제작할 수 있다. 블렌더를 사용해서 이들 단계를 수행하는 방법에 대해 살펴본다.

그림 5-2-2는 설치를 완료한 후에 블렌더를 실행한 화면이다. 이전 버전에서는 블렌더를 실행하면 작업 창과 콘솔 창이 함께 표시되었다. 그러나 2.6× 버전에서는 작업 창만 표시되며 메뉴에서 콘솔 창을 선택하여 사용할 수 있다.

그림 5-2-2 초기 실행 화면

❷ 사용자 인터페이스

블렌더의 작업 공간은 다양한 기능의 윈도우로 구성된다. 초기화면에는 그림 5-2-3과 같이 3D View 윈도우, Info 윈도우, Timeline 윈도우, Outliner 윈도우, Properties 윈도우 등이 존재한다. 익숙하지 않은 초기 사용에서는 블렌더의 사용자 인터페이스를 상당히 복잡하게 생각될 수 있다. 그러나 조금씩 기능을 익혀 가면 쉽게 친숙해질 수 있다. 일반 어플리케이션과는 달리 블렌더는 마우스의 왼쪽 버튼뿐만 아니라 오른쪽 버튼과 가운데 휠 버튼을 자주 활용한다. 또한 키보드 단축키를 높은 빈도로 활용한다. 따라서 이들의 기능을 구분해서 기억해야 한다. 마우스 버튼의 역할과 단축키의 종류는 조금 후에 설명할 것이다.

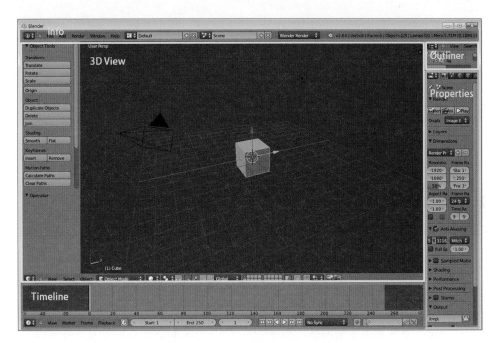

그림 5-2-3 사용자 인터페이스 구성

01. 각 윈도우는 헤더와 작업(설정) 영역으로 구분된다. 그림 5-2-4는 3D View 윈도우의 헤더와 작업 영역을 구분하여 표시한 그림이다. 블렌더 작업 공간의 가장 넓은 영역을 차지하는 것이 3D View 윈도우이다. 이 윈도우의 하단에는 몇 가지 메뉴와 버튼을 포함하는 헤더가 위치하고 그 위쪽에 작업 영역이 존재한다.

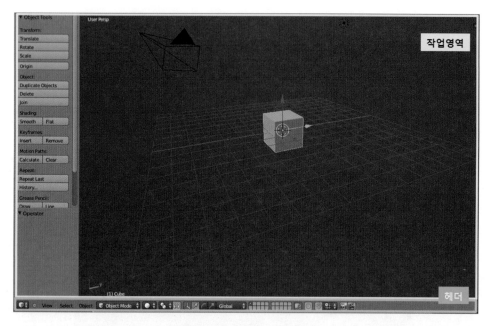

그림 5-2-4   3D View 윈도우

02. 다른 윈도우와는 다르게 화면의 최상단에 위치하는 Info 윈도우는 헤더만 존재한다. 작업 영역을 표시하기 위해서는 그림 5-2-5와 같이 Info 윈도우의 하단 경계지점에 마우스를 위치시키면 커서 모양이 변경되는 것을 볼 수 있다. 이 상태에서 마우스를 아래쪽 방향으로 드래그하면 상단에 작업 영역이 표시된다. Info 윈도우의 헤더는 메인 메뉴에 해당하는 메뉴들을 포함한다. Info 윈도우의 하단 경계지점에서 위쪽 방향으로 마우스를 드래그하면 작업 영역을 숨길 수 있다.

그림 5-2-5   Info 윈도우의 작업 영역 보기

03. 헤더는 각 영역의 역할에 부합하는 메뉴와 도구 버튼들을 포함한다. 다만, 화면 오른쪽의 Properties 윈도우 ▦▮▾ 는 상단에 탭이 위치하고 하단에는 각 탭에서 제공하는 기능들이 위치한다. 모든 헤더의 가장 왼쪽에는 편집 유형^{editor type}을 지정할 수 있는 아이콘이 위치한다. 그림 5-2-6과 같이 이 아이콘을 클릭하여 16가지 유형 중에서 한 가지를 선택하면 해당 윈도우의 기능을 변경할 수 있다. 각 윈도우의 역할은 뒤에서 살펴본다.

그림 5-2-6 헤더의 편집 유형 아이콘

먼저 윈도우를 병합하고 분할하는 과정에 대해 살펴보자. 그리고 시점을 이동하거나 변경하는 방법 그리고 레이어 사용 방법에 대해 살펴본다.

윈도우 분할 및 병합

각 윈도우는 여러 개의 윈도우로 분할이 가능하다. 3D View 윈도우를 분할하기 위해서는 그림 5-2-7과 같이 3D View 윈도우와 인접한 윈도우의 경계에서 마우스 오른쪽 버튼을 클릭하여 나타나는 팝업 메뉴에서 [Split Area] 메뉴를 선택한다.

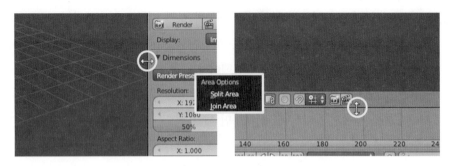

그림 5-2-7 윈도우 분할 과정

01. 메뉴를 선택한 후에 마우스를 이동하면 3D View 윈도우를 분할할 지점을 구분하는 선이 표시된다. 이때 원하는 지점에서 마우스 왼쪽 버튼을 클릭하여 분할을 결정한다. 마우스 왼쪽 버튼 대신에 오른쪽 버튼을 클릭하면 작업을 취소할 수 있다. 하단에 인접한 Timeline 윈도우와의 경계에서 윈도우 분할을 수행하면 수직 방향, 오른쪽의 Properties 또는 Outliner 윈도우와의 경계에서 윈도우 분할을 수행하면 수평 방향으로 윈도우를 분할할 수 있다. 그림 5-2-8은 3D View 윈도우를 수평 방향으로 두 개의 윈도우로 분할한 결과이다.

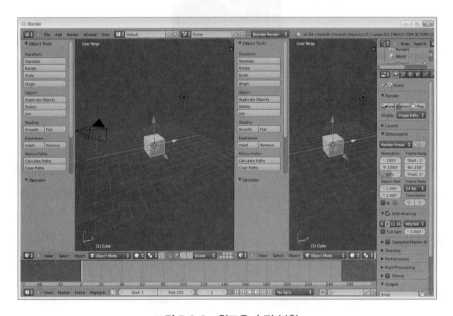

그림 5-2-8 윈도우 수평 분할

02. 두 개의 윈도우를 하나의 윈도우로 병합하고자 할 때는 그림 5-2-9와 같이 분할 윈도우의 경계에서 마우스 오른쪽 버튼을 클릭하여 나타나는 팝업 메뉴에서 [Join Area] 메뉴를 선택한다.

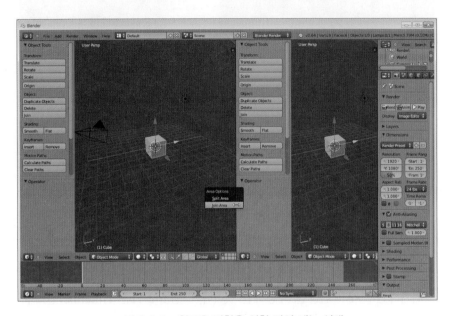

그림 5-2-9 윈도우 병합을 위한 팝업 메뉴 선택

03. 이때 마우스를 윈도우 내부로 이동하면 병합 방향을 나타내는 화살표가 크게 표시된다. 마우스 왼쪽 버튼을 클릭하면 해당 방향으로 윈도우가 병합되어 병합한 윈도우만 남고 병합된 윈도우는 화면에서 사라진다. 예를 들어, 그림 5-2-10과 같이 왼쪽의 윈도우 내부에 마우스를 위치한 경우 왼쪽 윈도우 상에 왼쪽 방향의 화살표가 표시된다. 이때 마우스 왼쪽 버튼을 클릭하면 두 개의 윈도우가 합쳐지며 오른쪽 윈도우는 화면에 남고 왼쪽 윈도우는 사라진다.

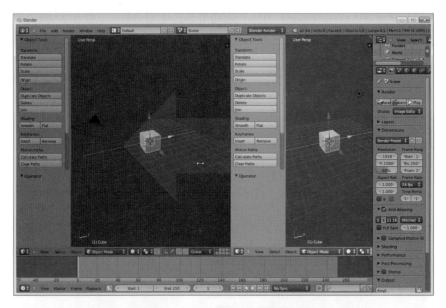

그림 5-2-10 윈도우 병합 방향 선택

04. 윈도우를 분할 및 병합하는 또 다른 방법은 윈도우의 좌측 하단과 우측 상단에
위치하는 드래그 핸들을 사용하는 것이다. 그림 5-2-11은 Timeline 윈도우의 드
래그 핸들을 표시하고 있다. 각 핸들을 드래그하면 기존 윈도우를 분할하거나 인
접한 윈도우와 병합할 수 있다. 윈도우의 위치에 따라 드래그 방향에 따른 분할
및 병합 동작이 다르게 나타나므로 직접 확인해보자.

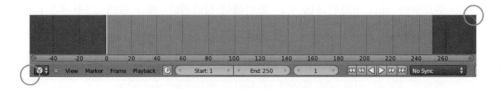

그림 5-2-11 윈도우 드래그 핸들

05. 윈도우 간의 경계에 마우스를 위치하면 마우스 커서 모양은 수평 또는 수직 방
향의 양방향 화살표로 나타난다. 이때 마우스를 해당 방향으로 드래그하면 인접
한 윈도우의 크기를 변경할 수 있다. 예를 들어, 왼쪽 방향으로 드래그하면 왼쪽

왼도우의 크기는 줄어들고 오른쪽 윈도우의 크기는 늘어난다.

윈도우의 배치를 초기 상태로 변경하고자 하면 Info 윈도우 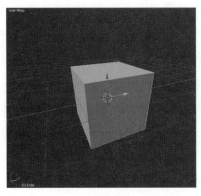 의 [File 〉 Load Factory Settings] 메뉴를 선택한다. 변경한 윈도우의 배치 상태를 최초 상태로 복원되는 것을 확인할 수 있다.

시점 이동 및 변경

블렌더에서 모델링한 객체들은 3차원 공간에 위치한다. 3차원은 x, y, z축의 세 개의 축으로 구성된다. 따라서 3차원 객체는 다양한 방향에서 바라볼 수 있으며 보는 방향에 따라 모습이 다르게 나타난다. 이번에는 블렌더에서 객체를 바라보는 시점을 이동하고 변경하는 방법을 살펴본다.

기본적으로 시점은 3D View 윈도우의 헤더에 위치한 [View] 메뉴를 사용해 변경할 수 있다. 객체를 바라보는 시점을 왼쪽^{left}, 오른쪽^{right}, 앞^{front}, 뒤^{back}, 위^{top}, 아래 ^{bottom} 등의 다양한 방향으로 변경할 수 있다.

01. 시점의 변경은 메뉴뿐만 아니라 키보드의 숫자 패드$^{number\ pad}$를 사용할 수 있다. 메뉴에 표시된 단축키를 참고하자. 예를 들어 시점을 앞쪽으로 지정할 때는 [View 〉 Front] 메뉴를 사용할 수 있고 단축키로 숫자 패드의 '1'을 사용할 수 있다. 그림 5-2-12는 상자를 카메라 시점과 위쪽에서 바라본 모습을 나타낸다.

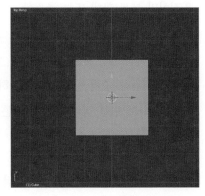

(a) 카메라　　　　　　　　　　　　　(b) 위

그림 5-2-12　시점 변경

02. 시점 변경을 위한 숫자 패드의 역할을 정리하여 살펴보면 그림 5-2-13과 같다. 이때 Ctrl키와 함께 사용하면 시점을 반대편으로 변경할 수 있다. 예를 들어, Ctrl + 1은 뒤편에서 바라보는 시점을 제공한다.

그림 5-2-13   시점 변경을 위한 키

03. 블렌더에서 물체를 바라보는 방법에는 원근 뷰와 직교 뷰가 존재한다. 원근 뷰^{perspective view}는 원근법이 적용되어 동일한 길이라고 하더라도 관측자와의 거리에 따라 길이가 다르게 보이는 관측 방법이다. 인간이 가지는 일반적인 시각에 해당한다. 직교 뷰^{orthographic view}는 관측자와의 거리는 상관없이 동일한 길이는 항상 동일하게 표시하는 관측 방법이다. [View › View Persp/Ortho] 메뉴에서 이 두 가지 모드를 상호 변환할 수 있다.

뷰를 확대하거나 축소하기 위해서는 마우스의 휠을 사용한다. 휠을 위·아래로 움직이면 뷰를 확대 또는 축소할 수 있다. 휠 버튼을 누른 상태에서 마우스를 움직이면 뷰를 회전할 수 있다. 마우스가 움직이는 방향에 따라 x, y, z 축 방향으로 뷰는 회전된다. Shift 키를 누른 상태에서 휠을 누르고 마우스를 움직이면 카메라의 시점을 수평 방향으로 이동하는 패닝^{panning} 효과를 확인할 수 있다. 그리고 Ctrl 키를 누른 상태에서 휠 버튼을 누르고 마우스를 움직이면 뷰를 좌측 및 우측으로 이동할 수 있다.

04. 뷰를 회전할 때는 뷰의 중심인 원점을 기준으로 한다. 만약 선택한 객체를 기준으로 회전하고 싶다면 Info 윈도우( )의 [File › User Preferences...] (Ctrl + Alt + U) 메뉴를 선택한다. 그리고 그림 5-2-14와 같이 [interface] 탭의 [Rotate Around Selection] 항목을 체크한다.

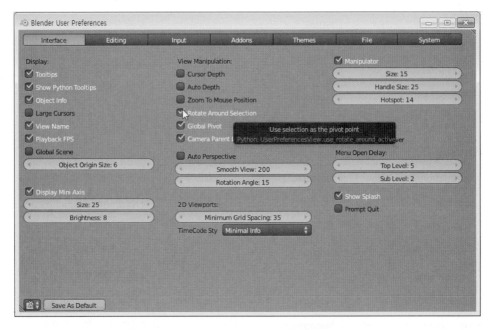

그림 5-2-14 User Preferences 대화상자

05. 숫자 패드의 각 키의 역할을 다시 정리하면 표 5-2-1과 같다. 숫자 패드의 키 역
할은 대부분 3D View 윈도우()의 헤더에 위치한 [View] 메뉴에 대응한다.
현재의 시점은 3D View 윈도우의 작업 영역 왼쪽 상단에 표시된다.

표 5-2-1 숫자 패드의 기능

명령	단축키	제어키	설명
Front	Numpad 1		정면에서 보는 장면
Back	Numpad 1	Ctrl	후면에서 보는 장면
Right	Numpad 3		오른쪽 위치에서 보는 장면
Left	Numpad 3	Ctrl	왼쪽 위치에서 보는 장면
Top	Numpad 7		위쪽 위치에서 보는 장면
Bottom	Numpad 7	Ctrl	아래쪽 위치에서 보는 장면
Camera	Numpad 0		카메라 위치에서 보는 장면
View Persp/Ortho	Numpad 5		원근 보기와 직교 보기의 전환

View All	HOME		모든 오브젝트 보기
View Selected	Numpad .		선택 오브젝트를 확대하여 보기
View Global/Local	Numpad /		선택 오브젝트만을 보기 (local)
Navigation/Zoom In	Numpad +		장면 확대
Navigation/Zoom Out	Numpad -		장면 축소
Navigation/Orbit Down	Numpad 2		시점을 아래쪽으로 회전
Navigation/Pan Down	Numpad 2	Ctrl	시점을 아래쪽으로 이동
Navigation/Orbit Up	Numpad 8		시점을 위쪽으로 회전
Navigation/Pan Up	Numpad 8	Ctrl	시점을 위쪽으로 이동
Navigation/Orbit Left	Numpad 4		시점을 왼쪽으로 회전
Navigation/Pan Left	Numpad 4	Ctrl	시점을 왼쪽으로 이동
Navigation/Orbit Right	Numpad 6		시점을 오른쪽으로 회전
Navigation/Pan Right	Numpad 6	Ctrl	시점을 오른쪽으로 이동

객체 선택

블렌더는 마우스 왼쪽 버튼뿐만 아니라 오른쪽 버튼과 휠 버튼을 자주 활용한다. 다른 응용 프로그램에서는 영역을 선택하기 위해 마우스 왼쪽 버튼을 사용하는 것이 일반적이다. 그러나 블렌더에서는 객체 선택을 위해 마우스 오른쪽 버튼을 사용한다. 객체 선택은 편집이나 수정 작업을 위한 기본 단계이므로 객체를 선택하기 위해 마우스 오른쪽 버튼을 사용하는 것을 혼동하지 않아야 한다.

레이어

그래픽 소프트웨어에서 레이어layer는 일반적으로 투명한 종이를 의미한다. 그러나 블렌더에서의 레이어는 그룹이란 의미에 더 가깝다. 객체들을 묶어서 레이어 단위로 관리할 수 있도록 한다. 블렌더에서의 레이어는 중첩 순서가 존재하지 않는다.

'Object Mode'를 선택한 상태에서 3D View 윈도우 의 헤더에는 그림 5-2-15 (a)와 같이 두 개의 5 × 2 격자 모양으로 레이어가 표시된다. 현재 화면에 출력되어 있는 레이어는 쉽게 구분할 수 있다. 사용할 수 있는 레이어는 20개이다.

마우스 왼쪽 버튼으로 격자를 클릭하면 해당 레이어를 활성화할 수 있다. 또한 레이어는 다음과 같이 숫자 또는 Alt + 숫자를 단축키로 사용하여 활성화할 수 있다. 예를 들어, 기본 레이어는 숫자 '1'을 누르면 활성화된다. Shift 키를 누른 상태에서 마우스로 2개 이상의 격자를 클릭하거나 단축키를 입력하면 다중 레이어를 동시에 활성화할 수 있다.

1	2	3	4	5		6	7	8	9	0
ALT+1	ALT+2	ALT+3	ALT+4	ALT+5		ALT+6	ALT+7	ALT+8	ALT+9	ALT+0

객체를 포함하는 레이어를 변경하는 방법에 대해 살펴보자. 객체를 선택한 후 키보드의 M 키를 누르면 그림 5-2-12 (b)와 같이 이동할 레이어를 선택할 수 있는 상자가 나타난다. 마우스 왼쪽 버튼으로 이동하고자 하는 레이어를 클릭하면 해당 레이어로 객체는 이동된다. 마우스를 움직이면 레이어 상자는 사라진다.

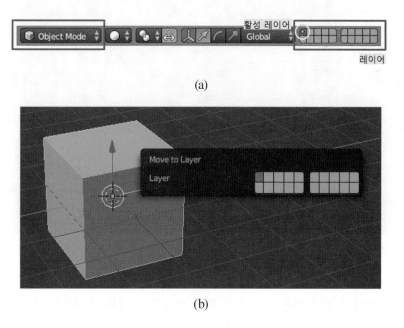

(a)

(b)

그림 5-2-15 레이어

❸ 객체의 위치, 회전, 크기 변환

이번에는 객체를 이동, 회전, 크기 변경하는 방법에 대해 살펴보자. 3D View 윈
도우 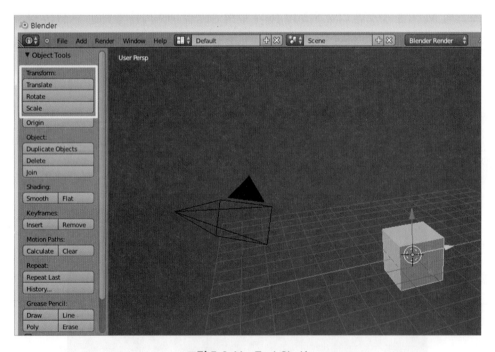의 왼쪽에는 Tool Shelf^{도구 선반}가 위치한다. 만약 이 도구가 없다면 3D View
윈도우 헤더의 [View > Tool Shelf] 메뉴를 선택한다. 간단히 단축키 T를 눌러 표시할
수도 있다. 그림 5-2-16과 같이 Tool Shelf의 상단 위치에서 Translate^{이동}, Rotate^{회전},
Scale^{크기 변경}을 위한 버튼들을 볼 수 있다. 버튼의 이름에서 쉽게 알 수 있듯이 객체
를 이동, 회전, 크기 변경할 수 있는 기능이다. 객체를 선택한 후 변환 버튼 중의 하
나를 마우스 왼쪽 버튼으로 클릭한 후 마우스를 움직이면 해당 기능이 바로 적용된
다. 객체의 선택은 앞에서 설명한 것과 같이 마우스의 왼쪽 버튼이 아닌 오른쪽 버튼
을 사용한다.

그림 5-2-16　Tool Shelf

Tool Shelf의 변환 버튼을 마우스 왼쪽 버튼으로 더블 클릭하면 그림 5-2-17과
같이 Tool Shelf의 아래쪽에 값을 입력할 수 있는 옵션 항목들이 표시된다. 따라서

이동, 회전, 크기 변경을 위한 수치 값을 직접 입력하여 조금 더 정확하게 객체의 변환을 처리할 수 있다.

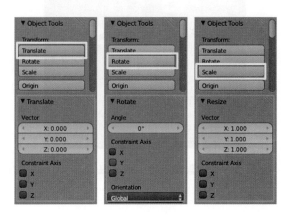

그림 5-2-17 변환 기능별 옵션

단축키를 사용하여 객체의 이동, 회전 및 크기 변경 기능을 선택할 수 있다. 이들 기능에 대한 단축키는 순서대로 G, R, S이다. 객체에 대한 변환 결과를 최종적으로 적용하려면 마우스 왼쪽 버튼을 클릭하고 변환 작업을 취소하려면 마우스 오른쪽 버튼을 클릭한다. 마우스 오른쪽 버튼으로 객체를 드래그하면 객체의 위치를 이동할 수 있다.

단축키를 사용하는 경우 '단축키, 방향, 값'을 순서대로 입력해서 변환 작업을 수행할 수 있다. 예를 들어, 객체 이동의 경우 'G x 2'의 순서대로 입력한 후 Enter 키를 누르면 객체를 x축 방향으로 2만큼 이동할 수 있다. 각 축의 방향은 그림 5-2-18과 같다. 빨간 선은 x축, 초록 선은 y축, 파란 선은 z축에 해당한다. RGB는 빛의 삼원색인데 순서대로 x, y, z축에 대응한다.

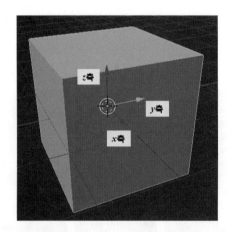

그림 5-2-18   3D 좌표 축

❹ 객체 편집

3DS Max나 마야[Maya]와는 다르게 블렌더는 바로 메시[mesh]를 사용하여 객체를 모델링할 수 없다. 육면체[cube], 구[UV sphere], 원뿔[cone] 등의 기본 프리미티브[primitive] 객체를 그린 후 편집을 통해 필요한 객체를 생성해야 한다. 지금까지 봤던 것처럼 블렌더를 실행하면 육면체[cube] 객체가 화면의 중앙에 위치한다. 그럼 이 육면체를 사용하여 기초적인 편집 과정에 대해 살펴본다.

01. 마우스 오른쪽 버튼🖱을 눌러 육면체[cube] 객체를 선택한다. 3D View 윈도우🔲의 헤더에서 그림 5-2-19와 같이 오브젝트 상호 작용 모드[object interaction mode]를 'Object Mode'에서 'Edit Mode'로 변경한다. 오브젝트 상호 작용 모드를 선택하기 위한 단축키는 Tab을 사용한다.

그림 5-2-19   오브젝트 상호작용 모드 변경

02. 'Edit Mode' 상태에서 3D View 윈도우의 헤더에서 그림 5-2-20과 같이 객체 선택 모드를 'Face select^면 선택'으로 지정한다. 선택 단위는 점^vertex, 선^edge, 면^face이 가능하다. 마우스 오른쪽 버튼🖱을 눌러 육면체^cube의 앞면을 선택한 후 단축키 E를 눌러 Extrude 기능을 수행한다. 마우스를 이동하여 돌출 정도를 조정할 수 있다. 최종적으로 마우스 왼쪽 버튼🖱을 눌러 적용한다. 그런데 이때 마우스 오른쪽 버튼🖱을 누르면 작업이 취소되는 것은 아니고 새로운 메시^mesh가 추가된다. 뒤에서 차이를 확인할 것이다. Extrude 기능을 사용하여 점, 선, 면을 돌출하게 만들 수 있다. 수행 결과는 그림 5-2-21과 같다.

그림 5-2-20   오브젝트 상호작용 모드 변경

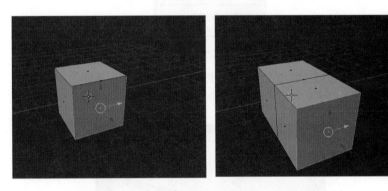

그림 5-2-21   면(face) 선택(좌)과 Extrude 수행 결과(우)

03. 그림 5-2-22와 같이 이번에는 뒷면을 제외한 전상좌우의 4개 면을 동시에 선택한다. 'Face select^면 선택' 모드에서 Shift 키를 누른 상태로 객체의 면을 차례로 클릭하면 기존 선택에 추가해서 면을 선택할 수 있다. 그림 5-2-23과 같이 [**Tool Shelf**]의 [**Extrude Individual**] 기능을 수행한다. [**Extrude Region**]은 조금 전에 수행했던 기능으로 선택 영역을 한 단위로 처리하지만 [**Extrude Individual**]은 각 면을 독립적인 단위로 처리한다. 처리 결과는 그림 5-2-22와 같다. 영역을 선택

한 후 단축키 Alt + E를 누르면 그림 5-2-24와 같이 팝업메뉴에서 'Region'이나 'Individual Faces'를 선택할 수 있다.

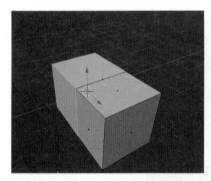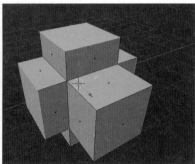

그림 5-2-22   4개의 면(face) 선택(좌)과 'Extrude Individual' 수행 결과(우)

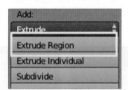

그림 5-2-23   Tool Shelf의 Extrude 관련 기능 버튼

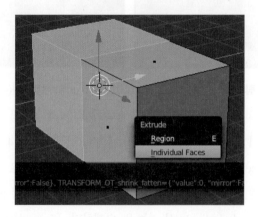

그림 5-2-24   Extrude 기능별 선택을 위한 팝업 메뉴

04. 그림 5-2-25의 왼쪽 그림과 같이 면을 선택한 후 단축키 E를 눌러 Extrude를 실행한 후 마우스를 이동하지 말고 바로 마우스 왼쪽 버튼🖱을 눌러 작업을 종료한다. 결과는 그림 5-2-25의 오른쪽 그림과 같다. 노란색 동그라미로 구분한 것과 같이 새로운 점이 나타나는데 새로운 면이 추가되었음을 의미한다.

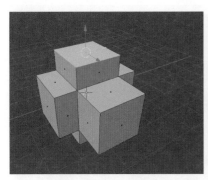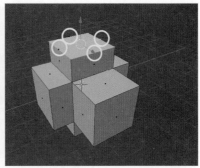

그림 5-2-25 Extrude 전과 후의 비교

05. 면이 선택된 상태에서 단축키 S를 눌러 Scale 기능을 수행하여 그림 5-2-26의 왼쪽 그림과 같이 모양을 변경한다. 이전 단계에서 새로운 면을 추가하였기 때문에 가능한 결과이다. 크기를 변경한 후 내부 면에 대해 Extrude를 수행하면 그림 5-2-26의 오른쪽의 결과를 생성할 수 있다.

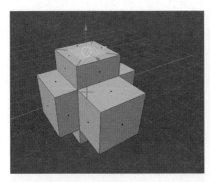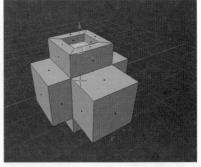

그림 5-2-26 Scale 적용(좌) 및 Extrude 재적용(우)

06. 이제 그림 5-2-27과 같이 윈도우를 분할한 후 왼쪽 윈도우는 Front^{정면} 뷰, 오른 쪽 윈도우는 Right^{오른쪽} 뷰를 선택한다. 각각 숫자 패드 1과 3을 사용한다. 그리 고 Perspective^{원근} 뷰를 Orthogonal^{직각} 뷰로 전환한다. 숫자 패드의 5를 사용 한다.

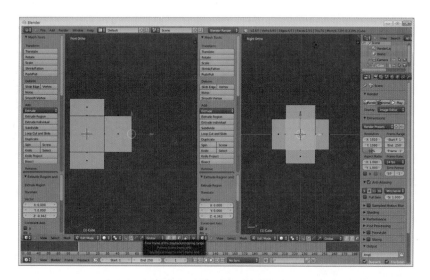

그림 5-2-27　윈도우 설정

07. Right 뷰에서 그림 5-2-28의 왼쪽 그림과 같이 면을 선택한 후 Front 뷰에서 단 축키 R을 눌러 그림 5-2-28의 오른쪽 그림과 같이 회전을 수행한다.

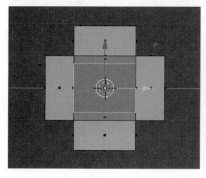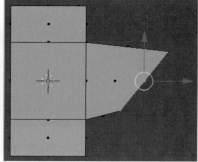

그림 5-2-28　회전 결과 확인

08. 다른 각도에서 살펴보면 그림 5-2-29와 같은 모양으로 변형된 것을 확인할 수 있다.

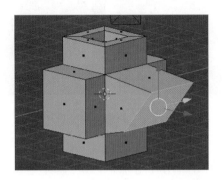

그림 5-2-29 다른 각도에서의 회전 결과 확인

09. Front 뷰에서 Extrude와 Rotate 기능을 반복해서 적용하여 그림 5-2-30의 왼쪽 그림과 같이 제작한다. 다른 각도에서 확인하면 그림 5-2-30의 오른쪽 그림과 같다.

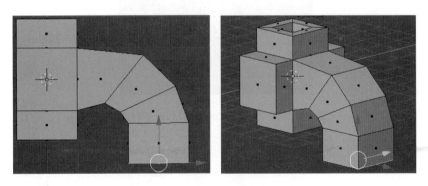

그림 5-2-30 면에 대한 연속 작업의 결과

10. 'Edge select^{에지 선택}' 모드 █에서 그림 5-2-31의 왼쪽 그림과 같이 에지^{edge}를 선택한 후 단축키 Ctrl + R을 눌러 [Loop Cut and Slide] 기능을 수행한다. Tool Shelf에서 이 기능을 선택할 수도 있다. 'Loop Cut and Slide' 기능을 선택한 후 마우스를 이동하면 그림 5-2-31의 오른쪽 그림과 같이 에지가 추가된다.

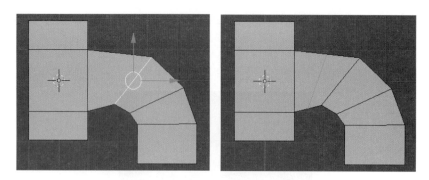

그림 5-2-31   Loop Cut and Slide

11. 그림 5-2-31의 오른쪽 그림의 상태에서 마우스의 휠을 움직여 선의 개수를 2개로 증가시킨 후 마우스 왼쪽 버튼🖰을 눌러 개수를 확정한 후 다시 한 번 마우스 왼쪽 버튼🖰을 눌러 위치를 확정한다. 결과는 그림 5-2-32와 같다.

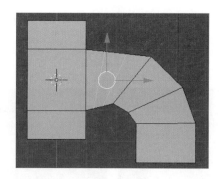

그림 5-2-32   Loop Cut and Slide 적용 결과

12. 그림 5-2-33과 같이 'Edge select^{에지 선택}' 모드🔲에서 그림 5-2-33의 왼쪽 그림과 같이 에지를 선택한 후 Alt키를 누른 상태에서 다시 한 번 선을 클릭하여 그림 5-2-33의 오른쪽 그림과 같이 연결된 루프를 모두 선택할 수 있다. 이 기능은 3D View 윈도우 🔲 메뉴의 [Select 〉 Edge Loop]를 선택한 것과 동일하다.

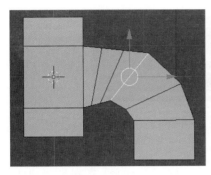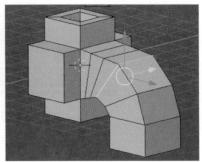

그림 5-2-33 단일 선의 선택(좌) 및 선(에지) 루프의 선택(우)

13. Translate, Scale, Rotate 기능(단축키는 순서대로 G, S, R)을 사용하여 선택한 에지 루프의 모양을 수정하고 나머지 에지 루프에 대해서도 그림 5-2-34와 같이 수정한다. 필요에 따라 'Loop Cut and Slide' 기능(Ctrl + R)을 사용하여 에지 루프를 추가한다.

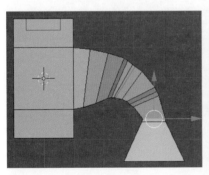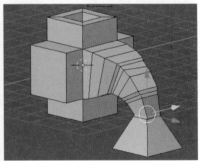

그림 5-2-34 에지 루프의 변환

14. 그림 5-2-35와 같이 화면 오른쪽의 Properties 윈도우 ![icon]의 헤더에서 Modifiers 버튼 ![icon]을 선택한 후 [**Add Modifier**] 버튼을 클릭한다.

그림 5-2-35 Modifiers

15. 그림 5-2-36의 메뉴에서 'Subdivision Surface'를 선택한 후 항목 중에서 'View'를 3으로 증가시킨다. 결과적으로 그림 5-2-37과 같이 객체를 조금 더 부드러운 형태로 표현할 수 있다. Tab 키를 눌러 'Object Mode'로 변환한 후에 Tool Shelf의 [Smooth] 버튼을 클릭하면 5-2-37의 오른쪽 그림과 같이 조금 더 부드럽게 표현할 수 있다.

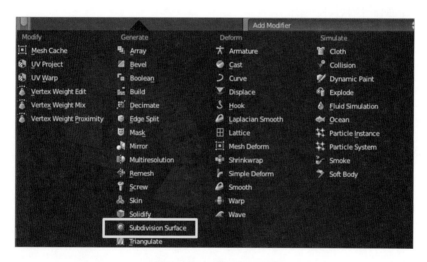

그림 5-2-36 Modifier 선택

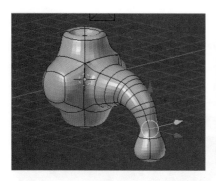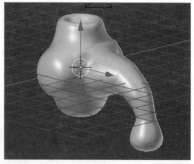

그림 5-2-37   Subdivision Surface 적용 결과

2) 재질 입히기

❶ UV 매핑

3차원 객체에 2차원 질감^{texture}을 입히는 과정을 UV 매핑^{mapping}이라고 한다. UV 매핑을 위해서는 3차원 객체를 2차원으로 전개하는 과정이 필요하다. 예를 들어, 육면체의 경우 그림 5-2-38과 같이 해체하여 전개도를 그릴 수 있다.

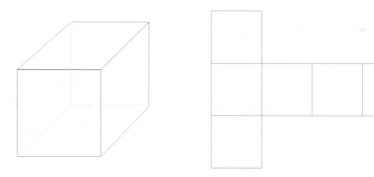

그림 5-2-38   육면체(좌)와 전개도(우)

이와 같이 3차원 객체를 2차원으로 해체하면 2차원 영상이나 질감 등의 패턴을 사용하여 전개도 내부를 칠하여 3차원 객체의 표면에 재질을 입힐 수 있다. 3차원 객체를 해체하면 2차원이 된다. 이 2차원 좌표계는 U와 V를 좌표축으로 하는데 이 좌표 공간을 텍스쳐 공간^{texture space}이라고 한다.

01. 그럼 블렌더의 육면체^cube 객체를 사용하여 UV 매핑을 실습해보자. Info 윈도우 ⓘ의 메뉴에서 그림 5-2-39와 같이 스크린 레이아웃^screen lay-out을 UV Editing으로 변경한다.

그림 5-2-39 UV Editing 레이아웃 선택

02. 윈도우가 분할되면서 좌측에 텍스쳐 공간이 나타난다. 우측 윈도우에서 객체 상호 작용 모드^object interaction mode를 'Object Mode'에서 'Edit Mode'로 전환한다. 단축키는 Tab이다. 'Edge select^에지 선택' 모드 📵에서 그림 5-2-40의 왼쪽 그림과 같이 육면체^cube 객체의 상단 면의 선들을 모두 선택한다. Shift 키를 사용하여 다중 선택하는 것이 가능하다. 또는 단축키 B를 누르면 'Border Select' 기능을 사용하여 그림 5-2-40의 오른쪽 그림처럼 사각 범위를 지정하여 선들을 다중 선택할 수 있다.

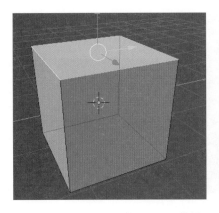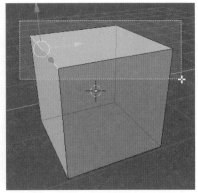

그림 5-2-40 선분 선택 결과(좌) 및 Border Select 기능(우)

03. 단축키 Ctrl + E를 누르면 그림 5-2-41의 왼쪽 그림처럼 팝업 메뉴가 나타나는
데 [Mark Seam] 메뉴를 실행하여 객체의 경계를 분리한다. 결과는 그림 5-2-41
의 오른쪽 그림과 같다. 분리된 경계는 빨간 선으로 구분되어 표시된다.

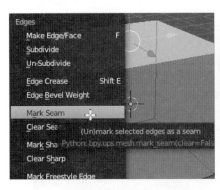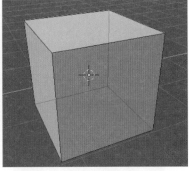

그림 5-2-41 Mark Seam 기능 실행(좌) 및 실행 결과(우)

04. 비슷한 방법으로 Cube의 하단 면의 4개 선과 옆면의 에지 중에서 1개의 선을 선
택한 후 [Mark Seam] 기능을 수행한다. 결과는 그림 5-2-42의 왼쪽 그림과 같
다. [Mark Seam] 기능은 그림 5-2-42의 오른쪽 그림과 같이 Tool Shelf에서도
실행 가능하다.

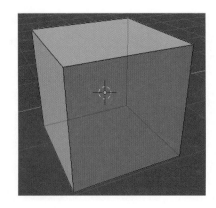

그림 5-2-42 오브젝트 경계 분리 결과(좌) 및 Tool Shelf의 Mark Seam 버튼(우)

05. 단축키 A를 눌러 모든 mesh를 선택한 후 단축키 U를 누른다. 그림 5-2-43의 왼쪽 그림과 같이 팝업 메뉴에서 [Unwrap] 메뉴를 실행하면 그림 5-2-43의 오른쪽 그림처럼 화면의 오른쪽 윈도우의 텍스쳐 공간에 2차원으로 펼쳐진 그림이 나타난다. [Unwrap] 기능은 그림 5-2-42의 오른쪽 그림처럼 Tool Shelf에서 실행할 수 있다.

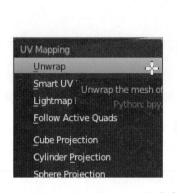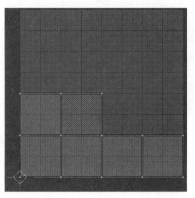

그림 5-2-43 Unwrap 기능(좌) 및 텍스쳐 공간의 전개 결과 그림(우)

06. 3D View 윈도우 에서 선택한 면이 있는 경우에만 텍스쳐 공간에 전개도가 표시된다. 선택한 면이 하나도 없는 경우에는 텍스쳐 공간에 표시되는 내용은 없다. 그림 5-2-44와 같이 화면 왼쪽의 UV/Image Editor 윈도우 의 헤더에서

'Sync'🔲 기능을 활성화하면 3D View 윈도우에서의 면 선택 여부와 관계없이 텍스쳐 공간에 객체의 전개도 그림이 나타난다. 전개도 그림에서 마우스 왼쪽 버튼🖐을 사용하여 항목을 선택하면 3D View 윈도우에서 대응하는 항목이 선택된다. 선택 단위(점, 선, 면)는 UV/Image Editor 윈도우🔳의 헤더에서 결정한다. 'Sync'🔲 기능을 활성화한 경우에만 선택 단위를 변경할 수 있다.

❷ 텍스쳐 칠하기

UV 텍스쳐는 객체의 표면에 입히는 질감이다. 블렌더는 내장 그리기 기능을 사용하거나 외부 영상 편집 소프트웨어를 사용하여 UV 텍스쳐를 생성할 수 있다. 이번 실습에서는 내장 그리기 기능을 살펴본다.

이전 단계에서 육면체^{cube} 객체를 전개하여 UV 맵을 생성하였다. 앞에서 활성화한 'Sync'🔲 기능을 비활성화한 후 3D View 윈도우🔳에서 객체의 모든 면을 선택한다. 단축키 'A'를 누르면 모든 면을 쉽게 선택할 수 있다. 선택 항목에 대해서는 UV/Image Editor 윈도우🔳에서 전개도를 볼 수 있다.

01. UV/Image Editor 윈도우🔳의 헤더에서 그림 5-2-44의 왼쪽 그림처럼 새로운 영상을 생성하기 위한 [New] 버튼을 선택한다. 그런 후 그림 5-2-44의 오른쪽 그림처럼 'Generate Type'에서 'UV Grid'를 선택하고 Name은 'Cube_Test'로 지정한 후 'OK' 버튼을 눌러 영상을 생성한다.

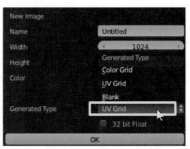

그림 5-2-44 UV 텍스트를 위한 새로운 영상 만들기

02. UV 맵은 그림 5-2-45의 왼쪽 그림과 같이 표시된다. 3D View 윈도우  에서 단축키 N을 눌러 Properties^{속성} 패널을 표시한다. 3D View 윈도우 의 메뉴 중에서 [View 〉 Properties]를 선택하는 것과 동일하다. 'Shading' 카테고리에 포함된 항목을 표시하기 위해 영역을 펼친 후에 'Textured Solid' 체크 박스를 선택하면 그림 5-2-45의 오른쪽 그림처럼 육면체의 표면에 질감이 표시된다. 화면 상에 체스보드 모양의 질감이 나타나는 것일 뿐이고 객체에 텍스처가 적용된 것은 아니다.

그림 5-2-45. 연결할 영상의 지정(좌) 및 적용 결과(우)

03. 육면체 표면에 입힐 텍스처를 생성해보자. UV/Image Editor 윈도우 의 헤더에서 그림 5-2-46의 왼쪽 그림과 같이 'Paint' 기능을 선택한다. 그리고 UV/ Image Editor 윈도우 의 왼쪽에 위치한 UV Editor Properties 패널에서 그림 5-2-46의 오른쪽 그림처럼 'Blank'를 선택한다. 그러면 이전과 같이 육면체 전개도의 윤곽을 다시 뚜렷하게 구분할 수 있다.

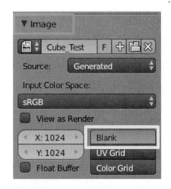

그림 5-2-46 **텍스쳐 영상 생성**

04. 그림 5-2-47과 같이 UV Editor Properties 패널의 'Paint' 영역에 위치한 색상 팔레트에서 녹색 계열의 색상을 선택한 후 UV 맵^{전개도} 위에서 색을 칠한다. 붓의 크기와 강도는 색상 팔레트의 바로 아래에 위치한 값을 사용한다. 붓의 크기는 단축키 F, 강도는 Shift + F를 사용하여 변경할 수도 있다.

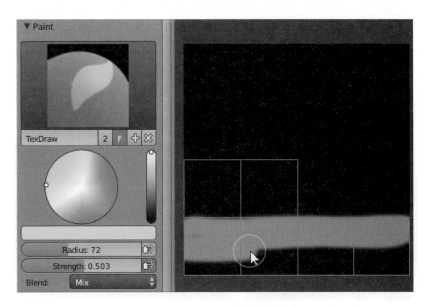

그림 5-2-47 **텍스쳐 영상 생성**

05. 전개도 내부의 모든 영역을 동일한 색으로 칠한 뒤에 UV/Image Editor 윈도우 ▣↕의 메뉴에서 [Image 〉 Save As Image]를 실행하여 칠한 결과를 영상으로 저장한다. 이름은 Cube_Test.png로 지정한다. 전개도의 범위를 벗어나서 칠하더라도 무방하다.

06. Info 윈도우 ⓘ↕의 헤더에서 Screen lay-out^{화면 레이아웃}을 Default로 전환한다. 이미 3D View 윈도우 ▣↕의 Properties 패널의 'Shading' 영역에서 'Textured Solid'를 선택한 상태이므로 객체 표면에 단일 색을 입힌 상태를 확인할 수 있다. 단축키 F12를 누르면 렌더링^{rendering} 결과를 볼 수 있다. 그런데 아직은 렌더링 결과에 텍스처를 입힌 결과가 반영되지 않는다.

07. 객체 표면에 입힌 텍스처를 렌더링 결과에 반영하기 위해서는 우선 Properties 윈도우 ▣↕의 헤더에서 Material 탭 ●을 선택한 후 'New' 버튼을 클릭한다. 이 때 Properties 윈도우 ▣↕와 3D View 윈도우 ▣↕의 Properties 패널을 혼동하지 않도록 주의한다. 그리고 그림 5-2-48의 왼쪽 그림과 같이 Material 탭 ● 바로 옆의 Texture 탭 ▩을 선택한 후 여기에서도 'New' 버튼을 클릭한다. 그런 후에는 그림 5-2-48의 오른쪽 그림처럼 'Type'에서 'Image or Movie'를 선택한다.

그림 5-2-48 Texture 출력 및 편집

08. 그림 5-2-49의 왼쪽 그림처럼 'Image' 영역의 Open 버튼을 눌러 이전 단계에서 저장한 텍스쳐 영상('Cube_Test.png')을 불러온다. 그리고 그림 5-2-49의 오른쪽 그림처럼 'Mapping' 영역에서 'Coordinates'를 'UV', 'Map'은 'UVMap'을 선택한다. 'UVMap'은 이전 단계에서 만든 UV 맵에 대해 블렌더에서 자동으로 생성한 이름이다.

그림 5-2-49   텍스쳐 영상 지정

09. 다시 단축키 F12를 눌러 렌더링을 수행하면 텍스쳐를 지정한 결과 영상을 볼 수 있다. 결과는 그림 5-2-50과 같다. 렌더링 결과 화면을 닫기 위해서는 ESC 키를 누른다.

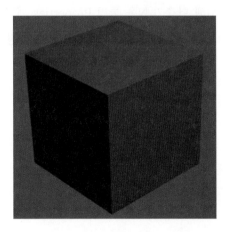

그림 5-2-50   렌더링 결과 영상

❸ 렌더링

01. 렌더링 결과를 개선해보자. 먼저 그림 5-2-51과 같이 Properties 윈도우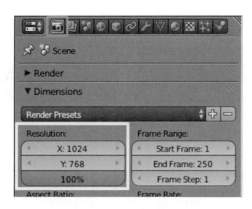의 헤더에서 Render 탭📷을 선택한 후 'Resolution' 영역에서 결과 영상의 크기를 확인한다. 가로와 세로의 길이는 1024와 768로 지정하고 비율은 100%로 지정한다.

그림 5-2-51 렌더링 옵션 설정

02. 그림자의 출력을 위해 단축키 N을 눌러 Properties 패널을 표신한 후 그림 5-2-52와 같이 3D Cursor의 위치를 X:0, Y:0, Z:0으로 설정한다.

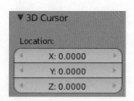

그림 5-2-52 렌더링 옵션 설정

03. 단축키 Shift + A를 눌러 [Mesh > Plane] 객체를 추가한다. Front 뷰에서 직교 보기를 설정하면 그림 5-2-53의 왼쪽 그림과 같이 Plane^{평면} 객체를 확인할 수 있다. 위치와 크기를 조정하여 그림 5-2-53의 오른쪽 그림처럼 지정한다.

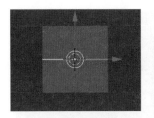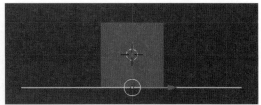

그림 5-2-53 Plane 오브젝트 추가(좌) 및 위치와 크기 조정(우)

04. 숫자패드의 7을 눌러 Top 뷰로 변환한 후 그림 5-2-54와 같이 조명의 위치를 이동한다.

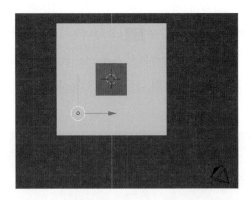

그림 5-2-54 조명 위치 이동

05. 조명을 선택한 상태에서 Properties 윈도우 의 헤더에서 Data 탭 을 선택한 후 그림 5-2-55와 같이 Point 조명의 색을 변경한 후 렌더링 결과를 확인한다. 받침이 있으므로 그림자를 볼 수 있다. 조명 위치에 따라 그림자의 방향을 결정할 수 있다.

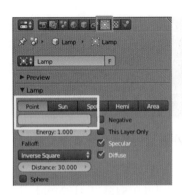

그림 5-2-55 조명 색의 변경(좌) 및 렌더링 결과(우)

06. 조금 전 결과는 그림자의 경계가 너무 뚜렷하기 때문에 자연스럽지 못하다. 조명을 선택한 후 Properties 윈도우 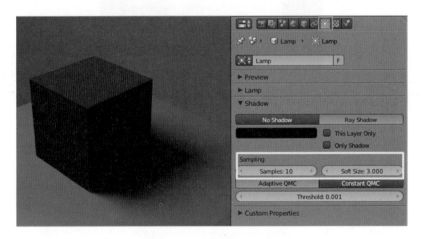의 헤더에서 Data 탭을 선택한 후 그림 5-2-56과 같이 'Sampling' 항목에서 Sample: 10, Soft Size: 3.0으로 설정한다. 만약 그림자가 점을 뿌린 것처럼 나타나면 Sample의 개수를 증가시킨다.

그림 5-2-56 샘플링 단계 조정

07. 전체적으로 너무 어둡기 때문에 주변광을 추가한다. 주변광^{environment lighting}은 모든 방향에서는 들어오는 빛을 나타낸다. 주변광의 효과를 잘 나타내기 위해서는 'Ambient Occlusion'을 함께 사용한다. 'Ambient Occlusion'은 코너와 같

이 빛이 가려지는 부분에서의 어둠의 정도를 부드럽게 표현하기 위한 광선 추적 (ray-tracing) 방법이다. Properties 윈도우 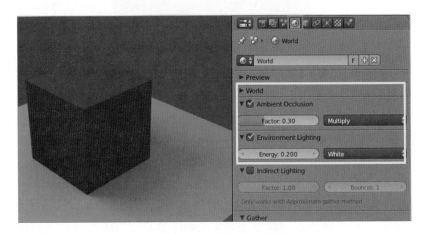 의 헤더에서 World 탭을 선택한 후 그림 5-2-57과 같이 'World' 영역의 'Ambient Occlusion'과 'Environment Lighting' 항목의 체크 박스를 활성화한다. 'Ambient Occlusion'에서 'Factor' 는 0.3 그리고 'Multiply'를 선택한다. 'Multiply'를 선택하면 'Factor'를 기존 명 암에 곱하여 밝기를 변경하기 때문에 객체의 밝기가 어두워진다. 'Environment Lighting'에서 'Energy'는 0.2 그리고 'White'를 선택한다.

그림 5-2-57 주변광 설정

08. F12를 눌러 렌더링 결과를 확인한 후 F3을 눌러 렌더링 결과를 영상 파일로 저장 한다.

3) 애니메이션 제작

재질을 입힌 육면체^{cube} 객체를 사용하여 간단한 애니메이션을 제작한다. 이번 단 계에서 제작하는 애니메이션에서는 육면체^{cube} 객체의 위치, 크기, 회전에 대한 변화 를 표현한다. 이전 단계에서 제작한 블렌더 파일을 'cube_ani.blend'의 새로운 이름 으로 저장한다. 숫자패드의 7을 눌러 Top 뷰, 숫자패드의 5를 눌러 직교 보기로 전 환한다. plane^{평면} 객체를 선택한 후 단축키 M을 눌러 2번 레이어로 위치를 이동한다.

01. 육면체^{cube} 객체를 선택한 후 단축키 Shift + D를 눌러 객체를 복제한 후 왼쪽에 위치시킨다. 이동을 위한 단축키 G를 누른 후 방향키를 사용하면 정교하게 위치를 조정할 수 있다. 결과는 그림 5-2-28과 같다.

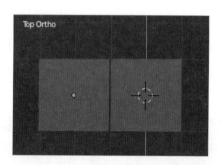

그림 5-2-58 육면체(cube) 객체의 복제 및 위치 지정

02. 두 개의 육면체^{cube} 객체를 모두 선택한 후 단축키 Shift + D를 눌러 객체를 다시 복제한 후 위치를 이동하지 않고 바로 Enter키를 눌러 위치를 확정한다. 눈으로 보기에는 두 개의 객체만 존재하지만 실제로는 총 네 개의 객체가 존재한다. 숫자패드 1을 눌러 Front 뷰로 전환한 후 단축키 G를 누르고 연속해서 z를 눌러 z축으로 이동 방향을 정한 후 그림 5-2-59와 같이 복제한 두 개의 오브젝트를 위쪽으로 이동한다.

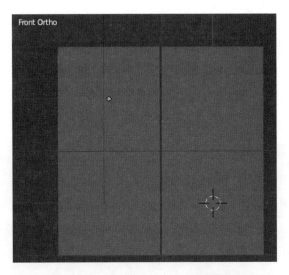

그림 5-2-59 육면체(cube) 객체의 추가 복제

03. 4개의 객체를 모두 선택한 후 바닥에 위치한 객체의 바닥면이 z축과 일치하도록 설정한다. 결과는 그림 5-2-60과 같다.

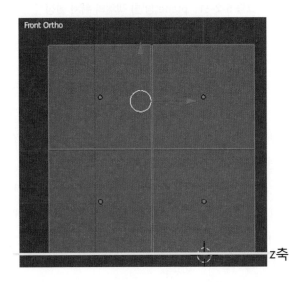

그림 5-2-60 복제한 육면체(cube) 객체들의 위치 설정

04. 3D View 윈도우 의 헤더에 위치한 레이어 영역에서 plane^{평면} 객체를 포함하는 두 번째 레이어를 선택한 후 Top 뷰에서 객체를 선택하고 단축키 M을 눌러 위치를 다시 첫 번째 레이어로 이동한다. 그림 5-2-61과 같이 Front 뷰에서 plane^{평면} 객체의 위치를 조정한다.

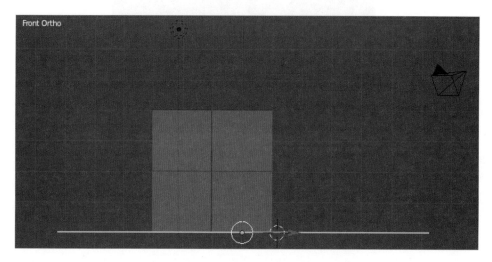

그림 5-2-61   plane(평면) 객체의 위치 설정

05. Front 뷰에서 우측 상단의 육면체^{cube} 객체를 선택한다. 그림 5-2-62와 같이 단축키 I를 누른 후 팝업 메뉴에서 [LocRotScale] 메뉴를 실행한다. 'LocRotScale' 메뉴는 재생 헤더가 위치한 프레임에 키프레임을 추가하여 객체의 위치, 회전, 크기에 대한 변경을 애니메이션으로 표현할 수 있도록 한다. 객체의 위치, 회전, 크기를 먼저 변경한 후에 키프레임을 추가하면 객체의 상태 변화를 저장할 수 있다. 재생헤더는 Timeline 윈도우 의 프레임 번호 위에 녹색의 수직선으로 표시된다. 키프레임은 Timeline 윈도우 의 프레임 번호 위에 노란색 수직선으로 표시된다. 1번 프레임에서의 키프레임을 추가한 결과는 그림 5-2-63의 ①번 사각형 영역에서 확인할 수 있다.

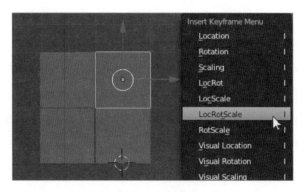

그림 5-2-62 키프레임의 추가

06. 왼쪽 마우스 버튼🖱을 사용하여 Timeline 윈도우 🔘의 20번 프레임을 클릭하면 그림 5-2-63의 ②번 사각형 영역과 같이 재생 헤더의 위치를 20번 프레임으로 이동한다. 아직 키프레임을 추가하지는 않는다. 앞에서 설명한 것처럼 20번 프레임에서 객체의 위치, 크기, 회전을 변경시킨 후에 키프레임을 추가한다. 우선 숫자패드의 3을 눌러 Right 뷰로 전환한 후에 단축키 G를 눌러 이전 단계에서 선택한 육면체^{cube} 객체를 y축 방향으로 −7, z축 방향으로 −2만큼 이동한다. 이동을 위해서는 우선 단축키 G를 눌러 객체의 위치를 적당히 이동한 후 왼쪽 마우스 버튼🖱을 눌러 위치를 확정한다. 다음으로 그림 5-2-63의 ③번 영역과 같이 Tool Shelf에서 'Y'는 −7.0, 'Z'를 −2.0으로 직접 값을 입력하여 객체의 최종 위치를 결정한다.

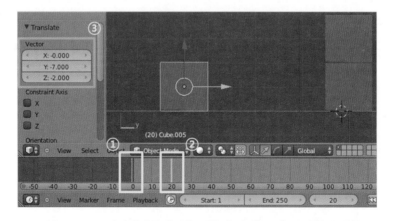

그림 5-2-63 애니메이션 제작을 위한 육면체(cube) 객체 위치 변경

07. 이번에는 회전을 변경한다. 그림 5-2-64와 같이 객체의 로컬^{local} 좌표계의 z축 위에 마우스를 위치한 후 단축키 R을 눌러 객체를 회전시킨다. 회전 각도는 270도를 지정한다. 마우스를 드래그하는 동안 Tool Shelf의 하단에서 회전된 각도를 확인할 수 있다. 참고로 시계 반대 방향으로 회전하면 회전 각도는 양수 값이고 시계 방향이면 음수 값이다. 예를 들어, 시계 반대 방향으로 3/4 바퀴 회전하면 회전 각도는 270도이고 시계 방향으로 1/4 바퀴 회전하면 회전 각도는 −90도이다. 두 가지 회전 각도를 사용하면 회전한 후의 모습은 동일하지만 애니메이션으로 표현되는 모습은 다르기 때문에 주의해야 한다.

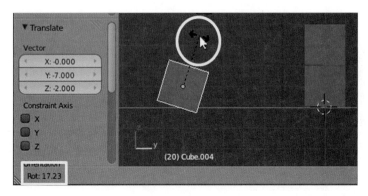

그림 5-2-64 애니메이션 제작을 위한 육면체(cube) 객체의 회전 변경

08. 회전을 완료한 직후에는 Tool Shelf에서 그림 5-2-65와 같이 각도를 270도로 직접 입력하여 변경한다. 그런데 나중에 애니메이션을 재생했을 때 육면체가 시계 반대 방향으로 3/4바퀴가 아니라 시계 방향으로 1/4바퀴 회전하는 움직임이 나타나는 경우도 있다. 이런 경우에 값을 수정하는 방법은 뒤에서 살펴본다.

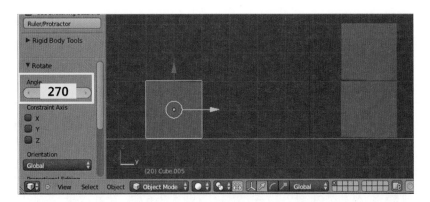

그림 5-2-65 애니메이션 제작을 위한 육면체(cube) 객체의 회전 결과

09. 20번 프레임에서 단축키 I를 눌러 그림 5-2-66과 같이 키프레임을 추가한다. 키프레임을 추가한 후에는 타임라인 윈도우의 20번 프레임에서 노란색 선을 볼 수 있다. 참고로 존재하는 키프레임을 제거하기 위해서는 우선 재생 헤더의 위치를 제거할 키프레임이 위치하는 프레임으로 이동한다. 그리고 3D View 윈도우 ⬛의 작업창에서 단축키 Alt + I를 누른 후 팝업메뉴에서 [Delete Keyframe] 메뉴를 실행한다. 키프레임 삭제는 Dope Sheet 윈도우에서 처리할 수도 있다. Dope Sheet 윈도우의 사용 방법은 생략한다.

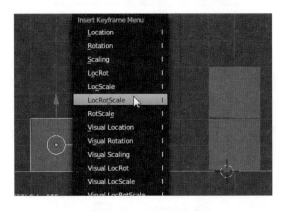

그림 5-2-66 키프레임 추가

10. 1번 프레임을 선택한 후 Timeline 윈도우 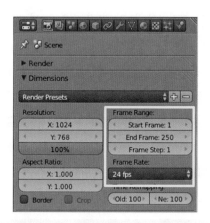의 헤더에서 'Play Animation' ▷ 버튼을 눌러 제작한 애니메이션을 확인한다. 1번 프레임에서 20번 프레임 사이 에서 육면체^{cube} 객체의 위치와 회전 변화에 의한 애니메이션을 확인할 수 있다. 애니메이션을 재생할 때 육면체가 시계 반대 방향으로 3/4바퀴가 아니라 시계 방 향으로 1/4바퀴 회전하면 단축키 N을 눌러 3D View 윈도우 의 Properties ^{속성} 패널을 표시한다. 패널 상단의 [Rotation] 영역에서 X축 회전 값을 270도로 변경한다. 애니메이션의 기본 설정은 Properties 윈도우 의 헤더에서 Render 탭 을 사용하여 확인할 수 있다. 그림 5-2-67과 같이 초당 프레임속도는 24 fps이고 마지막 프레임은 250번 프레임이다.

그림 5-2-67 애니메이션 속도 및 길이 설정

11. 이후 애니메이션 제작은 Graph Editor 윈도우 를 사용한다. 그림 5-2-68과 같이 윈도우를 분할한 후 오른쪽 윈도우의 헤더를 변경하여 Graph Editor 윈도 우 를 표시한다. Graph Editor 윈도우 에서는 X, Y, Z축으로 위치, 회전 등의 변화를 그래프로 확인할 수 있다. X축은 빨간색, Y축은 초록색, Z축은 파 란색으로 표시된다. 그래프의 수평 축은 프레임 번호이고 수직축은 위치, 크기, 회전에 대한 값이다. Graph Editor 윈도우 의 작업 영역에서 마우스 왼쪽 버 튼 을 클릭하면 재생 헤더의 위치를 변경할 수 있다. 재생 헤더는 초록색의 수 직선으로 나타난다. 변경된 재생 헤더의 위치는 Timeline 윈도우 에도 반영

된다. Graph Editor 윈도우 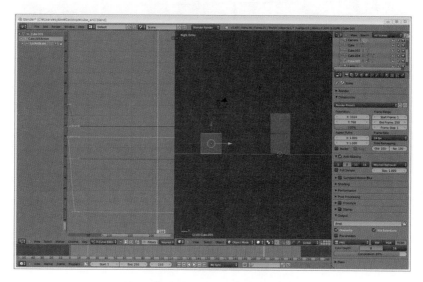의 그래프 위에 작은 점으로 표시되는 핸들은 키 프레임에 해당한다. 마우스 오른쪽 버튼을 사용하여 핸들을 클릭하면 키프레임을 선택할 수 있다.

그림 5-2-68　Graph Editor 윈도우

12. Graph Editor 윈도우 의 왼쪽 영역에서 마우스 왼쪽 버튼을 눌러 그림 5-2-69와 같이 'X Euler Rotation' 항목을 선택하면 그래프에서 빨간선이 강조되어 표시된다. 다른 항목을 선택하면 해당 항목에 대응하는 곡선이 강조된다. 가장 상단의 'LocRotScale' 항목을 선택하면 모든 곡선이 강조되지 않은 상태로 표시된다. 20번 프레임에 위치한 X축에 대한 회전을 나타내는 키프레임을 찾아보자. X축으로 270도를 회전시켰기 때문에 그래프 수직 축의 값 범위를 초과하고 있어 키프레임에 대응하는 핸들은 현재 화면에 표시되지 않는다. 마우스 중간 버튼을 드래그하여 값의 범위를 이동하거나 Graph Editor 윈도우 의 헤더에서 [View 〉 View All] 메뉴를 실행하여 화면의 배율을 변경하면 핸들을 확인할 수 있다. 20번 프레임에 위치하는 회전 키프레임을 선택한 후 단축키 N을 눌러 Properties 패널을 표시한 후 그림 5-2-69의 노란색 사각형과 같이 'Value'의 값이 270인지 확인한다. 270이 아니면 270으로 입력한다.

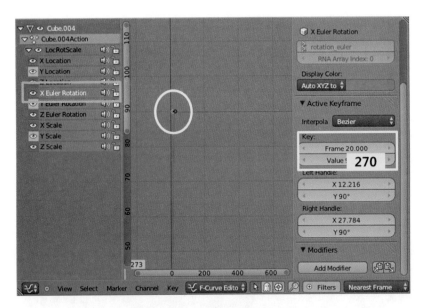

그림 5-2-69 **회전 값 확인 및 설정**

13. Graph Editor 윈도우 🎬 의 왼쪽 영역에서 마우스 왼쪽 버튼 🖱으로 'LocRotScale' 항목을 클릭하여 그래프에서 강조되었던 곡선을 모두 강조되기 전의 상태로 전환한다. 그리고 그림 5-2-70의 왼쪽 그림과 같이 마우스 왼쪽 버튼 🖱을 사용하여 재생 헤더인 초록색의 수직선이 20번 프레임에 위치하도록 설정한다. Graph Editor 윈도우 🎬 의 헤더 메뉴에서 **[Select 〉 After Current Frame]** 메뉴를 실행하여 20번 프레임을 포함해서 직후에 존재하는 모든 키프레임을 선택한다. 결과는 그림 5-2-70의 왼쪽 그림과 같다. 화면에 보이지 않는 키프레임들도 이 기능을 사용하여 손쉽게 선택할 수 있다. Ctrl + C를 눌러 선택한 키프레임을 복사한다. 그림 5-2-70의 오른쪽 그림처럼 마우스 왼쪽 버튼 🖱을 사용하여 40번 프레임을 선택한 후 Ctrl + V를 눌러 복사한 키프레임을 붙여넣는다.

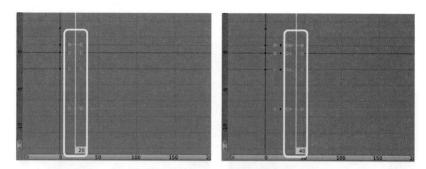

그림 5-2-70 20번 키프레임의 선택 및 복사

14. 다음으로 그림 5-2-71의 왼쪽 그림과 같이 0번 프레임을 선택한 후 Graph Editor 윈도우 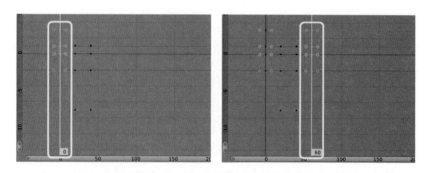의 헤더 메뉴에서 **[Select 〉 Before Current Frame]** 메뉴를 실행하여 0번 프레임에 존재하는 모든 키프레임을 선택한다. Ctrl + C를 눌러 선택한 키프레임을 복사한다. 그림 5-2-71의 오른쪽 그림처럼 마우스 왼쪽 버튼🖱을 사용하여 60번 프레임을 선택한 후 Ctrl + V를 눌러 복사한 키프레임을 붙여넣는다.

그림 5-2-71 1번 키프레임의 선택 및 복사

15. Timeline 윈도우 🕐의 헤더에서 종료 프레임의 위치를 250에서 80으로 변경한 후 애니메이션을 재생한다. 육면체^{cube} 객체가 80프레임의 범위 내에서 반복하여 움직이는 것을 확인할 수 있다. Top 뷰와 Front 뷰에서 카메라의 위치를 조정하여 그림 5-2-72와 같이 카메라 뷰에서 육면체들의 모습이 모두 화면이 표시되도록 조정한다. 카메라 뷰는 숫자패드의 0을 누르면 전환할 수 있다. 3D View 윈

도우 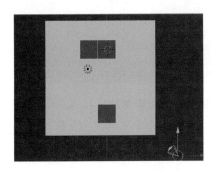 의 Properties^{속성} 패널에서 'Lock Camera to View' 항목을 활성화하면 화면 조정이 쉬워진다.

그림 5-2-72 카메라 뷰 조정

16. 마지막으로 애니메이션을 렌더링한다. Info window ⓘ 의 헤더 메뉴에서 [Render > Render Animation]을 실행한다. 프레임 단위로 렌더링을 수행하는 것을 확인할 수 있다. 애니메이션은 많은 수의 프레임을 포함하므로 많은 렌더링 시간이 소요된다. 렌더링이 완료되면 단축키 Ctrl + F11을 눌러 애니메이션을 최종 확인한다.

4) 머그 컵 제작

❶ 컵 모델링

기존의 존재하는 육면체를 선택한 후 단축키 x를 눌러 제거한다. 그리고 단축키 Shift + A를 눌러 [Mesh > Cylinder]를 추가한 후 Tool Shelf에서 'Vertices^{정점}' 수를 18개로 줄인다.

01. 숫자패드의 1과 5를 차례로 눌러 Front 직교 뷰로 전환한다. 3D View 윈도우 ⓘ 내에서 단축키 N을 눌러 Properties^{속성} 패널을 표시한 후 그림 5-2-73과 같이 'Background Images' 항목을 선택한다. 그리고 'Add Image' 버튼을 누른 후 다시 'Open' 버튼을 눌러 '5장\04.blender\cup.jpg' 영상을 불러온다.

그림 5-2-73 배경 영상 불러오기

02. 배경 영상은 모델링 과정에서 객체의 크기와 모양에 대한 도움을 제공한다. 'cup.jpg' 영상을 불러온 결과는 그림 5-2-74와 같다. 불러온 영상에 대해서는 Properties 패널에서 'Opacity^{불투명도}', 위치 및 크기를 변경할 수 있다.

그림 5-2-74 배경 영상

03. Cylinder^{실린더} 객체를 선택한 상태에서 단축키 S를 눌러 그림 5-2-75와 같이 배경 영상의 컵의 크기와 동일하게 조정한다. 필요에 따라 배경 영상의 위치를 조정한다.

그림 5-2-75 Cylinder(실린더) 객체의 크기 변경

04. 단축키 Tab을 눌러 'Edit Mode'로 전환한 후 3D View 윈도우 의 헤더에서 'Edge Select' 를 선택한 후 Cylinder^{실린더} 객체의 바닥 면에 위치하는 에지 중의 한 개를 선택한다. 이 상태에서 Alt키를 누르고 다시 한 번 조금 전에 선택한 에지를 마우스 오른쪽 버튼으로 클릭하면 그림 5-2-76과 같이 Cylinder^{실린더} 객체의 하단 면을 선택할 수 있다.

그림 5-2-76 Cylinder(실린더) 객체의 하단 면 선택

05. Front 뷰로 전환한 후에 단축키 S를 눌러 하단 면의 크기를 줄여 그림 5-2-77과 같이 배경 영상의 컵 모양과 유사하게 변경한다.

그림 5-2-77 Cylinder(실린더) 객체의 모양 변경

06. Tool Shelf의 [Loop Cut and Slide] 기능을 선택하거나 단축키 Ctrl + R을 눌러 그림 5-2-78의 왼쪽 그림과 같이 4개의 에지 루프^{edge loop}를 추가한다. 에지 루프의 개수를 늘리기 위해서는 마우스의 휠을 사용하고 이후 개수를 확정하기 위해 마우스 왼쪽 버튼🖱을 누른다. 이 상태에서 마우스를 움직이면 에지 루프의 위치를 변경할 수 있다. 그림 5-2-78의 오른쪽 그림처럼 에지 루프의 위치를 지정한다.

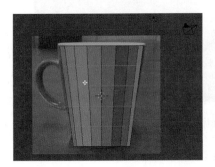

그림 5-2-78 에지 루프(edge loop) 추가

07. 그림 5-2-79와 같이 에지 루프의 위치와 크기를 조정한다. 각 에지 루프를 선택하기 위해서는 에지 루프를 구성하는 일부 에지를 선택한 후에 Alt 키를 누르고 선택한 에지를 다시 마우스 오른쪽 버튼🖱으로 클릭한다.

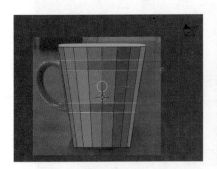
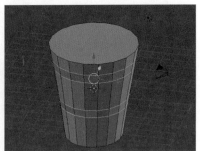

그림 5-2-79 에지 루프(edge loop)의 위치 및 크기 조정

08. 이제 손잡이를 제작한다. 그림 5-2-80과 같이 화면을 분할한 후에 왼쪽 화면은 Front 뷰, 오른쪽 화면은 Left 뷰로 전환한다.

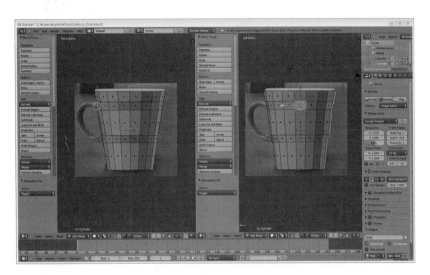

그림 5-2-80 화면 분할

09. Left 뷰에서 'Face select^{면 선택}' 기능을 선택한 후 그림 5-2-80과 같이 면을 선택한다. 이제 Front 뷰에서 단축키 E를 눌러 선택한 면을 Extrude한다. 결과는 그림 5-2-81과 같다.

그림 5-2-81 손잡이 제작 과정

10. 단축키 R을 누른 후 면의 방향을 조금 더 아래쪽을 향하도록 변경한 후 다시 Extrude를 수행한다. 결과는 그림 5-2-82의 왼쪽 그림과 같다. 이 과정을 반복해서 그림 5-2-82의 오른쪽 그림과 같이 완성한다.

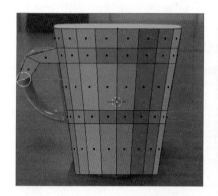 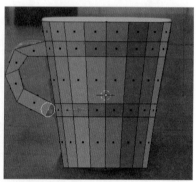

그림 5-2-82 손잡이 제작 과정

11. 제작한 손잡이가 배경 영상의 손잡이 모양과 다르므로 에지 루프를 추가한 후 회전, 크기, 위치를 조정하여 손잡이의 모양을 정밀하게 제작한다. 이때 그림 5-2-83과 같이 손잡이의 마지막 에지 루프는 Alt키를 사용하는 이전 선택 방식으로는 선택할 수 없다. 이 경우 3D View 윈도우 의 헤더에서 우선 그림 5-2-83의 노란색 사각형으로 표시한 버튼을 해제한 후 단축키 B를 누르고 그림 5-2-83과 같이 영역을 지정하여 손잡이 끝 지점의 에지 루프를 선택한다. 그림 5-2-83에서 선택한 버튼은 'Limit selection to visible' 버튼인데 활성화된 경우에는 단축키 B를 눌러 범위를 지정하면 시각적으로 보이는 대상만을 선택할 수 있다. 반면 비활성화된 경우에는 보이지 않는 대상들도 모두 선택할 수 있다. 이 예제에서는 보이지 않는 대상들을 선택할 수 있도록 'Limit selection to visible' 버튼을 비활성화하여 사용한다.

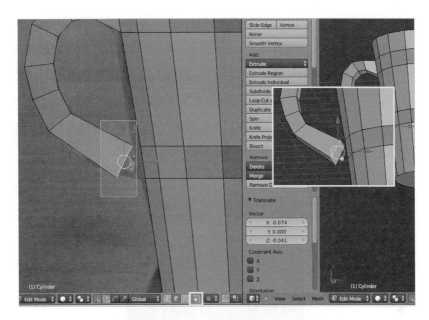

그림 5-2-83 마지막 에지 루프의 선택

12. 손잡이를 수정한 결과는 그림 5-2-84와 같다.

그림 5-2-84 손잡이 모양 수정

13. 아직 손잡이와 컵의 본체는 서로 연결되지 않은 상태이다. 이제 이들을 연결해보자. 3D View 윈도우 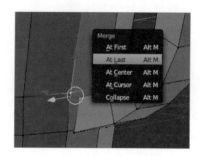에서 'Vertex select^{정점 선택}' 기능을 선택한 후 그림 5-2-85와 같이 손잡이 쪽의 정점을 먼저 선택한 후 Shift키를 누른 상태로 컵 본체 쪽의 정점을 추가로 선택한다. 단축키 Alt + M을 누르면 그림 5-2-85의 팝업 메뉴가 표시되는데 먼저 선택한 정점을 마지막에 선택한 정점과 병합하기 위해 [At Last] 메뉴를 선택한다.

그림 5-2-85 정점 병합

14. 이 과정을 나머지 세 쌍의 정점에 대해서도 실행한다. 실행 결과는 그림 5-2-86과 같다.

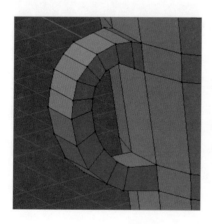
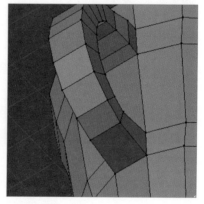

그림 5-2-86 정점 병합 완성 결과

15. 'Face select^{면 선택}' 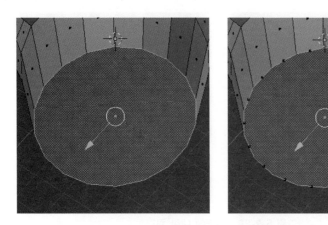 기능을 사용하여 컵의 바닥 면을 선택한 후 단축키 E를 눌러 Extrude를 실행한다. 이때 바로 Enter 키를 눌러 작업을 적용한다. 그림 5-2-87에서 작업 전과 후의 결과를 비교하자. 바닥 면 경계선에서 오른쪽 그림에서는 왼쪽에서 볼 수 없었던 정점들을 볼 수 있다.

그림 5-2-87 Extrude 실행 전(왼쪽)과 실행 후(오른쪽)

16. 단축키 S를 눌러 바닥 면의 크기를 줄이고 다시 단축키 E를 눌러 Extrude를 실행하여 그림 5-2-88과 같이 바닥이 컵의 내부로 들어가도록 한다.

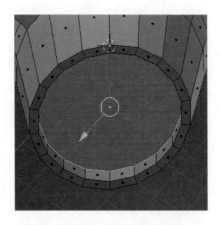

그림 5-2-88 바닥 면에 대한 처리

17. 컵의 윗면에 대해서도 처리한다. Face Select 기능을 사용하여 컵의 윗면 을 선택한 후 그림 5-2-89의 왼쪽 그림처럼 단축키 x를 누른 후 팝업 메뉴에서 [Faces] 메뉴를 실행하여 윗면을 제거한다. 제거한 결과는 그림 5-2-89의 오른쪽 그림과 같다.

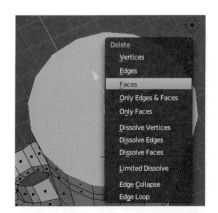 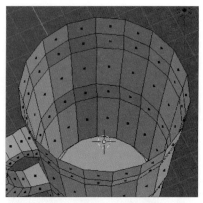

그림 5-2-89 윗면에 대한 처리

18. 그림 5-2-90처럼 Properties 윈도우 의 Modifier 탭 을 선택한 후 'Add Modifier'에서 'Subdivision Surface' 항목을 선택한다.

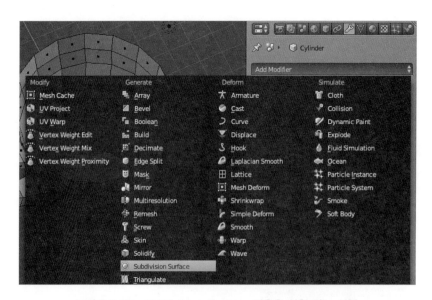

그림 5-2-90 Subdivision Surface 적용을 위한 메뉴 실행

19. 메뉴를 선택한 후에 'View'를 3으로 설정한다. 적용한 결과는 그림 5-2-91과 같다. 렌더링 단계에서도 동일한 모습으로 나타날 수 있도록 'Render'도 3으로 설정한다.

그림 5-2-91 Subdivision Surface 적용

20. 다시 'Add Modifier'를 누른 후 'Solidify' 항목을 선택한다. 그리고 'Thickness'를 0.3으로 설정한다. 이 값은 컵의 두께^{thickness}를 조정한다. 적용 결과는 그림 5-2-92와 같다.

그림 5-2-92 Solidify 적용

21. 'Object Mode^{객체 모드}' [🔘 Object Mode] 로 전환한 뒤 Tool Shelf의 'Shading' 영역에서 'Smooth'를 적용하면 그림 5-2-93과 같은 결과를 얻을 수 있다.

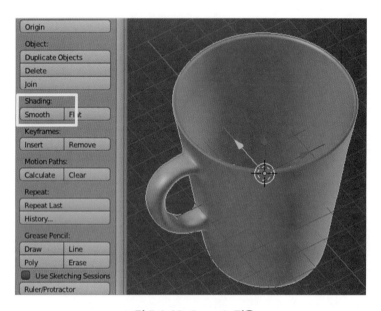

그림 5-2-93. Smooth **적용**

5) 심화 학습

01. 그림 5-2-94를 참조하여 제작한 컵에 재질을 입혀보자.

그림 5-2-94 **재질 입히기 1**

02. 그림 5-2-95와 같이 컵의 내부와 외부의 재질을 달리 지정하기 위해서는 모델링 과정을 어떻게 수정해야 하는지에 대해 생각해보자.

그림 5-2-95　**재질 입히기** 2

03. 제작한 컵이 제자리에서 회전하는 애니메이션을 제작한다.

6

비디오
Video

학습목표

- 비디오의 의미와 종류를 설명할 수 있다.

- 비디오 압축 원리와 압축 표준에 대해 설명할 수 있다.

- 비디오 파일 포맷의 종류에 대해 설명할 수 있다.

01 비디오의 이해

1) 비디오란 무엇인가?

비디오 기술은 아날로그 텔레비전을 위해 처음으로 개발되었다. 비디오의 일반적인 의미는 짧은 시간 간격동안 순차적으로 표시되는 정지화면 영상들의 집합이다. 비디오를 구성하는 각 정지화면 영상을 프레임frame이라고 부른다. 4장에서 살펴본 것과 같이 영상은 크기, 픽셀당 비트 수 등의 속성을 갖는데 비디오를 구성하는 모든 프레임들은 기본적으로 동일한 속성을 갖는다. 그러나 최근의 디지털 비디오 파일에서는 두 가지 이상의 서로 다른 속성을 갖는 프레임들을 포함하기도 한다.

비디오는 아날로그 및 디지털 형태로 표현될 수 있다. 최근의 방송, 영화 등의 분야에서는 아날로그 비디오가 디지털 비디오로 전환되고 있다. 우리나라에서도 아날로그 방송을 2012년에 종료하고 2013년부터 디지털 방송으로 전면 전환되었다. 그러나 아직은 과도기적 시기로서 일부 분야에서는 여전히 아날로그 비디오가 사용되고 있고 디지털 비디오는 아날로그 비디오로부터 태동하여 발전하고 있으므로 아날로그 비디오에 대한 이해가 우선적으로 필요하다. 먼저 아날로그 비디오에 대해 살펴보고 이후에 디지털 비디오에 대해 살펴본다.

2) 아날로그 비디오

몇 년 전까지만 하더라도 TV 방송을 포함하여 다양한 분야에서 아날로그 비디오를 사용하였다. 방송뿐만 아니라 캠코더camcoder와 같은 장비에서도 아날로그를 기본 방식으로 사용하여 비디오를 저장하였다. 아날로그 비디오에서는 프레임을 주사선

scan line 단위의 1차원 신호 형태로 표현한다. 아날로그 비디오에서는 수평 및 수직 싱크sync 신호를 갖는 1차원 신호를 음극선관이나 LCD 등의 출력 장치를 통해 영상으로 출력한다.

❶ 비디오 신호와 음극선관

조금 전에 설명한 것과 같이 아날로그 비디오 신호는 1차원 연속 신호로 나타난다. 이 신호 중의 일부는 하나의 프레임에 해당하고 그 중의 일부는 다시 프레임의 라인에 해당한다. 라인과 프레임은 싱크 신호에 의해 구분된다. 그림 6-1은 프레임의 일부 라인에 대한 비디오 신호를 나타낸다. 신호의 세기에 따라 화면 출력 장치에서의 명암이나 색이 결정된다.

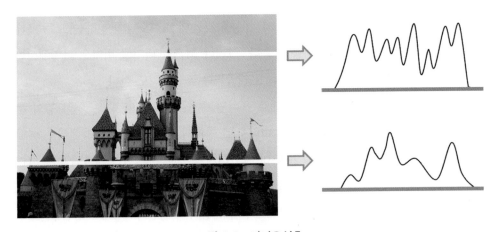

그림 6-1   비디오신호

음극선관Cathode Ray Tube: CRT은 1897년 브라운Ferdinand Braun에 의해 발명되어 1940년경 텔레비전에 처음으로 사용되었다. 그림 6-2는 음극선관의 내부 구조를 간단히 보여준다. CRT 모니터의 전자총electron gun에서 전자빔electron beam을 발사하면 편향 코일deflective coils에서 전자빔의 방향을 조절한다. 스크린에 도달한 전자빔은 스크린의 표면에 존재하는 형광물질phosphor을 발광시켜 색을 만든다. 빨강, 녹색, 파랑 성분에 대한 전자총이 존재한다. 수평 및 수직 편향부에서는 주사선 방식scan line method으로 전자빔이 스크린에 도달하도록 조절한다. 주사선 방식이란 왼쪽에서 오른쪽 그리고 위쪽에서 아래쪽 방향으로 차례로 스크린에 빔이 도달하도록 하는 방식이다. 스크린 직전에는 세도우 마스크가 존재한다. 세도우 마스크$^{shadow\ mask}$는 전자빔이 주변의 다른 형광물질을 간섭하는 것을 방지하여 정확한 위치의 형광물질만을 발광시킬 수 있도록 한다.

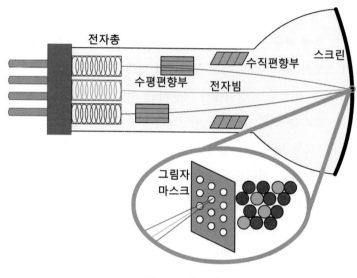

그림 6-2 음극선관

❷ 프레임률

프레임률$^{frame\ rate}$이란 단위 시간당 출력 장치에 표시되는 프레임의 수를 의미한다. 프레임률은 fps$^{frames\ per\ a\ second}$를 단위로 사용한다. 활용 분야에 따라 프레임률은 상이하다. 영화는 일반적으로 초당 24프레임을 사용하므로 24 fps이다. 아날로그 TV 전송 표준 규격 중에서 NTSC 방식은 30 fps이고 PAL 방식과 SECAM 방식은 25 fps이다. 아날로그 TV 전송 표준 규격은 조금 뒤에 살펴본다. 프레임률이 높을수록 자연스러운 움직임을 표현할 수 있다. 프레임률이 너무 낮으면 화면의 떨림^{flicker}현상이 발생할 수 있다. 일반적인 동작을 자연스럽게 표현할 수 있는 최소의 프레임률은 16 fps 정도이다.

❸ 주사 방식

주사 방식^{scanning format}은 비월주사^{interlaced scan}와 순차주사^{progressive scan} 방식으로 구분할 수 있다. 비월주사 방식은 낮은 프레임률에서 발생할 수 있는 떨림 현상을 완화시키기 위해 사용하고 있다. 빠른 동작이 있는 비디오의 경우 프레임률이 낮으면 동작의 변화를 제대로 표현할 수 없다. 이런 경우 한 장의 프레임을 두 개의 필드로 나누어서 출력하면 떨림 현상을 완화할 수 있다. 비월주사 방식에서는 전체 화면을 홀수 필드^{odd field}와 짝수 필드^{even field} 두 개의 필드로 구분하여 먼저 홀수 필드를 화면에 표시하고 그 후에 짝수 필드를 표시한다. 화면의 행을 한 칸씩 건너뛰며 표시하지만 빠른 출력 속도와 우리 눈이 갖는 분해능의 한계로 인해 행과 행 사이의 빈 여백을 인지할 수 없다. 비월주사 방식에서 사용하는 이런 처리 과정을 통해 프레임률을 두 배로 높이는 효과를 얻을 수 있다. 아날로그 TV 전송 표준 규격인 NTSC, PAL, SECAM 방식은 모두 비월주사 방식을 사용한다. 비월주사 방식을 사용하면 TV와 같이 빠른 움직임이 많은 비디오를 표현하는 데 유리하지만 화면 가장자리에서 깜박이는 현상이 발생하는 단점이 있다. 그림 6-2는 비월주사 방식에서 프레임을 표시하는 과정을 보여준다. 그림 6-2(b)는 원본 영상에서 홀수 필드만을 표시한 결과이고 그림 6-2(c)는 홀수 필드에 짝수 필드의 상위 일부분을 추가적으로 사용하여 화면을 표시한 결과이다.

(a) 원본 영상

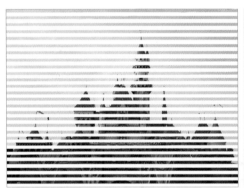

(b) 홀수 필드

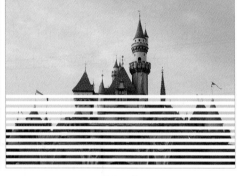

(c) 짝수 필드

그림 6-3 비월주사 방식

　　순차주사 방식은 필드를 구분하지 않고 화면 갱신 주기$^{refresh\ period}$마다 전체 화면을
주사선 방식을 사용하여 차례대로 표시한다. 순차주사 방식은 높은 프레임률을 제공
할 수 있는 환경이나 빠른 화면의 변화가 필요 없는 경우에 사용할 수 있다. 컴퓨터
에서 출력되는 화면은 글자와 같이 대부분 움직임이 거의 없는 내용이므로 오래전부
터 컴퓨터 모니터에서는 순차주사 방식을 사용하고 있다. 물론 최근 들어서는 하드웨
어 기술의 발전으로 인해 TV에서도 순차방식을 주로 사용한다. 그림 6-4는 비월주
사 방식과 순차주사 방식의 차이를 나타낸다.

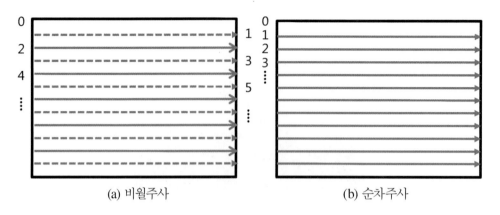

(a) 비월주사   (b) 순차주사

그림 6-4 비월주사와 순차주사 비교

그림 6-5(a)는 주사선 방식에서의 전자빔의 출력 순서를 나타낸다. 아날로그 비디오의 스캔 라인은 그림 6-5(b)와 같이 영상 정보에 해당하는 1차원 신호와 라인의 마지막을 나타내기 위한 수평 싱크 펄스[horizontal sync pulse]로 구성된다. 출력 장치에서 수

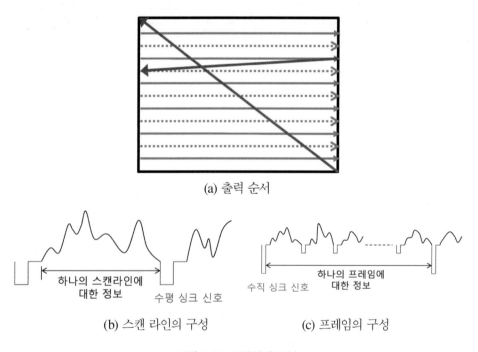

(a) 출력 순서

(b) 스캔 라인의 구성   (c) 프레임의 구성

그림 6-5 프레임의 구성

평 싱크 펄스를 입력으로 받으면 다음 스캔 라인을 준비한다. 프레임의 마지막 지점을 표시하기 위해서는 수직 싱크 펄스$^{\text{vertical sync pulse}}$를 사용한다. 그림 6-5 (c)와 같이 프레임을 위한 신호는 각 스캔 라인별 영상 신호와 수평 싱크 펄스로 구성되고 마지막에 수직 싱크 펄스가 위치한다. 수직 싱크 펄스는 출력 장치가 다음 프레임을 출력하기 위한 준비를 수행하도록 한다.

LCD나 LED 방식의 최신 출력 장치는 순차주사 방식을 채택하고 있다. 입력 비디오가 비월주사 방식으로 제공되면 순차주사 방식으로 변환하여 출력한다. 이 과정에서 화면의 변화가 큰 장면에서는 화면 떨림 현상이 발생할 수 있다. 이런 경우 디인터레이싱^{deinterlacing} 과정을 통해 손실을 일부 보상하여 처리한다. HDTV가 보급된 초기에는 해상도가 1920 × 1080i인 경우가 종종 있었다. i는 비월주사 방식을 의미한다. 1080p 방식의 비디오를 이런 TV에 표시하는 경우 1080개의 주사선의 절반에 해당하는 540개만을 동시에 출력할 수 있으므로 화질에 손실이 발생한다. p는 순차방식을 의미한다. 최신 HDTV의 해상도는 1920 × 1080p이다.

1080i 방식의 비디오를 1080p 출력 장치에 출력하는 경우는 어떨까? 비월주사 방식에서는 수직 해상도가 540인 비디오를 순차주사 방식보다는 2배의 갱신비율$^{\text{refresh rate}}$로 출력한다. 프레임률이 초당 30 fps이면 순차주사 방식에서의 갱신비율은 60 Hz이다. 홀수와 짝수 필드를 나누어 초당 60번 화면을 갱신하는 것이다. 1080i 방식의 비디오를 별도의 처리과정 없이 1080p 출력 장치에 출력하면 당연히 화질 저하가 발생하게 된다. 이런 화질 저하를 최소화하기 위한 기법이 디인터레이싱^{deinterlacing}이다. 비디오 버퍼를 사용하여 2개의 필드를 하나로 결합하여 프레임을 완성하는 방식인데 순차주사의 필드 간에도 일부 움직임의 차이가 발생하므로 간단하게 처리할 수 있는 것은 아니다.

❹ 아날로그 TV 전송 표준 규격

아날로그 TV 전송 표준 규격은 NTSC$^{\text{Nation Television Standards Committee}}$, PAL$^{\text{Phase Alternate Line}}$, SECAM$^{\text{Séquentiel couleur à mémoire; Sequential Color with Memory}}$의 세 가지로 구분된다. 표 6-1은 세 가지 아날로그 TV 표준에 대한 몇 가지 규격을 비교하여 나타낸다.

각 표준에서 프레임별 유효 주사선은 영상을 표시하는 데 사용되지만 나머지 주사선은 영상 출력을 위한 용도가 아니다. 이 나머지 주사선은 프레임의 마지막 위치에서 다음 프레임의 시작 위치로 이동하여 출력하기 위해 필요한 시간을 확보하기 위한 용도로 사용한다. NTSC의 경우 45개의 주사선을 이 목적을 위해 사용하여 이것을 수직 귀선 간격$^{vertical blanking interval}$이라고 한다.

표 6-1 아날로그 TV 표준 비교

	NTSC	PAL	SECAM
프레임별 총 주사선 수	525	625	625
프레임별 유효 주사선 수	480	576	576
라인별 유효 픽셀 수	640	580	580
채널당 대역폭	6 MHz	8 MHz	8 MHz
프레임률	30(29.97)	25	25
인터레이싱	2:1	2:1	2:1
종횡비	4:3	4:3	4:3
컬러모델	YIQ	YUV	YDbDr
압축하지 않을 경우 비트율	221.2	400.2	400.2

NTSC는 흑백 텔레비전의 송신 규격을 위해 설립된 위원회인데 TV 전송 규격의 이름으로도 사용하고 있다. 1941년에 미국에서 이 규격을 사용하여 흑백^{monochrome}으로 방송을 처음 실시하였다. 컬러 텔레비전을 위한 규격은 기존 규격을 확장하여 1954년에 제정되었다. NTSC는 컬러 방송을 위해 RGB 신호를 YIQ 신호로 변환하여 전송한다. Y 성분은 영상의 밝기^{luminance} 정보를 나타내고 I와 Q 신호는 영상의 색상^{chrominance} 정보를 나타낸다. YIQ 신호를 사용하면 밝기 성분과 색상 성분을 분리할 수 있으므로 전송 대역폭을 줄일 수 있다. 인간은 일반적으로 영상에서의 색 변화보다는 밝기 변화에 민감하다. 따라서 밝기 성분은 그대로 사용하고 색 성분에 대해서는 부표본화$^{sub-sampling}$를 수행함으로써 데이터양을 줄여 방송 신호의 전송 대역폭을 절감한다. 부표본화에 대해서는 디지털 비디오에서 자세하게 설명할 것이다. 이 방

식은 우리나라를 비롯하여 미국, 일본, 캐나다 등에서 사용하고 있다.

PAL 방식은 NTSC의 문제점을 보완하여 독일에서 개발하였는데 컬러 텔레비전만을 지원하는 아날로그 TV 전송 규격이다. 1967년 영국과 독일(당시는 서독)에서 처음으로 방송을 시작하였다. 이 방식은 영국을 비롯한 서유럽의 여러 나라와 중국, 인도, 호주, 뉴질랜드 등에서 사용하고 있다. SECAM은 1961년 프랑스에서 최초의 시스템을 제안하였으며 1967년에 방송을 시작하였다. 이 방식은 U와 V 신호를 번갈아 송신하는 방식과 FM 변조방식을 사용하기 때문에 NTSC나 PAL 방식에 비해 색에 대한 왜곡이 적고 원거리에 대한 안정적인 서비스가 가능하다. SECAM은 프랑스를 포함하여 벨기에, 그리스, 러시아와 동유럽권 국가 그리고 중동지역의 나라들이 사용하고 있다.

❺ 비디오 신호의 유형

초기 아날로그 비디오 신호는 밝기 정보와 색 정보를 단일 신호의 형태로 사용하였다. 이 단일 신호를 컴포지트^{composite} 비디오 신호라고 한다. 그러나 컴포지트 비디오는 밝기와 색 사이의 간섭이 심하고 수신단에서 신호의 정확한 분리가 불가능하다. 특히 높은 대역폭의 신호는 각 정보를 분리하여 전송하는 것이 필요하다. 이 방식을 개선한 S-비디오$^{super\ video}$나 컴포넌트^{component} 비디오 신호가 존재한다.

컴포지트 비디오는 단일 신호에 밝기와 색 정보와 함께 싱크^{sync} 및 귀선^{blanking} 신호를 포함한다. 색 신호는 밝기 신호를 싣는 채널의 상위 주파수에 위치하게 되어 이들 간의 간섭 현상이 발생하게 된다. 이로 인해 화질의 저하가 심하게 발생한다. 수신단에서는 밝기 신호와 색 신호를 분리하여 화면에 출력한다. 컴포지트 비디오는 VCR, TV, DVD 등의 다양한 장치에서 광범위하게 지원하고 있다. 그림 6-6은 컴포지트 비디오에서 사용하는 RCA 커넥터와 케이블이다.

그림 6-6 컴포지트 비디오 케이블 및 커넥터

컴포넌트 비디오는 Y, U, V 신호를 독립적으로 구분하여 별도의 케이블을 통해 전송하는 비디오 신호이다. 따라서 채널 사이의 간섭 현상을 최소화하여 최상의 화질을 얻을 수 있지만 넓은 대역폭이 필요하고 동기화 문제가 발생한다. S-비디오는 컴포지트 신호와 컴포넌트 신호의 절충 방법이다. 밝기 신호와 색 신호를 구분하여 2개의 별도 케이블을 사용하여 전송한다. 색 정보인 U와 V 신호가 하나의 신호를 통해 전달되므로 수신단에서 다시 U와 V 신호를 다시 분리할 수 있어야 한다. 밝기 신호와 색 신호의 분리를 통해 컴포지트 비디오에서 발생했던 밝기와 색 사이의 간섭 현상을 제거하여 어느 정도 향상된 화질을 구현할 수 있다. 일부 DVD나 컴퓨터 모니터에서 사용되고 있다. 그림 6-7은 컴포넌트 비디오 및 S-비디오 커넥터와 케이블이다.

그림 6-7 컴포넌트 비디오 및 S-비디오 케이블

3) 디지털 비디오

정지 영상^{still image}은 아날로그 신호를 공간적^{spatially}으로 표본화^{sampling}하여 디지털 과정을 수행하지만 비디오는 공간적 뿐만 아니라 시간적^{temporally}으로도 표본화하는 과정이 필요하다. 1차원 신호인 사운드와 2차원 신호인 영상과 동일하게 아날로그 비디오는 표본화, 양자화, 부호화 과정을 거쳐 디지털 비디오로 변환할 수 있다. 그림 6-8은 공간적, 시간적 표본화에 대한 개념도이다.

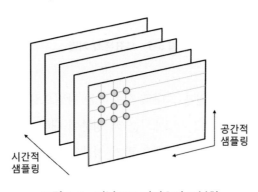

그림 6-8 아날로그 비디오의 표본화

❶ 부표본화

디지털 변환 과정을 거쳐 아날로그 비디오로부터 변환한 디지털 비디오는 주로 RGB 컬러모델을 사용하여 표현한다. 음극선관, LCD 등의 화면 출력 장치는 RGB 성분을 사용하여 동작한다. 그러나 방송망을 통한 전송이나 데이터 압축 등을 위해서는 RGB 컬러모델 대신 YIQ, YUV, YCbCr 등의 컬러모델을 사용한다. 이때 밝기의 변화보다 색의 변화에 둔감한 인간의 시각 특성을 반영하여 색 성분에 대한 부표본화^{sub-sampling}를 수행한다. 부표본화는 디지털 변환 과정에서 표본화하여 생성한 디지털 데이터에 대해 다시 한 번 표본화를 수행하여 수평 및 수직 해상도를 줄이는 과정이다. 부표본화를 수행함으로써 시각적인 화질의 저하 없이 방송을 위한 대역폭을 줄이거나 비디오의 압축 효율을 높일 수 있다. 부표본화는 색 성분에만 사용하고 밝기 성분에는 적용하지 않는다. 부표본화는 4:4:4, 4:2:2, 4:2:0 등의 방법을 사용한다. 그림 6-9는 부표본화 방법을 구분하여 나타낸다. 그림에서 큰 원은 밝기 성분, 작은 원은 두 개의 색 성분(예를 들어, YIQ 컬러모델의 경우 I와 Q)이다.

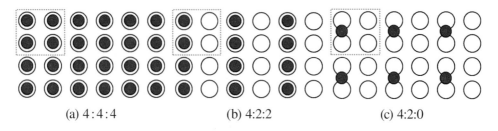

(a) 4 : 4 : 4   (b) 4:2:2   (c) 4:2:0

그림 6-9 부표본화 기법

4:4:4 기법은 색 성분을 원본 그대로 사용하는 방법으로 색 성분과 밝기 성분은 동일한 해상도를 갖는다. 4:2:2 기법에서는 색 성분에 대해서는 수평 방향으로 한 픽셀씩 건너뛰며 값을 저장하며 색 성분은 밝기 성분의 1/2에 해당하는 해상도를 갖는다. 수직 방향에 대해서는 밝기 성분과 동일한 해상도를 갖는다. 따라서 그림 6-9(b)에서 볼 수 있듯이 네 개의 밝기 표본마다 두 개씩의 색 표본이 존재한다. 만약 YIQ 컬러모델을 사용한다면 네 개의 Y 표본마다 두 개의 I와 두 개의 Q 표본이 존재한다. 4:2:2 기법은 YUY2 기법이라고도 부른다. 4:2:0 기법은 색 성분에 대해 수평 및 수직 방향으로 각각 한 픽셀씩 건너뛰며 값을 저장한다. 따라서 수평 및 수직 방향에 대해 색 성분은 각각 밝기 성분의 1/2에 해당하는 해상도를 갖는다. 이 기법은 YV12 기법이라고도 부른다. 표 6-2에서 알 수 있듯이 화상회의, 디지털 TV, DVD 등의 다양한 분야에서 4:2:0 기법을 많이 사용하고 있다. 그 외에도 4:1:1 기법이 있는데 이 방법은 수평 방향으로 색 성분의 4번째 값만을 저장한다.

Y, I, Q 성분에 대해 각 8비트를 사용한다면 4:4:4 기법의 경우 한 픽셀을 표현하기 위해 24비트가 필요하다. 4:2:2 기법은 두 개의 픽셀을 위해 32(8비트×4 표본)비트가 필요하므로 픽셀당 평균적으로 16비트가 필요하며 4:2:0 기법은 네 개의 픽셀을 위해 48(8비트×6표본)비트가 필요하므로 픽셀당 평균적으로 12비트가 필요하다. 이와 같이 색상 정보에 대한 부표본화 과정을 통해 시각적으로는 큰 차이가 없지만 비

디오 저장 및 전송을 위한 데이터양을 줄일 수 있다.

각 성분이 8비트를 갖는 CIF 포맷(표 6-2참조)의 한 프레임을 표현하기 위해 필요한 데이터양은 4:4:4 부표본화 기법을 사용하는 경우 $2,433,024(352 \times 288 \times 8 \times 3)$비트, 4:2:2 기법의 경우 $(352 \times 288 \times 8 \times 1) + (352 \times 144 \times 8 \times 2)$이므로 $1,626,624$비트가 필요하며 4:2:0 기법의 경우에는 4:4:4의 1/2에 해당하는 비트(1,216,512)가 필요하다.

❷ 비디오 포맷

용도에 따른 다양한 비디오 포맷이 표준으로 정해져 있다. 표 6-2는 많이 사용하는 디지털 비디오 포맷의 종류이다. 그중에서 CIF^{Common Intermediate Format} 계열 포맷은 MPEG-4와 H.264의 비디오 압축을 위한 기본 포맷으로 사용하고 있다. CIF와 QCIF^{Quarter CIF}는 비디오 회의 관련 응용 분야, QCIF와 Sub-QCIF는 모바일 멀티미디어 관련 응용 분야에 사용하고 있으며 그 외의 포맷은 주로 디지털 방송용에서 사용한다. 그림 6-10은 해상도에 따른 프레임의 크기를 비교하여 나타낸다.

표 6-2 디지털 비디오 포맷 종류

포맷	해상도(w×h)	프레임률	주사방식	부표본화	종횡비
Sub-QCIF	128×96		P	4:2:0	4:3
QCIF	176×144		P	4:2:0	4:3
CIF	352×288		P	4:2:0	4:3
4CIF	704×576		P	4:2:0	4:3
HDTV(720p)	1280×720	60(59.94)	P	4:2:0	16:9
HDTV(1080i)	1920×1080	30(29.97)	I	4:2:0	16:9
HDTV(1080p)	1920×1080	30(29.97)	P	4:2:0	16:9
UHDTV(4K)	3840×2160	60(59.94)	P	4:4:4, 4:2:2, 4:2:0	16:9
UHDTV(8K)	7680×4320	60(59.94)	P	4:4:4, 4:2:2, 4:2:0	16:9

※ I: 비월주사(Interlaced), P: 순차주사(Progressive)

그림 6-10　포맷에 따른 프레임 크기 비교

　비월주사 방식의 TV 방송에서 아날로그 비디오 신호를 디지털 신호로 변환할 때 사용하는 표준은 1982년에 발표된 ITU-R 권고안^{recommendation} BT.601이다. 권고안은 표준과 동일한 의미이다. 이 권고안의 옛 이름은 CCIR 601인데 지금은 간단히 Rec. 601 또는 BT.601이라고 부른다. 이 권고안에서는 4:2:2 YCbCr의 컴포넌트 신호를 사용하고 프레임률은 NTSC 신호의 경우 30 Hz, PAL과 SECAM 신호의 경우 25 Hz이다. 표 6-3은 ITU-R 권고안 BT.601의 규격을 나타낸다. NTSC, PAL, SECAM의 비트율은 모두 216 Mbps로 동일하다. NTSC의 경우를 살펴보면 $525 \times 858 \times 30(프레임) \times 2(표본) \times 8(비트) = 216,216,000$비트이다. 라인별 총 픽셀 수와 유효 픽셀 수는 밝기 성분 기준이며 4:2:2 부표본화 기법을 사용하므로 색 성분은 밝기 성분의 1/2의 해상도를 갖는다.

표 6-3 BT.601 규격

	NTSC	PAL	SECAM
프레임별 총 주사선 수	525	625	625
프레임별 유효 주사선 수	480	576	576
라인별 총 픽셀 수(Y)	858	864	864
라인별 유효 픽셀 수(Y)	720	720	720
프레임률	30(29.97)	25	25
인터레이싱	2:1	2:1	2:1
종횡비	4:3	4:3	4:3

❸ 디지털 TV 표준

디지털 TV $^{\text{digital TV, DTV}}$는 제작, 편집, 전송과 수신 등의 방송에 대한 모든 단계를 디지털 방식으로 처리한다. 우리나라에서는 2012년 아날로그 방송을 모두 종료하고 2013년부터 디지털 방송으로 전면 전환되었다. 아날로그 방송에 비해 디지털 방송은 전송과정에서 오류가 발생하는 비율을 줄일 수 있으며 일부 오류에 대한 자동 교정이 가능하다. 또한 압축 기술을 사용하여 더 많은 대역폭을 확보하여 다량의 정보의 제공이 가능하다.

디지털 TV는 크게 표준화질 TV$^{\text{Standard Definition TV, SDTV}}$와 고화질 TV$^{\text{High Definition TV, HDTV}}$, 초고화질 TV$^{\text{Ultra High Definition TV, UHDTV}}$로 구분할 수 있다. 표준화질 TV는 NTSC 방식을 기반을 두는 480i와 PAL 및 SECAM에 기반을 두는 576i 방식의 두 가지가 일반적이다. 종횡비는 4:3과 16:9를 사용하고 프레임률은 24, 25, 30, 50, 60fps을 사용한다. 고화질 TV는 표준화질 TV에 비해 조금 더 높은 해상도를 사용한다. 일반적인 해상도는 1080p, 1080i, 720p의 세 가지 방식이다. 종횡비는 16:9를 사용한다.

HDTV의 연구는 1960년 초반 일본에서 시작되어 NHK에서 최초로 개발하였다. 1987년에 NHK는 미국의 워싱턴 DC에서 성공적으로 HDTV를 시연하였다. 이때부터 HDTV는 세계적인 관심의 대상이 되었으며 미국, 유럽에서는 독자적인 기술을 개발하기 시작하였다. 현재 미국에서는 ATSC, 유럽에서는 DVB 시스템을 각각 개발하여 방송 서비스에 사용하고 있다.

디지털 TV의 전송 표준 규격은 크게 네 가지로 구분할 수 있다. 표 6-4는 이들을 비교하여 나타낸다. 디지털 TV 표준의 영상 부호화는 표준 제정 단계에서는 모두 MPEG-2를 사용하였다. 지금은 모든 표준이 H.264를 사용 가능하도록 확장되었다. ATSC^{Advanced Television System Committee} 방식은 1996년 미국의 표준으로 채택되었는데 넓은 지역을 서비스하기 좋지만 다른 방식에 비해 잡음에 약한 단점이 있다. 2008년 7월부터는 H.264 부호화 방식을 지원할 수 있도록 표준이 개선되었다. MPEG-2 기반의 영상부호화를 사용하면 1920×1080p 해상도에서는 최대 초당 30프레임까지 지원할 수 있지만 H.264를 사용하면 동일 해상도에서 초당 60프레임까지 지원이 가능하다. 이 방식은 우리나라를 포함하여 미국, 캐나다, 멕시코 등에서 표준으로 사용하고 있다. DVB-T^{Digital Video Broadcasting–Terrestrial} 방식은 1998년에 영국에서 TV 방송을 위해 처음으로 사용되기 시작하였다. 이 방식은 단일 주파수 대신에 다수의 주파수에 분산하여 데이터를 전송하기 때문에 전송 속도가 조금 느려지는 반면 상대적으로 잡음에 강한 특성을 나타낸다. 이 방식은 유럽, 호주, 뉴질랜드 등에서 사용하고 있다. ISDB-T^{Integrated Services Digital Broadcasting–Terrestrial} 방식은 휴대형 모바일 장비에서도 수신을 용이하도록 설계되었다. 다수의 채널을 사용하여 데이터를 다중화^{multiplexing}하여 전송하는 특성을 갖는다. 이 방식은 일본 및 남미 여러 나라에서 사용하고 있다. DTMB^{Digital Terrestrial Multimedia Broadcasting} 방식은 중국 내의 표준인 ADTB-T, DMB-T, TiMi의 결합에 의해 제정되었다. DTMB는 2004년에 설립되어 2006년에 표준으로 채택되었다. 이 방식은 중국, 홍콩, 마카오 등에서 사용되고 있다.

표 6-4   디지털 TV 전송 규격 표준 비교

	ATSC	DVB-T	ISDB-T	DTMB
영상부호화	MPEG-2	MPEG-2	MPEG-2	MPEG-2
음성부호화	Dolby AC-3	MPEG-2	MPEG-2	Dolby AC-3
변조	8 VSB	COFDM	OFDM	OFDM
대역폭	6 MHz	5~8 MHz	6 MHz	8 MHz

02 비디오 압축

1) 비디오 압축 원리

앞에서 살펴본 것처럼 비디오는 매우 많은 데이터양을 요구한다. 하드웨어 기술의 발전으로 인해 대용량의 저장 장치를 저렴한 가격에 사용하고 네트워크 기술의 발전으로 인해 초고속의 전송이 가능한 시대에 대용량의 비디오를 저장하고 전송하는 것은 큰 문제가 없는 것처럼 생각할 수 있다. 그러나 기대만큼 네트워크 전송 속도는 향상되고 있지 않으며 비디오 데이터양은 기하급수적으로 증가하고 있다. 따라서 압축 기술을 사용하여 시각적인 화질의 저하 없이 동일한 저장 공간에 수십 배의 데이터를 저장하거나 동일한 대역폭을 사용하여 훨씬 많은 종류의 데이터를 한꺼번에 전송할 수 있다면 매우 가치 있는 일이다.

최근에는 공중파 방송을 포함하여 일반 가정에서의 영상 컨텐츠와 영화관의 영화 등이 모두 디지털화되어 사용되고 있다. 특히 시각적인 만족을 위해 이들 영상 컨텐츠의 해상도가 급격하게 증가하고 있으며 이에 따른 데이터양도 함께 급증하고 있다. 따라서 비디오에 대한 효과적인 압축 방법이 지속적으로 요구되고 있다. 비디오 압축을 위한 다양한 표준들이 제정되었는데 이번 절에서는 우선 여러 표준에서 비디오 압축을 위해 사용하는 공통적인 기본 원리를 살펴보고 다음으로 표준의 종류와 특징에 대해 살펴본다.

비디오 압축^{compression}은 디지털 비디오를 표현하는 데이터양을 줄이는 과정으로 보다 적은 수의 비트를 사용하여 디지털 비디오를 표현하도록 한다. 이때 비디오의 화질 저하는 최소화할 수 있도록 해야 한다. 만약 원본 비디오와 압축 비디오 사이의

715

화질 차이가 크게 발생하면 압축은 가치가 없고 불필요할 수도 있다. 따라서 비디오 화질의 큰 변화 없이(정확하게는 사람이 느끼는 화질의 변화 없이) 데이터양을 줄이는 과정이 압축이다. 비디오 데이터를 사용하기 위해서는 압축한 데이터를 원래의 데이터로 복원하는 과정이 필요하다. 압축을 부호화^{encoding}, 복원을 역부호화^{decoding}라고 부르며 부호화와 역부호화를 수행하는 시스템을 묶어 코덱$^{CODEC: enCOder/DECoder}$이라고 한다.

비디오 압축은 시각적으로 인지할 수 없는 데이터 관점에서 불필요한 중복적인 요소들을 제거함으로써 이루어진다. 이런 중복적인 요소를 공간적 중복성$^{spatial\ redun-dancy}$과 시간적 중복성$^{temporal\ redundancy}$으로 구분할 수 있다. 비디오 압축을 위해 우선 공간적 중복성과 시간적 중복성에 대해 살펴보고 이들을 제거하는 방법을 살펴보자.

❶ 공간과 시간의 중복성

공간적 중복성은 한 프레임의 내부에서 발생하는 현상이고 시간적 중복성은 프레임 사이에서 발생한다. 공간적 중복성이란 영상에서 인접한 위치의 픽셀 사이에 값의 유사도가 높게 나타나는 것을 의미한다. 예를 들어, 한 지점의 픽셀 밝기가 70이면 이 픽셀의 주변에 위치하는 이웃 픽셀들도 70과 유사한 밝기를 갖는다. 공간적인 중복성을 제거하는 가장 간단한 방법은 픽셀의 값을 그대로 저장하는 대신 인접 픽셀과의 차이 값을 저장하는 것이다. 원본 값에 비해 이 차이 값은 작은 값을 가지므로 더 적은 비트를 사용해서 동일한 데이터를 표현할 수 있다. 이런 처리는 사운드의 부호화 방법 중에서 DPCM과 유사한 방식이다. 이 개념을 확장하고 개선시킨 방법들이 RLE, 허프만코딩, JPEG 등의 방법이다. 2장에서 허프만 코딩에 대한 방법을 살펴봤는데 이 코딩 방식은 영상 데이터의 압축에도 자주 사용되고 있다.

시간적 중복성이란 짧은 시간 간격으로 획득한 프레임들은 내용적으로 높은 유사도를 가지게 되는데 이때 발생하는 중복성이다. 일반적인 비디오의 생성 과정에서 1초당 24에서 30개의 프레임을 획득하므로 인접 프레임 사이에는 포함된 내용의 중복성이 매우 높다. 따라서 이런 시간적 중복성을 제거하여 압축 효율을 높이는 것이 가능하다. 그림 6-11은 시간적 중복성을 나타낸다. 그림에서 알 수 있듯이 인접 프레임

간에는 보행자의 모습이나 위치가 매우 유사하게 나타난다. 또한 카메라가 고정된 경우에는 배경의 변화는 거의 발생하지 않으므로 프레임 간의 중복성은 더욱 커진다.

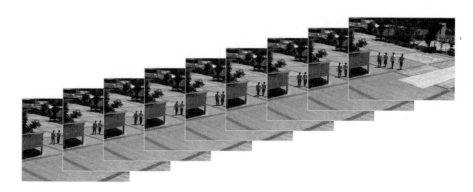

그림 6-11 시간적 중복성

공간적 중복성을 제거하기 위해 인접 픽셀 간의 차이만을 저장하는 방법을 사용하는 것처럼 시간적 중복성을 제거하기 위해 프레임 간의 차이만을 저장하는 방법을 고려할 수 있다. 그림 6-12는 각 프레임의 밝기 성분을 사용하여 인접한 프레임 간의 차이를 표현한 것이다. 차영상difference image에서는 변화가 작은 위치는 0에 가까운 작은 값(어두운 밝기), 변화가 큰 위치는 큰 값(밝은 밝기)으로 저장한다. 이 차영상에서 살펴볼 수 있듯이 움직이는 보행자의 위치에서는 변화가 발생하고 있으므로 밝은 색으로 표시되고 있다. 반면 배경은 변화가 없기 때문에 검은색에 가까운 매우 어두운 밝기로 나타나고 있다. 여기에서 알 수 있듯이 원래의 프레임을 사용하는 것보다 프레임 간의 차영상을 사용하여 비디오 데이터 표현을 위한 비트 수를 줄일 수 있다.

(a) n번째 프레임   (b) n + 1번째 프레임   (c) 프레임 간의 차영상

그림 6-12 프레임 간의 차영상

시간적 중복성을 제거하여 비디오를 압축하는 방법 중에서 MJPEG^{Motion JPEG} 방법이 있다. MJPEG은 각 프레임을 JPEG 방식으로 압축하는데 다른 압축 방법에 비해 빠르고 간단하게 처리할 수 있다. 그런데 비디오 압축 효율을 높이기 위해서는 공간적 중복성 뿐만 아니라 중복성이 더욱 높은 시간적 중복성을 제거해야만 한다. 비디오 표준에서는 시간적 중복을 제거하기 위해 프레임 간의 차영상과 함께 움직임 추정^{motion estimation}을 기반을 하는 움직임 보상^{motion compensation} 기법을 사용한다. 움직임 보상은 블록 단위로 이루어지는데 움직임 추정 기법과 움직임 보상 기법을 살펴본다.

❷ 움직임 예측 및 보상

움직임 예측^{motion estimation}은 현재 움직이는 물체가 이전에는 어디에 위치하였는지를 찾는 과정이다. 움직임 예측은 객체 단위가 아닌 블록 단위로 이루어진다. 압축을 수행할 현재 프레임을 일정한 크기의 블록으로 나누어서 움직임 예측을 수행하는데 이 블록을 매크로블록^{macroblock}이라고 한다. 압축을 수행할 현재 프레임을 목표 프레임^{target frame}이라고도 하는데 이 프레임의 각 매크로블록 단위로 참조 프레임^{reference frame}에서 가장 유사한 영역을 검색한다. 참조 프레임은 목표 프레임보다 시간적으로 이전일 수도 있지만 이후일 수도 있다. 부호화 과정에서의 프레임 종류에 따라 참조 프레임의 시간적 위치가 결정된다. 자세한 사항은 조금 후에 살펴본다.

그림 6-13을 살펴보자. 그림 6-13(a)는 목표 프레임을 매크로블록으로 나눈 결과인데 각 매크로블록에 대해 참조 프레임에서 가장 유사한 영역을 검색한다. 그림 6-13(a)에서 굵은 사각형으로 표시한 매크로 블록은 자동차를 포함하고 있는데 참조 프레임에서 가장 유사한 영역을 검색하면 그림 6-13(b)와 같은 결과를 얻을 수 있다. 두 프레임 사이에서 자동차의 위치 이동결과를 확인하면 그림 6-14(c)와 같다. 목표 프레임에서는 참조 프레임에 비해 자동차의 위치가 오른쪽으로 조금 이동한 것을 확인할 수 있다.

(a) 목표 프레임

(b) 참조 프레임

(c) 자동차의 위치 변화

그림 6-13 움직임 예측

이런 방식을 사용하면 목표 프레임의 각 매크로블록의 데이터를 직접 저장하는 것이 아니라 참조 프레임의 유사 영역의 데이터를 사용하여 간접적으로 저장할 수 있다. 목표 프레임의 매크로블록은 참조 프레임의 유사 영역에 대한 상대적인 위치와 차이(오차)만을 저장하는 것이다. 이 상대적인 위치를 움직임 벡터$^{motion\ vector}$라고 한다. 그림 6-14를 통해 움직임 벡터의 개념에 대해 자세하게 살펴보자. 그림 6-14와 같이 목표 프레임의 매크로블록의 좌측상단의 위치를 (x, y)라고 하고 이에 대응하는 참조 프레임에서의 가장 유사한 매크로블록의 위치를 $(x+u, y+v)$라고 하면 움직임 벡터는 $(+u, +v)$로 표현할 수 있다. 움직임 예측을 위해서는 목표 프레임의 각 매크로블록에 대해 참조 프레임의 모든 영역을 검색하는 것이 필요하다. 그러나 매번 모든 영역을 검색하는 것은 많은 시간을 요구할 뿐만 아니라 정확도 향상에도 큰 도움이 되지 않는다. 화면상에 큰 움직임이 발생하더라도 프레임 사이의 시간 간격은 매우 짧기 때문에 목표 프레임에서의 처리 대상 매크로블록의 위치는 참조 프레임에서의 원위치로부터 크게 벗어나지는 않는다. 따라서 처리 대상 매크로블록의 위치를 기준으로 일정한 크기의 영역만을 검색하여 정확도의 손실 없이 검색 시간을 단축시킨다. 그림 6-14는 이 과정을 그림으로 나타낸다.

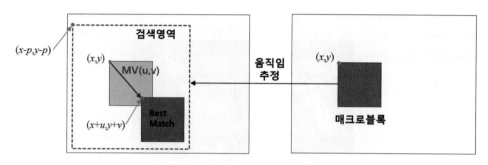

그림 6-14   움직임 벡터 검색

목표 프레임의 모든 매크로블록에 대해 움직임 예측을 수행하여 움직임 보상 프레임을 생성한다. 그림 6-15는 움직임 보상 프레임을 생성한 결과이다. 그림에서 확인할 수 있듯이 움직임 보상 프레임은 목표 프레임과 매우 유사한 내용을 갖는다. 목표 프레임과 움직임 보상 프레임의 차이는 참조 프레임과 목표 프레임의 차이보다 훨씬 작은 것을 알 수 있다. 그러나 짧은 시간 동안이지만 시간의 흐름에 따라 날씨, 조명 등의 변화가 발생하여 움직이는 객체와 배경에 변화가 발생할 수 있다. 특히 객체의 모습이 변하거나 화면에서 사라질 수 있고 새로운 객체가 등장할 수 있다. 운동 경기와 같이 빠른 움직임이 있는 경우에는 이런 현상이 빈번하게 발생한다. 따라서 움직임 보상 프레임의 일부 영역에서 볼 수 있듯이 정확한 예측이 발생하지 못하는 경우도 발생한다. 또한 정확한 예측이 이루어지더라도 원래의 영상과 예측한 영상 사이에는 예측 오차는 피할 수 없다.

참조 프레임

목표 프레임

차영상(목표 프레임-참조 프레임)

움직임 보상 프레임

예측 오차
(목표 프레임-움직임 보상 프레임)

그림 6-15 움직임 예측 및 발생 오차

움직임 예측을 통해 움직임 벡터를 생성하고 움직임 보상 프레임으로부터 예측 오차를 계산하는 일련의 과정을 움직임 보상^{motion compensation}이라고 한다. 움직임 보상 기법을 사용하면 목표 프레임을 오차 영상과 움직임 벡터만을 사용하여 부호화할 수 있으므로 높은 압축 효율을 제공하는 것이 가능하다. 오차 영상은 DCT 기반의 손실 압축 기법으로 처리하고 움직임 벡터는 엔트로피 코딩의 비손실 압축 방법으로 저장한다. 복원 과정에서는 참조 프레임과 움직임 벡터를 사용하여 움직임 예측 프레임을 생성하고 오차 영상을 추가하여 원래의 프레임을 복원한다. 프레임을 부호화하는 방법은 프레임 내 부호화^{intra-frame encoding}와 프레임 간 부호화^{inter-frame encoding}로 구분할 수 있다. 이 두 가지 방법에 대해 살펴본다.

❸ 프레임 부호화 방법

프레임 내 부호화를 사용하는 프레임을 I^{Intra} 프레임이라고 한다. 프레임 내 부호화에서는 프레임 간의 움직임 보상 기법을 사용하지 않고 영상 내의 공간적 중복성만을 제거하여 압축을 수행한다. 비디오 표준에서는 10~20장의 프레임마다 I 프레임을 포함한다. I 프레임은 화면 간 부호화를 위한 참조 프레임으로 사용하며 임의 위치에 대한 접근$^{random\ access}$이 가능하도록 하는 역할을 담당한다.

프레임 간 부호화를 사용하는 프레임은 P$^{Predictive\ coded}$ 프레임과 B$^{Bidirec-tionally\ coded}$ 프레임으로 구분할 수 있다. P 프레임은 앞에서 살펴본 움직임 보상 기법을 사용하여 I 프레임이나 다른 P 프레임으로부터 생성한 프레임이다. B 프레임은 두 장의 참조 프레임을 사용하여 양방향의 예측을 사용하여 생성한 프레임이다. 양방향 예측이란 시간적으로 이전 프레임뿐만 아니라 현재 프레임보다 다음에 위치하는 미래 시간의 프레임을 함께 사용하여 움직임 보상 과정을 수행한다. 이전 프레임뿐만 아니라 이후 프레임을 동시에 고려함으로써 조금 더 정확한 움직임 벡터의 예측이 가능하다. 양방향 예측을 사용하여 예측의 정확도를 높이는 것은 가능하지만 계산의 복잡도도 함께 증가한다. 양방향 예측을 사용하므로 각 매크로블록마다 두 개의 움직임 벡터를 계산하는데 다음 세 가지 방식 중의 한 가지 방식으로 매크로블록을 부호화할 수 있다.

- 과거 프레임으로부터 예측하는 순방향(forward) 예측 부호화
- 미래 프레임으로부터 예측하는 역방향(backward) 예측 부호화
- 두 개의 블록에 대한 반올림 평균을 수행하는 보간적(interpolative) 예측 부호화

B 프레임의 사용으로 인해 프레임의 원래 순서와 처리되어 전달되는 순서가 달라지는 현상이 발생한다. 그림 6-16에서 볼 수 있듯이 가장 먼저 I$_1$ 프레임을 부호화하고 그 후에 I$_1$ 프레임을 이용하여 P$_4$ 프레임을 부호화한다. 그리고 I$_1$ 프레임과 P$_4$ 프레임을 사용하여 B$_2$ 및 B$_3$ 프레임을 부호화한다. 프레임을 화면에 출력하는 순서$^{display\ order}$는 그림 6-16의 순서와 동일하지만 부호화하여 전송(저장)하는 순서는 다음과 같다.

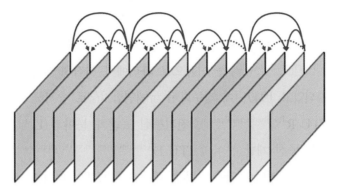

I_1 B_2 B_3 P_4 B_5 B_6 P_7 B_8 B_9 I_{10} B_{11} B_{12} P_{13} B_{14}

그림 6-16 프레임 순서
전송(저장) 순서: I_1, P_4, B_2, B_3, P_7, B_5, B_6, I_{10}, B_8, B_9, P_{13}, B_{11}, B_{12}

2) 비디오 압축 표준

국제표준화기구에서는 1980년대부터 디지털 비디오 압축을 위한 다양한 비디오 압축 표준을 제정하고 있다. 대표적 국제표준화기구는 ISO^International Organization for Standardization와 ITU^International Telecommunication Union이다. ISO는 IEC와 공동으로 MPEG1, MPEG2, MPEG4, MPEG7, MPEG21의 MPEG 계열 표준을 제정하고 있고 ITU는 H.261, H.263, H.264의 H.26x 계열의 표준을 제정하였다. ITU의 표준은 권고안^recommendation이라고 부른다. 비디오 압축 표준은 복호화^decoding 기능만을 표준으로 정하고 있다. 표준에서 정해진 복호기에서 성공적으로 압축의 복원이 가능하면 어떤 부호화 알고리즘을 사용하더라도 가능하다. 따라서 부호화^encoding 방법은 업체마다 다른 기술을 사용하고 있으며 다양한 특허가 등록되어 있다.

ISO는 1946년에 25개국의 대표들이 영국에 모여 새로운 국제 표준화 기구에 대한 논의를 시작하여 1947년에 설립되었다. 한편 IEC^International Engineering Consortium는 대학과 공학관련 학회에서 지원하는 비영리 기관으로 1944년 설립되었으며 정보통신 분야의 표준화를 위해 노력하고 있다. ISO와 IEC의 분야에 중복이 생기면서 1989년에 두 기관이 함께 참여하는 공동기술위원회 JTC 1^Joint Technical Committee 1을 설립하였다. JTC 1은 "글로벌 시장에서 요구하는 IT분야 표준을 개발, 유지 및 촉진하는 것"을 목표로 하고 있다.

ITU는 정보와 통신 기술에 대한 국제연합기구이다. ITU는 1865년에 국제전신 연합International Telegraph Union이라는 이름으로 파리에서 시작하였다. 1934년에 현재의 이름으로 변경되었고 1947년에 전문화된 국제연합기구로 승격하였다. ITU는 무선 통신분야의 ITU-RRadiocommunication, 전기통신 표준화 분야의 ITU-TTelecommunication Standardization, 전기통신 개발 분야의 ITU-DTelecommunication Development 등의 하위 조직 으로 구성되어 있다. 비디오 압축에 대한 표준은 ITU-T의 비디오 코딩 전문가 그룹 Video Coding Experts Group, VCEG에서 담당하고 있다. 대표적인 국제 표준화 기구의 홈페이지 주소는 다음과 같다.

- ISO: www.iso.org
- IEC: www.iec.org
- ISO 기술 위원회: www.iso.org/iso/home/standards_development/list_of_iso_
  technical_committees.htm
- ITU: www.itu.int

비디오에 대한 부호화 표준의 종류와 발전 과정에 대해 살펴보자. 부호화 표준의 발전 과정은 그림 6-17과 같다.

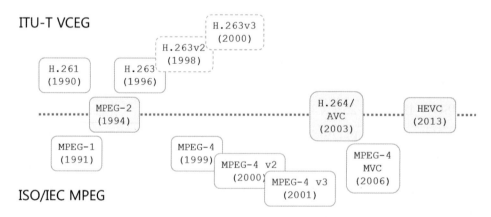

그림 6-17 비디오관련 부호화에 대한 표준의 발전 과정

❶ H.261

H.261은 1984년에 시작하여 1990년 12월에 ITU의 정식 권고안으로 제정되었다. H.261은 ISDN 통신망을 사용하여 비디오 전화나 비디오 회의 등의 전송 미디어를 지원하기 위한 동영상 압축 및 부호화 방식의 국제 표준이다. 지원 해상도는 352×288의 CIF와 176×144의 QCIF 포맷이고 초당 30프레임까지 지원한다. 단, 색 성분에 대해서는 밝기 성분에 비해 수평과 수직방향으로 1/2의 해상도를 사용한다.

H.261은 블록 기반의 움직임 보상, DCT 등의 주요 알고리즘을 사용하는데 이 알고리즘들은 이후에 제정된 비디오 압축 표준들에서도 계속 사용되고 있다. 그러나 여러 가지 기술 측면에서 수준 차이가 발생하는데 다른 표준과는 다르게 순차 주사 방식만 지원하고 비월 주사 방식은 허용하지 않으며 프레임의 예측은 프레임 내 예측과 프레임 간에는 순방향 예측만을 사용한다.

전송속도는 $p \times 64$ kbps로 나타낼 수 있는데 p는 1~30의 값을 갖는다. 따라서 초당 비트율(bit rate)은 64 Kbps~1,920 Kbps이다. 이와 같은 전송속도의 표시방법으로 인해 H.261은 $p \times 64$ 압축이라고 부르기도 한다.

H.261은 부호화와 복호화 과정에서 실시간 처리를 요구한다. 부호화와 복호화 처리 과정을 모두 포함해서 150 ms를 초과하면 안된다. 이 시간을 초과하면 영상 통화 과정에서 시간적 지연이 발생할 수 있다.

❷ H.262

H.262는 공식적으로 존재하지는 않는다. 앞의 그림 6-17에서 볼 수 있듯이 H.262는 ITU-T의 VCEG와 ISO/IEC의 MPEG에서 공동으로 개발하여 제정한 MPEG-2와 동일한 표준이다.

❸ H.263

H.263은 아날로그 전화망에서 낮은 속도의 영상전화와 영상회의를 지원하기 위해 제정한 동영상 부호화 방법이다. H.263은 이전 표준인 H.261와 MPEG-1,

MPEG-2의 기능을 개선하여 1996년 ITU-T의 비디오 코딩 전문가 그룹에서 제정하였다.

H.263은 H.261에서 지원하는 해상도를 확장하여 128×96의 SQCIF, 704×576의 4CIF 및 1408×1152의 16CIF까지 지원한다. 전송 속도는 일반적으로 28 Kbps이며 최대 2 Mbps까지 지원한다. H.263에서는 프레임 예측 단계에서 양방향 예측을 추가적으로 지원하고 1/2픽셀 단위의 움직임 보상 처리를 통해 이전 기술에 비해 향상된 압축률을 제공한다. H.261에 비해 절반 이하의 데이터양을 사용하여 동일한 영상품질을 제공한다. H.263의 압축 효율은 권고안 발표 이후에도 지속적으로 개선되었으며 앞의 그림 6-17과 같이 1998년에 발표된 H.263+(H.263v2)와 2000년의 H.263++(H.263v3)로 발전하였다. H.263+는 4×4 DCT, 향상된 프레임 내 부호화, 디블로킹 필터$^{\text{deblocking filter}}$ 등을 사용한다.

H.263은 ADPCM 기반의 오디오 부호화 표준인 G.723과 함께 회선^{circuit} 기반의 전화망에서 비디오 회의 서비스를 제공하기 위한 미디어 권고안인 H.324를 구성한다. RTP$^{\text{Real-Time Protocol}}$ 기반의 비디오 회의를 위한 H.323, ISDN 기반의 비디오 회의를 위한 H.320 등의 권고안에서도 사용한다.

❹ H.264

H.264는 ITU-T의 VCEG와 ISO/IEC의 MPEG에서 공동으로 개발하여 표준으로 제정한 것이며 그림 6-17과 같이 MPEG-4 part 10: Advanced Video Coding^{AVC}과 동일한 표준이다. 자세한 사항은 뒤에서 살펴본다.

❺ MPEG-1

통신 분야에서의 비디오 압축에 대한 요구는 디지털 통신이 시작된 초창기부터 지속되어왔는데 1980년대 초반에는 미디어 저장 분야에서도 비디오 압축에 대한 요구가 증가되었다. 이에 저장 미디어(CD-ROM)를 대상으로 압축 기술을 개발하기 위한 비디오 압축관련 위원회를 1998년도에 국제표준화기구인 ISO 내부에 설립하였다. 이 위원회가 바로 동영상 코딩 전문가 그룹인 MPEG^{Moving Picture Coding Experts Group}
이다.

MPEG은 비디오, 오디오 그리고 이들 간의 동기화에 대한 내용을 표준으로 정하
고 있다. 표준화 대상은 복호기^{decoder}, 부호화된 데이터의 구문 구조^{syntax}를 규정하는
영상신호 다중화기와 역 다중화기 그리고 전송오류를 정정하는 전송 부호기 및 전송
복호기이다. 여기에서 알 수 있는 것처럼 부호기^{encoder}는 표준의 대상이 아니다. 업체
의 경쟁을 통해 기술의 발전을 유도하기 위해 부호화 방법은 업체에서 고유하게 개발
할 수 있다. 그러나 부호화된 데이터의 구조가 표준으로 정해져 있기 때문에 표준 복
호기에서 재생이 가능해야만 한다.

MPEG-1은 1991년 MPEG에서 제정하여 발표한 비디오와 오디오 압축에 대
한 첫 번째 표준이다. MPEG-1은 H.261과 JPEG를 결합하여 성능을 개선하였는데
MPEG-1에서의 프레임 예측은 프레임 내 예측과 순방향 및 양방향의 프레임 간 예
측을 모두 사용한다. 저장 미디어의 경우 복호화 시간에 대한 실시간 처리는 필요하
지만 부호화에 대해서는 실시간 처리가 중요하지 않다. 따라서 부호화 단계에서 양방
향 예측을 사용함으로써 압축 효율을 높일 수 있도록 하였다. MPEG-1은 최대 전송
속도인 1.5 Mbps에서 비월 주사 방식의 비디오와 오디오를 부호화할 수 있도록 한
다. MPGE-1은 1,856,000 bps를 절대 초과할 수 없도록 규정되어 있으며 오디오는
32에서 448 kbps 범위에서 16 kbps 단위로 증가시킬 수 있다.

MPEG-1의 표준화 코드는 ISO/IEC 11172이다. MPEG 표준은 여러 개의 파
트^{part}로 구성되는데 파트 1은 시스템^{system}, 파트 2는 비디오, 파트 3은 오디오에 대
한 표준을 포함한다. MPEG-1에서는 SIF^{Source Input Format} 크기의 프레임을 사용한
다. NTSC에서는 352×240의 해상도에서 초당 30(29.97)프레임을 제공하고 PAL/
SECAM에서는 352×288의 해상도에서 초당 25프레임을 지원한다. 컴퓨터용 비디
오에서는 320×240(QVGA)이나 384×288의 해상도를 사용한다.

MPEG-1은 비디오 재생에서 임의 접근^{random access}이 가능하도록 몇 개의 프레임
을 묶어 GOP^{group of pictures}라는 개념을 도입하였다. GOP에서는 반드시 I 프레임을 포
함하여 독립적인 복호화가 가능하도록 한다. 또한 슬라이스^{slice}를 사용하여 슬라이스

별로 서로 다른 양자화 스텝을 사용하는 것이 가능하도록 하였다. 슬라이스는 전송률 제어에 유리하다.

MPEG-1은 VHS 테이프 수준의 디지털 화질을 제공한다. 그러나 제공 화질이 당시의 TV 화질보다 낮은 상태이었기 때문에 관련 업체들은 MPEG-1 기반의 제품 개발에 관심이 없었다. MPEG-1을 사용하여 성공한 제품은 노래방 기기이다. 일본의 빅터 사에서 1992년도에 발매한 제품은 기존 아날로그 기반의 시스템에 비해 작은 크기와 편리한 사용으로 인해 큰 인기를 끌었다. 이후 MPEG-1은 CD-I 및 이를 개선한 Video CD^{VCD}를 위한 포맷으로 사용되었다.

❻ MPEG-2

MPEG-2는 MPEG-1의 표준화 작업이 마무리되기 전인 1990년부터 표준화에 대한 논의가 시작되어 1994년에 제정되었다. MPEG-2의 최초 목표는 4~9 Mbps의 전송 속도에서 TV 수준의 화질을 제공하는 것이었다. 이후 화질을 HDTV 수준으로 개선하기 위한 새로운 표준인 MPEG-3에 대한 논의가 진행되었지만 결국 MPEG-2에 흡수되어 MPEG-2에서는 15~30 Mbps의 전송속도에서 HDTV 품질을 제공하고 있다.

MPEG-2는 저장 미디어뿐만 아니라 통신이나 방송 미디어에도 사용 가능한 범용 비디오 압축 부호화 방법이다. MPEG-2의 파트 2는 영상 부호화 방법에 대한 것인데 이것은 ITU-T의 H.262에 해당한다. MPEG-2의 표준화 코드는 ISO/IEC 13818이다.

MPEG-2는 H.261이나 MPEG-1과는 다르게 순차주사 방식을 지원한다. 또한 비트열에 대한 확장성^{scalability}을 제공한다. 확장성이란 일부 비트열만을 사용하여 낮은 해상도의 출력 장치에 비디오 출력이 가능한 기능이다. MPEG-1에서는 4:2:0의 부표본화 포맷만을 지원하지만 MPEG-2에서는 4:2:2와 4:4:4도 함께 지원한다. 그리고 MPEG-1으로 부호화된 데이터를 복호화하는 것이 가능하다.

MPEG-2에서는 너무 다양한 기능을 제공하기 때문에 모든 조합을 구현하는 것이 불가능하다. 이런 문제를 해결하기 위해 프로파일^{profile}과 레벨^{level}의 개념을 도입하여 복호기의 특성을 구분할 수 있도록 한다. 이들의 가능한 조합은 표 6-5와 같이 11 가지가 있다.

표 6-5 MPEG-2의 프로파일과 레벨

level＼profile	Simple	Main	SNR	Spatial	High
특징	B 프레임 X	B 프레임 사용			
		4:2:0			4:2:0/4:2:2
High 1920x1152		≤ 80 Mbps 60 fps			≤ 100 Mbps 60 fps
High-1440 1440x1152		≤ 60 Mbps 60 fps		≤ 60 Mbps 60 fps	≤ 80 Mbps 60 fps
Main level 720x576	≤ 15 Mbps 30 fps	≤ 15 Mbps 30 fps	≤ 15 Mbps 30 fps		≤ 20 Mbps 30 fps
Low level 352x288		≤ 4 Mbps 30 fps	≤ 4 Mbps 30 fps		

SNR 프로파일에서는 SNR 스케일러빌리티scalability를 사용한다. 이 스케일러빌리티를 사용하여 화질이 다른 두 개의 비디오를 동시에 전송할 수 있다. 화질이 낮은 계층을 기본 계층base layer, 화질이 높은 계층을 개선 계층enhancement layer이라고 부르는데 기본 계층은 큰 양자화 스텝, 개선 계층은 작은 양자화 스텝을 사용하여 화질을 제어한다. 기본 계층은 MPEG-1 또는 MPEG-2의 방식으로 부호화하지만 개선 계층은 프레임 간의 예측을 사용하지 않고 대신 기본 계층으로부터 복원과 데이터와 개선 계층의 데이터와의 오차를 양자화하여 부호화한다. SNR 스케일러빌리티를 사용하면 평소에는 두 개의 계층을 통해 높은 화질의 비디오를 제공하다가 네트워크의 전송이 원활하지 않을 때는 기본 계층만을 전송하여 화면이 중단되는 것을 방지하도록 한다.

Spatial 프로파일에서는 SNR 스케일러빌리티과 함께 공간 스케일러빌리티spatial scalability를 제공한다. 공간 스케일러빌리티는 해상도가 다른 두 개의 비디오를 동시에 제공하는 기능이다. 기본 계층은 저해상도의 비디오, 개선 계층은 고해상도의 비디오를 포함한다. 기본 계층에서는 프레임 간의 예측을 수행하며 개선 계층에서도 프레임 간의 예측을 수행할 뿐만 아니라 기본 계층의 비디오를 업 샘플링하여 확대한 비디오로부터의 예측을 동시에 수행하여 높은 효율의 부호화를 수행한다. 표 6-5에는 포함되지 않았지만 MPEG-2에서는 시간적 스테일러빌리티temporal scalability를 제공한다. 시간적 스테일러빌리티는 해상도는 동일하지만 프레임률이 다른 두 개의 비디오(예를 들어, 30fps와 60fps)를 동시에 제공할 수 있다. 프레임률이 낮은 비디오는 기본 계층, 높은 비디오는 개선 계층에 포함된다. 기본 계층에서는 프레임 간의 예측을 수행하며 개선 계층에서는 이 계층의 프레임 정보뿐만 아니라 기본 계층의 프레임 정보를 사용하여 조금 더 효율적으로 부호화를 수행한다.

앞에서 살펴본 것과 같이 미국과 유럽의 디지털 방송에서 MPEG-2를 차세대 TV 표준으로 채택하였다. 미국에서는 연방 통신위원회Federal Communications Commission, FCC에서 주도하여 디지털 TV 표준에 대한 개발을 추진하였는데 1993년 10월에 MPEG-2를 정식으로 차세대 TV를 위한 표준으로 채택하였다. 유럽에서는 EU 가맹국을 중심으로 하는 디지털 비디오 방송Digital Video Broadcasting, DVB 프로젝트에서 MPEG-2를 기반으로 하는 차세대 TV의 사양을 결정하였다. MPEG-2는 DVD를 위한 포맷으로도 사용되고 있다.

❼ MPEG-4

MPEG-4는 인터넷이나 휴대용 장치의 응용프로그램에서부터 고품질 방송에 이르기까지 폭넓은 범위의 대역폭을 지원하기 위한 목적으로 제정되었다. 이 표준은 1993년부터 논의가 시작되어 1999년 12월에 완성되었다. MPEG-4의 표준화 코드 번호는 ISO/IEC 14496이다. MPEG-4는 이후 보완되어 2000년에 version 2, 2001년에는 version 3로 발전하였다.

MPEG-4에서는 낮은 비트율에서 비디오와 오디오를 제공하는 것을 목표로 하였다. MPEG-4는 64 Kbps이하, 64~384 Kbps, 384~4 Mbps의 세 가지 비트율에 최적화되어 있다. MPEG-4는 동일한 비디오 화질을 사용할 경우 MPEG-2에 비해 최소 25% 이상의 압축 효율 향상이 가능하다.

MPEG-4의 주요 특징 중의 한 가지는 객체 중심의 부호화를 수행하는 점이다. 이전 표준에서는 단일의 비디오 및 오디오 스트림만을 제공하였다. 그러나 MPEG-4 에서는 한 장면에 포함되는 내용을 비디오 객체와 오디오 객체로 분리하여 부호화하고 전송하는 것이 가능하다. 비디오는 다수의 비디오 객체 평면^{video object plane, VOP}으로 구성되는데 각 비디오 객체 평면은 비디오, 영상, 텍스트 등의 객체를 포함한다. 일반적인 프레임은 사각형 모양이지만 비디오 객체 평면은 임의의 모양을 가질 수 있다. 복호기쪽에서는 비디오 객체 평면을 통해 전달되는 객체들을 선택적으로 사용하거나 편집할 수 있어 높은 유연성을 제공한다. 그림 6-18은 비디오 객체 평면의 개념을 나타낸다.

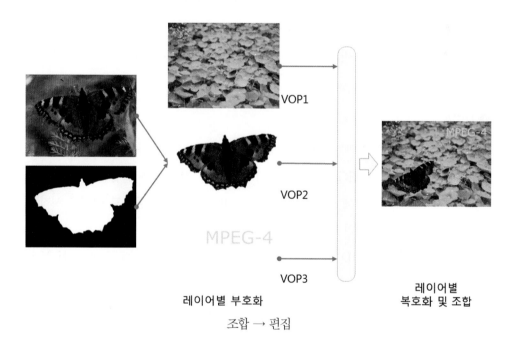

그림 6-18 MPEG-4의 비디오 객체 평면

❽ H.264 / AVC

2001년 12월 MPEG과 VECG의 전문가들이 연합하여 새로운 연합 비디오 팀^{joint video team, JVT}을 구성하여 2003년 5월에 H.264/AVC 표준을 완성하였다. AVC는

MPEG-4 Part 10: Advanced Video Coding을 의미한다. 이 표준안은 ISO/IEC와 ITU-T에서 공동으로 공표하였다.

　H.264/AVC는 유선망뿐만 아니라 무선망에서도 원활하게 비디오를 사용하고 방송, 통신, 미디어를 통합하여 언제 어디에서든지 방송과 비디오를 사용할 수 있는 기반 환경을 제공한다. H.264/AVC는 높은 압축률과 신뢰성 있는 전송을 목표로 한다. 따라서 이전 표준들에 비해 더 낮은 전송률에서 유사한 화질을 제공한다. H.264/AVC는 양방향 비디오 통신(예를 들어, VOD), 고품질 저장용 비디오, 비디오 스트리밍(예를 들어, MMS) 등의 응용 분야에 활용되고 있다. 또한 차세대 DVD 기술인 블루레이의 기본 포맷으로 사용되고 있다.

　H.264/AVC는 4×4 단위 및 1/4 픽셀 단위의 움직임 보상, 8×16이나 16×8 등의 다양한 크기의 매크로블록, 다중 기준 프레임 기반의 움직임 보상 등의 기술을 사용하여 기존 MPEG-4에 비해 두 배 이상의 압축 효율을 제공한다.

❾ HEVC

　HEVC^High Efficiency Video Coding는 H.264/AVC를 계승하는 차세대 비디오 부호화 표준이며 MPEG과 VCEG의 전문가들이 공동으로 참여하여 설립한 JCT-VC^Joint Collaborative Team on Video Coding에 의해 개발되었다. 2010년 1월에 공동으로 작업을 시작하여 2013년에 표준을 공표하였다.

　HD^High Definition나 UHD^Ultra High Definition 비디오의 경우 고해상도로 인해 H.264/AVC를 사용하더라도 전송이나 저장을 위한 비용이 매우 높다. 유무선 네트워크 속도가 증가하고 있지만 현재의 전송 속도로는 방대한 비디오 데이터를 원활하게 처리하기가 힘들며 특히 향후 4K나 8K UHD에 대한 지원도 반드시 필요한 상황이었다.

　이와 같은 상황에서 기존에 비해 2배 이상의 압축 성능을 제공하는 기술의 개발이 필요하였고 이에 부응하는 것이 HEVC이다. HEVC는 동일 화질을 기준으로 H.264/AVC에 비해 35% 이상의 압축 성능을 제공한다. 앞으로 HEVC는 극장용 디지털 영화, 가정용 영화, 비디오 회의, 원격 진료 등의 다양한 분야에서 역할을 수행할 것으로 예상한다.

⑩ MPEG-7 및 MPEG-21

MPEG-7과 MPEG-21은 비디오 부호화를 위한 표준은 아니다. MPEG-7은 데이터가 아닌 멀티미디어 콘텐츠의 표현에 대한 표준이다. 즉, 멀티미디어 데이터에 대한 효율적인 접근과 사용이 가능하도록 하는 멀티미디어 기술구조에 대한 내용을 표준으로 정하고 있다. MPEG-7의 표준화 코드 번호는 ISO/IEC 15938이고 공식적으로는 Multimedia Content Description Interface로 부른다. 2002년에 시스템에 대한 내용이 처음으로 표준화되었고 나머지 영역에 대해서는 계속 표준화가 진행되고 있다. 디지털 도서관, 멀티미디어 편집 등의 응용에 사용 가능하다.

MPEG-21은 멀티미디어 응용프로그램을 위한 공개 프레임워크^{framework}이다. 소비자, 제작자, 유통업자 등의 사용자가 국제적 호환성을 가지고 편리하게 디지털 아이템$^{digital\ item}$을 식별하고 관리하며 보호할 수 있도록 하는 멀티미디어 프레임워크의 주요 기술에 대한 표준화를 목표로 한다. 따라서 디지털 아이템의 관리 및 사용을 위한 프레임워크라고 할 수 있다. 디지털 아이템이란 표준화된 방식으로 구조화하여 표현한 디지털 객체를 의미한다. 여기에는 비디오 및 오디오와 같은 자원과 메타 데이터, 자원 간의 관계를 나타내는 구조 등을 포함한다. 표준화 코드 번호는 ISO/IEC 21000이며 multimedia frame이라고 한다.

비디오 파일 포맷

1) 비디오 파일 포맷

디지털 비디오 데이터를 저장하기 위한 파일 포맷에 대해 살펴보자. 다음에 설명하는 다양한 파일 포맷을 사용하여 여러 가지 부호화 방법으로 압축한 비디오 데이터를 저장할 수 있다.

❶ AVI(Audio Video Interleaved)

AVI는 1992년 마이크로소프트사에서 Video for Window^{VFW}의 일환으로 개발한 비디오 파일 포맷이다. 비디오, 오디오 데이터와 이들 간의 동기화를 위한 제어 신호를 포함한다. AVI 파일의 구조는 RIFF 형식을 따른다. RIFF는 확장성^{extensibility}에서 큰 장점을 가지는데 멀티미디어의 재생, 멀티미디어의 레코딩, 응용프로그램 및 운영체제 간의 멀티미디어 교환 등의 멀티미디어 작업에 적합한 형태이다. AVI는 스트리밍^{streaming} 방식을 지원하지 않지만 다양한 압축 방법을 지원한다. 지원하는 압축 코덱은 Indio, Cinepak, Motion JPEG, MPEG-4 등이다. 6장 실습에서 AVI 파일의 구조에 자세하게 살펴본다.

❷ MKV(Matroska Multimedia Container)

MKV는 내부 구조가 완전 공개되고 무료로 사용할 수 있는 비디오 저장용 표준 포맷이다. MKV에서는 하나의 파일에 개수 제한 없이 비디오, 오디오, 영상 등을 저장할 수 있다. 스트리밍을 지원하며 압축 방법에 무관하게 비디오뿐만 아니라 오디오와 자막 데이터를 함께 저장할 수 있다. 조금 더 자세한 정보는 www.mastroska.org에서 확인할 수 있다.

❸ MP4(MPEG-4 Part 14)

비디오 표준인 MPEG-4 방식의 비디오, 오디오 및 자막 정보를 저장하기 위한 파일 포맷이다. 다른 최신 파일 포맷처럼 스트리밍 방식을 지원한다. MP4는 PC뿐만 아니라 아이폰과 같은 스마트 폰이나 플레이스테이션 등의 게임기와 같이 다양한 장치에서 사용 가능하다.

❹ Ogg

Ogg는 다른 종류의 최신 파일 포맷과 마찬가지로 다수의 비디오, 오디오, 자막 및 메타 데이터에 대한 데이터를 저장할 수 있다. 파일 포맷의 사용은 무료이고 구조가 공개되어 있다. MKV와 동일하게 저장할 데이터에 대한 컨테이너 기능만을 제공하므로 저장하는 데이터와 코덱의 종류에는 제한이 없다.

❺ ASF(Advanced Systems Format)

ASF는 마이크로소프트사에서 제정한 스트리밍 미디어 형식으로 디지털 비디오와 관련 데이터를 저장하는 컨테이너 포맷이다. ASF는 미디어 서버나 웹 서버에서 재생 가능하도록 지원하고 있다. ASF도 역시 컨테이너 포맷으로 어떤 유형의 데이터라도 저장할 수 있지만 오디오 데이터는 Windows Media Audio(*.WMA), 동영상 데이터는 Windows Media Video(*.WMV)를 주로 포함한다. 가수 이름이나 곡 제목 등의 메타 데이터를 포함할 수도 있고 DRM[Digital Rights Management]에 대한 기능을 함께 제공한다.

❻ MOV

애플^{Apple}사가 개발한 매킨토시용 시스템 표준 비디오 파일이며 퀵타임에서 기본으로 사용하는 QuickTime File Format^{QTFF}이다. 멀티미디어 컨테이너 포맷으로 비디오, 오디오, 특수 효과나 자막 등의 데이터를 함께 저장할 수 있다. 스트리밍 방식을 지원하며 MPEG-4를 포함하여 여러 가지 방식의 코덱을 사용 가능하다. MOV는 다른 최신 컨테이너 포맷에 비해 편집이 매우 용이한 구조를 갖는다.

❼ WMV(Windows Media Video)

마이크로소프트사에서 제정한 스트리밍 미디어 방식의 비디오 압축 포맷이다. SMPTE^{Society of Motion Picture and Television Engineers}로부터 표준(SMPTE 421M, VC-1)을 획득하여 WMV 9는 HD DVD와 Blue-ray 디스크를 위한 포맷으로 사용되고 있다. 앞에서 설명한 것처럼 WMV는 ASF 포맷으로 주로 저장한다. 이 경우에는 확장자를 .WMV를 사용한다. WMV 이외의 방식으로 압축을 수행한 경우 ASF의 확장자는 .ASF를 사용한다.

2) 비디오의 분류

❶ 제작 방식에 따른 분류

최근 토렌트^{torrent}나 와레즈^{warez} 사이트를 통해 비정상적인 방법으로 영화, TV, 드라마 등의 비디오가 유통되고 있다. 이들 비디오는 다양한 방식으로 제작되고 있는데 제작 방식에 따라 비디오의 유형을 분류해 본다.

Cam

일반 가정용 캠코더를 사용하여 영화관에서 재생되는 화면을 직접 촬영하여 비디오를 제작하는 방식이다. 1998년부터 시작된 초기 제작 방식이며 낮은 화질과 영화관에서 발생하는 다양한 잡음을 포함한다.

CHAPTER 6 비디오 | 737

Telesync(TS)

Cam 방식과 유사하게 영화관에서 직접 재생 화면을 촬영하여 동영상을 제작하는 방식이지만 성능이 좋은 전문적인 비디오 카메라를 사용하며 특히 오디오는 음원에 직접 연결하는 방식으로 녹음하기 때문에 잡음이 없는 고품질의 오디오를 사용할 수 있다.

Telecine(TC)

정식으로 DVD가 제작되기 전에 영화관 상영 필름을 유출한 후 특수 장비를 사용하여 필름으로부터 디지털 비디오를 녹화하는 방식이다. 사용 장비의 높은 가격으로 인해 흔한 형태는 아니지만 DVD와 거의 동일한 화질을 제공한다.

Screener(SCR)

영화사가 극장주에게 미리 배포하거나 영화 시상식 등에 출품을 위해서 영화 평론가들에게 공급하는 DVD를 소스로 사용하여 복사본을 배포하는 방식이다. 일반적으로 제작 목적에 대한 관련 메시지가 비디오 화면에 함께 출력된다. DVD 수준의 화질을 제공한다. Screener는 우편과 같은 오프라인 방식으로 관계자에게 전달되는데 Digital Distribution Copy[DDC]는 Screener와 유사하지만 컴퓨터 네트워크를 통해 관계자에게 보내지는 점에서 차이가 난다.

R5

R5는 인도 대륙, 북한, 아프리카, 러시아, 몽골의 5개 지역에서 상업적으로 판매하는 DVD를 유출하여 배포하는 방식이다. R5는 일반 판매용 DVD와는 조금 차이가 발생하는데 대부분 Telecine 방식으로 제작한다.

DVD-Rip

판매용 DVD 또는 판매 직전에 유출된 DVD 소스를 사용하여 비디오를 제작하는 방식으로 최상급의 화질을 제공한다.

DS-Rip 및 HDTV-Rip

디지털 위성방송으로부터 생성한 것을 DS-Rip이라고 하며 일반 HDTV를 소스로 하여 비디오를 생성한 것은 HDTV-Rip이라고 한다.

BD/BR-Rip

블루레이 디스크를 소스로 사용하여 비디오를 생성한 것이며 DVD-Rip과 동일한 해상도를 사용하더라도 더 좋은 화질을 제공한다.

❷ 코덱에 따른 분류

코덱의 종류에 따라 비디오를 다음과 같이 분류할 수 있다.

MPEG

MPEG 부호화 기술을 사용하여 압축하는 방식으로 MPEG1은 VCD 화질 수준, MPEG2는 DVD급 화질 수준, MPEG4는 MPEG2와 비슷한 수준의 화질에 데이터 용량을 대폭 감소시킬 수 있다.

DivX(Digital internet video eXpress)

MPEG-4 기술을 변형한 유료 압축 방식으로 AVI 포맷을 사용하여 MPEG-4 방식으로 인코딩한다. 오디오는 초기에 MP3만을 사용하였으나 최근에는 OGG, AC3, DTS 등의 다양한 기술을 사용할 수 있다.

XviD

유료 코덱인 DivX을 대신하기 위해 오픈 소스 방식으로 개발된 코덱이다.

WMV9

저용량에서 상대적으로 고화질을 구현하기 위해 Microsoft 사에서 만든 통신용 동영상 코덱으로 MPEG-4 기술에 기반을 두고 있다.

X.264

H.264/MPEG-4 AVC 기반의 무료 비디오 코덱이다.

Cinepak

1991년에 발렛[Peter Barrett]에 의해 개발된 비디오 코덱이다. Cinepak은 1배속 CD-ROM에서 320×240 해상도의 비디오를 부호화하는 것을 목표로 개발되었다. 1993년에는 MS-Windows에서 사용하기 시작하였다. MPEG나 H.26x 계열의 부호화 방법들은 DCT에 기반을 두지만 Cinepak은 벡터 양자화[vector quantization] 기술을 사용한다.

Indio

1992년 인텔사에서 제작한 비디오 코덱이다. MS-Windows의 Video for Window와 Mac OS의 QuickTime에서 지원하고 있다.

학습정리

- **음극선관**Cathode Ray Tube: CRT 은 1897년 브라운(Ferdinand Braun)에 의해 발명된 화면 출력 장치이며 1940년경 텔레비전에 처음으로 사용되었다.

- **프레임률**frame rate 이란 단위시간당 표시되는 프레임의 수를 나타낸다. 단위는 fps를 사용한다.

- **비월주사**interlaced scan **방식**은 전체 화면을 홀수 필드(odd field)와 짝수 필드(even field)의 두 개로 필드로 구분하여 먼저 홀수 필드를 화면에 표시하고 그 후에 짝수 필드를 표시하는 주사 방식이다.

- **순차주사**progressive scan **방식**은 필드를 구분하지 않고 화면 갱신 주기(refresh period)마다 전체 화면을 일반적인 주사 방법을 사용하여 차례대로 표시하는 주사 방식이다.

- **NTSC**Nation Television Standards Committee 는 흑백 텔레비전의 송신 규격을 위해 설립된 위원회이며 미국에서 1941년 처음으로 방송을 시작한 아날로그 TV 전송 규격이다. 우리나라를 비롯하여 미국, 일본, 캐나다 등에서 사용한다.

- **PAL**Phase Alternate Line 은 NTSC의 단점을 극복하기 위하여 독일에서 개발하여 1967년에 방송을 시작한 컬러 텔레비전 전용 아날로그 TV 전송 규격이다. 영국을 비롯한 서유럽의 여러 나라와 중국, 인도, 호주, 뉴질랜드 등에서 사용한다.

- **SECAM**Séquentiel couleur à mémoire; Sequential Color with Memory 은 1961년 프랑스에서 최초의 시스템을 제안하였으며 1967년에 방송을 시작한 아날로그 TV 전송 규격이다. 프랑스를 포함하여 벨기에, 그리스, 러시아와 동유럽권 국가 그리고 중동지역의 나라들이 사용한다.

- **컴포지트composite 비디오 신호**는 밝기 정보와 색상 정보를 단일 신호의 형태로 전달하는 아날로그 비디오 신호의 전송 방식이다.

- **컴포넌트component 비디오**는 Y, U, V 신호를 독립적으로 구분하여 별도의 케이블을 통해 전송한다.

- **S-비디오super video**는 밝기 신호와 색상 신호를 구분하여 별도의 케이블을 통해 전송한다. 컴포지트 신호와 컴포넌트 신호의 절충 방법이다.

- **부표본화Sub-sampling**는 색상 성분에 대해 다시 표본화를 수행하여 수평 및 수직 해상도를 1/2로 줄이는 과정이다. 4:4:4 부표본화 기법은 색상 성분을 원본 그대로 사용하여 밝기 성분과 동일한 해상도를 사용한다. 4:2:2 부표본화 기법에서는 색상 성분을 수평 방향으로 한 픽셀씩 건너뛰며 값을 저장하여 밝기 성분의 1/2에 해당하는 해상도를 갖는다.

- **4:2:0 부표본화 기법**은 수평 방향 및 수직 방향에 대해 색상 성분은 밝기 성분의 1/2에 해당하는 해상도를 갖는다.

- **CIFCommon Intermediate Format 계열 포맷Sub-QCIF, QCIF, CIF, 4CIF 등**은 MPEG-4와 H.264의 비디오 압축을 위한 기본 포맷으로 사용한다.

- **디지털 TVdigital TV**는 크게 표준화질 TV(Standard Definition TV, SDTV)와 고화질 TV(High Definition TV, HDTV), 초고화질 TV(Ultra High Definition TV, UHDTV)로 구분할 수 있다.

- **공간적 중복성spatial redundancy**이란 영상에서 인접한 위치의 픽셀 사이에는 값의 유사도가 높게 나타나는 것을 의미한다.

- **시간적 중복성temporal redundancy**이란 유사 시간에 획득한 프레임 사이에는 높은 상관관계가 존재하는 것이다.

- **MJPEGMotion JPEG**은 비디오의 각 프레임을 JPEG 방식으로 압축하여 공간적 중복성을 제거하는 방법이다.

- **움직임 예측motion estimation**은 현재 움직이는 물체가 이전에는 어디에 위치하였는지를 찾는 과정이다.

- **움직임 보상**motion compensation 은 움직임 예측을 통해 움직임 벡터를 생성하고 움직임 보상 프레임으로부터 예측 오차를 계산하여 오차 영상을 만드는 일련의 과정이다.

- **ISO**International Organization for Standardization 는 1946년 25개국의 대표들이 영국에 모여 새로운 국제표준화기구에 대한 논의를 시작하여 1947년에 설립한 국제표준화기구이다.

- **IEC**International Engineering Consortium 은 대학과 공학관련 학회에서 지원하는 비영리 기관으로 1944년 설립되었으며 정보통신 분야에 표준화를 위해 노력하고 있다.

- **ITU**International Telecommunication Union 는 정보와 통신 기술에 대한 국제연합기구이며 1865년에 국제전신연합(International Telegraph Union)으로 파리에서 시작하여 1934년에 현재의 이름으로 변경하였고 1947년에 전문화된 국제연합기구로 승격하였다.

- **H.261**은 ISDN 통신망을 사용하여 비디오 전화나 비디오 회의 등의 전송 미디어를 지원하기 위한 동영상 압축 및 부호화 방식의 국제 표준이다. 초당 비트율(bit rate)은 64 Kbps ~ 1,920 Kbps이다.

- **H.263**은 아날로그 전화망에서 낮은 속도의 영상전화와 영상회의를 지원하기 위한 동영상 부호화 방법이다.

- **MPEG-1**은 1991년 MPEG에서 제정하여 발표한 비디오와 오디오 압축에 대한 첫 번째 표준이다. 최대 전송속도는 1.5 Mbps이다.

- **MPEG-2**에서는 15에서 30 Mbps의 전송속도에서 HDTV 품질을 제공하고 있다.

- **MPEG-4**에서는 매우 낮은 비트율에서 비디오와 오디오를 제공하는 것을 목표로 하는데 64 Kbps이하, 64 ~ 384 Kbps, 384 ~ 4 Mbps와 같이 세 가지 종류의 비트율에 최적화되어있다. 객체 단위의 부호화를 수행한다.

- **HEVC**High Efficiency Video Coding 는 HD(high definition)나 UHD(ultra high definition) 비디오의 저장 및 전송을 위한 최신 압축 기술이다.

연습문제

01. 디지털 TV 특징에 대한 설명으로 거리가 가장 먼 것은?

1) 노이즈에 강하며 선명한 화질과 음질을 제공한다.

2) 부표본화를 사용하여 대역폭 절감이 가능하다.

3) 동일 주파수 대역에 다수의 프로그램을 송출할 수 있다.

4) 방송 설비에 대한 비용 부담이 적다.

02. 매우 낮은 비트율을 사용하여 대역폭이 낮은 휴대용 장치에서도 양방향 멀티미디어의 구현이 가능한 비디오와 오디오를 부호화는 표준은?

1) MPEG-1   2) MPEG-2

3) MPEG-4   4) MPEG-7

03. 비디오 압축 기술 중 MPEG–2 방식의 설명이 잘못된 것은?

1) TV 수준의 화질을 제공하는 것을 목표로 시작하여 HDTV 화질을 제공하는 것으로 확장되었다.

2) 순차주사(progressive) 방식만을 지원한다.

3) MPEG-1 방식으로 부호화한 비디오는 MPEG-2에서 디코딩할 수 있다.

4) 4:2:0, 4:2:2, 4:4:4 방식의 부표본화 포맷을 모두 지원한다.

04. 디지털 TV 표준 전송방식으로 잘못 연결된 것은?

1) 미국·ATSC   2) 유럽·DVB   3) 일본·ISDB   4) 중국·ADTB

05. 다음 중 비디오 파일 포맷에 대한 설명으로 잘못된 것을 모두 고르시오.

1) AVI는 MS 윈도우의 비디오 지원 API인 Video for Windows에서 사용하는 기본 비디오 포맷이다.

2) MP4는 컨테이너 포맷으로 저장하는 데이터나 코덱의 종류에 제한이 없다.

3) ASF는 Apple사에서 개발한 통합 멀티미디어 지원 툴킷인 퀵 타임(Quick-Time)에서 지원하는 동영상 파일 포맷의 확장자이다.

4) RM은 리얼플레이어용 미디어 파일의 확장자이며 Real Producer 소프트웨어를 사용하여 제작할 수 있다.

5) Ogg는 파일 포맷의 구조가 공개된 무료 비디오 포맷이다.

06. 다음 중 정보검색을 위한 내용 표현을 목표로 개발된 영상 압축 표준은?

1) MPEG-1   2) MPEG-2
3) MPEG-4   4) MPEG-7

07. 다음 중에서 H.264에 대한 올바른 설명이 아닌 것은?

1) JTC-VC(Joint Collaborative Team on Video Coding)에서 개발하였다.

2) 블루레이의 기본 포맷으로 사용한다.

3) 1/4 픽셀 단위의 움직임 보상을 수행한다.

4) MPEG-4에 비해 50% 이상의 압축률이 향상되었다.

5) 네트워크 이식성이 매우 향상되었다.

08. 미국, 일본, 한국에서 사용되며 초당 30프레임을 기준으로 525개의 주사선을 사용하는 신호방식은?

1) NTSC   2) PAL   3) SECAM   4) PAL-M

09. 고화질 디지털 방송을 위해 ISO 산하 MPEG 위원회에서 규정한 국제표준은?

1) MPEG-1   2) MPEG-2
3) MPEG-4   4) MPEG-21

10. 다음 중 비디오 스트리밍(Video Streaming)을 지원하지 않는 비디오 파일 포맷은?

1) AVI   2) ASF   3) RealVideo   4) MP4

11. 비디오 압축 기술에 있어 적절한 압축방법이 아닌 것은?

1) 초당 프레임 수(fps)의 축소

2) GIF 파일 포맷으로 변환

3) 프레임 크기의 축소

4) 픽셀당 컬러 비트 수의 감소

12. 일반 전화 회선을 사용하여 비디오 회의나 비디오 전화를 서비스하기 위한 통신 계열의 비디오 부호화 국제 표준은?

1) H.261   2) H.263   3) H.264

4) MPEG-2   5) MPEG-4   6) HEVC

13. 움직임 벡터를 검색하는 구체적인 방법에 대해 조사하시오.

14. 움직임 벡터를 검색하는 방법 중에서 전역검색(full search) 방법을 사용하여 움직임 보상 프레임을 생성하는 프로그램을 제작하시오.

15. 두 프레임 간의 오차를 측정하는 방법에 대해 조사하시오.

16. http://iphome.hhi.de/suehring/tml/에 접속하여 H.264를 위한 기준 소프트웨어(reference software)를 다운로드하여 기능을 확인하시오.

참고문헌

1. 유비쿼터스 시대의 멀티미디어/박길철외 공저/사이텍미디어/2007
2. 멀티미디어 배움터 2.0/최윤철, 임순범 공저/생능출판사/2010
3. Modern Multimedia Systems/P. Havaldar, G. Medioni 공저/CENGAGE Learning/2011
4. Multimedia Fundamentals - Media Coding and Content Processing/R. Steinmetz, Klara Nahrstedt 공저/IMSC Press/2002

비디오 실습

학습목표

- 무비 메이커(Movie Maker)를 사용하여 비디오를 편집
  하고 제작할 수 있다.
- AVI 파일의 구조를 이해하고 C언어를 사용하여 처리할
  수 있다.

01 무비 메이커를 사용한 비디오 편집

1) 무비 메이커 소개

무비 메이커movie maker는 마이크로소프트사에서 무료로 제공하는 비디오 편집 소프트웨어이다. 기존에 촬영한 비디오 데이터를 사용하거나 PC에 연결된 웹캠으로부터 바로 비디오를 촬영하여 편집에 사용할 수도 있다. 또한 PC에 연결된 마이크를 사용하여 직접 내레이션을 녹음하여 편집 과정에 사용하는 것도 가능하다.

무비 메이커에서는 다양한 애니메이션과 시각효과 그리고 테마 기능을 제공되므로 초보자도 쉽고 빠르게 비디오를 편집하여 나만의 비디오를 제작할 수 있다. 애니메이션은 화면 전환 효과를 의미하며 시각 효과는 색이나 밝기 등을 조정하여 비디오 클립에 특별한 느낌을 제공하는 기능이다. 테마는 제목, 화면 전환, 엔딩 스크립트 등을 자동으로 제공하여 한 번의 클릭으로 세련된 비디오를 제작할 수 있는 기능이다.

무비 메이커는 비디오 편집에 대한 기능뿐만 아니라 배경 음악을 추가하고 오디오를 편집할 수 있는 기능을 함께 제공한다. 또한 자막을 추가한 후 스크롤이나 확대 등의 효과를 지정할 수도 있다.

MS Windos7 운영체제에는 무비 메이커가 기본적으로 설치되어 있다. 만약 설치된 프로그램을 확인할 수 없다면 windows.microsoft.com/ko-kr/windows-live/movie-maker에서 파일을 다운로드하여 설치할 수도 있다. 무비 메이커는 Windows Live 필수 패키지의 일부분인데 설치 프로그램을 실행하면 무비 메이커뿐만 아니라 Messenger나 Writer 등의 프로그램을 함께 설치할 수 있다. 설치 과정에서 설치할 프로그램을 선택할 수 있으니 확인하여 필요한 프로그램만 설치하도록 한다.

2) 비디오 편집

몇 개의 비디오 클립과 영상 및 오디오 파일을 사용하여 비디오 편집 과정에 대해 살펴보자. 그림 6-1-1은 무비 메이커의 사용자 인터페이스이다. 그림 6-1-1에서 확인할 수 있듯이 미리보기, 작업 공간, 재생도구 등의 영역으로 구분할 수 있다. 재생도구에는 재생 버튼과 프레임 단위의 이동 버튼이 위치한다.

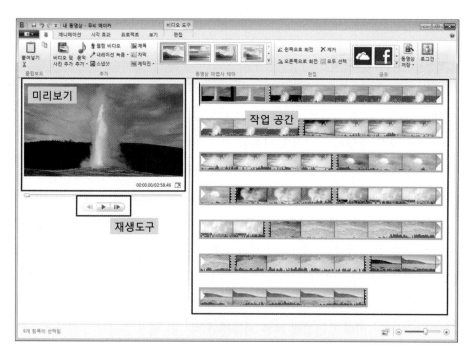

그림 6-1-1   비디오 및 사진 파일 가져오기

01. 무비 메이커를 실행한 후 윈도우 탐색기를 사용하여 부록 파일의 [6장₩01. MovieMaker] 폴더로 이동한다.

02. 윈도우 탐색기에서 "001.jpg" 파일을 무비 메이커의 오른쪽 작업 공간으로 드래그 앤드 드롭하여 가져온다. [홈] 메뉴의 '비디오 및 사진 추가' 버튼을 눌러 파일을 가져오는 것도 가능하다.

03. 가져온 첫 번째 클립을 더블 클릭하면 [**편집**] 메뉴가 선택된다. 그림 6-1-2와 같이 재생 시간을 7.0초에서 5.0초로 변경한다.

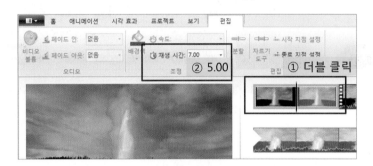

그림 6-1-2 클립의 재생 시간 변경

04. "001.mp4" 파일을 무비 메이커의 작업 공간으로 가져온다. 재생 시작 위치는 5:03초 지점이다. 이전 클립의 재생이 5:00초 지점에서 종료하는데 0.03초의 지연이 생기는 것을 확인할 수 있다. 이와 같이 무비 메이커에서는 클립과 클립 사이에 0.03초의 지연이 존재한다. 두 번째 클립의 재생 시간을 11.5초로 변경하려고 한다. 모든 클립에는 화면 전환 효과를 지정하는데 화면 전환에 소요되는 시간은 기본 값으로 1.5초가 설정되어 있다. 이전 클립의 1.5초와 현재 클립의 1.5초가 서로 겹치면서 화면 전환 효과가 발생한다. 동영상 클립의 재생 시간을 11.5초로 지정하는 이유는 화면 전환 시간을 제외하고 동영상이 재생되는 시간을 10초로 설정하기 위함이다. 화면 전환 효과를 적용하면 작업 공간에서 각 클립의 길이가 1.5초만큼 짧아지는 것처럼 나타난다. 그림 6-1-3과 같이 재생 16.5초 지점에 재생 헤더를 위치시킨다. 재생 헤더는 작업 공간에서 굵은 수직선으로 표시된다. 16.5초 지점에 재생 헤더를 정확하게 위치시키기 위해서는 재생 헤더를 이동하여 16.5초 부근으로 이동한 후에 재생도구 영역의 프레임 단위 이동 버튼을 사용한다. "001.mp4" 클립이 선택된 상태에서 [**편집**] 메뉴 탭으로 이동한다. 그림 6-1-3과 같이 [**종료 지점 설정**] 기능을 실행하여 16.5초 지점에서 두 번째 클립이 종료하도록 한다. 앞으로 사용하는 모든 동영상 클립의 재생 시간을 11.5초로 설정한다.

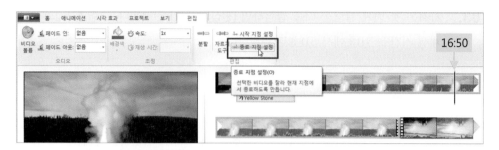

그림 6-1-3 "001.mp4" 클립의 종료 지점 재설정

05. 작업 공간에서 "001.mp4" 클립을 선택한 후 **[애니메이션]** 메뉴 탭으로 이동한다.
그림 6-1-4와 같이 **[전환]** 영역에서 "대각선-박스 아웃" 항목을 선택한다. 각 항
목 위에 마우스 커서를 위치시키면 잠시 전환 효과가 적용된 상태를 미리 볼 수
있다. 그림 6-1-4의 미리보기 영역에서도 전환 효과를 확인할 수 있다.

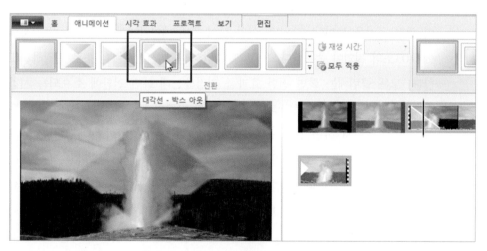

그림 6-1-4 "001.mp4" 클립에 전환 효과 적용

06. "002.mp4" 파일을 무비 메이커의 작업 공간으로 가져온다. 재생 시작 위치는
15:00초 지점이다. 이전 클립의 재생이 14:97초 지점에서 종료하는데 역시 0.03
초의 지연이 생기는 것을 확인할 수 있다. 재생 헤더를 35초 지점으로 이동한 후
"002.mp4" 클립이 선택된 상태에서 **[편집]** 메뉴 탭으로 이동한다. 그림 6-1-5와

같이 **[시작 지점 설정]** 기능을 실행하여 16.5초 지점에서 두 번째 클립이 종료하도록 한다. "002.mp4" 클립의 재생 시간을 이전 클립과 동일하게 11.5초로 설정하기 위해 재생 헤더를 26.5초 지점에 위치시킨 후 **[편집]** 메뉴 탭의 **[종료 지점 설정]** 기능을 실행한다.

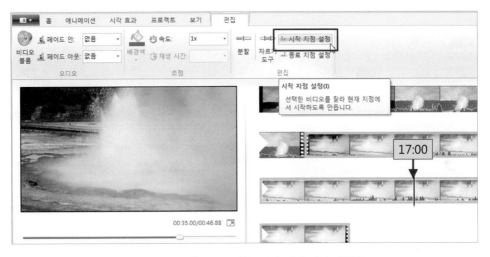

그림 6-1-5 "002.mp4" 클립의 시작 지점 재설정

07. 작업 공간에서 "002.mp4" 클립을 선택한 후 **[애니메이션]** 메뉴 탭으로 이동한다. 그림 6-1-6과 같이 "흩어 뿌리기" 영역의 "거칠게 흩어 뿌리기" 전환 효과를 적용한다.

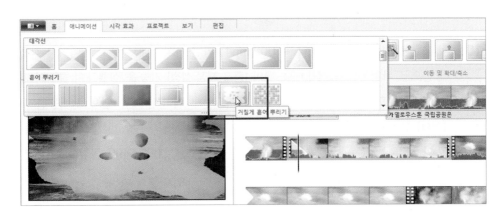

그림 6-1-6 "002.mp4" 클립에 대한 화면 전환 효과 적용

08. "003.mp4" 파일을 무비 메이커의 작업 공간으로 가져온다. 재생 시작 위치는 25:00초 지점이다. 재생 헤더를 36.5초 지점에 위치시킨 후 "003.mp4" 클립을 선택한 상태에서 **[편집]** 메뉴 탭의 **[종료 지점 설정]** 기능을 실행한다. 그리고 **[애니 메이션]** 메뉴 탭으로 이동한 후 그림 6-1-7과 같이 **[전환]** 항목에서 "패턴 및 도형" 영역의 "바퀴" 전환 효과를 적용한다.

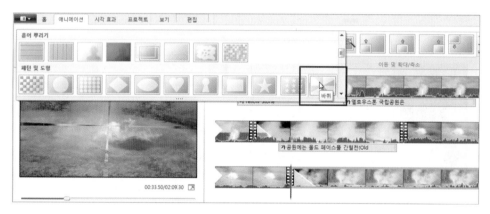

그림 6-1-7 "003.mp4" 클립에 대한 화면 전환 효과 적용

09. "004.mp4" 파일을 무비 메이커의 작업 공간으로 가져온다. 재생 시작 위치는 35:00초 지점이다. 재생 헤더를 46.5초 지점에 위치시킨 후 "004.mp4" 클립을 선택한 상태에서 **[편집]** 메뉴 탭의 **[종료 지점 설정]** 기능을 실행한다. 그리고 **[애니 메이션]** 메뉴 탭으로 이동한 후 **[전환]** 항목에서 "대각선" 영역의 "나비 넥타이 - 가 로" 전환 효과를 적용한다.

10. 비슷한 방법으로 "005.mp4" ~ "008.mp4" 파일을 차례대로 무비 메이커의 작업 공간으로 가져온 후 **[편집]** 메뉴 탭의 **[종료 지점 설정]** 기능을 실행하여 클립의 재 생 길이를 모두 11.5초로 설정한다. 그리고 **[애니메이션]** 메뉴 탭으로 이동한 후 **[전환]** 항목에서 적당한 전환 효과를 선택하여 적용한다. 참고로 "005.mp4" 클 립의 시작 위치는 43:50, "006.mp4" 클립은 53:05, "007.mp4" 클립은 1:03:05, "008.mp4" 클립은 1:13:05이다.

11. 재생 헤더를 0초 지점으로 이동시킨 후에 [홈] 메뉴 탭에서 [자막] 도구를 실행하여 그림 6-1-8과 같이 "Yellow Stone 국립공원"으로 입력한다. 이때 글꼴은 "맑은 고딕", 크기는 "48"포인트, 속성은 "굵게", 색은 "노랑"으로 지정한 후 화면 중앙에 위치시킨다. [홈] 메뉴에서 [제목] 대신에 [자막] 도구를 사용한 이유는 "001.jpg" 그림 위에 제목 화면을 표시하기 위해서이다.

그림 6-1-8 자막 입력

12. 입력한 자막을 선택한 상태에서 [서식] 메뉴 탭으로 이동한다. 그림 6-1-9와 같이 [텍스트 재생 시간]을 "3"초로 변경하고 [시작 시간]을 "1.00 s"로 직접 입력한다.

그림 6-1-9 자막 재생 시간 및 시작 시간 변경

13. 입력한 자막을 선택한 상태이고 [서식] 메뉴 탭에서 그림 6-1-10과 같이 [효과] 항목을 펼친 후 [시네마틱] 영역에서 첫 번째 항목인 "버스트 1" 항목을 선택하여 적용한다. 각 효과 항목 위에 마우스 커서를 위치시키면 잠시 효과가 적용된 상태를 미리 볼 수 있다.

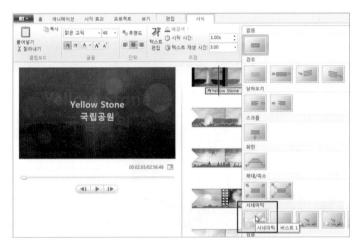

그림 6-1-10　자막에 효과 적용

14. 입력한 자막을 선택한 상태이고 [서식] 메뉴 탭에서 [효과] 영역의 [윤곽선 크기] 항목에서 "좁게"를 선택한다. 바로 옆의 [윤곽선 색] 항목에서 주황색 계열로 색을 변경한다. 적용 결과는 그림 6-1-11과 같다.

그림 6-1-11　자막에 윤곽선 적용

15. 5.50초 지점에 재생 헤더를 위치시킨 후 [홈] 메뉴 탭에서 [자막]을 추가한다. 다음의 문장을 입력한 후 글꼴은 "맑은 고딕", 크기는 "18"포인트, 색은 "노랑", 단락은 "왼쪽 맞춤"으로 설정한다. 위치는 그림 6-1-12와 같이 화면 왼쪽에 위치시킨다. 또한 [서식] 메뉴 탭에서 [효과]를 "아래로 회전"으로 설정한다.

> 옐로우스톤 국립공원은
> 미국 와이오밍주의 북서쪽에
> 위치하고 있으며
> 1872년 미국 최초의 국립공원
> 으로 개장하였다.

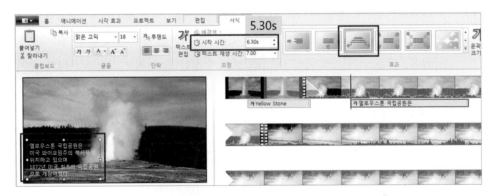

그림 6-1-12 두 번째 자막 추가

16. 15.10초 지점에 재생 헤더를 위치시킨다. 17초 지점에는 "002.mp4" 클립이 위치한다. [홈] 메뉴 탭으로 이동한 후 [자막]을 추가한다. 다음의 문장을 입력한 후 글꼴은 "맑은 고딕", 크기는 "18" 포인트로 설정한다. 위치는 그림 6-1-13과 같이 화면 중앙 하단에 위치시킨다. 또한 [서식] 메뉴 탭에서 [효과]를 "오른쪽으로 날아오기"로 설정한다.

> 공원에는 올드 페이스풀 간헐천(Old
> Faithful Gayer)을 비롯한 300여 개의 간헐천과
> 1만여 개의 온천이 존재한다.

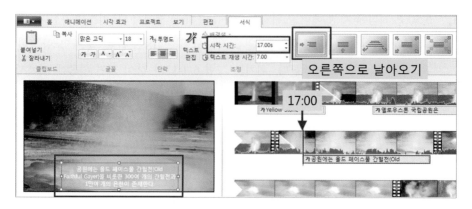

그림 6-1-13 세 번째 자막 추가

17. 1:15.10초 지점에 재생 헤더를 위치시킨다. 이 지점에는 "008.mp4" 클립이 위치한다. **[홈]** 메뉴 탭으로 이동한 후 **[자막]**을 추가한다. 다음의 문장을 입력한 후 글꼴은 "맑은 고딕", 크기는 "18" 포인트로 설정한다. 위치는 그림 6-1-14와 같이 화면 중앙 하단에 위치시킨다. 또한 **[서식]** 메뉴 탭에서 **[효과]**를 "오른쪽으로 날아오기"로 설정한다.

1978년 유네스코 자연유산으로 지정되었는데
최근 공원 지하의 슈퍼화산 폭발여부에 대한
세계적인 관심이 집중되고 있다.

그림 6-1-14 네 번째 자막 추가

18. 이번에는 배경 음악을 추가한다. 배경 음악은 무료 음악 사이트에서 다운로드하여 사용한다. **[홈]** 메뉴 탭에서 **[음악 추가]** 버튼을 클릭하면 'Free Music Archive' 메뉴를 선택하면 무료 음악 사이트인 freemusicarchive.org에 접속할 수 있다. 초기 화면에서 Candlegravity의 "Tomie's Bubbles"와 akaUNO의 "Sunday Market" 곡을 다운로드한다. 초기 화면에 표시된 곡들은 변경될 수 있으므로 초기 화면에서 이 곡들을 찾을 수 없으면 페이지 왼쪽의 검색 기능을 사용한다. 아티스트나 곡명으로 검색할 수 있다.

19. "001.mp4" 클립의 시작 위치인 3:53초 지점에 재생 헤더를 위치시킨다. 그림 6-1-15와 같이 **[홈]** 메뉴 탭에서 다시 한 번 **[음악 추가]** 버튼을 클릭한 후 **[현재 지점에서 음악 추가]** 기능을 실행한다. 그리고 조금 전에 다운로드한 곡 중에서 "Tomie's Bubbles"를 선택한다. 곡의 재생 시간이 너무 길기 때문에 곡의 길이를 편집한다. 음악 클립을 선택한 후에 **[옵션]** 메뉴 탭으로 이동한다. 그림 6-1-16과 같이 **[시작 지점]**은 "10.50s", **[종료 지점]**은 "30.5s"로 직접 입력한다. 역시 **[옵션]** 메뉴 탭에서 **[페이드 인]**을 "빠르게" **[페이드 아웃]**도 "빠르게" 설정한다. **[옵션]** 메뉴 탭에서는 음악 클립의 볼륨과 비디오 클립의 볼륨을 조절할 수 있으니 음악 클립의 볼륨은 높이고 비디오 클립의 볼륨은 낮춘다.

그림 6-1-15 현재 지점에 음악 추가

그림 6-1-16 음악 클립 속성 설정

20. 23:50초 지점으로 재생 헤더를 이동한 후 [홈] 메뉴 탭에서 [음악 추가] 버튼을 클릭한 후 [현재 지점에서 음악 추가] 기능을 실행한다. 이번에는 두 번째 곡인 "Sunday Market" 곡을 선택한다. 추가한 직후에 [시작 지점]은 "1.0s", [종료 지점]은 "11.0s"로 직접 입력한다. 역시 [옵션] 메뉴 탭에서 [페이드 인]을 "빠르게", [페이드 아웃]도 "빠르게" 설정한다.

21. 33:50초 재생 헤더를 이동한 후 [홈] 메뉴 탭에서 [음악 추가] 버튼을 클릭한 후 [현재 지점에서 음악 추가] 기능을 실행한다. 이번에도 두 번째 곡인 "Sunday Market" 곡을 선택한다. 추가한 직후에 [시작 지점]은 "17.0s"으로 입력하고 [종료 지점]은 기존 값을 그대로 사용한다. 역시 [옵션] 메뉴 탭에서 [페이드 인]을 "빠르게", [페이드 아웃]도 "느리게" 설정한다.

22. 지금까지 편집한 비디오의 마지막 지점인 1:24:97초 지점에 재생 헤더를 위치시킨 후에 [홈] 메뉴 탭에서 [제작진] 버튼을 눌러 다음의 문장을 입력한 후 글꼴은 "맑은 고딕", 크기는 "20"포인트, 단락은 "중앙 정렬"로 설정한다. 위치는 그림 6-1-17과 같이 화면 중앙 하단에 위치시킨다. 또한 [서식] 메뉴 탭에서 [효과]를 확인하면 "스크롤"로 설정되어 있다.

촬영지
미국 Yellow Stone 국립공원

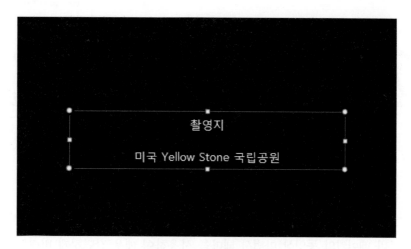

그림 6-1-17 **촬영지 추가**

23. 작업한 프로젝트를 저장한 후 **[홈]** 메뉴의 탭의 **[동영상 저장]** 버튼을 눌러 컴
퓨터 용의 비디오 파일을 생성한다. 최종 결과는 **[6장\01.MovieMaker\완
성\yellowstone.mp4]** 파일에서 확인할 다.

부록파일
확인요망

3) 심화 학습

01. 본인을 소개하는 2분 분량의 비디오를 제작한다.

02. 최신 이슈 중에 한 가지를 주제로 선택하여 보도 형식으로 정보를 전달하는 비
디오를 제작한다. 이때 현장 중계와 전문가 인터뷰의 내용을 포함한다.

02 무비 메이커를
사용한 사진 편집

이번에는 무비 메이커를 사용하여 사진으로 구성된 비디오를 제작해보자. 이번 실습에서는 무비 메이커의 동영상 마법사 테마를 사용하여 매우 간단하게 비디오를 제작한다.

01. 새로운 프로젝트를 생성한 후 [홈] 메뉴의 탭의 [비디오 및 사진 추가] 버튼을 눌러 윈도우 7에서 제공하는 샘플 사진들을 모두 작업 공간으로 가져온다. 가져온 결과는 그림 6-2-1과 같다.

그림 6-2-1 사진 클립 추가

02. [홈] 메뉴의 탭의 **[동영상 마법사 테마]** 영역에서 그림 6-2-2와 같이 "이동 및 확대/축소" 항목을 선택한다. 테마 기능을 사용하면 필요한 편집 처리를 위한 대부분의 과정이 완료된다. 테마를 적용한 직후에 배경 음악에 대한 추가 여부를 물어보는데 적당한 배경 음악을 선택한다.

그림 6-2-2 테마 적용

03. 테마를 적용한 결과는 그림 6-2-3과 같다. 비디오의 시작 부분에 '제목'과 마지막 부분에 '감독', '출연' 등의 부가 정보가 추가되고 화면 전환 효과도 모두 적용된 것을 확인할 수 있다. 비디오를 재생하면 각 사진의 크기와 위치 등이 조금씩 변하는 결과도 확인할 수 있다. 불필요한 부가 정보는 제거하고 제목과 사용할 부가 정보에 텍스트를 입력하여 완성한다. 완성된 결과는 **[6장₩01.MovieMaker₩완성₩picture.mp4]**에서 확인할 수 있다.

**부록파일
확인요망**

그림 6-2-3 테마 적용 결과

심화 학습

01. 가족, 친구, 지인을 소개하는 비디오를 제작한다.

02. 취미, 여행, 관심거리 등을 소개하는 비디오를 제작한다.

03 AVI 파일 구조 및 이해

3장 실습에서 WAV 파일의 구조에 대해 살펴보았다. AVI 파일은 WAV 파일과 동일하게 RIFF^{Resource Interchange File Format}의 한 가지 형태이다. RIFF 구조의 장점에 대해서는 3장 실습을 참조하도록 한다.

1) AVI 파일 포맷

WAV 파일 포맷에서 살펴본 것과 같이 RIFF는 일련의 청크^{chunk}들을 사용하여 계층적인 구조로 구성된다. 청크는 사운드나 비디오 형식에 대한 정보나 표본 데이터 등을 포함하는 데이터 저장 단위이다.

AVI 파일은 서로 다른 유형의 데이터(예를 들어, 비디오, 오디오, 자막 등)에 대한 다수의 스트림^{steam}을 포함한다. 스트림이란 비디오와 오디오 데이터를 의미하는데 이들 데이터가 시간의 흐름에 따라 연속적으로 존재하므로 이런 이름을 사용한다. AVI 파일에서 사용하는 스트림은 비디오 스트림과 오디오 스트림으로 구분할 수 있다. 여러 유형의 데이터 중에서 당연하게 가장 중요한 데이터는 비디오와 오디오이다.

AVI 파일은 세 가지 유형이 존재한다. AVI 1.0은 기본적인 구조의 파일이며 AVI 파일 포맷의 근간을 이루고 있다. Open-DML은 AVI 1.0을 확장한 구조이며 AVI 1.0에 비해 오버헤드를 1/3로 줄이고 파일 사이즈에 대한 제한이 거의 사라졌다. 마지막으로 Hybrid-File은 Open-DML 파일에 추가적인 인덱스를 포함할 수 있는 구조이다. 이번 실습에서는 AVI 1.0 구조를 기반으로 설명한다.

❶ AVI 파일 구조

AVI 파일은 하나의 RIFF 청크로 이루어지는데 RIFF 청크는 RIFF 헤더와 여러 개의 LIST 및 기타 청크로 구성된다. RIFF 청크는 반드시 두 개의 LIST 청크를 포함해야 한다. 이들은 각각 스트림의 형식과 표본 데이터에 해당한다. RIFF 청크는 부가적으로 index 청크를 포함할 수 있다. AVI 파일의 전체 구조는 그림 6-3-1과 같다.

```
RIFF ("AVI"
        LIST ("hdrl" ... )
        LIST ("movi" ... )
        ["id x 1" (<AVI Index>) ]
     )
```

그림 6-3-1   AVI 파일의 전체 구조

RIFF 청크와 LIST 청크는 서브 헤더를 갖는다. RIFF 청크는 표 6-3-1과 같이 구성된다. 표에 제시한 구성은 AVI 파일을 위한 최소 구성이다.

표 6-3-1   RIFF 청크 구조

필드	길이	설명
ChunkID	4	식별자로 "RIFF"
ChunkSize	4	청크의 크기
Type	4	청크 유형이며 AVI 파일은 "AVI▨"
LIST "hdrl" chunk		Type이 "hdrl"인 LIST 청크
LIST "movi" chunk		Type이 "movi"인 LIST 청크

RIFF 청크의 식별자는 "RIFF"이다. RIFF 청크는 WAV 데이터와 AVI 데이터를 모두 저장할 수 있는데 AVI 파일의 경우 Type 필드의 값으로 "AVI▨"를 갖는다. ▨는 공백문자를 의미한다. 식별자 "RIFF"를 빅 엔디언[big endian]으로 표시하면 0x52494646이다. 또한 Type의 값인 "AVI"는 0x41564920이다. 3장에서 살펴본 것과 같이 WAV 파일은 Type으로 "WAVE"를 갖는다.

AVI RIFF 청크는 Type이 "hdrl"인 LIST 청크와 Type이 "movi"인 LIST 청크를 순서대로 포함한다. 우선 Type이 "hdrl"인 LIST 청크는 표 6-3-2와 같이 구성된다. 이 청크는 스트림의 형식을 정의하며 반드시 존재해야 하는 기본 청크이다. 식별자 "LIST"를 빅 엔디언으로 표시하면 $0 \times 4C495354$이다. 그리고 Type인 "hdrl"은 $0 \times 6864726C$이다. 청크는 식별자를 사용해서 구분한다. 그러나 LIST 청크는 식별자만으로 구분할 수 없으므로 식별자와 Type을 함께 사용하여 구분한다. 예를 들어, 식별자가 "RIFF"인 청크는 RIFF 청크라고 표기하고 Type이 "hdrl"인 LIST 청크는 LIST "hdrl" 청크라고 표기한다.

표 6-3-2　LIST "hdrl" 청크 구조

필드	길이	설명
ChunkID	4	식별자로 "LIST"
ChunkSize	4	청크의 크기
Type	4	청크 유형으로 "hdrl"
avih chunk		AVI 기본 헤더
LIST "strl" chunk		Type이 "strl"인 LIST 청크

LIST "movi" 청크는 표 6-3-3과 같이 구성된다. 이 청크는 스트림 데이터를 포함한다. 위치적으로 LIST "hdrl" 청크 다음에 존재하며 역시 기본 청크이다. 유형 "movi"에 대한 16진수 값은 $0 \times 6D6F7669$이다. LIST "movi" 청크의 데이터에는 data 청크나 LIST "rec" 청크 중의 한 가지 형식을 갖는 스트림 데이터가 포함된다.

표 6-3-3　LIST "movi" 청크 구조

필드	길이	설명
ChunkID	4	식별자로 "LIST"
ChunkSize	4	청크의 크기
Type	4	유형으로 "movi"
data chunk		data 청크
LIST "rec" chunk		Type이 "rec"인 LIST 청크

❷ LIST "hdrl" 청크

LIST "hdrl" 청크는 AVI 파일의 헤더에 해당한다. 헤더는 크게 AVI 기본 헤더와 AVI 스트림 헤더로 구분할 수 있다.

AVI 기본 헤더

LIST "hdrl" 청크는 AVI 기본 헤더로 시작한다. AVI 기본 헤더^{AVI main header}는 avih 청크를 사용한다. 이 AVI 기본 헤더는 AVI 파일에 대한 전역적인 정보를 포함한다. 여기에는 비디오의 가로 및 세로 길이와 스트림 개수 등에 대한 정보가 포함된다. Windows API에는 AVI 기본 헤더인 avih 청크에 대응하는 구조체 AVIMAINHEADER를 정의하고 있다. 구조체의 정의는 다음과 같다.

```
Aviriff.h

typedef struct _avimainheader {
  FOURCC fcc;
  DWORD  cb;
  DWORD  dwMicroSecPerFrame;
  DWORD  dwMaxBytesPerSec;
  DWORD  dwPaddingGranularity;
  DWORD  dwFlags;
  DWORD  dwTotalFrames;
  DWORD  dwInitialFrames;
  DWORD  dwStreams;
  DWORD  dwSuggestedBufferSize;
  DWORD  dwWidth;
  DWORD  dwHeight;
  DWORD  dwReserved[4];
} AVIMAINHEADER;
```

멤버에 대한 설명
fcc: FOURCC 코드를 지정하는데 반드시 "avih"의 값을 가짐
cb: 청크 데이터의 크기(바이트 수)이며 56(0x38)의 값을 가짐
dwMicroSecPerFrame: 프레임 사이의 마이크로초 단위의 시간 간격이며 총 재생 시간을 계산하기 위해 사용할 수 있음
dwMaxBytesPerSec: 초당 최대 전송률을 나타냄
dwPaddingGranularity: 바이트 단위의 데이터 정렬을 나타내며 데이터는 이 값의 배수로 채워져야 함
dwFlags:
  AVIF_HASINDEX(0x00000010): AVI 파일이 인덱스를 가짐
  AVIF_MUSTUSEINDEX(0x00000020): 파일의 청크 순서가 아닌 인덱스를 사용하여 재생 순서를 결정

```
AVIF_ISINTERLEAVED(0x00000100): AVI 파일은 각 스트림별로 분리(interleaved)되
어 저장
AVIF_WASCAPTUREFILE(0x00010000): AVI 파일이 캡쳐된 것을 나타냄
AVIF_COPYRIGHTED(0x00020000): AVI 파일은 저작권이 있는 데이터를 포함하고 있음
(무시 가능)
```
dwTotalFrames: 총 프레임의 수
dwInitialFrames: 스트림별로 분리(interleaved)된 파일을 생성하는 경우 interleaved
데이터 전에 포함된 프레임의 수(무시 가능)
dwStreams: 파일의 스트림의 개수를 나타내는데 만약 파일이 비디오와 오디오 데이터를 가지
면 2개의 스트림으로 구성
dwSuggestedBufferSize: 파일에서 데이터를 읽기 위해 사용하는 버퍼의 크기이며 파일 내의
가장 큰 청크 크기를 수용할 수 있어야 함. 0으로 설정하면 디코더에서 메모리를 다시 설정
dwWidth: 비디오 스트림의 가로 길이(픽셀 단위)
dwHeight: 비디오 스트림의 세로 길이(픽셀 단위)
dwReserved: 예약된 필드이며 0의 값을 가짐

AVI 스트림 헤더

LIST "hdrl" 청크에서 AVI 기본 헤더의 다음에는 AVI 스트림 헤더가 위치한다. AVI 스트림 헤더는 LIST "strl" 청크를 사용한다. 이 청크는 스트림에 대한 해독 정보를 포함한다. 이 청크는 스트림별로 하나씩 존재하므로 하나의 AVI 기본 헤더 다음에 한 개 이상의 AVI 스트림 헤더가 나타난다. 스트림의 개수의 앞에서 살펴본 것처럼 AVI 기본 헤더의 dwStreams 멤버를 통해 알 수 있다.

AVI 스트림 헤더인 LIST "strl" 청크는 스트림 헤더 청크[stream header chunk]인 strh 청크와 스트림 포맷 청크[stream format chunk]인 strf 청크를 반드시 포함한다. LIST "strl" 청크의 구조는 표 6-3-4와 같다.

표 6-3-4 LIST "strl" 청크 구조

필드	길이	설명
ChunkID	4	식별자로 "LIST"
ChunkSize	4	청크의 크기
Type	4	유형으로 "strl"
strh chunk		스트림 헤더 청크
strf chunk		스트림 포맷 청크

스트림 헤더 청크와 스트림 포맷 청크 중에서 우선 스트림 헤더 청크에 대해 살펴본다. 스트림 헤더 청크는 스트림에 대한 기본 정보를 포함한다. 여기에는 스트림의 유형과 길이 등이 포함된다. Windows API에는 스트림 헤더 청크인 strh 청크에 대응하는 구조체 AVISTREAMHEADER를 정의한다. 구조체의 정의는 다음과 같다.

```
Aviriff.h

typedef struct _avistreamheader {
  FOURCC fcc;
  DWORD  cb;
  FOURCC fccType;
  FOURCC fccHandler;
  DWORD  dwFlags;
  WORD   wPriority;
  WORD   wLanguage;
  DWORD  dwInitialFrames;
  DWORD  dwScale;
  DWORD  dwRate;
  DWORD  dwStart;
  DWORD  dwLength;
  DWORD  dwSuggestedBufferSize;
  DWORD  dwQuality;
  DWORD  dwSampleSize;
  struct {
    short int left;
    short int top;
    short int right;
    short int bottom;
  } rcFrame;
} AVISTREAMHEADER;
```

멤버에 대한 설명
fcc: FOURCC 코드를 지정하는데 반드시 'strh'를 가짐
cb: 청크 데이터의 크기(바이트 수)이며 0x38의 값을 가짐
fccType: 스트림에 포함된 데이터의 유형을 나타냄
'auds': 오디오 스트림
'mids': 미디 스트림
'txts': 텍스트 스트림
'vids': 비디오 스트림
fccHandler: 사용된 압축 코덱의 종류를 나타냄
dwFlags:
  AVISF_DISABLED: 스트림을 기본적으로 활성화할 수 없음을 나타냄(0x00000001)
  AVISF_VIDEO_PALCHANGES: 비디오 스트림이며 재생하는 동안 팔레트가 변경됨
wPriority: 스트림 유형의 우선순위 설정

wLanguage: 언어 구분
dwInitialFrames: 스트림별로 분리(interleaved)된 파일을 생성하는 경우 interleaved
　데이터 전에 포함된 프레임의 수
dwScale: 스트림이 사용하는 시간 스케일을 지정하며 dwRate/dwScale의 값은 비디오의 경우
　초당 프레임 수, 오디오의 경우 초당 샘플 수를 나타냄
dwRate: dwScale 참조
dwStart: 스트림이 시작하는 시간을 나타냄 (일반적으로 0의 값을 가짐)
dwLength: 스트림의 길이(총 프레임 수)를 나타냄. dwScale과 dwRate와 함께 초 단위의
　스트림 길이 계산 가능
dwSuggestedBufferSize: 파일에서 데이터를 읽기 위해 사용하는 버퍼의 크기이며 파일 내의
　가장 큰 청크 크기를 수용할 수 있어야 함. 0으로 설정하면 디코더에서 메모리를 다시 설정
dwQuality: 스트림의 데이터 품질을 0에서 10,000 사이의 값으로 나타냄. −1이면 기본 품
　질을 사용함 (중요하지 않음)
dwSampleSize: 샘플 하나의 크기(바이트 수)를 나타내며 샘플의 크기가 변화는 경우에는 0의
　값을 가짐. 비디오 스트림의 경우 비디오 샘플, 오디오 스트림은 오디오 샘플에 해당함. 만
　약 0을 가지면 각 샘플은 청크를 분리하여 저장해야 함. 비디오 스트림의 경우 비디오 프레
　임의 크기가 변하지 않더라도 0의 값을 갖는 것이 일반적임. 오디오 스트림의 경우 이 값은
　WAVEFORMATEX 구조체의 nBlockAlign 멤버의 크기와 일치해야 함
rcFrame: 텍스트나 비디오 스트림을 출력할 위치를 사각형의 형태로 지정함. 다중 비디오 스트
　림을 지원하기 위해 사용함

스트림 헤더 청크의 다음에는 스트림 포맷 청크가 위치한다. 스트림 포맷 청크인 strf 청크는 스트림 데이터에 대한 해석이 가능하도록 하는 정보를 포함한다. 스트림의 유형에 따라 청크의 데이터 영역에 포함되는 정보는 달라진다. 비디오 스트림의 경우 BITMAPINFO 구조체를 사용하고 오디오 스트림의 경우 WAVEFORMATEX 구조체를 사용한다. WAVEFORMATEX 및 BITMAPINFO 구조체는 이미 각각 3장과 4장의 실습에서 사용하였는데 구조를 다시 한 번 살펴보면 다음과 같다.

```
typedef struct {
  WORD  wFormatTag;
  WORD  nChannels;
  DWORD nSamplesPerSec;
  DWORD nAvgBytesPerSec;
  WORD  nBlockAlign;
  WORD  wBitsPerSample;
  WORD  cbSize;
} WAVEFORMATEX
```

```
typedef struct tagBITMAPINFOHEADER {
  DWORD biSize;
  LONG  biWidth;
  LONG  biHeight;
  WORD  biPlanes;
  WORD  biBitCount;
  DWORD biCompression;
  DWORD biSizeImage;
  LONG  biXPelsPerMeter;
  LONG  biYPelsPerMeter;
  DWORD biClrUsed;
  DWORD biClrImportant;
} BITMAPINFOHEADER;
```

❸ LIST "movi" 청크

LIST "movi" 청크는 LIST "hdrl" 청크의 다음에 위치하며 실제 스트림 데이터를 포함한다. LIST "movi" 청크는 LIST "hdrl" 청크에 포함된 AVI 스트림 헤더 청크(LIST "strl" 청크)와 순서대로 대응된다. 즉 첫 번째 LIST "strl" 청크는 스트림 0, 두 번째 LIST "strl" 청크는 스트림 1에 대응한다.

LIST "movi" 청크는 비디오 스트림의 경우 비디오 프레임 단위의 표본 데이터, 오디오 스트림의 경우 오디오 표본 데이터를 포함한다. 스트림 데이터는 data 청크를 사용하여 LIST "movi" 청크의 데이터 영역에 직접 저장하거나 LIST "rec" 청크에 그룹별로 저장할 수 있다. 이들 청크에 사용하면 비디오 또는 오디오 표본에 접근할 수 있으며 필요에 따라 영상 처리나 오디오 처리를 수행할 수 있다.

data 청크는 2바이트의 스트림 번호와 2바이트의 코드를 합쳐서 만든 4바이트의 식별자를 갖는다. 이때 코드는 두 개의 문자로 구성되며 청크에 포함된 데이터의 유형을 구분한다. 사용하는 코드는 다음과 같다.

코드	설명
db	압축하지 않은 비디오 프레임
dc	압축한 비디오 프레임
pc	팔레트 변경
wb	오디오 데이터

예를 들어, 스트림 번호가 0이고 압축하지 않은 비디오 프레임 데이터인 경우에 식별자는 '00 db'이고 스트림 번호가 1이고 오디오 데이터인 경우에는 '01 wb'이다. LIST "rec" 청크에 대한 설명은 생략한다.

❹ AVI 인덱스

LIST "movi" 청크의 다음에는 인덱스 청크인 idx1 청크가 존재할 수 있다. 인덱스 청크는 LIST "movi" 청크의 데이터 영역에 포함된 데이터 청크 또는 LIST "rec" 청크에 대한 리스트와 이들이 파일에서 존재하는 위치에 대한 정보를 포함한다. 이 청크는 옵션이므로 반드시 포함될 필요는 없지만 이 청크를 사용하면 임의 지점의 비디오 또는 오디오 표본에 대한 위치를 계산할 수 있다. 따라서 빨리 감기$^{\text{fast forward}}$, 되감기^{rewind}, 임의 접근$^{\text{random access}}$ 등의 기능을 구현할 수 있으므로 많이 사용한다.

인덱스 청크는 AVIOLDINDEX 구조체를 사용하여 표현할 수 있다. AVIOLDINDEX 구조체의 구조는 다음과 같다.

```
Aviriff.h

typedefstruct _avioldindex {
  FOURCC fcc;
  DWORD  cb;
  struct _avioldindex_entry {
    DWORD dwChunkId;
    DWORD dwFlags;
    DWORD dwOffset;
    DWORD dwSize;
  } aIndex[];
} AVIOLDINDEX;
```

멤버에 대한 설명
fcc: FOURCC 코드를 지정하는데 반드시 'idx1'를 가짐
cb: 청크 데이터의 크기(바이트 수)
aIndex: 인덱스 엔트리에 대한 배열이며 배열 길이는 스트림 개수와 일치함. 예를 들어 LIST 'movi' 청크에 5개의 데이터 청크가 존재하면 배열의 길이는 5가 됨
dwChunkId: 스트림의 유형을 구분하기 위한 4바이트 식별자 (스트림 번호 + 코드)

```
dwFlags
    AVIIF_KEYFRAME(0x00000010): 데이터 청크는 키프레임
    AVIIF_LIST(0x00000001): 데이터 청크는 LIST 'rec' 청크
    AVIIF_NO_TIME(0x00000100): 데이터 청크는 스트림의 재생 시간에는 무관함 (예를 들
    어, 팔레트 변경 등)
dwOffset: 파일에서 데이터 청크의 위치를 나타내는데 LIST 'movi' 청크의 시작위치에서 바
    이트 단위의 오프셋으로 지정
dwSize: 바이트 단위의 데이터 청크 크기
```

2) AVI 파일 처리

❶ 예제 데이터

다음의 표는 비디오 스트림만을 포함하는 AVI 파일의 내부 구조를 나타낸다. 값을 확인하면 프레임의 가로 및 세로 길이는 1,024픽셀과 768픽셀이고 파일에 포함된 총 프레임의 수는 81개이다. 비디오 데이터는 H.264 형식으로 부호화되어 저장되어 있다.

우선 RIFF 청크에서 시작하여 AVI 기본 헤더와 AVI 스트림 헤더까지의 값을 살펴보면 다음과 같다. AVI 스트림 헤더는 스트림 헤더 청크인 strh 청크와 스트림 포맷 청크인 strf 청크를 포함한다.

1	2	3	4	5	6	7	8	9	A	B	C	D	E	F	10
52	49	46	46	26	C3	15	00	41	56	49	20	4C	49	53	54
R	I	F	F	청크 크기 (1,426,214)				A	V	I	□	L	I	S	T
34	12	00	00	68	64	72	6C	61	76	69	68	38	00	00	00
청크 크기 (4,660)				h	d	r	l	a	v	i	h	청크 크기 (56)			
C2	A2	00	00	B0	71	0B	00	00	00	00	00	10	09	00	00
프레임 소요 시간 (41,666 = 24 fps)				최대 데이터율(750,000)				데이터 정렬(0)				플래그[1]			
51	00	00	00	00	00	00	00	01	00	00	00	00	00	10	00
프레임 수(81)				초기 프레임 수(0)				스트림 수(1)				버퍼 크기(1,048,576)			

00	04	00	00	00	03	00	00	00	00	00	00	00	00	00	00
프레임 가로 길이(1024)				프레임 세로 길이(768)				예약(0)				예약(0)			
00	00	00	00	00	00	00	00	4C	49	53	54	DC	10	00	00
예약(0)				예약(0)				L	I	S	T	청크 크기(4,316)			
73	74	72	6C	73	74	72	68	38	00	00	00	76	69	64	73
s	t	r	l	s	t	r	h	청크 크기(56)				스트림 데이터 유형 ('vids')			
48	32	36	34	00	00	00	00	00	00	00	00	00	00	00	00
코덱(H.264)				플래그(2)				우선순위(0)		언어(0)		초기 프레임 수(0)			
01	00	00	00	18	00	00	00	00	00	00	00	51	00	00	00
시간 스케일(1)				dwRate(24)				스트림 시작 시간(0)				스트림 길이(81)			
00	00	10	00	FF	FF	FF	FF	00	00	00	00	00	00	00	00
버퍼 크기(1,048,576)				데이터 품질(−1)				샘플 바이트 수(0)				(0, 0) ~			
00	04	00	03	73	74	72	66	28	00	00	00	28	00	00	00
(1,024, 768)				s	t	r	f	청크 크기(40)				구조체 크기(3)(40)			
00	04	00	00	00	03	00	00	01	00	18	00	48	32	36	34
프레임 가로 길이(1,024)				프레임 세로 길이(768)				플레인수(1)		픽셀당 비트수(24)		압축 방법(H.264)			
00	00	24	00	00	00	00	00	00	00	00	00	00	00	00	00
데이터 크기(2,359,296)				수평 해상도(0)				수직 해상도(0)				참조표 색상수(0)			
00	00	00	00	…											
주요 색상 수(0)				…											

(1) AVIF_HASINDEX (0x00000010) | AVIF_ISINTERLEAVED (0x00000100) | AVIF_TRUSTCKTYPE (0x00000800)

(2) AVISF_VIDEO_PALCHANGES

(3) BITMAPINFOHEADER

다음으로 LIST "movi" 청크의 값을 확인하면 다음과 같다. 앞에서 살펴본 것과 같이 이 AVI 파일은 81개의 프레임으로 구성되므로 데이터 청크가 81번 반복한다.

예제 AVI는 비디오 스트림만 1개 존재하므로 각 데이터 청크의 식별자는 모두 00 dc의 값을 갖는다.

1	2	3	4	5	6	7	8	9	A	B	C	D	E	F	10
4C	49	53	54	A4	A7	15	00	6D	6F	76	69	30	30	64	63
L	I	S	T	청크 크기(1,419,172)				m	o	v	i	데이터 청크 식별자 (00 dc)			
E2	9E	00	00	00	00	00	01	...							
청크 크기(40,674)				H.264의 시작 패턴				...							
30	30	64	63	26	4E	00	00	00	00	00	01				
데이터 청크 식별자 (00 dc)				청크 크기(20,006)				H.264의 시작 패턴							

기본 헤더에서 이 AVI 파일은 인덱스를 갖는 것으로 확인할 수 있다. AVI 인덱스인 idx1 청크를 살펴보면 다음과 같다.

1	2	3	4	5	6	7	8	9	A	B	C	D	E	F	10
69	64	78	31	10	05	00	00	30	30	64	63	10	00	00	00
i	d	x	1	청크 크기(1,296)				식별자(00 dc)				플래그 AVIIF_KEYFRAME			
04	00	00	00	E2	9E	00	00	30	30	64	63	00	00	00	00
오프셋(4)				데이터 청크 크기 (40,674)				식별자(00dc)				플래그			
EE	9E	00	00	26	4E	00	00	30	30	64	63				
오프셋(40,686)				데이터 청크 크기 (20,006)				식별자(00 dc)				...			

❷ AVI 파일 분석 프로그램 제작

이번에는 앞에서 학습한 AVI 구조를 참조하여 입력으로 주어진 AVI 파일의 데이터를 분석하는 프로그램을 제작한다. 프로그램을 실행하면 그림 6-3-2와 같이 입력

AVI 파일에 포함된 청크들에 대한 정보를 출력한다. 비디오 및 오디오 데이터 청크에 대해서는 파일 내에서 시작 위치를 출력한다. 이 예제에서 스트림 데이터는 data 청크를 사용하는 것으로 가정한다.

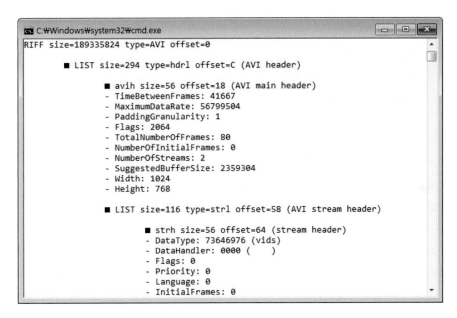

그림 6-3-2 실행 결과

제작하는 소스코드는 2개의 소스파일 main.cpp, avi.cpp와 1개의 헤더파일 avi.h로 구성된다. avi.cpp와 avi.h는 AVI 파일을 분석하기 위해 사용할 여러 가지 함수들과 자료구조를 포함한다. main.cpp는 avi.cpp에 정의한 함수를 호출하는 기능을 수행한다.

avi.h

```
1    #include <Windows.h>
2
3    typedef DWORD           FOURCC;  /* a four character code */
4
5    #define FCC(ch4) ((((DWORD)(ch4) & 0xFF) << 24) |    \
6        (((DWORD)(ch4)& 0xFF00) << 8) | \
7        (((DWORD)(ch4)& 0xFF0000) >> 8) | \
8        (((DWORD)(ch4)& 0xFF000000) >> 24))
```

```
9
10    typedef struct _Chunk_Header
11    {
12        DWORD dwFourCC;
13        DWORD dwSize;
14    } CHUNKHEADER;
15
16    typedef struct _myavimainheader
17    {
18        DWORD dwMicroSecPerFrame;
19        DWORD dwMaxBytesPerSec;
20        DWORD dwPaddingGranularity;
21        DWORD dwFlags;
22        DWORD dwTotalFrames;
23        DWORD dwInitialFrames;
24        DWORD dwStreams;
25        DWORD dwSuggestedBufferSize;
26        DWORD dwWidth;
27        DWORD dwHeight;
28        DWORD dwReserved[4];
28    } MYAVIMAINHEADER;
29
30    typedef struct _myavistreamheader
31    {
32        FOURCC fccType;       // stream type codes
33        FOURCC fccHandler;
34        DWORD   dwFlags;
35        WORD    wPriority;
36        WORD    wLanguage;
37        DWORD   dwInitialFrames;
38        DWORD   dwScale;
39        DWORD   dwRate;         // dwRate/dwScale is stream tick rate in ticks/sec
40        DWORD   dwStart;
42        DWORD   dwLength;
43        DWORD   dwSuggestedBufferSize;
44        DWORD   dwQuality;
45        DWORD   dwSampleSize;
46        struct {
47            short int left;
48            short int top;
49            short int right;
50            short int bottom;
51        } rcFrame;
52    } MYAVISTREAMHEADER;
53
54    int ParseAVIFile(char *filename, BOOL display);
55
```

라인	설명
1	윈도우즈 API에서 사용하는 재정의 자료형(예를 들어, DWORD)을 사용하기 위해 포함한다.
3	FOURCC 자료형을 재정의한다. FOURCC 자료형은 4개의 문자로 구성되며 청크의 식별자 또는 유형을 구분하기 위해 사용한다.
5 ~ 8	4개의 문자를 입력으로 지정하면 리틀 엔디언으로 표시한 4바이트 부호 없는 정수를 생성한다. 예를 들어, 입력으로 'abcd'를 입력하면 0x64636261의 정수를 생성한다. 참고로 'a'의 코드 값은 0x61(97)이다.
10 ~ 14	청크의 헤더에 대응하는 구조체를 정의한다.
16 ~ 28	〈Aviriff.h〉에 정의된 AVIMAINHEADER 구조체에서 청크 헤더에 해당하는 ID와 size를 제외하여 새로운 구조체를 정의한다.
30 ~ 53	〈Aviriff.h〉에 정의된 AVISTREAMHEADER 구조체에서 청크 헤더에 해당하는 ID와 size를 제외하여 새로운 구조체를 정의한다.
55	AVI 파일을 분석하기 위한 메인 함수인 ParseAVIFile() 함수의 원형을 선언한다.

avi.cpp

```
1    #include <stdio.h>
2
3    #include "avi.h"
4
5    static void printMainHeader(MYAVIMAINHEADER *mainHeader)
6    {
7        printf("\t\t- TimeBetweenFrames: %d\n",
8            mainHeader->dwMicroSecPerFrame);
9        printf("\t\t- MaximumDataRate: %d\n",
10           mainHeader->dwMaxBytesPerSec);
11       printf("\t\t- PaddingGranularity: %d\n",
12           mainHeader->dwPaddingGranularity);
13       printf("\t\t- Flags: %d\n", mainHeader->dwFlags);
14       printf("\t\t- TotalNumberOfFrames: %d\n",
15           mainHeader->dwTotalFrames);
16       printf("\t\t- NumberOfInitialFrames: %d\n",
17           mainHeader->dwInitialFrames);
18       printf("\t\t- NumberOfStreams: %d\n",
19           mainHeader->dwStreams);
```

```
20          printf("\t\t- SuggestedBufferSize: %d\n",
21              mainHeader->dwSuggestedBufferSize);
22          printf("\t\t- Width: %d\n", mainHeader->dwWidth);
23          printf("\t\t- Height: %d\n", mainHeader->dwHeight);
24      }
25
26      static void printStreamHeader(MYAVISTREAMHEADER *streamHeader)
27      {
28          printf("\t\t\t- DataType: 0x%04X(%c%c%c%c)\n",
28              streamHeader->fccType,
29              ((streamHeader->fccType) & 255),
30              ((streamHeader->fccType >> 8) & 255),
31              ((streamHeader->fccType >> 16) & 255),
32              ((streamHeader->fccType >> 24) & 255));
33          printf("\t\t\t- DataHandler: 0x%04X (%c%c%c%c)\n",
34              streamHeader->fccHandler,
35              ((streamHeader->fccHandler) & 255),
36              ((streamHeader->fccHandler >> 8) & 255),
37              ((streamHeader->fccHandler >> 16) & 255),
38              ((streamHeader->fccHandler >> 24) & 255));
39          printf("\t\t\t- Flags: %d\n",
40              streamHeader->dwFlags);
42          printf("\t\t\t- Priority: %d\n",
43              streamHeader->wPriority);
44          printf("\t\t\t- Language: %d\n",
45              streamHeader->wLanguage);
46          printf("\t\t\t- InitialFrames: %d\n",
47              streamHeader->dwInitialFrames);
48          printf("\t\t\t- TimeScale: %d\n",
49              streamHeader->dwScale);
50          printf("\t\t\t- DataRate: %d\n",
51              streamHeader->dwRate);
52          printf("\t\t\t- StartTime: %d\n",
53              streamHeader->dwStart);
54          printf("\t\t\t- DataLength: %d\n",
55              streamHeader->dwLength);
56          printf("\t\t\t- SuggestedBufferSize: %d\n",
57              streamHeader->dwSuggestedBufferSize);
58          printf("\t\t\t- Quality: %d\n",
59              streamHeader->dwQuality);
60          printf("\t\t\t- SampleSize: %d\n",
61              streamHeader->dwSampleSize);
62          printf("\t\t\t- Display rect: %d, %d, %d, %d\n",
63              streamHeader->rcFrame.left,
64              streamHeader->rcFrame.top,
65              streamHeader->rcFrame.right,
66              streamHeader->rcFrame.bottom);
67      }
68
```

```
69    static void printBitmapInfo(BITMAPINFOHEADER *bitmapInfo)
70    {
71        printf("\t\t\t- header_size: %d\n",
72            bitmapInfo->biSize);
73        printf("\t\t\t- image_width: %d\n",
74            bitmapInfo->biWidth);
75        printf("\t\t\t- image_height: %d\n",
76            bitmapInfo->biHeight);
77        printf("\t\t\t- number_of_planes: %d\n",
78            bitmapInfo->biPlanes);
79        printf("\t\t\t- bits_per_pixel: %d\n",
80            bitmapInfo->biBitCount);
81        printf("\t\t\t- compression_type: 0X%04X (%c%c%c%c)\n",
82            bitmapInfo->biCompression,
83            ((bitmapInfo->biCompression) & 255),
84            ((bitmapInfo->biCompression >> 8) & 255),
85            ((bitmapInfo->biCompression >> 16) & 255),
86            ((bitmapInfo->biCompression >> 24) & 255));
87        printf("\t\t\t- image_size_in_bytes: %d\n",
88            bitmapInfo->biSizeImage);
89        printf("\t\t\t- x_pels_per_meter: %d\n",
90            bitmapInfo->biXPelsPerMeter);
91        printf("\t\t\t- y_pels_per_meter: %d\n",
92            bitmapInfo->biYPelsPerMeter);
93        printf("\t\t\t- colors_used: %d\n",
94            bitmapInfo->biClrUsed);
95        printf("\t\t\t- colors_important: %d\n",
96            bitmapInfo->biClrImportant);
97    }
98
99    static void printWaveInfo(WAVEFORMATEX *waveInfo)
100   {
101       printf("\t\t\t- format: %d\n",
102           waveInfo->wFormatTag);
103       printf("\t\t\t- channels: %d\n",
104           waveInfo->nChannels);
105       printf("\t\t\t- samples_per_second: %d\n",
106           waveInfo->nSamplesPerSec);
107       printf("\t\t\t- bytes_per_second: %d\n",
108           waveInfo->nAvgBytesPerSec);
109       printf("\t\t\t- block_align: %d\n",
110           waveInfo->nBlockAlign);
111       printf("\t\t\t- bits_per_sample: %d\n",
112           waveInfo->wBitsPerSample);
113   }
114
115   static void parseDataChunk(FILE *fp, DWORD dataSize,
116       BOOL display)
117   {
```

```
118            long loc = ftell(fp);
119
120            if (display)
121            {
122                CHUNKHEADER h;
123                DWORD loadedSize = 0;
124                int count = 1;
125                long offset = ftell(fp);
126                int pad;
127                while (fread(&h, sizeof(CHUNKHEADER), 1, fp) != 0)
128                {
129                    printf("\t\t■ %c%c%c%c size=%X "
130                    "offset=0x%X (num=%d)\n",
131                    ((h.dwFourCC) & 255),
132                    ((h.dwFourCC >> 8) & 255),
133                    ((h.dwFourCC >> 16) & 255),
134                    ((h.dwFourCC >> 24) & 255),
135                    h.dwSize, offset, count);
136
137                    // padding to even size
138                    pad = h.dwSize % 2;
139                    fseek(fp, (long)h.dwSize + pad, SEEK_CUR);
140
141                    count++;
142                    offset = ftell(fp);
143
144                    loadedSize += (h.dwSize + 8);
145                    if (loadedSize >= dataSize)
146                        break;
147                }
148            }
149            else
150            {
151                printf("\t- Skip parsing data chunks\n");
152            }
153
154            fseek(fp, loc + dataSize, SEEK_SET);
155        }
156
157        static void parseIDX1Chunk(FILE *fp, DWORD dwSize, BOOL display)
158        {
159            if (display)
160            {
161                printf("\t\t  ID      Flags    "
162                    "ChunkOffset  ChunkLength\n");
163
164                DWORD size = dwSize / 16;
165                for (DWORD n = 0; n < size; n++)
166                {
```

```
167                    DWORD CKID, dwFlags, dwCKOffset, dwCKLength;
168                    fread(&CKID, sizeof(DWORD), 1, fp);
169                    fread(&dwFlags, sizeof(DWORD), 1, fp);
170                    fread(&dwCKOffset, sizeof(DWORD), 1, fp);
171                    fread(&dwCKLength, sizeof(DWORD), 1, fp);
172
173                    printf("\t\t %c%c%c%c   0x%08X   0x%08X   0x%08X "
174                      "(num=%d)\n",
175                      ((CKID)& 255),
176                      ((CKID >> 8) & 255),
177                      ((CKID >> 16) & 255),
178                      ((CKID >> 24) & 255),
179                      dwFlags,
180                      dwCKOffset,
181                      dwCKLength,
182                      n + 1);
183                }
184
185            printf("\n");
186        }
187        else
188        {
189            printf("\t- Skip parsing an idx1 chunk\n");
190            fseek(fp, dwSize, SEEK_CUR);
191        }
192    }
193
194    int ParseAVIFile(char *filename, BOOL display)
195    {
196        FILE *fp;
197        errno_t err;
198        CHUNKHEADER h;
199        DWORD type;
200        DWORD dataType = 0;
201
202        err = fopen_s(&fp, filename, "rb");
203        if (err != 0)
204        {
205            printf("File NOT Found \n");
206            return -1;
207        }
208
209        long offset = 0;
210        while (fread(&h, sizeof(CHUNKHEADER), 1, fp) != 0)
211        {
212            //check RIFF Chunk ("RIFF")
213            if (h.dwFourCC == FCC('RIFF')) // 0x46464952
214            {
215                    fread(&type, sizeof(DWORD), 1, fp);
```

```
216
217                     //check "AVI " type
218                     if (type != FCC('AVI ')) // 0x20495641
219                     {
220                         printf("NOT AVI format \n");
221                         return -2;
222                     }
223                     printf("RIFF size=%d type=AVI offset=%X\n",
224                         h.dwSize, offset);
225             }
226         //check LIST Chunk ("LIST")
227         else if (h.dwFourCC == FCC('LIST')) // 0x5453494C
228         {
229                 fread(&type, sizeof(DWORD), 1, fp);
230
231                 //check "hdrl" type : AVI header
232                 if (type == FCC('hdrl')) // 0x6C726468
233                 {
234                     printf("\n\t■ LIST size=%d type=hdrl "
235                         "offset=0x%X (AVI header)\n",
236                         h.dwSize, offset);
237                 }
238                 //check "strl" type : AVI stream header
239                 else if (type == FCC('strl')) // 0x6C727473
240                 {
241                     printf("\n\t\t■ LIST size=%d type=strl "
242                         "offset=0x%X (AVI stream header)\n",
243                         h.dwSize, offset);
244                 }
245                 // check "movi" type : AVI data
246                 else if (type == FCC('movi')) // 0x69766F6D
247                 {
248                     printf("\n\t■ LIST size=%d type=movi "
249                         "offset=0x%X\n",
250                         h.dwSize, offset);
251
252                     parseDataChunk(fp, h.dwSize-4, display);
253                 }
254                 else // unknown type
255                 {
256                     //type 출력
257                     printf("\n\t■ LIST size=%d, "
258                         "type=(%c%c%c%c) offset=0x%X\n",
259                         h.dwSize,
260                         (type & 255),
261                         ((type >> 8) & 255),
262                         ((type >> 16) & 255),
263                         ((type >> 24) & 255),
264                         offset);
```

```
265                    printf("\t- ignore data\n");
266
267                    fseek(fp, (long)h.dwSize-4, SEEK_CUR);
268                }
269            }
270        // check avih Chunk ("avih") : AVI main header
271        else if (h.dwFourCC == FCC('avih')) // 0x68697661
272        {
273            MYAVIMAINHEADER mainHeader;
274            fread(&mainHeader, sizeof(MYAVIMAINHEADER),
275                1, fp);
276
277            printf("\n\t\t■ avih size=%d offset=%X "
278                "(AVI main header)\n", h.dwSize, offset);
279
280            printMainHeader(&mainHeader);
281        }
282        // check strh Chunk ("strh") : AVI stream header
283        else if (h.dwFourCC == FCC('strh')) // 0x68727473
284        {
285            MYAVISTREAMHEADER streamHeader;
286            fread(&streamHeader, sizeof(MYAVISTREAMHEADER),
287                1, fp);
288
289            printf("\n\t\t\t■ strh size=%d offset=%X "
290                "(stream header)\n", h.dwSize, offset);
291            printStreamHeader(&streamHeader);
292
293            dataType = streamHeader.fccType;
294        }
295        // check strf Chunk ("strf") : stream format
296        else if (h.dwFourCC == FCC('strf')) // 0x66727473
297        {
298            if (dataType == FCC('vids')) // 0x73646976
299            {
300                BITMAPINFOHEADER bitmapInfo;
301                fread(&bitmapInfo, sizeof(BITMAPINFOHEADER),
302                    1, fp);
303                if (bitmapInfo.biClrUsed != 0)
304                {
305                    RGBQUAD *palette;
306                    palette = (RGBQUAD *)malloc(
307                        sizeof(RGBQUAD)*
308                        bitmapInfo.biClrUsed);
309
310                    fread(palette, sizeof(RGBQUAD),
311                        bitmapInfo.biClrUsed, fp);
312
313                    free(palette);
```

```
314                    }
315
316                    printf("\n\t\t\t■ strf size=%d vids "
317                        "offset=0x%X (stream format)\n",
318                        h.dwSize, offset);
319
320                    printBitmapInfo(&bitmapInfo);
321                }
322            else if (dataType == FCC('auds')) // 0x73647561
323            {
324                long loc = ftell(fp);
325
326                WAVEFORMATEX waveInfo;
327                fread(&waveInfo, sizeof(WAVEFORMATEX),
328                    1, fp);
329
330                printf("\n\t\t\t■ strf size=%d auds "
331                    "offset=0x%X (stream format)\n",
332                    h.dwSize, offset);
333
334                printWaveInfo(&waveInfo);
335
336                // Remove  extra format information
337                // appended to the end of
338                // the WAVEFORMATEX structure
339                for (DWORD n = 0; n < waveInfo.cbSize; n++)
340                {
341                    fgetc(fp);
342                }
343            }
344        }
345        // check JUNK Chunk ("JUNK")
346        else if (h.dwFourCC == FCC('JUNK')) // 0x4B4E554A
347        {
348            printf("\n\t■ JUNK size=%d offset=0x%X\n",
349                h.dwSize, offset);
350            printf("\t- ignore data\n");
351
352            fseek(fp, (long)h.dwSize, SEEK_CUR);
353        }
354        // check idx1 Chunk ("idx1")
355        else if (h.dwFourCC == FCC('idx1')) // 0x31786469
356        {
357            printf("\n\t■ idx1 size=%d offset=0x%X\n",
358                h.dwSize, offset);
359
360            parseIDX1Chunk(fp, h.dwSize, display);
361        }
362        else  // ignore extra chunks
```

```
363             {
364                 printf("\n\t■ %04X (%c%c%c%c) ", h.dwFourCC,
365                     ((h.dwFourCC) & 255),
366                     ((h.dwFourCC >> 8) & 255),
367                     ((h.dwFourCC >> 16) & 255),
368                     ((h.dwFourCC >> 24) & 255));
369                 printf("size=%d offset=0x%X\n",
370                     h.dwSize, offset);
371                 printf("\t- ignore data\n");
372
373                 fseek(fp, (long)h.dwSize, SEEK_CUR);
374             }
375
376             offset = ftell(fp);
377         }
378
379         fclose(fp);
380
381         return 0;
382     }
```

라인	설명
5 ~ 24	AVI 파일의 기본 헤더(main header)의 내용을 화면에 출력한다. MYAVIMAINHEADER 구조체 변수를 입력 파라미터로 사용한다.
26 ~ 67	AVI 파일의 스트림 헤더(stream header)의 내용을 화면에 출력한다. MYAVISTREAMHEADER 구조체 변수를 입력 파라미터로 사용한다.
28 ~ 32	스트림 헤더의 fccType은 스트림의 유형(vids 또는 auds)을 포함한다. fccType은 4바이트의 정수 형태로 데이터를 표현하는데 이것을 4개의 문자로 분리하여 출력한다.
69 ~ 97	비디오 스트림인 경우 스트림의 형식을 출력한다. 비디오 스트림 형식은 BMP 파일의 비트맵 정보 헤더(BITMAPINFOHEADER)와 동일한 구조이다.
99 ~ 113	오디오 스트림인 경우 스트림의 형식을 출력한다. 오디오 스트림 형식은 WAV 파일의 포맷 청크(format chunk)와 동일한 구조(WAVEFORMAT 또는 WAVEFORMATEX)이다.
115 ~ 155	AVI 파일의 데이터를 포함하는 data 청크에 대한 분석을 수행하는 함수이다. dataSize는 데이터의 총 바이트 수, display는 데이터 분석 결과의 출력 여부를 지정하는 플래그이다.

118	data 청크에서 데이터가 시작하는 위치를 저장한다.
120 ~ 148	데이터 청크의 데이터에 대한 분석 결과를 출력한다.
123	파일에서 읽은 데이터의 크기(바이트 수)를 계산하여 저장하는 변수이다.
127 ~ 147	AVI 데이터를 구성하는 각 데이터 청크의 헤더를 반복해서 파일에서 읽는다.
129 ~ 135	데이터 청크의 헤더에 대한 정보를 출력한다. 추가로 각 데이터 청크의 시작 위치(오프셋)를 함께 출력한다.
138 ~ 139	데이터 청크의 데이터 크기가 홀수인 경우 부가적으로 포함된 패딩 데이터를 제거한다.
144 ~ 147	파일에서 읽은 데이터의 크기를 계산하고 그 크기가 LIST "move"청크의 데이터 크기보다 큰 경우에는 반복 처리 과정을 종료한다.
149 ~ 152	AVI 데이터의 분석 결과를 출력하지 않도록 설정한 경우 간단한 메시지를 출력한다.
154	파일에서 LIST "movi" 청크 마지막 위치의 바로 다음 지점으로 이동한다.
157 ~ 192	인덱스 청크인 idxl 청크의 데이터를 분석하여 결과를 수행하는 함수이다. dwSize는 청크의 데이터 크기(바이트 수)이고 display는 데이터 분석 결과의 출력 여부를 지정하는 플래그이다.
159 ~ 186	idxl 청크의 데이터에 대한 내용을 출력한다.
187 ~ 191	idxl 청크의 데이터의 분석 결과를 출력하지 않도록 설정한 경우 간단한 메시지를 출력하고 파일에서 인덱스 청크 마지막 위치의 바로 다음 지점으로 이동한다.
194 ~ 382	AVI 파일을 분석하는 메인함수를 정의한다.
199 ~ 200	type 변수는 파일에서 읽은 LIST 청크의 유형(type)을 저장한다. dataType 변수는 스트림의 유형(비디오 또는 오디오)을 저장한다.

202 ~ 207	입력 파일을 개방한다.
210 ~ 377	파일에서 청크의 헤더를 읽어 청크의 종류에 따라 해당 처리를 수행한다.
212 ~ 225	RIFF 청크인 경우 파일에서 유형을 추가적으로 읽어 AVI 파일 여부를 판단한다.
226 ~ 270	LIST 청크인 경우 파일에서 유형을 추가적으로 읽고 이 유형에 따라 해당 처리를 수행한다.
231 ~ 237	유형이 "hdrl"이며 LIST 청크의 데이터는 AVI 헤더를 의미한다. 앞에서 살펴본 것과 같이 AVI 기본헤더(main header)는 AVI 헤더와 AVI 스트림 헤더로 구성된다. 청크의 헤더정보만을 출력하고 AVI 기본헤더의 내용은 avih 청크가 포함하고 있으므로 이 청크를 처리할 때 내용을 출력한다.
238 ~ 244	유형이 "strl"이며 LIST 청크의 데이터는 AVI 스트림 헤더를 의미한다. 청크의 헤더정보만을 출력하고 AVI 스트림 헤더의 내용은 strh 청크가 포함하고 있으므로 이 청크를 처리할 때 내용을 출력한다.
245 ~ 253	유형이 "movi" LIST 청크의 데이터는 AVI 데이터를 의미한다. AVI 데이터에 대한 분석을 위해 parseDataChunk() 함수를 호출한다.
254 ~ 268	그 외의 유형을 갖는 LIST 청크에 대해서는 헤더 정보를 출력하고 데이터 영역은 건너뛴다.
270 ~ 281	AVI 기본헤더에 대한 정보를 포함하는 avih 청크이다. 청크의 헤더 정보를 출력하고 기본헤더에 대한 관련 정보를 출력하기 위해 printMainHeader() 함수를 호출한다.
282 ~ 294	AVI 스트림 헤더에 대한 정보를 포함하는 strh 청크이다. 청크의 헤더 정보를 출력하고 스트림 헤더에 대한 관련 정보를 출력하기 위해 printStreamHeader() 함수를 호출한다.
295 ~ 344	AVI 스트림 포맷에 대한 정보를 포함하는 strf 청크이다. 스트림의 종류가 비디오와 오디오인 경우를 구분하여 관련 정보를 출력한다.
298 ~ 321	비디오 스트림인 경우 BITMAPINFOHEADER 구조체를 사용하여 비디오 포맷 정보를 저장하고 출력한다. 이때 printBitmapInfo() 함수를 사용한다.
322 ~ 343	오디오 스트림인 경우 WAVEFORMATEX 구조체를 사용하여 오디오 포맷 정보를 저장하고 출력한다. 이때 printWaveInfo() 함수를 사용한다. 압축유형이 PCM을 제외한 나머지 경우에는 포맷 데이터에 부가 정보를 포함하므로 이를 제거한다.

345 ~ 353	정크 청크인 경우를 처리한다.
354 ~ 361	인덱스 청크인 경우를 처리한다. 인덱스 정보를 분석하여 화면에 출력하기 위해 parseIDX-1Chunk() 함수를 호출한다.
362 ~ 374	그 외의 나머지 청크에 대해 처리한다. 청크 헤더 정보를 출력하고 데이터 영역은 건너뛴다.

❸ 심화 학습

01. 압축되지 않은 비디오 스트림을 포함하는 AVI 파일에 대해 간단한 영상처리(평활화, 선명화 등)를 적용하여 새로운 파일로 저장하는 프로그램을 작성한다. 영상 처리는 전체 비디오 스트림을 대상으로 하거나 주어진 시간부터 일정한 길이만큼 처리할 수도 있다.

02. 부록 파일의 [6장\02.AVI\BMP] 폴더의 일련의 BMP 파일을 비디오 스트림으로 사용하는 AVI 파일을 생성하는 프로그램을 작성한다. 가능하다면 압축되지 않은 WAV 파일을 사용하여 오디오 스트림도 추가한다.

선별된 연습문제 정답

CHAPTER 01 ▶

01. 5   **03.** 2   **05.** 4

07. 4

VGA: 640×480   XGA: 1024×768

QXGA: 2048×1536   SVGA: 800×600, 1024×768

08. 1, 5

멀티미디어는 패키지형에서 네트워크형으로 발전하고 있다.

멀티미디어 정보는 중간층 뇌를 통해 전달된다.

09. 2, 3

전송이나 출력 과정에서 정보 손실을 최소화할 수 있다.

신호에 대한 미세한 조정은 아날로그 신호의 장점이다.

12. 1

❗ CHAPTER 02 ▶

01. 1   **03.** 2   **05.** 4

07. 3   **09.** 5

10. 4

유니코드의 1번 평면은 상형문자나 설형문자 등의 고전 문자와 음악 및 수학 기호를 포함하며 2번 평면은 보조 표의문자 평면이다.

18.

1) 총 4개의 기호가 존재하므로 이들을 구분하여 표현하기 위해서는 2비트가 필요

2) A = 2.736966, B = 1.514573, C = 4.321928, D = 1.152003

3) $0.15*2.736966+0.35*1.514573+0.05*4.321928+0.45*1.152003 = 1.675143$

4) A: 001, B: 01, C: 000, D: 1

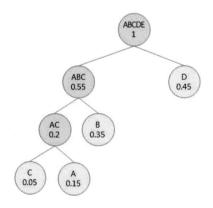

5) $0.15*3+0.35*2+0.05*3+0.45*1 = 1.75$

CHAPTER 03 ▶

01.

순서 n	1	2	3	4	5	…
입력 샘플 $x[n]$	80	90	100	110	130	…
차이 값 $d[n]$	80	10	10	10	20	…
양자화 결과 $c[n]$	10	1	1	1	3	…

순서 n	1	2	3	4	5	…
양자화 입력 $c[n]$	10	1	1	1	3	…
복원 샘플 $\hat{x}[n]$	80	88	96	104	128	…

02.

순서 n	1	2	3	4	5	…
입력 샘플 $x[n]$	80	90	100	110	130	…
차이 값 $d[n]$	80	10	12	6	18	…
양자화 결과 $\hat{d}[n]$	10	1	2	1	2	…
복원 샘플	80	88	104	112	128	…

순서 n	1	2	3	4	5	…
양자화 결과 $\hat{d}[n]$	10	1	2	1	2	…
복원 샘플 $\hat{x}[n]$	80	88	104	112	128	…

03.

원 데이터		16	40	89	75	24	32	66	19
DM	부호화	1	1	1	1	0	0	1	0
	복호화	16	32	48	64	48	32	48	32
	L_{DM}	16	16	16	16	16	16	16	16
ADM	부호화	1	1	1	0	0	1	1	0
	복호화	16	40	76	52	16	40	76	52
	L_{ADM}	16	24	36	24	36	24	36	24

05. 4   **07.** 2, 3   **09.** 1

11. 6   **13.** 3

15. 2

$(44100 \times 16 \times 2 \times 60 = 84{,}672{,}000 \text{ bit} = 10.6 \text{ Mbytes})$

17. 3

❗ CHAPTER 04 ▶

01. 2, 4	**03.** 4	**05.** 4
07. 1, 2	**09.** 2, 4	**11.** 5
13. 2, 4	**15.** 2	**17.** 2
19. 4	**21.** 5	

❗ CHAPTER 05 ▶

01. 3	**03.** 3	**05.** 5
07. 5	**09.** 1	**11.** 1
13. 3	**15.** 5	

❗ CHAPTER 06 ▶

01. 4	**03.** 2	**05.** 2, 3
07. 3	**09.** 2	**11.** 2

찾아보기

ㅅ